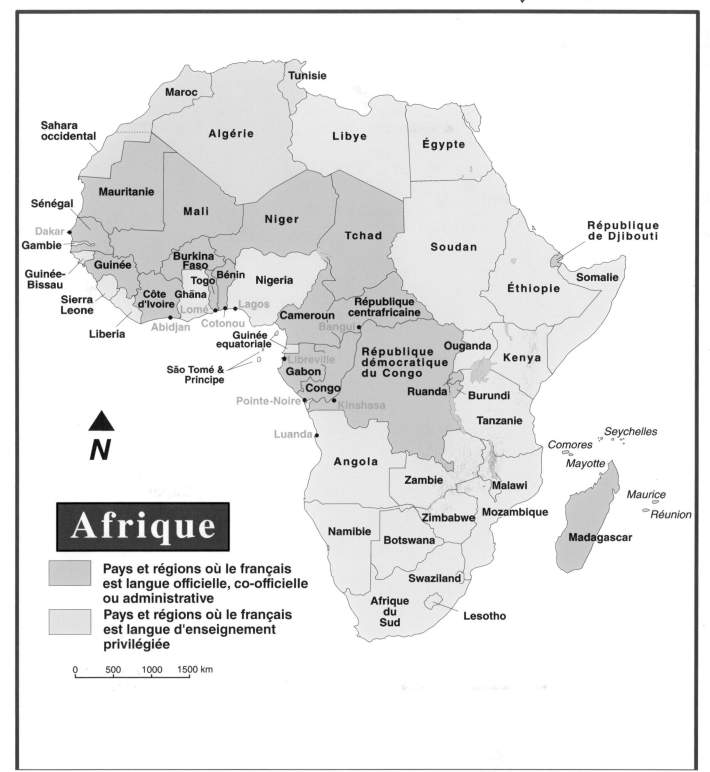

Afrique

Pays et régions où le français est langue officielle, co-officielle ou administrative

Pays et régions où le français est langue d'enseignement privilégiée

0   500   1000   1500 km

Voilà!

An Introduction to French

ENHANCED SIXTH EDITION

L. Kathy Heilenman
University of Iowa

Isabelle Kaplan
Bennington College

Claude Toussaint Tournier
Northwestern University

HEINLE
CENGAGE Learning

Australia • Brazil • Japan • Korea • Mexico • Singapore • Spain • United Kingdom • United States

Voilà! Enhanced Sixth Edition
Heilenman | Kaplan | Toussaint Tournier

Publisher: Beth Kramer

Senior Acquisitions Editor: Nicole Morinon

Editorial Assistant: Gregory Madan

Senior Media Editor: Morgen Gallo

Executive Brand Manager: Ben Rivera

Market Development Manager:
   Courtney Wolstoncroft

Senior Marketing Communications Manager:
   Linda Yip Beckstrom

Rights Acquisitions Specialist: Jessica Elias

Manufacturing Planner: Betsy Donaghey

Art and Design Direction, Production
   Management, and Composition:
   PreMediaGlobal

Cover Image: France Rhone Valley, Vallée du
   Rhône, Lyon Restaurant Row Rue Mercière©
   Danita Delimont / Alamy

For product information and technology assistance, contact us at
Cengage Learning Customer & Sales Support, 1-800-354-9706

For permission to use material from this text or product,
submit all requests online at **cengage.com/permissions**.
Further permissions questions can be emailed to
permissionrequest@cengage.com.

Library of Congress Control Number: 2012947347

Student Edition:

ISBN-13: 978-1-285-17535-5
ISBN-10: 1-285-17535-2

Loose-Leaf Edition:

ISBN-13: 978-1-285-17540-9
ISBN-10: 1-285-17540-9

Heinle
20 Channel Center Street
Boston, MA 02210
USA

Cengage Learning is a leading provider of customized learning solutions with office locations around the globe, including Singapore, the United Kingdom, Australia, Mexico, Brazil and Japan. Locate your local office at **www.cengage.com/global**

Cengage Learning products are represented in Canada by Nelson Education, Ltd.

To learn more about Heinle, visit **www.cengage.com/heinle**

Purchase any of our products at your local college store or at our preferred online store **www.cengagebrain.com**

Instructors: Please visit **login.cengage.com** and log in to access instructor-specific resources.

Printed in the United States of America
6 7 8 9 10 11 12 22 21 20 19 18

Table des matières

Qu'est-ce que vous aimez? 65

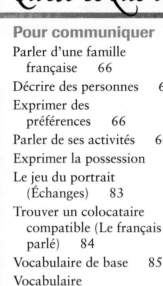

Les âges de la vie 87

Magazine littéraire 109

6 · L'espace et le temps 113

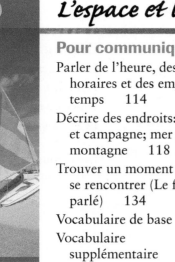

7 · Famille, familles... 137

8 · Vous êtes artiste ou sportif? 161

11 Où est-ce que vous habitez? 231

12 Au travail! 259

13 Une invitation chez les Dumas 285

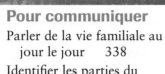

16   *Une histoire d'amour*   365

17   *Une soirée devant la télévision*   389

18   *Le tour du monde en 365 jours*   411

19 *Le Tour de France* 439

20 *Le bonheur, qu'est-ce que c'est?* 463

Magazine littéraire 487

Preface to the Student

Voilà!: **An Introduction to French, Enhanced Sixth Edition,** is a complete program for learning introductory French at the college level. It embodies a contemporary approach to language learning, one that is based on the most relevant current knowledge about language acquisition. At the same time, it draws upon a variety of proven methods, approaches, and materials.

Voilà! provides a balanced program that promotes proficiency in communicating whether in listening, speaking, reading, or writing. Since learning French also involves learning about people who speak French, *Voilà!* presents a wealth of cultural materials devoted to the French-speaking world via photographs, authentic documents, cultural activities (**Langue et culture**), and maps found throughout the book.

Every lesson of *Voilà!* is built around a theme that provides a meaningful focus for new material. Vocabulary is presented visually and in brief narratives that provide a natural and engaging context for acquisition. Vocabulary presentations teach the distinction between formal and informal vocabulary, the relationship between words and context, give insight into the cultural aspects of language and offer context for understanding.

The grammar explanations in *Voilà!* are written in clear, concise English. They help you understand how languages work in general as well as how French works in particular. The variety of practice materials in *Voilà!* expands and reinforces your growing linguistic abilities. These materials include structured exercises that lead you toward grammatical accuracy, contextualized activities that provide meaningful practice, and open-ended activities that develop communicative skills.

Voilà! provides you opportunities to use the French that you learn before you move on to another topic, with scenarios that encourage creativity *(Échanges)*. You can use these opportunities to use the language you know to express what you want to say or write.

Voilà teaches reading and writing as active processes using authentic contemporary materials from francophone newspapers, magazines, literature, and other documents to train you in strategies that will make you an independent reader. It takes a unique approach to teaching writing skills, with activities that guide you step-by-step through the process of writing.

The language in *Voilà!* is fresh, familiar, and vital. It reflects the way French is actually spoken and written. With *Voilà!* you learn French that has the ring of authenticity and a spark of humor.

How *Voilà!* Is Organized

Each lesson in *Voilà!* is organized as follows:

Chapter Opener introduces the current lesson's theme with a photo and some observation questions that help you become familiar with the new lesson's topic while reviewing language and culture learned in previous lessons.

En bref introduces the thematic content of each lesson.

Vocabulaire introduces vocabulary in context, using photographs, drawings, and narrative storylines.

Langue et culture helps you understand the cultural dimension of words and their cultural patterns.

Mots et usages provides additional information about vocabulary words along with practice in using them.

Mise en pratique offers practice with new vocabulary and grammar structures through comprehension exercises as well as communicative and open-ended activities.

Structures presents grammatical points in English, in a clear, student-oriented manner accessible to all.

Échanges is designed as a scenario which synthesizes the language you have learned in the current lesson as well as in previous lessons and allows you to communicate creatively and spontaneously.

Le français parlé illustrates the characteristics of spoken French and practices listening and speaking skills.

Magazines littéraires appear every five chapter and contain a set of literary texts, introduces you to critical analysis and develop your ability to read in depth and for pleasure.

Supplements to *Voilà!*

Voilà! is supported by a complete learning package that includes the following:

- The **Cahier d'activités écrites** section of the Workbook/Lab Manual contains exercises and activities that use the vocabulary and structures of each lesson, **thème et version** *(translation)* exercises, and a guided writing activity. In addition, there are activities in the **Cahier d'activités écrites** to guide you in writing compositions for the **Magazines littéraires** as well as exploratory language awareness activities called **Découvertes linguistiques**. A list of words that expands on those in the textbook (**Vocabulaire facultatif**) concludes each lesson of the workbook. The Workbook/Lab manual is also available electronically on QUIA™.

- The **Cahier d'activités orales** section of the Workbook/Lab Manual contains pronunciation practice, focused listening activities, practice with the vocabulary and structures for each lesson, contextualized listening-for-gist activities, and activities to accompany the **Le français parlé** sections in your textbook.

- The **Lab Audio CDs**, fully coordinated with the laboratory manual, are available for individual student purchase. There are 13 Lab Audio CDs.

- The three **Text Audio CDs,** packaged with each copy of *Voilà!,* provide the dialogues from the **Le français parlé** sections as well as the words contained in the **Vocabulaire de base** and **Vocabulaire supplémentaire** read aloud for practice.

- The *Voilà* **video on DVD** is shot in the tradition of French cinema: rich with imagination. Alive with a wonderful, whimsical spirit that is fanciful and exuberant, Élodie is an eccentric young student living in Paris whom we come to know and love. Filmed on location in France, Élodie exposes students to modern French and Francophone life through the wanderings of the characters and their intricately woven lives. This video reflects both French and Francophone lifestyles while modeling the functions, grammar, and vocabulary presented at the introductory level. Each segment represents a complete teaching unit filled with drama, culturally authentic situations and culturally appropriate language.

- Everything you need to master the skills and concepts of the course is available at the click of a mouse through **the iLrn™: Heinle Learning Center** including an online workbook and lab manual with audio, interactive enrichment activities, Google Earth coordinates, and a diagnostic study tool to better prepare you for exams.

- The *Voilà!* **Website** features grammar and vocabulary exercises, illustrations, and a self-correction feature. In addition, the *Voilà!* Website guides students through Internet cultural expansion activities that ask students to research an aspect of the lesson's theme.

- *Système-D 4.0: Writing Assistant for French,* a software program for writing in French, can be used with the writing activities in *Voilà!* that are correlated to *Système-D.*

Acknowledgments

À Michel, Dan et Harold

We would like to thank the following instructors, whose suggestions and criticisms were invaluable in developing *Voilà!*: Aurore Mroz, Tony Balcaen, Laurine Caute and Jérôme Hiernard. In addition, we would like to thank the many teaching assistants, instructors, and students at Northwestern University, Louisiana State University, Bennington College, the University of Michigan, and the University of Iowa whose questions and comments during classroom testing added immeasurably to the effectiveness of the materials in *Voilà!*

Voilà! **Enhanced Sixth Edition** is the result of the time, inspiration, and energies of many people besides the authors. To all those behind the scenes, our sincere appreciation. And to Nicole Morinon and Esther Marshall, our eternal gratitude for your patience, long hours, support, and expertise. Our thanks go to the other people at Heinle and freelancers involved with the production of this edition, and in particular: Lara Semones, Lindsey Richardson, Mary Jo Prinaris, Harold Swearingen, Cat Thomson, Cat Mooney, Morgen Murphy; Lynne Lipkind, development editor; Sev Champeny, copyeditor and proofreader; Christina Micek, photo researcher; Glenna Collett, interior designer; Diane Levy, cover designer; Melissa Sacco, project manager on behalf of Pre-Press PMG; and Annick Penant, native reader of the Companion Website. Thanks all! Without you, it would never have happened one time, much less six!

L. Kathy Heilenman
Isabelle Kaplan
Claude Toussaint Tournier

And, finally, our special thanks and gratitude also go to all this edition's reviewers:

Debra L. Anderson, *East Carolina University*

Habiba Boumlik, *Purchase College, State University of New York*

Rosalie Cheatham, *University of Arkansas at Little Rock*

Linda Cochran, *University of Central Oklahoma*

Gaëlle Corvaisier, *University of San Francisco*

Jeanne-Sarah de Larquier, *Pacific University*

Dorothy Diehl, *Saint Mary's University of Minnesota*

Brian J. Donovan, *Keene State College*

Julia M. Dutton, *Keene State College*

Laura J. Fyfe, *George Mason University*

Sarah Gordon, *Utah State University*

Hollie Harder, *Brandeis University*

Patricia Harrigan, *Community College of Baltimore County*

Pascale Hubert-Leibler, *Columbia University*

Warren Johnson, *Arkansas State University*

Kelly L. Kidder, *Lipscomb University*

Clara Krug, *Georgia Southern University*

Kathleen Llewellyn, *Saint Louis University*

Sharla Martin, *University of Texas at Arlington*

Shira Malkin, *Rhodes College*

Mary Ann McGuire, *California State University, San Bernardino*

Esther Marion, *The College of Brockport, State University of New York*

Keith Moser, *Mississippi State University*

Terri J. Nelson, *California State University, San Bernardino*

Patti Newman, *Trident Technical College*

Yaw Oteng, *Lamar University*

Rebecca Pauly, *West Chester University*

Marina Peters-Newell, *University of New Mexico*

Randi Polk, *Millikin University*

Lewis P. Porter, *Walsh University*

Kenneth Rivers, *Lamar University*

Danièle Rodamar, *American University*

Lori Slaber, *Henry Ford Community College*

Marie-France Strohschänk, *University of Wisconsin—Eau Claire*

Edith Stetser, *Arcadia University*

Jessica Sturm, *Purdue University*

Kimberly Swanson, *University of Kansas*

Ellen Thorington, *Ball State University*

Suzanne Toczyski, *Sonoma State University*

Roberta M. Tucker, *University of South Florida*

Anna Weaver, *Mercer University*

Catherine Webster, *University of Central Oklahoma*

Catherine Wiebe, *University of Oregon*

Annette Zakharian, *Arkansas Tech University*

Supplemental Authors

Lindsy Myers, *University of Kentucky* (Companion website cultural activities)

Pamela Paine, *Auburn University* (Companion website grammar quizzes and diagnostic tests for iLrn Heinle Learning Center)

Jennifer Perlmutter, *Portland State University* (Text answer key)

Randi Polk, *Millikin University* (Video activities)

Maria Spina, *University of Central Florida* (Testing program)

Leçon 1

Qui êtes-vous?

iLrn iLrn Heinle Learning Center includes

🔊 In-text Audio Program
▶ Voilà Video
🌐 Companion Website
👥 Pair work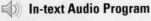
👥👥 Group work

Observez

Could this picture have been taken where you go to school? Why or why not?

1

Vocabulaire

A. Bonjour. Au revoir.

—Salut Anne-Françoise, ça va?
—Oui, ça va, et toi?
—Pas mal... Salut, à tout à l'heure.
—Oui, à tout à l'heure.

—Bonjour madame.
—Bonjour Patrick.
—Comment allez-vous?
—Très bien, merci, et vous?
—Bien, merci.

—Merci madame. Au revoir.
—Au revoir Patrick. À bientôt.

—Tu t'appelles comment?
—Stéphane, et toi?
—Géraldine. Tu es d'où?
—De Lyon, et toi?
—De Marseille.

—Et vous, monsieur?
—Moi?
—Oui, vous! Comment vous appelez-vous?
—Je m'appelle Stéphane Abiragi.
—Stéphane comment?
—Abiragi.
—Avec un H?
—Non, non... A-B-I-R-A-G-I.
—D'accord! Merci.

● Et vous, ça va? Vous vous appelez comment? Vous êtes d'où?

Note de prononciation

L'alphabet français

Although French is written using the same alphabet as English, the sounds corresponding to many of the letters are different.

a (ah)	j (ji)	s (es)
b (bé)	k (ka)	t (té)
c (cé)	l (el)	u (u)
d (dé)	m (em)	v (vé)
e (euh)	n (en)	w (doublevé)
f (ef)	o (o)	x (iks)
g (gé)	p (pé)	y (igrec)
h (ach)	q (ku)	z (zed)
i (i)	r (er)	

Langue et **culture**   **Les niveaux de langue**

The *Langue et culture* sections are integrated culture learning activities that are relevant to the theme of the lesson and linked to the study of language, either vocabulary or structure. Their purpose is an exploration of and inquiry into cultural concepts. These sections ask you to use your own culture as a way to reflect on cultural components of language and then to examine the norms and values of French and Francophone cultures. They rely on your general knowledge to solve problems and to think critically while using language to express your findings and conclusions. Many of these activities do not have right or wrong answers. At first you will have to use English when issues are complex but later you will be able to do these activities entirely in French.

1. En anglais. When would you use each of these expressions? Are there occasions where you would not use them?

Hi! / Good morning! / Good morning, sir.

How are you? / How do you do? / What's up?

Good-bye! / Catch ya' later / I'll call you tomorrow.

2. En français. Look at the dialogues of this lesson, on pp. 2–3. Can you guess why the language is different in each? Try to identify the difference between them by selecting the appropriate category: **plus respectueux / plus familier.**

Salut, Anne-Françoise...

Bonjour, madame.

... et toi?

Et vous, monsieur?

... ça va?

Comment allez-vous?

Tu t'appelles comment?

Comment vous appelez-vous?

3. *Tu* or *vous*? What do you think the difference might be between the use of **tu** and **vous**? Decide if you would use **tu** or **vous** with the following people.

1. your best friend
2. another student in your French class
3. your French teacher
4. an employee in the post office
5. one of your grandmother's friends
6. your pet

How do you think French speakers decide to use **tu** or **vous**?

4. Qui parle? Which photo goes with which caption? How do you know?

a.

b.

c.

d.

1. —Salut, à bientôt!
   —Oui, à bientôt.

2. —Ça va?
   —Oui, oui, ça va, et toi?

3. —Comment vous appelez-vous?
   —Arlette Brasseur.

4. —Bonjour monsieur, comment allez-vous?
   —Très bien, merci, et vous?

B. Les chiffres et les mots

un professeur

deux chiens

trois affiches

quatre fleurs

cinq étudiants

six voitures

sept livres

huit stylos

neuf chats

dix poissons

In French handwriting, sevens are barred to distinguish them from ones: 7 1

0 zéro	11 onze	22 vingt-deux
1 un	12 douze	23 vingt-trois
2 deux	13 treize	...
3 trois	14 quatorze	29 vingt-neuf
4 quatre	15 quinze	30 trente
5 cinq	16 seize	31 trente et un
6 six	17 dix-sept	32 trente-deux
7 sept	18 dix-huit	33 trente-trois
8 huit	19 dix-neuf	...
9 neuf	20 vingt	39 trente-neuf
10 dix	21 vingt et un	

Prononcer les chiffres

The pronunciation of numbers depends on whether they are said in isolation, followed by a word beginning with a consonant, or followed by a word beginning with a vowel (or a silent **h**). Letters with a slash through them (∅) are not pronounced. The letters between slashes (/s/) indicate pronunciation.

NUMBER ALONE	NUMBER + CONSONANT	NUMBER + VOWEL
un	un chat	un͜ hôtel *(hotel)*
		/n/
deux	deux chiens	deux͜ années
		/z/
trois	trois stylos	trois͜ affiches
		/z/
quatre	quatre professeurs	quatre͜ hôtels
cinq	cinq fleurs	cinq͜ années
/k/		/k/
six	six poissons	six͜ affiches
/s/		/z/
sept	sept cahiers	sept͜ étudiants
/t/	/t/	/t/
huit	huit livres	huit͜ affiches
/t/		/t/
neuf	neuf chats	neuf͜ étudiants
/f/	/f/	/f/
dix	dix chiens	dix͜ hôtels
/s/		/z/

Langue et **culture**

Le sens des mots

Objective: culture

1. Les mots et le dictionnaire. Here is what a bilingual French-English dictionary might say about the meaning of the word **pain**.

> pain *n.m. bread; loaf; cake (of soap,* etc.)…

Is this enough? Look at the two pictures.

Which of the following words would you associate with the word *bread*? Which ones with the French word **pain**? Make two columns:

mass production, variety, crust, preserved, bakery, peanut butter and jelly sandwich, wrapped, fresh, supermarket, plastic, soft, daily purchase

What conclusions can you draw about dictionary equivalents of words?

2. Mots et sens

a. Associations. What do the following words evoke in your culture? Make a list of words or expressions.

1. a house
2. a car
3. a family meal
4. a family vacation in the summer

Are the associations you have the same as those of other people in the class or are they different? How might you explain this?

b. Les sens du mot. Find the words in the list below that correspond to each of the associations you listed in 2a.

life customs   habits
socioeconomic levels   traditions
human needs   construction
use in a particular economy   cultural value system

C. Les dates

1. Les jours de la semaine

lundi   mardi   mercredi   jeudi   vendredi   samedi   dimanche

2. Les mois de l'année

janvier	juillet
février	août
mars	septembre
avril	octobre
mai	novembre
juin	décembre

SEPTEMBER/SEPTEMBRE

SUNDAY	MONDAY	TUESDAY	WEDNESDAY	THURSDAY	FRIDAY	SATURDAY
				1	2	3 ☾
4	5	6	7	8	9	10
11 ●	12	13	14	15	16	17
18	19 ☽	20	21 LA FÊTE À FIDO	22	23	24
25 ○	26	27	28	29	30 FESTIVALS ACADIENS LAFAYETTE, LOUISIANA	

OCTOBER/OCTOBRE

						1
2 ☾	3	4	5	6	7	8
9	10 ●	11	12	13	14	15
16	17	18 ☽	19	20	21	22
23	24	25 ○	26	27	28	29
30	31			FULL MOON ●	FIRST QUARTER ☽	NEW MOON ○ LAST QUARTER ☾
DIMANCHE	LUNDI	MARDI	MERCREDI	JEUDI	VENDREDI	SAMEDI

● C'est quel jour aujourd'hui? Quelle est la date aujourd'hui? C'est quand, votre anniversaire?

Langue et	**Le calendrier et les fêtes**
culture	

1. Les dates en français

a. Les dates en chiffres. This is how dates are written in French. What do you notice?

Objective: *culture*

6.9   Le six septembre, c'est l'anniversaire de Candide.

9.12   Le neuf décembre, c'est l'anniversaire d'Alceste.

11.3   Le onze mars, c'est l'anniversaire de Vincent.

Say on what dates these letters were sent:

Modèle: 2.12   *le deux décembre*

1. 20.3
2. 16.8
3. 24.11
4. 26.10
5. 12.4
6. 30.1

b. Les jours de la semaine et les dates. Compare the ways dates are expressed in the two languages. What differences do you notice?

—C'est lundi?
—Non, c'est mardi.
—Et la date?
—C'est le 24 octobre.

—*Is it Monday?*
—*No, it's Tuesday.*
—*And the date?*
—*It's October 24.*

—Ton anniversaire, c'est le 21 octobre?
—Non, c'est le premier mai.

—*Your birthday's October 21 (the 21st of October)?*
—*No, it's May 1 (the first of May).*

2. Le calendrier français

SEPTEMBRE
Les jours diminuent de 1 h 42

1	D	Gilles	
2	L	Ingrid	36
3	M	Grégoire	
4	M	Rosalie	DQ ☽
5	J	Raïssa	
6	V	Bertrand	
7	S	Reine	
8	D	Nativité de N.-D.	
9	L	Alain	37
10	M	Inès	
11	M	Adolphe	
12	J	Apollinaire	NL ●
13	V	Aimé	
14	S	Sainte Croix	
15	D	Roland	
16	L	Édith	38
17	M	Renaud	
18	M	Nadège . QT	
19	J	Émilie	
20	V	Davy	PQ ◑
21	S	Matthieu	
22	D	Maurice/Aut.	☷
23	L	Constant	39
24	M	Thècle	
25	M	Hermann	
26	J	Côme/Damien	
27	V	Vincent de P.	PL ○
28	S	Venceslas	
29	D	Michel/Gabr./Raph.	
30	L	Jérôme	40

a. Les dates. Look at the month of September on this French calendar. What are the dates for the following days?

les mardis, les jeudis, les vendredis, les mercredis

 b. La semaine française. Compare the way weeks are presented on French calendars and on calendars where you live.

	En France	Ici
Le premier jour de la semaine, c'est...		
Le dernier jour de la semaine, c'est...	*dimanche*	

c. Les fêtes. Calendar days are usually associated with names of saints.

- Identify the dates associated with masculine names and those associated with feminine ones.
- Identify the following days in the month of September:

  Modèle: la Sainte-Ingrid   *C'est le 2 septembre.*

  la Saint-Gilles

  la Saint-Bertrand

  la Saint-Renaud

  la Sainte-Émilie

  la Sainte-Inès

- Look at the calendar page and guess which names are not originally French, and guess which cultures they may have come from.

d. Questions. Prepare three questions on the way the week is organized and on the way people are named in France.

D. Paris et les saisons de l'année

le printemps

l'hiver

l'été

l'automne

E. Alceste et Candide

CANDIDE: J'adore l'automne!
ALCESTE: Pas moi.
CANDIDE: Tu aimes le printemps?
avril? mai?
ALCESTE: Pas du tout!
CANDIDE: Et l'hiver?
ALCESTE: Ah non! Et je déteste
l'été aussi.
CANDIDE: Je ne comprends pas.

- Et vous, vous aimez l'automne? le printemps? l'hiver? l'été?
- Vous aimez janvier? juin? juillet? décembre?

F. Et aussi...

Here are useful words and expressions not included in the preceding vocabulary presentation. These words and expressions are part of the lesson's vocabulary and are included in the activities.

à demain *see you tomorrow*
bon week-end *have a nice weekend*
ça dépend *that depends*
un cahier *notebook*
Ça y est! *That's it/done/finished!*
j'aime* *I like*
je comprends *I understand*
je ne sais pas *I don't know*
mademoiselle (Mlle) *miss, Miss*
moi aussi *me too, so do I*
moi non plus *me neither, neither do I*
pour *for, in order to*

*Note that in **j'aime** and **tu aimes**, **aime** and **aimes** sound alike.

Mots et
usages

The *Mots et usages* section contains information about the use of some of the words in the vocabulary.

1. Comment poser une question. There are several ways to ask questions in French. The easiest and the one found most frequently in informal conversation is the use of intonation. As in English, a statement can be turned into a question simply by raising your voice at the end.

—Ça va?
—Oui, ça va.

Read the following sentences out loud, letting your voice go up at the end when indicating a question.

1. —Ça y est?
   —Oui, ça y est!

2. —Tu es d'où?
   —Moi? De Montréal.

3. —C'est le 15 septembre aujourd'hui?
   —Non, non, c'est le 16!

4. —Tu aimes l'hiver?
   —Non, pas du tout.

2. Monsieur, madame, mademoiselle. Monsieur is used to address a man. Madame is used to address a married woman, and **mademoiselle** to address a young or unmarried woman. Older women are addressed with **madame** whether they are married or not. When greeting or saying good-bye to someone, you should use **bonjour** or **au revoir** plus **monsieur, madame,** or **mademoiselle.** Do not use the family name.

Bonjour monsieur. *Hello.* (to a man)

Bonjour madame. *Hello.* (to a woman)

Au revoir mademoiselle. *Good-bye.* (to a young woman)

Decide if you would address the following people using **monsieur, madame** or **mademoiselle:**

1. a 50-year-old single woman
2. a 60-year-old married man
3. an 18-year-old single woman
4. a 20-year-old married woman
5. a 19-year-old single man

3. Anglais? Français? As you have probably already realized, French is not simply English written in code. Learning a language is more than learning vocabulary equivalents. For example, if you want to ask someone what his or her name is, you have to ask, **Comment vous appelez-vous?** In English this question has the literal meaning of *"How do you call yourself?"* Although you will frequently come up with acceptable (or at least understandable) French by plugging French words into an English sentence, you should be aware that this is frequently not the case.

Match the English and French expressions that mean the same thing. Then, decide if the English and French equivalents are word-for-word translations of each other or not.

1. Very good!	a. Ça dépend.
2. What about you?	b. À demain.
3. I understand.	c. À tout à l'heure.
4. See you tomorrow.	d. Moi aussi.
5. How's it going?	e. Je comprends.
6. That depends.	f. Très bien!
7. Have a nice weekend!	g. C'est lundi.
8. See you later.	h. Bon week-end!
9. Me too.	i. Et toi?
10. It's Monday.	j. Ça va?

Mise en pratique

Each lesson contains several activities using the words and expressions you have learned. At first, you'll have to recognize and understand new vocabulary words. Then you'll be asked to speak or write using them in a limited way. Finally, you'll have the opportunity to express yourself both orally and in writing.

Objectives, Act. 1: producing limited greeting expressions; making cultural associations

 1. En français

a. Répondez. What might you expect to hear as a response to each of the following?

1. Bonjour mademoiselle.
2. Tu t'appelles comment?
3. À tout à l'heure.
4. Salut Anne!
5. Comment allez-vous?
6. Comment ça va?
7. Tu es d'où?
8. Bon week-end.

b. *Tu* ou *vous*? Can you characterize the degree of familiarity between the speakers in each situation in part **a**? Would each speaker be likely to use **tu** or **vous** to address the person he or she is talking to? Are there cases where you cannot tell?

Objectives, Act. 2: recognizing new words; organizing to learn

2. Des listes. Find the following in the list of words below:

1. les jours de la semaine
2. les mois
3. les saisons
4. les chiffres
5. les personnes
6. les objets

novembre / six / stylo / dimanche / dix / janvier / printemps / vendredi / lundi / août / vingt / chien / mars / un / septembre / décembre / automne / seize / mercredi / mai / octobre / cahier / mardi / quatorze / livre / samedi / avril / douze / juillet / affiche / hiver / anniversaire / huit / jeudi / professeur / chat / juin / fleur / poisson / étudiant / vingt-neuf / été / février / trente

Objectives, Act. 3–5: practicing numbers; learning vocabulary receptively

3. Combien de... ? Look at the picture. How many are there of each of the following?

1. professeurs
2. étudiants
3. chats
4. chiens
5. fleurs

4. Combien font... ? Do the arithmetic for these incomplete bills.

Musée Carnot	Fleurs et Bouquets	Supermarché Carrefour
4	6	25
−1	−2	−11
Total	Total	Total

Café du Commerce	Banque de Paris
14	20
−14	− 2
Total	Total

5. L'année en chiffres. Complete the following:

1. un mois = _____ jours
2. un mois = _____ semaines
3. une année = _____ mois
4. une semaine = _____ jours
5. une saison = _____ mois
6. un week-end = _____ jours
7. un mois = _____ week-ends

6. Quelle est la saison? What season is it?

Modèle: le huit octobre   *C'est l'automne.*

1. le vingt février
2. le dix mai
3. le vingt-cinq novembre
4. le quatorze juillet
5. le trente mars
6. le quinze juin

Objectives, Act. 6: understanding vocabulary receptively; producing new words

7. Dates importantes de l'année. When do you celebrate these holidays?

Halloween, Thanksgiving, New Year's Day, St. Valentine's Day, Veteran's Day, Lincoln's Birthday, the last day of the academic year, graduation day

Objectives, Act. 7: practicing dates in French; producing limited speech

C'est en Amérique ou en France? Quelle est la date? C'est quelle fête?

8. Les anniversaires

a. Quelle saison? Find all the students in the class who have birthdays in each season.

1. le printemps
2. l'automne
3. l'hiver
4. l'été

b. Quel mois? Now group all the students in the class by the month of their birthday.

c. Quel jour? Are there students who were born on the same day in your class?

9. J'aime / Je déteste

a. Les mois. Put the months of the year along the scale below according to your own personal preferences.

j'adore   j'aime   je déteste

b. Et les saisons? Put the seasons along the scale below according to your own personal preferences.

j'adore   j'aime   je déteste

 c. On est d'accord? With a partner, find out about each other's preferences. Don't forget to use expressions such as **et toi?, moi aussi, moi non plus,** and **pas moi** to make your conversation more interesting.

j'adore   j'aime   je déteste

10. Mais qu'est-ce qu'ils disent? Write a dialogue for each photo.

Marine et Christophe

**Monsieur Martin et
Monsieur Petit**

Structure 1

Les phrases et les mots

A sentence (**une phrase**) contains a subject (**un sujet**) and a verb (**un verbe**).

> *subject* = the person or thing the sentence is about (who or what performs the action)
> *verb* = what the person or thing is doing, how the person or thing is
>
> Je comprends.   *I understand.*
> s   v   s   v
>
> Je ne comprends pas.   *I don't understand.*
> s   v   s   v
>
> Tu aimes le printemps?   *Do you like spring?*
> s   v   s
>   v

A sentence may also contain a complement (**un complément**), which completes the thought of the sentence.

> J'aime l'été.   *I like summer.*
>   c   c
>
> Je ne comprends pas le professeur.   *I don't understand the teacher.*
>   c   c
>
> Il s'appelle Paul.   *His name is Paul. (He calls himself Paul.)*
>   c   c

Une phrase complète?

People usually use complete sentences when they write. When speaking, however, it is frequently acceptable to use a few words or a fixed expression instead of a complete sentence. In the following dialogue, there is only one complete sentence. Can you find it?

—Bonjour monsieur. Comment allez-vous?
—Bien, merci, et vous?
—Pas mal.

Mise en pratique

Objective, Act. 1 and 2: *identifying sentence components*

1. Les phrases complètes. Look again at the dialogue between Candide and Alceste, reproduced below. Pick out the complete sentences. When are incomplete sentences used? Can you explain why?

—J'adore l'automne.

—Pas moi.

—Tu aimes le printemps? avril? mai?

—Pas du tout!

—Et l'hiver?

—Ah non! Et je déteste l'été aussi.

2. Trouvez... Identify subjects, verbs, and complements.

1. Marc adore les chiens.
2. Je ne sais pas.
3. Je ne comprends pas le professeur.
4. Ça dépend.

Objective, Act. 3: *processing meaningful language*

3. Le dialogue continue! Here are portions of an exchange that took place between Alceste and Candide. Decide whether Candide (**l'optimiste**) or Alceste (**le pessimiste**) said each line. Then put the lines in order so that they make sense.

—Je ne sais pas.

—JE NE SAIS PAS!

—C'est quel jour aujourd'hui?

—Pardon? Comment?

—D'accord! Ça va! Ce n'est pas important!

Structure 2

Les articles définis: *le, la, l', les*

Grammar tutorial

In English, the definite article has only one form, *the*. In French, the definite article has four forms—**le, la, l', les**. The form you use depends on the gender, number, and initial sound of the noun it precedes.

Genre

All nouns in French belong to one of two groups: *masculine* or *feminine*. This group membership is called *gender* and is indicated by the form of the article used with the noun.

le + masculine singular nouns	**le** professeur, **le** chat
la + feminine singular nouns	**la** fleur, **la** saison, **la** semaine
l' + masculine or feminine singular nouns beginning with a vowel sound	**l'**étudiant *(m.)*, **l'**affiche *(f.)*, **l'**année *(f.)*

Note de prononciation

Most French words beginning with an **h** are considered to begin with a vowel since the **h** is not pronounced.

l'hiver   l'histoire   l'hôtel

The gender of each noun is indicated in the vocabulary list and in the end vocabulary. You should learn the gender of a noun along with its meaning. The simplest way to do this is to learn the article along with the noun—learn **la fleur** or **le professeur**, for example, rather than **fleur** *(f.)* or **professeur** *(m.)*.

Nombre

Number refers to whether a word is singular or plural. The definite articles **le, la,** and **l'** are used in front of singular nouns. The definite article **les** is used in front of all plural nouns, both masculine and feminine.

les + all plural nouns	**les** chiens, **les** fleurs, **les** affiches

Note de prononciation

When **les** is used in front of a noun beginning with a vowel sound, the **s** of **les** links with the vowel and is pronounced like a **z**.

les chiens *but* les‿affiches   les chats *but* les‿hôtels
                        /z/   /z/

Le pluriel des noms

As a general rule, the plural of a noun is formed by adding an **s** to the singular. If the singular form of a noun already ends in an **s** (for example, **le mois**), do not add an additional **s** (for example, **les mois**).

Note de prononciation

The final **s** in plural words is not pronounced. This means that you have to listen to the article at the front of the word to find out if you are dealing with one or more than one, not the end of the noun as in English.

le chat	les chats		la fleur	les fleurs
l'affiche	les affiches		l'hiver	les hivers

Remember that the **s** of **les** is silent before a consonant (**les chiens**) but is pronounced like a **z** when followed by a noun that starts with a vowel sound (**les‿hôtels**).

/z/

═══Mise en pratique═══

Objectives, Act. 1 and 2:
focusing on articles, gender and number

1. On parle! For each underlined word, decide whether it is masculine singular, feminine singular, or plural. Then rearrange the sentences to make a dialogue.

1. —C'est le premier mai. Ah, j'adore le <u>printemps</u>!
2. —Moi, je déteste le <u>printemps</u>!
3. —Non, je déteste les <u>fleurs</u>!
4. —Tu n'aimes pas les <u>fleurs</u>?
5. —Quelle est la <u>date</u> aujourd'hui?

2. Masculin? Féminin? Pluriel? Add the appropriate definite article (le, la, l', les) in front of each noun.

1. Ce sont *(are)* _____ fleurs pour _____ anniversaire de Jacqueline.
2. Ce sont _____ stylos d'Alceste.
3. C'est ____ année des élections.
4. C'est _____ cahier de français.
5. Ce sont _____ quatre saisons de ____ année.
6. C'est _____ chien de Paulette.
7. C'est _____ date de l'Armistice.
8. Ce sont _____ jours de vacances de Paulette.
9. Ce sont ____ chats et _____ chiens de Thérèse.
10. C'est _____ voiture de Candide.

Structure 3

L'usage de l'article défini

In French, as in English, the definite article is used to refer to a person or object that has already been specified.

C'est **le** professeur?	*Is that the teacher?*
Oui, c'est **le** professeur!	*Yes, that's the teacher.*

In French, however, unlike in English, the definite article is also used to refer to things in general, to abstract concepts, or to things you do or do not like. English uses no article in such cases. Compare:

J'aime **le** printemps.	*I like spring.*
Tu détestes **les** chats?	*Do you hate cats?*
C'est **la** vie.	*That's life.*

Mise en pratique

Objective, Act. 1: understanding the use of the definite article in an authentic context

1. Page perso. Samuel. Mes passions!

> *Je suis passionné de formule 1 et je regarde tous les grands prix en direct à la télé. Sinon, j'adore la nature et les animaux. J'ai également une passion pour les livres...*

a. Read over the excerpt from a **page perso (page personnelle)**. What does Samuel like? Choose from this list: **les fleurs, les posters, les livres, les professeurs, les voitures, les stylos, les chiens, le week-end, les chats.**

b. Pourquoi? Look again at what Samuel wrote. Find examples of the use of the definite article to express likes and dislikes.

Objective, Act. 2: using definite articles to express personal opinions

2. Réagissez. With a partner, say what you like, dislike, and hate. Keep track of how many times you agree and disagree (for example: **oui = 5; non = 3**).

Modèle: l'hiver
—*Tu aimes l'hiver?*
—*Non, je déteste l'hiver. / Oui j'aime l'hiver.*

1. les voitures
2. les chiens
3. les professeurs
4. les chats
5. les mercredis
6. les dimanches
7. l'été
8. les vendredis

Échanges

Faire-parts de naissance

Échanges is an opportunity to use all the things you have learned in this lesson to read, write, and communicate in French.

Objective, Act.1: recycling vocabulary

 1. Annonces. Select words from the list to indicate what sort of information you find in announcements of various life events.

dates / cahiers / mois / jours / noms *(last names)* / chiffres / stylos / fleurs / chats / livres / adresses / prénoms *(first names)* / saisons / semaines / numéros de téléphone / adresses email / religions

Objective, Act. 2: solving problems

 2. Comptez. Look at the birth announcements below. How many male names appear on these announcements? How many female names? Could some names be either?

FAIRE-PARTS DE NAISSANCE

> Emma et Hugo ont la joie de vous annoncer
> la naissance de leur petit frère
>
> ## Mathis
>
> né le 12 janvier 2012 à Montpellier
>
> Nicolas et Dominique Lejeune
> 8 rue de la République
> 34000 Montpellier
> 04 67 12 16 09

1.

> ## Coucou, c'est moi!
>
>
>
> Je m'appelle Manon
> Je suis née le 15 juillet 2009 à 5h10
>
> Mes parents, c'est Sophie Dumont et Olivier Berger
>
> 31 rue Général de Gaulle
> 10000 Troyes
> 03 25 29 12 16
> SophieOlivierDB@hotmail.com

2.

> ## C'est un garçon!
>
> Thomas est arrivé le 8 décembre 2011
>
> Son papa, sa maman et sa grande sœur Jade sont fous de joie!
>
> Virginie et Jérôme Chevalier-Marin
> 38 rue Alsace Lorraine
> 31000 Toulouse

3.

3. Quelques détails. Complete the chart to show the information in these announcements.

Objective, Act. 3: guessing from context

	Qui? (Who)	Quoi? (What)	Quand?	Où?
Faire-part 1				
Faire-part 2		la naissance (birth)		
Faire part 3				

4. Devinez qui. Find the names of these people in the announcements.

Objective, Act. 4: thinking critically

les parents d'Emma

les parents de Manon

la maman de Thomas

le petit frère (brother) de Hugo

la sœur (sister) de Thomas

le papa de Jade

5. Autres détails

Objective, Act. 5: observing and analyzing

a. La famille. Based on the style of these announcements, what type of family do you think each child probably has?

moderne?　　traditionnelle?　　riche?

simple?　　amusante?　　sérieuse?

b. Les adresses. Look at the way addresses are written in French. How are they similar to or different from the way addresses are written where you live?

6. Une annonce de naissance. In pairs, collect information from each other in order to design birth announcements. Once you have the information you need, use French to design each other's birth announcements.

Objective, Act. 6: transferring information in creative format

Le français parlé

Faire connaissance

Scène de vie

—Bonjour… Pierre?
—Moi? Non, non. Michel! Je m'appelle Michel.
—Moi aussi!
—Comment?
—Oui, oui, je m'appelle Michèle aussi!
—Et tu es d'où?
—De Montréal. Et toi?
—De Marseille.
—Ah oui? Moi, j'aime Marseille.
—Et moi, j'adore Montréal!
—Et bien… Salut Michel!
—Salut Michèle, à bientôt?
—Oui, d'accord, à bientôt!

Objectives: meeting people; using incomplete sentences, omitting sounds in informal and rapid speech

Pour écouter

The French of this conversation is more informal and familiar than the French people use when they write. The degree of informality depends on the relationship between the speakers and the context of the speech act. For example, college students talk differently to each other than to a professor. Informal French speech can be very different from its written equivalent, so you need to be aware of two characteristics of spoken, familiar French in order to understand it:

- People don't speak in full sentences. Can you underline each incomplete sentence in the conversation above?
- People omit words or sounds because they speak fast and in a relaxed way. Listening to your audio CD or your instructor, can you underline in the conversation above when spoken French is different from its written form?

Parlons!

Time to meet each other!

1. Using the French you have learned in this lesson, take a few moments to write down questions you would like to ask your classmates.
2. Working in pairs, find out as much as you can from each other. Take a few notes so you can tell the class one or two interesting things about your partner.

The *Vocabulaire de base (basic vocabulary)* for each lesson contains the words and expressions that you are responsible for learning to use in speaking and in writing. (NOTE: *m.* = *masculine*; *f.* = *feminine*).

les chiffres de 0 à 39 (page 6)

les mois de l'année (page 8)

les jours de la semaine (page 8)

les saisons (page 11)

Noms

le cahier *notebook*
le chat *cat*
le chien *dog*
l'étudiant *(m.)*, l'étudiante *(f.) student (male), student (female)*
le livre *book*
le professeur *teacher*
le stylo *pen*
la voiture *car*

Divers

à bientôt *see you soon*
à demain *see you tomorrow*
au revoir *goodbye*
aussi *also*
avec *with*
bien *fine, good, well*
bonjour *hello*
Ça va? *How's it going?*

C'est le huit janvier. *It's January 8. / It's the eighth of January.*
C'est le premier octobre. *It's October 1. / It's the first of October.*
C'est lundi. *It's Monday.*
Comment allez-vous? *How are you? (formal)*
Comment ça va? *How's it going?*
d'accord *all right, OK*
de *of; from; about*
et *and*
Et toi? *What about you? (to a friend)*
Et vous? *What about you? (to an adult you don't know well)*
j'adore *I love*
j'aime *I like; I love*
je déteste *I hate*
je m'appelle *my name is*
je ne comprends pas *I don't understand*

je ne sais pas *I don't know*
madame (Mme) *ma'am; Mrs.*
mademoiselle (Mlle) *miss, Miss*
mais *but*
merci *thank you*
moi *me*
monsieur (M.) *sir; Mr.*
non *no*
oui *yes*
pardon *excuse me*
pas mal *not bad*
pour *for, in order to*
premier *first*
salut *hi, bye*
très bien *fine, good, very good*
tu adores *you love*
tu aimes *you like, you love*

Note de prononciation

Les signes diacritiques

French uses five diacritical marks: l'**accent aigu** (´), l'**accent grave** (`), l'**accent circonflexe** (ˆ), **la cédille** (ç), and **le tréma** (¨). Omitting, misplacing, or misusing a diacritical mark is the same as misspelling a word in French.

The **accent aigu** (´) is found only over the letter **e**. It marks the sound represented by the é in the word **étudiant**.

The **cédille** (ç), or *cedilla,* is found only under the letter **c**. It marks a soft **c** or **s** sound.

    cave   *no cedilla = hard c or k sound*
    ça   *cedilla = soft c or s sound*

The other diacritical marks are explained in *Leçon 2.*

The *Vocabulaire supplémentaire* for each lesson contains words and expressions that you should be able to recognize when you hear or read them. You may want to learn some of these words and expressions and start using them when you speak and write.

Noms

l'affiche *(f.) poster*
l'année *(f.) year*
l'anniversaire *(m.) birthday*
la date *date (calendar)*
la fleur *flower*
le jour *day*
le mois *month*
le poisson *fish*
la saison *season*
la semaine *week*
le week-end *weekend*

Divers

à tout à l'heure *see you later*
aujourd'hui *today*
Bon week-end! *Have a nice weekend!*
Ça dépend. *That depends.*
Ça y est! *That's it/done/finished!*
C'est quand, ton anniversaire? *When's your birthday? (to a friend)*
C'est quel jour aujourd'hui? *What day is it today?*
Comment? *What did you say?*
Comment t'appelles-tu? / Tu t'appelles comment? *What's your name? (to a friend or a child)*

Comment vous appelez-vous? *What's your name? (to someone you don't know well)*
je comprends *I understand*
moi aussi *me too, so do I*
moi non plus *me neither, neither do I*
pas du tout *not at all*
pas moi *not me*
Quelle est la date aujourd'hui? *What's the date today?*
Tu es d'où? *Where are you from?*
Vous aimez... ? *(Do) you like . . . ?*
Vous êtes... ? *Are you (You're) . . . ?*

Le français tel qu'on le parle

This section contains words and expressions characteristic of spoken French. These are presented here in order to help you understand French as you will hear it both in and out of the classroom. Spelling for some of these words and expressions may not appear in dictionaries. This is similar in English with words like *gonna* or *whatcha* that are common in speech. For more details, see the *Le français parlé* section in each lesson.

> j'm'appelle = je m'appelle
>
> T'es d'où? = Tu es d'où?

Le français familier

This section contains words and expressions characteristic of the informal French spoken among friends, within families, or by young people. Although it is probably not advisable for learners of French as a second language to use these words and expressions until very sure of their nuances, you may need to be able to understand them.

> le bouquin = le livre
>
> le prof = le professeur

On entend parfois...

Although English is spoken in the United States, Canada, and Great Britain, there are some differences, particularly in vocabulary. For example, in the United States you rent an *apartment* and you buy *gas* for your car. In Great Britain, however, you rent a *flat* and you buy *petrol*. There are similar differences in countries where French is spoken. The section **On entend parfois...** *(You sometimes hear . . .)* contains a selection of words along with the French-speaking country where they're used.

> bonjour (Canada) = au revoir (as well as *hello*)
>
> la fin de semaine (Canada) = le week-end
>
> la fête (Canada) = l'anniversaire

Leçon 2

Comment êtes-vous?

iLrn iLrn Heinle Learning Center includes

🔊 In-text Audio Program

▶️ Voilà Video

🌐 Companion Website

👥 Pair work

👥 Group work

Observez

C'est quelle saison? Quel mois? Quel jour de la semaine?

Vocabulaire

In French, adjectives change their form according to the gender of the noun they go with or modify. Traditionally, the masculine singular form is the base form (the form used for dictionary entries) and feminine and plural forms are derived from it. To make things easier, the vocabulary section here deals with masculine singular forms only. Feminine forms and plural forms are presented in *Structure 3*.

A. Ils sont...

— Voilà!
— Merci!

Voilà Julien. Il est grand et brun. Il est sérieux, travailleur et raisonnable. Il est sympathique aussi parce qu'il est équilibré et généreux.

— Non, non et non!

Voilà Nicolas. Il est petit et blond. Maintenant, il est méchant, pénible et égoïste. Pourquoi? Parce qu'il est fatigué.

— Je suis fatigué

Voilà Alexandre. Il est mince. Aujourd'hui, il est malade donc il est fatigué et il est déprimé aussi. C'est normal.

— Jean-François!
— Oui, oui!

Voilà Jean-François. Il n'est pas très âgé mais il n'est pas jeune. Il est intelligent mais il est paresseux. Il est sociable et équilibré aussi.

— Oui, oui!
— Non, non!

Voilà Thomas. Il est beau mais il est trop timide et il est très naïf.

— Moi? Bizarre?!

Voilà Émile. Il est laid, bizarre et bête. Mais il est très amusant!

— Je déteste l'été.
— C'est bizarre!

Voilà Candide et Alceste. Candide est heureux mais Alceste est malheureux.

— Oui, d'accord, ça va!

Voilà Fabien. Il est gros? Mais non, il est mince! Et il est sportif et très occupé.

Activité vidéo

Sir John Macdonald was the first Prime minister of Canada. He led Canada through its period of consolidation in the nineteenth century.

Voilà Napoléon.
Il est français.

Voilà Daniel Boone. Il est américain.

Voilà John Macdonald.
Il est canadien.

● Julien est plus sympathique que Nicolas. Émile est moins beau que Thomas et Fabien. Et Alceste? Il est aussi beau que Thomas? Qui est plus mince, Alexandre ou Jean-François? Qui est plus grand, Napoléon ou Daniel Boone? Qui est moins sportif, Fabien ou Jean-François? Qui est aussi heureux que Candide aujourd'hui? Qui est aussi malheureux qu'Alceste? Comment est Napoléon? Comment est Daniel Boone? Comment est John Macdonald?

B. Qui aime...

les cours?

les devoirs?

les examens?

les fêtes?

la musique classique?

le jazz ou le rock?

l'université?   *les vacances?*

● Et vous, vous aimez les cours? Le rock? Les fêtes? La musique classique?

Objective: *culture*

Vidéo buzz

Les Français et la musique

Parmi les types de musique suivants, quel est votre style de musique préféré?

	Réponses exprimées en %
La chanson française	66
Le rock, la pop	29
La musique classique	22
La variété étrangère	22
Le jazz	14
Les musiques de film	13
Le reggae	12
Les musiques traditionnelles et régionales françaises	10
La techno, les musiques électroniques	9
Les musiques du monde, la world music	9
La musique sud-américaine	8
Le rap	7
Le blues	7
L'opérette	6
L'opéra	6
Le rhythm'n blues	5
La musique religieuse	5
La musique militaire	4
Le raï	2

Raï started in Oran, Algeria, in the twenties and became popular in France in the nineties.

Adapted from "Votre Vie en musique" Une enquête TNS SOFRES / SACEM sur le rapport des Français à la musique. Conférence de presse du 22 juin 2005.

1. Musique française, musique d'ailleurs. Look at the survey and find examples of each category of music.

Musiques d'origine française:

Musiques d'origine nord-américaine:

Musiques d'autres pays *(from other countries)*:

Musiques traditionnelles:

Musiques modernes:

Musiques sérieuses:

Musiques amusantes:

2. Les Français, la musique et vous. Arrange the list in the survey according to your personal preferences. Then compare your list with the one in the survey of French preferences. What are the similarities? The differences?

Modèle: **C'est comme moi:** *Je déteste la musique militaire, j'aime la musique classique...*

C'est différent: *J'aime la chanson américaine, mais pas la chanson française...*

3. La musique et la classe. Compare your list with a partner. Do you share the same taste in music?

Modèle: —*Tu aimes l'opéra?*
—*Non, je déteste l'opéra. Et toi?*
—*Moi aussi, mais j'adore le reggae.*
—*Pas moi. Tu aimes le jazz?*

C. Et aussi...

Here are useful words and expressions not included in the preceding vocabulary presentation. These words and expressions are part of the lesson's vocabulary and are included in the activities.

c'est tout	*that's all*
il/elle adore	*he/she loves*
il/elle aime	*he/she likes; he/she loves*
il/elle déteste	*he/she hates*
où	*where*
plus ou moins	*more or less*

Note de prononciation

Spelling differences do not always indicate differences in pronunciation. In the following example, the words in boldface type are pronounced alike.

Il **aime** le jazz?   Tu **aimes** le rock?

The same is true for j'**adore**, tu **adores**, and il/elle **adore**; je **déteste**, tu **détestes**, and il/elle **déteste**; **ou** and **où**; **Michel** and **Michèle**.

1. La comparaison. Use plus/plus... que, moins/moins... que, and aussi/aussi... que to make comparisons.

> Qui est **plus** mince, Alexandre ou Jean-François?
> *Who's thinner, Alexandre or Jean-François?*

> Nicolas est **plus** égoïste **que** Julien et il est **moins** sympathique.
> *Nicolas is more selfish than Julien, and he is less likable.*

> Alexandre est **aussi** malheureux **qu'**Alceste aujourd'hui.
> *Alexandre is as unhappy as Alceste today.*

Qui est... ? Look at the characters on pages 28–29.

> *Modèle:* Qui est moins beau, Napoléon ou Daniel Boone?
> *Napoléon. Napoléon est moins beau que Daniel Boone.*

1. Qui est plus intelligent, Émile ou Julien?
2. Qui est moins sportif, Daniel Boone ou Jean-François?
3. Qui est moins beau, Napoléon ou Fabien?
4. Qui est plus heureux, Candide ou Alexandre?
5. Qui est plus malheureux, Thomas ou Alceste?
6. Qui est aussi mince que Fabien?

2. Aussi / donc. Aussi is an adverb and it means *also* or *as*. Donc is a conjunction (it coordinates, or joins, clauses) and it means *so* or *therefore*. Use **donc** to introduce a conclusion or consequence, as in Descartes' famous **Je pense donc je suis** *(I think therefore I am)*. Use **aussi** to express *also* or *as* in a comparison of equality. **Aussi,** in these uses, is never found at the beginning of a sentence or clause.

> Alceste est malade **donc** il est malheureux et déprimé.
> *Alceste is sick, so he's unhappy and depressed.*

> Candide est **aussi** malade **qu'**Alceste mais il n'est pas **aussi** malheureux.
> *Candide is as sick as Alceste, but he's not as unhappy.*

> Moi, je suis malade **aussi**!
> *I'm sick too!*

Donc ou aussi?

1. Nicolas est fatigué. _____, il est pénible aujourd'hui!
2. Julien est généreux. Il est _____ travailleur et sérieux.
3. Tu aimes le jazz? Moi _____!
4. —J'adore la musique classique!
   — _____, tu aimes Beethoven?
5. Alexandre est _____ sportif que Fabien?

3. Ou / où. Ou (no accent) means *or;* où (with an accent) means *where.*

—Où est Michèle? *Where's Michèle?*
—Michel ou Michèle? *Michel or Michèle?*

Ou ou *où?*

1. Tu es d'_____?
2. Nicolas est grand _____ petit?
3. Tu aimes la musique classique _____ le jazz?
4. Je ne sais pas _____ est Fabien.

4. Singulier ou pluriel? Some words that are used in the singular in English are used in the plural in French, and vice versa.

Le devoir / les devoirs. A **devoir** is an assignment. **Les devoirs** refers to homework in general.

Je déteste **les devoirs.** *I hate homework.*
Le devoir de maths est bizarre! *The math assignment is strange!*

Les vacances. The word **vacances** is always plural in French.

J'adore **les vacances.** *I love vacation(s).*

5. Le devoir, les devoirs ou les vacances? (There may be more than one possibility.)

1. J'adore le mois de juillet parce que j'adore _____! Pas vous?
2. Je ne comprends pas _____ de français pour demain.
3. J'aime l'université et les cours, mais je déteste _____.

Mise en pratique

1. Positif ou négatif? Decide which of the following adjectives have positive or negative connotations. Are there any adjectives that are both negative and positive or that are otherwise difficult to classify?

Objectives, Act. 1: receptive vocabulary learning; critical thinking

amusant	sportif	timide	naïf	déprimé	méchant
beau	bête	bizarre	égoïste	grand	généreux
intelligent	sérieux	malade	heureux	malheureux	équilibré
occupé	paresseux	pénible	raisonnable	sociable	sympathique
travailleur	normal				

Adjectifs positifs	*Adjectifs négatifs*	*Adjectifs difficiles à classer*

Objectives, Act. 2:
*explaining, using **donc** to
link within discourse*

 2. Expliquez! Give additional adjectives to describe these people. Use **donc** in your sentences.

> *Modèle:* Yves est méchant.
> *Donc il est pénible, égoïste...*

1. Xavier est sérieux.
2. Arnaud est amusant.
3. Jérôme est sociable.
4. Jean-Luc est bizarre.
5. Alain est heureux.
6. Olivier est malheureux
7. Maxime est équilibré.
8. Laurent est pénible.

Objective, Act. 3: *limited
production of new vocabulary
within a communicative context*

3. Qui est-ce?

a. Choose a character from pages 28–29 and take a few moments to write a short description of him.

b. Work in pairs. Describe your character without giving his name and have your partner identify the character you selected.

> *Modèle:* —*Il est français et il est petit.*
> —*Napoléon!*

4. Comparez. Compare the following people from the vocabulary presentation on pages 28–29.

1. Alexandre et Jean-François
2. Julien et Nicolas
3. Fabien et Alceste
4. Thomas et Candide
5. Napoléon et Daniel Boone

Objectives, Act. 5 and 6:
*practicing new vocabulary;
recycling; interacting orally*

5. On est comment?

a. Il est... Describe each person below. Base your description on what you know. Then add other possible characteristics.

1. Alceste
2. Candide
3. Émile
4. Jean-François
5. L'étudiant sur la photo *(in the picture)*

b. Il aime... For each of the people in Activity 5a, make a list of three things they probably like.

c. Ils sont comment? Now, group the people according to how you feel about them. Be ready to justify your opinion.

> *Modèle: Jean-François est sympathique parce qu'il est généreux et parce qu'il aime les fêtes.*

6. Et vous? In pairs, interview each other about your likes and dislikes. Be ready to report back to the class.

> *Modèle: Becky aime les chats. Elle n'aime pas les chiens.*
> *Josh aime les chiens, mais il n'aime pas les chats!*

Structure 1

Le verbe *être*

Grammar tutorial

Here are the forms of the verb **être** *(to be)*.

je suis	*I am*	nous sommes	*we are*
tu es	*you are (familiar)*	vous êtes	*you are (formal or plural)*
il est	*he (it) is*	ils sont	*they are*
elle est	*she (it) is*	elles sont	*they are*

Use **ils** to refer to any group that includes at least one male. Use **elles** to refer to groups composed exclusively of females

Note de prononciation

The **s** of **vous** is pronounced like a **z** in front of the vowel **ê** in **êtes:** vous_êtes
/z/

The **s** of **ils** and **elles** is not pronounced in front of a consonant.

Ils sont occupés. (**s** of **ils** not pronounced)

There are also three *imperative*, or *command*, forms of the verb **être.**

Sois raisonnable!	*Be reasonable! (to a person you would address using **tu**)*
Soyez raisonnable(s)!	*Be reasonable! (to a person you would address using **vous** or to more than one person)*
Soyons raisonnables!	*Let's be reasonable!*

Mise en pratique

1. C'est qui? Choose the correct pronoun to complete each sentence.

Objective, Act. 1 and 2: focus on subject / verb agreement

1. (Vous / Ils / Nous) sommes américains.
2. (Tu / Vous / Elles) êtes sympathique.
3. (Je / Il / Nous) suis malade.
4. (Elle / Ils / Tu) es timide.
5. (Je / Tu / Elle) est bête!
6. (Nous / Elles / Vous) sommes raisonnables.
7. (Il / Ils / Je) est occupé.
8. (Il / Ils / Vous) sont malades.
9. (Vous / Tu / Nous) êtes pénibles!

2. Je suis comme je suis. Sometimes people and animals are just as they are! Combine elements from the columns adding a form of **être** to make complete sentences. Work with a partner to create as many sentences as possible. Pay attention to adjective endings.

je	nous	bêtes	raisonnable
tu	vous	bizarre	sociables
Alceste	les chiens	malade	sympathique
Candide	les chats	mince	timides
le professeur		pénibles	

Structure 2

La forme négative (Comment dire non)

To make a verb negative in French, put **ne (n')** in front of the verb and **pas** after it.

> **ne (n')** + verb + **pas**

Here are the negative forms of **être**.

je **ne** suis **pas**	*I am not*	il \} **n'est pas**	he \} *is not*
tu **n'es pas**	*you are not*	elle	she

Note de prononciation

The e of **ne** is dropped in front of a verb form beginning with a vowel or vowel sound.
—Tu **n'es** pas heureux?
—Non. Ça ne va pas du tout. Patrick **n'aime** pas les chats et moi je **n'aime** pas les chiens!

Mise en pratique

Objective, Act. 1 and 2: focus on relationship between form and function

1. Oui ou non? Read the exchanges. Is the reply **oui** or **non**? You won't know all the words, but you should be able to guess the general intent.

1. —C'est clair? Tu comprends?
   —_____, je comprends maintenant.
2. —Jeanne est là?
   —_____, elle n'est pas là.
3. —Ça va? Vous êtes d'accord?
   —_____, ça va, je suis d'accord.

4. —Tu sais où est le supermarché?
   —_____, je ne sais pas.
5. —Vous permettez que je fume?
   —_____, je suis désolé mais ce n'est pas permis.

2. L'esprit négatif. Candide sees life through rose-colored glasses. Alceste does not. In pairs, play the roles of Candide and Alceste.

Modèle: CANDIDE: Je suis heureux!
   ALCESTE: *Et moi, je ne suis pas heureux.*

1. CANDIDE: J'aime les chats!
2. CANDIDE: Les chiens sont amusants!
3. CANDIDE: J'aime le printemps!
4. CANDIDE: Je suis généreux!
5. CANDIDE: Ça va!
6. CANDIDE: Nous sommes jeunes.

Objectives, Act. 3: practicing form, personalizing

3. J'aime... Et vous, est-ce que vous aimez... ?

a. With a partner, find out what each of you likes and dislikes.

Modèle: les chats? *Oui, j'aime les chats. / Non, je n'aime pas les chats.*

1. les chiens?
2. les poissons?
3. les vacances?
4. les examens?
5. les fêtes?
6. les devoirs?
7. la musique classique?
8. le rock?
9. les professeurs?
10. les cours?

b. Now, introduce the person you have interviewed to the rest of the class.
Modèle: Voilà Max. Il aime..., mais il n'aime pas...

Structure 3

La formation des adjectifs

Grammar tutorial

In French, adjectives agree in number and gender with the person or object to which they refer. Thus adjectives may change form depending on whether the person or object they refer to or modify is singular or plural, masculine or feminine.

Paul est **grand** et **beau**.

Paul et Marc sont **grands** et **beaux**.

Nicole est **grande** et **belle**.

Nicole et Marie sont **grandes** et **belles**.

Adjectifs comme *mince*

Adjectives whose masculine singular form ends with a mute **e** (an **e** that is not pronounced) are spelled identically in the masculine and feminine forms. They add **s** to form the plural. These changes affect spelling only; all four forms are pronounced identically. In the chart below, for example, all forms of **mince** are pronounced the same.

	Masculine	**Feminine**
Singular	Il est mince.	Elle est mince.
Plural	Ils sont mince**s**.	Elles sont mince**s**.

Other adjectives like **mince** are **bête, bizarre, égoïste, malade, raisonnable, sociable, sympathique,** and **timide**.

Adjectifs comme *fatigué*

Adjectives that end in **-é** form their feminine by adding a silent **e**. Their plurals end in a silent **s**. Changes involve spelling only; all four forms are pronounced identically.

	Masculine	**Feminine**
Singular	Il est fatigué.	Elle est fatigué**e**.
Plural	Ils sont fatigué**s**.	Elles sont fatigué**es**.

Other adjectives like **fatigué** are **âgé, déprimé, équilibré,** and **occupé**.

Adjectifs comme *grand* et *français*

The majority of adjectives that end in a silent consonant (rather than a mute e or an é) form their feminine by adding an e. The addition of this e causes the preceding consonant to be pronounced.

	Masculine	**Feminine**
Singular	Il est grand.	Elle est grand**e**.
	(**d** not pronounced)	(**d** pronounced)
	Il est français.	Elle est français**e**.
	(**s** not pronounced)	(**s** pronounced)

Other similar adjectives include **américain, amusant, blond, brun, content, intelligent, laid, méchant,** and **petit.**

Note de prononciation

Les consonnes finales

Generally, final consonants are silent in French. A consonant followed by an e is pronounced.

méchant
t not pronounced

méchante
t pronounced

Four consonants, **c, r, f,** and **l** (think of the word *CaReFuL*), are frequently pronounced even when they are at the end of a word. In the words listed below, the letters in boldface are pronounced.

par**c**   devoi**r**   sporti**f**   norma**l**

Frequently, the final consonant of French words adopted from other languages is also pronounced. The letters in boldface in the following words are pronounced.

tenni**s**   ga**z**   campu**s**   shor**t**

Finally, note that the **r** of words ending in -er is usually not pronounced.

aimer   janvier

Activité

Chassez l'intrus. Read each list aloud to find the word whose final consonant is pronounced.

1. étudiant / fleur / heureux / blond
2. intelligent / français / animal / laid
3. cahier / devoir / février / détester
4. travailleur / janvier / gros / chat

Plurals are formed by adding an **s** to the singular form (unless that form already ends in **-s** or **-x,** in which case nothing is added). The plural **s** is never pronounced.

	Masculine	**Feminine**
Plural	Ils sont grand**s.**	Elles sont grande**s.**
	Ils sont françai**s.**	Elles sont française**s.**

D'autres adjectifs

Some adjectives have feminine and/or plural forms that do not fall into the three categories just discussed. The forms of adjectives that do not follow one of these three patterns are always given in the vocabulary list. You should learn them as you encounter them.

Here are the forms of irregular adjectives in this lesson. Note that the forms of the adjective **beau** (**belle**) are irregular.

Masc. sing.	**Fem. sing.**	**Masc. pl.**	**Fem. pl.**
-eux	**-euse**	**-eux**	**-euses**
généreux	généreuse	généreux	généreuses
paresseux	paresseuse	paresseux	paresseuses
sérieux	sérieuse	sérieux	sérieuses
-s	**-sse**	**-s**	**-sses**
gros	grosse	gros	grosses
-f	**-ve**	**-fs**	**-ves**
naïf	naïve	naïfs	naïves
sportif	sportive	sportifs	sportives
-ien	**-ienne**	**-iens**	**-iennes**
canadien	canadienne	canadiens	canadiennes
-eur	**-euse**	**-eurs**	**-euses**
travailleur	travailleuse	travailleurs	travailleuses
-al	**-ale**	**-aux**	**-ales**
normal	normale	normaux	normales
beau	belle	beaux	belles

Mise en pratique

Objective, Act. 1: *recognizing agreement*

1. Vous parlez de quoi? Use the pronouns and adjective endings to decide what each person is talking about.

1. Il est beau! (le chat ou l'affiche?)
2. Elles sont laides! (les livres ou les fleurs?)
3. Il est grand! (l'étudiant ou l'université?)
4. Elle est belle! (l'affiche ou le livre?)
5. Elles sont grandes! (les fleurs ou les chats?)
6. Il est âgé! (Monsieur Dumont ou Madame Vital?)

Objective, Act. 2 and 3: *practicing adjective forms*

2. Des jumeaux et des jumelles. Here are some sets of twins. You already know what one twin is like. What is the other twin probably like?

Modèle: Sophie est intelligente. Et Marc?
Il est intelligent.

1. Jacques est timide. Et Jacqueline?
2. Béatrice est sociable. Et Bernard?
3. Monique est sportive. Et Marie?
4. Paul est laid. Et Pierre?
5. André est généreux. Et Anne?
6. Claudine est grosse. Et Charles?

3. Comment sont... ? Refer to Activity 2 to tell what each pair of twins is like.

Modèle: Sophie et Marc?
Ils sont intelligents.

1. Jacques et Jacqueline?
2. Béatrice et Bernard?
3. Monique et Marie?
4. Paul et Pierre?
5. André et Anne?
6. Claudine et Charles?

Objective, Act. 4 and 5: *recycling vocabulary in extended utterances*

 4. Et les sœurs? Look at the pictures on page 28. Each of these people has a sister. What are the sisters' names? With a partner, decide what each sister is like. Use your imagination!

Modèle: Nicolas? Il est petit et blond. Il est méchant et égoïste.
Et sa (his) sœur? C'est Sophie. Elle n'est pas petite.
Elle est grande et blonde. Elle est sympathique et sociable.

5. Comment est... ? In pairs, find out as much as possible about each other using the vocabulary you already know. Find out where the other students in your class are from, what they like and do not like, and what they are like. Be ready to tell the class one or two interesting thing(s) about the people to whom you have been talking.

Français, comment êtes-vous?

Objective: culture

Perception de la France aux États-Unis

Question: Je vais vous lire une liste de mots. Pouvez-vous me dire quels sont les deux mots qui correspondent le mieux à l'opinion que vous avez de la France?

	Juillet 2005
- Arrogant	29
- Ouvert	28
- Démocratique	15
- Compétitif	15
- Courageux	10
- Intolérant	9
- Amoral	7
- Égalitaire	6
- Sans opinion	11

Le total des % est supérieur à 100, les personnes interrogées ayant pu donner plusieurs réponses.

Adapted from: *TNS-Sofres* for *Le Figaro Magazine, 2005.*

1. Décoder. Which of the words in the list are cognates (words that mean approximately the same in English and in French)?

2. Comprendre. Which of these adjectives would you say describe the French?

3. Et nous? If you were asked to select six adjectives to describe people who live in your country, which adjectives would you choose?

La France de demain

1. Combien sont-ils? How many people appear on this magazine cover? How many men? How many women?

2. Portrait. In groups, select one of the people on the cover and write a brief description of him or her using words and structures you already know.

Modèle: *Voilà Julie. Elle est... Elle n'est pas... Elle aime... Elle n'aime pas... Elle déteste... Elle est moins....*

3. Rencontre. With a partner, assume the character of the person whose portrait your group produced and find out as much as possible about each other. Take notes so you can report what you learn.

> *Modèle:* —*Bonjour, je m'appelle Matthieu, et toi?*
> —*Julie. Tu es d'où?*
> —*De Paris.*
> —*Moi aussi! Tu aimes la musique?*

4. Les noms. Using the motto on the T-shirts on the magazine cover, select which one of these four people might say each sentence.

a. Je déteste l'oppression et le colonialisme impérialiste.

b. J'aime beaucoup les différences.

c. Les professeurs, les étudiants, pas de différences!

d. Attention, pas de brutalité!

5. Le message. **La France de demain: Ce qui les fera vivre ensemble.**
(Tomorrow's France: That which will help them live together.)

a. The T-shirts are imprinted with words in response to the implicit question about how people might live together in France. What do you think is the most important factor? The least important one?

b. Where do the words on the T-shirts come from? What will tomorrow's France be like? Select what you think the meaning of the magazine cover is from the choices below. Are there words that may not apply?

multiculturelle	harmonieuse	démocratique
révolutionnaire	moderne	idéale

6. Votre futur. How would you design a similar cover for a magazine where you live? What four people would you select? What words would you write on their T-shirts? Select four words from the list and rank them in order of importance to you.

égalité	fraternité	liberté	tolérance
succès	amitié	joie	démocratie
justice	confort	science	progrès
luxe	générosité	richesses	service

Le français parlé

Objectives: *talking about yourself; understanding informal and rapid speech*

Parler de soi

Scène de vie

—Voilà... tu es grand et brun...
—Oui, oui, et mince aussi.
—Ah oui, mince!
—Et je suis intelligent, sérieux...
—Mais sociable?
—Oui, très sociable, pas timide, non.
—Tu aimes la musique?
—Oui, le rock, mais pas la musique classique.
—Oui... Et le sport, tu aimes?
—Plus ou moins...
—Et les fêtes?
—Ah oui, j'adore! Et les vacances aussi!
—C'est tout?
—Oui, c'est tout.

Pour écouter

As you saw in *Leçon 1,* when people speak in informal settings, they often omit words or sounds. Listening to your audio CD or your instructor, can you find in the conversation above when spoken French is different from its written form?

Parlons! À la recherche de l'âme sœur

You would like to meet your soulmate and, as fate would have it, one of your friends has a knack for writing personal ads.

a. Using the French you have learned in this lesson, take a few moments to write a description of yourself (include your likes and dislikes, but keep in mind that absolute truth may not be to your advantage in this situation).

b. Working in pairs and using the conversation printed above as a model, play both roles. Don't forget to include the information that you wrote about yourself in the first part of this activity.

Noms

le cours *course, class*
le devoir (les devoirs) *assignment (homework)*
l'examen *(m.) test, exam*
la fête *holiday; party*
le jazz *jazz*
la musique *music*
le rock *rock (music)*
l'université *(f.) university, college*
les vacances *(f. pl.) vacation*

Adjectifs

américain(e) *American*
beau, belle, beaux, belles *beautiful, good-looking, handsome*
bête *dumb, stupid*
bizarre *weird, strange, odd*
blond(e) *blond*
brun(e) *dark-haired*
canadien, canadienne *Canadian*
fatigué(e) *tired*
français(e) *French*
généreux, généreuse *generous*
grand(e) *tall*
gros, grosse *big, fat*
heureux, heureuse *happy*
intelligent(e) *smart, intelligent*
laid(e) *ugly*
malade *sick*

malheureux, malheureuse *unhappy*
mince *slim, thin*
naïf, naïve *naive*
occupé(e) *busy*
paresseux, paresseuse *lazy*
pénible *obnoxious*
petit(e) *short (stature), small*
raisonnable *reasonable, sensible*
sociable *sociable, gregarious*
sportif, sportive *athletic*
sympathique *nice, congenial, likable*
timide *shy*
travailleur, travailleuse *hardworking*

Verbe

être *to be*

Divers

aussi... que *as . . . as*
il/elle adore *he/she loves*
il/elle aime *he/she likes, he/she loves*
il/elle déteste *he/she hates*
donc *thus, so, therefore*
maintenant *now*
moins (moins... que) *less (less . . . than)*
ou *or*
où *where*
parce que *because*
plus (plus... que) *more (more . . . than)*
très *very*

Les fêtes. The word **fête** may refer to a holiday or simply to a party.

Parce que. As is the case for **que** in general, the e of **que** is dropped when **parce que** is used in front of a word beginning with a vowel sound.
Alexandre est malheureux parce *qu*'il est malade.
Alexandre is unhappy because he's sick.
Candide est plus sportif *qu*'Alceste.
Candide is more athletic than Alceste.

Note de prononciation

Les signes diacritiques (^) et (¨)

The **accent circonflexe** (^) indicates a letter was dropped from an earlier (historical) form of the word. Often the letter (usually an s) that disappeared in French still remains in the related English word. This accent does not change the pronounciation of the vowel over which it appears. Do you now recognize these words?

forêt   hôpital   arrêt   bête   château   maître

The **tréma** (¨) indicates that both vowels are pronounced separately.

égoïste (é-go-ïste)   naïf (na-ïf)   Noël (No-ël)

Nom
la musique classique *classical music*

Adjectifs
âgé(e) *old*
amusant(e) *fun*
déprimé(e) *depressed*
égoïste *selfish*
équilibré(e) *well-adjusted*
jeune *young*
méchant(e) *mean*

normal(e) *normal*
sérieux, sérieuse *serious, hardworking*

Divers
c'est tout *that's all*
Comment est Jean? *What is Jean like?*
plus ou moins *more or less*
Pourquoi? *Why?*
qui *who*
trop *too (too much)*
voilà *there is/are (here is/are); there!*

Très / trop. Très and **trop** are adverbs that can be used to qualify an adjective.
Il est *très* intelligent. *He's very intelligent.*
Il est *trop* généreux. *He's too generous.*
In familiar French, **trop** is often used instead of **très** by young people:
Il est *trop* beau! *He is very (so) handsome!*

Le français tel qu'on le parle

chuis = je suis
t'aimes = tu aimes
ouais = oui

Le français familier[1]

branché(e) *"with it," hip*
crevé(e) = très fatigué(e)
la fac = l'université
marrant(e) = amusant(e)
moche = laid(e)
sympa *(invariable)* = sympathique
trop = très

On entend parfois...

une ambiance (Rép. Dém. du Congo) = une fête
assez, ben (Canada) = très
bolé(e) (Canada) = intelligent(e)
cagou (Antilles) = malade
fatigué(e) (Maghreb) = malade
minçolet(te) (Suisse) = très mince
les tâches *(f. pl.)* (Suisse) = les devoirs
l'univ (pronounced l'unif) (Belgique) = l'université

---

[1]**Le francais familier: l'argot.** Many of the words in this section are slang words (**argot**). In French, as in English, slang defines speakers in relationship to their age group, social class, and other affiliations. It is unstable and changes from generation to generation and from group to group.

Words that are common slang expressions in today's French are included in the lists that appear in the *Le français familier* section. Such words include, for example, **bouquin, branché, crevé,** and **marrant.** As is the case with informal French, you will want to be able to recognize these words, but you should be careful about using them with French speakers since such use may seem insensitive or inappropriate.

Leçon 3

Comment est votre chambre?

En bref

Pour communiquer

Décrire sa chambre
Parler de ses affaires
Identifier les couleurs
Exprimer la possession
Parler de sa chambre (Le français parlé)

Structure

Les articles indéfinis: **un, une, des**
Les articles après **ne... pas**
Le verbe **avoir**

Culture

Porte ouverte ou porte fermée?
Le logement d'étudiant
Petites annonces: chambres à louer
(Échanges)

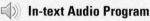

Observez

Comment est-elle? Il y a un lit ou deux lits *(beds)* dans la chambre? Le lit est grand ou petit? La chambre est confortable? Personnelle ou impersonnelle? Vous aimez les chambres modernes ou traditionnelles?

Vocabulaire

A. Voilà la chambre de Monsieur et Madame Mercier

une fenêtre · un tableau · un mur · des rideaux · un réveil · un lit · une commode · une table de nuit · un fauteuil · un tapis · un tiroir · une porte

—Denise!
—Oui? Qu'est-ce qu'il y a?

Dans la chambre de Monsieur et Madame Mercier, il y a une porte et une fenêtre avec des rideaux. Il y a aussi des meubles: un lit, deux tables de nuit, un fauteuil et une commode avec des tiroirs. Sur le mur, il y a un tableau et sur la table de nuit, il y a un réveil. Par terre, il y a un tapis. Et les couleurs? Les murs sont blancs, les rideaux et le fauteuil sont verts, le chat est noir et blanc, le tapis est bleu et vert et les fleurs sont rouges.

- La chambre est grande ou petite? Elle est claire ou sombre? Elle est belle ou laide? Elle est en ordre ou en désordre? Vous aimez les couleurs de la chambre?
- Quels *(What)* meubles sont grands? Petits? Pratiques? Beaux?
- Vous aimez les tapis rouges? Les murs verts? Les rideaux noirs? Les chats blancs? Les fauteuils bleus?

Objective: culture

Langue et **culture**

Porte ouverte ou porte fermée?

Space inside a home is like a territory where doors are much more than simple ways in and out. The activities below explore the cultural meaning of "doors."

1. Chez vous. Think about the room where you live now. When do you leave the door open? Closed?

Est-ce que votre *(your)* porte est ouverte ou fermée à:

7h du matin *(7:00 am)*?

10h du matin?

2h de l'après-midi *(2:00 pm)*?

6h du soir *(6:00 pm)*?

11h du soir?

2. Pourquoi? Select the reasons why you close your door and rank them from 1 (least important) to 6 (most important).

les conversations   le froid *(cold)*   la solitude

les devoirs   le désordre   l'indépendance

3. Une porte ouverte, une porte fermée. How do you feel about the door to someone's room being open or closed?

Une porte ouverte, une porte fermée...

C'est normal.

C'est privé.

Ce n'est pas sympathique.

Ce n'est pas agréable.

C'est important.

C'est pratique.

C'est raisonnable.

C'est sociable.

4. Les portes en France. Look at this photo taken in a French house.

a. In your opinion, where do these doors lead? Why are they closed?

b. Prepare three questions in English that you might ask a French person to find out what a closed door means in a French house.

B. Voilà la chambre de Jessica et de Susan

Jessica est la camarade de chambre de Susan. Dans la chambre de Jessica et de Susan, il y a un placard, deux chaises, deux bureaux et deux étagères. Sur les bureaux, il y a un téléphone, une télévision, un dictionnaire et un CD. Sur les murs, il y a des affiches et par terre, sous la chaise, il y a deux livres. Dans la chambre, il y a aussi une chaîne hi-fi, un réfrigérateur et une corbeille à papier, mais il n'y a pas de fauteuil. Et les couleurs? Le téléphone est orange, les bureaux sont marron, les rideaux sont jaunes, les chaises sont orange et la corbeille à papier est blanche.

The adjectives **orange** and **marron** are invariable. They have only one form, even in the plural. Note that **brun** rather than **marron** is used with hair color.

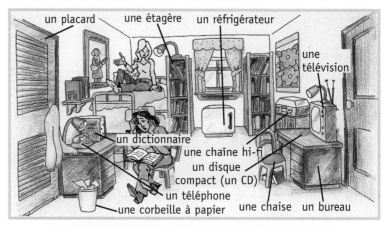

un placard une étagère un réfrigérateur
une télévision
un dictionnaire
une chaîne hi-fi
un disque compact (un CD)
un téléphone
une corbeille à papier une chaise un bureau

—Ça va?
—Non! J'comprends pas! C'est impossible!

- La chambre de Jessica et de Susan est agréable? Elle est en ordre ou en désordre? Elle est grande ou petite pour deux personnes? Vous aimez les couleurs de la chambre?
- Quels *(What)* objets sont grands? Petits? Pratiques?
- Quels objets et meubles de la chambre sont blancs? Orange? Jaunes? Marron? Rouges? Verts? Bleus?
- Jessica et Susan sont françaises ou américaines?

C. Voilà la chambre de Jean-Pierre

Dans la chambre de Jean-Pierre, il y a un lavabo et un miroir. Il y a aussi une photo, une guitare, une radio et un téléphone portable. Sur le bureau, il y a une lampe et sur la table, il y a un ordinateur portable. Il y a une armoire dans la chambre? Un réfrigérateur? Une télévision? Peut-être, c'est possible.

Toi, toi, toi, tu es trop belle pour moi...

une lampe
un miroir une photo
un lavabo
une radio
un ordinateur portable
un téléphone portable
une guitare une table

- La chambre de Jean-Pierre est en ordre ou en désordre? Elle est grande ou petite? Elle est agréable? Confortable? Belle? Pratique?
- De quelle couleur sont les rideaux? Et la guitare? Et le lavabo? Et la lampe? Et la chaise?
- Quels *(What)* objets importants pour vous ne sont pas dans la chambre?
- Vous aimez la chambre? Les couleurs de la chambre?
- Il y a une ou deux personnes dans la chambre?
- Jean-Pierre est français ou américain? Étudiant ou professeur?
- Comparez les trois chambres: J'aime la chambre de... parce qu'il y a..., mais je n'aime pas la chambre de... La chambre de... est plus / aussi / moins... que la chambre de...

The word **personne** is feminine even when it refers to a man.

Langue et **culture**

Le logement d'étudiant

Activité vidéo

Objective: *culture*

1. Chez nous. What are the housing options for college and university students in your country? Organize your list to rank the options (from 5 for the most frequent to 1 for the least frequent).

les cités universitaires *(dorms)* du campus

les appartements avec des colocataires

les chambres meublées chez l'habitant *(rented furnished rooms)*

la chambre chez les parents *(at home / with parents)*

l'appartement indépendant

2. Logements pour étudiants français. Here is a table setting out of the housing choices made by students at the **Université de Nice-Sophia Antipolis.**

LOGEMENT CHEZ LES PARENTS: 50%
LOGEMENT INDÉPENDANT EN LOCATION: 27%
LOGEMENT UNIVERSITAIRE: 8%
AUTRES LOGEMENTS: 15%

Les conditions de vie et d'études des étudiants de l'UNSA, Dossier réalisé par Michel Novi-Juin 2006.

a. Using what you have learned from this document, decide who might have made each of these statements, a college or university student in North America, one in France, or both (**un étudiant américain, un étudiant français** ou **les deux**)?

- Dans les universités, il y a beaucoup de cités et de résidences universitaires *(many dorms)*.
- Habiter chez ses parents *(to live at home)*, c'est normal pour un étudiant.
- Beaucoup d'étudiants habitent *(Many students live)* sur le campus.
- Beaucoup d'étudiants habitent seuls *(alone)*, en chambre ou en studio.

b. Using the results from Activities 1 and 2a, what conclusions can you draw about housing options for French students as compared to housing options for North American students?

D. Voilà le bureau de Mme Bernstein

- Qu'est-ce qu'il y a dans le bureau de Madame Bernstein? Le bureau est clair ou sombre? Normal ou bizarre? Il est agréable? Pratique? Confortable?
- De quelles couleurs sont les fleurs? Et l'ordinateur? Et le sac? Et le téléphone? Et la chaise?
- Quels objets et meubles sont jaunes? Marron? Rouges? Bleus?

E. Objets pour aujourd'hui

RADIO STÉRÉO avec lecteur de CD

RADIO-RÉVEIL

TÉLÉPHONE RÉPONDEUR

LECTEUR DE DVD

BALADEUR MP3

CLÉ USB

JEU VIDÉO

CD-ROM

PHOTOCOPIEUSE

- Quels objets sont pour les étudiants? Pour les professeurs?
- Quels objets sont dans votre *(your)* chambre? Quels objets ne sont pas dans votre chambre?

F. Et aussi...

Here are useful words and expressions not included in the preceding vocabulary presentation. These words and expressions are part of the lesson's vocabulary and are included in the activities.

un(e) colocataire *co-tenant*

on *one; they; people; we*

Qu'est-ce que c'est? *What's this? / What's that?*

une salle de classe (une classe) *classroom*

Mots et

usages

1. Voilà / il y a. Voilà is used to point out something or someone. It can mean either *there is/there are or here is/here are.* **Il y a** is used to state that someone or something exists, to enumerate, and to describe. It does not point out. **Il y a** can mean either *there is* or *there are.*

Voilà la chambre d'Anne. *There's Anne's room.*

Il y a deux chaises, un lit... *There are two chairs, a bed . . .*

Il y a ou *voilà*?

1. _____ Denise!

2. _____ des rideaux dans la chambre?

3. Dans la chambre de Monsieur et Madame Mercier, _____ un fauteuil.

4. _____ Monsieur Martin. Il est professeur.

5. —Dix roses, s'il vous plaît.

   —Oui, madame, _____.

2. Le pluriel des noms irréguliers. A small number of nouns do not form their plural by adding an **s.** These plurals are always given in vocabulary lists. Here are the nouns you already know that have irregular plural forms: **un bureau / des bureaux, un rideau / des rideaux, un tableau / des tableaux, un jeu / des jeux.**

a. Complétez. Select the item from column B that best completes each sentence in column A.

A	B
Pour la fenêtre de ma *(my)* chambre,...	il y a deux bureaux.
Dans ma chambre,...	j'aime les fleurs.
Pour avoir mes amis dans ma chambre,...	j'aime les rideaux bleus.
Pour décorer ma chambre,...	j'ai deux fauteuils.

b. La chambre de Marine. Use these words to describe Marine's room (there may be several possibilities). Be sure to pay attention to plural endings on nouns.

bureau, lampe, tapis, rideau, fleur, livre, fenêtre

Dans la chambre de Marine, il y a une _____, deux _____, un _____, un _____, douze _____, des _____ et trois _____.

3. On. On is a third-person singular subject pronoun (like **il** and **elle**) that corresponds very roughly to the English *one*. **On** is commonly used in spoken French instead of **nous** or in cases where it is easily understood to whom **on** refers.

On parle français en Martinique.	*One speaks French in Martinique.* *You (people in general) speak French in Martinique.* *They speak French in Martinique.* *French is spoken in Martinique.*
On a un examen aujourd'hui?	*Do we have a test today?*

What does *on* mean in each sentence? Choose from: *people, they, one, we, you.* Sometimes, more than one answer is possible.

1. On est malheureux quand *(when)* on est malade.
2. On aime les spaghetti à Rome?
3. On n'est pas occupé aujourd'hui.
4. On est très sportif dans la classe?
5. Quand on est étudiant, on déteste les examens.

Mise en pratique

Objective, Act. 1–3: producing new vocabulary

1. Les meubles, les objets et vous. Classify the furniture and objects that you have learned about in this lesson, using the following categories:

- Ils sont pratiques:
- Ils sont confortables:
- Ils sont très importants pour moi:
- Ils ne sont pas très importants pour moi:

2. Une chambre d'étudiant. Working in groups, make two lists:

1. The things in a typical dorm room before (**avant**) a student moves in.
2. The things that are added after (**après**) a student moves in.

3. Lieux et objets. Qu'est-ce qu'il y a dans...

1. une chambre d'hôtel?
2. une salle de classe?
3. le bureau d'un professeur?
4. un sac à dos *(backpack)*?

Objective, Act. 4–6: reviewing colors in context

un poisson rouge = a goldfish; **beige** = beige; **gris(e)** = gray; **blanc cassé** (inv.) = off-white

4. Les couleurs. De quelles couleurs sont les chats? Les chiens? Les poissons? Les téléphones? Les fleurs? Les murs de votre *(your)* chambre? Les rideaux de votre chambre?

5. Couleurs et associations

a. Les couleurs et les voyelles: vision du poète

«*A noir E blanc I rouge U vert O bleu: voyelles*
Je dirai quelque jour vos naissances latentes...»

—*Arthur Rimbaud*

Arthur Rimbaud was a famous 19th-century poet who, by the age of 19, had produced his entire body of work.

Et pour vous? Quelles couleurs pour les voyelles? Comparez avec les étudiants de la classe.

b. Les couleurs et les moments de l'année. Pour vous, de quelle(s) couleur(s) sont les lundis? Les samedis? Le printemps? L'été? L'automne? L'hiver? Les vacances? Les examens?

c. Les couleurs et les émotions. What emotions or feelings do you associate with each color?

bleu, rouge, vert, noir, blanc, jaune

Modèle: bleu = déprimé

6. Les couleurs et vous

a. Préférences. What is your favorite color? Compare with other students in your class. What is the favorite color of most students in the class?

b. Comment êtes-vous? Get in groups according to your favorite color. What are the people in your group like?

Modèle: On aime le vert: On est sportif, on n'est pas malheureux...

7. Voilà une chambre

Objectives, Act. 7 and 8:
*describing rooms; reviewing **il y a**; interacting in French*

a. La chambre. Avec un(e) partenaire, répondez aux questions suivantes: Qu'est-ce qu'il y a dans la chambre? La chambre est comment? C'est la chambre d'un étudiant? D'une étudiante? D'un professeur? Comment est-il/elle?

b. Les couleurs de la chambre. De quelle(s) couleur(s) sont les objets de la chambre?

c. Et votre chambre? Est-ce que la chambre de votre partenaire est comme la chambre sur le dessin *(drawing)*? Posez des questions pour le découvrir *(Ask each other questions to find out)*.

8. La chambre idéale.
What would the ideal bedroom (dorm room) be like? Make a drawing and label as many items as you can. Don't forget to indicate colors.

Structure 1

Les articles indéfinis: *un, une, des*

In English, the indefinite articles *a (an)* and *some (any)* are used to refer to persons or objects whose identity is not specified. In French, the indefinite articles **un, une,** and **des** are used the same way. Note the pronunciation of **des** before a vowel sound.

un + masculine singular noun	un livre; un hôtel
une + feminine singular noun	une chaise; une affiche
des + plural nouns	des livres; des chaises
	des_hôtels; des_affiches
	/z/ /z/

Dans **une** chambre, il y a **un** lit,   *In a room, there's a bed,*
  une lampe et **des** livres.   *a lamp, and some books.*

In French, unlike English, the article must be used.

Il y a **des** chiens et **des** chats.   *There are (some) dogs and (some) cats.*

Mise en pratique

1. Chassez l'intrus. In each list, one word does not belong because of its number (singular or plural) or its gender (masculine or feminine). Read each list aloud, adding the appropriate article (**un, une,** or **des**) in order to find the intruder.

> *Modèle:* chaise / photo / étudiante / livres
>   *une chaise / une photo / une étudiante / ~~des livres~~*

1. rideau / crayon / porte / livre   3. lit / radios / chat / cahier
2. sac / table / étudiante / porte   4. bureaux / étagères / tiroir / affiches

2. Inventaire. Work with a partner to inventory the contents of your classroom, using **il y a.**

> *Modèles:* professeur?   —Il y a un professeur?
>   —Oui, il y a un professeur.
>
>   table?   —Il y a une table?
>   —Oui, il y a une table. / Non, il y a des
>   tables. / Il y a trois tables.

1. chaise?   3. fenêtre?   5. livre?   7. étudiant?
2. étudiante?   4. bureau?   6. stylo?   8. mur?

3. La chambre de Candide. Use indefinite articles (**un, une, des**) and definite articles (**le, la, l', les**) to find out what Candide's room is like.

Il y a _____ fleurs dans ma *(my)* chambre. Pourquoi? J'aime _____ fleurs, voilà pourquoi! Il y a aussi _____ radio pour _____ musique. Et il y a _____ affiches de Louis Armstrong sur _____ mur (j'adore _____ jazz). Sur _____ bureau, il y a _____ stylos, _____ crayons et _____ dictionnaire. Il y a aussi _____ livres dans la chambre. _____ livres sont par terre! Et _____ chambre? Comment est-elle? Elle est en désordre!

Structure 2

Les articles après *ne... pas*

Un, une, and des become de (d') after a negative expression like ne... pas.

> Il y a **un** chat? Non, il n'y a pas **de** chat.
> Il y a **des** crayons? Non, il n'y a pas **de** crayons.
> Il y a **un** ordinateur? Non, il n'y a pas **d'**ordinateur.

The definite articles (**le, la, l', les**) always stay the same.

J'aime **les** chiens. Je n'aime pas **les** chats.

Mise en pratique

1. Vrai ou faux? C'est (probablement) vrai ou faux?

Objective, Act. 1 and 2: developing awareness of contrastive use of *il n'y a pas de*

1. Dans la salle de classe, il y a des bureaux mais il n'y a pas de lits.
2. À l'université, il y a des étudiants mais il n'y a pas de professeurs.
3. Sur le bureau de M. Charaudeau, il y a des crayons mais il n'y a pas de chien.
4. Sur le bureau de Mme Besco, il y a un ordinateur mais il n'y a pas de télévision.
5. À l'université, il n'y a pas de professeurs sympathiques.

2. Objets et personnes. Complete each sentence using one of the words below. Use either **un, une, des** or **de (d')** according to the context. Be sure to make the noun plural if necessary. Several answers may be possible.

crayon, télévision, fauteuil, lit, étudiant, fenêtre, ordinateur, chien

1. Dans la salle de classe, il y a _____.
2. Dans la salle de classe, il n'y a pas _____.
3. À l'université, il y a _____.
4. À l'université, il n'y a pas _____.
5. Sur le bureau de M. Charaudeau, il y a _____.
6. Sur le bureau de Mme Besco, il n'y a pas _____.

3. Alceste n'est pas content. Alceste is surveying the state of his room and he is not happy. Play the role of Alceste. Use your imagination.

Objective, Act. 3 and 4: focusing on *il n'y a pas de*

Modèle: Il y a une machine à écrire *(typewriter)*, mais...
> *il n'y a pas d'ordinateur*

1. Il y a une chaise, mais...
2. Il y a une fenêtre, mais...
3. Il y a des livres, mais...
4. Il y a une radio, mais...
5. Il y a une table, mais...
6. Il y a une commode, mais...

4. Une chambre bizarre. What is and is not in this dorm room?

Objective, Act. 5: communicating about culture

5. Chambres d'étudiants. Tell what is and what is not in each room. Then give your overall impression of the rooms and of their occupants.

Il y a un/une/des...   La chambre est...
Il n'y a pas de...   L'étudiant(e) est...

Matthieu, étudiant en biologie, Toulouse

Géraldine, étudiante en anglais, Louvain-la-Neuve (Belgique)

Structure 3

La possession: le verbe *avoir (to have)*

Grammar tutorial

LA FORME AFFIRMATIVE		LA FORME NÉGATIVE	
j'**ai**	nous **avons**	je **n'ai pas**	nous **n'avons pas**
tu **as**	vous **avez**	tu **n'**as pas	vous **n'avez pas**
il elle on } **a**	ils elles } **ont**	il elle on } **n'a pas**	ils elles } **n'ont pas**

Note de prononciation

Note the pronunciation of the liaison in the plural forms in the verb **avoir**.

nous‿avons
/z/

vous‿avez
/z/

ils‿ont
/z/

elles‿ont
/z/

Rappel!

Remember that the articles **un, une,** and **des** become **de (d')** after a negative.

J'ai **un baladeur** mais je n'ai pas **de** radio.	*I have a walkman but I don't have a radio.*

There are also three imperative, or command, forms for the verb **avoir.** These forms are not in common usage except in certain expressions (for example, **avoir de la patience** *[to be patient],* **avoir peur** *[to be afraid],* **avoir du courage** *[to be brave])* that you will learn later.

Aie plus de patience!	*Be more patient! (said to a person you would address using **tu**)*
N'ayez pas peur!	*Don't be afraid! (said to a person you would address using **vous** or to more than one person)*
Ayons du courage!	*Let's be brave!*

Mise en pratique

Objective, Act. 1: focusing on **avoir**

1. Les possessions. Use the verb **avoir** and items from the two columns to tell what everybody owns or does not own.

le professeur de français	une chaîne hi-fi
les étudiants	un radio-réveil
je	des affiches
nous	un dictionnaire de français
Alceste	un baladeur MP3
tu	une télévision
vous	des CD de rock

Objective, Act. 2–5: forming **avoir** in context

2. Qu'est-ce qu'ils ont? What might each person logically and not logically own?

Modèle: Sophie aime les cours.
Elle a des livres de français. Elle n'a pas de livres amusants.

1. Martine et Michel aiment les livres classiques.
2. Paul aime la musique classique.
3. Julien aime le jazz.
4. Marie-Laure aime les animaux *(animals)*.

ŤŤŤ 3. Qui a... ?

a. List the names of four or five students in your class and guess what they have.

Modèle: Elle a des CD de Johnny Cash, une affiche de Céline Dion, un téléphone portable, etc.

b. Ask the students you selected to find out if your list is correct.

Modèle: STUDENT A: *Est-ce que tu as des CD de Johnny Cash? Est-ce que tu as...*
STUDENT B: *Non, je n'ai pas de CD de Johnny Cash. Oui, j'ai une affiche de Céline Dion.*

ŤŤŤ 4. Nous avons tous... In groups of three or four, find out what objects all of you own. Report to the class.

Modèle: J'ai un ordinateur portable, Lisa a une guitare et nous avons tous des téléphones portables.

5. Et le professeur? Find out what your instructor's office is like. Ask as many questions as possible.

Modèle: VOUS: *Vous avez une table?*
LE PROFESSEUR: *Oui, j'ai une table.*

ÉCHANGES

Petites annonces: chambres à louer

1. Cité universitaire ou chambre indépendante? For each adjective listed below, decide the type of housing that it best describes. Use **pas + adjectif** to say *not + adjective.*

> **Adjectifs:** pratique, économique, sympathique, tranquille, agréable, solitaire, équipée, familiale, calme, personnelle, animée, privée, dangereuse

> *Modèle: Cité universitaire: économique, pas solitaire, etc.*

Objective: making decisions

2. Chambres à louer

PETITES ANNONCES

Objective: getting information from a text

001 À louer: chambre meublée, 12 m², lavabo, dans maison calme. Quartier latin. Idéal pour étudiant(e). Non fumeur. 220€ + charges. Caution 2 mois. Disponible 15/09. Tél 01.45.16.13.15	**003** À louer: grande chambre meublée, 16 m², salle de bains, claire, confortable. Proche Fac Médecine. 380€ + charges. Caution 2 mois. Disponible 01/10. Tél 06.10.37.05.34
002 Étudiante cherche colocataire pour partager grande chambre sympa, 20 m², bien équipée, tout confort, kitchenette, parking facile, calme, proche Sorbonne, octobre à juillet. 260€ par personne. Tél 06.24.04.14.24	**004** À louer: superbe studio meublé, 25 m², tt confort, Paris centre, petite terrasse, parking. 700€ + charges. Caution 2 mois. Disponible 01/10. Tél 01.45.18.39.12

tt confort = tout confort
(all amenities)

a. What are these texts about? Which classified ad is different from the others?

b. What kind of information do the classified ads contain? Say if the following items are mentioned or not: **les dates, les meubles** *(furniture),* **les fenêtres, les tapis, les bureaux, la distance de l'université, les prix, la surface, les suppléments, les adresses, les numéros de téléphone, les qualités, les problèmes, les avantages, les garages, les interdictions, les autorisations.**

3. Comment est votre chambre, s'il vous plaît? Select one of these ads and prepare five questions in order to find out details not included in the classified ad.

> *Modèle: Il y a des rideaux? La chambre est confortable en hiver?*

Objective, Act. 3 and 4: preparing to inquire

4. Mon annonce pour une chambre à louer

a. Write a classified ad in order to rent your own room. Make sure to include abbreviations and a phone number.

b. Read the classified ads produced by other students and select a room you might wish to rent. Imagine that you are calling to ask for details. Role-play the call with a partner. Then switch roles.

5. Débat: Les avantages et les problèmes des chambres à louer. What are the advantages and the problems of renting a room compared to living in a dorm (**une cité universitaire**).

Objectives: recycling; evaluating

La cité universitaire	*La chambre à louer*
C'est plus amusant, etc.	*C'est plus indépendant,* etc.

Le français parlé

Parler de sa chambre

Scène de vie

— Ça va, toi?

— Je ne sais pas... Non, pas trop, je n'aime pas ma chambre!

— Ah non?

— Elle est trop sombre. Et les murs sont verts. Je n'aime pas le vert!

— Moi, les murs sont blancs et il y a deux fenêtres.

— Deux fenêtres? Moi, il y a une fenêtre et elle est petite! Et il n'y a pas de rideaux!

— Pas de rideaux? Je ne comprends pas!

— Moi non plus! Et pas d'étagère, pas de fauteuil, pas de table...

— Mais tu as un lit, un bureau, une chaise?

— Oui, mais pas très confortables! Je ne suis pas heureuse!

Pour écouter

When people speak in informal settings, not only do they omit sounds, but they can also omit whole words. For example, the **ne** is often dropped in a negative sentence. This is why, to know if a person is speaking in the negative, it is useful to listen for the negative word that follows the verb, such as **pas,** which is never omitted. Another word that is often dropped is the **il** in the expression **il y a.** Listen to your audio CD or your instructor and note how negation and the expression **il y a** sound in spoken French. Can you also find other instances where what you hear is different from what you read?

Parlons! Ma chambre

a. Do you like your room? Take a few moments to make a list of what you like and dislike in your room.

 b. What about your classmates? Working in pairs, find out everything you can about your partner's room. Be ready to tell the class two or three things you have learned about your partner's room.

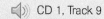
Quel article? Beginning with this lesson, words are listed with either the definite article (**le, la, l', les**) or with the indefinite article (**un, une, des**). Generally speaking, it is more natural, in a list, to use the indefinite article with things you can count (**une chaise, deux chaises,** etc.) and the definite article with things you do not usually count (**le jazz, la musique,** etc.). Remember that you can use either article with any noun; it depends on what you want to say.

> Candide aime **les** animaux. Il a **un** chat et **un** chien.

> Alceste déteste **le** chat de Candide. Il n'aime pas **les** animaux.

Noms

une affiche *poster*
un bureau, des bureaux *desk(s); office(s)*
un(e) camarade de chambre *roommate*
une chaîne hi-fi *stereo*
une chaise *chair*
une chambre *bedroom*
une clé *key*
un crayon *pencil*
un disque compact (un CD) *compact disc, CD*
une étagère *bookcase; shelf*
une fenêtre *window*
une fleur *flower*
un lavabo *sink*
un lit *bed*
un ordinateur *computer*
une photo *photograph*
un placard *closet*
une porte *door*

une radio *radio*
un réveil *alarm clock*
un sac *sack; purse*
une salle de classe *classroom*
une table *table*
un tapis *area rug*
un téléphone *telephone*
une télévision *television*

Adjectifs

agréable *agreeable, nice, pleasant*
grand(e) *big, tall*
petit(e) *little, small, short*

Adjectifs de couleur

blanc, blanche *white*
bleu(e) *blue*
brun(e) *brown; dark-haired*
jaune *yellow*
marron *(invariable) brown*

noir(e) *black*
orange *(invariable) orange*
rouge *red*
vert(e) *green*

Verbe

avoir *to have*

Divers

dans *in, within*
il y a / il n'y a pas de *there is (there are) / there is no (there are no)*
on *one; they; people; we; you*
peut-être *maybe, perhaps*
Qu'est-ce que c'est? *What is this/that?*
sous *under*
sur *on, on top of*
voilà *there is, there are; here is, here are*

Note de prononciation

Le signe diacritique (`)

The **accent grave** (`) represents the sound you hear for the second **e** in the word **étagère** and can also be found over letters other than **e**. In these cases, it serves to distinguish the written forms of several homonyms.

à *(to, at)*   a *(has)*   là *(there)*   la *(the)*   où *(where)*   ou *(or)*

Noms

une armoire *wardrobe*
une calculatrice *calculator*
un(e) colocataire *co-tenant*
une commode *chest of drawers*
une corbeille à papier *wastepaper basket*
une couleur *color*
un dictionnaire *dictionary*
un disque *record*
un fauteuil *armchair*
une guitare *guitar*
une lampe *lamp*
un meuble *piece of furniture*
un miroir *mirror*
un mur *wall*
un objet *object*
une personne *person*
un réfrigérateur *refrigerator*
un rideau, des rideaux *curtain(s)*
une table de nuit *nightstand, night table*
un tableau, des tableaux *painting(s)*
un tiroir *drawer*

Adjectifs

clair(e) *bright, full of light*
confortable *comfortable*
important(e) *important*
impossible *impossible*
possible *possible*
pratique *practical*
sombre *dark*

Divers

De quelle couleur est/sont... ? *What color is/are . . . ?*

en désordre *messy*
en ordre *straight, neat*
par terre *on the floor*
Qu'est-ce qu'il y a dans... ? *What is there in . . . ?*

Objets pour aujourd'hui

Pour l'ordinateur:

un cédérom (CD-ROM) *CD-ROM*
une clé USB *USB key*
un DVD *DVD*
une imprimante *printer*
un jeu vidéo (des jeux vidéo) *electronic game, video game*
un lecteur de CD-ROM *CD-ROM player/drive*
un lecteur de DVD *DVD player*
un (ordinateur) portable *laptop*

Pour le téléphone:

un répondeur *answering machine*
un télécopieur *fax machine*
un (téléphone) portable *cellular phone*

Pour la musique:

un baladeur (numérique, MP3, MP4...) *(digital, MP3, MP4 . . .) walkman*
un lecteur de CD *CD player*
un radio-réveil *clock radio*

Pour le bureau:

une photocopieuse *copy machine*

Le français tel qu'on le parle

chais pas = je ne sais pas
chuis pas = je ne suis pas
j'comprends pas = je ne comprends pas
Qu'est-ce qu'il y a? *What's the matter?*
t'as = tu as / t'as pas = tu n'as pas
y a = il y a / y a pas = il n'y a pas

Le français familier

un amphi = une grande salle de classe à l'université
un dico = un dictionnaire
un fax = un télécopieur
un frigo = un réfrigérateur
un MP3, un MP4 *MP3, MP4*
un ordi = un ordinateur
une piaule = une chambre
un poster[1] = une affiche
une télé = une télévision
un walkman = un baladeur

On entend parfois

un auditoire (Belgique) = une grande salle de classe
une boîte à portraits (Louisiane) = une télévision
un GSM (Belgique) = un téléphone portable
une sacoche (Canada, Belgique) = un sac

[1]**Le franglais.** Here are some English words and expressions that have come from French and some French words that have come from English. Can you add to the lists?
French to English: **restaurant, gauche, lingerie, . . .**
English to French: *un poster, le football, le rock, . . .*
New technology, in particular, borrows English words (for example: un blog, le wifi, un smartphone, un scanner, un tweet) or creates French words from English (for example: une tablette, un blogueur/une blogueuse). When two languages come in contact, there is a mutual borrowing of words, though meanings and pronunciation may be altered. This is the case with English and French. Although many people in France, including those in government, may try to avoid using **franglais,** the mutual borrowing of words between French and English has been going on for centuries.

Leçon 4

Qu'est-ce que vous aimez?

En bref

Pour communiquer

Parler d'une famille française
Décrire des personnes
Exprimer des préférences
Parler de ses activités
Exprimer la possession
Le jeu du portrait (Échanges)
Trouver un colocataire compatible
  (Le français parlé)

Structure

Les verbes en **-er**
Les adjectifs possessifs
Poser des questions

Culture

Les noms de famille
Le nom des femmes mariées
Possessions et loisirs

 iLrn **iLrn Heinle Learning Center includes**

 In-text Audio Program

 Voilà Video

 Companion Website

 Pair work

Group work

Observez

Est-ce qu'elle est jeune? Comment est-elle?
Quelle est la saison?

Vocabulaire

A. Voilà Vincent Dubois, agent immobilier

Vincent Dubois a beaucoup d'amis. Pourquoi? C'est une personne sociable et sympathique. Il aime beaucoup parler et danser. Il aime mieux sortir que travailler et il n'aime pas rester à la maison, surtout le samedi et le dimanche. Il y a une fête aujourd'hui et Vincent parle avec Jean-Yves:

—Boire et fumer, j'aime ça! Pas toi?

—Ah non, moi, je déteste l'alcool et les cigarettes!

—C'est vrai? Tu es sérieux?

Vincent aime bien les films amusants parce qu'il adore rire. Il adore aussi manger et il aime beaucoup la cuisine française. C'est un homme très généreux et il aime donner des cadeaux. C'est le père de deux enfants: Céline et Jean-Marc.

- Qu'est-ce que Vincent aime? Qu'est-ce qu'il n'aime pas? Il a des enfants? Il est sympathique? Pourquoi?

Objective: culture

Langue et **culture**

Les noms de famille

1. Where were your grandparents born? Your great-grandparents? How can you guess someone's origins?

2. Look at this excerpt from a French phone book.

MALAKOFF Andrée	20 rue Aristide Briand	04–66–25–18–33
MAMMOUD Ali	5 allée des Lilas	04–66–25–16–18
MANCINI Paul	12 rue Gambetta	04–66–23–52–15
MARTIN Jules	19 rue Voltaire	04–66–25–45–70
MARTINEZ Anna	31 avenue Robespierre	04–66–23–29–51
MATTHIEU Sylvie	48 boulevard Raspail	04–66–25–60–34

The name Dubois is typically French, but many family names in France have diverse ethnic origins. Can you identify the possible origin of these names? What can you conclude about the population of France?

B. Voilà Thérèse Dubois, psychologue

Thérèse Dubois est une femme très intelligente et équilibrée. Elle est intellectuelle et elle adore écrire des lettres et lire des livres sérieux. Elle aime aussi le théâtre classique et le cinéma et elle adore marcher et voyager. Elle parle anglais et elle étudie l'espagnol parce qu'elle pense que c'est important pour voyager. C'est une personne très occupée et heureuse, mais elle déteste le ménage. Et les cigarettes de Vincent! Il fume trop et elle n'aime pas ça!

—Vincent, pas de cigarettes dans la maison! Je n'aime pas ça!

—Oui, oui, je sais!

● Qu'est-ce que Thérèse Dubois aime? Qu'est-ce qu'elle n'aime pas? Elle est comme Vincent ou non?

Thérèse Dubois est la mère de Céline et de Jean-Marc.

Langue et **culture**

Le nom des femmes mariées

Objective: culture

1. Les noms de famille. Do women change their name when they marry in your country? If you are a woman, do you intend to change your name if you marry? Why? If you are a man, would you like your wife to take your name? Why? Would you be willing to take your wife's name?

2. Look at Thérèse's French identity card.

Nom:	**LEDOUX**
Épouse:	**DUBOIS**
Prénom(s):	**THÉRÈSE ANNE MARIE**
Sexe:	**F**
Née le:	**20.10.1972 à ROUEN (76)**
Taille:	**1,60 m**

Signature du titulaire: T. Dubois

According to her ID card, what is Thérèse's official name? When did she receive that name? Is her husband's name on the ID? Can you guess what **épouse** means? What else is on her ID?

3. En France et chez vous. Read the information about names in France below. Use **oui** or **non** to say if it is the same where you live.

1. Le nom officiel des femmes mariées est leur nom de jeune fille *(their maiden name)*.

2. En société, traditionnellement, les femmes sont connues *(are known)* sous le nom de leur mari *(husband)*, mais ce n'est pas une obligation.

3. Le nom du mari est indiqué sur les papiers officiels, précédé par «épouse».

4. Traditionnellement, les enfants ont le nom du père.

5. Les enfants peuvent *(can)* avoir le nom de famille du père, de la mère ou les deux noms combinés, mais tous les frères et sœurs doivent avoir le même nom *(must have the same last name)*.

C. Voilà Céline Dubois

Céline adore les animaux et donc elle a un chien, Youki, et un oiseau, Nestor. C'est une fille sportive et très sociable. Elle aime regarder les matchs de football à la télévision. Elle aime bien chanter et elle adore écouter des chansons à la radio.

—Chouette, c'est samedi!

—Maman! Maman! Écoute! Une chanson de Céline Dion!

—Oui, oui, Céline...

Et étudier? Elle pense que ce n'est pas drôle, surtout étudier le français, mais elle aime les mathématiques. Elle déteste les devoirs et elle ne travaille pas beaucoup. Elle aime mieux le sport et la musique! Céline est la sœur de Jean-Marc.

● Céline a des frères et sœurs? Elle est comme Vincent ou comme Thérèse? Pourquoi?

D. Voilà Jean-Marc Dubois

Jean-Marc est le frère de Céline et il pense que Céline est un peu pénible.

—Jean-Marc, on joue?

—Pas maintenant, je suis occupé!

French people often have compound first names, such as **Anne-Françoise** or **Marie-Christine**, and **Jean-Paul** or **Pierre-Yves**. French children are also often given one or more additional names (**Jean-Marc Xavier Henri Dubois,** for example).

Jean-Marc est un garçon sérieux et un peu timide. Il n'aime pas trop le sport. Il aime mieux lire et écouter des concerts à la radio. Il n'aime pas beaucoup les chiens, mais il aime les chats. Il a un chat, Minou. Il adore Minou et Minou adore dormir sur le lit de Jean-Marc. Jean-Marc aime bien étudier et il adore le français, mais il n'aime pas trop les maths et les sciences. Et il déteste ranger. Il est un peu comme Thérèse, n'est-ce pas?

- Jean-Marc est un peu comme Thérèse. Pourquoi?
- Et vous, vous êtes comme Vincent, Thérèse, Céline ou Jean-Marc? Pourquoi?
- Vous aimez danser? Vous aimez fumer? Vous aimez le cinéma? Et le sport?
- Vous aimez mieux sortir ou rester à la maison? Vous aimez mieux la cuisine française ou la cuisine américaine? Les films amusants ou les films sérieux? Le football ou le tennis? Les chats ou les chiens? Les mathématiques ou l'anglais? Les sciences ou le français?

E. Et aussi...

Here are useful words and expressions not included in the preceding vocabulary presentation. These are part of the lesson's vocabulary and appear in the activities.

un(e) camarade de classe	*classmate*
faux (fausse)	*false, untrue*
un nom (un nom de famille)	*name (last name)*
par exemple	*for example*
un prénom	*first name*
Qu'est-ce que tu aimes?	*What do you like?*
Votre nom, s'il vous plaît?	*Your name, please?*

Mots et

usages

1. Le samedi. Use the definite article le in front of a day of the week to express the idea of *every Saturday,* etc.

Je suis à l'université **le lundi,** *I'm at the university (on) Mondays,*
le mercredi et **le vendredi.** *Wednesdays, and Fridays.*

La semaine de Pierre-Yves. For each day that is mentioned in Pierre-Yves' week, say if the event is recurrent or will just happen once.

Je m'appelle Pierre-Yves et voilà ma semaine. J'ai trois cours de russe par semaine: le lundi, le mercredi et le jeudi. J'ai deux cours de philosophie, le mardi et le vendredi, et un cours de linguistique le mardi. Lundi, j'ai un examen de russe et vendredi un examen de philosophie. Le samedi, je suis avec Carole... On aime bien marcher dans Paris et manger dans des restaurants sympas. Ah, et dimanche, il y a un pique-nique avec Maxime et Aurélia. Chouette...

2. La place des adjectifs. In general, adjectives in French follow the noun they modify.

C'est un homme **intelligent**.   *He's an intelligent man.*

C'est une étudiante **sérieuse**.   *She's a serious student.*

Quel adjectif? Choose a different adjective for each sentence. Pay attention to agreement.

intellectuel, travailleur, paresseux, amusant, intelligent, sérieux, sportif, pénible, heureux, sympathique

1. Vincent Dubois est un homme...
2. Thérèse Dubois est une femme...
3. Céline Dubois a un frère...
4. Céline Dubois est une fille...
5. Je suis un(e) étudiant(e)...
6. Mes amis sont des hommes et des femmes...

3. Parler français. When discussing *speaking a language,* the name of the language directly follows the verb **parler** (without an article). When talking about doing something else with a language, such as studying it, use the definite article. Compare the following:

Il parle français et il étudie l'anglais.   *He speaks French and he's studying English.*

Article ou pas? Complete each sentence using a definite article (**le** or **l'**) when appropriate.

1. Thérèse Dubois aime étudier __ anglais parce qu'elle aime voyager.
2. Vincent Dubois parle __ espagnol?
3. Céline n'aime pas parler __ anglais, elle aime mieux parler __ français!
4. Pourquoi étudier __ français? Mais parce que c'est important!

4. L'usage de l'infinitif. Certain verbs (for example, **aimer, adorer,** and **détester**) can be followed by an infinitive. This is similar to English usage. Note the position of **ne... pas.**

J'aime **parler**.   *I like to talk.*

Je n'aime **pas travailler**.   *I don't like to work.*

It is very useful to know the infinitive of certain verbs even though you do not yet know how to conjugate them, since you may use them after verbs such as **aimer** or **détester**. For the moment, use the following verbs only in the infinitive form.

boire *to drink*   écrire *to write*   rire *to laugh*

dormir *to sleep*   lire *to read*   sortir *to go out*

When using the infinitive by itself (to make a list, for example), **ne pas** is placed in front of the infinitive, as in this list of things to do.

AUJOURD'HUI	TODAY
étudier	*study*
lire *L'Étranger*	*read* The Stranger
ne pas regarder la télé	*not watch TV*
ne pas fumer!	*not smoke!*

Et en français? What would the French equivalents of each sentence be?

1. No speaking!
2. I love to read!
3. He doesn't like to drink.
4. To be or not to be?

5. Écouter / regarder. Écouter means *to listen to;* regarder means *to look at.* The *to* and the *at* are already included in the verb in French, so make sure you do not add the preposition.

—Tu **regardes** la télévision?	*Are you looking at (watching) television?*
—Non, j'**écoute** la radio.	*No, I'm listening to the radio.*

Et en français? What would the French equivalents of each sentence be?

1. Céline loves to listen to the radio.
2. I like to look at animals at the zoo (**au zoo**).
3. Jean-Marc doesn't like to listen to Céline.

6. Beaucoup / beaucoup de. Beaucoup means *a lot* or *much.* It is placed after the verb.

Il aime **beaucoup** le cinéma.	*He likes the movies a lot.*
Il n'aime pas **beaucoup** le théâtre.	*He doesn't like the theater much (a lot).*

Beaucoup de means *a lot of.* It is followed by a noun with no article. If the noun begins with a vowel sound, **de** becomes **d'**.

Elle a **beaucoup de** livres mais elle n'a pas **beaucoup d'**amis.	*She has a lot of books but she doesn't have a lot of friends.*

Beaucoup ou beaucoup de (beaucoup d')?

1. Céline a _____ affiches de sport.
2. Thérèse aime _____ les vacances.
3. Vincent n'aime pas _____ les personnes trop sérieuses.
4. Il y a _____ enfants avec vous?
5. Il n'y a pas _____ étudiants aujourd'hui.

7. C'est ou il/elle est? Both c'est and il/elle est can mean *he/she/it is.* The table below gives some rules to help you decide which construction to use.

	c'est	il est/elle est
être + noun	C'est une femme. C'est un chien. C'est un livre.	X
être + name	C'est Paul. C'est Paris.	X
être + profession, nationality, religion	*+ article* C'est un professeur.	*no article* Il est professeur.
être + moi, toi, etc.	C'est moi.	X
être + adjective	Ça, c'est beau. *(in general, nonspecific reference; adjective is always masculine singular)*	Elle est belle, ta chambre. *(for specific reference; adjective agrees with noun it refers to)*

C'est, il est ou *elle est?*

1. Bien manger? _____ très important!

2. —Jean-Yves?

 —Ah, _____ toi, Vincent? Ça va?

3. Madame Dubois? _____ psychologue. _____ une femme très intelligente, je pense.

4. Céline? _____ sportive et sociable.

5. —Et Jean-Marc?

 —Ah, Jean-Marc! _____ un garçon très sérieux, mais _____ très sympathique aussi.

Objective, Act. 1 and 2: *organizing semantic categories*

═══ Mise en pratique ═══

1. Catégories. Organisez ces activités par catégories.

sortir / travailler / rester à la maison / parler / boire / fumer / danser / manger / rire / donner des cadeaux / écrire des lettres / lire / marcher / voyager / parler anglais / étudier / regarder la télévision / écouter la radio / ranger / dormir / penser

1. activités d'intérieur ou d'extérieur   3. mes activités préférées
2. activités physiques ou intellectuelles

2. Associations. Which items do you associate with the following verbs? Choose from the two lists.

Modèle: écouter   *un CD, la radio, etc.*

voyager	écouter	étudier	chanter	écrire
danser	manger	sortir	regarder	travailler
ranger	rire	fumer	marcher	donner
lire	parler	dormir	penser	boire

un CD	la radio	une chanson	la télévision	un restaurant
un livre	les devoirs	l'été	un cadeau	un placard
un professeur	la cuisine	une guitare	une table	une cigarette
un film	une lettre	des amis	un match de tennis	le théâtre
un animal	une fête	un ordinateur	un téléphone	les vacances

Objectives, Act. 3 and 4: using vocabulary productively; making decisions

3. Des stéréotypes? Use **aimer** and **ne pas aimer** to characterize these groups.

Modèle: Les chiens aiment manger et dormir. Ils n'aiment pas les chats.

1. les filles   3. les garçons   5. les oiseaux
2. les professeurs   4. les chats   6. les musiciens

4. Des goûts et des couleurs

a. Associations. Find another activity that you associate with the activities given below or find an activity that is the opposite of the activities given below— or both, if possible!

Modèles: boire   *manger*

1. regarder la télévision _____   5. ranger _____
2. lire une lettre _____   6. écouter la radio _____
3. sortir _____   7. penser _____
4. voyager _____

b. Préférences. Working in pairs, use the list above to find out what other students in your class prefer for each item and take notes to report back to the class.

> *Modèle:* —*Tu aimes mieux boire ou manger?*
> —*Boire. / Manger. / Ça dépend.*
> *(Il/Elle aime boire.)*

c. C'est comment? In groups, decide how you evaluate each of the preceding activities.

> *Modèle: Manger, c'est important.*

5. Un peu, beaucoup, pas du tout!

a. Mes goûts. Make three lists: one of the activities you like to do a lot, another of those you don't like to do much, and the third of those you don't like to do at all.

> *Beaucoup:*   *Pas beaucoup:*   *Pas du tout:*

*Objectives, Act. 5: practicing **beaucoup (de)**; interacting*

b. Mes possessions. Make three lists: one of the things you have a lot of, another of those you don't have a lot of, and the third of those you don't have at all.

> *Beaucoup de:*   *Pas beaucoup de:*   *Pas du tout de:*

c. Interview. Find out what one of the other students in the class has a lot of, a little of, or not at all, and ask what he/she likes a lot, a little, or not at all. Make three lists.

6. Personalités

Objectives, Act. 6: beginning to create with language; making deductions

a. Comment sont les Dubois? Working in small groups, review the descriptions of the Dubois family on pages 66–69. Then say what each member of the Dubois family has a lot of and why that might be.

> *Modèle: Thérèse a beaucoup de livres parce qu'elle est très intellectuelle.*

Et Vincent?   Et Céline?   Et Jean-Marc?

b. Et votre *(your)* famille? Comment sont-ils? *(What are they like?)*

Décrivez *(Describe):*
> mon *(my)* père / ma mère:
> ma sœur / mon frère:
> mon/ma meilleur(e) ami(e):

c. Et les autres? Qu'est-ce qu'ils ont? Qu'est-ce qu'ils aiment? Qu'est-ce qu'ils n'aiment pas? Make two sentences for each.

> *Modèle:* un étudiant égoïste: *Il n'a pas beaucoup d'amis; il déteste donner des cadeaux.*

1. un étudiant travailleur   3. un étudiant amusant
2. un étudiant bizarre   4. un étudiant paresseux

7. Dis-moi ce que tu aimes, je te dirai qui tu es. Write a paragraph about yourself. What do you like? Dislike? Why? What do you have? What don't you have? Why?

Objectives, Act. 7: personalizing; developing writing

Structure 1

Grammar tutorial

Les verbes en *-er*

A large number of French verbs have infinitives that end in **-er.** These verbs are called *first conjugation* or **-er** *verbs.* Some examples are verbs like **aimer, détester,** and **travailler.** The infinitive ending, **-er,** is pronounced like the **é** in **étudiant.** The **r** is never pronounced.

To write the forms of an **-er** verb, take off the infinitive ending (**-er**) and add the following endings:

je travaill**e**	nous travaill**ons**
tu travaill**es**	vous travaill**ez**
il/elle/on travaill**e**	ils/elles travaill**ent**

Notes de prononciation

(1) In spoken French, the forms ending in **-e, -es,** and **-ent** sound alike. Although you can distinguish among five forms in written French, you hear only three in spoken French.

je parle
tu parles
il/elle/on parle } These verb forms are all pronounced identically.
ils/elles parlent

(2) All **-er** verbs that begin with a vowel sound (for example, **aimer** or **écouter**) drop the **e** of **je** and allow the **s** of **nous, vous, ils,** and **elles** to link across to the vowel with a /z/ sound.

j'aime
nous‿aimons
  /z/
vous‿aimez
  /z/
ils/elles‿aiment
   /z/

The **nous** form of verbs ending in **-ger** adds an **e** in front of the **-ons** ending. This spelling change retains the soft **g** sound throughout the verb conjugation.

je man**g**e	nous man**geons**
tu ran**g**es	nous ran**geons**
il voya**g**e	nous voya**geons**

To make **-er** verbs negative, put **ne** in front of the verb form and **pas** after it, just as you do for **être** and **avoir**. Remember that **ne** becomes **n'** in front of verb forms beginning with a vowel sound.

Ils **ne** travaillent **pas.**	*They don't work.*
Je **n'**écoute **pas.**	*I'm not listening.*

Note that the present-tense form of these verbs can be translated several different ways in English.

Elle **parle** français.	*She speaks French.*
	She does speak French!
	She is speaking French.

There are also three imperative, or command, forms of **-er** verbs.

Grammar tutorial

Écoute!	*Listen! (to a person you would address using **tu**)*
Écoutez!	*Listen! (to a person you would address using **vous** or to more than one person)*
Écoutons!	*Let's listen!*

Note the spelling difference in the **tu** form.

Tu écoute**s**?	*Are you listening? (verb form ends in -s)*
Écoute!	*Listen! (no s)*

≡ **Mise en pratique** ≡

1. Je suis comme ça!

a. Read the ad below. Who wrote it? Why do you think it was written?

b. Find the verb forms. Which ones are **-er** verbs? For each **-er** verb form, identify the subject and the verb ending.

Objective, Act. 1: focusing on form in context

> J'ai 17 ans et ma sœur 21. Nous aimons lire. Nous aimons aussi l'aventure et les voyages. Ma sœur aime la photo et moi, la musique rap. Je joue du banjo et du saxophone. Nous désirons correspondre avec des jeunes (sans distinction d'âge ou de sexe).
>
> Joëlle et Georges Lejeukaf
> Chez Madame Rouban
> BP 5350 Yaoundé, Cameroun

2. Chassez l'intrus. Find the verb form that is pronounced differently.

Objective, Act. 2: focusing on sound-spelling connections

1. écoute   écoutes   écouter
2. regardez   regardent   regarder
3. parlons   parles   parlent
4. étudie   étudient   étudions
5. aimes   aimes   aimez

3. C'est vrai ou c'est faux? Use the words below to make complete sentences about yourself. Then, for each sentence, say if it is true (**c'est vrai**) or false (**c'est faux**). If the sentence does not describe you, say so!

Modèle: étudier / beaucoup   *J'étudie beaucoup. Oui, c'est vrai!*
or
J'étudie beaucoup. Non, c'est faux.
Je n'étudie pas beaucoup.

1. fumer / trop
2. manger / beaucoup
3. danser / bien
4. regarder la télévision / trop
5. chanter / bien

Julie

 4. Voilà Julie! Use the words and phrases from the four columns to write sentences about Julie's life from her perspective. You can use these words and phrases more than once. Once you have written as many sentences as you can, reorganize and combine your sentences to make a brief paragraph.

Ma *(My)* camarade de chambre	étudier	beaucoup	le week-end
Je	aimer / détester	un peu	le lundi
Mes *(My)* amis	écouter	trop	en été
Olivier	regarder		en décembre
	voyager		dans un restaurant
	manger		la télévision
	fumer		des CD
	être malade		lire et écrire des lettres
	s'appeler		espagnol
	parler		dans la chambre

5. Comme tout le monde!

Activité vidéo

a. Activités communes. Use -er verbs in the infinitive form to make a list of ten activities that all students in the class probably do or don't do. Add details as appropriate.

Modèle: écouter la radio, ne pas fumer, regarder la télévision le week-end, etc.

b. Faire des phrases. Now create as many sentences as you can to describe the activities of your class. Add details as appropriate.

Modèle: Nous travaillons trop. Nous détestons étudier le week-end.

c. Les étudiants. Identify six activities that seem characteristic of the life of a student where you go to school. Prepare a report to introduce students from other countries to student life at your school.

Modèle: Ici (Here), les étudiants aiment le sport. Ils travaillent beaucoup mais pas le samedi.

d. Activités personnelles. Divide the activities mentioned in your report into lists of those that do and do not apply to you. Use your list to write a paragraph.

Modèle: J'adore chanter. Je fume trop. Je n'écoute pas les matchs à la radio parce que je déteste le sport mais je...

Structure 2

Les adjectifs possessifs

Grammar tutorial

Possessive adjectives are one way of specifying ownership. The forms of the possessive adjectives in French are given below.

Masculin Singulier	Féminin Singulier	Pluriel	English
mon	ma	mes	*my*
ton	ta	tes	*your (familiar)*
son	sa	ses	*his/her*
notre	notre	nos	*our*
votre	votre	vos	*your (formal or plural)*
leur	leur	leurs	*their*

In French, possessive adjectives have the same gender and number as the noun they modify, or go with.

Voilà Céline Dubois! **Son** père est agent immobilier et **sa** mère est psychologue.

There's Céline Dubois! Her father is a real estate agent and her mother is a psychologist.

Leurs enfants sont raisonnables mais **leur** chien est pénible.
Their children are sensible but their dog is obnoxious.

There is no way to distinguish in French between *her book* and *his book* or *her mother* and *his mother* simply by using a possessive adjective.

C'est **son** livre?	*That's her/his book?*
C'est **sa** mère?	*That's his/her mother?*

The context usually prevents any misunderstanding since the people involved generally know who **son, sa,** or **ses** refers to.

Another way to express possession in French is to use the preposition **à** plus a noun or a pronoun, such as **qui, moi,** or **toi.** Note the following expressions:

—C'est à **qui**? C'est à **toi**? C'est à **Alice**?	*Whose is it? Is it yours? Is it Alice's?*
—Non, c'est à **moi**!	*No, it's mine!*

Note de prononciation

French uses several different devices when a noun beginning with a vowel sound is preceded by a word ending in a vowel. For example, the final e / a of **le** / **la** is dropped (**l'ami, l'enfant**) or the (underlying) s sound of **vous** / **nous** / **les** becomes a /z/ sound (appears as a "liaison" consonant) (**nous aimons, vous écoutez, les affiches**).

Possessive adjectives use masculine singular forms in front of feminine nouns beginning with a vowel sound.

Ton amie est sympathique!	*Your friend is nice!*
Marie, c'est **son** enfant?	*Is Marie his/her child?*
C'est **mon** affiche.	*That's my poster.*

≡ Mise en pratique ≡

Objective, Act. 1: *becoming aware of possessive adjectives and gender / number agreement*

1. Me voilà! What can you tell about these two people? Where are they from? How old are they? What do they like to do? What are their goals?

> Prénom: Tassembedo
> Âge: 17 ans
> J'aime: le football, la musique
> «Je désire représenter mon pays, le Burkina Faso, dans des compétitions athlétiques.»

> Prénom: *Rachid*
> Âge: *15 ans*
> J'aime: *les chevaux*
> *«J'ai la passion des chevaux. Pendant mes vacances, je vais à l'hippodrome avec mes parents et ma sœur. C'est mon plus grand plaisir.»*

Objective, Act. 2–4: *producing controlled possessive construction*

 2. C'est à qui? Look at the pictures of the rooms of **Céline, Thérèse,** and **Jean-Marc.** With a partner, say who owns each of the following items.

> *Modèle:* une affiche de Mozart
> —*C'est à Jean-Marc?*
> —*Oui, c'est son affiche.*

1. une affiche de Shakespeare
2. un oiseau
3. une table
4. un chat
5. une radio
6. un chien

3. Où sont... ? Where do you put your belongings? With a partner, use words from the lists below to find out where each of you puts things.

Suggestions: dans mon sac / dans ma chambre / sur mon lit / sur mon tapis / dans mon placard / sur mon mur / sur mon bureau

Modèle: —Où est ton cahier? (Où sont tes clés?)
—Mon cahier? Il est sur le lit. (Mes clés? Elles sont dans mon sac.)

chat	livres	stylo
affiche	clés	crayon
photo	réveil	téléphone
ordinateur		

4. Une famille idéale. Use **son, sa,** or **ses** to complete this portrait of an "ideal" family.

Chantal adore (1) _____ frère Bernard et Bernard adore (2) _____ sœur Chantal. Chantal adore (3) _____ père et (4) _____ mère. Chantal a un oiseau. Elle adore (5) _____ oiseau aussi. Bernard a un chat. Il adore (6) _____ chat. Et (7) _____ chat adore l'oiseau de Chantal!

Structure 3

Grammar tutorial

Poser des questions

There are three ways to ask questions that can be answered by *yes* or *no:* intonation, the use of **est-ce que**, and inversion.

Intonation

To ask a question using intonation, raise your voice at the end of the sentence. In writing, add a question mark. If you expect to get a *yes* answer, **n'est-ce pas** can be added at the end. Questions with intonation are typical of informal, spoken French.

Tu parles français?	*(Do) you speak French?*
Il regarde la télévision, **n'est-ce pas?**	*He's watching television, isn't he?*

Est-ce que

You can use **est-ce que** to ask a yes-no question by placing it at the beginning of the sentence. The final **e** of **est-ce que** is dropped in front of a vowel sound (**est-ce que** becomes **est-ce qu'**).

Est-ce que tu parles français?	*Do you speak French?*
Est-ce qu'il aime danser?	*Does he like to dance?*

Inversion

You can also invert the verb and subject pronoun to ask a yes-no question. Inversion questions are typically found in writing and in formal contexts.

Parlez-vous français?	*Do you speak French?*
Est-elle sympathique?	*Is she nice?*

In addition, inversion is frequently seen in fixed questions dealing with greetings, name, age, and time. Here are some of the questions using inversion that you have already seen.

Comment **allez-vous?**	D'où **est-il?**
Comment vous **appelez-vous?**	Comment **t'appelles-tu?**

Note that:

1. Inversion is not generally used with **je.**

   Est-ce que j'ai les clés?... Oui!   *Do I have the keys? . . . Yes!*

2. If the written form of a third-person singular verb does not end in **-d** or **-t,** a **t** is placed between the verb and the subject.

   A-t-elle la clé?   *Does she have the key?*

3. If the sentence has a noun subject, the word order is: (1) noun subject + (2) verb + (3) pronoun.

   Patrick et Paul ont-ils un chien?   *Do Patrick and Paul have a dog?*

Mise en pratique

Objective, Act. 1: developing awareness of interrogative forms

1. Trouvez les formes interrogatives. Here is an excerpt from an interview with Caroline, a French actress who immigrated to Quebec to find work.

—Vous aviez un engagement quand vous êtes arrivée?

—Non, pas du tout!

—C'est pour ça que vous êtes à Montréal?

—Oh, ben ça, oui!

—Pourquoi?

—Depuis dix mois, c'est dingue! Je travaille sans arrêt.

—Quand êtes-vous arrivée?

—En octobre 2009.

—Avec quoi?

—Ben avec mes livres, mes pulls et ma convention de stage avec un théâtre.

—Des amis?

—Oh oui, j'en ai beaucoup. Ici, c'est sympa, pas de préjugés!

—Vous allez rentrer en France?

—Je n'sais pas... pas tout de suite!

—Qu'est-ce que vous faites en ce moment?

—Je joue dans la Compagnie médiévale.

—Comment l'avez-vous trouvée?

—Par lettres! De Paris, j'ai fait des lettres, la compagnie m'a répondu et maintenant je suis là!

—Beaucoup de lettres?

—30 lettres en six mois!

—Quel est votre statut au Québec?

—Je parle français, donc, pas de problèmes.

—Est-ce que Paris vous manque?

—Pas encore. Paris, c'est la culture, mais moi j'ai envie d'apprendre, d'aller vers les gens. Alors ici ça me va bien!

(D'après une interview de Marcelline Puget, journaliste à Montréal)

Je joue dans la Compagnie médiévale.

Objective, Act. 2–5: practicing questions

 2. Posez des questions. Use **est-ce que** and the suggestions below to learn about your classmates.

Modèle: chanter bien
— *Martha, est-ce que tu chantes bien?*
— *Non, je chante mal.*

1. étudier beaucoup
2. aimer le cinéma
3. être américain(e)
4. avoir trop d'examens

3. Portrait d'un(e) camarade de classe

a. Qu'est-ce qu'il/elle aime? Quelles activités? Make a list of things you think one of the other students in your class likes and doesn't like to do.

Modèle: Il/Elle aime sortir. / Il/Elle n'aime pas (déteste) le cinéma.

b. Dis-moi... Ask questions about the activities that you have identified. Use rising intonation, **est-ce que**, or **n'est-ce pas** to form your questions. Take notes.

Modèle: Lisa, tu aimes danser? / Lisa, est-ce que tu aimes sortir? / Lisa, tu aimes sortir le samedi, n'est-ce pas?

c. Présentation. Use your notes to give the class a short description of the student you interviewed. He/She can agree or disagree, using **C'est vrai** or **Ce n'est pas vrai.**

Objective: culture

Langue et **culture**

Possessions et loisirs

Objets de loisirs des Français en 2009 (en %):	
Télévision	99
Radio	99
Téléphone portable	90,7
Lecteur de DVD	89
Ordinateur personnel	69

D'après Francoscopie 2010

a. Qu'est-ce que les Français font *(do)* beaucoup, d'après le tableau?

b. D'après vous, dans une famille française, quelle personne utilise le plus ces objets?

c. Et vous?

- Préparez des questions sur les objets de loisirs que vos camarades de classe ont dans leur chambre.

- Interviewez un(e) de vos camarades de classe.

- Comparez avec le reste de la classe. Est-ce que c'est comme les Français?

Échanges

Le jeu du portrait

1. Personnage mystère. In groups of two or three, choose a well-known person but keep his/her name secret from the other groups. Write a minimum of six sentences to describe him/her.

2. Qui est-ce? Work with another group to try to guess the identities of the people each group has chosen.

Questions utiles: Est-ce que c'est un homme ou une femme? Il/Elle est américain(e) / français(e)? D'où est-il/elle?

3. Mon portrait de X... Compose a portrait of the person whose identity you guessed. Use anything you know, have learned, or can imagine about this person, including activities, likes, and dislikes.

Le français parlé

Trouver un colocataire compatible

Scène de vie

—Vincent, ta cigarette!
—Ma cigarette?
—Tu fumes, n'est-ce pas?
—Moi? Ben... Non, non, pas du tout!
—Tu n'es pas raisonnable!
—Oh, tu es pénible!

Deux minutes après

—Bonjour, Vincent. Ça va?
—Non, pas du tout!
—Ah? Pourquoi?
—Ben, j'aime fumer et Thérèse n'aime pas ça!
—Euh... Je comprends Thérèse, moi... Marie fume aussi et je déteste ça!
—Vous n'êtes pas drôles!

Pour écouter

When people speak, they hesitate, they pause, they want to gain time, and they express feelings. In doing so, they often use words or sounds that are called fillers, such as **euh, oh, ah,** and **ben** in the preceding conversations. Given the context of the two dialogues, can you guess why the speaker uses these various fillers?

🎎 Parlons!

Smoking seems to be a big problem in the Dubois household. How do you feel about it? If you were sharing a room or an apartment with a roommate, are there other things that would irritate you? What qualities in a roommate are important to you?

    a. List 5 qualities that you would like in a roommate and 5 negative traits that you couldn't stand.

    b. Working in pairs, ask questions to find out about each other's tastes and habits and decide about the possibility of being compatible roommates. Be ready to explain (**Ça va bien. On aime sortir le week-end. On n'aime pas...**).

Noms

un ami, une amie *friend*
un animal, des animaux *animal(s)*
un cadeau, des cadeaux
    present(s), gift(s)
un(e) camarade de classe *classmate*
le cinéma *movie theater; the movies*
un(e) enfant *child*
une femme *woman*
une fille *girl*
un frère *brother*
un garçon *boy*
un homme *man*
une mère *mother*
un nom *name*
un père *father*
une personne *person*
une sœur *sister*
le sport *sports*

Adjectifs

amusant(e) *fun, funny*
anglais(e) *English*
espagnol(e) *Spanish*
sérieux, sérieuse *serious; hardworking*
vrai(e) *true, right*

Verbes

adorer *to love*
aimer *to like; to love*
aimer mieux (que) *to like better (than),
    to prefer*
chanter *to sing*
danser *to dance*
détester *to hate*
donner *to give*
écouter *to listen to*
étudier *to study*
fumer *to smoke*
manger *to eat*
marcher *to walk*
parler *to talk, to speak*
penser (que) *to think (that)*
ranger *to straighten up, to clean up*
regarder *to look at, to watch*
travailler *to work*
voyager *to travel*

Divers

beaucoup *a lot, much*
beaucoup de *a lot of, many, much*
c'est / ce n'est pas *it is, he is, she is / it
    isn't, he isn't, she isn't*
C'est vrai(!) / Ce n'est pas vrai(!) *That's
    true(!) / That's not true! (You're kid-
    ding!)*
comme *like, as*
n'est-ce pas? *isn't it? / isn't he? /
    isn't she?, etc.*
parler anglais *to speak English*
parler espagnol *to speak Spanish*
parler français *to speak French*
rester à la maison *to stay home*
trop *too (too much)*
un peu *a little*
Votre nom, s'il vous plaît? *Your name,
    please?*

Noms

un agent immobilier *real estate agent*
l'alcool *(m.) alcohol*
une chanson *song*
une cigarette *cigarette*
un concert *concert*
la cuisine *cooking; cuisine*
un film *film, movie*
le football *soccer*
une lettre *letter*
une maison *house*
un match *game*
les mathématiques *(f. pl.) mathematics*
le ménage *housework*
un nom de famille *last name*
un oiseau, des oiseaux *bird(s)*
un prénom *first name*
un(e) psychologue *psychologist*
les sciences *(f. pl.) science*
le tennis *tennis*
le théâtre *theater*

Adjectifs

drôle *funny, amusing*
faux, fausse *false*
intellectuel, intellectuelle *intellectual*

Verbes

aimer bien *to like*
jouer *to play*

Aimer / aimer bien. If you want to say that you love something or someone, use the verb **aimer.** If, however, you want to emphasize the fact that you *like* something or someone as opposed to loving them, use **aimer bien.**

> J'**aime bien** Marc mais c'est Christophe que **j'aime.**
> *I like Marc but I love Christophe.*

Verbes à ne pas conjuguer *(Verbs that are not to be conjugated at this point)*

boire *to drink*
dormir *to sleep*
écrire *to write*
lire *to read*
rire *to laugh*
sortir *to go out*

Divers

C'est à qui? C'est à moi., etc. *Whose is it? It's mine., etc.*
J'aime ça! / Je n'aime pas ça! *I like that/ it! / I don't like that/it!*
Je pense que non. *I don't think so.*
Je pense que oui. *I think so.*
par exemple *for example*
Qu'est-ce qu'il/elle aime? *What does he/she like?*
Qu'est-ce que tu aimes? *What do you like?*
surtout *especially*

Le français tel qu'on le parle

C'est pas vrai! *Really! No kidding!*
Chouette! *Great!*
Tu es sérieux (sérieuse)? *You mean it?*
Tu n'es pas drôle. *You aren't funny.*

Le français familier

bosser = travailler
bûcher = étudier
le ciné = le cinéma
un copain, une copine = un ami, une amie
le foot = le football
un gars = un homme
un(e) gosse = un(e) enfant
maman = mère *(mom, mommy)*
les maths = les mathématiques
une meuf = une femme
une nana = une femme
papa = père *(dad, daddy, pop)*
un(e) psy = un(e) psychologue
rigoler = rire
snob *(invariable)* = snobbish
un type = un homme

On entend parfois

boumer (République Démocratique du Congo) = danser

Leçon 5

Les âges de la vie

En bref

Pour communiquer

Compter jusqu'à cent

Décrire les enfants, les jeunes et les adultes

Se situer dans l'espace avec des prépositions

Exprimer l'âge

Parler d'une personne sur une photo (Le français parlé)

Structure

Les verbes **sortir, partir, dormir**

Où placer les adjectifs

Les pronoms comme **moi, toi,** etc.: les pronoms toniques

Culture

La France, ses départements et ses villes

Être adulte?

L'espace personnel

Stéréotypes et nationalités (Échanges)

iLrn iLrn Heinle Learning Center includes

 In-text Audio Program

 Voilà Video

Companion Website

 Pair work

 Group work

Observez

Combien de personnes est-ce qu'il y a sur la photo? Comptez les jeunes filles et les femmes. Comptez les garçons et les hommes. Comment sont ces personnes?

Vocabulaire

A. Les chiffres de 40 à 100

40 quarante	70 soixante-dix	82 quatre-vingt-deux
41 quarante et un	71 soixante et onze	90 quatre-vingt-dix
42 quarante-deux	72 soixante-douze	91 quatre-vingt-onze
50 cinquante	80 quatre-vingts	92 quatre-vingt-douze
60 soixante	81 quatre-vingt-un	100 cent

Objective: culture

Langue et **culture**

La France, ses départements et ses villes

Départements

01 Ain	36 Indre
02 Aisne	37 Indre-et-Loire
03 Allier	38 Isère
04 Alpes de Haute-Provence	39 Jura
05 Hautes-Alpes	40 Landes
06 Alpes-Maritimes	41 Loir-et-Cher
07 Ardèche	42 Loire
08 Ardennes	43 Haute-Loire
09 Ariège	44 Loire-Atlantique
10 Aube	45 Loiret
11 Aude	46 Lot
12 Aveyron	47 Lot-et-Garonne
13 Bouches-du-Rhône	48 Lozère
14 Calvados	49 Maine-et-Loire
15 Cantal	50 Manche
16 Charente	51 Marne
17 Charente-Maritime	52 Haute-Marne
18 Cher	53 Mayenne
19 Corrèze	54 Meurthe-et-Moselle
20 Corse	55 Meuse
21 Côte-d'Or	56 Morbihan
22 Côtes-d'Armor	57 Moselle
23 Creuse	58 Nièvre
24 Dordogne	59 Nord
25 Doubs	60 Oise
26 Drôme	61 Orne
27 Eure	62 Pas-de-Calais
28 Eure-et-Loir	63 Puy-de-Dôme
29 Finistère	64 Pyrénées-Atlantiques
30 Gard	65 Hautes-Pyrénées
31 Haute-Garonne	66 Pyrénées-Orientales
32 Gers	67 Bas-Rhin
33 Gironde	68 Haut-Rhin
34 Hérault	69 Rhône
35 Ille-et-Vilaine	70 Haute-Saône
	71 Saône-et-Loire

72 Sarthe	84 Vaucluse
73 Savoie	85 Vendée
74 Haute-Savoie	86 Vienne
75 Ville de Paris	87 Haute-Vienne
76 Seine-Maritime	88 Vosges
77 Seine-et-Marne	89 Yonne
78 Yvelines	90 Territoire de Belfort
79 Deux-Sèvres	91 Essonne
80 Somme	92 Hauts-de-Seine
81 Tarn	93 Seine-Saint-Denis
82 Tarn-et-Garonne	94 Val-de-Marne
83 Var	95 Val-d'Oise

1. Comment s'appellent les divisions administratives dans votre pays *(in your country)*?

2. Identifiez les villes *(cities)* françaises célèbres sur la carte. Pourquoi sont-elles célèbres? Où sont-elles situées? À l'est? À l'ouest? Au sud? Au nord?

3. Regardez la carte de France et tracez une ligne de Brest à Calais, à Strasbourg, à Nice, à Perpignan et finalement à Biarritz. Quelle est la forme de la France? Est-ce que votre pays a une forme?

4. À votre avis, que signifient les chiffres sur la carte? Considérez les températures, la population, les subdivisions administratives, les régions, le code postal.

5. Paris est dans le département de la Ville de Paris, 75. Marseille est dans le département des Bouches-du-Rhône, 13. Et Lyon? Strasbourg? Toulouse? Bordeaux? Lille?

B. Les enfants

Voilà Guillaume Firket. Il a 18 mois et il est très mignon. Il mange tout le temps et il aime dormir. C'est un bébé facile. Il est toujours content, mais il pleure quand il est fatigué.

● Comment est Guillaume? Il a quel âge? Qu'est-ce qu'il aime? Est-ce qu'il pleure souvent?

Voilà Sylvie Mabille. Elle a onze ans. Elle est jolie, mais c'est une enfant gâtée et difficile. Elle n'est pas souvent sage et c'est une petite fille mal élevée. Elle adore jouer mais elle n'a pas beaucoup d'amis parce qu'elle est égoïste: elle n'aime pas partager. Elle déteste l'école, mais elle aime l'histoire et la géographie. Aujourd'hui, elle est fâchée parce qu'elle est punie.

● Comment est Sylvie? Elle a quel âge? Pourquoi est-ce qu'elle est gâtée? Pourquoi est-ce que les enfants gâtés n'ont pas beaucoup d'amis? Qu'est-ce qu'elle n'aime pas? Quand est-ce qu'elle n'est pas contente?

Voilà François Pinel. C'est un petit garçon typique de six ans. Très actif, il adore jouer et il a beaucoup d'amis parce qu'il est gentil. Il est sage et bien élevé. C'est un enfant heureux et équilibré. Comme Guillaume, il est toujours content.

● Quel âge a François? Est-ce qu'il est heureux ou malheureux? Pourquoi? Pourquoi est-ce un enfant typique? Il est plus jeune ou plus âgé que Guillaume?

—François! Tu joues?
—Oui, oui, d'accord!

Activité vidéo

C. Les jeunes

Voilà Cédric Rasquin. Il a seize ans et il habite chez sa mère, à Toulouse. Il est parfois de bonne humeur et parfois de mauvaise humeur, et il n'est pas facile. C'est normal pour un adolescent, non? Il a des problèmes et il est malheureux. Il n'aime pas le lycée mais il aime lire et il adore la littérature. Il aime aussi les bandes dessinées! Il aime être seul, mais il joue de la guitare avec ses copains. Il est timide avec les filles et il n'a pas de petite amie.

● Quel âge a Cédric? Il habite où? Est-ce qu'il est content de sa vie? Expliquez *(Explain)* ses problèmes. Qu'est-ce qu'il aime? Qu'est-ce qu'il n'aime pas?

Voilà Suzanne Mabille. Elle a dix-huit ans et elle étudie le droit à Bruxelles. Elle est souvent de bonne humeur. Elle est intellectuelle et elle adore parler, mais c'est aussi une jeune fille sportive et elle aime beaucoup le tennis. Elle ne mange pas trop parce qu'elle est au régime. Mais son copain, Hakim, adore manger et fumer! Il est marocain et il étudie la médecine à Bruxelles aussi.

● Quel âge a Suzanne? Elle étudie où? Est-ce qu'elle est française? Et Hakim, il est français? Qu'est-ce que Suzanne aime? Et Hakim, qu'est-ce qu'il aime? Pourquoi est-il à Bruxelles?

Être adulte?

1. Êtes-vous adulte? Quel est l'âge adulte dans votre pays *(in your country)*? Qu'est-ce qui est autorisé avant *(before)*? Qu'est-ce qui n'est pas autorisé?

> *Modèle:* Autorisé: *conduire* (to drive), etc.
> Pas autorisé: *jouer dans un casino,* etc.

2. Et en France?

L'âge légal en France

> 18 ans: Majorité civile, mariage, permis de conduire, alcool, vote
> 16 ans: Travailler (14 ou 15 ans sous certaines conditions), fin *(end)* de la scolarité obligatoire

Cédric a 16 ans et Suzanne a 18 ans. Qu'est-ce qui est autorisé?

	Cédric	Suzanne
Voter		
Avoir une profession		
Prendre un whiskey dans un bar		
Conduire une voiture		
Avoir un compte à la banque sans l'autorisation de ses parents		
Se marier		
Quitter l'école		

D. Les adultes

Voilà Béatrice Dubois. Elle a trente-sept ans et elle habite Toulouse. Elle aime être élégante. Elle n'est pas pauvre mais elle n'est pas très riche. C'est une femme énergique et débrouillarde, mais têtue. Elle a trois enfants. Avec ses enfants, elle est sévère mais compréhensive. Elle adore les langues étrangères et elle est professeur d'anglais dans un lycée. Elle a parfois des problèmes avec les adolescents de sa classe. Ils ne sont pas méchants, mais ils ne sont pas toujours polis et ils adorent rire.

—Damien! Damien! Regarde!
—Eh! Du calme!

Toulouse

● Où habite Béatrice Dubois? Elle est jeune ou vieille? Combien d'enfants est-ce qu'elle a? Est-ce qu'elle est très occupée? Pourquoi? Pourquoi est-ce qu'elle n'est pas très riche? Comment sont les adolescents de sa classe?

Voilà Jean Rasquin, dentiste, quarante-cinq ans. C'est le père de Cédric et il habite à Paris. Il est très bavard et il déteste être seul, mais il est souvent ennuyeux. Il adore les voitures, les vacances et les week-ends.

● Qui est Jean Rasquin? Il a quel âge? Est-ce qu'il est comme Cédric? Pourquoi? Qu'est-ce qu'il aime? Vous pensez qu'il est sympathique?

Voilà Jacques Dubois. Il habite Nice, il a soixante-huit ans et il est retraité. C'est une personne âgée, mais il marche beaucoup et donc il est en forme. Il est calme, réservé et un peu pessimiste. Il est triste parce qu'il est seul et vieux.

Voilà Paulette Gilmard. Elle habite à Nice et elle est retraitée aussi, mais elle n'est pas comme Jacques: c'est une femme enthousiaste, sociable et optimiste. Elle aime la vie et elle n'est pas souvent déprimée. Elle a soixante-six ans, mais elle n'est pas vieille, n'est-ce pas?

Nice

● Quel âge a Jacques Dubois? Il est jeune ou il est vieux? Il habite où? Est-ce que vous pensez qu'il a beaucoup d'amis? Pourquoi est-ce qu'il est triste?
● Quel âge a Paulette Gilmard? Vous pensez qu'elle est jeune ou vieille? Et elle, elle pense qu'elle est vieille? Où est-ce qu'elle habite? Qu'est-ce qu'elle aime? Est-ce qu'elle est optimiste? Est-ce que c'est normal d'être optimiste quand on est vieux? Est-ce qu'elle est comme Jacques?
● Et vous, quel âge avez-vous? Est-ce que vous êtes en forme aujourd'hui? Est-ce que vous êtes de bonne humeur ou de mauvaise humeur? Est-ce que vous êtes débrouillard(e)? Est-ce que vous êtes optimiste ou pessimiste?
● Dans la classe, qui joue de la guitare? Qui aime les bandes dessinées? Qui aime les voitures?

E. Les prépositions

Paulette est loin de Jacques.

Paulette est derrière Jacques.

Paulette est près de Jacques.

Paulette est devant Jacques.

Paulette est sur le banc.

Jacques est sur le banc à côté de Paulette.

Les deux chiens sont sous le banc.

- Est-ce que Jacques et Paulette sont amis maintenant?
- De quelle couleur est le chien de Paulette? Et le chien de Jacques? Est-ce que les deux chiens sont amis?
- Et dans la salle de classe, qui est près de la fenêtre? Qui est près de la porte? Qui est loin du professeur? Qui est devant le professeur?

Langue et culture — L'espace personnel

1. L'espace personnel et vous. Quand vous parlez avec des amis, est-ce que vous aimez mieux être très près, assez *(somewhat)* près, assez loin ou très loin?

2. Et pour les Français?

Regardez les deux photos des Français. D'après *(According to)* ces photos, est-ce qu'on est plus près, aussi près ou moins près pour parler à ses amis en Amérique du Nord qu'en France?

Mots et usages

1. L'âge. Use the verb **avoir** to say how old someone is. Be sure to include the word **ans**.

Elle **a** soixante **ans**.   *She's sixty (years old).*

To ask how old someone is, use these questions:

Quel âge avez-vous?   Quel âge as-tu?

***Être* ou *avoir*?** Choose **être** or **avoir** in the conversation between Cédric's mother and a friend.

—Quel âge _____ Cédric?

—Cédric? Il _____ 16 ans et j(e) _____ des problèmes avec lui. Il _____ souvent seul et il n(e) _____ pas beaucoup d'amis. Il _____ trop loin de son père, je pense.

Grammar tutorial

2. La place des adverbes. Adverbs are placed after the verb.

Ils parlent trop!   *They talk too much!*
Il ne pleure pas souvent.   *He doesn't cry often.*

Hakim et Suzanne. Choose among these adverbs to complete the paragraph about Hakim and Suzanne, without repeating yourself: **parfois, souvent, beaucoup, tout le temps, bien, aussi.**

Hakim et Suzanne sont étudiants. Ils aiment _____ le sport et ils jouent _____ au tennis. Ils sont _____ chez la mère de Suzanne parce qu'ils aiment _____ sa cuisine. Hakim et Suzanne aiment _____ sortir, mais ils ont beaucoup de travail et donc, ils restent _____ à la maison pour étudier.

3. Combien de. To ask how many or how much a person has of something, use one of the following constructions:

Elle a **combien de** chats?
Combien de chats est-ce qu'elle a? } *How many cats does she have?*
Combien de chats a-t-elle?

Combien? You have the answer. What was the question?

1. —_____?
   —Moi? J'ai trois chiens!

2. —_____?
   —Nous avons quatre enfants, une fille et trois garçons.

3. —_____?
   —Ils ont deux voitures.

4. De. The preposition **de** can be used to express possession, to say where someone is from, or to qualify a noun. **De** is also used as a part of longer prepositions and to express the idea of playing a musical instrument.

a. **De** + noun expresses possession. This is the equivalent of *'s* in English.

C'est le cahier **de** Michel.　　　　*It's Michel's notebook (the notebook of Michel).*

b. **De** + indication of place expresses origin.

D'où êtes-vous?　　　　*Where are you from?*
Je suis **de** Dallas.　　　　*I'm from Dallas.*

c. **De** + noun acts as an adjective and qualifies a noun.

C'est le professeur **d'**anglais.　　　　*It's the English teacher (the teacher of English).*
Où est mon livre **de** maths?　　　　*Where is my math book?*

d. Prepositions ending in **de**. Certain prepositions end in **de**.

Il est **à côté de** la fille.　　　　*He's next to the girl.*
Vous habitez **près de** Fort Worth?　　　　*Do you live near Fort Worth?*
J'habite **loin de** l'université.　　　　*I live far from school.*

e. **Jouer de** + musical instrument

Tu joues **de la** guitare?　　　　*Do you play the guitar?*

5. De + definite article. The combination de + le contracts to become **du**. The combination de + les contracts to become **des**.

de + le = du
de + les = des

C'est le chat **du** garçon.　　　　*It's the boy's cat.*
Je joue **du** piano.　　　　*I play the piano.*
Il est à côté **du** professeur.　　　　*He's next to the teacher.*
Les chats n'aiment pas être près **des** chiens.　　　　*Cats don't like to be near dogs.*

Complétez. Complete the dialogues with a form of **de** (**de, d', de la, de l', du** or **des**).

1. —Cédric joue _____ guitare?
   —Oui, et il joue très bien!

2. —Tu es _____ où?
   —Moi? Je suis _____ Montpellier. Et toi?

3. —Mon chien! Où est mon chien?
   —Là, sous le banc, près _____ deux chiens noirs!

4. —Où est ta voiture?
   —Pas bien loin... Regarde, là, à côté _____ voiture du professeur _____ anglais.

6. Chez / habiter (à). The preposition **chez** means *at the house* or *home of*.

Elle **habite chez** Marie.	*She lives at Marie's (house).*
Je suis **chez** moi.	*I'm at home.*

Use **habiter** with or without the preposition **à** to say that someone lives in a city.

Éric **habite à** Lomé.	*Éric lives in Lomé.*
Vous **habitez** Genève?	*Do you live in Geneva?*

Où est-ce qu'ils habitent? Complétez de façon logique.

1. Jean Rasquin habite à _____.
2. Béatrice Dubois habite _____.
3. Cédric Rasquin habite chez _____.
4. Le président américain habite à _____.
5. Mes parents habitent _____.

═══ Mise en pratique ═══

Objective, Act. 1: practicing numbers

1. Dans l'ordre. Read aloud each list to find the number that does *not* belong. Then reread the list with all correct numbers.

Modèle: 40, 41, ~~46~~
   *quarante, quarante et un, quarante-six; **non, pas quarante-six***
   *quarante, quarante et un, **quarante-deux***

Objectives, Act. 2–4: recognizing new words; recycling vocabulary

1. 47, 48, 43, 50, 51
2. 58, 59, 60, 67, 62
3. 69, 70, 71, 75, 73
4. 88, 89, 90, 91, 99

2. Chassez l'intrus. Find the word that does not belong.

1. un bébé / un enfant / un banc / un adolescent / un adulte
2. bavard / drôle / sociable / timide
3. triste / content / fâché / déprimé
4. mignon / gâté / sage / bien élevé
5. méchant / gentil / égoïste / pénible / puni

3. C'est comment? Choose at least two of the following expressions to describe each statement: **c'est normal / c'est bizarre / c'est facile / c'est difficile / c'est drôle / c'est amusant / c'est triste / c'est ennuyeux.**

> *Modèle:* étudier le français   *C'est facile et c'est amusant.*
> ne pas avoir de voiture   *C'est normal mais c'est difficile.*

1. être seul à 80 ans
2. parler espagnol
3. avoir 50 chats
4. ne pas avoir la télévision dans sa chambre
5. ne pas aimer les fleurs
6. habiter chez ses parents à 45 ans
7. être malade tout le temps

4. Devinez qui. Who does the following?

> **Suggestions:** les adultes, les jeunes, les jeunes filles, les petit(e)s ami(e)s, les personnes âgées, les petits enfants, les bébés

1. Ils aiment beaucoup dormir.
2. Ils ne jouent pas beaucoup.
3. Ils parlent beaucoup au téléphone.
4. Ils aiment beaucoup sortir avec leurs amis.
5. Ils aiment les vacances en groupe.
6. Ils jouent tout le temps.

5. À quel âge? Where you live, how old are people when they do the following things?

Objectives, Act. 5: *talking about age; comparing cultures*

> *Modèle:* habiter loin de ses parents
> *À 18 ans.*

1. boire du vin *(wine)*
2. sortir avec une fille/un garçon
3. avoir son permis de conduire *(driver's license)*
4. voter
5. se marier *(get married)*
6. étudier le droit ou la médecine

6. Les villes de France. C'est vrai ou c'est faux? Corrigez les phrases fausses.

Objectives, Act. 6: *using prepositions; learning French geography*

> *Modèle:* Cannes est près de Paris.
> *C'est faux. Cannes est loin de Paris.*

1. Nice est près de Cannes.
2. Versailles est loin de Paris.
3. Bordeaux est à côté de Strasbourg.
4. Avignon est près de Nîmes.

7. Comment sont-ils? What adjectives would you use to describe each word? Compare your results with those of other students in your class.

1. un(e) adulte
2. les jeunes
3. une personne âgée
4. un problème
5. la vie

8. L'âge. Pour vous, quel âge a quelqu'un *(someone)* qui est...

1. très jeune
2. jeune
3. adulte
4. vieux

9. Les gens et les âges. Regardez les photos. Quel âge ont-ils? Comment sont-ils? Qu'est-ce qu'ils aiment? Qu'est-ce qu'ils n'aiment pas? Quelles sont les relations des personnes sur chaque photo? En groupes, choisissez une photo et écrivez une petite histoire *(write a brief story)* sur les personnes de la photo.

Robert Tournier, Stéphane Tournier et Michel Tournier (Toulouse, France)

François et Paloma Toussaint (Bruxelles, Belgique)

Madame Pinel, Madame Tournier et Monsieur Silici (Lavaur, France)

Monsieur et Madame Dumoulin (Paris, France)

Stéphanie Perrin et Khadiatou Diouf (Jardin du Luxembourg, Paris)

Structure 1

Les verbes *sortir, partir, dormir*

Sortir *(to go out)* and two other common verbs, **partir** *(to leave)* and **dormir** *(to sleep),* have identical endings in the present tense.

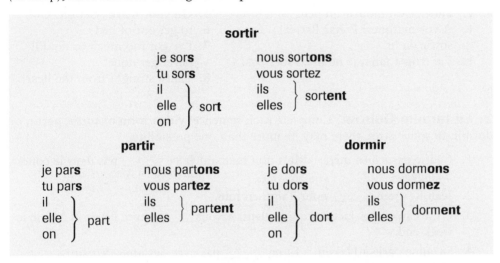

sortir

je sor**s**   nous sort**ons**
tu sor**s**   vous sortez
il
elle } sort   ils
on   elles } sort**ent**

partir

je par**s**   nous part**ons**
tu par**s**   vous par**tez**
il
elle } part   ils
on   elles } part**ent**

dormir

je dor**s**   nous dorm**ons**
tu dor**s**   vous dorm**ez**
il
elle } dort   ils
on   elles } dorm**ent**

Note de prononciation

The singular forms of the verbs **sortir**, **dormir**, and **partir** sound identical. In the plural, the **m** and the **t** of the stem are pronounced.

il dort *(t not pronounced)*   ils dorment *(m pronounced)*
elle sort *(t not pronounced)*   elles sortent *(t pronounced)*

Sortir indicates movement out of a place or going out (alone, with others, or on a date).

Suzanne **sort** du bureau du professeur.
Suzanne's coming out of the professor's office.

Cédric est timide et il n'aime pas **sortir**.
Cedric is shy and he doesn't like to go out.

Partir means simply *to leave.*

Mes copains et moi, nous **partons** pour New York demain.
My friends and I are leaving for New York tomorrow.

Here are the imperative, or command, forms of verbs like **sortir**.

Dors bien!   *Sleep well!* (said to a person you would address using **tu**)

Partez maintenant!   *Leave now!* (said to a person you would address using **vous** or to more than one person)

Sortons avec Mamadou ce soir!   *Let's go out with Mamadou this evening!*

Mise en pratique

Objective, Act. 1: *processing idioms across cultures*

1. Des expressions. Match each sentence or phrase with its English equivalent. Identify the form of each verb: present tense, infinitive, or imperative.

a. Qui dort dîne.
b. partir de zéro
c. Ça part du cœur.
d. dormir profondément
e. Partir, c'est mourir un peu.
f. À vos marques! Prêts? Partez!
g. sortir du lit
h. J'ai trop à faire, je ne m'en sors pas!

1. to sleep soundly
2. Sleeping is as good as eating.
3. Leaving is very difficult.
4. to start from scratch
5. On your mark! Get set! Go!
6. to get out of bed
7. I've got too much to do. I'll never get done!
8. That's straight from the heart.

Objective, Act. 2–4: *practicing new verb forms in context*

2. La famille Dubois. Complete each sentence with a form of **sortir, partir,** or **dormir.** In some cases, there may be more than one possibility.

1. Cédric parle à sa mère: «Mais non maman! Je ne _____ pas dans le cours d'anglais.»
2. Jean Rasquin _____ pour Tahiti en juin.
3. C'est Paulette et Jacques qui parlent: «Nous _____ avec Pierre et Marie le week-end.»
4. Suzanne parle à Hakim: «Tu ne _____ pas avec des amis demain?»
5. Béatrice parle à Jacques et à Paulette: «Vous _____ pour Montréal?»
6. Cédric _____ avec Stéphanie mais il aime Aurélie.
7. Paulette parle à Jacques: «À demain! _____ bien! »

3. Petit sondage. Qui dans la classe...

1. dort souvent devant la télévision?
2. sort souvent le lundi soir?
3. sort toujours le week-end?
4. part souvent chez ses parents le week-end?
5. dort parfois en classe?
6. part parfois en vacances avec ses amis en été?

4. Et vous? Parlez de vous avec un(e) partenaire.

1. Quand est-ce que vous dormez beaucoup?
2. Quand est-ce que vous sortez beaucoup?
3. Avec qui est-ce que vous sortez?
4. Quel mois est-ce que vous partez en vacances?

Structure 2

Où placer les adjectifs

Adjectifs qui suivent le nom

Most adjectives that are used to describe nouns follow the nouns they modify.

> Martine aime **la musique anglaise.**
> *Martine likes English music.*

> C'est **une chambre agréable.**
> *It's a pleasant room.*

> J'adore **les fleurs rouges!**
> *I love red flowers!*

Adjectifs qui précèdent le nom

A small group of adjectives usually precede the noun they modify. You already know some of these. Others, as they occur, are marked in the vocabulary list.

beau	*good-looking, beautiful*
grand	*big, tall*
gros	*big, thick, fat*
jeune	*young*
joli	*pretty*
pauvre	*poor (to be pitied)*
petit	*small*
vieux	*old*

C'est une **petite** chambre.	*It's a small room.*
La **pauvre** Monique!	*Poor Monique!*

Bel et *vieil*

The adjectives **beau** and **vieux** have alternative forms, **bel** and **vieil,** that are used before a masculine singular noun beginning with a vowel sound. They are pronounced the same as the feminine forms **belle** and **vieille.**

Minou est un **vieux** chat.	*Minou is an elderly (old) cat.*
Minou est un **vieil** animal.	*Minou is an old animal.*

Oscar est un **beau** chien.	*Oscar is a good-looking dog.*
Oscar est un **bel** animal.	*Oscar is a good-looking animal.*

Mise en pratique

Objective, Act. 1–5: practicing adjectives that precede and follow nouns

1. Vrai ou faux?

1. Les professeurs aiment les étudiants sérieux.
2. Les gros chiens aiment les petits chats.
3. Paulette aime les vieilles chansons françaises.
4. Les petits oiseaux aiment les gros chats.
5. Émile (le monstre) aime les jolies fleurs.

2. Les goûts.
With a partner, state what you like and dislike. Pay attention to the agreement and placement of adjectives.

Modèle: les films (bizarre / amusant / classique / beau)
J'aime les beaux films classiques. Je n'aime pas les films bizarres.

1. la musique (anglais / espagnol / américain / français / classique)
2. les chambres (vieux / joli / laid / petit / grand / clair)
3. les chiens (grand / petit / méchant / gentil)
4. les copains (égoïste / généreux / paresseux / sérieux / sociable / têtu / timide)
5. les voitures (grand / petit / américain / français / vieux / beau)

3. Émile.
Add adjectives to the paragraph about Émile to make it more descriptive. Choose from this list:

jeune / français / américain / canadien / petit / sombre / vieux / grand / sympathique / énergique / joli / clair / blond / gros / pauvre / fâché / beau / laid / travailleur

Modèle: Paul, l'ami d'Émile, est un étudiant. C'est un homme.
Paul, l'ami d'Émile, est un jeune étudiant français. C'est un homme sympathique et travailleur.

Émile est un monstre. Il a une chambre. Il aime sa chambre parce qu'il y a une fenêtre et des rideaux. Il a une amie, Ernestine. C'est une femme. C'est une étudiante. Elle étudie l'histoire et la littérature.

4. La réalité.
Comment sont...

1. les enfants bien/mal élevés?
2. les personnes âgées?
3. les hommes et les femmes politiques?
4. les actrices de cinéma?
5. les adolescents de 15 ans?

Modèle: les enfants mal élevés: *Ils sont gâtés, pénibles, impossibles, et ils ne sont pas agréables, mais ils sont équilibrés!*

Objectives, Act. 6: recyling vocabulary and structure; using language creatively

5. Et le rêve.
Comment est...

1. la femme idéale?
2. l'homme idéal?
3. l'enfant idéal?
4. le professeur idéal?
5. l'étudiant idéal

6. Le copain de Suzanne.
Describe Suzanne's boyfriend from the viewpoint of Suzanne, her parents, and her sister. (Hakim's illustration appears on p. 90.)

Structure 3

Les pronoms comme *moi, toi,* etc.: les pronoms toniques

One group of pronouns in French is called tonic, or stress, pronouns.

moi	*me, I*
toi	*you (familiar / singular)*
lui	*him, he*
elle	*her, she*
nous	*us, we*
vous	*you (formal / plural)*
eux	*them, they (all-masculine or mixed group)*
elles	*them, they (all-feminine group)*

Stress pronouns are used in the following situations:

1. When there is no verb

   —**Moi?**   *Me?*   —**Moi** aussi?   *Me too?*
   —Oui, **toi!**   *Yes, you!*   —Oui, mais pas **moi!**   *Yes, but not me!*

2. When they are the object of a preposition

   —Il part **avec nous?**   *Is he leaving with us?*
   —Non, **avec eux.**   *No, with them.*

   —Elle est **chez lui?**   *Is she at his house?*
   —Non, il est **chez elle!**   *No, he's at her house!*

3. After **c'est**

   —**C'est toi?**   *Is that you?*
   —Oui, **c'est moi.**   *Yes, it's me.*

4. For emphasis

   —**Moi,** je déteste danser.   *I hate dancing.*
   —Mais tu danses bien, **toi!**   *But you dance well!*

5. When the subject of a sentence contains a noun + a pronoun. Note the use of a subject pronoun that repeats the information (**toi** + **Nicole, vous**) in front of the verb.

   —**Toi** et Nicole, **vous**   *You and Nicole, are you going into*
   allez en ville?   *town?*

6. After **c'est à** to indicate possession

   —**C'est à eux?**   *Is it theirs?*
   —Non, **c'est à nous.**   *No, it's ours.*

   —**C'est à qui?**   *Whose is this?*
   —**C'est à moi.**   *It's mine.*

C'est à qui? can also mean *Whose turn is it?* or *Who's next?* **C'est à moi** can also mean *It's my turn* or *I'm next.*

≡ Mise en pratique ≡

Objective, Act. 1–3: *using stress pronouns in context*

1. La vie de Jean Rasquin. Choose the noun that corresponds to each stress pronoun.

> *Modèle:* Il voyage avec lui. (son père / son père et sa mère)
> *son père*

1. Il parle avec eux. (Cédric Rasquin / ses copains)
2. Il sort avec elle. (sa copine / ses enfants)
3. Il mange chez elles. (Thérèse et Céline / son ami)
4. Il part en vacances avec lui. (Cédric / Paul et Monique)

2. La vie de Jean Rasquin (suite). Now, use stress pronouns to talk more about Jean Rasquin's life.

> *Modèle:* Il joue au tennis avec Rudolph.
> *Il joue au tennis avec lui.*

1. Il habite avec *des amis*.
2. Il sort le week-end avec *Jérémy et Jimmy*.
3. Il écoute de la musique romantique *avec Mélanie*.
4. Il sort au restaurant avec *Mathilde et Maude*.

3. Qui... ? Guess your classmate's preferences so he/she can confirm or deny your guess. Use stress pronouns where possible.

> *Modèle:* Qui aime étudier?
> —*Lui! Lui, il aime étudier!* (pointing to another student)
> —*Moi? Non! Pas moi! / C'est vrai. Moi, j'aime étudier.*

1. Qui aime chanter?
2. Qui aime danser?
3. Qui étudie tout le temps?
4. Qui travaille beaucoup?
5. Qui parle une langue étrangère?
6. Qui aime les mathématiques?

Objective, Act. 4: *focusing on form and function in a connected text*

4. Les Dubois. In groups, rewrite the paragraph below, replacing some (but not all) of the nouns in italics with pronouns. Use either subject pronouns (**je / tu / il / elle / on / nous / vous / ils / elles**), the pronoun **ce**, or stress pronouns (**moi / toi / lui / elle / nous / vous / eux / elles**).

Voilà Vincent Dubois. *Vincent* est un homme sociable et *Vincent* adore sortir. *Vincent* a une femme. *Sa femme* s'appelle Thérèse. *Thérèse* n'aime pas sortir avec *Vincent*. Pourquoi est-ce que *Thérèse* n'aime pas sortir avec *Vincent*? Parce que *Vincent* adore boire, manger, parler et fumer. Et *Thérèse* aime lire et regarder des films classiques à la télé... et *Thérèse* déteste les cigarettes! Demain, *Vincent et Thérèse* partent pour New York. *Vincent* est content parce que *Vincent* adore New York. Et *Thérèse*? *Thérèse* est contente aussi. Pourquoi? Parce que *Thérèse* aime parler anglais et *Thérèse* adore voyager.

Échanges

Stéréotypes et nationalités

Objectives: *comparing opinions and cultures; reflecting on personal and cultural attitudes*

1. Défauts et qualités

a. Catégories. Organize the following adjectives in two categories, negative and positive. Which adjectives could belong to both categories?

sympathique	bavard	intelligent	content de soi
travailleur	distant	aimable	têtu
débrouillard	hypocrite	énergique	arrogant
honnête	vieux jeu	moderne	malhonnête
sérieux	agressif	paresseux	courageux
discipliné	généreux	optimiste	pessimiste
calme	élégant	réservé	exubérant

une personne vieux jeu = une personne qui n'est pas moderne

b. Expliquez. Choose two adjectives and describe a person who is like that.

Modèle: vieux jeu: *Une personne vieux jeu aime les vieilles traditions et n'aime pas les habitudes modernes.*

2. Comment sont-ils?

a. Les stéréotypes. People from other countries are often stereotyped with negative, positive, or neutral qualities. Think of adjectives usually associated with people from around the world. Choose five nationalities from among the following: les Norvégiens, les Chinois, les Italiens, les Espagnols, les Japonais, les Allemands [*Germans*], les Russes, les Marocains, les Anglais, les Français, les Brésiliens.

b. Évaluation. What do others think of people in your country? Write at least 6 adjectives. Which adjectives are accurate? Which are stereotypes?

Modèle: modernes
C'est vrai, les Américains sont modernes. / Non, ce n'est pas vrai, c'est un stéréotype.

c. Comparaison. Do you agree or disagree with these statements?

- J'aime les personnes différentes de moi.
- Les personnes différentes de nous sont dangereuses.
- Les personnes différentes de nous sont intéressantes.
- Les personnes différentes de nous sont bizarres.

Comment sont-ils? Où sont-ils? Qui sont-ils? De quelle nationalité sont-ils?

Le français parlé

Parler d'une personne sur une photo

Scène de vie

Objectives: describing people in a photo; hearing **liaison**

—Et voilà ma sœur, Sima.
—Sima?
—Oui, ma mère est de Téhéran.
—Ah oui? Et ton père?
—Non, lui, il est de Perpignan.
—Elle est plus âgée que toi,
    ta sœur?
—Oui, elle a vingt-deux ans.
—Elle est élégante!
—Oui, et jolie aussi, non?
—Oui, c'est vrai... C'est où, la photo?
—À Paris, je pense. Sima habite à Paris.
—Elle travaille?
—Non, elle étudie la médecine.
    Elle est très intelligente!
—Et elle est sympa?
—Oui, très! Toujours de bonne humeur!
    Et toi, tu as des frères et sœurs?
—Oui, j'ai deux frères... Regarde...

Pour écouter

In spoken French, two words sometimes sound like one because there is a **liaison.**
Liaison *(Linking)* occurs when the final consonant of one word is pronounced
with the beginning vowel sound of the following word. This **liaison** consonant (the
one pronounced) is silent when followed by another consonant.

> Comment_allez-vous?   Comment ça va?
>   **liaison** *t*   **silent** *t*
>
> **Liaison** consonants **s** and **x** are pronounced /z/.
>
> les jeunes   les_écoles   deux_enfants
>   **silent** *s*   /z/   /z/
>
> The letter **h** is silent, making **liaison** possible with the vowel that follows.
>
> les_hommes   deux_hommes
>   /z/   /z/

Listen to the conversation above and indicate the **liaisons** with link marks.

Parlons! Une photo

a. Bring in a photo of a family member or friend. Jot down a few things about
   that person.
b. Ask a partner questions to learn all you can about the person in his/her photo.
   Then say two or three things to present your partner's photo to the class.

Vocabulaire de base

CD 1, Track 15

Les chiffres de 40 à 100 (page 88)
Les pronoms comme **moi, toi,** etc.: les pronoms toniques (page 103)

Noms
un(e) adulte *adult*
un an *year*
une école *school*
une guitare *guitar*
une jeune fille *girl (between about 13 and 25; not married)*
les jeunes *(m. pl.) young people*
un lycée *high school*
une personne âgée *older person, senior citizen*
un petit ami, une petite amie *boyfriend, girlfriend*
un problème *problem*
la vie *life*

Verbes
dormir *to sleep*
habiter *to live, inhabit*
jouer (à / de) *to play*
partir *to leave*
sortir *to go out*

Adjectifs
âgé(e) *old, elderly*
bavard(e) *talkative*
compréhensif, compréhensive *understanding*

content(e) *glad*
débrouillard(e) *resourceful*
déprimé(e) *depressed*
difficile *difficult, hard to get along with*
drôle *funny, amusing*
égoïste *selfish*
équilibré(e) *well-adjusted*
facile *easy*
gentil, gentille *kind, nice*
intellectuel, intellectuelle *intellectual*
jeune *(precedes noun) young*
joli(e) *(precedes noun) pretty*
méchant(e) *mean*
mignon, mignonne *cute*
normal(e) *normal*
pauvre *poor (follows noun); to be pitied (precedes noun)*
riche *rich*
seul(e) *alone*
triste *sad*
vieux (vieil), vieille, vieux, vieilles *(precedes noun) old*

Adverbes
parfois *sometimes*
souvent *often*
toujours *always*
tout le temps *all the time*

Prépositions
à *in; to; at*
à côté de *next to, beside*
chez *at the house of*
derrière *behind, in back of*
devant *in front of*
loin de *far from*
près de *near (to)*

Divers
avoir... ans *to be . . . years old*
C'est à qui? *Whose is it? / Whose turn is it?*
combien (de) *how many, how much*
moi (toi...) aussi *me (you . . .) too, so do I (you . . .)*
moi (toi...) non plus *me (you . . .) neither, neither do I (you . . .)*
pas moi (toi...) *not me (you . . .)*
quand *when*

Vocabulaire de base **107**

Noms

un adolescent, une adolescente *adolescent, teenager*
un banc *bench*
une bande dessinée *comic strip, comic book*
un bébé *baby*
un(e) dentiste *dentist*
un retraité, une retraitée *retired person*
les études *(f.) studies*
   le droit *law*
   la géographie *geography*
   l'histoire *(f.) history*
   les langues étrangères *(f. pl.) foreign languages*
   la littérature *literature*
   la médecine *medicine*

Verbes

partager *to share*
pleurer *to cry*

Adjectifs

actif, active *active*
bien élevé(e) *well-mannered*
calme *calm*
élégant(e) *elegant*
énergique *energetic*
ennuyeux, ennuyeuse *boring; annoying*
enthousiaste *enthusiastic*
fâché(e) *angry, mad, disgruntled*
gâté(e) *spoiled*
impoli(e) *impolite*
mal élevé(e) *ill-mannered, rude*
marocain(e) *Moroccan*
optimiste *optimistic*
pessimiste *pessimistic*

poli(e) *polite*
puni(e) *punished*
réservé(e) *reserved, quiet*
sage *well-behaved*
sévère *strict*
têtu(e) *stubborn*
typique *typical*

Divers

être au régime *to be on a diet*
être de bonne humeur *to be in a good mood*
être de mauvaise humeur *to be in a bad mood*
être en forme *to be in shape, to feel great*
jouer de la guitare *to play the guitar*
Quel âge as-tu (avez-vous)? *How old are you?*

Le français tel qu'on le parle

Alors (on joue?) *Well, so (are we playing or not)?*
C'est pas drôle! *It's not funny! / That's no fun!*
Du calme! *Be quiet!*
Eh! *Hey!*
Je vous en prie. *Please do, of course. / You're welcome. (formal)*
Pas mal! *Not bad!*
Soyez (Sois) sage(s)! *Behave! / Be good!*
Vous permettez? *May I? (formal)*

Le français familier

un(e) ado = un(e) adolescent(e)
une bagnole = une voiture

un bahut = un lycée
barbant(e) = ennuyeux, ennuyeuse
une BD = une bande dessinée
C'est pas marrant. = C'est pas drôle.
un copain, une copine = un petit ami, une petite amie *(meaning depends on context)*
fauché(e) = très pauvre
un gamin, une gamine = un(e) enfant
la géo = la géographie
un(e) intello = un(e) intellectuel(le)
un(e) môme = un(e) enfant
roupiller = dormir

On entend parfois...

une blonde (Canada) = une petite amie
chéri-coco, chérie-coco (Sénégal) = petit(e) ami(e)
un chum, un tchomme (Canada) = un petit ami
être jaguar (Bénin, Togo) = être élégant
être jazz (République Démocratique du Congo) = être élégant(e)
huitante (Suisse) = quatre-vingts
jasant(e) (Canada) = bavard(e)
un (petit) mousse (Canada) = un petit garçon
niaiseux, niaiseuse (Canada) = pas très débrouillard, un peu bête
nonante (Suisse, Belgique) = quatre-vingt-dix
septante (Suisse, Belgique) = soixante-dix

Magazine littéraire

Éditorial

Des textes littéraires? Mais c'est bien trop difficile!
Not at all! Reading is easier than speaking and writing. It is still possible when courses are finished and will help you continue to learn. Reading opens up for you a direct contact with French and francophone cultures. So onward and long live reading!

This first **Magazine** is about encounters. Strangers meeting strangers, gauging each other and making conversation. Which encounter will open up a new world for you?

Contenu

Conversation (*Le Fleuve Caché*, Jean Tardieu)
Première rencontre (*L'Amant*, Marguerite Duras)
Le businessman (*Le Petit Prince*, Antoine de Saint-Exupéry)
FEUILLETON: Brigitte Bardot (*Monsieur Ibrahim et les Fleurs du Coran*, Éric-Emmanuel Schmitt)

Vidéo buzz

Conversation (poème): Le Fleuve Caché

Jean Tardieu was a poet of the twentieth century. For him, words gain their value from surrounding words, much as notes do in a musical phrase. Read Tardieu's poem and see if you think that is what has happened here.

(sur le pas de la porte, avec bonhomie)
Comment ça va sur la terre°? — *the earth*
— Ça va, ça va, ça va bien.
Les petits chiens sont-ils prospères?
— Mon Dieu oui merci bien.
Et les nuages?
— Ça flotte.
Et les volcans?
— Ça mijote.
Et les fleuves°? — *the rivers*
— Ça s'écoule.
Et le temps°? — *time*
— Ça se déroule.
Et votre âme°? — *your soul*
— Elle est malade,
Le printemps était trop vert
Elle a mangé trop de salade.

Jean Tardieu. *Le Fleuve Caché*.

ACTIVITÉS

◀ **1. PRÉPARATION**
Make a list of verbs that describe the actions of: small dogs, clouds, volcanoes, rivers, time, the soul.

◀ **2. PREMIÈRE LECTURE**
a. Assemblez. To which objects of inquiry in the poem do the following actions apply: *flowing, unfolding, cooking, floating*?
b. De qui et de quoi s'agit-il? How many characters are involved in this conversation? What is the purpose of the questions? Which sentence best describes what happens in the poem?

1. One person inquires about the other.
2. One person inquires about the climate in the country.
3. One person inquires about the state of affairs in the world.

◀ **3. ANALYSE**
a. Qui parle et de quoi parlent-ils? Look at the introduction *(from the doorstep with a friendly tone)*. Who might the person asking the questions be? What topics are they discussing?

b. La couleur verte. What does a greenish complexion evoke? What might be the trouble?

◀ **4. ÉTUDE/DISCUSSION**
a. Les circonstances. What life circumstances does the poem evoke? Select the answer that approximates your understanding.
- Life on earth is a meaningless buzz.
- People's chitchat is superficial and empty.
- Life has no explicit purpose.
- Living on earth can make you sickly.

b. Les mots et les sons. Read the poem aloud. What is the effect of the word **bonhomie** on the poem? What is the focus of the poem: the sounds, or the meaning, or the images of the words?

◀ **5. COMPOSITION** [WB]
Write a similar dialogue, but change either the characters or the objects they refer to and give it a meaning of your own, be it serious, tragic, comic, or absurd.

Première rencontre: *L'Amant*

This extract from a Marguerite Duras novel tells the somewhat autobiographical story of the author, when she was 15 and living in Indochina, a French colony at the time. In this passage, you will read about her first encounter with a young Chinese man as she boards a ferry to go to school.

L'homme élégant est descendu[1] de la limousine, il fume une cigarette anglaise. Il regarde la jeune fille au feutre[2] d'homme et aux chaussures d'or[3]. Il vient vers elle lentement. C'est visible, il est intimidé. Il ne sourit[4] pas tout d'abord. Il lui offre une cigarette. Sa main tremble. Il y a cette différence de race, il n'est pas blanc... c'est pourquoi il tremble. Elle lui dit qu'elle ne fume pas, non merci. Elle ne dit rien d'autre, elle ne lui dit pas laissez-moi tranquille. Alors il a moins peur[5]... Elle ne répond pas. [...] Elle attend[6]. Alors il lui demande: mais d'où venez-vous? Elle dit qu'elle est la fille de l'institutrice[7] de l'école de filles de Sadec. Il réfléchit[8] et puis il dit qu'il a entendu parler de cette dame, sa mère... cette concession au Cambodge, c'est bien ça? Oui, c'est ça.

Il répète que c'est tout à fait extraordinaire de la voir sur ce bac[9]. Si tôt le matin, une jeune fille belle comme elle l'est... C'est très inattendu[10], une jeune fille blanche dans un car[11] indigène. [...]

Elle le regarde. Elle lui demande qui il est. Il dit qu'il revient de Paris où il a fait ses études, qu'il habite Sadec lui aussi, justement sur le fleuve, la grande maison[12] avec les grandes terrasses aux balustrades de céramique bleue. Elle lui demande ce qu'il est. Il dit qu'il est chinois, que sa famille vient de la Chine du Nord.

Marguerite Duras. *L'Amant.*

---

[1]est descendu: *stepped down from*
[2]feutre: *a felt hat for a man*
[3]chaussures d'or: *golden shoes*
[4]sourit: *smiles*
[5]moins peur: *less afraid*
[6]Elle attend: *She waits*

[7]institutrice: *school teacher*
[8]Il réfléchit: *He thinks*
[9]un bac: *a ferry*
[10]inattendu: *unexpected*
[11]un car: *un autobus*
[12]maison: *house*

ACTIVITÉS

◀ 1. PRÉPARATION

When two strangers meet for the first time, what expressions of greeting might they use? What would a possible topic of conversation be?

◀ 2. PREMIÈRE LECTURE

a. Les deux personnages. Make two lists, one including all verbs referring to the male character's actions, and the second with all verbs referring to the actions of the young woman.

b. Le lieu. Make a list of all references to the place and country where this scene takes place.

c. Avez-vous compris? Consult the text to determine if the following sentences are true or false. Correct the false statements with information from the text.

1. A passenger on a ferry meets a young Chinese girl.
2. The passenger speaks to the young woman first.
3. The young woman is shy.
4. The passenger is curious about her presence on the ferry.
5. The young woman is a student from a Paris university.
6. The passenger lives in north China.
7. The young woman lives in a mansion with blue ceramic balconies.

◀ 3. ANALYSE

a. Le jeune homme. According to what you understand from his actions and his behavior, how would you describe the young man? Give three adjectives.

b. La jeune fille. What do you learn about the young girl? Make two sentences.

c. Les sentiments. Identify words or expressions that characterize this encounter. Are feelings and emotions expressed?

◀ 4. ÉTUDE/DISCUSSION

a. Résumé. This novel was made into a film. Imagine that you are writing the synopsis of this passage for a scene of the movie. Write a few short sentences.

Modèle: La scène est en Indochine.

b. Le scandale. What indication do we gather from this text about the type of affair that will link these two characters? Discuss the possible issues that may arise.

◀ 5. COMPOSITION [WB]

Using the French you know, imagine a dialogue that might take place between the two characters after this first encounter.

Le businessman: *Le Petit Prince*

Saint-Exupéry, a famous World War I aviator, wrote **Le Petit Prince,** *a story for children that appeals to adults as well.* **Le Petit Prince** *tells the story of Saint-Exupéry's airplane accident in the desert and his subsequent encounter with* **le petit prince.** *In this passage,* **le petit prince** *tells Saint-Exupéry the story of his own travel to a planet inhabited by a businessman.*

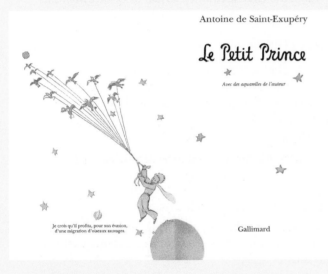

Antoine de Saint-Exupéry

Le Petit Prince

Avec des aquarelles de l'auteur

Je crois qu'il profita, pour son évasion,
d'une migration d'oiseaux sauvages.

Gallimard

—Bonjour, lui dit celui-ci (le Petit Prince), votre cigarette est éteinte[1].

—Trois et deux font cinq. Cinq et sept douze. Douze et trois quinze. Bonjour. Quinze et sept font vingt-deux. Vingt-deux et six vingt-huit. Pas le temps de la rallumer[2]. Vingt-six et cinq trente et un. Ouf! Ça fait donc cinq cent un millions six cent vingt-deux mille, sept cent trente et un.

—Cinq cents millions de quoi?

—Hein? Tu es toujours là? Cinq cent un millions de.[...] Je ne sais plus.[...] J'ai tellement de travail! Je suis sérieux, moi, je ne m'amuse pas à des balivernes[3]! Deux et cinq sept.[...]

—Millions de quoi?

—Millions de ces petites choses que l'on voit[4] quelquefois dans le ciel.

—Des mouches[5]?

—Mais non, des petites choses qui brillent.

—Des abeilles[6] ?

—Mais non. Des petites choses dorées qui font rêvasser[7] les fainéants[8]. Mais je suis sérieux, moi. Je n'ai pas le temps de rêvasser.

—Ah! des étoiles[9]?

—C'est bien ça. Des étoiles.

—Et que fais-tu de cinq cents millions d'étoiles? [...]

—Rien, je les possède.

—Tu possèdes les étoiles?

—Oui.

Le Petit Prince. Saint-Exupéry.

[1]éteinte: *out* [2]rallumer: *to light up again* [3]balivernes: *nonsense* [4]on voit: *one can see* [5]mouches: *flies* [6]abeilles: *bees* [7]rêvasser: *dream* [8]fainéants: *lazybones* [9]étoiles: *stars*

ACTIVITÉS

◀ **1. PRÉPARATION**
Arrange the following numbers in ascending order.

trois, vingt-deux, six, trente et un, deux, cinq cent un million, trente et un, cinq cents millions, quinze, cinq, vingt-six, cent trente et un

◀ **2. PREMIÈRE LECTURE**
a. Le texte. What does this text resemble? Who is speaking? What type of sentences do they exchange?

b. Le businessman. What are his activities? Make a list of the expressions and adjectives he uses to describe himself.

c. Les petites choses. What are the **petites choses** that the businessman is trying to describe?

d. Avez-vous compris? Read the whole passage and decide which statements are true. Correct the false statements using the text.
1. Le petit prince compte les étoiles.
2. Il y a plus d'étoiles que d'abeilles.
3. Le businessman compte les étoiles.
4. Le petit prince aime beaucoup les chiffres *(numbers)*.
5. Le businessman n'aime pas les questions.
6. Le businessman est très précis.
7. Le businessman aime les choses amusantes.

◀ **3. ANALYSE**
a. Les questions. What effect do the questions have on the businessman?

b. Le petit prince. Based on what he says, choose two adjectives to describe his character.

◀ **4. ÉTUDE/DISCUSSION**
a. Le message. Use the contrast between the businessman and the **petit prince** to tell what the author's opinions of businessmen might be.

b. D'autres planètes. What and whom would the **petit prince** visit if he landed in your country?

◀ **5. COMPOSITION: VISITE AU ROI** ⬚WB
Later in the story, the **petit prince** visits a king. Write a short dialogue that might take place between them, using what you know about the **petit prince** and what you imagine about a king.

FEUILLETON: *Brigitte Bardot*
(Monsieur Ibrahim et les Fleurs du Coran)

*The following text is an extract from a short novel, **Monsieur Ibrahim et les Fleurs du Coran,** which has also been adapted to the screen. It takes place in a district of Paris near Pigalle, and tells the story of a Jewish adolescent who has befriended the Turkish owner of the local grocery store: Monsieur Ibrahim. Each **Magazine littéraire** will provide an extract from this novel and tell the adventures of Momo, the young hero.*

Grande animation rue Bleue. La circulation est arrê-tée. La rue bloquée. On tourne un film.[...] Brigitte Bardot est là! Eh, la vraie Brigitte Bardot!

Moi je me suis mis à la fenêtre. Je la regarde et elle me fait penser à la jolie petite chatte des voisins[1] du quatrième, une jolie petite chatte qui adore s'étirer[2] au soleil sur le balcon, et qui semble ne vivre[3], ne respirer[4], ne cligner des yeux[5] que pour provoquer l'admiration. [...]

Enfin, au comble de la stupeur, je m'aperçois[6] que monsieur Ibrahim est sorti sur le pas de sa porte. Pour la première fois—depuis que j'existe, du moins—il a quitté son tabouret[7].

Soudain, branle-bas de combat[8], monsieur Ibrahim se met au garde-à-vous[9]: Brigitte Bardot entre dans l'épicerie.

—Bonjour, monsieur, est-ce que vous auriez de l'eau?

—Bien sûr, mademoiselle.

Et là, l'inimaginable arrive: monsieur Ibrahim, il va lui-même chercher une bouteille d'eau sur un rayon[10] et il la lui apporte. Merci, monsieur. Combien je vous dois[11]?

—Quarante francs, mademoiselle.

Elle en a un haut-le-corps[12], la Brigitte. Moi aussi. Une bouteille d'eau ça valait deux balles[13] à l'époque, pas quarante.

—Je ne savais pas que l'eau était si rare, ici.

—Ce n'est pas l'eau qui est rare, mademoiselle, ce sont les vraies stars.

Il a dit cela avec tant de charme, avec un sourire[14] tellement irrésistible que Brigitte Bardot, elle rougit légèrement, elle sort ses quarante francs et elle s'en va. Je n'en reviens pas[15].

—Quand même, vous avez un de ces culots[16], monsieur Ibrahim.

Monsieur Ibrahim et le Fleurs du Coran. Éric-Emmanuel Schmitt. Albin Michel 2001. ISBN2-226-12626-0.

---

[1]les voisins: *the neighbors* [2]s'étirer: *to stretch* [3]vivre: *to live* [4]respirer: *to breathe* [5]cligner des yeux: *to blink* [6]je m'aperçois: *I realize* [7]il a quitté son tabouret: *he has left his stool* [8]branle-bas de combat: *great commotion* [9]au garde-à-vous: *straight as a soldier* [10]sur un rayon: *on a shelf* [11]je vous dois: *I owe you* [12]Elle a un haut-le-corps: *She is startled* [13]deux balles: *deux francs (slang)* [14]un sourire: *a smile* [15]Je n'en reviens pas: *I am astounded* [16]un de ces culots: *some nerve (familiar)*

ACTIVITÉS

◄ **1. PRÉPARATION**

Write in English what you know about Brigitte Bardot. If you've never heard of her, use the Internet to find out one or two things about her.

◄ **2. PREMIÈRE LECTURE**

a. Brigitte Bardot et Monsieur Ibrahim. List all the references to Brigitte Bardot and Monsieur Ibrahim that you can find in the text. Use English to summarize what you understood about each person.

b. Les événements. Identify three events that happen in this text. Quote the words or expressions that justify your answer.

◄ **3. ANALYSE**

a. Avez-vous compris? Use what you understand to say if these statements are true or false. Correct the false statement with words from the text.

1. La rue Bleue est très animée parce que Brigitte Bardot est arrivée.
2. De sa fenêtre, Momo regarde un chat sur le balcon.
3. Monsieur Ibrahim est sorti de son épicerie.
4. Brigitte Bardot va dans l'épicerie pour acheter de l'eau.
5. La bouteille d'eau coûte cher.
6. Monsieur Ibrahim fait un compliment à Brigitte Bardot.
7. Momo est surpris que Monsieur Ibrahim parle à Brigitte Bardot.

b. L'épicerie de Monsieur Ibrahim. Identify the references to the grocery store.

c. Les rapports humains. Select the appropriate adjectives to describe the relationships between Momo and Monsieur Ibrahim and justify your answer.

respectueux, polis, généreux, drôles, amicaux, sincères, distants, moqueurs, flatteurs

◄ **4. ÉTUDE/DISCUSSION**

From whose point of view is the story narrated? How do you know? Does this affect the style and tone of the passage?

◄ **5. COMPOSITION** [WB]

Imagine that Momo rushes down to the street to meet Brigitte Bardot. Write a short dialogue of their encounter.

L'espace et le temps

En bref

Pour communiquer

Parler de l'heure, des horaires et des emplois du temps

Décrire des endroits: ville et campagne; mer et montagne

Trouver un moment pour se rencontrer (Le français parlé)

Structure

Le verbe **aller**

Les prépositions **à** et **de** et l'article défini

Questions pour demander des renseignements

Culture

L'heure, c'est l'heure!

Les vingt-quatre heures

Les Français et les vacances d'été

Horaires d'ouverture

Les moments préférés du week-end (Échanges)

---

iLrn iLrn Heinle Learning Center includes

 In-text Audio Program

Voilà Video

Companion Website

Pair work

Group work

Observez

C'est quelle saison? C'est quel jour? Est-ce que c'est pour une compétition? Quelles sont les couleurs? Quelles associations provoque cette photo?

Vocabulaire

A. L'heure

1. Les heures et les villes

Quelle heure est-il...

à New York?
Il est huit heures du matin.

Oh là là, 8h! C'est l'heure!

à Chicago?
Il est sept heures du matin.

à Denver?
Il est six heures du matin.

à San Francisco?
Il est cinq heures du matin.

à Paris?
Il est deux heures de l'après-midi.

Bon, allons-y!

à Moscou?
Il est quatre heures de l'après-midi.

Allez! Vas-y!

à Tokyo?
Il est dix heures du soir.

à Sydney?
Il est onze heures du soir.

- Il est huit heures du matin et on mange à New York. Mais à Denver, il est six heures du matin et on dort. Est-ce qu'on dort à Paris à deux heures de l'après-midi? Est-ce que les enfants sont en classe à Moscou à quatre heures de l'après-midi? Quelle heure est-il à Tokyo? C'est le jour ou la nuit? Et à Sydney?

- Cherchez: On mange à New York. Dans quelle ville est-ce qu'on mange aussi? On dort à Denver. Dans quelle ville est-ce qu'on dort aussi? On travaille à Paris. Dans quelle ville est-ce qu'on travaille aussi?

- Pour chaque ville, on est en quelle saison? C'est pendant la semaine ou le week-end?

Langue et **culture**

L'heure, c'est l'heure!

Objective: culture

Assumptions about promptness and lateness may differ from place to place. Which French tendencies are the same as or different than those where you live? Complete the chart using **Ça va** or **Ça ne va pas.**

Est-ce que ça va ou non?

	Chez vous	En France
Rendez-vous chez le dentiste à 10h du matin. Vous arrivez à 10h15.		Ça ne va pas.
Invitation au café avec des amis à 4h. Vous arrivez à 4h15.		Ça va.
Entretien *(Interview)* professionnel à 10h du matin. Vous arrivez à 10h10.		Ça ne va pas.
Réception chez les Martin à 8h du soir. Vous arrivez à 9h.		Ça ne va pas.
Leçon de piano à 3h30 de l'après-midi. Vous arrivez à 3h25.		Ça va.
Dîner chez les Marcadal à 7h30. Vous arrivez à 7h50.		Ça va.
Réception à 9h chez mon ami Paul. J'arrive à 9h.		Ça ne va pas.

Dîner chez les Marcadal

2. Quelle heure est-il?

Il est une heure.

Il est une heure cinq.

Il est une heure et quart.

Il est une heure vingt.

Il est une heure et demie.

Il est deux heures moins le quart.

Il est deux heures moins trois.

Il est deux heures.

3. Midi ou minuit?

Il est minuit à Paris.

Il est midi à Orléans

Téléphoner à + une personne.
The verb **téléphoner** is followed by the preposition **à** to mean *to telephone (to call) someone.*

Il **téléphone à** Paul.   *He's calling Paul.*

Téléphone à ta mère aujourd'hui!   *Call your mother today!*

● C'est quel jour aujourd'hui? Et quelle est la date? Quelle heure est-il maintenant? Et quelle heure est-il à Los Angeles? Et à Montréal (c'est comme à New York)? Et à Bruxelles (c'est comme à Paris)? Et à Tokyo? À Sydney, pour le moment, c'est aujourd'hui ou demain? D'après vous, téléphoner à Paris maintenant, ça va? Pourquoi? Et téléphoner à Sydney?

● Et vous? À quelle heure est-ce que vous commencez les cours le lundi? Le mardi? Le vendredi? À quelle heure est-ce que vous terminez les cours? Vous êtes en cours à 7h du matin? Et à midi? À quelle heure est-ce que vous mangez le matin? Le soir? À quelle heure est-ce que vous aimez téléphoner à vos amis? À quelle heure est-ce que vous ne téléphonez pas à vos professeurs?

Commencer

In order to retain the soft /s/ sound in the verb **commencer,** a cedilla is added
to the **c** before the ending **-ons.**

je commence   nous commençons

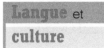

Les vingt-quatre heures

Activité vidéo

Objective: culture

Note these different ways to express time in France:

L'heure officielle	L'heure ordinaire
12h00 (midi)	midi
13h00 (treize heures)	1 heure (de l'après-midi)
14h15 (quatorze heures quinze)	2h15 (deux heures et quart) (de l'après-midi)
15h30 (quinze heures trente)	3h30 (trois heures et demie) (de l'après-midi)
17h45 (dix-sept heures quarante-cinq)	5h45 (six heures moins le quart) (de l'après-midi *or* du soir*)
19h00 (dix-neuf heures)	7h (sept heures) (du soir)
23h10 (vingt-trois heures dix)	11h10 (onze heures dix) (du soir)
00h00 (minuit)	12h00 (minuit)

* When to say **l'après-midi** or
le soir depends on the season
(in winter, evening comes earlier).

1. Moment de la journée. Regardez le tableau. C'est le matin, l'après-midi
ou le soir, d'après vous? Plusieurs *(Several)* réponses sont possibles.

	Le matin	L'après-midi	Le soir
10 heures			
11 heures trente			
21 heures			
17 heures 15			
7 heures et quart			
13 heures 30			
22 heures 45			

2. Horaires de trains. Use official time (24-hour clock) to say when each train leaves the station. Then say when each train leaves the station using regular time (12-hour clock).

À quelle heure part le train pour Perpignan? Bordeaux? Lyon? Paris?

Trains au départ				
Départ	Destination		Train No	Quai
20h57	Perpignan	TGV	7064	3
21h00	Bordeaux	TGV	4345	1
21h05	Lyon	TGV	5245	2
22h30	Paris	TGV	6430	3

B. Où?

1. En ville

Voilà Cinet, une petite ville française. À Cinet, il y a des maisons, des appartements, une gare, une église, un parc, un supermarché, un hôpital, une piscine, des magasins, des banques, un hôtel, des restaurants, des cafés, une poste et une bibliothèque. Et qu'est-ce qu'il n'y a pas à Cinet? Il n'y a pas de synagogue, il n'y a pas de mosquée et il n'y a pas de laboratoire parce que Cinet est une très petite ville. Est-ce qu'il y a une université? Non, il n'y a pas d'université. Donc, il n'y a pas de cité universitaire et il n'y a pas de restaurant universitaire.

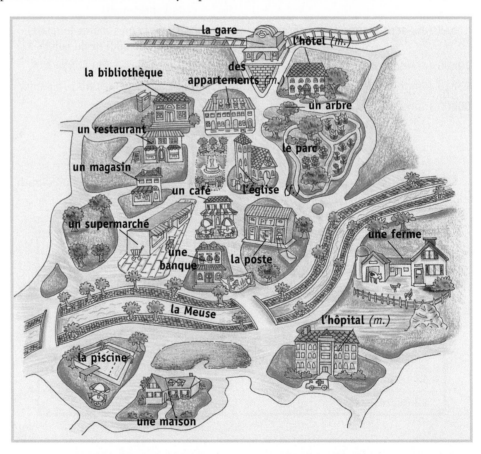

● Est-ce que l'église est près du café? Est-ce que la poste est à côté de la bibliothèque? Est-ce que le parc est loin de l'hôpital? Et où est la bibliothèque?

2. À la campagne

Qu'est-ce qu'il y a sur la photo? De quelles couleurs sont les vaches? Comment est l'atmosphère de la photo?

Sur la photo, il y a un champ avec des vaches. Il y a aussi un village.

- Dans le village, est-ce qu'il y a une église? Un supermarché? Des appartements? Des fermes? Un laboratoire? Une cité universitaire? Il y a combien de maisons?
- Imaginez la journée d'un habitant *(inhabitant)* du village. Où est-il à 5 heures du matin? À 10 heures? À 14 heures? À 19 heures? À 23 heures?

À la montagne, il y a... des montagnes! Sur la photo, il y a aussi un lac mais il n'y a pas de neige parce que c'est l'été.

3. À la montagne

Il est quelle heure, d'après vous? Est-ce qu'il y a des fermes sur la photo? Une église? Des vaches? Des fleurs? Est-ce qu'on skie sur la photo? Pourquoi ou pourquoi pas? Donnez une autre *(other)* activité sportive à la montagne.

- Est-ce que vous aimez la neige à la montagne? En ville? À la campagne?

4. À la mer

Il est quelle heure, d'après vous? Est-ce qu'on nage? Est-ce qu'on joue? À la plage, qu'est-ce qu'on regarde? Quel âge ont les personnes sur la plage?

- Et vous, vous habitez où? Qu'est-ce qu'il y a chez vous? Qu'est-ce qu'il n'y a pas? Qu'est-ce que vous aimez chez vous? Qu'est-ce que vous n'aimez pas chez vous?
- Quel est votre endroit préféré pour un pique-nique? Pour les vacances? Pour habiter et travailler? Pour être retraité(e)?
- Est-ce que vous préférez la campagne ou la ville? La mer ou la montagne? Pourquoi?

À la mer, il y a... la mer! Sur la photo, il y a aussi une plage et des bateaux. Aujourd'hui, le ciel est bleu et le soleil brille. C'est une belle journée.

Vidéo buzz

Langue et **culture**

Les Français et les vacances d'été

Plus souvent en ville, plus longtemps à la mer

Évolution de la répartition des séjours personnels selon le type de destination (en %*)

	Séjours		Nuitées	
	1995	2005	1995	2005
Mer	25,3	27,2	37,4	39,6
Montagne	15,0	14,1	19,8	14,1
Campagne	37,4	35,0	32,4	31,5
Lac	4,1	4,0	5,7	5,4
Ville	32,1	36,4	26,2	30,0

*Le total est supérieur à 100%, plusieurs lieux (places) pouvant être fréquentés au cours d'un même séjour.

Source: *Francoscopie 2010,* p. 514.

1. Les personnes et l'environnement. Look at the photo. How old are these people? What are they doing? What season is it? What do you see in the background?

2. Les Français et les vacances. Use the chart to rank vacation choices according to (1) where the French went (**séjours**) and (2) how long they stayed (**nuitées**) in 2005. What conclusions can you draw about French preferences for summer vacations?

3. Et chez vous? Write a few sentences to contrast the vacation spots chosen by the French and those generally chosen by people in your family.

> *Modèle: Les Français aiment beaucoup... parce qu'ils aiment...*
> *Mais dans ma famille, nous... parce que nous...*

C. Avoir froid, chaud et sommeil

Alceste a froid.

Candide a chaud.

Alceste et Candide ont sommeil.

● Et vous? Où est-ce que vous avez froid? À la piscine? À la plage? En quelle saison est-ce que vous avez froid? Quel mois? À quelle heure? Et où est-ce que vous avez chaud? Quand? Quand est-ce que vous avez sommeil? À quelle heure? Où? Est-ce que vous avez sommeil en ce moment?

Modèle: J'ai froid en hiver dans la neige. J'ai froid à 5 heures du matin dans ma chambre. J'ai chaud en été sur la plage., etc.

D. Et aussi...

Here are useful words and expressions that did not appear in the preceding vocabulary presentation but are part of the lesson's vocabulary and are included in the activities.

une minute	*minute*
s'il te plaît	*please (familiar)*
s'il vous plaît	*please (formal, plural)*
trouver	*to find*
Vous avez l'heure? (Tu as l'heure?)	*Do you have the time? What time is it?*

1. Quel. Quel means *what* or *which*. It is an adjective. **Quel** may be separated from its noun by a form of the verb **être**. Like other adjectives, its form depends on the number and gender of the noun it modifies.

C'est **quel jour?**	*(masculine singular)*
Quelle est **la date** aujourd'hui?	*(feminine singular)*
Vous avez **quels livres?**	*(masculine plural)*
Quelles couleurs est-ce qu'il préfère?	*(feminine plural)*

Note the use of **quel** to express an exclamation.

Quel hiver!	*What a winter!*
Quelles vacances!	*What a vacation!*

Complétez. Complete each sentence using a form of **quel**. Then add either a question mark or an exclamation point to indicate whether each sentence is asking a question or making an exclamation.

1. _____ jolies fleurs __ Un grand merci __
2. À _____ heure est-ce qu'on mange __
3. Dans _____ hôtel aimez-vous loger quand vous êtes à Paris __
4. _____ restaurants préférez-vous en ville __
5. _____ belle petite église __

2. Dans / en / à. The English preposition *in* can be translated in French by either **dans** or **en**, depending on the context. In general, **dans** means (or implies) *within* or *inside of* (**dans la chambre**), whereas **en** is used in fixed expressions where there is no article (**en ville**).

The English prepositions *to* and *at* can usually be translated by the French preposition **à** (**à la plage**). In certain fixed expressions, however, **en** (with no article) is used (**en classe**). These expressions must be memorized.

Here are the most common fixed expressions using **en**.

en ville	*in town, downtown*
en vacances	*on vacation*
en classe	*in class*
en cours	*in class*
en juillet, **en** avril, etc.	*in July, in April, etc.*
en automne	*in autumn*
en hiver	*in winter*
en été	*in summer*

BUT:

au printemps	*in spring*

Complétez. Complete these sentences with words that make sense.

1. À l'université, les cours commencent en _____.
2. Il y a beaucoup de voitures en _____.
3 La petite Sylvie est punie et elle est dans _____.
4. On ne travaille pas beaucoup en _____.

3. **Jour / journée, an / année.** The words **jour** and **an** refer to periods of time that are countable.

Il y a **sept jours** dans une semaine.   *There are seven days in a week.*

Il a **14 ans.**   *He's 14 (years old).*

Journée and **année** refer to periods of time thought of as a whole.

Voilà **la journée** de Mme Dupont.   *That's Mrs. Dupont's day.*

Quelle **année!**   *What a year!*

Le lundi / lundi
Je travaille à la bibliothèque ***le lundi*** means *I work in the library* ***every*** *Monday.*
Je travaille à la bibliothèque ***lundi*** means *I am working in the library* ***on Monday*** *(this coming Monday only).*

Jour? Journée? An? Année?

1. Quelle belle _____ aujourd'hui! On sort?
2. En France, est-ce qu'on est majeur à 18 _____ ou à 21 _____?
3. Nous sommes à Paris pendant l'_____, mais nous sommes toujours à la mer pendant les vacances.
4. Un _____, j'ai trouvé un petit chat dans un parc, et maintenant, il habite avec moi.

4. **Préférer.** The verb **préférer** is a spelling-change verb. The **accent aigu** over the second e becomes an **accent grave** in all singular forms and in the third-person plural form.

je préfère	nous préférons
tu préfères	vous préférez
il elle } préfère on	ils elles } préfèrent

Other verbs with the same spelling changes as **préférer** will be marked in the vocabulary lists.

Rappel!

You already know verbs that change spelling in the first-person plural, such as **commencer** and **manger (nous commençons / nous mangeons).**

Quel verbe: préférer, ranger, voyager, commencer?

1. Nous _____ toujours en été et nous _____ les vacances à la mer, mais nous aimons aussi la montagne.
2. Candide aime sortir, mais Alceste _____ rester à la maison pour regarder la télévision.
3. En automne, nous _____ des études de médecine à l'université de Montpellier.
4. Elles ne sortent pas ce soir; elles _____ leur chambre.

Objectives, Act. 1: recognizing new words; recycling; organizing to learn

Objectives, Act. 2: recycling; solving problems

 1. Classons. In groups, classify the following words in categories and compare your categories with those of other groups.

ciel / supermarché / lac / vacances / lycée / lundi / mois / laboratoire / octobre / magasin / mosquée / poste / juillet / dormir / nager / mer / matin / plage / ville / février / froid / champ / café / chaud / affiche / camarade de chambre / vache / skier / habiter / mars / église / mercredi / soir / minuit / village / parc / pique-nique / fête / hiver / mai / décembre / dimanche / heure / hôtel / jour / campagne / cours / synagogue / gare / ferme / montagne / université / neige

2. Chassez l'intrus. Using the words in Activity 1, prepare a set of five words, four of which go together and one of which doesn't fit. Ask your classmates to identify **l'intrus** *(the one that doesn't fit)*.

Objective, Act. 3: reviewing time and vocabulary for places in context

3. À votre avis. C'est normal, c'est bizarre ou ça dépend?

1. avoir un cours de français le dimanche
2. être en classe le mercredi
3. trouver des enfants à la piscine à deux heures du matin
4. être à la banque le vendredi
5. être à la poste le dimanche
6. avoir froid l'été

*Objectives, Act. 4: practicing expressions with **avoir** in context; making decisions*

4. Les sensations. Quelles sont vos réactions dans les situations suivantes? Vous avez froid? Chaud? Sommeil?

Modèle: Vous êtes au Pôle Nord.
   J'ai froid.

1. Il est deux heures du matin et vous étudiez.
2. Aujourd'hui, la température est de −30 degrés.
3. Vous êtes à Miami en juillet.
4. Vous êtes à une fête très ennuyeuse et il est trois heures du matin.

Objectives, Act. 5: practicing time expressions; personalizing information

5. À quelle heure? Indiquez l'heure de ces activités et comparez vos réponses avec vos camarades.

1. Je suis de mauvaise / de bonne humeur _____.
2. La nuit, je dors de _____ à _____.
3. Le soir, j'étudie de _____ à _____.
4. Je pars à _____ le matin.
5. Je suis dans ma chambre de _____ à _____.

6. Et vous? In pairs, discuss the following questions. Then report what you disagree about to the class.

Objective, Act. 6: reviewing prepositions

1. À quelle heure est-ce qu'on commence à étudier le soir?

2. Dans votre université, où est-ce qu'on trouve des professeurs? Quand? Où est-ce qu'on ne trouve pas de professeurs?

3. À quel âge est-ce qu'on commence l'université? Des études de médecine?

4. À quel âge est-ce qu'on commence à travailler?

5. Où est-ce qu'on trouve un livre? Des clés? Une chambre? Une affiche? Un cadeau?

Objective: culture

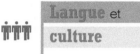 **Langue** et **culture**

Horaires d'ouverture

1. Quel jour est-ce que Pierre Marin ne travaille pas? Quels jours est-ce que Pierre Marin ne travaille pas l'après-midi?

2. Que fait-il *(What does he do)* peut-être le dimanche? Et le samedi après-midi? D'après vous, où est-il le mercredi après-midi? À quelle heure est-ce qu'il mange à midi? Et le soir?

3. Quelle est peut-être sa profession (dentiste / médecin / psychologue / professeur / électricien / plombier)?

4. Quelles sont les heures de travail en France d'après la photo? Est-ce qu'on travaille plus ou moins chez vous?

5. Chez vous, de quelle heure à quelle heure est-ce qu'on mange le midi? Et le soir?

Structure 1

Grammar tutorial

Destinations et activités: le verbe *aller*

The verb **aller** *(to go)* is irregular.

je **vais**	nous **allons**
tu **vas**	vous **allez**
il/elle/on **va**	ils/elles **vont**

Aller can be followed by an infinitive to indicate future time or to express intention.

Nous **allons** étudier.   *We're going to study.*

In the negative, **ne... pas** is placed around the conjugated form of **aller**.

Elle **ne va pas** aller à la plage.   *She's not going to go to the beach.*

Rappel!

Aller is also used to say how you are or to ask how someone else is.

—Comment **allez**-vous?   *How are you?*
—Je **vais** bien, merci.   *I'm fine, thanks.*

—Ça **va**?   *How's it going?*
—Oui, ça **va**.   *OK.*

The imperative, or command, forms of **aller** are **va**, **allons**, and **allez**.

Va dans ta chambre!	*Go to your room!*
Allons manger!	*Let's go eat!*
Allez étudier à la bibliothèque!	*Go study in the library!*

Here are some useful expressions with **aller**.

—On y **va**?	*Shall we go?*
—On y **va**.	*Let's go.*
—**Allons**-y!	*Let's go!*
—J'y **vais**.	*I'm going, I'm leaving.*
—**Vas**-y (**Allez**-y).	*Go on, go ahead.*
—**Allez**! Au revoir!	*OK! Good-bye!*
—**Allez**!	*Go on, hurry up!*

Mise en pratique

1. Soyons optimiste! Here is an excerpt from a French blog. Read through it. Do you agree with the author of the blog? Can you write a brief response?

Objective, Act 1–4: understanding and practicing forms of **aller** in context

> *jeudi 24 novembre*
>
> *Je vais bien tout va bien, je vais bien tout va bien, je vais bien tout va bien, je vais bien tout va bien, je vais bien tout va bien, je vais bien tout va bien, je vais bien tout va bien.*
>
> *Voilà, ça va! À bas le pessimisme!*

2. Qui fait quoi? What time is it, and who is doing what?

Modèle: Il est *10 heures du matin. Mon père* va à l'hôpital pour une consultation.

1. Il est _____. _____ vont au restaurant pour célébrer un anniversaire.
2. Il est _____. _____ va aller en ville pour trouver des livres?
3. Il est _____. _____ vas à la bibliothèque?
4. Il est _____. _____ allez travailler et sortir après?
5. Il est _____. _____ vais dormir.

3. On y va! Use the suggestions to say where each person is going. Then evaluate the destinations: **c'est/ce n'est pas amusant, agréable, pénible, raisonnable, normal, ennuyeux.**

Modèle: Candide / chez les parents d'Alceste
Candide va chez les parents d'Alceste. C'est amusant. Ce n'est pas pénible!

1. Anne / à la plage cet après midi
2. Tu / chez des amis pour le week-end
3. Nous / chez nous après les cours
4. Vous / à l'hôpital
5. Marie-Paule et Geneviève / manger en ville
6. On / à la bibliothèque pour étudier
7. Je / à Paris demain

4. Projets! Make a list of five things that you are doing or not doing this year. Then make a list of five things that you are going to be doing or not going to be doing a year from now. Compare your answers with those of a classmate.

Modèle: Maintenant: *J'étudie le français, je ne joue pas au tennis,...*
Dans un an: *Je vais étudier le droit, je ne vais pas étudier l'espagnol...*

Structure 2

Grammar tutorial

Les prépositions *à* et *de* et l'article défini

The prepositions à and **de** combine with two forms of the definite article, **le** and **les**, to form contractions. They do not contract with **la** or **l'** or when no definite article is present.

à + le = au

| Il va **au** restaurant. | *He's going to the restaurant.* |

de + le = du

| C'est le livre **du** professeur. | *It's the teacher's book.* |

à + les = aux

| Elle parle **aux** plantes! | *She talks to the plants!* |

de + les = des

| Où est la photo **des** professeurs d'anglais? | *Where's the picture of the English teachers?* |

Note de prononciation

Note the pronunciation of **aux** and **des** when followed by a vowel sound.

| Il va parler **aux** enfants.
/z/ | *He's going to talk to the children.* |
| Voilà l'école **des** enfants de Marie.
/z/ | *There's Marie's children's school.* |

Rappel!

Do not confuse the plural indefinite article **des** with the contraction of the preposition **de** + **les** = **des.** Although they are identical in spelling, they function very differently.

- **des** = plural, indefinite article

  Il y a **des** affiches sur le mur.   *There are some posters on the wall.*

- **des** = de + les

  Le professeur est à côté **des** étudiants.   *The teacher is next to the students.*

Mise en pratique

Objective, Act. 1–3: *using contracted forms in a meaningful context*

1. Heureux ou malheureux? Read each item. Where are these people going? Are they probably **heureux** or **malheureux**? Why?

Modèle: Il est onze heures du matin et Paulette sort.
—*Elle (Paulette) va au parc.*
—*Elle est heureuse parce que Jacques est au parc.*

1. Candide va manger avec des amis ce soir. Il va...
2. Le professeur d'histoire sort de son bureau. Il va...
3. Émile (le monstre) est à côté du lac de Chicago et il fait très froid. Il va...
4. Ce sont les vacances, le soleil brille, le ciel est bleu. Nous allons...

2. Endroits. Où sont-ils?

Modèle: Julie et Frédéric sont au parc.

Julie et Frédéric

Monsieur Legrand

Madame Dalle

Jacques Dubois

Les Bastin

Les enfants

Madame Nsomwe

3. Où va Vincent Dubois? The line on the map represents Vincent Dubois' activities. In pairs, identify all the places he went by matching places to numbers. Choose from: **le café, le restaurant, le parc, la banque, la bibliothèque, la gare, chez lui.** Then, describe Vincent Dubois' movements for the day.

Modèle: D'abord (First of all), il va de chez lui à la banque. Puis (Then),...

1. 2 ⇒ 3
2. 3 ⇒ 4
3. 4 ⇒ 5
4. 5 ⇒ 6
5. 6 ⇒ 7
6. 7 ⇒ 8

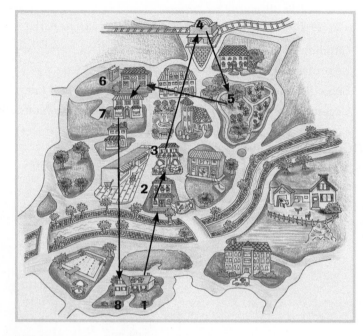

4. Où est-ce qu'il va? Look at Pierre's schedule and answer the questions.

> Lundi : Manger avec Claudine - 8h
>
> Mardi : Exposition de Picasso.
>
> Mercredi : Travailler à la biblio (9h à 12h)
>
> Jeudi : Banque, poste (matin)
>
> Vendredi : Étudier l'anglais - examen à 11h.
> Copains - 4h30 (aller nager?)
>
> Samedi : Amie Hall avec Hélène
>
> Dimanche : Pique-nique avec Marie-Thérèse à midi.

1. Quel(s) jour(s) est-ce que Pierre va en ville?
2. Quel(s) jour(s) est-ce que Pierre va à l'université?
3. Quel(s) jour(s) est-ce que Pierre va sortir avec une jeune fille?
4. Où est Pierre vendredi après-midi? Lundi soir? Jeudi matin? Dimanche matin? Dimanche après-midi?

 5. Vos horaires. Find out where your partner is and what he/she is usually doing at the following times. Compare with your own schedule.

Modèle: —À cinq heures, dimanche matin?
—(À cinq heures, dimanche matin), je suis au lit. Je dors.

1. à six heures, lundi matin
2. à minuit, mercredi soir
3. à vingt heures trente, samedi soir
4. à trois heures, mardi après-midi

Structure 3

Questions pour demander des renseignements

Information questions (**les questions pour demander des renseignements**) ask for information. In order to indicate the kind of information you are seeking, you need to use a question word (*who, what, when, where, how,* etc.). Here are some information questions. Can you find the question words?

Où sont mes clés?	*Where are my keys?*
Comment est Sébastien?	*What is Sébastien like?*
Pourquoi est-ce que tu es fatigué?	*Why are you tired?*
Quand part-il?	*When is he leaving?*
Vous avez combien de chats?	*How many cats do you have?*

You can use intonation, **est-ce que,** or inversion to form information questions, much as you did to form yes-no questions. The only difference is the addition of a question word.

Intonation

The question word can appear before or after the verb.

Comment tu t'appelles?	Tu t'appelles **comment?**

Est-ce que

The question word is placed in front of **est-ce que.**

> question word + **est-ce que** + complete sentence

Quand est-ce que tu pars?	*When do you leave (are you leaving)?*
Comment est-ce qu'on va à la bibliothèque?	*How do you get to (go to) the library?*

Inversion

The question word is placed at the beginning of the sentence.

D'où est-elle?	*Where is she from?*
Quand pars-tu?	*When are you leaving (do you leave)?*
Comment va-t-on à la bibliothèque?	*How do you get to (go to) the library?*

Mise en pratique

Objective, Act. 1 and 2:
understanding questions in context

1. Six questions... What are these questions about? What question forms are used?

> **Six questions à vous poser avant d'acheter un animal pour votre enfant**
>
> 1. Est-ce que j'achète sur un coup de cœur?
> 2. Quelles influences l'animal va-t-il avoir sur mon enfant?
> 3. Quelle place va avoir l'animal dans la famille?
> 4. L'animal va-t-il avoir une incidence sur la santé physique de l'enfant?
> 5. Quels sont les inconvénients d'avoir un animal à la maison?
> 6. Pourquoi faire dresser son chien?

2. Pour poser une question... Find the question part in each exchange. How did you recognize it? How many different ways to ask a question can you find?

1. —Pardon, madame. Où est la poste, s'il vous plaît?
   —À côté de la banque, là.
   —Merci, madame.

2. —Hakim, c'est où la poste?
   —La poste? À côté de la banque, non?
   —OK, merci.

3. —Quand est-ce que tu pars?
   —Demain. Toi aussi?
   —Non, non, aujourd'hui.

Objectives, Act. 3 and 4:
asking questions in a controlled context; recycling material

 3. C'est vous le professeur! Read the paragraph. What questions can you ask about it? Who can answer your questions without looking at the text?

Sébastien et Anne-Laure

Sébastien et Anne-Laure habitent à la campagne, dans une petite maison très agréable. Sébastien a trente ans; il est grand, mince et blond. Anne-Laure est plus jeune. Petite et blonde, elle a vingt-six ans. Ils ont deux enfants (Fabien et Arnaud), deux chiens (Olaf et Sacha) et un chat (Ouistiti). Sébastien est professeur dans un lycée en ville. Le matin, il part à six heures et demie parce que le lycée est loin de la maison. Les enfants ne sont pas toujours faciles et Sébastien est souvent fatigué le soir. Anne-Laure parle anglais et elle travaille avec des Américains. Le week-end, Anne-Laure et Sébastien aiment rester chez eux. Ils mangent souvent avec des amis le samedi soir et ils adorent dormir tard *(late)* le dimanche matin. Mais c'est difficile parce que les enfants aiment jouer et ils ne sont pas calmes! Sébastien et Anne-Laure ne sont pas très riches, mais ils sont heureux parce qu'ils aiment la campagne, leurs enfants et leurs animaux!

 4. Emploi du temps. Prepare 6 questions to obtain information about another student's schedule at the university. Suggested topics: **les cours, les heures de laboratoire, les heures de classes (de français, d'anglais, de sciences), le restaurant universitaire, la bibliothèque, le commencement des cours, les préférences (jours, professeurs, cours, heures de la journée, sport)**

Modèle: Combien d'heures de cours est-ce que tu as?

ÉCHANGES

Les moments préférés du week-end

1. Le week-end des Français. Regardez les réponses d'internautes français à la question «Quel moment du week-end préférez-vous?». Quels sont les moments préférés de ces Français? Pourquoi? Qu'est-ce que ces Français aiment beaucoup faire *(do)*?

—Moi, je préfère le samedi soir, surtout quand on mange avec la famille ou avec des amis...

—Le dimanche midi! On va manger chez papa et maman et on mange très bien!

—Le dimanche matin parce que j'adore les croissants et le chocolat chaud...

—Le dimanche matin quand on reste bien au chaud dans son lit.

—Trop de travail le samedi, avec le supermarché et le ménage! Mais j'aime bien marcher dans la nature le dimanche après-midi...

Un dimanche midi en famille

2. Et chez vous? Prenez *(Take)* un moment pour écrire. Qu'est-ce qu'on fait *(do)* dans votre famille le dimanche après-midi? Le samedi soir? Quels sont les moments préférés du week-end chez vous? Quels moments est-ce qu'on n'aime pas dans votre famille? Pourquoi? Donnez des détails.

> *Modèle: Mon père: aime le dimanche matin (lire le journal* [newspaper]*);*
> *n'aime pas le samedi matin (supermarché)*

3. Et chez eux? Avec un(e) partenaire, comparez les moments préférés du week-end dans vos familles. Prenez des notes *(Take notes)*.

> *Modèle: —Quel est le moment préféré du week-end de ta mère?*
> *—Le samedi soir parce qu'on va au restaurant. Et ta mère?*
> *—Le dimanche matin parce qu'elle aime rester au lit.*

4. Rapport. Écrivez *(Write)* un paragraphe sur la famille de votre partenaire. Est-ce que leurs moments préférés du week-end sont les mêmes *(same)* que pour les Français? Pourquoi ou pourquoi pas?

> *Modèle: Dans la famille de John, on préfère... parce qu'on*
> *aime... C'est comme les Français. Eux aussi, ils aiment...*

Le français parlé

Objectives: *finding time to meet; asking questions using intonation*

Trouver un moment pour se rencontrer

Scène de vie

—Florence!
—Christine! Tu es en ville?
—Oui, pour le week-end.
—Tu habites où, maintenant?
—À Toulouse. Et toi, toujours à Orléans?
—Ben oui... Écoute, j'habite à côté... Tu as un moment?
—Pas maintenant, je cherche un cadeau pour ma mère. C'est son anniversaire.
—Elle va bien, ta maman?
—Oui, oui, elle est en forme...
—Et à onze heures et demie, ça va?
—Ben non, on va au restaurant avec maman à midi.
—Et l'après-midi?
—Euh... Non, on va à la piscine avec les enfants... Le soir, peut-être?
—Non, ce n'est pas possible, nous allons manger chez ma sœur. Tu pars quand?
—Demain après-midi...
—Demain matin, ça va?
—Oui, demain matin, ça va. À quelle heure?
—Oh, à onze heures, onze heures et demie... Chez nous, avec Pierre et les enfants, d'accord?
—Oui, d'accord. À demain!
—À demain.
—Hé, Florence, comment on va chez toi???

Florence!

Christine! Tu es en ville?

Pour écouter

In spoken French, questions are often more informal than in writing, especially between friends and acquaintances. Intonation is the most common way to ask a question. Question words can be found either at the beginning (**Où tu vas?**) or at the end of the sentence (**Tu vas où?**). This type of question would be inappropriate in more formal, written contexts but is common in informal speech. Listen to the conversation above and underline all the questions. How would recognize them as questions when listening (and not reading)?

 ### Parlons! Pour trouver un moment...

It is Friday and you are very busy this weekend. Will you find the time to meet a friend for a coffee?

a. Write down your schedule for this weekend. Include as many activities as possible and the time for each one.

b. Working in pairs, try to agree on a time to meet, based on your schedules. Be ready to tell the class when and where you'll meet or why you won't be able to meet.

Modèle: —*Samedi à 5 heures, ça va?*
      —*Ah non, c'est impossible. Je travaille samedi après-midi. Mais le matin avant 11h, ça va. Et toi?*
      —*Non, le matin, je suis occupé(e), je vais au laboratoire.... Et dimanche à 2h?*

Vocabulaire de base

Noms

une année *year*
un appartement *apartment*
un après-midi *afternoon*
une bibliothèque *library*
un café *café*
la campagne *country, countryside*
une cité universitaire *dormitory*
une heure *hour*
un hôtel *hotel*
un jour *day*
une journée *day (period of time)*
un lac *lake*
un magasin *store*
une maison *house*
le matin *morning*
la mer *sea, ocean*
un mois *month*
la montagne *mountain(s)*
la neige *snow*
la nuit *night; darkness*
un parc *park*
une piscine *swimming pool*
une plage *beach*
la poste *post office*
un restaurant *restaurant*
une semaine *week*
le soir *evening*
le soleil *sun*
un supermarché *supermarket*
un village *(rural) village*
une ville *city, town*

Verbes

aller *to go*
chercher *to look for, to search (for)*
commencer (à + infinitif) *to begin (to),
   to start (to)*
préférer *to prefer*
téléphoner (à quelqu'un) *to telephone, to
   call (someone)*
terminer *to finish, to end*
trouver *to find*

Adjectif

quel, quelle, quels, quelles *which, what*

Divers

à... heure(s) *at . . . o'clock*
À quelle heure? *At what time?*
aujourd'hui *today*
avoir chaud *to be hot*
avoir froid *to be cold*
avoir sommeil *to be sleepy*
C'est quel jour aujourd'hui? *What day is it
   today?*
comment *what, how*
demain *tomorrow*
en *in*
pendant *during*
pourquoi *why*
Quelle est la date aujourd'hui? *What's the
   date today?*
Quelle heure est-il? (Vous avez
   l'heure?) *What time is it? (Do you have
   the time?)*
s'il te plaît *please (familiar)*
s'il vous plaît *please (formal, plural)*

Noms

un arbre *tree*
l'atmosphère *(f.) atmosphere*
une banque *bank*
un bateau, des bateaux *boat(s)*
un champ *field*
le ciel *sky*
une église *church*
un endroit *place, spot*
une ferme *farm*
une gare *train station*
un hôpital *hospital*
un laboratoire *laboratory*
une minute *minute*
un moment *moment*
une mosquée *mosque*
un pique-nique *picnic*
un restaurant universitaire *college cafeteria,*
   dining hall
une synagogue *synagogue*
une vache *cow*

Verbes

briller *to shine*
nager *to swim*
skier *to ski*

Adjectif

préféré(e) *preferred, favorite*

Divers

d'après (moi, toi, vous...) *according to*
   (me, you . . .)
chaque *every*

Expressions avec *aller*

Allez! *Go on, hurry up!*
Allons-y! *Let's go!*
J'y vais! *I'm leaving! I'm going!*
On y va? *Shall we go?*
Vas-y! (Allez-y!) *Go on! Go ahead!*

Le français tel qu'on le parle

J'ai trouvé! *I've got it! I've found it!*
C'est l'heure! *It is time! Time's up!*

Le français familier

un appart = un appartement
l'aprèm = l'après-midi
une BU = une bibliothèque universitaire
une cité-u = une cité universitaire
un labo = un laboratoire
un restau, un resto = un restaurant
un restau-u = un restaurant universitaire

On entend parfois...

le serein (Guadeloupe) = le soir

Famille, familles...

En bref

Pour communiquer

Décrire la famille et les relations familiales

Décrire les tâches ménagères

Parler du temps qu'il fait

Parler de sa famille (Le français parlé)

Structure

Le verbe **faire**

Le verbe **vouloir**

Les pronoms d'objet direct

Culture

La famille et l'état civil

La famille, pour les Français et pour vous

28 ans et encore chez papa-maman

L'album de photos (Échanges)

Observez

Qui est sur la photo? Combien de personnes sont à table? Quel âge ont-elles? Est-ce qu'elles sont heureuses? Qu'est-ce qu'elles font?

iLrn iLrn Heinle Learning Center includes

🔊 In-text Audio Program

▶️ Voilà Video

🌐 Companion Website

 Pair work

Group work

Vocabulaire

Vidéo buzz

A. La famille Dubois en 2010

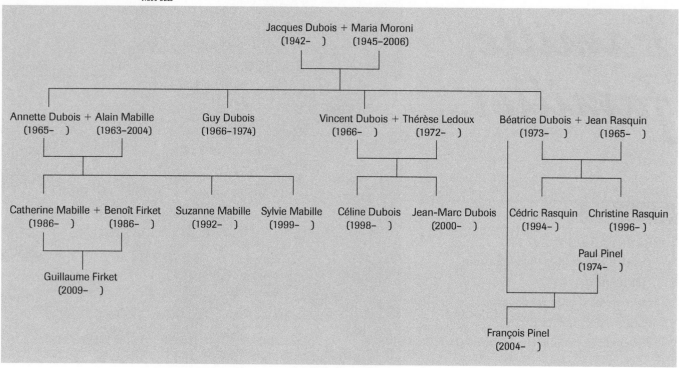

Jacques Dubois + Maria Moroni
(1942–)   (1945–2006)

Annette Dubois + Alain Mabille
(1965–)   (1963–2004)

Guy Dubois
(1966–1974)

Vincent Dubois + Thérèse Ledoux
(1966–)   (1972–)

Béatrice Dubois + Jean Rasquin
(1973–)   (1965–)

Catherine Mabille + Benoît Firket
(1986–)   (1986–)

Suzanne Mabille
(1992–)

Sylvie Mabille
(1999–)

Céline Dubois
(1998–)

Jean-Marc Dubois
(2000–)

Cédric Rasquin
(1994–)

Christine Rasquin
(1996–)

Paul Pinel
(1974–)

Guillaume Firket
(2009–)

François Pinel
(2004–)

Jacques Dubois   François Pinel   Vincent + Thérèse Dubois   Céline Dubois   Jean-Marc Dubois

Cédric Rasquin   Béatrice Dubois   Sylvie Mabille   Suzanne Mabille

Je m'appelle Vincent Dubois et je suis né en 1966. Je suis le fils de Jacques et de Maria Dubois. Je suis marié. Ma femme, qui s'appelle Thérèse, est une belle femme intelligente, je trouve! Nous avons deux enfants, une fille de douze ans et un fils de dix ans. Nous avons aussi six neveux et nièces: Catherine, Suzanne, Sylvie, Christine, Cédric et François. Je suis leur oncle et ma femme est leur tante.

● Qui sont les enfants de Vincent et de Thérèse? Qui sont les sœurs de Vincent? Qui est le frère de Vincent? Quand est-ce que son frère est né? Quel âge a Vincent?

Je m'appelle Annette Dubois et je suis née en 1965. Je suis la fille de Jacques et de Maria Dubois et je suis l'aînée de leurs enfants. Je suis veuve: mon mari, un homme énergique et drôle, est mort en 2004.

Et voici Guillaume Firket, mon petit-fils qui est né en 2009 et qui est le plus jeune de la famille Dubois. Je suis sa grand-mère. Ses parents sont ma fille Catherine et son mari Benoît Firket. Guillaume n'a pas de frère et il n'a pas de sœur. Il n'a pas de cousins mais sa mère, Catherine, a deux cousines, Céline et Christine, et trois cousins, Jean-Marc, Cédric et François.

● Quel âge a Annette? Est-ce qu'elle a des enfants? Combien? Est-ce qu'elle a une petite-fille? Est-ce que c'est la tante de Vincent? Combien de neveux et de nièces est-ce qu'elle a?

● Est-ce que les grands-parents de Guillaume sont en vie?

Je m'appelle Jacques Dubois et je suis né en 1942. Je suis veuf: ma femme, Maria, est morte en 2006. Je suis grand-père: Catherine, Suzanne, Sylvie, Céline, Jean-Marc, Cédric, Christine et François sont mes petits-enfants. J'ai une femme de ménage pour ranger la maison parce que je déteste faire le ménage.

● Quel âge a Jacques? Est-ce que sa femme est en vie? Combien de petits-enfants est-ce qu'il a?

● Qui range la maison chez lui?

Je m'appelle Jean Rasquin et je suis né en 1965. Je suis célibataire maintenant parce que je suis divorcé. Je suis le père de Cédric et de Christine. On ne m'aime pas beaucoup dans la famille Dubois. On pense probablement que je ne suis pas très sérieux et que Béatrice a beaucoup de problèmes avec moi. Mais moi, je ne suis pas d'accord!

- Quel âge a Jean Rasquin? Est-ce que c'est le père de François? Qui est le père de François? Est-ce qu'on aime Jean dans la famille Dubois? Pourquoi ou pourquoi pas?

- Dans les familles Dubois, Mabille, Rasquin et Pinel, qui est marié? Qui est célibataire? Qui est divorcé? Qui est mort?

- Et vous, vous avez une grande ou une petite famille? Combien de cousins est-ce que vous avez? Combien de cousines? Combien d'oncles? Combien de tantes? Est-ce que vous avez des neveux et des nièces? Quel âge ont-ils?

Objective: *culture*

 Langue et **culture**

La famille et l'état civil

Livret de famille

EXTRAIT DE L'ACTE DE MARIAGE N° 2

Le <u>vingt-huit décembre 1975</u> *devant Nous ont comparu publiquement en la maison commune.*

ÉPOUX

Nom et prénoms   LEVALLOIS Maurice - Jean - Philippe

né à   Saint-Paul-de-Vence (Alpes Maritimes)

le   22 avril mil neuf cent quarante six

fils de   LEVALLOIS Philippe - Décédé

et de   SIMONET Anne - Décédée

d'une part,

ÉPOUSE

Nom et prénoms   MILLER Josiane - Yvette

née à   Nogent-le-Rotrou (Eure-et-Loir)

le   10 septembre mil neuf cent quarante neuf

fille de   MILLER Jean - Pierre

et de   Laffont Mireille - Claudine

d'autre part,

Les futurs époux ont déclaré [1]   qu'il n'a pas été fait de contrat de mariage

Les futurs époux ont déclaré l'un après l'autre vouloir se prendre pour époux et Nous avons prononcé au nom de la loi qu'ils sont unis par le mariage.

Pour extrait conforme,
L'Officier de l'Etat civil,

(1) Compléter ainsi la formule : « qu'il n'a pas été fait de contrat de mariage » ou « Qu'un contrat de mariage a été reçu le (date) par (nom et résidence du notaire) ».

```
              PREMIER  ENFANT

EXTRAIT DU REGISTRE DES ACTES DE NAISSANCE

Commune de _____ PARIS _____

Département de _____

        Acte n°   2432/3

Le _____ sept octobre _____

mil neuf cent _____ soixante dix sept _____

à _____ 6 _____ heures ___ trente deux ____

est née :

Nom ____ LEVALLOIS _____

Prénoms ____ Julie, Marie _____

_____ de sexe ___ féminin ___

                Pour extrait conforme,
                L'Officier de l'état civil,

Cachet
```

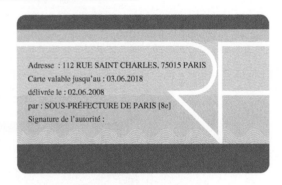

1. Qu'est-ce que c'est? Regardez les documents. Sur quel(s) document(s) est-ce qu'on trouve les informations suivantes? Réponses possibles: **le livret de famille, la carte d'identité, les deux documents, pas sur les documents.**

quand la personne est née   le nom des parents

où la personne est née   quand les parents sont nés

les prénoms de la personne   où les parents sont nés

le nom de jeune fille de la personne   combien d'enfants a la personne

le nom du mari de la personne   quand les enfants sont nés

la nationalité de la personne   les noms des enfants

la date de mariage   où les enfants sont nés

2. Pourquoi, à votre avis? À votre avis, quel document est exigé *(is required)* par le gouvernement français dans chaque situation? Réponses possibles: **le livret de famille, la carte d'identité, ni l'un ni l'autre *(neither)*.**

pour donner des subsides à une famille   pour vérifier l'identité

pour donner un certificat de naissance   pour identifier les immigrants
    (birth certificate)

pour avoir une liste officielle des Français   pour donner / refuser un permis de
                                                travail *(work permit)*
pour trouver une personne absente

3. Aller plus loin. Écrivez *(Write)* trois questions sur ces documents à poser à votre professeur.

Modèle: Est-ce que les enfants ont une carte d'identité?

B. Grand-père arrive

Dans la salle de séjour des Dubois:

Dans la cuisine:

Dans la salle de séjour:

● Et vous, vous aimez faire le ménage? Est-ce que vous aimez faire votre lit le matin? Est-ce que vous rangez souvent votre chambre? Vous préférez faire la cuisine ou faire la vaisselle? Faire les courses ou faire la cuisine? Ranger la maison ou faire la lessive? Passer l'aspirateur ou faire les lits? Faire la lessive ou repasser? Vous repassez souvent?

La famille, pour les Français et pour vous

Activité vidéo

Objective: *culture*

1. La famille et vous

a. Est-ce que vos grands-parents habitent près de chez vos parents? Et vos oncles et tantes? Êtes-vous souvent avec vos grands-parents? Et avec vos cousins?

b. Avec qui est-ce que vous aimez surtout parler dans votre famille?

c. Est-ce que la famille est importante pour vous? Pourquoi ou pourquoi pas?

d. Après l'université, où est-ce que vous allez habiter? Chez vos parents? Près de chez vos parents? Dans la même *(same)* ville? Dans la même région? Pourquoi ou pourquoi pas?

2. La famille et les Français. Consultez les statistiques et la photo pour répondre aux questions sur les attitudes des Français.

La famille en France

- Dans la famille d'un adulte, on trouve environ 30 personnes en vie. Mais on considère seulement *(only)* 5 personnes comme très proches *(close)*.
- 91% des Français pensent que c'est la famille qui transmet les valeurs.
- 75% des parents âgés de plus de 65 ans ont des contacts avec leurs enfants au moins une fois par semaine. 90% ont des activités familiales régulièrement.
- Les familles sont aussi proches géographiquement: 1 adulte sur 4 habite la même ville ou le même village que sa mère, un sur deux le même département.

D'après *Francoscopie 2007,* pp 138–139

a. Il y a combien de générations sur la photo? Qui sont les différentes personnes dans la famille, d'après vous?

b. Imaginez que vous êtes une personne française mariée de 30 ans. Qui sont les 30 personnes en vie dans votre famille? Et qui sont les cinq personnes qui sont très importantes pour vous?

c. Quelle est une fonction très importante de la famille, d'après les Français?

d. Est-ce que les personnes âgées françaises sont proches de leur famille? Expliquez.

e. Est-ce que les familles françaises habitent loin les unes des autres *(from each other)*? Est-ce que c'est comme chez vous?

C. Le temps

In France, temperatures are measured using the Celsius scale (C): 0°C = 32°F (freezing point of water), 10°C = 50°F (warm winter day), 20°C = 68°F (mild spring day), 30°C = 86°F (very warm, almost hot), 40°C = 104°F (very, very hot). To convert Celsius to Fahrenheit, multiply by 9/5, then add 32. To convert Fahrenheit to Celsius, subtract 32 and then multiply by 5/9.

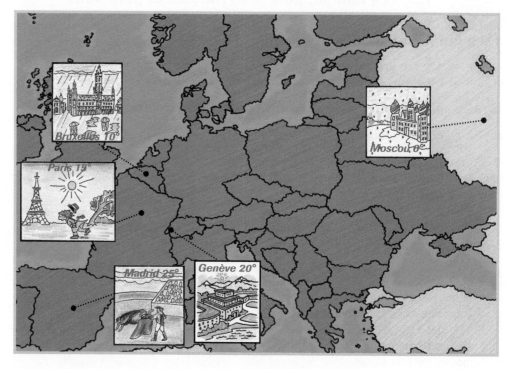

À Paris, il fait beau, mais il fait frais et il y a du vent.
À Bruxelles, il fait mauvais et il pleut.
À Genève, il y a du soleil et il fait bon.
À Madrid, il fait chaud et lourd, mais il fait gris: il y a des nuages.
Et à Moscou, il ne fait pas froid aujourd'hui? Mais si, il fait froid... Il neige!

- Et aujourd'hui, quel temps fait-il? Et chez vos parents?
- Et quelle est la météo pour demain? Il va faire beau? Il va neiger? Il va pleuvoir? Il va y avoir du vent? Il va faire chaud?

Mots et

usages

1. Les dates

1715 (dix-sept cent quinze)	2006 (deux mille six)
1988 (dix-neuf cent quatre-vingt-huit)	2010 (deux mille dix)

Les dates et la famille Dubois. Regardez l'arbre généalogique de la famille Dubois (p. 138).

a. **Anniversaires.** Qui est né en dix-neuf cent soixante-cinq? Qui est né en dix-neuf cent quatre-vingt-douze? Qui est né en deux mille?

b. **À votre tour!** En quelle année est-ce qu'ils sont nés?

1. Guillaume Firket
2. Cédric Rasquin
3. Thérèse Ledoux
4. Jacques Dubois
5. Béatrice Dubois
6. Sylvie Mabille

2. Les personnes. Read the two texts below. Can you figure out the meaning of the following words?

marié   mari   femme   fille   homme   fils   garçon

«Je m'appelle Benoît Firket et je suis **marié. Ma femme,** qui s'appelle Catherine, est **une femme** active et enthousiaste. Nous avons **un fils,** Guillaume, qui a 18 mois. C'est un petit **garçon** qui est toujours content.»

«Je m'appelle Annette Dubois... Je suis veuve: **mon mari, un homme** énergique et drôle, est mort en 2004. J'ai trois **filles:** Catherine, Suzanne et Sylvie. Sylvie est une petite **fille** de onze ans qui n'est pas toujours sage, mais c'est normal à son âge, non?»

La famille de Vincent. Decide which word applies in each sentence. Choose from: **fille, femme, mari, marié, homme, fils, garçon** (some words will be used more than once).

Vincent Dubois est un _____ de 44 ans. Il est _____ avec Thérèse, qui est une _____ intéressante. Thérèse, sa _____, a 38 ans et elle aime beaucoup son _____ Vincent, mais elle n'aime pas ses cigarettes. Ils ont deux enfants. Leur _____ s'appelle Jean-Marc et leur _____ s'appelle Céline. Jean-Marc est un petit _____ calme et Céline est une petite _____ très active.

3. Qui. The word **qui** is used in two ways: as a **pronom interrogatif** *(interrogative pronoun)* and as a **pronom relatif** *(relative pronoun).* Interrogative pronouns ask questions. Relative pronouns join two ideas together.

—**Qui** fait les courses chez les Dubois?

—C'est **Thérèse qui** fait les courses mais c'est **Vincent qui** fait la cuisine.

C'est lui **le professeur qui** parle anglais?

Les livres qui sont sur la table sont à moi.

—C'est **qui?**

—C'est mon ami!

Qui. In which of these sentences is **qui** a **pronom interrogatif?** A **pronom relatif?** Add a period or a question mark at the end of each sentence.

1. Guillaume? C'est un enfant qui est très heureux

2. En 2000? Qui est né en 2000

3. Et qui fume beaucoup dans la famille Dubois

4. Béatrice, qui est prof, aime beaucoup lire

5. Les livres qui parlent de voyage, voilà les livres préférés de Thérèse

4. Le temps. In French, the verb **faire** is generally used to discuss the weather.

Il **fait** beau et il ne **fait** pas froid!	*It's nice (out) and it's not cold!*

Faire is not used with the verbs **pleuvoir** and **neiger.**

Il **pleut.**	*It's raining.*
Il va **neiger?**	*Is it going to snow?*

Il y a is usually used with nouns.

Il y a du soleil.	*It's sunny.*

La météo aujourd'hui. Complete each sentence with choices from this list: il y a, il fait, il neige, pleuvoir.

La météo en France aujourd'hui: À Paris, _____ bon, mais _____ des nuages et il va _____ l'après-midi. En montagne, _____ froid aujourd'hui et _____. Les skieurs vont être contents! _____ beau à la mer, mais _____ beaucoup de vent.

À votre avis, quel temps fait-il à Barcelone? À Londres? À Bruxelles? À Francfort?

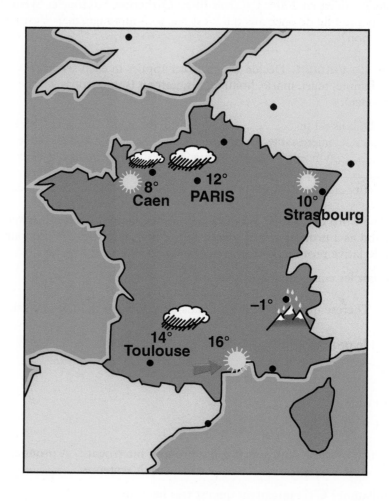

5. Si / Oui. Use **si** instead of **oui** to answer *yes* to a negative question or to contradict a negative statement.

—Vincent n'aime pas fumer, n'est-ce pas?	*Vincent doesn't like to smoke, does he?*
—Si, il adore fumer!	*Yes he does, he loves to smoke.*

***Oui, non* ou *si*?** Answer the following questions using either **oui**, **non**, or **si**.

1. Vous êtes blond(e)?
2. Vous n'aimez pas les vacances?
3. Vous avez des frères et sœurs?
4. Vous ne voyagez pas en été?

Mise en pratique

1. Dates célèbres. Quel événement correspond à chaque date?

Objective, Act. 1: practicing dates in context

> 1912   1917   1492   1732   1939–1945

1. la naissance de George Washington
2. le naufrage du Titanic
3. la Deuxième Guerre mondiale
4. la révolution russe
5. la découverte de l'Amérique par Christophe Colomb

2. Au travail! Qu'est-ce que vous allez faire? Qu'est-ce que vous n'allez pas faire?

Objective, Act. 2: talking about housework in a personal context

Modèle: Il est 11h30 et vous mangez à midi.
   Je vais faire la cuisine. Je ne vais pas passer l'aspirateur.

1. Il est 7h30 et vous sortez de votre lit.
2. C'est samedi matin et vos parents arrivent pour le week-end.
3. Il est 18h et des amis arrivent chez vous à 19h pour manger.

3. Relations de famille. Quelles sont les relations de parenté entre Catherine Mabille et les autres membres de la famille?

Objectives, Act. 3: practicing family vocabulary; reviewing possessive adjectives

Modèle: Suzanne Mabille?
   C'est sa sœur.

1. Guillaume Firket?
2. Benoît Firket?
3. Alain Mabille?
4. Maria Moroni?
5. Annette Dubois?
6. Jacques Dubois?
7. Béatrice Dubois?
8. Céline Dubois?
9. Vincent Dubois?
10. François Pinel?

4. Quel temps fait-il? Answer using either **oui, non,** or **si.**

Objectives, Act. 4: recognizing weather expressions; practicing **oui, si,** and **non** in context

1. Il ne fait pas chaud à Nice en été?
2. Il ne neige pas à Québec en juillet?
3. Il ne fait pas froid en hiver à Montréal?
4. Il va neiger aujourd'hui?
5. Il n'y a pas de nuages aujourd'hui?
6. Il n'y a pas de vent en hiver à la mer?

5. Le temps et vous. Faites des associations.

Objective, Act. 5: recycling vocabulary and relating it to the weather

Il y a du soleil.   Il neige.

Il fait bon.   Il fait chaud.

Il fait froid.   Il y a du vent.

Modèle: Il pleut: *gris, triste, le printemps, l'automne, je regarde la télé, je vais à la bibliothèque, etc.*

6. La météo

a. Nous sommes en janvier. Quel temps fait-il...
1. à Montréal?
2. à Dakar (au Sénégal)?
3. chez vous?

b. Nous sommes en juillet. Quel temps fait-il...
1. dans la Vallée de la Mort?
2. à St-Pierre-et-Miquelon?
3. chez vous?

c. Nous sommes en avril. Quel temps fait-il...
1. en Louisiane?
2. à Québec?
3. dans les îles des Caraïbes?

7. Ma famille.
Make a list of the names of the members of your family, including your grandparents, your parents, your brothers and sisters and their spouses and children. Draw a family tree, leaving out all names except your own. Work with a partner and complete each other's family tree by asking questions.

Modèle: —*Qui est John?*
—*C'est mon père.*

8. Généalogies célèbres.
In groups, pick one famous family (real or fictional) and combine your knowledge to say as much as you can about them. Be ready to write a short paragraph about the family you have chosen, describing the various family members and saying what they like and don't like to do.

Modèle: La reine Elizabeth n'aime pas faire le ménage!

9. Les vacances de Delphine.
Voilà des photos de Delphine Cunill (une étudiante à l'université d'Orléans) et de sa famille pendant leurs vacances. Regardez les photos et répondez aux questions en groupes.

De gauche à droite: Laure Cunill, Michel Tournier, Christine Pauzies, Paulette Pauzies, Simone Toussaint, Maria Tournier, Robert Tournier, Christiane Cunill

Laure Cunill

Raymond Cunill

Christiane Cunill

Delphine Cunill

- Regardez la photo de la famille en vacances à la page 148. Où sont-ils? Quel temps fait-il? Qui n'est pas sur la photo? Qui sont les autres personnes sur la photo, à votre avis? Comment sont-elles?
- À votre avis, quelles sont les relations de parenté (sœur? frère? père?, etc.) entre *(between)* Delphine et Christiane Cunill? Entre Christiane et Raymond Cunill? Entre Christiane et Laure Cunill? Quel âge a Delphine? Et Laure?

Personne is a feminine noun, thus the use of **elles**.

Langue et **culture**

28 ans et encore chez papa-maman

Objective: culture

1. L'illustration. Regardez la photo. Quel âge ont ces personnes? Où sont-elles? Quelle est la relation de parenté de ces personnes, d'après vous? Elles sont chez qui? Justifiez votre réponse.

28 ANS ET ENCORE CHEZ PAPA-MAMAN

Longues études, parents indulgents, difficile de trouver du travail, confort familial et soutien parental... Résultat: on est adulte plus tard, et le premier travail ne signifie pas toujours l'indépendance ou la séparation.

2. Vrai ou faux? Lisez le texte à côté de la photo et dites si chaque phrase est vraie (**V**) ou fausse (**F**).

Les jeunes adultes habitent chez leurs parents parce que (qu')...

... ils n'ont pas de travail.	V	F
... ils sont étudiants.	V	F
... ils ne trouvent pas d'appartement.	V	F
... c'est plus confortable.	V	F
... leurs parents préfèrent qu'ils restent chez eux.	V	F
... ils n'aiment pas être seuls.	V	F
... ils n'ont pas d'amis avec qui partager un appartement.	V	F

 3. Discussion: Logement étudiant: chez les parents ou en location *(rent)*? Préparez trois arguments pour et trois arguments contre chaque option. Comparez vos réponses avec le reste de la classe.

Structure 1

Le verbe *faire*

The verb **faire** means both *to make* and *to do*. Its conjugation is irregular.

je fais	nous faisons
tu fais	vous faites
il	ils
elle } fait	elles } font
on	

Faire is used in many expressions referring to the weather. In similar cases, English uses the verb *to be*.

Il **fait** chaud aujourd'hui.   *It's hot today.*

ATTENTION: A question using **faire** does not always require an answer using **faire**.

Question: Qu'est-ce que tu fais?

Réponses possibles: Je travaille. / J'étudie. / Je parle au téléphone. / Je vais en ville. / Je fais le ménage., etc.

The imperative, or command, forms of **faire** are identical to its present tense forms.

—**Fais** la vaisselle!   *Do the dishes!*
—Et toi, tu ne fais pas la   *What about you, you're not doing the*
  vaisselle ce soir!?   *dishes tonight!?*

—**Faites** les courses aujourd'hui!   *Do the shopping today!*
—Et vous, vous faites les   *And you're doing the shopping tomorrow!*
  courses demain!

—**Faisons** le ménage.   *Let's do the housework.*
—Oh non, nous ne faisons pas   *Oh no, we don't do housework on*
  le ménage le dimanche!   *Sundays!*

═ Mise en pratique ═

Objective, Act. 1 and 2:
*producing forms of **faire** in context*

1. Chez Candide et Alceste. Qui fait quoi? Un X indique la personne qui est responsable du travail.

   1. Candide...   2. Alceste...   3. Candide et Alceste...

	faire la cuisine	faire la vaisselle	faire la lessive	faire les courses	ranger	passer l'aspirateur
Candide		X	X			
Alceste	X					X
les deux				X	X	

2. Et dans vos familles. Complete the chart by asking other students in the class who does what in their families.

> *Modèle:* —*Qui fait la cuisine dans ta famille?*
> —*Mon père.*

Nom de l'étudiant(e)	la cuisine	la vaisselle	la lessive	les courses	ranger	les lits	passer l'aspirateur

3. Activités. Travaillez avec un(e) partenaire. Qu'est-ce que vous faites? Qu'est-ce que vous ne faites pas?

> *Modèle:* le vendredi soir?
> *Je travaille, j'étudie, je téléphone à ma sœur, je fais les courses, etc.*
> *Je ne fais pas la vaisselle, je ne fais pas la cuisine, etc.*

1. le vendredi à midi?
2. le dimanche matin?
3. le samedi soir?
4. le mercredi à minuit?
5. le dimanche soir?

4. Que fait une personne «au pair» en Grande Bretagne? Suzanne would like to be an au pair in Great Britain in order to improve her English. Use the information she found on the Web to complete the phone conversation Suzanne is having with her mother, Annette. Would you like to be an au pair?

Objectives, Act. 4: understanding a reading and using **faire** and other verbs in context

---

ÊTRE AU PAIR

Vous êtes un garçon ou une fille entre 17 et 27 ans? Vous voulez *(want)* parler anglais? Vous voulez découvrir une nouvelle culture? Travaillez au pair en Grande-Bretagne!

Pour être au pair, vous devez *(must):*

- Être célibataire
- Rester au minimum 3 mois en Grande-Bretagne
- Avoir de l'expérience avec les enfants
- Participer aux tâches ménagères (faire la vaisselle, le ménage, le repassage *[ironing]*, les lits, passer l'aspirateur, faire les courses...). Souvent les jeunes au pair font le petit déjeuner *(breakfast)* et le dîner des enfants.
- Ne pas fumer (ou ne pas fumer dans la maison)

SUZANNE: Être au pair, c'est une bonne idée. J'adore les enfants et c'est très bien pour l'anglais.

ANNETTE: Oui, mais tu vas aussi _____ le ménage, non? Et ça, tu _____ !

SUZANNE: Oui, c'est vrai. On _____ la _____ et on _____ les lits et...

ANNETTE: Et le ménage. Toi, tu vas _____ le _____ !?

SUZANNE: Oui! Pourquoi pas? Moi, je _____ le ménage.

ANNETTE: Et qu'est-ce qu'on demande d'autre?

SUZANNE: On ne doit *(should)* pas _____ ... pas de problème. Et je _____ célibataire... et c'est tout.

ANNETTE: Alors, tu vas _____ en Grande-Bretagne _____ au pair pendant combien de temps?

SUZANNE: Au moins _____ mois.

ANNETTE: Et Hakim?

SUZANNE: On accepte les _____ au pair aussi! On _____ aller en Grande-Bretagne ensemble *(together).*

Structure 2

Le verbe *vouloir*

Vouloir means *to want*. Its conjugation is irregular.

je veux	nous voulons
tu veux	vous voulez
il	ils
elle } veut	elles } veulent
on	

To be more polite, use the following forms:

je **voudrais**	*I would like*
tu **voudrais**	*you would like*
il/elle/on **voudrait**	*he/she would like*
nous **voudrions**	*we would like*

═══ Mise en pratique ═══

*Objective, Act. 1: processing the forms of **vouloir** in a meaningful context*

 1. Soyons raisonnables. Trouvez une expression dans la liste pour indiquer ce que *(what)* chaque personne veut. Ensuite, avec un(e) partenaire, décidez si **c'est raisonnable, pas raisonnable** ou si **ça dépend.**

> du calme pour travailler / manger / de la voiture / un chat / avec son père

1. Alceste veut _____. (Candide parle beaucoup.)
2. Cédric Rasquin veut habiter à Paris _____. (Ses parents sont divorcés.)
3. Jacques Dubois a un chien. Il veut aussi _____ et un oiseau.
4. Guillaume Firket est un bébé. Il veut _____ et dormir!
5. Vous voulez la clé _____ de vos parents (de votre mari / votre femme / votre sœur, etc.) pour aller en ville.

Objectives, Act. 2 and 3: practicing the forms of **vouloir** in a meaningful context; recycling verb forms

2. Qu'est-ce qu'un chat? Use forms of the verbs **vouloir**, **être**, and **écouter** to define a cat.

> 1. Les chats font ce qu'ils _____.
> 2. Ils ne vous _____ pas souvent.
> 3. Ils _____ imprévisibles *(unpredictable)*.
> 4. Quand vous _____ jouer, ils ne _____ pas.
> 5. Quand vous _____ être tranquille, ils _____ jouer.
> 6. Un chat _____ la compréhension totale de la personne avec qui il habite.
>
> Et ils laissent *(leave)* des poils *(hair)* partout dans la maison!

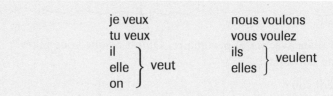

3. Et vous? Travaillez avec un(e) partenaire. Qu'est-ce que vous voulez faire ce week-end?

> *Modèle:* —*Est-ce que tu veux lire?*
> —*Oui, je veux lire. / Non, je ne veux pas lire.*

1. étudier?
2. parler avec tes parents?
3. aller danser?
4. passer l'aspirateur?
5. dormir?
6. faire la lessive?

4. Samedi matin chez les Dubois. Voilà ce que différentes personnes de la famille Dubois font ce matin. Travaillez avec un(e) partenaire pour imaginer ce qu'elles veulent faire à la place *(instead).*

Objective, Act. 4 and 5: using ***vouloir*** and ***je voudrais, il/elle/ on voudrait*** creatively in context

> *Modèle:* Vincent Dubois fait la vaisselle, mais *il veut jouer aux cartes avec des copains.*

1. Thérèse Dubois fait les courses, mais...
2. Céline et Jean-Marc Dubois font leurs devoirs, mais...
3. Jacques Dubois fait la lessive, mais...
4. Suzanne Mabille range sa chambre, mais...

5. Pour mon anniversaire... In groups, list what different people would like for their birthdays. Report to the class.

Je voudrais...
(Michel) voudrait...

Structure 3

Les pronoms d'objet direct

Many sentences have a subject, a verb, and a direct object. The direct object is a noun or pronoun that receives the action of the verb. It answers the question *what?* or *whom?* after the verb. A direct object may be either a person or a thing.

Il regarde sa fille.	*He's watching his daughter.*
s v do	s v do
Il cherche le parc.	*He's looking for the park.*
s v do	s v do

Rappel!

Nouns used as subjects and nouns used as direct objects may be replaced by pronouns. The use of pronouns allows speakers and writers to avoid being repetitive and to link ideas across sentences.

Suzanne aime les chiens.	*Suzanne likes dogs.*
Elle aime les chats aussi.	*She likes cats, too.*

Here are the forms of direct object pronouns (**les pronoms d'objet direct**) in French.

me (m')	*me*	nous	*us*
te (t')	*you (familiar, singular)*	vous	*you (formal or plural)*
le (l')	*it, him*	les	*them*
la (l')	*it, her*		

Direct object pronouns replace nouns used as direct objects. In French, direct object pronouns directly precede the verb they are the object of.

—Tu m'aimes?	*Do you love me?*
—Oui, je t'adore!	*Yes, I adore you!*

Study the placement of direct object pronouns in the following sentences. Note the placement of **ne** and **pas** in the negative.

1. Present tense. The direct object pronoun is placed directly in front of the present tense verb.

Je déteste les examens.	Je ne déteste pas les examens.
Je **les** déteste.	Je **ne les** déteste **pas.**

2. Infinitive constructions. The direct object pronoun is placed directly in front of the infinitive.

Je vais chercher mes clés.	Je ne vais pas chercher mes clés!
Je vais **les** chercher.	Je ne vais pas **les** chercher!

3. With *voici / voilà*. The direct object pronoun is placed directly in front of **voici** or **voilà**.

Voilà mes clés! **Les** voilà!

4. With imperative, or command, forms. The direct object pronoun follows the affirmative imperative. Note the hyphen that connects the verb form and the pronoun in the affirmative.

—Mais où sont mes clés?	*Where are my keys?*
—Euh, je ne sais pas, mais cherche-**les** dans la cuisine.	*Uh, I don't know, but look for them in the kitchen.*

Note also the use of **moi** and **toi** instead of **me** and **te** in the affirmative.

Regarde-**moi**! *Look at me!*

The direct object pronoun precedes the negative imperative.

Tes clés? Ne **les** cherche pas dans mon sac.	*Your keys? Don't look for them in my bag!*
Non, non, ne **me** regarde pas!	*No! Don't look at me!*

Rappel!

You are also familiar with stress pronouns **(moi, toi, lui, elle, nous, vous, eux, elles)**. These pronouns replace nouns standing alone, nouns after prepositions, and nouns used after **c'est.**

Qui est là? C'est Paul.   Il étudie avec Marc et **moi**.
Qui est là? C'est **lui**.   Il étudie avec **nous**.

Mise en pratique

1. Les bébés, on les aime! Look on page 156 at some Web postings of births in a French-Canadian city. Read them and complete the information in the table for each declaration of love. Not every announcement contains the same information. If you can't find the information, put a question mark in the box.

Objective, Act. 1: processing direct object pronouns in an authentic context

On les aime!	Date/Heure de naissance	Maman/ Papa	Nom du bébé/ Garçon ou fille?	Autres détails
Je t'aime.				
Je t'aime mon amour.				
Nous l'adorons!!!				
Je t' ♥ plus que tout...				
... nous l'aimons beaucoup				

1. Maintenant, je suis une des mères les plus heureuses au monde. Je t' ♥ plus que tout ma poupoune. xxx —Sarah

2. Notre petit miracle a vu le jour le 28 avril 2012. Elle fait vraiment la joie de son entourage et celle de ses parents. Je t'aime, Léa!

3. Samuel est né le 25 juin 2011 à 16h15 et le bébé va très bien. C'est un bébé calme, toujours content et nous l'aimons beaucoup. C'est mon 4e enfant. —Catherine

4. Ma pouchinette est née le 22 août 2011 à 15h59!!! Je t'aime mon amour!!!

5. Mon petit bébé d'amour, Alexis, est né le 14 mai 2012 à 5h25 du matin. C'est un bébé merveilleux!!! Il pesait 7 lbs et 8 oz et mesurait 19 1/2 pouces! Nous l'adorons!!! —Thomas

Objective, Act. 2: developing awareness of gender and number in the use of direct object pronouns

2. Décidez! For each item, decide to which noun the direct object pronoun logically refers and reconstruct the sentence. Opinions may differ.

Modèle: On les aime! (les fleurs, les devoirs) *On aime les fleurs.*

1. On les aime! (les examens, les fleurs)
2. On les adore! (les pique-niques, les devoirs)
3. On la déteste! (la musique, la bibliothèque)
4. On ne l'aime pas! (le réveil, la plage)
5. On ne les aime pas! (les cadeaux, les devoirs)

Objective, Act. 3: processing direct object pronouns

3. On aime ou on fait? Say whether each item is something *one does* (**on fait**) or something that one likes (**on aime**).

Modèles: Le printemps? On l'*aime.*   La lessive On la *fait.*

1. Les courses? On les...
2. Les belles fleurs? On les...
3. La vaisselle? On la...
4. Les vacances? On les...
5. Les lits? On les...
6. La cuisine? On la...

Objective, Act. 4 and 5: practicing direct object pronouns in a personalized context

4. Les goûts et les couleurs. Travaillez avec un(e) partenaire. Est-ce que vous les aimez ou est-ce que vous ne les aimez pas?

Modèle: le tennis *Je l'aime. / Je ne l'aime pas.*

1. l'hiver
2. la campagne
3. la pluie
4. la mer
5. la montagne
6. les mathématiques

5. Faire ou ne pas faire? Trouvez dans la colonne A le mot qui correspond au mot de la colonne B et faites une liste des activités que vous voulez faire et des activités que vous ne voulez pas faire.

Modèle: commencer   mes devoirs
      Je veux les commencer. / Je ne veux pas les commencer.

A		B	
1. ranger	4. faire	la lessive	la télévision
2. étudier	5. regarder	la radio	le français
3. faire	6. écouter	la chambre	la vaisselle

Objective, Act. 6: developing awareness about pronouns

6. Trop de noms! Rewrite this story about Candide and Alceste, replacing some of the nouns with pronouns (subject, direct object, stress). When you've finished, reread your version to make sure you haven't removed too many nouns. (There are several different ways to do this activity.)

Candide et Alceste veulent aller en vacances! Mais où? Candide adore les villes et la montagne mais Alceste déteste les villes et la montagne. Alceste aime la campagne et la mer mais Candide n'aime pas la campagne et la mer! C'est un problème! Finalement Candide et Alceste vont rester chez Candide et Alceste!

L'album de photos

Objectives: learning from observation; producing descriptive sentences orally

1. Trois générations d'une famille: Observons

a. Leurs âges. En groupes, regardez les photos et les dates. À votre avis, quel âge ont ces personnes quand les photos ont été prises? Qui est probablement toujours en vie aujourd'hui? Quel âge ont les personnes qui sont probablement toujours en vie aujourd'hui?

Les Ollier – 1938. Papa, Maman, Tante Madeleine, Tante Jeanne avec Taou, Grand-père, Zab et Pierrot

Grand-père Jaillard 1919

1952, l'année du bac! Taou, Grand-père, Grand-mère, Zab

Zab 1939

Tante Madeleine 1938

Maman 1950

Zab 1936

b. Leurs relations de famille. Est-ce qu'il y a une personne qui figure sur beaucoup de photos? Qui? Quelles sont les relations de parenté dans cette famille, d'après vous? Travaillez en groupes pour comparer vos idées.

c. Leurs pensées. En groupes, choisissez une personne et imaginez ce qu'elle pense au moment de la photo.

2. L'arbre généalogique. Travaillez avec un(e) partenaire pour faire un arbre généalogique de cette famille.

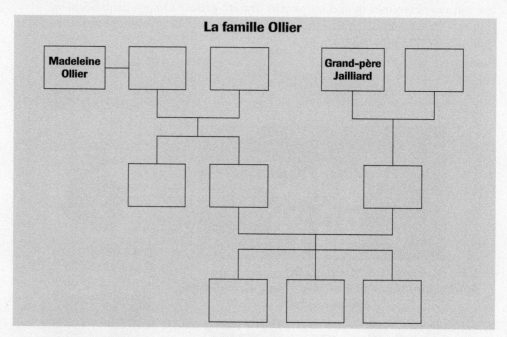

La famille Ollier

Madeleine Ollier

Grand-père Jailliard

3. Le temps passe… Imaginons!

3a: The word **personne** is feminine so it is replaced by the pronouns **elle(s) / la / l'.** You can choose either a woman / girl or man / boy.

a. Une personne. Travaillez avec un(e) partenaire et choisissez une personne sur une photo. Qui est cette personne? Où est-elle sur la photo? Quel âge a-t-elle? Comment est-elle? Expliquez ce qu'elle fait tous les jours à l'époque de la photo, d'après vous? Présentez cette personne dans un paragraphe.

b. 10 ans plus tard. Imaginez cette personne dix ans plus tard. Quel âge a-t-elle maintenant? Comment est-elle? Est-elle différente physiquement? Psychologiquement? Quelles sont ses activités de tous les jours? Qu'est-ce qui est différent dans sa vie? Dans sa famille? Présentez ce que vous imaginez dans un paragraphe.

Le français parlé

Parler de sa famille

*Objectives: talking about your family; hearing **élision***

Scène de vie

—Frédéric, c'est toi?
—Béatrice! Ce n'est pas possible! Ça fait des années!
—Ben, oui... Bien 10 ans, non?
—Oui, je pense... Comment vas-tu?
—Très bien, et toi?
—Ça va. Et Jean?
—Jean? Tu ne sais pas? Mais on est divorcé! Et maintenant, je suis mariée avec Paul Pinel.
—Ah bon, c'est vrai? Et tu habites toujours à Paris?
—Non, Toulouse. Paul est de Toulouse.
—Je comprends... Et tes enfants, ils sont grands maintenant?
—Cédric et Christine sont des adolescents! Regarde, j'ai une photo. Le grand brun, c'est Paul, mon mari. Et à côté, c'est Cédric, mon aîné. Il a seize ans maintenant. Devant, c'est Christine, quatorze ans. Et le petit, c'est François, six ans.
—Tu as un enfant de 6 ans?
—Oui, avec Paul... Mais, et toi? Qu'est-ce que tu fais? Tu habites où?
—Moi, je suis professeur de français à Toronto.
—À Toronto? Tu es marié avec une Canadienne?
—Non, non, je suis toujours célibataire... et très heureux comme ça!
—Et c'est bien, le Canada?
—Ah oui, j'adore!

—Frédéric! C'est toi?
—Béatrice!

Pour écouter

In general, French avoids two contiguous vowels across word boundaries. This is why, when the **e** or **a** in words such as **le, la, ne, je,** or **que** is followed by a vowel sound, the **e** or **a** is dropped. This is called **élision** and it appears in spoken and written French. In writing, an apostrophe shows that **élision** has occurred. Can you identify all the **élisions** in the conversation above?

Élision may also occur in informal spoken French without being marked in spelling by an apostrophe. For example, the **u** of **tu** is frequently dropped in front of a following vowel sound. Listen to the conversation. Can you find examples of **élision** that occur in speech but are not marked in writing?

👥 Parlons! Ma famille...

a. Jot down as much as you can about your family: How many people are there? What is their relationship to you? How old are they? Who is the oldest? The youngest? Where do they live? What are they like?

b. Working in pairs, find out everything you can about your partner's family. Be ready to tell the class two or three things you have learned.

Vocabulaire de base

 CD 1, Track 21

Noms

La famille

l'aîné(e) *oldest, first-born (daughter or son in family)*
un cousin, une cousine *cousin*
une famille *family*
une femme *wife; woman*
une fille *daughter; girl*
un fils *son*
une grand-mère *grandmother*
un grand-père *grandfather*
des grands-parents *(m. pl.) grandparents*
un mari *husband*
un neveu *nephew*
une nièce *niece*
un oncle *uncle*
des parents *(m. pl.) parents; relatives*
une petite-fille *granddaughter*
un petit-fils *grandson*
des petits-enfants *(m. pl.) grandchildren*
le (la) plus jeune *the youngest*
une tante *aunt*

Autres noms

une cuisine *kitchen*
une salle de séjour *living room, family room*
le temps *weather*
le vent *wind*

Adjectifs

célibataire *single, unmarried*
divorcé(e) *divorced*
marié(e) *married*
mort(e) (en) *dead (in)*
né(e) (en) *born (in)*
veuf, veuve *widower, widow*

Activités

faire la cuisine *to cook*
faire le ménage *to do housework*
faire la vaisselle *to do the dishes*
faire les courses *to do grocery shopping*

Le temps

il fait beau *it's nice out*
il fait chaud *it's warm, it's hot*
il fait froid *it's cold*
il fait mauvais *it's nasty out*
il neige *it's snowing*
il pleut *it's raining*
il y a du soleil *it's sunny*
il y a du vent *it's windy*

Verbes

arriver (à) *to arrive (at), to get (to)*
faire *to do; to make*
vouloir *to want*

Divers

après *after, afterwards*
il/elle voudrait *he/she would like*
je voudrais, tu voudrais *I would like, you would like*
là *there; here*
nous voudrions *we would like*
si *yes (on the contrary)*

Vocabulaire supplémentaire

CD 1, Track 22

Noms

une femme de ménage *cleaning lady*
la météo *weather forecast*
un nuage *cloud*

Verbes

neiger *to snow*
pleuvoir *to rain*
repasser *to iron*

Divers

être d'accord *to agree*
être en vie *to be alive*
faire la lessive *to do the laundry*
faire les lits *to make the beds*
il fait bon *it's pleasant (mild)*
il fait frais *it's cool*

il fait gris *it's overcast*
il fait lourd *it's hot and humid*
il/elle s'appelle *his/her name is*
il y a des nuages *it's cloudy*
passer l'aspirateur *to vacuum*
probablement *probably*
Quel temps fait-il? *What's the weather like?*
qui *who; that (relative pronoun)*
voici *here is, here are*

Le français tel qu'on le parle

Je suis là! *I'm here!*
Qui est là? *Who's there?*
sérieux, sérieuse *trustworthy, reliable, responsible*

Le français familier

ça caille = *il fait très froid*
faire du shopping = *faire des courses**
un frangin = *un frère*
une frangine = *une sœur*
mémé, mamie, bonne-maman = *grand-mère*
pépé, papi, bon-papa = *grand-père*

On entend parfois...

une avalasse (Louisiane) = *beaucoup de pluie*
il drache (Belgique) = *il pleut beaucoup*
il neigeote (Suisse) = *il neige un peu*
il tombe (Rwanda et Burundi) = *il pleut*
magasiner (Canada) = *faire des courses*

*Note that there is a difference between **faire les courses** *(to do grocery shopping)* and **faire des courses** *(to do errands)*.

Leçon 8

Vous êtes artiste ou sportif?

En bref

Pour communiquer

Parler des vacances

Parler de musique et de sport (les verbes **jouer** et **faire**)

Exprimer la possibilité et l'obligation

Poser des questions

Préparer un CV pour l'été (Échanges)

Faire des projets pour le week-end (Le français parlé)

Structure

Pouvoir et **devoir**

Les pronoms interrogatifs

Les expressions pour dire non

Culture

Les Français et le sport

Les Français et le dimanche

iLrn iLrn Heinle Learning Center includes

🔊 **In-text Audio Program**

▶️ **Voilà Video**

🌐 **Companion Website**

👥 **Pair work**

👤👤👤 **Group work**

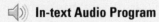
Vidéo buzz

Observez

Imaginez: C'est quel jour de l'année? Où sont ces personnes? Pourquoi? Comment sont-elles? Est-ce qu'elles sont de la même famille? Qui joue du piano?

Vocabulaire

Vidéo buzz

A. Des projets de vacances

Voici la famille Dubois. Ce soir, Jacques Dubois est là avec son amie Paulette. Il a rencontré Paulette à Nice et maintenant, ils sont chez son fils Vincent. Au dîner, ils parlent des vacances d'été. Jacques voudrait aller en vacances avec ses enfants et petits-enfants, mais c'est difficile parce que tout le monde veut faire des choses différentes.

JACQUES: J'ai envie d'aller dans une grande ville pour faire les musées. Être sans voiture, aller à pied partout, j'aime ça, moi! J'adore faire de la marche! Et toi, Paulette?

PAULETTE: Oui, moi aussi j'aime marcher, mais je préfère faire du vélo. On habite en ville, donc moi, j'aime mieux aller à la campagne. J'aime les beaux paysages et j'adore faire de la photo. Et vous, Vincent?

VINCENT: Moi, je n'aime pas beaucoup la campagne, c'est trop ennuyeux. Je voudrais bien aller à la mer. J'adore nager et je voudrais faire du bateau et de la natation. Tu es d'accord, Thérèse?

THÉRÈSE: Ah oui... Rester sur la plage pour lire, c'est merveilleux! Et je voudrais faire de la voile aussi. J'adore les bateaux à voile. Et vous, les enfants?

CÉLINE: Oui, oui, allons à la mer! J'ai envie de faire de l'exercice et de la planche à voile.

JEAN-MARC: Moi, ça m'est égal, Papi. Je suis content ici parce que j'adore faire de la peinture et du dessin. Et surtout, je ne veux pas partir sans Minou!

THÉRÈSE: Jean-Marc, c'est l'artiste de la famille!

PAULETTE: Tu pratiques un sport, Jean-Marc?

JEAN-MARC: Je joue un peu au tennis et au basket-ball et je fais du roller. Mais j'aime mieux lire!

- Dans la famille Dubois, qui est artiste? Sportif? Intellectuel? Qui aime faire des choses fatigantes? Qui n'aime pas faire des choses fatigantes?
- Et vous, vous êtes artiste? Vous faites de la photo? Du dessin? De la peinture? Vous aimez les musées?
- Vous faites du sport? Souvent ou parfois? Vous faites de la marche? Du vélo? De la natation? De la voile? De la planche à voile? Du roller? Vous jouez au golf? Au basket-ball? Au tennis?

B. Maintenant, qu'est-ce qu'ils font?

Qui joue aux cartes? Qui regarde un match de football à la télévision? Qui joue du piano? Qui joue du violon? Qui chante? Mais où est Thérèse? Elle est dehors: elle fait une promenade avec les chiens.

Paulette is singing the song *La Mer* by the French singer Charles Trenet (1913–2001).

- D'après vous, est-ce que Paulette chante bien ou mal? Qui gagne aux cartes? Est-ce que les trois chiens sont à Thérèse?
- Et vous, vous préférez faire du sport ou faire de la musique? Faire de la musique ou écouter de la musique? Faire du sport ou regarder le sport à la télévision? Faire une promenade ou jouer aux cartes?

C. Et les autres membres de la famille?

Après le dîner, Jacques Dubois téléphone aux autres membres de la famille.
Qu'est-ce qu'ils veulent faire pendant les vacances?

SYLVIE: Papi, moi je veux faire du ski! Je skie bien maintenant, je ne tombe pas souvent! On va faire du ski?

JACQUES: Pas question! Le ski, c'est pour l'hiver, pas pour l'été!

FRANÇOIS: Moi, ça m'est égal, Papi, mais je voudrais jouer au foot. C'est génial, le football! Je suis membre d'une équipe à l'école et on gagne souvent! Un jour, je vais être un joueur célèbre!

CÉDRIC: Papi, allons à la mer! La plage, c'est bien pour rencontrer des filles!

SUZANNE: Je voudrais être avec mon copain. Hakim et moi, on a envie de jouer au tennis et de faire de la plongée sous-marine.

BÉATRICE: Papa, n'allons pas à la mer cette année! Moi, j'adore faire des randonnées à la montagne... C'est beau, la montagne! Ou bien la campagne... La campagne, c'est bien pour faire du jogging, non?

- D'après vous, qu'est-ce qui va arriver cet été? Où est-ce que la famille Dubois va aller?

- Et vous, vous préférez aller en vacances à la mer, à la campagne ou à la montagne? Pourquoi? Où est-ce que vous ne voulez pas aller en vacances? Pourquoi?

- Pour vous, quel sport est important? Génial? Horrible? Trop fatigant? Est-ce que vous êtes membre d'une équipe de sport à l'université? Est-ce que votre équipe gagne souvent?

- Quel est votre passe-temps préféré à l'université? Et chez vous? Et en vacances? En été? En hiver?

D. Et aussi...

Here are useful words and expressions not included in the preceding vocabulary presentation. These words and expressions are part of the lesson's vocabulary and are included in the activities.

faire du bricolage *to do odd jobs around the house*
faire du jardinage *to work in the garden, to garden*
faire du patin à glace *to ice-skate, to go ice skating*
faire du patin à roulettes *to roller-skate*

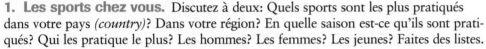

Langue et **culture**

Les Français et le sport

Activité vidéo

1. Les sports chez vous. Discutez à deux: Quels sports sont les plus pratiqués dans votre pays *(country)*? Dans votre région? En quelle saison est-ce qu'ils sont pratiqués? Qui les pratique le plus? Les hommes? Les femmes? Les jeunes? Faites des listes.

Objective: culture

2. Et les Français? Regardez les statistiques sur les Français et le sport.

Les Français et le sport

Sport	15–29 ans	30–49 ans	50 ans et +	Ensemble	Femmes
Vélo	50	45	25	38	48
Natation, plongée	44	36	16	30	57
Pétanque, billard	33	26	12	22	38
Randonnée pédestre	18	27	20	22	56
Course à pied, footing, athlétisme	31	21	5	17	41
Ski, surf	24	20	6	15	44
Gymnastique	14	15	11	13	78
Randonnée en montagne	14	15	8	12	48
Pêche	11	14	8	11	23
Tennis de table, badminton, squash	22	10	2	10	37
Football	25	8	1	9	14
Musculation	19	9	3	9	40
Moto, kart, automobile	14	10	1	8	28
Tennis	16	8	2	8	39
Basket, volley, hand ball	21	3	0	6	35
Danse	9	5	3	5	79
Roller, skate	13	5	1	5	47
Canoë, aviron, ski nautique	8	6	1	5	41
Chasse	2	3	4	3	7
Patinage, hockey	8	3	0	3	56
Voile, planche à voile	4	4	2	3	40
Équitation	6	3	1	3	64
Golf	3	2	1	2	39
Arts martiaux	3	2	0	2	32
Rugby	4	0	0	1	16
Sports de combat	2	1	0	1	24

Francoscopie 2010, p. 475.

Taux de pratique des activités physiques et sportives par tranche d'âge et part des femmes (2010, en % des 15 ans et plus)

Footing en ville   **Randonnée en montagne**

a. Pratiques sportives: Discutez à deux: D'après le sondage (à la page 165), quels sont les cinq sports qui sont...

les plus pratiqués par tout le monde?
les plus pratiqués par les jeunes?
les plus pratiqués par les personnes de 50 ans et plus?
les plus pratiqués par les femmes?

Pour chaque sport que vous identifiez, donnez une raison probable.

b. Surprise? Discutez à deux: Quelles statistiques sur ces sports sont une surprise pour vous? Pourquoi? Qu'est-ce qui est normal? Est-ce qu'il y a un rapport *(relationship)* entre l'âge et la pratique sportive? Pourquoi? Comparez la pratique du sport en France avec vos notes sur les sports chez vous (**Activité 1**). Quelles sont les différences? Les similitudes?

Mots et usages

Grammar tutorial

1. Ce, cet, cette, ces. Use the adjective **ce** to express the English *this* or *that* and the plural form (**ces**) to express *these* or *those*.

Je n'aime pas **ce** livre. *(masculine singular)*
Tu n'aimes pas **cet** hôtel? *(masculine singular before a vowel sound)*
Il n'aime pas **cette** musique. *(feminine singular)*
Vous n'aimez pas **ces** photos? *(plural)*

If it is necessary to distinguish between two items, the suffix **-ci** *(here, nearer)* or **-là** *(there, farther)* may be added to the noun.

Tu préfères **cette** voiture-**ci** ou **cette** voiture-**là**?
Do you prefer this car (here) or that car (there)?

Complétez. Utilisez la forme correcte de **ce** pour compléter les phrases suivantes.

1. J'aime beaucoup _____ artiste. Il fait des tableaux magnifiques.
2. _____ jeune joueuse de tennis est excellente et elle va être célèbre un jour.
3. Regardez _____ paysage, _____ montagnes, _____ soleil rouge sur la mer...
4. Où allez-vous en vacances _____ année?
5. _____ hôtel est sur la plage, n'est-ce pas?

2. Avoir envie de + infinitif. The expression **avoir envie de + infinitif** is used to mean *to feel like.*

    Tu as envie de faire une promenade? *Do you feel like taking a walk?*

Do you remember other expressions that use the verb **avoir** in French?

Être ou *avoir*? Complétez avec la forme correcte du verbe **être** ou **avoir**.

1. J(e) _____ chaud, pas vous?
2. Nous _____ fatigués et nous _____ sommeil; nous allons dormir.
3. Aurélia _____ 20 ans.
4. Je n(e) _____ pas envie de cuisiner; allons au restaurant!
5. Sortons de la piscine! Les enfants _____ froid!
6. Oh là là, vous _____ fatigants!

3. La musique, les jeux et les sports

- When talking about playing musical instruments, use the verb **jouer** + the preposition **de**.

    Il **joue du** piano et elle **joue de la** guitare.
    He plays the piano and she plays the guitar.

- When talking about sports or games, the verb **jouer** + the preposition **à** is generally used to refer to sports or games played by two or more people.

    Vous aimez **jouer au** tennis ou vous préférez **jouer aux** cartes?
    Do you like to play tennis or do you prefer playing cards?

The verb **faire** + **de la, de l'**, or **du** is used to describe participation in a sport or activity. Often, **faire** + **activité** corresponds to the verb indicating that activity in English.

    Il adore **faire du ski** et **faire du jogging** mais il déteste **faire de la marche**.
    He loves to ski and to jog, but he hates walking.

    Préférez-vous **faire de la musique** ou **faire du jardinage**?
    Do you prefer to play music or to work in the garden?

Loisirs. Complétez avec la forme corrrecte de **faire** ou de **jouer**.

Suzanne et Hakim aiment beaucoup le sport. Le week-end, ils _____ au tennis et ils _____ des randonnées avec leurs amis. Quand ils sont en vacances, ils aiment aller à la mer pour _____ de la natation et de la plongée sous-marine.

Jacques et Paulette sont moins sportifs, mais ils _____ de la marche et du vélo pour être en forme. Le week-end, Jacques _____ du bricolage dans la maison et Paulette _____ du jardinage parce qu'elle adore les fleurs. Ils sont aussi artistes et ils adorent _____ de la musique: Jacques _____ du violon et Paulette _____ du piano. Et qu'est-ce qu'ils font avec leurs amis? Ils _____ aux cartes le vendredi soir et ils adorent aussi sortir au restaurant le dimanche midi.

4. Faire une promenade. Faire une promenade means *to take a walk*. **Faire de la marche** means *to walk for exercise*. **Faire une randonnée** means *to hike*. If you are simply *going someplace on foot (walking there)*, use **aller à pied**.

Tu **fais de la marche?**	*Are you going walking?*
J'aime **faire des promenades.**	*I like to take walks.*
Nous **allons** en classe **à pied.**	*We walk to class.*
Béatrice voudrait **faire une randonnée** à la montagne.	*Béatrice would like to hike in the mountains.*

Pas de voiture aujourd'hui! Complétez les conseils écologiques de Jacques Dubois par une expression logique au présent, à l'impératif ou à l'infinitif: **faire une promenade, marcher, aller... à pied, faire de la marche, faire une randonnée.** Utilisez chaque expression seulement une fois *(only once)*.

Vous devez faire des courses? _____ donc à la banque ou à la poste _____! Ce n'est pas très loin et _____, c'est bon pour la santé! Le soir, _____ avec le chien: c'est bon pour la digestion. Et le week-end, pourquoi pas _____ avec des amis? Ah, _____ à la campagne et respirer *(breath)* l'air pur, loin de la ville et de la pollution!

5. Parler au passé. You will learn how to form the past tense of verbs in French in *Leçons 10, 11,* and *12.* In this lesson, you will learn the past tense forms of selected verbs that are frequently found in the past, such as **rencontrer** and **gagner.** You may recall seeing **j'ai trouvé** in *Leçon 6.* For the moment, just memorize these expressions as vocabulary words.

Jacques **a rencontré** une femme merveilleuse!
Jacques met/has met a fantastic woman!

> j'ai rencontré *I met*
> tu as rencontré *you met*
> il/elle a rencontré *he/she met*

J'ai gagné! *I won!*

> j'ai gagné *I won*
> tu as gagné *you won*
> il/elle a gagné *he/she won*

Du passé au présent. Aujourd'hui, tout le monde fait presque *(almost)* la même *(same)* chose qu'hier *(yesterday)*. Complétez chaque phrase.

Modèle: Hier, Jérôme a rencontré ses amis au café. Et aujourd'hui?
Il *rencontre* ses amis au parc.

1. Hier, j'ai marché une heure avec mon chien. Et aujourd'hui? Je _____ une heure avec ma femme.
2. Hier, Florence a téléphoné à sa mère. Et aujourd'hui? Elle _____ à son père.
3. Hier, tu as nagé à la piscine. Et aujourd'hui? Tu _____ dans la mer.
4. Hier, j'ai joué de la guitare. Et aujourd'hui? Je _____ de la trompette.
5. Hier, tu as gagné aux cartes. Et aujourd'hui? Tu _____ aux cartes aussi!

6. Les faux amis. Since French and English share a linguistic history, many words are approximately the same in both languages. These words are known as *cognates* (mots apparentés).

FRENCH	ENGLISH
animal	*animal*
bleu	*blue*
problème	*problem*

Some French words, however, have evolved differently. As a result, they may look like English words but they have very different meanings. Such words are called **faux amis** *(false friends)*. Here are some examples:

FRENCH	ENGLISH	RELATED ENGLISH WORD
sympathique	*nice*	*sympathetic*
formidable	*great, super*	*formidable*

a. Mots apparentés. Voilà des mots *(words)* français de la *Leçon 8* qui sont proches *(close)* de l'anglais. Quel est l'équivalent anglais?

1. projet: _____
2. dîner: _____
3. musée: _____
4. membre: _____

b. Faux amis. Attention à ces mots français! Quel est l'équivalent anglais?

1. rester: _____
2. chambre: _____
3. journée: _____
4. magasin: _____
5. pendant: _____

Mise en pratique

1. Pour qui? Pour quand? En groupes, classez les activités suivantes en catégories.

Objective, Act. 1: learning vocabulary receptively

Catégories suggérées: activités pour les jeunes / activités pour les personnes âgées / activités d'hiver / activités d'été / activités du week-end / activités de la semaine / activités agréables, etc.

faire du jardinage	faire de la natation	faire du bateau
faire du ski	faire du vélo	faire les musées
faire de la marche	faire une randonnée	faire du jogging
faire de la photo	faire de la planche à voile	jouer au golf
faire de la plongée sous-marine	jouer au football	jouer au football américain
jouer du piano	jouer aux cartes	jouer du violon
faire de la peinture	jouer de la guitare	faire de la musique
	faire du bricolage	

2. À mon avis. Avec un(e) partenaire, évaluez ces activités. Utilisez **c'est fatigant, c'est horrible, c'est merveilleux** ou **c'est important.**

Modèle: étudier *Étudier, c'est important!*

1. faire du jogging pendant six heures
2. faire une promenade sur la plage le soir
3. faire la vaisselle pour 20 personnes
4. faire une randonnée à la montagne
5. faire de l'exercice pour être en forme

3. Activités. Avec un(e) partenaire, décidez quel verbe va avec les activités ci-dessous *(below):* **gagner, rencontrer, rester** ou **tomber.** Puis évaluez ces activités:c'est agréable ou ce n'est pas agréable?

Modèle: ... le président?
Rencontrer le président? C'est agréable.

1. ... des personnes importantes?
2. ... dans la neige?
3. ... à la maison quand il fait froid dehors?
4. ... quand on fait du vélo?
5. ... un match de tennis?

4. Les désirs et la réalité

a. Qu'est-ce que vous faites pendant la journée? Faites une liste. Et qu'est-ce que vous avez envie de faire maintenant? Faites une autre liste.

Modèle: Je mange, j'étudie... / J'ai envie de dormir, de sortir...

b. Comparez vos listes avec un(e) partenaire. Faites-vous les mêmes *(same)* choses? Aimez-vous les mêmes choses?

 5. Les sports et les saisons. Faites des listes des sports et des activités qu'on pratique chez vous aux moments indiqués.

Modèle: En hiver?
On joue au basket-ball. On fait du ski. On va au cinéma.

1. En automne?
2. En hiver?
3. Au printemps?
4. En été?
5. Le week-end?
6. En vacances?

6. La classe en chiffres: un questionnaire

1. Choisissez cinq ou six catégories de loisirs: le sport, la musique, les musées, les arts, les jeux *(games),* les passe-temps, etc.
2. En groupes de quatre ou cinq, préparez une question par personne à poser à vos camarades de classe (Tu aimes la musique classique? Tu joues du piano?, etc.).
3. Faites un questionnaire et circulez pour poser vos questions à vos camarades de classe.
4. Présentez vos résultats à la classe. Quelles sont vos conclusions? (La classe est sportive, n'aime pas beaucoup la musique classique, etc.)

Les Français et le dimanche

Objective: culture

1. Chez vous. Le dimanche, quel est le passe-temps préféré des membres de votre famille? Faites une liste pour chaque personne. D'après ces activités, est-ce que votre famille est sportive? Artiste? Est-ce que les membres de votre famille aiment passer leur temps ensemble *(to spend time together)* ou bien est-ce qu'ils sont plutôt indépendants? Comparez vos réponses en groupes.

2. Et les Français? Voilà un sondage *(survey)* sur les activités préférées des Français le dimanche.

Les activités du dimanche

Question: Le dimanche, que faites-vous le plus souvent?[1]

	Février 1990		Décembre 1999		Mars 2006	
	%	Rang	%	Rang	%	Rang
- Je retrouve la famille, je rencontre des amis	56	1	66	1	55	1
- Je me promène	43	3	55	2	49	2
- Je regarde la télévision	50	2	43	3	41	3
- Je flâne chez moi	33	4	35	7	32	4
- Je m'occupe de mes enfants	20	8	34	8	27	5
- Je jardine, je bricole	32	5	36	5	26	6
- Je lis, j'écoute de la musique	32	5	36	5	24	7
- Je dors, je fais la sieste	21	7	22	11	23	8
- Je cuisine, je mange bien, je vais au restaurant	20	8	38	4	18	9
- Je fais du sport	16	10	23	10	16	10
- Je range, je fais la vaisselle, le ménage	16	10	28	9	15	11
- Je surfe sur Internet*	-	-	-	-	11	12
- Je vais à mon travail ou je travaille chez moi	16	10	17	13	11	13
- Je vais au cinéma	4	15	12	4	10	14
- Je vais au marché, je fais des courses	9	14	18	12	8	15
- Je prends le temps de prier	11	13	12	14	6	16
- Autres activités (je fais les brocantes, je chasse, je pêche, je vais au stade...)	6		9		5	
- Sans réponse	0		0		0	

je me promène = je fais une promenade; je flâne = je ne fais pas beaucoup de choses; je m'occupe de mes enfants = je fais des choses avec mes enfants; je lis = je regarde un livre ou un magazine

[1] Le total des % est supérieur à 100, les personnes interrogées ayant pu donner plusieurs réponses.
(*) Item non posé lors des vagues précédentes de 1990 et 1999

Les français et le dimanche, Le Pèlerin/Sofres, 2006.

a. Associations. En groupes, associez les activités du sondage aux mots appropriés.

la famille	les livres et les magazines
marcher	l'ordinateur
manger	l'église
faire de l'exercice	le ménage
le lit	sortir

b. Catégories. Discutez en groupes: Quelles activités des Français sont culturelles? Sportives? Traditionnelles? Modernes? Quelles activités fait-on en famille? Quelles activités sont agréables pour les personnes très actives? Et pour les personnes moins actives? Quelles activités fait-on à l'extérieur? Et à l'intérieur?

Et sur la photo, que font-ils? Qui sont-ils? C'est quel jour?
C'est quelle heure?

3. Comparaisons. Discutez en groupes: Dans votre culture, qu'est-ce qui symbolise le dimanche? Regardez vos listes de l'Activité 1 et classez les 10 activités les plus importantes par ordre d'importance. Comparez votre liste avec la liste des Français. Est-ce qu'il y a des activités de votre liste qui ne sont pas sur la liste des Français? Des activités de la liste française qui ne sont pas sur votre liste?

Structure 1

Pouvoir et *devoir*

Grammar tutorial

Here are the forms of the verbs **pouvoir** *(to be able to, can)* and **devoir** *(to have to, must)*.

pouvoir		devoir	
je peux	nous pouvons	je dois	nous devons
tu peux	vous pouvez	tu dois	vous devez
il	ils	il	ils
elle } peut	elles } peuvent	elle } doit	elles } doivent
on		on	

Both **pouvoir** and **devoir** may be followed by an infinitive. Note also the various possible English equivalents.

Je ne **peux** pas **parler** maintenant.	*I'm not able to talk now.*
Tu ne **peux** pas **partir**!	*You can't leave!*
Vous **devez téléphoner** à vos parents.	*You've got to call your parents.*
Tu **dois fumer** moins.	*You have to (must) smoke less.*

Mise en pratique

1. Associations. Quel verbe (**vouloir, pouvoir** ou **devoir**) associez-vous avec ces activités? Pourquoi?

1. faire vos devoirs
2. être au régime
3. dormir
4. sortir pendant la semaine
5. parler à vos grands-parents
6. faire le ménage

*Objectives, Act. 1 and 2: forming and understanding meanings of **pouvoir** and **devoir**; recycling **vouloir***

2. D'après vous. Décidez à deux: C'est vrai ou c'est faux?

1. Un enfant de deux mois peut étudier.
2. Tout le monde doit faire de l'exercice.
3. On peut jouer du piano dans un parc.
4. Si *(If)* on veut un passe-temps agréable, on fait la vaisselle.
5. Les professeurs doivent être sympathiques.
6. Les étudiants doivent étudier le week-end.

3. Ma vie. Faites une liste d'activités pour chaque verbe. Puis organisez les éléments de votre liste par ordre de préférence.

1. Je veux... (dormir / manger, etc.)
2. Je peux... (nager / faire du vélo, etc.)
3. Je dois... (manger moins / ne pas fumer, etc.)

*Objectives, Act. 3 and 4: using **devoir, pouvoir,** and **vouloir** in personalized contexts; recycling direct object pronouns*

4. Je dois / je peux / je veux. Décidez en groupes: Est-ce que vous **devez** le faire, vous **pouvez** le faire ou vous **voulez** le faire? Peut-être les deux? Ou les trois?

Modèle: aller à la bibliothèque
Je peux le faire. / Je dois le faire. / Je ne veux pas le faire.

1. téléphoner à mes parents
2. manger moins
3. sortir avec des amis ce week-end
4. faire la cuisine ce soir
5. ranger ma chambre
6. aller en ville

Structure 2

Les pronoms interrogatifs

Use interrogative pronouns (question words that stand for nouns) to ask about people or things.

> Here are some examples of questions with interrogative pronouns (question words that refer to nouns) in French and in English. How do you know who is doing what? How do the forms reflect meaning?
>
> What is Paul watching?   Qu'est-ce que Paul regarde?
> Who is Paul watching?   Qui est-ce que Paul regarde?
> Who is watching Paul?   Qui regarde Paul?

Questions about direct objects

1. Use **qui** to ask about *people*.

---

qui + est-ce que + rest of question

Qui est-ce que Paul aime?   *Who(m) does Paul like?*
Qui est-ce que tu cherches?   *Who(m) are you looking for?*

2. Use **que** to ask about *things*.

---

que (qu') + est-ce que + rest of question

Qu'est-ce que Jean-Luc regarde?   *What is Jean-Luc watching?*
Qu'est-ce que tu fais?   *What are you doing?*

Questions about subjects

1. Use **qui** to ask about *people*.

---

qui + verb + rest of question

Here, you do not need **est-ce que**. Note that the third-person singular (the **il** form) of the verb is used with **qui** as a subject. The **i** of **qui** is never dropped.

Qui est là?   *Who's there?*
Qui veut manger?   *Who wants to eat?*

2. Use **qu'est-ce qui** to ask about *things*.

> **qu'est-ce-qui** + verb + rest of question

Qu'est-ce qui arrive?	*What's happening (going on)?*
Qu'est-ce qui est important pour toi?	*What's important for you?*

Questions about objects of prepositions

1. After a preposition (**avec, sur, à, de, chez,** etc.), use **qui** to ask about *people*. Unlike English, the question has to start with the preposition.

> preposition + **qui + est-ce que** + rest of question

À qui est-ce que tu veux parler?	*Who(m) do you want to talk to?*
Avec qui est-ce qu'elle sort?	*Who's she going out with? (With whom is she going out?)*

2. Use **quoi** to ask about *things*. Again, the question starts with the preposition.

> preposition + **quoi + est-ce que** + rest of question

De quoi est-ce que vous voulez parler?	*What do you want to talk about?*
Avec quoi est-ce que tu joues?	*What are you playing with?*

Note that **quoi** may be used alone to ask for clarification or to express surprise or indignation. To be a bit more polite, use **comment**.

—Je vais avoir un enfant.	*I'm going to have a baby.*
—Quoi?!	*What?!*
—Je m'appelle Émeric Vanderstichele.	*My name is Émeric Vanderstichele.*
—Comment?!	*Excuse me?!*

Rappel!

1. You can also use inversion to ask questions such as these:

Qui aimez-vous?	Chez **qui** vas-tu?
Que fait-il?	De **quoi** parle-t-il?

When qui is the subject of the question, no inversion is possible.

Qui veut jouer au tennis?	**Qui** dort?

2. **Quel** is an adjective. It must be used to modify a noun.

– **Quel chien** est-ce que tu regardes?	*What (Which) dog are you looking at?*
– Je regarde le chien près de l'arbre.	*I'm looking at the dog near the tree.*
– **Qu'est-ce que** tu regardes?	*What are you looking at?*
– Je regarde le chien près de l'arbre.	*I'm looking at the dog near the tree.*

Mise en pratique

Objective, Act. 1: *using question forms in a game*

1. Jeux de questions. Voilà les résultats d'un jeu de questions (une personne a posé *(asked)* la question 1 à une autre personne, qui a répondu *(answered)* et qui a ensuite *(then)* posé la question 2 à une autre personne, etc.). D'après vous, à quelle question de la liste A correspondent les réponses de la liste B? (Il y a plusieurs possibilités.)

A: Questions

1. Que fais-tu dans la vie?
2. Quand tu restes chez toi, que préfères-tu faire?
3. Qu'est-ce que tu aimes regarder par la fenêtre de ta chambre?
4. Qu'est-ce que tu préfères dans la vie?
5. Qu'est-ce que tu détestes dans la vie?
6. Quelles sont tes couleurs préférées?
7. Qui est-ce qui te motive?
8. À quoi tu joues?

Liste B: Réponses

a. Les arbres et les oiseaux.
b. L'hiver, les devoirs, les examens...
c. Bleu électrique, orange et noir.
d. Aux cartes, au tennis,...
e. Sortir, dormir, jouer...
f. Ma mère.
g. Je suis étudiante en communication.
h. Dormir, surfer.

Objectives, Act. 2: *moving from focus on form; creating with language*

2. Une personne ou une chose? Avec un(e) partenaire, (1) décidez si la réponse à chaque question est une personne ou une chose et (2) inventez des réponses aux questions sur Malika. Utilisez votre imagination.

1. Qu'est-ce que Malika veut?
2. Qui sort avec Malika?
3. Avec qui est-ce que Malika parle?
4. De quoi est-ce que Malika parle?
5. Qui est-ce que Malika cherche?
6. Qu'est-ce que Malika regarde?

Voici Malika

3. La famille Martin. Posez des questions sur la famille Martin.

Objective, Act. 3 and 4: using interrogative forms

Les Martin habitent à Genève. Philippe Martin a cinquante ans et sa femme Nadine a quarante-huit ans. Ils ont trois enfants: Luc, vingt-six ans, Isabelle, vingt ans, et Marie-Claude, dix-huit ans. Ils habitent un bel appartement moderne en ville. Philippe Martin est professeur à l'université de Genève. Nadine est psychologue et elle veut écrire un livre sur les pères d'aujourd'hui. Luc travaille dans une banque. Il aime beaucoup la campagne et il voudrait avoir beaucoup de chiens et de chats. Mais c'est difficile parce que sa femme n'aime pas les animaux. Isabelle est à l'université où elle étudie l'anglais. Elle va souvent à Londres parce que son petit ami est anglais. Marie-Claude commence l'université. Elle adore sortir avec ses amis et elle parle souvent de politique avec eux.

4. C'est quelle photo? Jouez avec un(e) partenaire: Choisissez *(Choose)* une photo. Votre partenaire va vous poser des questions pour trouver la photo choisie *(chosen)*.

> *Modèle:* —*Que font les personnes sur la photo?*
> —*Elles regardent la télévision.*

A

B

C

D

Structure 3

Les expressions pour dire non

To talk about what people or things are not or what they do not do, or to express ideas such as *never, no more,* or *nothing,* you need to learn how to use negative expressions.

1. **In complete sentences.** In complete sentences, negative expressions have two parts: **ne (n')** in front of the conjugated verb and **pas** or another negative word after the verb.

ne... pas *(not)*	Il **ne** chante **pas** bien. *He doesn't sing well.*
ne... jamais *(never)*	Il **ne** chante **jamais**. *He never sings.*
ne... plus *(not anymore, no longer)*	Je **n'**habite **plus** chez eux. *I don't live with them anymore.*
ne... rien *(not anything, nothing)*	Nous **ne** faisons **rien**. *We're not doing anything.*
ne... personne *(no one, nobody)*	Il **n'**y a **personne**! *There's no one!*

2. **In incomplete sentences.** Frequently the idea of *no* is expressed without using a complete sentence. In these cases, **ne** does not appear. Note the following expressions:

Jamais.	*Never.*
Jamais de la vie.	*Not on your life.*
Pas question.	*No way.*
Personne.	*No one.*
Rien.	*Nothing.*
Pas moi.	*Not me. (Not I.)*

3. Use **de (d')** (rather than **un, une,** or **des**) after negative expressions.

Il n'y a **plus de** fleurs?	*There aren't any more flowers?*
Elle n'a **jamais de** stylo!	*She never has a pen!*
Vous n'avez **pas d'**animaux dans votre appartement?	*You don't have any animals in your apartment?*

Mise en pratique

1. Ni oui ni non (Neither yes nor no). À deux, répondez aux questions. N'utilisez pas le mot **oui** ou le mot **non**!

Objective, Act. 1–5: using negative expressions in context

> *Modèle:* Vous chantez?
> *Jamais! / Dans ma chambre. / Pas beaucoup.*

1. Vous téléphonez à vos parents?
2. Vous sortez le lundi soir?
3. Vous gagnez aux cartes?
4. Vous allez à l'université à pied?
5. Vous avez envie d'étudier le samedi soir?
6. Vous voulez être à l'université pendant les vacances de Noël?

2. Vrai ou faux? Faites des phrases. Ensuite *(Then)* décidez si la phrase est vraie ou fausse. Si la phrase est fausse, refaites la phrase pour la rendre *(make)* vraie.

1. les étudiants / ne jamais / être / fatigués
2. je / rester / à la maison / le week-end
3. le professeur / ne jamais / être / de mauvaise humeur
4. on / ne rien / faire / dans le cours de français
5. nous / ne pas / avoir / de problèmes
6. je / ne plus / regarder / la télévision le samedi matin

3. Je ne fais jamais... Faites une liste de trois choses que vous ne faites jamais.

> *Modèle: Je ne chante jamais.*

4. Je ne vais plus... Faites une liste de trois choses que vous n'allez plus faire.

> *Modèle: Je ne vais plus fumer.*

5. Jouer au «ni oui ni non». En groupes, inventez cinq questions à poser à vos camarades de classe. Ils doivent répondre mais ils ne peuvent pas utiliser le mot **oui** ou le mot **non**.

> *Modèle:* —*Est-ce que tu fumes?*
> —*Jamais, pas beaucoup,* etc.

Préparer un CV pour l'été

À la fin de l'année, vous voulez obtenir un job pour les vacances. Pour cela, vous devez préparer un CV.

 1. Les éléments du CV. À deux, faites une liste des éléments qu'on trouve généralement dans un CV. Organisez-les par ordre d'importance.

 2. Quelques conseils *(advice).* À deux, lisez les conseils adaptés d'une page Web et répondez aux questions qui suivent.

Conseils pour écrire un CV

- Le CV doit présenter vos études et vos expériences diverses. Vous devez aussi expliquer pourquoi vous êtes adapté(e) à l'emploi auquel vous postulez.

- Le CV ne doit pas avoir de faute d'orthographe.

- Le CV doit être clair et propre.

- Le CV doit refléter la réalité.

- Normalement, le CV ne doit pas être plus long qu'une page. Exceptionnellement, vous pouvez avoir deux pages.

- Le CV a deux parties chronologiques: la formation et l'expérience professionnelle. Vous devez mettre en premier vos dernières études et expériences.

- Vous devez signaler si vous parlez des langues étrangères. Mais attention! Si vous pouvez juste dire «hello» et «good-bye» en anglais, ne mettez pas *anglais courant.*

- Il est important de signaler votre connaissance informatique. Vous pouvez aussi mentionner votre connaissance d'Internet.

---

a. Combien de conseils sont inclus dans ce texte?

b. Trouvez les formes des verbes **pouvoir** et **devoir.**

c. Qu'est-ce qui est obligatoire dans un CV? Qu'est-ce qui est recommandé?

d Comparez ces conseils et votre liste. Quels conseils ne sont pas inclus dans cette liste? Pourquoi?

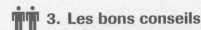 **3. Les bons conseils**

a. Les conseils de la page Web. À deux, organisez les conseils par ordre d'importance (1 = le conseil le plus important).

b. Vos conseils. Maintenant, combinez cette liste (3a) et votre liste pour créer une liste de conseils plus complète en français. Distinguez entre les éléments obligatoires (avec le verbe **devoir**) et les recommandations (avec le verbe **pouvoir**).

Modèle: Vous devez indiquer votre nom.

4. Un poste pour l'été. Préparez votre CV personnel pour répondre à une de ces annonces de camps de vacances en France.

Camp Montagne et Neige, Htes Alpes. Cherche animateur (animatrice) responsable et expérimenté(e). Juillet / août. Enfants 11–16 ans. Randonnées, escalade, écologie, nature. Salaire selon expérience. 04-93-34-02-29

Chantier rénovation architecture chapelle gothique XIIème. Cherche animateur / animatrice pour ados 14–18 ans. Juillet / août. Organisation, rénovation, relations village, activités, distractions sportives, culturelles. Expérience un + 02-46-99-63-25

---

a. Choisissez le poste que vous voulez et imaginez une journée typique dans ce camp, avec les activités que vous voulez organiser.

b. Faites la liste de votre expérience et de vos qualifications pour ce job. Préparez votre CV.

c. Imaginez que vous êtes le/la directeur(trice) du camp et que vous interviewez un(e) candidat(e) (votre partenaire). Lisez son CV et posez-lui des questions sur son CV. Décidez si ce (cette) candidat(e) a les qualifications nécessaires pour ce poste.

Modèle: —LE DIRECTEUR/LA DIRECTRICE: *Qu'est-ce que vous voulez faire le soir avec les enfants?*

—LE CANDIDAT/LA CANDIDATE: *Je veux (voudrais) lire des histoires.*

Le français parlé

Faire des projets pour le week-end

Scène de vie

—Matthieu? C'est Papa!
—Papa? Tu vas bien?
—Oui, très bien, oui... Qu'est-ce que tu fais ce week-end?
—Ce week-end? Ben, euh, rien de spécial... Pourquoi?
—J'arrive!
—Tu arrives? Mais quand?
—Demain matin.
—Demain matin? Et à quelle heure?
—À 10 heures chez toi... Ça va?
—Chez moi? Euh... Oui, oui, ça va!
—Tu ne dois pas trop étudier?
—Non, non... Pas de problème!
—On va en ville?
—D'accord! Tu voudrais faire quoi?
—Ben, il y a une rétrospective Magritte au musée. Tu as envie?
—Oui, j'adore Magritte!
—Et on peut aller au restaurant après, d'accord?
—Il y a un petit restaurant sympa à côté, un restaurant marocain. Ça va?
—Oui, c'est bien... Et le soir, il y a le match France-Portugal à la télévision, on peut le regarder chez toi, non?
—Euh... non... euh... ce n'est pas possible... euh... je sors demain soir...
—Tu sors? Avec qui?
—Ben, avec des amis...
—Ils n'aiment pas le foot, tes amis?
—Ben si, je pense...
—Eh bien, on mange des pizzas et on regarde le match avec tes amis chez toi...
—Euh, oui, euh, pourquoi pas... Ben, oui, d'accord... Je vais téléphoner à tout le monde. Est-ce que tu vas rester dormir après?
—Non, non, je pars après le match... J'ai des choses à faire dimanche... À demain, Matthieu!
—À demain, Papa!

Pour écouter

As you learned in *Leçon 6,* questions are often more informal in speech than in writing. Listen to the conversation on page 182 and find all the questions. How many different ways of asking questions appear?

Parlons! Une visite pour le week-end

Quelqu'un que vous connaissez vous rend visite *(Someone you know pays you a visit)* ce week-end. Qu'est-ce que vous allez faire?

a. Avec un(e) partenaire, décidez qui est le visiteur/la visiteuse (votre père et/ou votre mère? un autre membre de la famille? un[e] ami[e]?) et divisez les rôles entre vous: Qui va jouer le rôle du visiteur/de la visiteuse? Qui va jouer le rôle de la personne qui reçoit *(the host)*?

b. Prenez quelques minutes *(Take a few moments)* pour écrire:

- Si vous êtes la personne qui reçoit: Qu'est-ce qu'on peut visiter et faire dans la région? Faites une liste de cinq suggestions. Est-ce qu'il y a d'autres choses que vous devez faire ce week-end?

- Si vous êtes le visiteur/la visiteuse: Décidez quand vous allez arriver et pour combien de temps *(how long)*. Est-ce qu'il y a des choses que vous voulez visiter ou faire? Faites une liste de cinq suggestions.

c. Avec votre partenaire, faites des projets pour le week-end. Soyez prêts *(Be ready)* à raconter à la classe deux ou trois des choses les plus intéressantes *(the most interesting)* que vous allez faire.

Vocabulaire de base

CD 1, Track 24

Les pronoms interrogatifs (page 174)
Les expressions pour dire non (page 178)

Noms
un(e) artiste *artist*
un bateau, des bateaux *boat*
une chose *thing*
un musée *museum*
un projet *plan; project*
un vélo *bike*

Adjectifs
autre *(precedes noun) other*
différent(e) *different*
fatigant(e) *tiring*
important(e) *important*

Verbes
devoir *must, to have to*
gagner *to win*
nager *to swim*
pouvoir *can, to be able to*

rencontrer *to meet*
rester *to stay (somewhere)*
skier *to ski*
tomber *to fall*

Activités
faire de la marche *to walk
  (for exercise)*
faire de la natation *to swim*
faire de l'exercice *to exercise, to get
  some exercise*
faire du bateau *to go boating*
faire du jogging *to jog*
faire du ski *to ski*
faire du sport *to participate in a sport
  for exercise*
faire du vélo *to ride a bike, to cycle*
faire les musées *to visit museums*
faire une promenade *to take a walk*

faire une randonnée *to hike*
jouer au football (au foot) *to play soccer*
jouer au tennis *to play tennis*
jouer aux cartes *to play cards*
jouer de la guitare *to play the guitar*
jouer du piano *to play the piano*
jouer du violon *to play the violin*

Divers
à pied *on foot*
avoir envie de + infinitif *to feel like
  (doing something)*
ce, cet, cette *this, that*
ces *these, those*
ici *here*
mal *badly*
sans *without*
tout le monde *everybody, everyone*
voici *here is, here are*

Vocabulaire supplémentaire

CD 1, Track 25

Noms
le basket-ball *basketball*
un bateau à voile *sailboat*
une carte *card*
le dîner *dinner*
une équipe *team*
le football américain *football*
le golf *golf*
un joueur, une joueuse *player*
un membre *member*
un passe-temps *pastime*
un paysage *scenery; landscape*

Adjectifs
célèbre *famous*
génial(e) *fantastic, great*
horrible *horrible*
merveilleux, merveilleuse *wonderful,
  marvelous*

Activités
faire de la musique *to make music*
faire de la peinture *to paint*
faire de la photo *to take photos*
faire de la planche à voile *to
  windsurf*
faire de la plongée sous-marine *to go
  scuba diving*

faire de la voile *to go sailing*
faire du bricolage *to do odd jobs around
  the house*
faire du dessin *to draw*
faire du jardinage *to work in the garden,
  to garden*
faire du patin à glace *to ice-skate, to go
  ice-skating*
faire du patin à roulettes *to roller-skate*
faire du roller *to roller-blade*
jouer au golf *to play golf*
pratiquer un sport *to play a sport*

Verbe
arriver *to happen*

Divers
aller à pied à *to walk to*
dehors *outside*
être membre (de) *to be a
  member (of)*
j'ai (tu as, il/elle a) rencontré... *I (you,
  he/she) met ...*
partout *everywhere*
Qu'est-ce qui arrive? *What's
  happening?*

Le français tel qu'on le parle
Ça m'est égal. *I don't mind. I don't care.*
Formidable! *Super! Great!*
J'ai gagné! *I won!*
Pas mal! *Not bad!*
Qu'est-ce qu'ils sont fatigants! *They are
  so tiring (irritating)!*
rien de spécial *nothing in particular*
Tu es (T'es) sûr(e)? *Are you sure?*

Le français familier
le basket = le basket-ball
faire du footing = faire du jogging
faire du VTT = faire du vélo tout
  terrain *(mountain bike)*
faire une balade = faire une promenade
le foot = le football
un truc = une chose

On entend parfois...
le soccer (Canada) = le football
le football (Canada) = le football
  américain

Qu'est-ce qu'on mange?

En bref

Pour communiquer

Parler des repas, des menus, de la nourriture et des boissons

Discuter des habitudes alimentaires et des régimes

Exprimer la quantité

Au régime! (Le français parlé)

Structure

Les verbes **boire** et **prendre**

L'article partitif

L'article partitif et l'article indéfini après une expression négative

Culture

Les Français et le goût

L'apéritif

Dîner ou souper?

Les Français et les repas

Les menus de la semaine (Échanges)

---

iLrn iLrn Heinle Learning Center includes

🔊 **In-text Audio Program**

▶️ **Voilà Video**

🌐 **Companion Website**

👥 **Pair work**

👥👥 **Group work**

Observez

Combien de personnes est-ce qu'il y a sur la photo? Quelles sont leurs relations? Où sont-elles? C'est quelle heure? Et quelle saison? Nommez trois objets familiers sur la photo.

Vocabulaire

A. M. Delvaux

Vidéo buzz

1. un rôti de bœuf
2. des petits pois (m.)
3. des pâtes (f.)
4. un pain
5. un croissant
6. une tarte aux pommes
7. un gâteau au chocolat
8. des bonbons (m.)

Oh là là, j'ai faim maintenant, moi!

«Et pour demain? Pour le petit déjeuner, un pain. Il est très bon ici. Et pour le déjeuner? J'ai un rôti de bœuf, des petits pois, des pâtes. Ça va. Je vais acheter une tarte aux pommes pour le dessert. Et un gâteau au chocolat pour le goûter, à quatre heures. Des bonbons aussi, pour quand j'ai faim entre les repas. Je grignote trop, mais bon... Oh là là, j'ai faim maintenant, moi! Je vais prendre un petit quelque chose... Un croissant? Bonne idée! Oh, ils sont chauds... Délicieux! Et pour ce soir? Je n'ai pas envie de faire la cuisine. Il y a un bon restaurant chinois pas loin...»

● Est-ce que Monsieur Delvaux mange bien ou mal? Pourquoi?

● Et vous, vous aimez les petits pois? Et les pâtes? Vous préférez le rôti de bœuf ou le rôti de porc? Le pain ou les croissants pour le petit déjeuner? Un gâteau au chocolat ou une tarte aux pommes pour le dessert? Les restaurants chinois ou les restaurants français? Les restaurants chinois ou les restaurants japonais?

Note de prononciation

The verb **acheter** adds an **accent grave** (è) over the middle **e** in forms where the ending is silent.

j'achète	nous achetons
tu achètes	vous achetez
il elle } achète on	ils elles } achètent

B. Mieng Lao

«Bon, pour être en forme, il faut manger des légumes et des fruits... C'est bon pour la santé! Ah, et je voudrais des yaourts et des œufs aussi... Pas de pain, c'est mauvais pour le régime! Et pour être en bonne santé, pas de bonbons et pas de gâteaux! J'ai soif! Je vais acheter un jus de pomme... Non, c'est trop sucré. Un jus de pamplemousse, mais sans sucre: c'est meilleur pour la santé.»

1. le jus de pamplemousse
2. l'eau minérale (f.)
3. le vin
4. le champagne
5. la bière
6. le thé
7. le café
8. des légumes (m.)
9. des fruits (m.)
10. un yaourt
11. des œufs (m.)

J'ai soif!

● Qu'est-ce que Mieng Lao aime? Elle est en bonne ou en mauvaise santé, d'après vous? Pourquoi?
● Et vous, vous mangez comme Mieng Lao ou comme Monsieur Delvaux?
● Vous aimez les fruits? Les légumes? Les yaourts? Les œufs? Vous préférez le jus de pomme ou le jus de pamplemousse? Les œufs, c'est bon ou c'est mauvais pour la santé?

Langue et culture

Les Français et le goût

Activité vidéo

Objective: culture

1. Critères de consommation. Quand vous choisissez *(choose)* de la nourriture, quels sont vos critères? Organisez ces critères par ordre d'importance.

Modèle: Pour moi, la nourriture doit être: naturelle, bonne pour la santé, etc.

2. Qu'est-ce que c'est, manger, pour les Français?

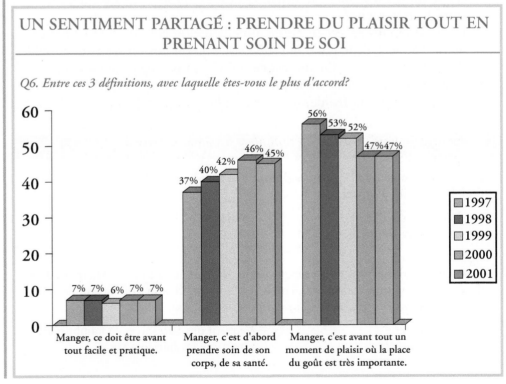

UN SENTIMENT PARTAGÉ : PRENDRE DU PLAISIR TOUT EN PRENANT SOIN DE SOI

Q6. Entre ces 3 définitions, avec laquelle êtes-vous le plus d'accord?

Manger, ce doit être avant tout facile et pratique. — 7% 7% 6% 7% 7%

Manger, c'est d'abord prendre soin de son corps, de sa santé. — 37% 40% 42% 46% 45%

Manger, c'est avant tout un moment de plaisir où la place du goût est très importante. — 56% 53% 52% 47% 47%

1997, 1998, 1999, 2000, 2001

À deux, décidez quels sont les critères utilisés dans cette étude (à la page 187). Avec quel mot les Français associent-ils le mot **goût** *(taste)*? D'après les chiffres, qu'est-ce que c'est, manger, pour les Français? Est-ce qu'il y a des changements entre 1997 et 2001?

3. Comparaisons culturelles. En groupes, comparez les critères des Français avec vos critères personnels. Faites deux listes: **Eux** et **Nous.** Écrivez dans chaque liste les critères par ordre d'importance. Quelles sont vos conclusions sur les différences?

1. *des fraises (f.)*
2. *des haricots verts (m.)*
3. *une banane*
4. *une pêche*
5. *une pomme*
6. *une orange*
7. *un citron*
8. *la glace à la vanille*
9. *les frites (f.)*
10. *un poulet*
11. *un steak*
12. *un jambon*
13. *un saucisson*

Voyons... j'ai des fraises...

C. Mme Baldini

«Est-ce qu'il y a quelque chose à manger pour ce soir? Je vais faire une soupe de tomates. Il y a aussi des restes dans le réfrigérateur et j'ai une pizza dans le congélateur. Ça va, tout le monde adore la cuisine italienne, pas de problème. Et pour dimanche midi? Voyons... On invite les parents et maman ne peut pas manger épicé... Les haricots verts, elle aime ça! Avec des frites... Les frites surgelées sont excellentes ici. Est-ce que j'achète des steaks ou un poulet? Un poulet! Pour six, c'est plus facile. Ah, il faut aussi deux melons. Comme entrée froide, c'est délicieux, le melon avec le jambon cru*! Il faut un dessert... Voyons... J'ai des fraises et un gâteau, ça va. Ah, je vais aussi acheter des jus de fruit pour les enfants...»

*Cru *(Raw)* is the opposite of **cuit** *(cooked)*. **Le jambon cru** is cured, dried ham that is frequently served in thin slices with melon.

- Est-ce que Madame Baldini habite seule? Combien de personnes est-ce qu'il y a dans sa famille? Qu'est-ce qu'ils vont manger ce soir? Et dimanche?
- Dans votre famille, est-ce qu'on aime le melon comme entrée? Est-ce qu'on l'aime avec le jambon cru? Est-ce qu'on fait un repas de famille le dimanche à midi? Quand est-ce qu'on fait un repas de famille?
- Vous préférez le steak ou le poulet? Vous aimez la pizza? Vous l'aimez chaude ou froide? Vous aimez la cuisine italienne?

Note de prononciation

Le *h* aspiré. In general, words beginning with an **h** in French are treated as if they began with a vowel.

Anne déteste l'hiver.   (élision)
Les_hivers sont froids ici.   (liaison)
 /z/

A few words, largely of non-French origin, that begin with an **h** are treated as if they began with a consonant. The **h** is silent, but **élision** and **liaison** do not occur. These words are marked in dictionaries with an asterisk.

*hamburger   Veux-tu des frites avec le **hamburger**?
*haricots verts   Qui aime les **haricots verts**?

D. Philippe Martin

«Bon, pour notre petite soirée... Voyons... On va prendre un verre avant le dîner... Donc, pour l'apéritif, il faut aussi des cacahuètes, des chips et des crackers. Comme entrée, des crudités: des carottes et des tomates. C'est bien pour Sébastien, qui est au régime. Et surtout pas de mayonnaise pour lui! C'est trop gras. Une vinaigrette? Oui, mais je vais la faire, j'ai une bonne recette. Tout le monde adore ma vinaigrette! Bon, maintenant, comme plat principal... Surtout pas de viande et pas de poisson, avec Anne qui est végétarienne! Une omelette, peut-être... Oui, bonne idée, une omelette aux champignons! Est-ce que quelqu'un n'aime pas les champignons? Je ne pense pas. Après, une salade verte, deux ou trois fromages... Ah, je n'ai pas de dessert. Il faut acheter un dessert... Voyons, une glace? Oui, bonne idée! Caroline adore la glace au chocolat, et moi aussi. Et il faut aussi des biscuits pour manger avec la glace. Et comme boisson? J'ai des bières dans le réfrigérateur. Mais il faut un bon petit vin pour le repas... Rouge ou blanc avec l'omelette? Voyons...

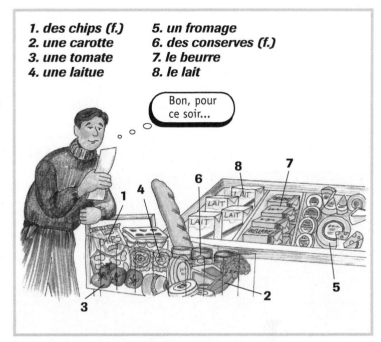

1. des chips (f.)
2. une carotte
3. une tomate
4. une laitue
5. un fromage
6. des conserves (f.)
7. le beurre
8. le lait

Bon, pour ce soir...

● Pourquoi est-ce que Philippe Martin fait les courses? Qui sont Sébastien, Caroline et Anne, d'après vous? Qu'est-ce qu'ils vont manger et boire? D'après vous, qu'est-ce qui va mieux avec une omelette, le vin rouge ou le vin blanc? Et avec le fromage? Le dîner va être bon?

● Et vous, vous aimez les crudités? Vous préférez la vinaigrette ou la mayonnaise avec les crudités? Vous préférez les carottes ou les tomates? Les fromages français ou les fromages américains?

● Chez qui (Philippe Martin, Madame Baldini, etc.) voulez-vous manger ce week-end? Pourquoi?

● Vous préférez manger des choses sucrées ou salées? Quelle est votre boisson préférée? Votre légume préféré? Votre fruit préféré? Votre dessert préféré?

Langue et culture — L'apéritif

Objective: culture

1. La photo. C'est quel moment de la journée, d'après vous? Qui sont ces personnes?

2. Comparez. Voilà quelques informations sur l'apéritif en France. Et chez vous? Dites **oui** si c'est la même chose chez vous, **non** si c'est différent.

a. Quand on invite des amis ou la famille à manger, on aime prendre un verre avant le déjeuner ou le dîner: c'est l'apéritif.

b. À l'apéritif, on mange aussi des crackers, des amandes *(almonds)* salées, des chips, des olives, des cacahuètes salées, etc.

c. On peut aussi inviter pour l'apéritif sans inviter à manger.

L'apéritif

d. Quand on est invité seulement *(only)* à un apéritif, il faut partir avant le repas.

e. Quand on est invité à un mariage, on peut être invité seulement à l'apéritif ou bien être invité aussi au repas.

f. Parfois, l'apéritif est un vrai repas: il y a beaucoup à manger et on grignote toute la soirée. Ça s'appelle un apéritif dinatoire.

g. Parfois, on aime prendre l'apéritif dans un café, avant de rentrer à la maison.

E. Et aussi...

La nourriture *(Food)*

Les légumes:

des asperges *(f.)*	*asparagus*
des épinards *(m.)*	*spinach*
un oignon	*onion*
une pomme de terre	*potato*

La viande:

le bœuf	*beef*
la charcuterie	*cold cuts*
la dinde	*turkey*
le mouton	*mutton*
le pâté	*pâté*
le porc	*pork*
un steak haché	*hamburger*

Le poisson:

une crevette	*shrimp*
le saumon	*salmon*
le thon	*tuna*

Les fruits:

une poire	*pear*
une prune	*plum*
les raisins *(m.)*	*grapes*

● Quelles choses sont sucrées? Salées? Qu'est-ce que vous aimez? Qu'est-ce que vous n'aimez pas?

Pour le petit déjeuner:

le café au lait	*coffee with milk*
les céréales *(f.)*	*cereal*

Pour le goûter:

le chocolat	*chocolate*
la confiture	*jam*

Pour un pique-nique:

le Coca-Cola, le coca	*Coca-Cola, coke*
un sandwich (au jambon, au fromage)	*(ham, cheese) sandwich*

Et aussi:

l'huile *(f.)* (d'olive)	*(olive) oil*
la moutarde	*mustard*
le poivre	*pepper*
le riz	*rice*
le sel	*salt*
le vinaigre	*vinegar*

1. **Bon / mauvais / meilleur.** The adjectives **bon** and **mauvais** are placed in front of the noun.

> Les professeurs aiment les **bons étudiants,** mais les **mauvais étudiants?**
> C'est un problème!

When you want to say that something or someone is better, use **meilleur(e)** or **meilleur(e)... que.**

> Est-ce que les fromages français sont **meilleurs que** les fromages américains?
> *Are French cheeses better than American cheeses?*

> Le vin, c'est bon, mais le champagne, c'est **meilleur!**
> *Wine is good, but champagne is better!*

Des goûts... Qu'est-ce qui est meilleur? Comparez.

> *Modèle:* Les bananes ou les fraises?
> *Les fraises! Les fraises sont meilleures que les bananes.*

1. Les oranges ou les pommes?
2. Le riz ou les pâtes?
3. Le lait ou le Coca-Cola?

2. **J'ai faim! J'ai soif!** Avoir faim and avoir soif are expressions with **avoir** similar to **avoir sommeil, avoir chaud,** and **avoir froid.**

> Quand Monsieur Delvaux **a faim,**   *When Mr. Delvaux is hungry,*
>   il mange des bonbons.   *he eats candy.*
> J'ai soif! Je vais boire un coca.   *I'm thirsty! I'm going to have a coke.*

Sensations... Complétez par une expression logique (avoir faim, avoir soif, avoir chaud, avoir froid, avoir sommeil).

1. Vous avez un coca? J'____!
2. Tu ____? Sors de la piscine et mets *(put on)* un sweat!
3. Il est minuit... Vous n'____ pas ____?
4. Maman, quand est-ce qu'on mange? On ____!
5. J'____. Tu peux ouvrir *(open)* la fenêtre?

3. **Il faut.** To say that one needs something or has to do something, use **il faut** + *noun* or **il faut** + *infinitive.*

> Après le dîner, **il faut un dessert!**
> *After dinner, one needs dessert!*

> Pour être en bonne santé, **il faut manger** des légumes.
> *In order to be healthy, one needs to eat vegetables.*

ÏÏ Des conseils. Discutez avec un(e) partenaire: Qu'est-ce qu'il faut faire...

> *Modèle:* ... quand on a soif?
> *Il faut boire!*

1. ... quand on a faim?

2. ... quand on a sommeil?

3. ... quand on a chaud?

4. ... quand on a un examen?

5. ... quand on est au régime?

4. Avant / après; devant / derrière. Note the difference in usage of these prepositions.

avant / après = *before / after (in time)*

devant / derrière = *in front of / in back of (in space)*

Est-ce que tu étudies **avant** ou **après** le dîner?	*Do you study before or after dinner?*
Il y a quelqu'un **derrière** toi!	*There's someone behind you!*
Il n'y a personne **devant** moi.	*There's nobody in front of me.*

Temps ou espace? Choisissez la bonne préposition (**avant, après, devant** ou **derrière**).

1. —Je cherche mes clés. Où sont-elles?

   — Mais regarde! Elles sont _____ toi! Là, sur la table!

2. Les Français aiment bien prendre un apéritif _____ le déjeuner quand ils sont avec des amis.

3. Ne regarde pas _____ toi quand tu marches! Tu vas tomber!

4. Je voudrais regarder la télé _____ le repas. Il y a un beau film ce soir.

≡ Mise en pratique ≡

Objectives, Act. 1: recognizing new vocabulary; solving lexical problems

1. Chassez l'intrus. Quel mot ne va pas avec les autres?

1. une pomme de terre / une tomate / le jambon / des haricots verts / une carotte

2. un steak / un rôti / une pomme / un saucisson / un poulet

3. des asperges / une poire / une pêche / une fraise / un pamplemousse

4. le petit déjeuner / le goûter / des crudités / le dîner / le déjeuner

5. le beurre / la confiture / le café au lait / le pain / les épinards

6. une glace / un pâté / le raisin / un gâteau / une tarte

7. le riz / le lait / le thé / la bière / le Coca-Cola

8. des asperges / des petits pois / le sucre / des oignons / des épinards

9. le bœuf / le porc / le mouton / un steak haché / la moutarde

10. la dinde / le saumon / le thon / les crevettes / un poisson

2. Quand? Discutez avec un(e) partenaire: Pour quels repas sont les boissons et les plats suivants? **Suggestions: le petit déjeuner, le déjeuner, le goûter, le dîner**

Objectives, Act. 2–4: linking vocabulary to food; making associations with food

> *Modèle:* Le café au lait?
> *Le petit déjeuner, pas le dîner...*

1. Une omelette?
2. Une pizza?
3. Le café?
4. Le fromage?
5. Des biscuits?
6. Un steak-frites?

3. Ça va bien ensemble ou non? Qu'est-ce qui va bien ensemble *(goes well together)*? Qu'est ce qui ne va pas bien ensemble?

a. les pêches au thon
b. les frites et la mayonnaise
c. les tomates aux crevettes
d. le thé au lait
e. les œufs et la confiture
f. les tartes et la glace
g. les céréales et le jus d'orange
h. le coca avec le dîner

4. Qu'est-ce que c'est? Voilà des devinettes *(riddles)*. Quelles sont les réponses?

1. Il est bon quand il est un peu vieux.
2. Elles sont bonnes quand elles sont rouges.
3. Il est blanc avec le poisson et rouge avec le steak.
4. Elles sont vertes avant d'être jaunes; elles sont marron pour finir.
5. Ils sont verts et ils sont délicieux quand ils sont très petits.

 5. Qu'en pensez-vous? Avec un(e) partenaire, décidez si *(if)* c'est bon, c'est mauvais, c'est bon pour la santé, c'est mauvais pour la santé, c'est bon pour le régime, c'est mauvais pour le régime.

Objective, Act. 5: linking words to different contexts

1. un gâteau au chocolat
2. le lait chaud
3. un steak-frites
4. le café au lait
5. le sucre
6. le fromage
7. le vin
8. le jus d'orange
9. les conserves
10. les épinards
11. la charcuterie
12. l'huile d'olive

6. Les goûts

Objectives, Act. 6: interacting; expressing personal preferences

a. Faites des listes pour les catégories suivantes:

1. les légumes
2. la viande et le poisson
3. les desserts
4. les fruits
5. les boissons

 b. Parlez de vos préférences avec un(e) partenaire.

> *Modèle:* —*Tu aimes les haricots verts ou non?*
> —*Oui, j'aime beaucoup. / Non, je n'aime pas.*

Dîner ou souper?

1. Les noms des repas chez vous.
Chez vous, comment s'appelle le repas
du matin? De midi? Du soir? Est-ce qu'il
y a d'autres possibilités?

2. Dîner ou déjeuner? Voilà une
discussion sur Internet sur les noms des
repas en France et dans d'autres pays
(countries) francophones. Lisez le texte
puis répondez aux questions.

Un goûter en Belgique

**être à jeun = ne pas avoir
mangé**

—Partout où j'ai habité en France, on utilise «petit déjeuner» le matin, «déjeuner»
à midi et «dîner» le soir.
—On «déjeune» quand on est à jeun. Donc, c'est le matin qu'on déjeune. À midi
on dîne et le soir on soupe. (Suisse)
—C'est comme chez nous au Québec: nous déjeunons, nous dînons et nous
soupons. (Québec)
—En Belgique aussi, les trois repas sont le déjeuner, le dîner et le souper. (Belgique)
—Je suis de Provence et dans ma famille, on utilise toujours «déjeuner, dîner,
souper». Mais comme à la télévision, on utilise le dialecte parisien «petit
déjeuner», «déjeuner» et «dîner», c'est maintenant le français standard. C'est
malheureux, mais c'est la télévision qui commande! (Aix-en-Provence)
—Moi, je dis pour les trois repas: «Bon, alors, on mange quand?» (Marseille)
—Et le goûter??? En Belgique, c'est à 4 heures de l'après-midi. (Belgique)

Adapté de discussions sur Internet

    a. Quelles sont les trois possibilités pour les noms des repas principaux en
        français?

    b Est-ce que tout le monde est d'accord en France? Et dans les autres pays?

    c. Une personne dit que la séquence standard «petit déjeuner, déjeuner et
        dîner» est en fait le dialecte parisien. D'après cette personne, pourquoi le
        dialecte parisien est-il le français standard?

    d. Pouvez-vous trouver la blague *(joke)* dans les textes?

3. Et le goûter? Voilà quelques informations sur le goûter. Et chez vous? Dites
oui si c'est la même chose, **non** si c'est différent.

    a. Le goûter, c'est un petit repas entre quatre et cinq heures de l'après-midi.

    b. Les enfants ont toujours un goûter quand ils rentrent de l'école.

    c. Pour le goûter, les enfants aiment le pain, la confiture, le chocolat, les petits
        pains au chocolat, les biscuits...

    d. Comme boissons, les enfants aiment le chocolat chaud, le lait ou les jus de
        fruits.

    e. Les enfants plus âgés et les adultes aiment le café ou le thé.

    f. Quand on est invité à un goûter, il y a souvent des tartes et des gâteaux.

Structure 1

Les verbes *boire* et *prendre*

The verb **boire** means *to drink*. Its conjugation is irregular.

je bois	nous buvons
tu bois	vous buvez
il elle } boit on	ils elles } boivent

Qu'est-ce qu'**on boit**?   *What's everybody drinking?*

The verb **prendre** means *to take*. Its conjugation is irregular. Note the double **n** in the *third-person plural*.

je prends	nous prenons
tu prends	vous prenez
il elle } prend on	ils elles } prennent

Je sors et **je prends** mon vélo. *I'm going out and I'm taking my bike.*
Tu vas **prendre** ton dictionnaire *Are you going to take your dictionary*
 ou pas?   *or not?*

Expressions avec prendre

prendre des vacances	*to take a vacation*	**Les Français prennent** souvent leurs vacances en août.
prendre une photo	*to take a photo / picture*	**Je** voudrais **prendre** une photo de toi.
prendre une décision	*to make a decision*	Vous le voulez ou pas? Il faut **prendre** une décision!

Prendre is also used to express the idea of having a meal or having something to eat or drink.

À quelle heure est-ce qu'**on prend** *What time do you eat breakfast at*
 le petit déjeuner chez toi?   *your house?*
Tu prends ton café sans sucre? *Do you take your coffee without sugar?*
Je prends un croissant, et toi? *I'll have a croissant. How about you?*

The imperative, or command, forms of **boire** and **prendre** are identical to their present tense forms.

Bois ton lait!   *Drink your milk!*
Vite, **buvez** votre café, on y va! *Quick, drink your coffee, we're leaving!*
Il fait chaud. **Buvons** un jus de fruit. *It's hot. Let's drink a fruit juice.*

Prends ton vélo!   *Take your bike!*
Prenez le bus!   *Take the bus!*
Prenons un café.   *Let's get a cup of coffee.*

Mise en pratique

Objective, Act. 1: creating lexical networks with **boire**, **prendre**, and **manger**

1. On boit? On mange? On prend? Choisissez.

	On boit	On mange	On prend
1. les carottes		*x*	
2. le fromage			
3. une décision			
4. les œufs			
5. des vacances			
6. le dîner			
7. le thé			
8. une photo			
9. le jus de fruit			
10. son vélo			

Objective, Act. 2: using forms of **boire** and **prendre**

2. Tu prends quoi au petit déjeuner? C'est quoi, un petit déjeuner typique? Au Maroc, le petit déjeuner «typique» ressemble au petit déjeuner français «typique»: croissant, petit pain au chocolat, café. Mais que mangent les jeunes Marocains? Complétez ce qu'ils disent *(what they say)* avec les verbes **prendre** ou **boire**. Il y a plusieurs réponses possibles.

1. Krista, elle _____ des tartines (beurre et confiture) et elle _____ un verre de jus d'orange et un café au lait.
2. Randa et Jamel ne _____ pas de petit déjeuner. Ils n'arrivent pas à manger le matin.
3. —Je m'appelle Lilia et moi, je _____ un peu de tarte aux pêches et aux bananes. Et toi, Sami? Tu _____ quoi?
   —D'habitude, des biscuits. Et je _____ un jus d'orange. Et toi, qu'est-ce que tu _____?
   —Moi, je _____ un grand verre de lait comme les bébés!
4. Ma sœur et moi, nous _____ un thé noir et une omelette.
5. —Et vous deux, Yasmine et Mehdi, vous _____ quoi?
   —Nous, on _____ une mini-pizza (enfin mini... une bonne demi-pizza normale), des cacahuètes, du coca, un thé noir au citron... quelques cigarettes.
6. —Et moi (je m'appelle Kheira), je _____ des céréales, c'est plein de vitamines et c'est bon en même temps; il n'y a pas mieux comme petit déj.

Et chez vous? Faites la liste de ce que prennent les membres de votre famille au petit déjeuner. Comparez votre liste avec les listes de vos camarades pour trouver ce qui est commun à toutes les listes. D'après vos listes, qu'est-ce que c'est, un petit déjeuner typique, chez vous?

Objective, Act 3: using **prendre** in a communicative context

3. Un sondage. Posez des questions à vos camarades de classe et à votre professeur pour déterminer quand ils prennent leurs repas.

Quand est-ce que tu prends (vous prenez)... ?			
NOM	le petit déjeuner	le déjeuner	le dîner

Structure 2

L'article partitif

To talk about a part of something that you cannot count, use the partitive article.

MASCULINE	FEMININE	BEFORE A VOWEL
du riz	**de la** bière	**de l'**eau
(some) rice	*(some) beer*	*(some) water*

In many cases, the English *some* or *any* can be used to translate the partitive article. Frequently, however, it is omitted.

| Est-ce qu'il y a **de la bière** dans le frigo? | *Is there (any) beer in the fridge?* |
| Non, mais il y a **du coca**. | *No, but there's (some) coke.* |

If whatever you're talking about is countable, use an indefinite article: **un, une, des**.

Tu veux **un sandwich**?	*Do you want a sandwich?*
Oui, et **des frites**, et après,	*Yes, and some (French) fries, and*
une glace à la fraise! J'ai très faim!	*then a strawberry ice cream (cone).*
	I'm really hungry!

Note that some objects can be either counted or not, depending on the context.

| Tu veux **du café**? | *You want (some) coffee?* |
| Tu veux **un café**? | *You want (a cup of) coffee?* |

| Tu bois **de la bière**? | *Are you drinking beer? (some beer,* |
| | *not all the beer in the world!)* |

| Je veux **une bière**. | *I want a (can of, bottle of) beer.* |

Comme dessert, il y a	*For dessert, there's an apple pie.*
une tarte aux pommes.	
Tu veux **de la tarte**?	*Do you want some pie?*

Mise en pratique

1. Poires à la cannelle. Voilà une recette avec un problème. Dans la liste des ingrédients, certains ingrédients ne sont pas nécessaires. Trouvez-les!

Objective, Act. 1–5: using partitive articles in a meaningful context

Poires à la cannelle *(cinnamon)*

Pour faire des poires à la cannelle, il faut: des pommes, des bananes, des poires, de la cannelle, de la glace, des œufs, du vin, du yaourt, du sucre, du poivre, du jus de citron, du jus de pêche, de l'eau, du lait.

- Pelez les poires.
- Dans une casserole, versez l'eau, le vin, le sucre et la cannelle. Portez à ébullition à feu doux.
- Quand le mélange est sirupeux, enlevez la casserole du feu et laissez les poires refroidir dans le sirop.

2. Au restaurant universitaire. Ces étudiants mangent au restaurant universitaire aujourd'hui. Qu'est-ce qu'ils prennent? Comment sont-ils?

> *Modèle:* PIERRE-YVES: steak, frites, glace au chocolat, eau minérale
> *Il prend un steak (du steak), des frites, une glace au chocolat (de la glace au chocolat) et de l'eau minérale (une eau minérale). Il a très faim et il n'est pas au régime!*

1. PAULINE: œuf, asperges, fromage
2. STÉPHANE: jambon, poisson, carottes, pommes de terre, salade, pain, fromage, tarte aux fraises, café
3. FRANÇOIS: crudités, pâtes au fromage, pain, poire, jus de fruit
4. ALEXANDRA: sandwich au fromage, thé
5. JUSTINE: poulet, frites, salade, pain, fromage, glace, café

3. Dans le frigo. Qu'est-ce qu'il y a dans votre réfrigérateur? Dans le réfrigérateur de votre professeur? Dans le réfrigérateur à la Maison Blanche? Dans le réfrigérateur de... ?

4. Boissons typiques. Qu'est-ce qu'ils boivent?

1. Les Chinois?
2. Les Allemands *(Germans)*?
3. Les Français?
4. Votre grand-mère?
5. Vos amis et vous?
6. Vos parents et vous?

5. Habitudes alimentaires. Qu'est-ce qu'ils mangent?

1. Les Japonais?
2. Les Français au petit déjeuner?
3. Votre grand-père?
4. Un joueur de football américain?
5. Les enfants français au goûter?
6. Les Italiens?

Et eux, qu'est-ce qu'ils mangent?

Structure 3

L'article partitif et l'article indéfini après une expression négative

The partitive article, like the indefinite article, becomes **de (d')** when it follows a negative expression.

Qu'est-ce qu'il y a dans le frigo?	*What's in the fridge?*
On a **des** pommes mais on n'a **pas de** poires. On a **du** vin mais on n'a **plus de** lait. On a **de la** confiture mais il n'y a **jamais de** beurre.	*We have (some) apples but we don't have (any) pears. We have (some) wine, but we don't have any more milk. We have (some) jam, but there's never any butter.*

Rappel!

Les articles définis, indéfinis et partitifs

	Les articles définis	Les articles indéfinis	Les articles partitifs
Masculin	le (l')	un	du (de l')
Féminin	la (l')	une	de la (de l')
Pluriel	les	des	–

1. Use definite articles:

   - *To talk about preferences* (with verbs like **aimer, détester, préférer,** etc.)

     J'aime **le thé** mais je préfère **le café.**   *I like tea but I prefer coffee.*

   - *To talk about things in general*

     Les légumes sont bons quand on est au régime.

     Vegetables are good when you're on a diet.

   - *To refer to something specified or already mentioned.* English uses definite articles in the same way.

—On mange une pizza ce soir?	*How about a pizza tonight?*
—Oui, d'accord.	*Sure, OK.*
—Bon, alors, qui achète **la pizza,** toi ou moi?	*Good, who's buying the pizza? You or me?*
—Moi. Et toi, tu achètes **le coca** et **la bière.**	*Me, and you're buying the cola and the beer.*

     Definite articles do not change after a negative expression.

Candide n'aime **pas les tomates.**	*Candide doesn't like tomatoes.*

2. Use indefinite articles to refer to unspecified things that you can count. Indefinite articles become **de (d')** after a negative expression.

—Tu veux **une pomme?**	*Do you want an apple?*
—Non, je **ne** veux **pas de pomme.**	*No, I don't want an apple.*

3. Use partitive articles to refer to unspecified things that you do not count. Partitive articles become **de (d')** after a negative expression.

—Est-ce qu'il y a **du fromage?**   *Is there any cheese?*

—Non, il n'y a **pas de fromage**   *No, there isn't any cheese, but there's*
mais il y a **de la glace.**   *some ice cream.*

—Je ne veux **pas de glace.**   *I don't want ice cream.*

—Est-ce qu'il y a **du yaourt?**   *Is there any yogurt?*

—Oui, il y a **du yaourt.**   *Yes, there's some yogurt.*

═Mise en pratique═

Objectives, Act. 1–4: processing articles for information; practicing article use; reviewing food vocabulary

1. Alceste est végétarien mais pas Candide. Décidez qui parle, Alceste ou Candide. Ensuite *(Then)*, décidez avec qui vous voulez dîner.

Modèle: Je prends du porc.
C'est Candide.

1. Le matin, j'ai très faim. Je prends du café, du pain et, de temps en temps, du jambon et des œufs.

2. Je déteste les desserts et je ne prends jamais de glace. Les fruits, ça va, mais je ne prends jamais de viande.

3. Un sandwich au fromage et une salade, c'est bon! Un sandwich au jambon, non merci!

4. Le dîner idéal? Euh, un rôti de bœuf, des pommes de terre, des haricots verts, du vin et, bien sûr, une tarte aux pommes pour terminer.

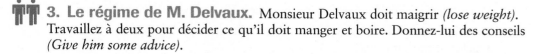

2. Chez moi! Parlez à deux: Chez vous, qu'est-ce qu'on prend et qu'est-ce qu'on ne prend pas à chaque occasion?

Modèle: à la plage
On prend des biscuits mais on ne prend pas d'omelette.

1. au petit déjeuner   3. au dîner
2. au déjeuner   4. pour un pique-nique

3. Le régime de M. Delvaux. Monsieur Delvaux doit maigrir *(lose weight)*. Travaillez à deux pour décider ce qu'il doit manger et boire. Donnez-lui des conseils *(Give him some advice)*.

Modèle: Mangez des légumes. Ne buvez pas de bière.

4. Mlle Lao est végétarienne. Mlle Lao ne prend pas de viande ou de poisson. Travaillez à deux pour décider ce qu'elle prend au déjeuner. Jouez la scène avec un(e) partenaire.

Modèles: —Vous prenez des œufs?
—*Oui, je prends des œufs.*

—Vous prenez du jambon?
—*Non, je ne prends jamais de jambon!*

1. Vous prenez du saucisson?   4. Vous prenez du pâté?
2. Vous prenez des frites?   5. Vous prenez de la soupe?
3. Vous prenez des oranges?   6. Vous prenez du thon?

Les Français et les repas

1. Nos repas. Comparez en groupes: Quel est le repas principal chez vous? Quelle est la boisson typique au petit déjeuner? Combien de plats y a-t-il au dîner généralement? Quels plats?

2. Les Français à table

C'est quel repas? Qu'est-ce qu'ils mangent? Qu'est-ce qu'ils boivent?

3. Les repas en France. Voici des statistiques sur la composition du petit déjeuner et du dîner pour les Français.

Petit déjeuner	Dîner
Café: 59% des Français	Un plat et un dessert: 32% des repas
Thé: 18% des Français	Une grosse entrée et un dessert: 15% des repas
Chocolat: 14% des Français	Trois plats (entrée, plat garni, dessert): 17% des repas
Café au lait: 2% des Français	Un plat unique: 11% des repas
Tartines et boissons chaudes: 38 % des adultes	Une entrée et un plat garni: 6% des repas
Céréales et jus de fruits: 25 % des jeunes	Autres formules «allégées» (par exemple: sandwich): 10% des repas

Adapté de Francoscopie 2007, *pp. 169–170 et 2010 p. 181*

a. Décidez. À votre avis, qu'est-ce qu'un plat? Une grosse entrée? Un dessert? Un plat unique? Un plat garni?

Qu'est-ce qu'il y a sur les assiettes (plates)?

b. Qu'est-ce qu'ils mangent? Imaginez le menu des 17% des Français qui prennent 3 plats. Quels sont ces trois plats?

c. Culture française. Faites quatre phrases pour décrire les habitudes des Français d'après ces statistiques.

Modèle: Les Français aiment beaucoup le café au petit déjeuner.

Échanges

Objective: *comparing eating habits*

Les menus de la semaine

1. Les repas chez vous. Établissez un de vos menus typiques pendant la semaine pour le petit déjeuner, le déjeuner et le dîner. Qu'est-ce qui varie de jour en jour? La viande? Les légumes? Les desserts? Est-ce différent le dimanche? Qu'est-ce qui est différent? Pourquoi? Comparez vos réponses avec les réponses de la classe.

2. Les menus de la semaine en France

Voici des menus français typiques:

Repas	lundi	mardi	mercredi	jeudi	vendredi	samedi	dimanche
Petit déjeuner	thé / café pain, beurre et confiture	thé / café pain grillé beurré	thé / café pain beurré et confiture	thé / café pain beurré et confiture	thé / café pain beurré	thé / café petit pain au chocolat	thé / café / chocolat croissants
Déjeuner	salade d'endives au roquefort steak haché ratatouille tarte aux poires	carottes en crudité poisson en papillotte riz blanc nature brie	tomates et mozzarella au basilic steak grillé gratin de chou-fleur banane	œufs mimosa lasagne aux 2 saumons salade verte pomme verte	taboulé filet de poisson à la tomate sur fond de pommes de terre poire glacée	pâté et crudités tarte au fromage de chèvre et jambon salade verte crème brûlée	cocktail de crevettes rôti de porc à la moutarde purée de pommes de terre haricots verts au beurre salade verte assortiment de fromages mousse au chocolat
Dîner	asperges en vinaigrette omelette aux champignons compote d'abricots	soupe de légumes verts pâtes à la sauce tomate fromage blanc nature	velouté aux 5 légumes salade de pommes de terre chaude sardines grillées yaourt nature	gazpacho salade de riz composée yaourt nature	soupe à l'oignon quiche lorraine pomme ou raisin	velouté de tomates pot-au-feu salade verte tarte aux fruits rouges	soupe de poisson courgettes braisées à l'ail et au basilic pâtes au beurre yaourt aux fruits

a. Les menus. Regardez les menus. D'après vous, quel repas est le plus léger *(light)*? Le plus lourd *(heavy)*? Le mieux équilibré? Le meilleur pour les végétariens? Le meilleur pour éviter *(avoid)* le cholestérol? Puis comparez avec la classe et expliquez pourquoi vous avez choisi *(you have chosen)* chaque repas.

Modèle: Repas le plus léger: *J'ai choisi le dîner du jeudi parce que...*

b. Les repas des Français. Faites quatre phrases pour décrire les habitudes des Français d'après ces statistiques.

Modèle: Les Français prennent trois repas par jour.

Le français parlé

Au régime!

Scène de vie

Objectives: *talking about food; understanding language registers, lexical abbreviations, fillers, and exclamations*

—Monsieur Delvaux, vous avez trop de sucre et trop de cholestérol!

—Oh là là, Docteur, qu'est-ce qu'il faut faire?

—Un petit régime, je pense... Voyons... Qu'est-ce que vous prenez au petit déjeuner?

—Au p'tit déj? Ben, des croissants avec du beurre et de la confiture.

—Des croissants? C'est trop gras. Prenez un yaourt et un fruit. Et pour le déjeuner, vous mangez bien?

—Oui, oui, de la viande, des légumes...

—Pas de frites?

—Euh, si, parfois... J'aime bien le steak-frites!

—Le steak, ça va, les frites, non! Une pomme de terre à l'eau, des pâtes ou du riz avec la viande ou le poisson, ça va, mais sans beurre, n'est-ce pas! Prenez beaucoup de légumes! Et il faut boire de l'eau, beaucoup d'eau.

—Et du vin, je peux?

—Un peu de vin, oui, ça va, mais pas trop, hein! Et mangez des fruits en dessert.

—Des fruits? Oh, Docteur! Moi qui aime les gâteaux et les glaces!

—Ah non, plus de gâteaux, plus de glace! Bon, le dimanche, vous pouvez... Mais soyez raisonnable, n'est-ce pas! Et l'après-midi, vous grignotez?

—L'aprèm? Ben oui, je prends du chocolat ou des bonbons, quand j'ai faim...

—Il ne faut rien manger entre les repas, et surtout rien de sucré. Si vous avez faim, prenez un cracker ou deux. Et avant le dîner, vous prenez un apéritif?

—Un apéro? Euh... Oui, parfois, avec des amis. Mais jamais seul, non...

—Pas trop souvent, donc?

—Euh... Ben... J'ai beaucoup d'amis...

—Hum... Prenez de l'eau minérale, pas d'alcool! Et surtout pas de chips!

—Et le soir, Docteur?

—Le soir? Une soupe de légumes, des crudités sans mayonnaise, une salade avec de l'huile d'olive, un peu de pain ou de pâtes. Mais pas de charcuterie. Et pas plus de trois œufs par semaine.

—Oh, Docteur, comment je vais faire? Et le resto? Je peux aller au resto? Il y a un bon resto chinois à côté de chez moi...

—Un restaurant chinois? Oui, ça va, pas de problème.

—Ouf!

Pour écouter

a. Listen carefully as Mr. Delvaux and his doctor talk. Who speaks more informally? How do you know?

b. When speaking, the French have a tendency to abbreviate words, such as **resto** for **restaurant.** Can you find other words that have been abbreviated in this conversation?

c. Finally, there are a few fillers and exclamations in this conversation. First, find them in the text and then listen to the conversation. Does the tone of voice help you understand why the fillers and exclamations were used in each case?

Parlons! Qu'est-ce que vous mangez?

 Parlons! Faites la liste de ce que vous mangez pendant une journée typique. Comparez avec un(e) partenaire et discutez de ce qui *(what)* est bon et mauvais pour la santé.

Vocabulaire de base

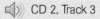

Quel article? For things that are not usually counted use either the partitive article (**du beurre, de la glace, de l'eau**) or, in certain cases, the definite article (**J'aime la glace. Où est le beurre?**). Both kinds of nouns appear in the vocabulary lists with the definite article.

Noms

une banane *banana*
le beurre *butter*
la bière *beer*
le bœuf *beef*
le café *coffee; café*
une carotte *carrot*
les chips *(f.) potato chips*
le chocolat *chocolate*
un cracker *cracker*
une crevette *shrimp*
la cuisine *cooking; cuisine*
le déjeuner *lunch*
le dessert *dessert*
le dîner *dinner*
l'eau *(f.) water*
une fraise *strawberry*
des frites *(f.) (French) fries*
le fromage *cheese*
un fruit *fruit*
un gâteau (au chocolat) *(chocolate) cake*
la glace (au chocolat, à la vanille, à la fraise) *(chocolate, vanilla, strawberry) ice cream*
des haricots verts *(m.) green beans*
une idée *idea*
le jambon *ham*
le jus de fruit *fruit juice*
le lait *milk*
un légume *vegetable*

le mouton *mutton*
un œuf *egg*
une orange *orange*
le pain *bread*
une pêche *peach*
le petit déjeuner *breakfast*
des petits pois *(m.) peas*
le poisson *fish*
le poivre *pepper*
une pomme *apple*
une pomme de terre *potato*
le porc *pork*
un poulet *chicken*
un réfrigérateur *refrigerator*
un repas *meal*
le riz *rice*
un rôti *roast*
la salade *salad*
un sandwich (au jambon, au fromage) *(ham, cheese) sandwich*
le saumon *salmon*
le sel *salt*
la soupe (de tomates) *(tomato) soup*
un steak *steak*
le sucre *sugar*
une tarte (aux pommes) *(apple) pie*
le thé *tea*
le thon *tuna*
une tomate *tomato*
la viande *meat*

le vin *wine*
le yaourt *yogurt*

Adjectifs

bon, bonne *(precedes noun) good*
chaud(e) *warm*
froid(e) *cold*
mauvais(e) *(precedes noun) bad*
meilleur(e) *(precedes noun) better*

Verbes

acheter *to buy*
boire *to drink*
prendre *to take; to have; to eat; to drink*

Divers

avant *before*
avoir faim *to be hungry*
avoir soif *to be thirsty*
entre *between*
être au régime *to be on a diet*
être en bonne / mauvaise santé *to be in good / bad health*
être en forme *to be in shape*
prendre (un petit) quelque chose *to have a snack*
quelque chose *something*
quelqu'un *somebody, someone*
surtout *especially*

Vocabulaire supplémentaire

Noms

l'apéritif *(m.) a drink (served before a meal)*
des asperges *(f.) asparagus*
un biscuit *cookie*
une boisson *beverage*
un bonbon *(piece of) candy*
une cacahuète *peanut*
le café au lait *coffee with milk*
des céréales *(f.) cereal*
le champagne *champagne*
un champignon *mushroom*
la charcuterie *cold cuts*
un citron *lemon*
le coca *coke, cola*
le Coca-Cola *Coca-Cola*
la confiture *jam*
un congélateur *freezer*
des conserves *(f.) canned food*
un croissant *croissant*
des crudités *(f.) raw vegetables*
une dinde *turkey*
l'eau minérale *(f.) mineral water*
l'entrée *(f.) first course (appetizer)*
des épinards *(m.) spinach*
le goûter *light meal eaten in the afternoon*
l'huile *(f.) (d'olive) (olive) oil*
le jambon cru *raw ham, prosciutto*
une laitue *lettuce*
la mayonnaise *mayonnaise*
un melon *melon (cantaloupe)*
la moutarde *mustard*
la nourriture *food*
un oignon *onion*
une omelette (au fromage) *(cheese) omelette*
le plat principal *main dish, main course*

un pamplemousse *grapefruit*
le pâté *pâté*
des pâtes *(f.) pasta, noodles*
une pizza *pizza*
une poire *pear*
une prune *plum*
le raisin *grapes*
une recette *recipe*
des restes *(m.) leftovers*
le saucisson *salami*
une soirée *party*
un steak haché *hamburger meat*
le vinaigre *vinegar*
la vinaigrette *oil and vinegar dressing*

Verbes

grignoter *to eat between meals*
inviter (quelqu'un à faire quelque chose) *to invite (someone to do something)*

Adjectifs

chinois(e) *Chinese*
délicieux, délicieuse *delicious*
épicé(e) *spicy (hot)*
excellent(e) *excellent*
gras, grasse *fatty*
italien(ne) *Italian*
japonais(e) *Japanese*
salé(e) *salted, salty*
sucré(e) *sweet*
surgelé(e) *frozen*
végétarien(ne) *vegetarian*

Divers

c'est bon / mauvais pour la santé *it's healthy / unhealthy (good / bad for your health)*

il faut + noun or infinitive *one needs / we need + noun; one has to / you have to + infinitive*
prendre un verre *to have a drink*

Le français tel qu'on le parle

À table! *Dinner (Lunch, Breakfast) is ready! Let's eat!*
À la vôtre! *Cheers!*
bon *all right, OK*
Bon appétit! *Have a nice meal! Enjoy your meal!*
Hum! *H'm!*
Je n'en peux plus! *I'm full! (also: I'm exhausted!)*
oh là là! *oh la la!*
ouf! *whew!*
voyons *let's see*

Le français familier

l'apéro = l'apéritif
un hamburger = un steak haché
une patate = une pomme de terre
prendre un pot = prendre un verre
le p'tit déj = le petit déjeuner

On entend parfois...

un breuvage (Canada) = une boisson
un chien chaud (Canada) = un hot-dog
le déjeuner (Belgique, Canada, Suisse) = le petit déjeuner
le dîner (Belgique, Canada, Suisse) = le déjeuner
un pain chargé (Sénégal) = un sandwich
le souper (Belgique, Canada, Suisse) = le dîner

Note de prononciation

The **h** of **hamburger**, like de **h** of **haricots verts**, is aspirate, that is, treated as if the noun began with a consonant.

Tu as trouvé le hamburger et les haricots verts? [no z-sound]

Qu'est-ce que vous portez?

En bref

Pour communiquer

Compter de 100 à 1.000

Parler de vêtements et de mode

Raconter des événements passés

Créer un personnage: Un(e) étudiant(e)
à l'université Laval (Échanges)

Structure

Les verbes comme **finir**

Le verbe **mettre**

Le passé composé avec **avoir**

Culture

Comment être habillé pour un
entretien d'embauche

Faire des compliments en France

Être bien habillé?

Comment s'habiller pour une occasion
spéciale (Le français parlé)

iLrn iLrn Heinle Learning Center includes

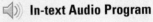 **In-text Audio Program**

Voilà Video

Companion Website

 Pair work

  **Group work**

Observez

D'après vous, c'est un homme ou une femme? Quel âge a cette personne? Où est-elle? Est-elle heureuse? Triste? Nommez les couleurs sur cette photo.

Vocabulaire

A. Compter de 100 à 1.000

100	cent	*a (one) hundred*
101	cent un	*one hundred one*
102	cent deux	*one hundred two*
200	deux cents	*two hundred*
220	deux cent vingt	*two hundred twenty*
500	cinq cents	*five hundred*
555	cinq cent cinquante-cinq	*five hundred fifty-five*
999	neuf cent quatre-vingt-dix-neuf	*nine hundred ninety-nine*
1.000	mille	*a (one) thousand*

B. Qu'est-ce que vous voulez acheter?

Les vêtements

A. *La robe* 119 €
B. *Le blouson* 79 €
C. *Le chemisier* 55 €
D. *Le pantalon* 53 €
E. *Le pull* 115 €
F. *Le débardeur* 28 €
G. *Le tailleur* 179 €
H. *Les chaussures* 69 €
I. *Le survêtement* 109 €
J. *Les tennis (les baskets)* 99 €
K. *La parka* 269 €

Les sous-vêtements

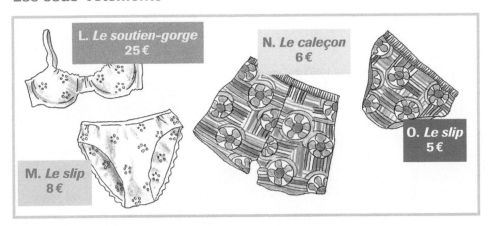

L. *Le soutien-gorge* 25 €

N. *Le caleçon* 6 €

M. *Le slip* 8 €

O. *Le slip* 5 €

Et les couleurs?

- Le blouson de l'homme est bleu foncé et son pantalon est beige, mais de quelle couleur est son polo? Le pull de l'autre homme est rose. Et son pantalon?
- La femme qui porte le tailleur bleu clair porte une jupe et une veste bleu clair; c'est normal! Mais qu'est-ce qu'elle porte sous la veste? Un débardeur jaune. Est-ce que ça va bien avec son tailleur? Quelles couleurs vont bien avec le bleu clair?
- Le survêtement de l'homme est gris foncé avec du bleu foncé, du bleu clair et du violet. Et ses baskets?
- De quelle couleur est le chemisier de la femme? Et son pantalon? Et son tee-shirt? De quelle couleur est la robe?
- De quelles couleurs est la parka?
- De quelles couleurs sont les chaussures? Et les sous-vêtements pour femme? Les sous-vêtements pour homme?
- Quelles couleurs vont bien ensemble pour des vêtements?

Et les prix?

- La parka coûte 269 euros. Elle coûte cher, n'est-ce pas? Et combien coûte le tailleur? Il coûte cher?
- Quels vêtements sont chers? Quels vêtements ne sont pas chers? Les vêtements sont plus chers en France ou chez vous?

Comment sont-ils?

- Est-ce qu'il y a des chaussures de sport? Des chaussures habillées? Quels vêtements sont des vêtements de sport? Des vêtements habillés? Des vêtements confortables? Des vêtements décontractés? Des vêtements pratiques? Des vêtements à la mode? Des vêtements démodés? Des vêtements originaux?
- Qui est bien habillé? Mal habillé? Élégant?
- Est-ce que la robe est courte ou longue? Qu'est-ce qui est à la mode pour les femmes en ce moment, les robes courtes ou les robes longues? Qu'est-ce que vous préférez, vous?
- Quels vêtements voulez-vous acheter? Quels vêtements ne voulez-vous pas acheter? Pourquoi? Est-ce que vous avez le temps d'acheter beaucoup de vêtements? Combien de fois par semaine (par mois, par an) est-ce que vous achetez des vêtements? Une fois? Deux fois? Trois fois? En quelle saison?

C. La valise d'Alex

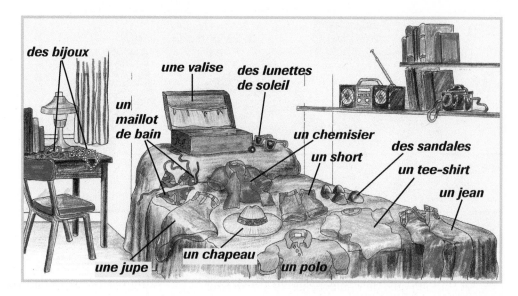

des bijoux
une valise
des lunettes de soleil
un maillot de bain
un chemisier
un short
des sandales
un tee-shirt
un jean
un chapeau
une jupe
un polo

Regardez les vêtements d'Alex: Alex a quel âge? Où est Alex? Qu'est-ce qu'Alex va faire aujourd'hui? De quelle couleur est sa jupe? Son tee-shirt? Son short? Son maillot de bain? Son jean?

D. La chambre d'hôtel de M. Lévy

un costume
une chemise
un imperméable
une montre
des lunettes
des gants
un parapluie
une cravate
un pyjama
des chaussettes

Voilà la chambre de Monsieur Lévy. Qu'est-ce que Monsieur Lévy va faire aujourd'hui? Quel temps fait-il? Quelle est la saison? De quelle couleur est son costume? Sa cravate? Sa chemise? Son imperméable? Son parapluie?

Comment être habillé pour un entretien d'embauche *(job interview)*?

1. Chez vous. Qu'est-ce qu'on porte pour un entretien d'embauche? Faites une liste pour les hommes et pour les femmes, puis comparez avec le reste de la classe. Est-ce que tout le monde est d'accord?

2. Et en France? Voilà une question trouvée sur Internet:

> J'ai trouvé une annonce d'emploi, on a écrit «Bonne présentation». Ça veut dire qu'il faut être bien habillé ou qu'il faut être beau? Car moi, je peux m'habiller bien, mais par contre je peux pas faire grand-chose pour ma tête—je suis pas beau :(

Et voilà des réponses de jeunes Français:

> Ben, pas de tee-shirt, pas de jeans, pas de baskets et pas de chewing gum dans la bouche! Donc, être habillé classe (mais pas trop), être poli et parler correctement.

> Rien à voir avec votre beauté physique. Ça veut tout simplement dire d'être habillé correctement, dans la norme. Donc, pas de t-shirts, pas de piercings, pas de cheveux longs non attachés, pas de jeans pendants et déchirés, pas de baskets voyantes. Adoptez une chemise, un pantalon toile et des chaussures de ville.

> Bonne présentation concerne les vêtements: préférer le costume-cravate pour un homme ou le tailleur pour une femme. Pas de tee-shirt, pas de jeans...

   a. D'après les jeunes Français, qu'est-ce qu'il ne faut pas porter pour un entretien d'embauche? Et qu'est-ce qu'on doit porter? Les jeunes Français sont-ils tous d'accord? Quel est le meilleur conseil, d'après vous?

   b. Comparez avec vos listes de l'Activité 1: Quelles sont les similarités? Les différences?

E. Dans un magasin de chaussures

Paulette a besoin de chaussures pour aller avec son nouveau tailleur. Elle et Jacques vont ensemble dans un magasin de chaussures à Nice.

—Je cherche des chaussures noires habillées, mais confortables!
—Oui, madame!

—Vous faites du combien?
—Du 38.

—Ça te va bien!
—Tu trouves?

● Qu'est-ce que Jacques porte aujourd'hui? Et Paulette? Est-ce qu'elle a l'air élégante? De quoi est-ce qu'elle a besoin? Pourquoi? Quelles chaussures est-ce qu'elle va acheter? Vous les aimez?

Note the meaning of **habillé** in different contexts:

Il est bien **habillé.**   *He's well dressed.*

C'est une robe   *It's a formal dress.*
habillée.

Langue et **culture**

Faire des compliments en France

1. Les compliments et vous. On vous fait un compliment sur vos vêtements. Quelle est votre réponse?

2. Les compliments en France

> Dominique: Quelle jolie robe! Elle te va bien!
> Denise: Oh, tu trouves?

> Céline: Tu as de très jolies chaussures! Je les aime beaucoup.
> Florence: Oh, tu sais, elles sont vieilles et démodées...
> Céline: Mais non, mais non, elles te vont très bien!

Choisissez un adjectif pour caractériser la réponse au compliment de Denise. Et de Florence?

> heureuse, affectée, timide, modeste, sérieuse, enthousiaste

3. Dialogues. À deux, complétez les dialogues par des compliments ou réponses à la française.

1. —Tu es très élégante ce soir!
   —Tu _____?
2. —_____!
   —Oh, c'est un petit pull tout simple... Je l'ai acheté en solde.
3. —Ce maillot te va très bien!
   —Oh, tu sais, c'est _____.

F. Et aussi...

Here are some useful words and expressions not included in the preceding vocabulary presentation.

les affaires *(f.)*	*belongings, stuff*
un bonnet	*ski hat*
une casquette (de base-ball)	*(baseball) cap*
un conseil	*(a piece of) advice*
une écharpe	*scarf (for warmth)*
en solde	*on sale*
un foulard	*scarf (dressy)*
hier	*yesterday*
un manteau	*coat*
la mode	*fashion*
un voyage	*trip*

1. Les couleurs. Normally, color adjectives agree with the noun they modify: **une chemise bleue, des cravates vertes.** There are some exceptions though. Read the text below. Can you guess when color adjectives do not agree?

Aurélia part en vacances à la mer pour une semaine et voilà sa liste:

> *À prendre: ma robe bleu clair; ma robe blanche; ma jupe vert pomme; ma jupe bleu foncé; deux jeans; trois shorts; sept tee-shirts et débardeurs; mon maillot rouge; mes sandales orange; mes sandales vertes; mes tennis blanches; mes lunettes de soleil; ma veste marron; mon pull jaune; mon chapeau de soleil; sept slips...*

2. Les adjectifs *long* et *nouveau*

The adjective **long** (**longue**) normally precedes the noun it modifies.

In reference to clothing, however, it generally follows the noun.

une **longue** journée	*a long day*
une jupe **longue**	*a long skirt*

The adjective **nouveau** means *new*. It is placed before the noun it modifies. Here are its forms.

Tu as un **nouveau** stylo? *(masculine singular)*

J'ai besoin d'un **nouvel** imperméable. *(masculine singular before a vowel sound)*

J'aime bien ta **nouvelle** robe. *(feminine singular)*

Où sont les **nouveaux** rideaux? *(masculine plural)*

Voilà mes **nouvelles** lunettes de soleil! *(feminine plural)*

***Long* ou *nouveau*?** Complétez les phrases en mettant l'adjectif (**long** ou **nouveau**) qui va logiquement avec le nom en caractères gras *(bold)*. N'oubliez pas l'accord!

1. Nous allons faire **un voyage** cet été. Nous partons trois mois en Asie.
2. Pour une réception très élégante, les femmes portent souvent **une robe** et les hommes un smoking *(tuxedo)*.
3. J'ai **une voiture** et **un appartement**! Je suis content!
4. Attention aux moustiques *(mosquitoes)* le soir! Pas de shorts, pas de sandales! Portez **des pantalons**, **des chaussettes** et des tennis.
5. Que penses-tu de **mes gants**?

3. Avoir besoin de / avoir l'air (de) / avoir le temps de

To say that you need something, use the expression **avoir besoin de** + *noun* or *infinitive.*

J'ai **besoin de manger** quelque chose.	*I need to eat something.*
Paulette **a besoin de** nouvelles chaussures.	*Paulette needs new shoes.*

Rappel!

Don't forget the other expressions with **avoir** that you already know: **avoir chaud, avoir froid, avoir sommeil, avoir... ans, avoir faim, avoir soif,** and **avoir envie (de).**

To describe how somebody looks, use the expression **avoir l'air** + *adjective* or **avoir l'air de** + *infinitive*.

> Paulette **a l'air élégante** aujourd'hui.   *Paulette looks elegant today.*
>
> Jacques **a l'air d'aimer** Paulette.   *Jacques seems to love Paulette.*

To say that you have time, use the expression **avoir le temps de** + *infinitive*.

> Tu **as le temps de** me **parler**?   *Do you have time to talk to me?*
>
> Je n'ai pas le **temps de manger**.   *I don't have time to eat.*

Mini-conversations. Voilà des petites conversations. Qu'est-ce qui va ensemble?

1. —On sort ce soir?
2. —Je suis fatiguée.
3. —Tu aimes ma nouvelle robe?
4. —Je vais chercher un pull.
5. —Vous avez l'âge de boire du vin?
6. —Où sont mes clés?

a. —Tu as froid?
b. —Là, sur la table. Tu as besoin de lunettes!
c. —Mais oui, j'ai 22 ans!
d. —Tu as besoin de dormir plus!
e. —Pas question! On n'a pas le temps!
f. —Oui, tu as l'air très élégante!

4. Fois / temps

Fois means *time* in the sense of instances or occurrences that you can count. It expresses repetition.

une fois	*one time, once*
deux fois	*two times, twice*
Combien de fois (par semaine)?	*How many times (a week)?*

Temps refers to *time* as something that is not counted.

> Aujourd'hui je n'ai pas le **temps**.   *Today I don't have (the) time.*

Rappel!

1. Use **heure** in telling time.

   Quelle **heure** est-il?   *What time is it?*

2. The word **temps** is also used to refer to the weather.

   Quel **temps** fait-il?   *What's the weather like?*

Fois, temps, heure? Complétez chaque phrase avec le mot logique.

1. —On a le _____ de boire un verre?

   —Quelle _____ est-il?

   —Huit _____.

   —Non, on n'a pas le _____! Il faut partir!

2. Quel _____ fait-il chez vous en hiver?

3. —Combien de _____ par jour est-ce que vous mangez?

   —Moi? Trois _____, parfois quatre. Et vous?

   —Oh moi, deux _____. Je ne prends pas le petit déjeuner, je n'ai pas le _____.

   —Ce n'est pas bien, ça!

Mise en pratique

Objective, Act. 1: working with semantic fields

1. Chassez l'intrus. Quel mot ne va pas avec les autres?

1. une jupe chaude / un pull / une parka / un maillot de bain / une écharpe
2. un short / des sandales / une cravate / un polo
3. un tailleur / un costume / des tennis / un chemisier
4. un manteau / un imperméable / des chaussettes / un blouson
5. un short / des gants / des lunettes de soleil / un débardeur
6. des chaussettes / une montre / des chaussures / des sandales
7. une robe / un pantalon / une jupe / un survêtement
8. un chapeau / une cravate / un bonnet / une casquette

Objectives, Act. 2–4: attaching new words to familiar contexts; practicing numbers

2. Ça va bien ensemble? En groupes, décidez si les vêtements vont bien ensemble. Si oui, dites *(say)* quand on peut porter ces vêtements ou comment vous les trouvez. Sinon *(If not),* suggérez d'autres associations.

> *Modèle:* une jupe orange avec un pull violet
> *Non, ça ne va pas ensemble! Une jupe blanche avec un pull violet, ça va ensemble. / Oui, ça va ensemble! J'adore l'orange avec le violet. / Oui, ça va ensemble pour une fête habillée. Ça, c'est original!*

1. un maillot de bain avec un chapeau de soleil
2. une robe habillée avec des baskets
3. un bonnet avec une écharpe et des gants
4. un short avec une parka
5. un tee-shirt avec une cravate
6. un chemisier rose avec un foulard gris
7. un imperméable avec un parapluie

3. Des vêtements typiques et leurs prix

a. En groupes, faites une liste de vêtements typiques pour chaque catégorie. Comparez votre liste avec les listes des autres groupes.

1. vêtements de femme
2. vêtements d'homme
3. vêtements chers
4. vêtements confortables et décontractés

b. Et les prix? En groupes, choisissez un magasin de la ville où vous étudiez et donnez le prix moyen *(average)* des vêtements dans ce magasin.

4. Vêtements appropriés. Qu'est-ce qu'il faut porter dans les situations suivantes? Donnez des conseils.

> *Modèle:* à Québec, en janvier, pour faire des courses
> *Il faut porter un manteau, des gants...*

1. à Montréal, en octobre, pour aller au cinéma avec des copains le soir
2. à Chicago, en décembre, pour aller en cours le matin
3. à Paris, le 15 avril à midi, pour aller au restaurant
4. à Rome, en juillet, pour aller au musée
5. à San Diego, en août, pour aller à la plage
6. à Dallas, en mai, pour aller danser

5. Mes affaires. En groupes, faites une liste de dix choses (vêtements et objets) très importantes pour vous (**des jeans, mon ordinateur, mon violon**, etc.). Comparez votre liste avec les listes des autres étudiants de la classe.

 6. La mode. Discutez des questions suivantes en groupes, puis comparez vos réponses avec les réponses des autres groupes de la classe.

> 1. Regardez les photos. Qu'est-ce qu'ils portent? Est-ce que c'est à la mode ou est-ce que c'est démodé chez vous? Est-ce qu'on porte les mêmes vêtements chez vous?

> 2. En ce moment, qu'est-ce qu'on porte pour aller danser en ville? Pour aller à une soirée élégante? Pour aller écouter de la musique classique? Pour aller écouter du blues? Pour aller en cours? Pour aller chez des copains le soir?

Objectives, Act. 7: interacting
with new and recyled vocabulary;
researching data on Francophone
places

 7. La tombola. Vous venez de gagner le grand prix dans un concours (*sweepstakes*) et vous pouvez partir une semaine avec trois amis à Tahiti, à Nice, à Monte-Carlo ou à Montréal. Mais il faut organiser votre voyage! Où aller? Quand partir? Avec qui? Que faire? Que prendre?

Activité vidéo

Langue et **culture**

Être bien habillé?

1. Pour vous. En groupes, définissez un vêtement habillé pour un homme. Et pour une femme? Quand est-ce qu'on porte ces vêtements chez vous? Et des vêtements décontractés?

2. Un homme bien habillé? Regardez ce que préfèrent les femmes françaises pour leurs partenaires.

Dans quelle tenue préférez-vous voir votre compagnon?	Ensemble	Plus de 55 ans
Naturel, en tenue de ville	58,7%	38,1%
Décontracté, en sportswear	20,2%	52,4%
Élégant, en costume-cravate	13,5%	9,5%
Chic, en tenue de soirée	7,5%	0%
Total	100%	100%

Enquête: «Vous et la mode masculine», *Le Journal des femmes,* mai 2006. Consulted September 2007.

Qu'est-ce que c'est, une tenue de ville? Que porte un homme en tenue de ville? Et en tenue décontractée? Pourquoi est-ce que les femmes plus âgées ont une opinion différente, à votre avis?

3. Comparez. Est-ce qu'on pense comme les Françaises chez vous?

Structure 1

Les verbes comme *finir*

A group of verbs with infinitives ending in **-ir,** such as **finir,** are conjugated in the same way. They are called *second conjugation,* or **-ir,** verbs. To form the present tense of a verb in this group, remove the infinitive ending (**-ir**) and add the bold endings that appear in **finir.**

finir *to finish*

je fin**is**	nous fin**issons**
tu fin**is**	vous fin**issez**
il	ils
elle } fin**it**	elles } fin**issent**
on	

Note de prononciation

English syllables tend to end with a consonant sound. French syllables tend to end with a vowel sound. Compare:

fin – ish (English)
fi – nit (French)

Here are some other verbs in this group.

choisir (de + infinitive)	*to choose (to do something)*
grossir	*to gain weight*
maigrir	*to lose weight*
réfléchir (à)	*to think (about); to reflect (on)*

Nous **grossissons** en hiver et nous **maigrissons** en été!	*We gain weight in winter and we lose weight in the summer!*
Elle **réfléchit** trop; elle est pénible.	*She thinks too much; she's a pain.*

The imperative, or command, forms of verbs conjugated like **finir** are identical to their present tense forms.

Finis vite!	*Finish fast!*
Choisissons la robe bleue.	*Let's pick (choose) the blue dress.*
Réfléchissez!	*Think!*

Rappel!

There are two groups of verbs with infinitives in **-ir:** those like **finir (choisir, grossir, maigrir, réfléchir)** and those like **sortir, partir, dormir**—see *Structure 1, Leçon 5.* They follow two different patterns of conjugation. As you come across other verbs ending in **-ir,** add them to the appropriate list.

Je gross**is.** Je ne dor**s** pas assez. Je sor**s** trop. Quelle vie!
I'm gaining weight. I'm not sleeping enough. I'm going out too much. What a life!

≡ Mise en pratique ≡

Objective, Act. 1: *developing semantic fields with -ir verbs*

1. Associations. Quel(s) verbe(s) associez-vous avec chaque chose?

sortir	partir	dormir	finir
grossir	maigrir	réfléchir	choisir

1. un lit
2. manger très peu
3. avoir des problèmes
4. étudier
5. les copains
6. commander un repas au restaurant
7. les devoirs
8. faire de l'exercice
9. manger des gâteaux entre les repas

Objective, Act. 2 and 3: *practicing forms of -ir verbs*

2. Et eux? Complétez les phrases avec une forme des verbes **finir, choisir, grossir, maigrir** ou **réfléchir**.

1. —À quoi est-ce que vous _____?
   —À la meilleure façon de commencer un régime. Je _____ beaucoup en ce moment!
   —Un régime? Mangez simplement moins et vous allez _____!

2. —Et pour les vacances, qui _____ où vous allez, toi ou ton mari?
   —Nous _____ ensemble où nous allons, mais on _____ toujours par aller à la plage!

3. —Patrick! Tu prends le pull bleu ou le polo vert? Allez, _____! Nous partons dans deux minutes!

3. Grossir / maigrir? Lisez l'article et complétez les phrases avec les formes appropriées des verbes **grossir** ou **maigrir**.

POURQUOI _____-ON?
Finis les régimes radicaux. Il faut savoir pourquoi nous _____ pour réussir un régime raisonnable. Selon le **Dr. Maurice Larocque**, omnipraticien canadien spécialisé dans le traitement de l'obésité et auteur de LA NOUVELLE RÉVOLUTION DIÉTÉTIQUE, «C'est l'excès de sucre qui cause l'obésité.» Si on mange beaucoup de sucre, on a beaucoup de problèmes pour _____.

Par contre, le **Dr. Garrel**, endocrinologue, directeur du Département de nutrition de la faculté de médecine de l'Université de Montréal et auteur de QUESTION DE _____, CE QU'IL FAUT SAVOIR POUR CONTRÔLER SON POIDS, constate que: «On ignore toujours pourquoi les gens _____.» Selon lui, ce n'est pas le sucre qui cause l'obésité. La consommation calorique n'a pas beaucoup augmenté depuis les années 70. On soupçonne *(suspects)* que cette obésité est causée par la diminution de l'activité physique en général.

COMMENT _____?
Dr. Maurice Larocque: Pour _____ et rester mince, faites plus d'activité et mangez moins, ne mangez pas de gras saturés et de sucres.

Dr. Dominique Garrel: Pour _____ et rester mince, mangez moins et bougez plus. Respectez la règle de 5: cinq ans pour avoir le poids voulu, cinq heures d'activité physique par semaine; 5 fois 5 indiquant la limite de l'apport quotidien en graisses égale à 25%.

Structure 2

Le verbe *mettre*

Mettre means *to put*. Notice the double **t** in the plural forms of the present conjugation.

je me**ts**	nous me**ttons**
tu me**ts**	vous me**ttez**
il ⎫	ils ⎫
elle ⎬ met	elles ⎬ me**ttent**
on ⎭	

Je **mets** tes affaires sur la table?　　*I'm putting your stuff on the table?*

Depending on context, **mettre** can also mean *to put on (clothes)*.

Ah non, tu ne **mets** pas de jean　　*Oh no, you're not putting on jeans to go*
pour aller chez ta grand-mère!　　*to your grandmother's!*

The imperative, or command, forms of **mettre** are identical to the present tense forms.

Mets ton pull! Il fait froid!　　*Put on your sweater! It's cold!*

Mettons nos lunettes de soleil.　　*Let's put on our sunglasses.*

Mettez une cravate. C'est un　　*Put on a tie. It's a fancy restaurant.*
restaurant élégant.

Mise en pratique

1. Des endroits et des objets. Qu'est-ce qu'on met...

*Objective, Act. 1–3: using **mettre** in context*

Modèle: dans une salle de classe?
　　　On met des bureaux. On ne met pas de lit.

1. dans un sac?
2. sous le lit?
3. sur une étagère?
4. dans une cuisine?
5. dans un tiroir?
6. dans un réfrigérateur?

2. On sort! Qu'est-ce qu'ils mettent? Où vont-ils?

Modèle: Alceste / sa cravate
　　　Alceste met sa cravate. Il va chez ses parents.

1. vous / votre pantalon
2. je / mes baskets
3. tu / ton chapeau
4. nous / notre manteau

3. On met ou on ne met pas? Pour chaque situation, dites ce qu'on met ou ne met pas.

Modèle: La parka? Il neige! *Oui, on met la parka! On la met.*

1. L'imperméable? Il pleut et on va en ville.
2. Le maillot de bain jaune? Il fait froid et on sort faire les courses.
3. La casquette de base-ball américaine? On va jouer au base-ball.
4. Les bijoux de ma grand-mère? On va chez elle!

4. Qu'est-ce qu'on met? Qu'est-ce qu'on ne met pas? On met des vêtements différents pour faire des choses différentes. Il y a aussi des vêtements qu'on ne met pas pour faire certaines activités! Utilisez le verbe **mettre** pour expliquer ce qu'on met et ce qu'on ne met pas pour chaque occasion.

1. Vous allez danser. Vous...
2. Tu vas faire du jogging. Tu...
3. Il va jouer au tennis. Il...
4. Elles vont à la synagogue. Elles...

Structure 3

Grammar tutorial

Raconter au passé: le passé composé avec *avoir*

There are several verbal forms that can be used to talk about the past in French. Of these, the most common is the **passé composé**. It is called the compound past because it has two parts: a helping, or auxiliary, verb and a past participle. The majority of verbs in French form their **passé composé** with the helping verb **avoir**.

Elle **a travaillé** avec moi.   *She worked with me.*

(helping verb) (past participle)

The French **passé composé** may have more than one equivalent in English.

—Tu as choisi ta cravate pour   *Have you picked out / Did you pick out*
ce soir?   *your tie for this evening?*
—Oui, j'ai choisi la verte.   *Yes, I decided on / chose the green one.*

Past participle of regular verbs

Verbs that belong to the first conjugation (-**er** verbs, like **travailler**) and the second conjugation (-**ir** verbs, like **finir**) have regular past participles. The past participle of these verbs is formed by adding the following endings to the verb stem.

INFINITIVE	STEM	ENDING	PAST PARTICIPLE
parler	parl-	-é	**parlé**
étudier	étudi-	-é	**étudié**
travailler	travaill-	-é	**travaillé**
finir	fin-	-i	**fini**
choisir	chois-	-i	**choisi**
réfléchir	réfléch-	-i	**réfléchi**

travailler au passé composé	
j'**ai** travaill**é**	nous **avons** travaill**é**
tu **as** travaill**é**	vous **avez** travaill**é**
il / elle / on **a** travaill**é**	ils / elles **ont** travaill**é**

finir au passé composé	
j'**ai** fin**i**	nous **avons** fin**i**
tu **as** fin**i**	vous **avez** fin**i**
il / elle / on **a** fin**i**	ils / elles **ont** fin**i**

Past participle of irregular verbs conjugated with *avoir*

Some verbs have past participles that do not follow these rules. Of the verbs conjugated with **avoir** that you know, five have irregular past participles. From this point on, verbs with irregular past participles are indicated each time you encounter the verb.

boire	**bu**	faire	**fait**	prendre	**pris**
dormir	**dormi**	mettre	**mis**		

Direct object pronouns in the *passé composé*

Direct object pronouns are placed in front of **avoir**, the helping verb. **Le** and **la** become **l'** in front of a vowel.

—Tu as mis **tes gants**?	*Did you put on your gloves?*
—Oui, je **les** ai mis.	*Yes, I put them on.*
—Et tu as aussi mis **ton chapeau**?	*And did you put your hat on too?*
—Oui, oui, je **l'**ai mis!	*Yeah, yeah, I put it on!*

═ Mise en pratique ═

1. Les problèmes d'Alceste. Alceste a fait la fête hier soir et, ce matin, il y a des conséquences. Regardez les phrases. Qu'est-ce qu'il a fait hier soir? Quels sont ses problèmes ce matin? Faites deux listes (hier soir et ce matin) et essayez *(try)* de trouver la cause et l'effet.

Objective, Act 1: developing awareness of form-function relationships

Modèle: (Hier soir) il a trop bu; (ce matin) il est malade.

1. Il cherche ses clés.
2. Il a dansé pendant des heures.
3. Il a mangé beaucoup de gâteaux.
4. Candide est fâché.
5. Il a porté sa chemise élégante et des lunettes de soleil.
6. Il a mis ses clés sur l'étagère.
7. Il est pauvre.
8. Il n'a pas faim.
9. Il est fatigué.
10. Il a beaucoup parlé avec tout le monde.
11. Il a joué aux cartes.
12. Il a bu trop de vin.
13. Il ne veut plus parler à personne.
14. Il n'a plus ses lunettes de soleil et sa chemise n'est plus élégante.
15. Il a téléphoné à Candide à 3 heures du matin.
16. Il boit de l'eau.

2. Leur week-end. Aujourd'hui, c'est lundi. Qu'est-ce qu'ils ont fait ce week-end? Utilisez les verbes de la liste pour compléter les phrases au passé. Vous pouvez utiliser le même verbe plusieurs fois.

Objective, Act. 2: practicing the forms of the passé composé

rencontrer	parler	manger	téléphoner	faire	dormir	grossir

1. Hier, j(e) _____ à Suzanne et nous _____ de toi!
2. Candide et Alceste sont au régime, mais ils _____!
3. Dimanche, nous _____ dans un petit restaurant en ville.
4. Est-ce que vous _____ du sport ou est-ce que vous _____ hier après-midi?
5. Tu _____ une fille merveilleuse au ski dimanche? Mais elle habite loin de chez toi? C'est triste!

3. Hier... Voilà des activités. Qu'est-ce que vous avez fait hier? Faites une liste.

Modèle: faire une promenade avec son chien
J'ai fait une promenade avec mon chien.

Autres activités possibles: faire ses devoirs / mettre une robe élégante / réfléchir aux examens / donner des fleurs à un ami / jouer aux cartes / dormir / trouver 10 dollars / ranger l'appartement / faire le ménage / faire du sport / acheter du pain / boire un café avec des amis / dîner avec ses parents, etc.

Échanges

Vidéo buzz

Un(e) étudiant(e) à l'université Laval

Vous allez inventer un(e) étudiant(e), canadien(ne) ou non, qui va à l'université Laval à Québec.

1. L'étudiant/L'étudiante. Quel est son nom? Sa nationalité? Son âge? Faites une description physique de cet(te) étudiant(e).

2. Caractère et préférences. Comment est cet(te) étudiant(e)? Qu'est-ce qu'il/elle aime? Quels sont ses passe-temps préférés? Qu'est-ce qu'il/elle n'aime pas?

3. Sa chambre. Comment est sa chambre? Faites une liste des choses qu'on trouve dans sa chambre ou dessinez un plan.

4. Son placard. Quels vêtements est-ce qu'il y a dans son placard à l'université? Pourquoi?

5. Son blog. Imaginez que vous êtes cet(te) étudiant(e) et que vous avez décidé de commencer un blog pour raconter votre nouvelle vie à Québec. Utilisez vos notes pour créer la première page de votre blog.

L'université Laval à Québec

La ville de Québec

Comment s'habiller pour une occasion spéciale

Objectives: discussing what to wear; understanding oral and nasal vowels

Scène de vie

—Tu ne sors pas comme ça?
—Ben si...
—Avec un vieux jean? Et ce tee-shirt? Ah non, ça ne va pas, ça ne va pas du tout!
—Ben, pourquoi pas?
—Hein?! Mais on va au restaurant! Tu n'as pas autre chose à mettre?
—Je ne sais pas... Je n'ai pas envie...
—Écoute, moi, je ne sors pas avec toi comme ça!
—Oh, bon, d'accord... Mon pantalon beige, ça va?
—Oui, ça va... Avec une chemise blanche et ta veste bleu foncé.
—Une veste? Non, mais, ça ne va pas? Et une cravate peut-être? Non, non, pas question!
—Bon, bon, d'accord, pas de veste et pas de cravate...
—Et ma chemise rose, ça va, ma chemise rose?
—Avec ton pantalon beige? Oui, ça va... Mais pas de tennis, hein!
—Pas de tennis?
—Non, non... Mets tes chaussures brunes.
—Oh là là, tu es impossible!
—Qu'est-ce que tu veux, moi, j'aime les hommes élégants!

Pour écouter

a. Read the conversation above and find all the vowels that are followed by an **n** or an **m**. Now, listen to the conversation and pay special attention to the vowels you underlined. What differences in pronunciation do you hear?

French has both oral and nasal vowels. Oral vowels are produced mostly within the mouth cavity. Nasal vowels are produced by diverting air into the nose.

ORAL VOWELS	NASAL VOWELS
comme	non
ça	blanche
chemise	envie
une	un
si	impossible

French has four nasal vowels:

[ã] as in *manteau, vêtement, chambre, ensemble*

[ɛ̃] as in *maillot de bain, imperméable, examen, faim, magasin, végétarien*

[ɔ̃] as in *pantalon, foncé, compréhensif, nom*

[œ̃] as in *brun, un, lundi, quelqu'un*

b. As you can see in the list above, the same nasal vowel can be spelled in different ways, although there is always an **n** or an **m** following it. For example, [ɛ̃] can be spelled **in, im, en, aim** or **ain**. However, in standard spoken French, the pronunciation is [ɛ̃] no matter what the spelling is. To practice pronouncing nasal vowels, repeat the words above after your teacher.

c. Listen to the conversation one more time and make a list of the nasal vowels that you hear. Which nasal vowel is the most common in this conversation? The least common?

[ã] as in *vent:*

[ɛ̃] as in *vin:*

[ɔ̃] as in *vont:*

[œ̃] as in *brun:*

d. Can you guess why some vowels followed by an **n** or an **m** are nasal and others are not?

👥 Parlons! Qu'est-ce qu'il faut mettre?

Demain est un jour important pour vous et il faut être bien habillé. Mais qu'est-ce que vous allez porter?

a. Prenez cinq minutes pour décider pourquoi c'est un jour important pour vous (Un entretien pour un travail *[job interview]*? Une fête? Un dîner au restaurant avec un[e] ami[e]? Une sortie en boîte *[nightclub]*?). Décidez des détails (C'est pour quel travail? C'est une fête habillée? On va danser? C'est un restaurant élégant?). Qu'est-ce que vous allez mettre pour cette occasion? Faites une liste avec des détails (couleurs, etc.).

b. Discutez avec votre partenaire et donnez-vous des conseils: Quelle est l'occasion? Qu'est-ce que vous devez porter? Qu'est-ce que vous avez comme vêtements? Qu'est-ce que vous devez acheter? Qu'est-ce qu'il ne faut surtout pas porter? Est-ce que votre partenaire et vous, vous êtes d'accord sur les vêtements à porter?

Les verbes et les prépositions

One group of French verbs is followed directly by an infinitive or a noun complement: **Il aime nager. Il aime la glace.** Another group needs the preposition à: **Je commence** *à* **avoir faim. Tu réfléchis** *à* **demain?** Still another group requires the preposition de: **Elle a choisi** *de* **rentrer. Vous avez envie** *d'***un café?** Vocabulary lists at the end of each lesson and the end-of-book vocabulary provide this information. Here are some of the abbreviations used in dictionaries to indicate this information:

inf. = infinitif

qqn. = quelqu'un *(someone)*

qqch. = quelque chose *(something)*

Les chiffres de 100 à 1.000 (page 208)

Noms

les affaires *(f. pl.) belongings, stuff*
un chapeau *hat*
une chaussette *sock*
une chaussure *shoe*
une chemise *(man's) shirt*
un chemisier *(woman's) shirt*
un costume *(man's) suit*
une cravate *tie*
un euro *euro*
un gant *glove*
un imperméable *raincoat*
un jean *pair of jeans*
une jupe *skirt*
des lunettes *(f. pl.) eyeglasses*
un maillot de bain *swimsuit*
un manteau *coat*
une montre *wristwatch*
un pantalon *pair of pants*
un parapluie *umbrella*
un prix *price*
un pull *sweater*
une robe *dress*

un short *pair of shorts*
des sous-vêtements *(m. pl.) underwear*
un tailleur *(woman's) suit*
une valise *suitcase*
une veste *jacket, sport coat*
des vêtements *(m. pl.) clothes*
un voyage *trip*

Verbes

choisir *(de + inf.) to choose*
finir *(de + inf.) to finish*
grossir *to gain weight*
maigrir *to lose weight*
mettre *to put; to put on; to wear*
porter *to carry; to wear*
réfléchir *(à + qqch.) to think (about); to reflect (on)*

Adjectifs

cher, chère *expensive*
clair(e) *light*
confortable *comfortable*
élégant(e) *elegant*

foncé(e) *dark*
habillé(e) *dressed; dressed up, formal*
long, longue *(precedes noun except for clothing) long*
nouveau, nouvel, nouveaux, nouvelle(s) *(precedes noun) new*
pratique *practical*

Adjectifs de couleur

beige *beige*
gris(e) *gray*
rose *rose*
violet(te) *purple*

Divers

avoir besoin de *to need*
avoir l'air + adj.; avoir l'air *(de + inf.) to look like, to seem*
avoir le temps *(de + inf.) to have time (to + inf.)*
ensemble *together*
hier *yesterday*
une fois *one time, once*

Vocabulaire supplémentaire

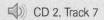

Noms

des baskets *(f. pl.)* *sneakers*
un bijou, des bijoux *piece of jewelry,*
 jewelry
un blouson *jacket (aviator-style)*
un bonnet *ski hat*
un caleçon *boxer shorts*
une casquette (de base-ball) *(baseball)*
 cap
un conseil *(a piece of) advice*
un débardeur *tank top*
une écharpe *scarf (worn for warmth);*
 muffler
un foulard *scarf (dressy)*
des lunettes *(f. pl.)* de soleil *sunglasses*
la mode *fashion*
une parka *parka, ski jacket*
un polo *polo shirt*

un pyjama *pair of pajamas*
une sandale *sandal*
un slip *briefs, panties*
un soulier (une paire de souliers) *a shoe*
 (a pair of shoes)
un soutien-gorge *bra*
un survêtement *sweatsuit*
un tee-shirt *T-shirt*
des tennis *(f. pl.)* *sneakers*

Verbe

coûter *to cost*

Adjectifs

bien habillé(e) *well dressed*
court(e) *short*
décontracté(e) *relaxed, informal*
démodé(e) *out of fashion*

mal habillé(e) *badly dressed*
original(e) *original*

Divers

aller bien / mal avec *to go well / badly*
 with
aller bien / mal ensemble *to go well /*
 badly together (to fit / not fit)
Combien coûte... ? *How much does . . .*
 cost?
combien de fois (par jour, par
 semaine...) *how many times*
 (a day, a week . . .)
coûter cher; ça coûte cher *to be expensive;*
 it's/that's expensive
en solde *on sale*
être à la mode *to be in fashion*

Le français tel qu'on le parle

Ça me (te, vous) va bien / mal! *It fits me (you) well / badly. / It looks nice / bad on me (you).*
C'est combien? *How much is it?*
Je fais du (40, 42...). *My size is (40, 42 . . .).*
Quelle taille faites-vous? / Vous faites du combien? *What's your size?*
Tu trouves? *Do you think so?*

Le français familier

un costard = un costume
une doudoune = une parka
être bien (mal) fringué(e) = être bien (mal) habillé(e)
être bien (mal) sapé(e) = être bien (mal) habillé(e)
les fringues *(f. pl.)* = les vêtements
une godasse = une chaussure
un imper = un imperméable
un jogging = un survêtement
le look *stylish appearance*
relax = décontracté(e)
ringard(e) = démodé(e)
un survêt = un survêtement
un sweat *(pronounced "sweet")* *sweatshirt*
un training = un survêtement

On entend parfois...

une mitaine (Canada) = un gant
un sapeur (Congo, Niger, Cameroun, Côte d'Ivoire) = un homme qui aime être bien habillé

Magazine littéraire

NUMÉRO 2

Éditorial

Ce deuxième magazine est placé sous le signe de la description: description de personnes dans leur vie de tous les jours; description de paysages variés en toutes saisons: mer, campagne, montagne, soleil, pluie; descriptions de paysages de rêve ou réalistes, extérieurs ou intérieurs; description de l'univers autour de nous qui affecte tous les jours de notre existence.

Contenu

Toussaint

Poète belge d'expression française, Maurice Carême tire son inspiration d'une enfance passée à la campagne, proche de la nature et de la vie rurale. D'abord instituteur, il abandonne sa profession pour faire de la poésie, surtout pour les enfants. Sa carrière poétique est admirée et il est nommé «Prince en poésie» en 1975.

Il pleut sur la mer, sur l'église.
   Il pleut sur tous les saints.
Il pleut, ce long jour de Toussaint[1]
Qui ne fut[2], de près ou de loin,
   Qu'une longue aube[3] grise.

Il pleuvait[4] déjà hier matin,
   Et maintenant encor
Il pleut sans fin sur les jardins,
Il pleut sans cesse sur les morts,
   Sur les cierges[5] éteints.

Et l'on annonce pour ce soir
   Des pluies sur tous les ports,
De la Manche à la mer du Nord,
Des pluies, jusqu'à la Forêt-Noire,
   Des pluies, des pluies encor.

---

[1]la Toussaint: une fête religieuse de tradition catholique
[2]fut: passé simple du verbe **être** (un temps narratif au passé)
[3]l'aube: le début de la journée, le matin très tôt
[4]Il pleuvait: verbe **pleuvoir** à l'imparfait, un temps du passé qui exprime la continuité
[5]un cierge: un objet long et blanc avec une flamme qu'on trouve dans une église

ACTIVITÉS

◀ 1. PRÉPARATION

Quelles sont les dates de ces fêtes françaises: le jour de l'An, Noël, la fête nationale, la fête du travail, la Toussaint, la Pentecôte? Cherchez sur Internet ou sur un calendrier français si vous les ignorez.

2. PREMIÈRE LECTURE

a. L'espace. Trouvez dans le texte toutes les indications de lieu *(place)* que le poète évoque. Où est le poète et que regarde-t-il? Quelle région est-ce que le poète décrit? Comment est cette région: Montagneuse? Maritime? Plate?

b. Le temps (climat). Faites une liste de tous les mots et verbes qui font référence au temps qu'il fait dans le poème. Quelle est la saison?

c. Le temps (durée). Faites une liste des verbes. Quel est le temps des verbes (dans la première, deuxième et troisième strophes)?

◀ 3. ANALYSE

a. Les couleurs. Est-ce qu'il y a une couleur dominante dans le poème? Quels mots évoquent cette couleur et qu'est-ce que cette couleur évoque?

b. Le temps et le jour. Est-ce qu'il y a un rapport entre le temps qu'il fait et ce jour de fête? Quelle impression crée la description? Pourquoi?

◀ 4. ÉTUDE/DISCUSSION

D'après ce poème, quelle sorte de fête est la Toussaint? Quels sentiments, quelles impressions et quelles associations s'attachent à cette fête? Pourquoi?

◀ 5. COMPOSITION: UNE FÊTE DANS [WB] VOTRE CULTURE

Choisissez une fête familière et faites un paragraphe descriptif pour communiquer l'atmosphère qui s'attache à cette fête pour vous.

Le Square Monge*

De son temps, Paul Fort a été appelé «Prince des poètes». Plusieurs de ses poèmes sont devenus des chansons célèbres et les enfants français les apprennent à l'école. Cet extrait, entre vers et prose, fait une description d'un petit parc parisien du Quartier latin parfait pour les rendez-vous amoureux.

Ivresse[1] du printemps! Et le gazon[2] tourne autour de la statue de Voltaire. – Ah! Vraiment, c'est d'un beau vert, c'est très joli, le Square Monge: herbe verte, grille[3] et bancs verts, gardien[4] vert, c'est, quand j'y songe[5], un beau coin de l'univers. – Ivresse du printemps! Et le gazon tourne autour de la statue de Voltaire.

Et c'est plein d'oiseaux dans les arbres pâles où le ciel ouvre ses fleurs bleues, – Les pigeons s'aiment d'amour tendre. Les moineaux remuent[6] leur queue. J'attends[7]... Oh! Je suis heureux, dans ce délice de l'attendre. Je suis gai, fou, amoureux! – et c'est plein d'oiseaux dans les arbres pâles, où le ciel ouvre ses fleurs bleues.

Je monte sur les bancs couleur d'espérance, ou bien je fais de l'équilibre... sur les arceaux[8] du parterre, devant la statue de Voltaire. Vive tout! Vive moi! Vive la France! Il n'est rien que je n'espère. J'ai les ailes[9] de l'espérance. – Je monte sur les bancs pour quitter la terre, ou bien je fais de l'équilibre.

Elle a dit: une heure; il n'est que midi! Aux amoureux l'heure est brève. – L'oiseau chante, le soleil rêve. Chaque fois qu'Adam rencontre Ève, il leur faut[10] un paradis [...]

---

[1]Ivresse: l'état d'une personne qui a bu trop d'alcool; ici, un état de surexcitation
[2]le gazon: l'herbe verte dans le parc
[3]la grille: la barrière métallique qui ferme le square
[4]le gardien: la personne qui travaille dans le parc
[5]quand j'y songe: quand j'y pense
[6]remuent: agitent
[7]J'attends: quand quelqu'un n'arrive pas, on attend
[8]les arceaux: morceaux de métal en demi cercle qui limitent les surfaces qui ont des fleurs
[9]les ailes: un oiseau a deux ailes pour voler dans le ciel
[10]il leur faut: il est nécessaire d'avoir

*(Monge, un célèbre mathématicien français. Voir: **academic. cengage.com/french/voila**)

Paul Fort. Extrait du tome 6 de l'*Anthologie des Ballades françaises*, connu sous le titre de *Paris sentimental* ou *Le Roman de nos Vingt Ans*. Flammarion, 1925. Repris dans le recueil *Paris en poésie*, Gallimard, Folio junior Numéro 202, p. 92.

ACTIVITÉS

◀ **1. PRÉPARATION**
Un square est un petit jardin public en ville. Qu'est-ce qu'il y a dans un square? Trouvez dix mots et organisez-les en catégories.

◀ **2. PREMIÈRE LECTURE**
a. Le Square Monge. Faites la liste des objets, des sons et des couleurs qu'il y a dans le square. Comparez votre liste aux mots de l'activité précédente.

b. Les actions et les gestes. Trouvez dans le texte toutes les références aux gestes et aux actions du narrateur.

c. Avez-vous compris? Est-ce que ces phrases sont vraies ou fausses? Corrigez les phrases fausses à l'aide du texte.
1. Il n'y a pas de gardien dans le Square Monge.
2. Il y a des fleurs bleues dans le gazon.
3. Le narrateur a consommé de l'alcool.
4. Le narrateur attend une jeune fille.
5. La statue de Voltaire va tomber.
6. La jeune fille n'est pas à l'heure.

◀ **3. ANALYSE**
a. Les émotions. Quel est l'état psychologique du narrateur. Comment ses émotions sont-elles exprimées?

b. Les images. «Ivresse» et «vert» sont deux mots clés du texte. Quelles expressions, quels détails illustrent ces mots clés?

◀ **4. ÉTUDE**
À quoi associez-vous ce passage: À un tableau? Un film? Une chanson? Un ballet? Justifiez votre réponse.

◀ **5. COMPOSITION** WB
Est-ce qu'il y a un lieu *(place)* spécial pour vous dans votre ville? Décrivez-le et dites pourquoi il est spécial pour vous.

Une nuit délicieuse: *Confession IV*

Jean-Jacques Rousseau a fait des «confessions» un genre littéraire. Il les utilise pour raconter tout ce qu'il fait et tous les sentiments qu'il éprouve, à une époque où il passe des heures en promenades dans la campagne autour de Lyon.

Je me souviens[1] même d'avoir passé une nuit délicieuse hors[2] de la ville. [...] Il avait fait très chaud ce jour-là, la soirée était charmante; la rosée[3] humectait l'herbe flétrie[4]; point de vent, une nuit tranquille; l'air était frais, sans être froid; le soleil, après son coucher, avait laissé dans le ciel des vapeurs rouges dont la réflexion rendait l'eau couleur de rose; les arbres des terrasses étaient chargés de rossignols[5] qui se répondaient de l'un à l'autre. Je me promenais dans une sorte d'extase. [...] Absorbé dans ma douce rêverie, je prolongeai fort[6] avant dans la nuit ma promenade, sans m'apercevoir que j'étais las. [...] Le ciel de mon lit était formé par les têtes des arbres; un rossignol était précisément au-dessus de moi; je m'endormis à son chant: mon sommeil[7] fut[8] doux, mon réveil[9] le fut d'avantage. Il était grand jour: mes yeux en s'ouvrant virent l'eau, la verdure, un paysage admirable. [...]

---

[1] se souvenir: l'acte de la mémoire
[2] hors de: à l'extérieur de
[3] la rosée: l'humidité dans le jardin le matin
[4] flétrie: fatiguée
[5] un rossignol: un petit oiseau qui chante très bien
[6] fort: un mot littéraire pour **très**
[7] le sommeil: l'acte de dormir
[8] fut: passé simple du verbe **être**
[9] le réveil: le contraire du sommeil

Jean-Jacques Rousseau. *Confessions IV*. 1782–1789.

ACTIVITÉS

◀ **1. PRÉPARATION**

Quels mots associez-vous au mot «nature»?

◀ **2. PREMIÈRE LECTURE**

a. La nature. Trouvez dans le texte les mots qui se rapportent à la nature.

b. Les qualités. Quels adjectifs sont associés aux éléments de la nature? Faites une liste de ces expressions.

Modèle: une nuit délicieuse

c. Le narrateur. Quelles sont ses actions? Faites une liste de tous les verbes qui ont «je» comme pronom sujet. Quels mots indiquent des émotions?

d. Avez-vous compris? Dites si ces phrases sont vraies ou fausses et corrigez les phrases fausses à l'aide du texte.
1. Le narrateur est dans la campagne.
2. Il va dormir dehors.
3. Il fait une longue promenade.
4. Il ne dort pas à cause des oiseaux.
5. Il est un peu fatigué.
6. C'est l'après-midi.
7. Il y a du vent et du soleil.
8. Il n'y a pas de bruit *(noise)*.

◀ **3. ANALYSE**

a. Les circonstances. Qu'est-ce qui permet à Rousseau d'être très heureux? Le moment? Le lieu? Les deux? Expliquez.

b. Le paysage. Comment est le paysage décrit par Rousseau? Quels éléments de la nature touchent plus particulièrement sa sensibilité?

c. Le sentiment de la nature. Est-ce qu'il y a un rapport entre les réactions physiques du narrateur et sa conception de la nature? Trouvez des exemples dans le texte.

◀ **4. ÉTUDE**

a. Le romantisme. Ce texte annonce le romantisme, un mouvement littéraire du début du XIXème siècle. D'après ce texte, comment définissez-vous le romantisme? À quel poète anglais pensez-vous?

b. Une vision. Est-ce que la description dans le poème est réaliste? Quels sont ses éléments pictoriaux? Quel type de tableau est-ce qu'elle évoque?

◀ **5. COMPOSITION** WB

Décrivez un paysage que vous aimez.

FEUILLETON: *Monsieur Ibrahim*
(Monsieur Ibrahim et les Fleurs du Coran) (Épisode 2)

Où nous apprenons qui est monsieur Ibrahim et comment il est. Nous faisons sa connaissance.

C'est à peu près au même moment que j'ai connu[1] monsieur Ibrahim. Monsieur Ibrahim avait toujours été vieux. Unanimement, de mémoire de rue Bleue et de rue du Faubourg-Poissonnière, on avait toujours vu monsieur Ibrahim dans son épicerie[2], de huit heures du matin au milieu[3] de la nuit, arc-bouté[4] entre sa caisse et les produits d'entretien[5], une jambe dans l'allée, l'autre sous les boîtes d'allumettes[6], une blouse grise sur une chemise blanche, des dents en ivoire sous une moustache sèche, et des yeux[7] en pistache, verts et marron, plus clairs que sa peau[8] brune tachée par la sagesse. Car monsieur Ibrahim, de l'avis général, passait pour un sage. Sans doute parce qu'il était depuis au moins quarante ans l'Arabe d'une rue juive. Sans doute parce qu'il souriait[9] beaucoup et parlait peu. Sans doute parce qu'il semblait échapper à l'agitation ordinaire des mortels, surtout des mortels parisiens, ne bougeant[10] jamais, telle une branche greffée sur son tabouret[11], ne rangeant jamais son étal[12] devant qui que ce soit, et disparaissant on ne sait où entre minuit et huit heures du matin.

---

[1]j'ai connu: quand monsieur Ibrahim est devenu l'ami de Momo
[2]une épicerie: une petite boutique dans le quartier où on achète du sucre, des légumes, du café, de l'eau, des pâtes, etc.
[3]au milieu de: entre le début et la fin
[4]arc-bouté: dans une position courbée
[5]les produits d'entretien: les produits pour nettoyer, pour ranger et rendre propre
[6]les allumettes: elles sont pour allumer le feu, elles font une flamme quand on les frotte
[7]les yeux: pour regarder, nous avons deux yeux
[8]la peau: ce qui couvre notre corps *(skin)*
[9]il souriait: sourire, c'est avoir une expression de joie, une expression aimable
[10]bougeant: s'agitant
[11]un tabouret: un objet, un petit meuble pour s'asseoir
[12]son étal: la partie de la boutique visible de l'extérieur

Éric-Emmanuel Schmitt, *Monsieur Ibrahim et les Fleurs du Coran*. © Éditions Albin Michel, 2001.

ACTIVITÉS

◀ 1. PRÉPARATION
Pour faire le portrait de quelqu'un dans un roman, de quoi parle-t-on? Choisissez:

sa famille	son apparence physique	son salaire
ses amis	sa maison	sa profession
ses enfants	ses parents	son caractère
ses vêtements	ses préférences	sa religion
ses idées politiques	ses expériences	ses études

◀ 2. PREMIÈRE LECTURE
a. Son physique. Trouvez dans le texte les mots et expressions qui décrivent l'apparence physique de monsieur Ibrahim. Faites une liste.

b. Ses habitudes. Quelles phrases du texte décrivent ses habitudes? Quelles sont ses habitudes?

c. Avez-vous compris? Vrai ou faux? Corrigez les phrases fausses à l'aide du texte.
1. Monsieur Ibrahim habite depuis longtemps dans la rue Bleue.
2. Monsieur Ibrahim a quarante ans.
3. Monsieur Ibrahim est très bavard.
4. Monsieur Ibrahim passe son temps à ranger son épicerie.
5. Monsieur Ibrahim porte des vêtements de travail.
6. Monsieur Ibrahim semble heureux.
7. Il y a un arbre dans l'épicerie de monsieur Ibrahim.
8. L'épicerie de monsieur Ibrahim est très moderne.
9. Monsieur Ibrahim ne dort pas dans son épicerie.
10. Monsieur Ibrahim est juif.

◀ 3. ANALYSE
a. Monsieur Ibrahim. Qu'est-ce que nous apprenons dans ce passage sur monsieur Ibrahim? D'après vous, quel est son statut social dans la société française?

b. Le caractère. Trouvez dans le texte des références au caractère de monsieur Ibrahim.

c. Momo et monsieur Ibrahim. Momo est le narrateur de cette histoire. D'après cette description, quels sentiments a-t-il pour monsieur Ibrahim? Justifiez votre réponse avec des phrases du texte.

◀ 4. ÉTUDE/DISCUSSION
L'épicerie. L'épicerie de monsieur Ibrahim est typique des petites épiceries de quartier à Paris ou dans les grandes villes. D'après cette description, qu'est-ce qu'une épicerie de quartier en France?

Modèle: C'est une boutique qui est... qui vend... où on vient quand...

◀ 5. COMPOSITION: UN PORTRAIT [WB]
Faites le portrait d'une personne qui joue un rôle important dans votre vie.

Où est-ce que vous habitez?

En bref

Pour communiquer

Décrire des résidences francophones

Visiter une ville et demander son chemin

Compter: les chiffres au-dessus de 1.000

Raconter des événements passés

Parler de sa ville (Le français parlé)

Structure

Les verbes comme **vendre**

Le passé composé avec **être**

La négation et l'interrogation au passé composé.

Culture

Maisons et confort

Appartement à louer

À Paris

On déménage en France! (Échanges)

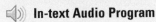 **iLrn Heinle Learning Center includes**

🔊 **In-text Audio Program**

▶ **Voilà Video**

🌐 **Companion Website**

👥 **Pair work**

👥 **Group work**

Observez

Qu'est-ce qu'il y a sur les photos? C'est dans une grande ville, une petite ville ou un village? Les maisons sont modernes ou traditionnelles? Quelle photo préférez-vous? Pourquoi?

Vocabulaire

Vidéo buzz

A. 35 rue Minerve, 1060 Bruxelles: la maison des Mabille

Je m'appelle Annette Mabille et voilà ma maison à Bruxelles, en Belgique. C'est une maison de ville, ancienne et agréable. Au sous-sol, il y a un garage pour une voiture et une grande cave pratique pour le vin. Au rez-de-chaussée, il y a trois grandes pièces: un salon qui donne sur le jardin, une cuisine moderne et une salle à manger. Il y a aussi des W.-C. Il y a deux étages. Au premier étage, il y a une salle de bains, des W.-C. et trois chambres: une pour moi, une pour ma fille Sylvie et une pour les amis. Au dernier étage, dans le grenier,

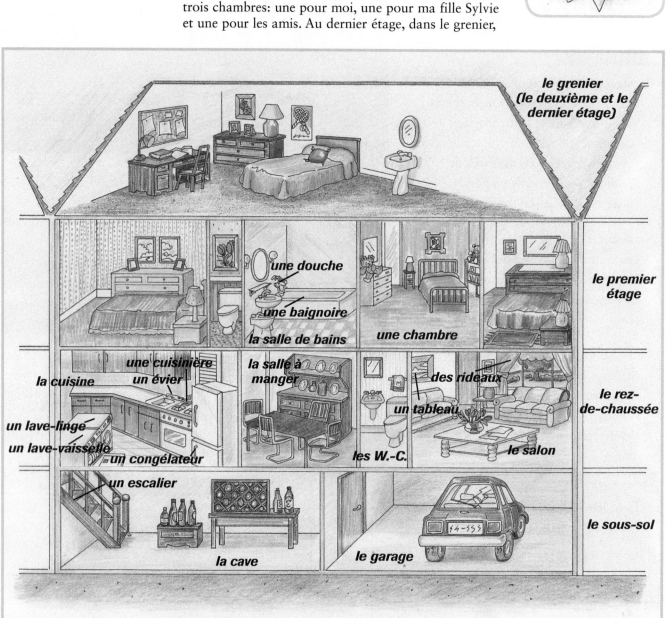

le grenier
(le deuxième et le dernier étage)

le premier étage

une douche

une baignoire

la salle de bains

une chambre

la cuisine

une cuisinière

un évier

la salle à manger

des rideaux

un tableau

un lave-linge

un lave-vaisselle

un congélateur

les W.-C.

le salon

le rez-de-chaussée

un escalier

la cave

le garage

le sous-sol

il y a la chambre de Suzanne. C'est une chambre assez sombre, mais elle l'adore parce qu'elle est très grande et Suzanne aime être à l'aise! Ma troisième fille, Catherine, est mariée et n'habite plus chez nous depuis 3 ans.

● **Leur maison.** Quelle est l'adresse des Mabille? Est-ce qu'ils habitent en France? Est-ce qu'ils ont une maison moderne ou ancienne? Est-ce que c'est une maison confortable, à votre avis? Combien d'étages est-ce qu'il y a? Qu'est-ce qu'il y a au sous-sol? Où est le salon? Et la chambre d'Annette Mabille? Et la chambre de Suzanne?

● **Leurs meubles.** Qu'est-ce qu'il y a dans la salle à manger? Dans la cuisine? Dans la salle de bains? Comment est le salon? Et la chambre de Suzanne?

B. 75 avenue Édith Cavell, 06000 Nice: la maison de Jacques Dubois

Je m'appelle Jacques Dubois et j'ai déménagé à Nice en 2005 parce que j'aime le soleil et la mer. J'habite une maison confortable dans un quartier calme assez loin du centre-ville. À l'intérieur, les pièces sont claires et agréables. En bas, il y a une cuisine et une grande salle de séjour avec un coin salle à manger. Il y a aussi deux chambres et une salle de bains. En haut, au premier étage, il y a une troisième chambre et une salle d'eau avec douche et lavabo.

À l'extérieur, il y a un garage, une terrasse, une piscine et un grand jardin avec des arbres et des fleurs. J'ai aussi des légumes dans mon jardin, derrière la maison.

Je suis retraité depuis cinq ans et j'aime bien travailler chez moi. L'année dernière, j'ai mis une piscine pour mes enfants et mes petits-enfants. Et puis, pour entrer chez moi, il faut traverser la pelouse. Alors, je voudrais aussi faire un chemin qui va jusqu'à la rue. Peut-être au printemps, si j'ai le temps! Finalement, je voudrais bien mettre la climatisation un jour. Il fait si chaud en été ici! Mais ça coûte cher et je ne veux pas devoir de l'argent à la banque.

un arbre • le toit • des volets (m.) • un mur • la terrasse • la pelouse

● Où habite Jacques Dubois? Depuis quand? Quelle est son adresse? Depuis combien de temps est-ce qu'il est retraité?
● Il y a combien de pièces dans la maison? Est-ce que vous préférez la maison des Mabille ou la maison de Jacques Dubois? Pourquoi?
● Qu'est-ce que Jacques a déjà fait dans la maison? Qu'est-ce qu'il voudrait faire? Pourquoi?

Maisons et confort

1. Le confort et vous. Qu'est-ce qui est essentiel pour le confort d'une maison ou d'un appartement, pour vous? Qu'est-ce qui n'est pas essentiel?

2. Le confort des maisons en France

> 93 % des logements *(lodgings)* français ont tout le confort: W.-C. intérieurs, une salle de bains ou douche, chauffage central *(central heating)*; 10 % des logements ont deux salles de bains ou plus; 20 % des logements ont deux W.-C.

Francoscopie 2010, p. 173.

Qu'est-ce qu'il y a dans les deux salles de bains?

a. Le confort dans les maisons françaises. D'après le texte, qu'est-ce qui est essentiel pour le confort d'une maison? Comparez avec votre liste de l'Activité 1: Quelles sont les similarités? Les différences?

b. La salle de bains. Combien de salles de bains est-ce qu'il y a chez les Mabille? Et chez Jacques Dubois? Quelle est la différence entre une salle de bains et une salle d'eau? Où sont les W.-C. chez les Mabille? Quelle maison correspond le mieux au texte de *Francoscopie*? Est-ce que les salles de bains sur les photos sont comme chez vous ou différentes? En quoi?

3. Une maison en Belgique, une maison en France: quelques *(a few)* détails

Regardez les photos et le plan de la maison des Mabille (p. 232).

Une maison de ville typique à Bruxelles, comme la maison des Mabille

Une petite maison de ville à Arles (Bouches-du-Rhône)

a. Les étages. Comment est-ce que les étages sont comptés chez vous? Le rez-de-chaussée en France, c'est quel étage chez vous? Si une famille française habite au deuxième étage, ça correspond à quel étage chez vous? Combien d'étages a la maison de Bruxelles?

b. Salle de séjour ou salon? Chez les Mabille, il y a un salon et chez Jacques Dubois, il y a une grande salle de séjour avec un coin salle à manger. Quelle est la différence entre un salon et une salle de séjour, à votre avis?

c. Une maison de ville en Belgique, une maison de ville dans le sud de la France... Comparez les maisons sur les deux photos. Quelle maison préférez-vous? Pourquoi?

Activité vidéo

C. 23 rue des Taillandiers, 75011 Paris: l'appartement de Jean Rasquin

l'appartement de Jean Rasquin

un immeuble

Depuis l'automne, je loue un trois-pièces au quatrième étage d'un immeuble moderne à Paris. Dans mon appartement, il y a une petite cuisine, un grand séjour avec un coin repas, deux chambres, des W.-C. et une salle de bains. Il y a aussi une entrée avec des placards et un couloir qui va à la cuisine et au séjour. La cuisine et le séjour donnent sur un grand balcon ensoleillé. J'ai un lave-vaisselle et un lave-linge dans la cuisine, mais je n'ai pas de sèche-linge. Il y a un ascenseur dans l'immeuble, mais je monte quelquefois par l'escalier pour faire de l'exercice. J'aime bien habiter en appartement parce que je voyage beaucoup et c'est plus facile qu'une maison. J'adore aller au Canada et aux États-Unis en vacances et je pars souvent deux ou trois semaines en été. En hiver, je fais du ski. Et je ne suis pas souvent chez moi les week-ends...

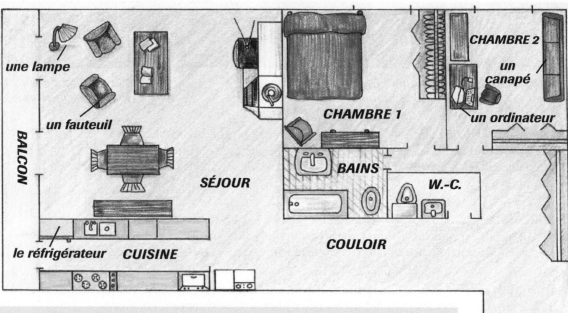

● Où habite Jean Rasquin? Quelle est son adresse? Depuis quand est-ce qu'il habite dans son appartement? Est-ce que son appartement est grand? En ordre ou en désordre? Agréable? Pourquoi ou pourquoi pas? Est-ce que Jean Rasquin monte en ascenseur ou par l'escalier quand il rentre chez lui? Pourquoi? Pourquoi est-ce qu'il aime mieux habiter en appartement que dans une maison? Et vous, qu'est-ce que vous préférez?

Appartement à louer

Comme Jean Rasquin, 43 % des Français habitent en appartement (*Francoscopie 2010, p. 168*). Voilà la petite annonce de l'appartement que Jean a loué:

Paris 11ème (75)   1.490 €

3P 68m² dans imm. récent, 4e étg avec asc, lumineux, double exposition sud-ouest, calme, grand balcon, séj. spacieux, cuisine équipée, 2 ch., sdb, WC séparé, placards, cave, pkg.

---

1. Qu'est-ce que c'est? Trouvez le mot qui correspond aux abréviations: P, imm., étg, asc, séj., ch., sdb, pkg.

2. Pièces. L'appartement de Jean Rasquin est un trois-pièces. À votre avis, quelles pièces d'un appartement comptent comme pièces dans une petite annonce française? Comment s'appelle un appartement avec une chambre, à votre avis?

2: A one-room apartment is called **un studio.**

3. Pièces, salles ou chambres? Voilà des exemples de l'usage des mots **pièce**, **salle** et **chambre**. Quels sont les équivalents anglais? Quelle est la différence entre ces trois mots?

- Maison de campagne. Cliquez ici pour une visite pièce par pièce...
- La décoration de chaque pièce de la maison...
- Salle de réception à louer...
- Salles de bains et cuisines contemporaines...
- Chambre de commerce et d'industrie de Nice...
- Chambres d'hôtel agréables et pas chères...

Sologne. Villa récente, 150 m², 5 pièces, grand séjour, piscine.

D. Le plan d'une petite ville: Retournons à Cinet

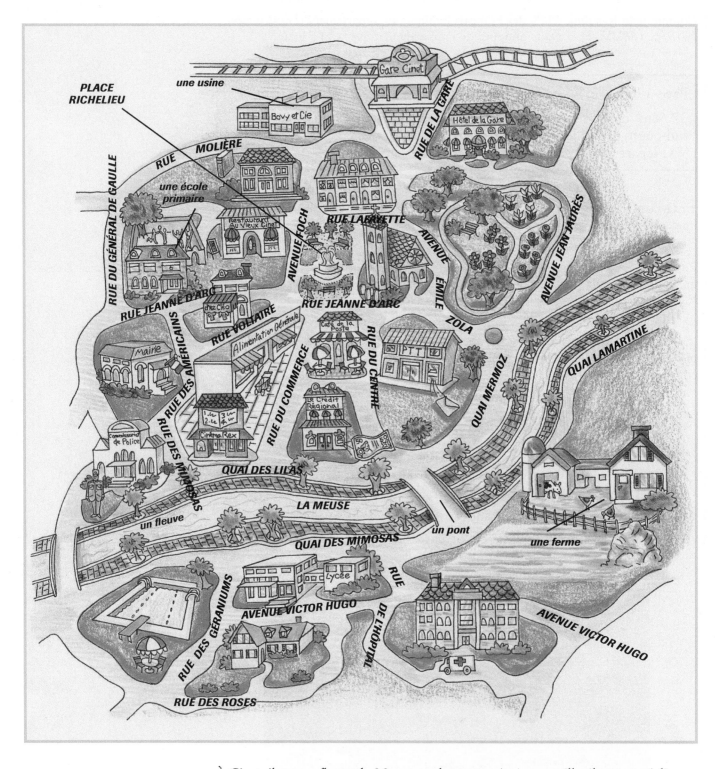

À Cinet, il y a un fleuve, la Meuse, et des ponts. Au centre-ville, il y a une église et, en face de l'église, il y a une place. Il y a aussi une mairie, un commissariat de police, une gare, une banque, une école primaire et un lycée. Et puis, un peu plus loin, il y a un hôpital et une usine, Bovy et Cie. Et parce que Cinet est à la campagne, il y a aussi des fermes.

Cie = Compagnie

Quelqu'un sort de la gare et demande son chemin:

—Pardon, madame, pourriez-vous me dire où se trouve l'hôpital, s'il vous plaît?
—C'est facile. D'abord, prenez la rue de la Gare et continuez tout droit
 jusqu'à l'église. À l'église, tournez à gauche dans l'avenue Émile Zola.
 Au bout de l'avenue, prenez le quai Mermoz à droite. Ensuite, traversez le
 premier pont à gauche et tournez à droite. L'hôpital est au coin de la rue de
 l'Hôpital et de l'avenue Victor Hugo.
—C'est loin?
—Oh, dix petites minutes à pied...
—Merci beaucoup, madame!
—Je vous en prie!

● Qu'est-ce qu'il n'y a pas à Cinet? Vous aimez Cinet? Pourquoi ou
 pourquoi pas? Comment allez-vous de la mairie à l'église? Du parc
 au commissariat de police? De la ferme à l'école primaire?

E. Compter: Les chiffres au-dessus de 1.000

1.000	mille	*one thousand*
1.001	mille un	*one thousand one*
1.100	onze cents,	*eleven hundred,*
	mille cent	*one thousand one hundred*
1.500	quinze cents,	*fifteen hundred,*
	mille cinq cents	*one thousand five hundred*
2.000	deux mille	*two thousand*
10.000	dix mille	*ten thousand*
100.000	cent mille	*one hundred thousand*
1.000.000	un million	*one million*
1.000.000.000	un milliard	*one billion*

Cette Smart coûte 13.900 euros. C'est une petite voiture qui n'est pas très chère.

Cette Renault Laguna coûte 29.350 euros. C'est une grande voiture qui coûte assez cher.

Cette petite maison ancienne ne coûte pas très cher: 112.000 euros (Bouches-du-Rhône)

● Combien coûtent
les voitures? Et
les maisons?

Cette grande maison coûte cher: 859.000 euros (région parisienne).

1. Jour, semaine et année + *dernier*. Note the use of **dernier** in these expressions.

dimanche **dernier**	*last Sunday*
la semaine **dernière**	*last week*
le mois **dernier**	*last month*
l'année **dernière**	*last year*

In all other cases, **dernier** precedes its noun.

Il habite au **dernier** étage.	*He lives on the top floor.*
C'est la **dernière** fois!	*It's the last time!*

Mini conversations. Qu'est-ce qui va ensemble?

1. L'année dernière...
2. Pendant nos dernières vacances...
3. Samedi dernier...
4. Dans la dernière salle à gauche...
5. C'est la dernière fois que...

a. ... il a fait très beau et nous avons fait des randonnées tous les jours.

b. ... il y a un beau tableau de Renoir.

c. ... on a pris des vacances au Canada. On a beaucoup aimé le Québec.

d. ... je sors avec toi!

e. ... vous avez regardé le match de rugby à la télé?

2. Combien est-ce que je vous dois? The verb **devoir** can also mean *to owe.*

—Combien est-ce que je vous **dois**? *How much do I owe you?*

—Mais vous ne me **devez** rien! *But you don't owe me anything!*

Devoir. Conjuguez le verbe **devoir** au présent. Est-ce qu'on parle d'une dette *(debt)* ou d'une obligation?

1. Voilà tes courses. Tu me _____ 27 euros.
2. Vous _____ visiter Paris au printemps!
3. Pour aller à l'hôpital, on _____ traverser le pont et tourner à droite.
4. Les Dubois _____ acheter une nouvelle voiture.
5. Un très grand merci! Je te _____ un bon dîner!

3. Les chiffres et l'argent. In written numbers, French uses a period where English uses a comma, and vice versa.

FRENCH	ENGLISH
12,25 (**douze virgule vingt-cinq**)	12.25
3.000 (**trois mille**)	3,000

In January 2002, the euro (€) became the sole common currency in France, Belgium, Germany, Spain, Ireland, Italy, Luxemburg, Holland, Austria, Portugal, and Finland. As of publication date, Greece, Slovenia, Chypre and Malte have joined the **zone euro**. The official abbeviation for the euro is EUR. Each euro is divided into 100 **centimes**. Here is how to say prices in euros:

Vous me devez **19,50 euros: dix-neuf euros cinquante.**

C'est **6,30 euros,** s'il vous plaît: **six euros trente.**

Above 199, the word **cent** *(hundred)* is written with an **s** only if not followed by another number. The word **mille** *(thousand)* never has an **s**.

100   **cent**

200   **deux cents**

210   **deux cent dix**

4.000   **quatre mille**

The years before 2000 may be expressed using either **cent** or **mille**.

1999   **dix-neuf cent quatre-vingt-dix-neuf**

        mille neuf cent quatre-vingt-dix-neuf

Prix. Combien coûtent ces choses? Soyez logique!

1. un bon téléphone portable: **400 euros ou 12 euros?**

2. une tarte: **9,50 euros ou 15.340 euros?**

3. un safari-photo en Afrique: **1.950 euros ou 3,95 euros?**

4. une petite voiture: **12.000 euros ou 120 euros?**

4. Depuis. Use **depuis** to say *how long* or *since when* something has been going on. French uses the present tense to say this. Use **depuis combien de temps** to ask *for how long* something has been going on. Use **depuis quand** to ask *since when* something has been going on.

Et les Mabille, ils habitent à Bruxelles **depuis combien de temps?**
*And the Mabilles, (for) **how long** have they been living in Brussels?*

Les Mabille ont toujours habité à Bruxelles.
The Mabilles have always lived in Brussels.

Et Jacques Dubois, **depuis combien de temps** est-ce qu'il habite à Nice?
*And Jacques Dubois, (for) **how long** has he been living in Nice?*

Jacques Dubois habite á Nice **depuis** cinq ans.
*Jacques Dubois has been living in Nice **for** five years.*

Et Jean Rasquin, **depuis quand** est-ce qu'il habite á Paris?
*And Jean Rasquin, **how long (since when)** has he been living in Paris?*

Jean Rasquin habite á Paris **depuis** 1995.
*Jean Rasquin has been living in Paris **since** 1995.*

Jean Rasquin, **depuis quand** est-ce qu'il habite dans son appartement?
*Since when (For how long)** has Jean Rasquin been living in his apartment?*

Il habite dans son appartement **depuis** l'automne.
*He's been living in his apartment **since** fall.*

Du français à l'anglais. Pouvez-vous traduire ces petites conversations?

1. —Depuis combien de temps est-ce que vous travaillez chez Michelin?
   —Depuis 20 ans.

2. —Depuis quand est-ce que vous avez cette voiture?
   —Depuis... hier! C'est une nouvelle voiture!

3. —Patrick et moi sommes mariés depuis 1982.
   —Depuis 1982? C'est vrai?
   —Et oui, nous sommes mariés depuis 30 ans...

5. Les nombres ordinaux. Here are the forms and abbreviations of the ordinal numbers 1–22.

premier, première	1er, 1ère	douzième	12e
deuxième	2e	treizième	13e
troisième	3e	quatorzième	14e
quatrième	4e	quinzième	15e
cinquième	5e	seizième	16e
sixième	6e	dix-septième	17e
septième	7e	dix-huitième	18e
huitième	8e	dix-neuvième	19e
neuvième	9e	vingtième	20e
dixième	10e	vingt-et-unième	21e
onzième	11e	vingt-deuxième	22e

Les jeunes et la lecture *(reading)*. Où est-ce que les jeunes sont les meilleurs à la lecture? Lisez le texte à voix haute *(Read aloud)*.

> D'après une étude de l'**OCDE** faite sur les jeunes de 15 ans en 2000, les Finlandais sont 1ers, les Canadiens 2e, les Français 10e, les Américains 11e et les Russes derniers. Mais d'après une étude du **Programme International de Recherche en Lecture Scolaire** faite sur les enfants de 10 et 11 ans en 2006, les enfants russes sont 1ers, les enfants américains sont 18e, les enfants québécois sont 23e et les enfants français sont 27e.

6. Si. The word **si** has three different equivalents in English.

a. Affirmative response to negative question or statement:

—Tu ne travailles pas assez!   *You don't work enough!*

—Si! Je travaille trop!   *Yes I do! In fact, I work too much!*

b. **Si** meaning *if* or *whether:*

S'il fait beau, je vais jouer au tennis.   *If it's nice, I'm going to play tennis.*

Je ne sais pas s'il va faire beau demain.   *I don't know whether it will be nice tomorrow.*

The **i** of **si** is dropped in front of **il** and **ils** only.

S'ils font la vaisselle, papa va être content!

Si elles font la vaisselle, papa va être content!

Si on ne fait pas la vaisselle, papa ne va pas être content!

c. **Si** meaning *so*, to intensify the meaning of an adjective or an adverb:

Il fait **si** beau aujourd'hui!   *It's so nice out today!*

Où partir en week-end? Lisez la petite conversation entre Delphine et son amie Justine. Trouvez les **si** dans le texte et traduisez-les *(translate them)*.

—Sébastien et moi voulons partir un week-end mais on ne sait pas trop où aller... Tu as une idée?

—Ben, ça dépend **si** vous préférez la ville ou la campagne. **Si** vous aimez la ville, pourquoi pas un week-end à Paris ou à Barcelone? **Si** vous aimez mieux la campagne, pourquoi pas aller en Provence? Il y a beaucoup de petits hôtels romantiques et les champs de lavande sont **si** beaux en cette saison. Ou bien la mer; vous n'aimez pas la mer?

—**Si**, on adore!

—Alors, pourquoi pas le Mont Saint-Michel?

—Bonne idée! Sébastien et moi, on aime beaucoup les sites historiques...

Mise en pratique

1. Chassez l'intrus. Quel mot ne va pas avec les autres à cause du sens *(meaning)*?

Objective, Act. 1: working with semantic fields

1. la douche / le lavabo / l'évier / la baignoire
2. les W.-C. / le jardin / les arbres / les fleurs
3. l'immeuble / le meuble / la maison / l'appartement
4. l'ascenseur / le sous-sol / le rez-de-chaussée / le premier étage
5. la cuisine / la salle de bains / la terrasse / la salle à manger
6. une cuisinière / un canapé / un lave-vaisselle / un lave-linge

2. Ça va ensemble. Quel(s) nom(s) à gauche associez-vous aux adjectifs et aux expressions à droite?

Objective, Act. 2: using receptive vocabulary

Modèle: un réfrigérateur
C'est froid, c'est en bas, c'est pratique...

un jardin	un balcon		sombre	à l'intérieur
le rez-de-chaussée	un arbre		clair	pratique
une piscine	une fenêtre		froid	en bas
le premier étage	une fleur	c'est	à l'extérieur	confortable
une terrasse	une salle de bains		vert	en haut
un couloir	un ascenseur		grand	agréable
une cave	un lave-vaisselle		rouge	calme

3. Les pièces. En groupes, faites des listes, puis comparez avec les autres groupes. Quelles pièces de la maison...

Objectives, Act. 3: reviewing vocabulary in context; comparing experiences, cultures, and traditions

1. sont pour tout le monde? ne sont pas pour tout le monde?
2. sont en haut? sont en bas?
3. ont une télévision? ont un ordinateur?
4. ont un lave-linge? ont un lave-vaisselle?

C'est quelle pièce?

4. Où? Comparez avec un(e) partenaire: Où est-ce que ça arrive? Où est-ce que ça n'arrive pas?

> *Modèle:* j'étudie
> *À la bibliothèque, dans ma chambre, devant la télévision...*
> *Jamais au restaurant.*

1. je parle au téléphone
2. je dors
3. je mange

4. j'ai souvent froid
5. j'ai souvent chaud
6. j'ai souvent sommeil

5. Les prix. Combien est-ce que ça coûte en dollars, à votre avis? Décidez avec un(e) partenaire puis comparez avec les autres groupes.

1. un ordinateur portable
2. une grande maison à Beverly Hills
3. un studio à New York, près de Central Park
4. un repas pour deux personnes dans un restaurant très élégant
5. un repas pour deux personnes à McDonald

6. Les directions. La famille Bastin, qui a une ferme près de Cinet, loue des chambres à des touristes en été. Vous passez le week-end dans leur ferme et vous voulez visiter Cinet. Demandez les directions. Utilisez le plan de la ville (page 238) et jouez les deux rôles avec un(e) partenaire.

> *Modèle:* Vous: *Pourriez-vous me dire où se trouve...*
> M./Mme Bastin: *C'est facile! Vous prenez...*

Vous voulez aller: à la piscine / à l'église / au parc / au cinéma / au restaurant Au Vieux Cinet.

Vidéo buzz

Langue et **culture**   **À Paris**

Vous êtes à Paris pour trois jours, à l'Hôtel de Suez (31, boulevard Saint-Michel, 75005 Paris). Qu'est-ce que vous allez faire? Qu'est-ce que vous allez visiter? Comparez avec les autres groupes.

a. Pour ne pas se perdre *(In order not to get lost).* En groupes, regardez le plan (page 245).

- Combien d'arrondissements est-ce qu'il y a à Paris? Dans quels arrondissements sont les principales destinations touristiques? La tour Eiffel est dans le 7e arrondissement. Et le Louvre? Le Panthéon? La Bibliothèque nationale? Montmartre? Notre-Dame? Le jardin du Luxembourg? Le musée d'Orsay? Le centre Pompidou? Le cimetière du Père Lachaise? L'arc de Triomphe?

- Votre hôtel est dans le Quartier latin, près de la Sorbonne, du Panthéon, de Notre-Dame et du jardin du Luxembourg. Où est l'arrondissement indiqué dans l'adresse?

b. Activités. Qu'est-ce que vous allez faire et visiter? Décidez en groupes et comparez avec les autres groupes.

Vous voulez faire les musées? Visiter des églises? Faire les magasins? Aller voir *(Go and see)* les tombes *(graves)* de Balzac, d'Édith Piaf, de Jim Morrison, de Voltaire, de Victor Hugo et de Zola?

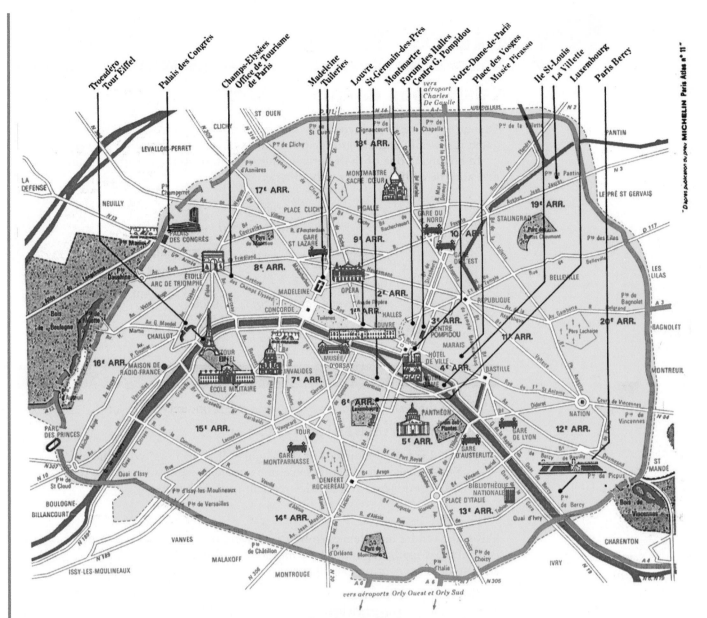

Le plan de Paris

L'arc de Triomphe

La pyramide du Louvre

Structure 1

Les verbes comme *vendre*

One group of verbs in French has infinitives that end in **-re.** These verbs are conjugated identically and are grouped together as *third conjugation* or **-re** verbs.

To conjugate one of these verbs in the present, drop the infinitive ending (**-re**) and add the endings shown in bold type.

vendre *to sell*	
je vend**s**	nous vend**ons**
tu vend**s**	vous vend**ez**
il	ils
elle } vend *(no ending)*	elles } vend**ent**
on	

Note de prononciation

- The three singular forms of **-re** verbs are pronounced the same:

  je vends / tu vends / il vend

- The **d** is not pronounced in the singular. It *is* pronounced in the plural. Notice especially the difference in pronunciation between **il/elle vend** (**d** is not pronounced) and **ils/elles vendent** (**d** is pronounced).

Verbs like **vendre** include **descendre** *(to descend* or *to go down; to bring* or *to take [something down]),* **répondre à** *(to answer),* **perdre** *(to lose),* **entendre** *(to hear),* and **attendre** *(to wait* or *to wait for).*

Il n'aime pas **répondre** aux questions superficielles.	*He doesn't like to answer superficial questions.*
Ne monte pas! Nous **descendons**!	*Don't come up! We're coming down!*
J'**attends** dix minutes et c'est tout!	*I'm waiting ten minutes and that's it!*
Elle **perd** ses clés tout le temps. C'est très ennuyeux.	*She's always losing her keys. It's really irritating.*
Tu **entends** quelque chose?	*Do you hear something?*

The imperative, or command, forms of third conjugation verbs are identical to their present tense forms.

Descend**s** tout de suite!	*Get down here right now!*
Attend**ons** cinq minutes!	*Let's wait for five minutes!*
Répond**ez**, s'il vous plaît.	*Please answer.*

Third conjugation verbs like **vendre** form their past participle in **-u.**

Tu sais quoi? Candide a **vendu** son vélo!	*You know what? Candide sold his bike!*

Mise en pratique

1. Ça y est, tu es sur ma page!

Objective, Act. 1: recognizing meaning and form of *-re* verbs

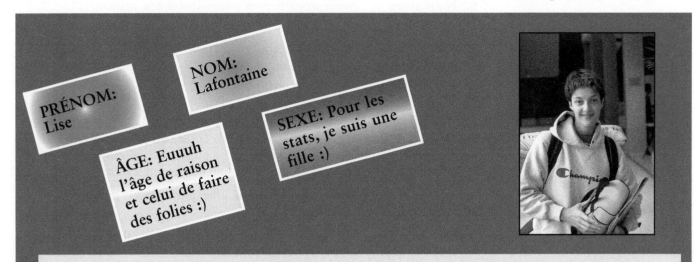

PRÉNOM:
Lise

NOM:
Lafontaine

ÂGE: Euuuh
l'âge de raison
et celui de faire
des folies :)

SEXE: Pour les
stats, je suis une
fille :)

J'aime: la sieste, l'automne, l'été, le printemps, les voyages, sortir avec des amis, boire un café (ou un jus d'orange) avec Mathieu (ou avec Julie), aller au cinéma, le chocolat, les promenades en forêt l'automne avec mon chien, lire un bouquin, les jeux vidéo et l'informatique en général, le cinéma à tarif réduit, la ville de Montréal en été et profiter de la vie quoi!:), le cinéma... je l'ai déjà dit... surtout les films d'aventures, de science-fiction et les films humoristiques, parler pour rien dire 2 heures au téléphone avec Céleste (une amie), la musique (le rock, pas les trucs classiques)...

Je n'aime pas: attendre, l'hiver, le froid, la neige... les hypocrites, les gens qui ne m'aiment pas, les gens bêtes, les chats, perdre mes clés (je le fais souvent), la viande, le chocolat noir, la confiture de fraises, enfin tout ce qui est sucré, aussi... les petits pois (beurk), la bière, enfin, je n'aime pas les gens qui n'aiment pas!

Je crois que c'est tout ce que je peux vous dire sur moi...

La page perso de Lise. D'après ce qu'elle dit, indiquez si Lise fait probablement souvent les choses suivantes ou pas.

- ❏ Je descends en ville pour passer du temps au café avec des copains.
- ❏ J'attends mes amis devant le cinéma... avec beaucoup de patience!
- ❏ Je vends ma collection de CD de musique classique.
- ❏ Je vends ma collection de CD de rock.
- ❏ Je perds mes clés.
- ❏ Je ne réponds pas aux questions bêtes!
- ❏ Quand j'entends le téléphone sonner, je suis contente! C'est pour moi!

Et vous? Est-ce que vous êtes comme Lise?

Modèle: Moi aussi je... Moi, je ne...

2. Et hier? Complétez les phrases au passé composé avec ces verbes: **perdre, vendre, attendre, répondre, entendre.**

Modèle: Tu as *perdu* tes clés?

1. Nous avons _____ notre appartement pour acheter une maison.
2. Patrick n'a jamais _____ à mes lettres!
3. Vous avez _____ vos lunettes?
4. Alceste a _____ Candide pendant une heure!
5. Écoute! Tu as _____ quelque chose?

3. Une blague *(joke)* amusante? Est-ce que cette blague est amusante? En groupes, complétez le texte avec les verbes de la liste au présent, à l'infinitif ou à l'impératif. Vous pouvez utiliser le même verbe plusieurs *(several)* fois ou pas du tout. Puis relisez le texte pour décider si c'est une blague amusante.

mettre, descendre, vendre, entendre, sortir, aller, partir, jouer, prendre, commencer, faire, rentrer, être

Un homme _____ du travail un soir, fatigué et déprimé. Il _____ une voix *(voice)* qui dit *(says):* «Abandonne ton job, _____ ta voiture, vide *(clean out)* ton compte en banque et _____ à Monte-Carlo pour _____ le 9.» L'homme pense _____ en état d'hallucination. Mais chaque soir, quand il _____ du travail, il _____ la voix qui dit la même *(same)* chose. Alors, un jour, il abandonne son job, _____ toutes ses affaires et son argent et _____ à Monte-Carlo. Là, il _____ au casino et _____ à jouer à la roulette. À ce moment, voilà la voix qui dit à l'homme: «_____ tout ton argent sur le 9...» Il le _____ nerveusement. La roulette tourne et la boule s'immobilise *(stops)* sur le 13. Et la voix dit *(says):* «Zut alors...»

Casino à Monte-Carlo

Structure 2

Le passé composé avec *être*

Grammar tutorial

A relatively small group of verbs uses **être** as a helping, or auxiliary, verb, in the **passé composé** instead of **avoir**.

tomber au passé composé	
je suis tombé(e)	nous sommes tombé(e)s
tu es tombé(e)	vous êtes tombé(e)(s)
il est tombé	ils sont tombés
elle est tombée	elles sont tombées
on est tombé(e)(s)	

Notice that the past participle of a verb conjugated with **être** in the **passé composé** agrees with its subject.

Nous, on est sortis hier soir et on n'a pas travaillé.	*We went out last night and we didn't work.*
Mes copains sont partis pour New York.	*My friends left for New York.*
Ta grand-mère est descendue?	*Has your grandmother come downstairs?*

Here is a list of the verbs conjugated with **être** that you have already encountered.

VERBE	PARTICIPE PASSÉ	VERBE	PARTICIPE PASSÉ
aller	allé	retourner	retourné
arriver	arrivé	rentrer	rentré
descendre	descendu	rester	resté
entrer	entré	sortir	sorti
monter	monté	tomber	tombé
partir	parti		

Note de prononciation

Past participle agreement with **être** is almost always reflected in spelling only. There is no change in pronunciation. For example, **parti** and **partie** are pronounced identically.

You can go about learning this list of verbs in several ways.

1. Many être verbs fall naturally into pairs of opposites (**arriver–partir, entrer–sortir**, etc.).

2. Verbs conjugated with **être** are intransitive verbs; that is, they cannot be followed by a direct object. In other words, a verb with a direct object must take the auxiliary **avoir** and not **être**.

3. Many (but not all!) of these verbs have the idea of motion in their meaning. Not all motion verbs, however, are conjugated with **être** (**ils ont traversé la rue** = *they crossed the street*).

Mise en pratique

Objective, Act. 1 and 2: becoming aware of **être** and **avoir** as auxiliary verbs

1. *Avoir* ou *être*? En groupes, classez les verbes de ce journal de voyage. Quels verbes sont conjugués avec être au passé composé? Avec **avoir**?

> *Nous sommes arrivés à Paris très tôt le matin. Nous avons pris le petit déjeuner et ensuite nous sommes allés au musée. Nous avons pris le métro et nous sommes descendus à la station du Louvre. Nous avons acheté des billets pour une exposition spéciale sur Matisse et nous sommes montés en ascenseur au deuxième étage. Nous sommes arrivés en même temps qu'un groupe de touristes scandinaves et nous avons attendu pour regarder tranquillement. Quand ils sont sortis, nous sommes entrés dans les salles et nous avons admiré les couleurs et les formes qui caractérisent la peinture de Matisse.*

2. Au passé! Complétez avec être ou **avoir**.

1. Mon père _____ mis son manteau et il _____ parti.
2. Ma sœur _____ rentrée à quatre heures du matin.
3. Mes amis _____ allés en ville. Là, ils _____ acheté des jeans et ils _____ rencontré des filles. Après, ils _____ sortis ensemble.
4. Vous n'_____ pas fini? Mais vous _____ commencé à dix heures!
5. Tu _____ tombé combien de fois?
6. Ma camarade de chambre _____ restée dans sa chambre pour réfléchir.

Objective, Act. 3 and 4: forming sentences in the **passé composé** in context

3. Hier. Qu'est-ce qu'on a fait hier? Vous pouvez utiliser le même verbe plusieurs fois.

sortir / aller / entrer / descendre / partir / rentrer / arriver / rester / tomber

1. Nous _____ au cinéma, mais nous _____ avant la fin du film.
2. Tu as l'air fatigué. Tu _____ à quelle heure hier soir?
3. Ce n'est pas vrai! Tu _____ dans la chambre de Jean et de Marc!
4. Mes copains _____ danser mais moi, je _____ à la maison.
5. Ils _____ avant le cours pour parler au professeur.
6. Mais vous dormez! Est-ce que vous _____ hier soir?
7. Les Dumont _____ faire du ski.
8. Anne _____ dans l'escalier hier soir et elle _____ à l'hôpital.

4. La maison d'Alceste. Quels verbes sont conjugués avec **être**? Regardez la maison et utilisez l'illustration pour compléter l'histoire d'une journée dans la vie d'Alceste, comme il la raconte dans une lettre à Candide.

Cher Candide,

Qu'est-ce que j'ai fait hier? Eh bien, à 10 heures du matin, (1) je _____ de la maison avec maman et (2) nous _____ au parc. (3) On _____ au parc vers *(around)* 10h30 et j'ai parlé avec des copains pendant une heure. Après, (4) on _____ pour le déjeuner à midi. Pour entrer dans la maison, il faut monter un petit escalier. Alors, (5) je _____ sans problème mais (6) maman _____. Mais pas de problème! (7) Je _____ la chercher. (8) On _____ dans la maison et (9) nous _____ chez nous tout l'après-midi. Puis, vers six heures, maman et moi, (10) on _____ chercher du pain pour le dîner. Et voilà ma journée!

Amicalement,

Alceste

Structure 3

La négation et l'interrogation au passé composé

To make a verb negative in the **passé composé,** put the negative expression around **avoir** or **être** (the helping verb). Note that the English equivalent usually requires a helping verb.

—Tu **n'as rien** mangé?
Tu dois être malade!

You haven't eaten (didn't eat) anything?
You must be sick!

—Candide **n'a pas** pris de dessert!
—Ça, c'est bien bizarre!

Candide didn't have (eat) any dessert!
Now, that's odd!

—Je **ne** suis **jamais** allée à Paris.
—C'est vrai?

I've never been (gone) to Paris.
Really?

To ask a question using the **passé composé,** you may use a rising intonation when speaking, use the expression **est-ce que,** or invert the subject and helping verb. Again, note that the English equivalent often requires a helping verb.

Tu **as** bien **dormi?** C'est formidable!

Did you sleep well? That's great!

Tu n'**as** pas **attendu?**

You didn't wait?

Est-ce qu'il **a acheté** le livre?
J'espère bien.

Did he buy (Has he bought) the book?
I hope so.

Avez-vous **mangé?** Il faut manger pour vivre...

Have you eaten? You have to eat to stay alive . . .

Qu'est-ce qu'il **a fait?** Rien, comme d'habitude, n'est-ce pas?

What did he do? Nothing as usual, right?

Est-ce que Suzanne **est sortie** avec Hakim hier?

Did Suzanne go out with Hakim yesterday?

À quelle heure **êtes**-vous **rentrés?**
Je n'ai rien entendu.

What time did you get home? I didn't hear a sound (anything).

═══ Mise en pratique ═══

Objectives, Act. 1–3: *comprehending the **passé composé;** using the **passé composé** in guided production*

1. Le week-end de Lise. Regardez la page Web de Lise (page 247) et indiquez ce que Lise a probablement fait ou pas fait le week-end dernier.

Ce que Lise a fait...

❏ Elle a fait la sieste.

❏ Elle a fait du ski.

❏ Elle a trouvé un chat dans la rue et elle l'a pris.

❏ Elle a mangé du chocolat noir.

❏ Elle a perdu ses clés.

❏ Elle a parlé deux minutes au téléphone avec Céleste.

2. Qu'est-ce que Lise a fait pendant le week-end? Selon l'Activité 1, présentez la liste de ce que Lise a fait et de ce qu'elle n'a pas fait pendant le week-end.

Elle a fait:

Elle n'a pas fait:

 3. Des questions sur le week-end de Lise. Retournez à la page Web de Lise (page 247) et travaillez individuellement pour écrire cinq questions sur les activités de Lise pendant le week-end dernier. Ensuite, en paires, répondez aux questions de votre camarade. Après, posez vos questions à votre camarade.

Modèle: —*Est-ce que Lise a mangé des petits pois?*
—*Non, elle n'a pas mangé de petits pois. (Elle les déteste!)*

4. La journée de Suzanne. Voilà les activités de Suzanne hier. Est-ce que vous avez fait la même chose qu'elle?

Objective, Act. 4 and 5: personalizing with the passé composé

Modèle: SUZANNE: J'ai téléphoné à ma mère.
         Vous: *Je n'ai pas téléphoné à ma mère mais j'ai téléphoné à une amie.*

Suzanne dit:

1. J'ai étudié cent pages de philosophie.
2. Je suis allée en ville à 10 heures du matin.
3. J'ai téléphoné à mon professeur d'anglais.
4. Je suis sortie le soir avec des copains.
5. J'ai acheté un CD de Mozart.
6. Je suis tombée.
7. J'ai loué un film de science-fiction.
8. J'ai perdu mes clés.
9. J'ai fait mon lit.
10. J'ai réfléchi à ma vie.

5. L'été de Marie-Claire. Voilà une liste des activités que Marie-Claire a faites l'été dernier. Est-ce que vous avez fait comme elle?

Modèle: Elle a nagé dans la mer.
Moi aussi, j'ai nagé dans la mer. / Moi, je n'ai pas nagé dans la mer. / Moi, j'ai nagé dans une piscine.

1. Elle est sortie avec son petit ami.
2. En juillet, elle est partie en vacances avec sa famille pendant un mois.
3. Elle a joué au tennis.
4. Elle a commencé à fumer.
5. En août, son petit ami est parti en vacances sans elle.
6. Le 10 août, elle a rencontré un bel Espagnol et elle a beaucoup parlé espagnol!

6. Vingt questions pour le professeur. Qu'est-ce que le professeur a fait l'été dernier? Posez-lui beaucoup de questions!

Objective, Act. 6: obtaining information

Modèle: Est-ce que vous avez voyagé?

Échanges

On déménage en France!

Ça y est, vous avez fini vos études et vous avez trouvé un travail pour un an comme assistant(e) d'anglais dans un lycée de Strasbourg. Maintenant, il faut déménager!

1. Vide-grenier *(Garage sale)*. Vous et vos amis avez décidé de vendre les affaires que vous ne voulez plus parce que c'est impossible de les mettre dans vos valises.

    a. Faites une liste des choses que vous voulez vendre et de leurs prix en dollars.

    b. Proposez vos affaires à la classe. La classe pose des questions et propose d'acheter ce que vous vendez. Vous voulez obtenir le meilleur prix possible!

2. Chercher un appartement à Strasbourg. Vous êtes trois à partir à Strasbourg et vous avez décidé de partager un appartement. Voilà des petites annonces d'appartements à louer. Avec les deux autres membres de votre groupe, choisissez l'appartement que vous préférez et expliquez pourquoi. Notez que vous allez gagner 930,82€ par mois.

> *3 P spacieux dans bel immeuble ancien*
>
> *Centre ville*
>
> *Entrée, cuisine, séjour, deux chambres, balcon, sdb, wc, cave, parking*
>
> *6e étage avec ascenseur 1.150 EUROS*

> 3 P à proximité des commerces et du tram
> Entrée, séjour, cuisine, deux chambres, sdb et wc.
> 3e étage sans ascenseur 850 euros

> 4 P dans immeuble récent avec ascenseur
> Grande terrasse, vue dégagée
> Entrée, séjour, cuisine, 3 chambres, sdb, salle d'eau, wc, cave, parking extérieur 1185 euros

> **4 P dans immeuble ancien et calme**
> **Parking et cave**
> **Entrée, séjour, trois chambres, cuisine, sdb, WC 875 euros**

3. Nos meubles. Vous venez de vous installer dans *(You have just gotten settled in)* votre nouvel appartement. La cuisine et la salle de bains sont équipées, mais sinon, il n'y a pas de meubles. En groupes, faites une liste de toutes les pièces. Puis décidez quels meubles vous voulez dans chaque pièce. Donnez des détails et les prix approximatifs. Combien d'argent est-ce que vous allez dépenser pour acheter ces meubles? Comparez avec les autres groupes

4. Un email. Vous êtes maintenant bien installé(e). Écrivez un email à votre famille pour décrire vos premiers jours en France, votre nouvel appartement et vos colocataires. Idée pour commencer: **Bonjour de France! Je suis bien arrivé(e) à Strasbourg...**

Le français parlé

Parler de sa ville

Scène de vie

Objectives: *describing where you live; hearing regional and national French accents*

—Alors, tu es de Québec, c'est ça?

—Oui, de la ville de Québec. Et toi?

—De Montpellier.

—C'est grand, Montpellier?

—Assez, oui, c'est la huitième ville de France, je pense...

—Et c'est bien comme ville?

—Ah oui... C'est une ville universitaire, alors il y a beaucoup de jeunes. Il n'y a pas de voitures au centre. C'est très agréable pour marcher! Et tu sais, nous avons notre arc de Triomphe aussi!

—C'est pas vrai!

—Si, si. Pas si grand qu'à Paris, mais bon... Et puis, il y a la vieille ville, la place de la Comédie avec ses cafés, des nouveaux quartiers très modernes, des parcs, des cinémas, des théâtres... Montpellier, c'est une ville jeune où il y a beaucoup de choses à faire! Et c'est à dix minutes de la mer. Tu veux du pain?

—Non merci, le matin, je préfère les céréales.

—Mais parle-moi de Québec! Je ne suis jamais allée à Québec. C'est beau?

—Je pense bien! Le fleuve Saint-Laurent, la vieille ville, le Château Frontenac...

—C'est quoi, le Château Frontenac?

—Un vieil hôtel, très beau... Il est souvent sur les photos de Québec!

—Il ne fait pas trop froid en hiver?

—Ben si, il fait souvent froid, mais bon il y a les sports d'hiver, hein, et puis, il y a le Carnaval d'hiver en février...

—C'est quand, la meilleure saison pour aller à Québec?

—Elles sont toutes belles, mais en automne, les arbres, c'est quelque chose!

—J'ai envie d'aller à Québec un jour... En automne, ce n'est pas possible... Mais peut-être en été, dans un an ou deux.

—Dans un an ou deux? Il faut m'écrire avant! Tu as une adresse email?

—Oui, et toi?

—Moi aussi...

Pour écouter

a. Listen carefully to the conversation. Do you notice a difference in the way the two people speak? Pay special attention to the way some letters are pronounced. Listen also to the rhythmic groups and to the syllables that are stressed.

b. Now, listen to the same conversation recorded in standard French on your CD. Do you hear the difference?

As in English, French is spoken differently in different countries as well as in different regions of France. Words can be different (see the *On entend parfois...* section in the vocabulary lists), and each region has its particular accent: different syllables may be stressed, rhythmic groups may vary, and letters can be pronounced differently. The man in the conversation is from Quebec whereas the woman is from the south of France. Both regions have specific accents easily recognizable by other French speakers. For example, people from the south of France pronounce many e's that are dropped in standard spoken French. They also have their own way of pronouncing nasal vowels. Listen again to what the young woman says: **Montpellier, c'est une ville jeune où il y a beaucoup de choses à faire! Et c'est à dix minutes de la mer. Tu veux du pain?**

As beginning French students, you are not expected to learn and recognize different accents. Being aware of their existence, however, might help you see why it is easier for you to understand some speakers. At this point, the accent of your instructor, depending on his/her region of origin or where he/she learned French, is the most easily understandable French for you because it is the one you are used to. As you gain experience with French, you will find that other accents may be more noticeable or more understandable.

††† Parlons! Et chez vous?

a. Décrivez *(Describe)* l'endroit d'où vous êtes. Vous êtes d'une grande ville, d'une petite ville, d'un village? Vous habitez à la mer, près d'un lac, à la montagne? Quel temps fait-il en hiver? En été? Qu'est-ce qu'il y a chez vous? Qu'est-ce qu'il n'y a pas? Est-ce qu'il y a des endroits culturels intéressants? Des endroits pour faire des courses? Pour écouter de la musique? Pour regarder du sport? Pour faire du sport? Quelles sont les activités préférées des jeunes?

b. Comparez votre région ou votre ville avec celle d'un(e) partenaire d'une autre région ou d'une autre ville.

c. Dites *(Say)* à vos camarades de classe une ou deux choses intéressantes sur la région ou la ville de votre partenaire.

Vocabulaire de base

Les chiffres au-dessus de 1.000 (page 239)
Les nombres ordinaux (page 242)

Noms

un arbre *tree*
l'argent *(m.) money*
une baignoire *bathtub*
un balcon *balcony*
une banque *bank*
un canapé *couch*
une cave *basement*
une douche *shower*
une église *church*
un escalier *staircase, stairs*
un étage (premier, deuxième,
   etc.) *(second, third, etc.) floor*
un fauteuil *armchair*
une ferme *farm*
une gare *train station*
un hôpital *hospital*
un immeuble *apartment house*
un jardin *garden, yard*
une lampe *lamp*
un meuble, des meubles *piece of*
   furniture, furniture
un mur *wall*
une pièce *room (general term)*
une place *square (in a town)*
un réfrigérateur *refrigerator*
le rez-de-chaussée *ground floor*
   (U.S. first floor)
un rideau, des rideaux *curtain, curtains*
une rue *street*
une salle à manger *dining room*

une salle de bains *bathroom*
un salon *living room*
un tableau, des tableaux *painting,*
   paintings
une terrasse *patio, terrace*
une usine *factory*
les W.-C. *(m. pl.) toilet, restroom,*
   water closet

Adjectifs

clair(e) *bright, full of light*
dernier, dernière *(precedes noun) last*
sombre *dark*

Verbes

attendre *to wait (for)*
continuer *to continue*
coûter *to cost*
descendre *to go down*
devoir *to owe; must, to have to*
entendre *to hear*
entrer *to go/come in, to enter*
monter *to go up*
perdre *to lose*
rentrer *to go/come home, to go/come back*
répondre (à quelqu'un ou à quelque
   chose) *to answer (someone or*
   something), to reply (to someone or
   something)
retourner *to go back, to return*
tourner *to turn*
vendre *to sell*

Divers

à droite (de) *to the right (of)*
à gauche (de) *to the left (of)*
à l'extérieur (de) *outside (of)*
à l'intérieur (de) *inside (of)*
alors *so (+ clause)*
assez *quite, sufficiently, enough*
au rez-de-chaussée, au premier étage,
   etc. *on the first/ground floor (in the*
   United States), on the second
   floor, etc.
Combien coûte...? *How much*
   does . . . cost?
coûter cher; ça coûte cher *to be expensive;*
   it's/that's expensive
d'abord *first (of all)*
déjà *already*
depuis *since, for*
en bas *downstairs*
en désordre *messy*
en haut *upstairs*
en ordre *straight, neat*
ensuite *next, then*
finalement *finally*
jusqu'à *until, up to*
pas encore *not yet*
puis... et puis *then . . .*
   and then
quelquefois *sometimes*
si *if; so; yes, on the contrary*
tout droit *straight ahead*

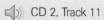
Noms

une adresse *address*
un ascenseur *elevator*
une avenue *avenue*
le centre-ville *center of town, downtown*
un chemin *path, way*
la climatisation *air conditioning*
un coin *corner*
un coin repas *breakfast nook, eating area*
un commissariat de police *police station*
un couloir *hall, corridor*
une cuisinière *stove*
une école primaire *elementary school*
une entrée *entranceway*
un évier *kitchen sink*
un fleuve *river*
un garage *garage*
un grenier *attic*
un lave-linge *washing machine*
un lave-vaisselle *dishwasher*
une mairie *city hall*
une pelouse *lawn*
un plan *(town, city) map*
un pont *bridge*
un quartier *neighborhood*
une salle d'eau *bathroom (sink and shower, no bathtub)*
un sèche-linge *(clothes) dryer*
le sous-sol *basement level, underground*
un toit *roof*
des volets *(m. pl.) shutters*

Verbes

déménager *to move (where you live)*
louer *to rent*
traverser *to go across, to cross*
visiter *to visit (a place)*

Adjectifs

à l'aise *at ease, comfortable (person)*
ancien, ancienne *antique, old*
belge *Belgian*
ensoleillé(e) *sunny*
moderne *modern, contemporary*

Divers

au bout (de) *at the end (of)*
au Canada *in Canada*
aux États-Unis *in the United States*
à votre avis *in your opinion*
demander le (son) chemin *to ask for directions*
le dernier étage *top floor*
donner sur *to overlook, to have a view of*
en Belgique *in Belgium*
en face (de) *across (from)*
en France *in France*
monter / descendre en ascenseur *to take the elevator (up/down)*
monter / descendre par l'escalier *to take the stairs (up/down)*
Pourriez-vous me dire où se trouve...? *Could you tell me where to find . . . ?*

Le français tel qu'on le parle

excusez-moi / pardon *excuse me*
Je vous dois combien? *How much do I owe you?*
Où sont les toilettes? *Where's the restroom/bathroom?*

Le français familier

la clim = la climatisation
du fric = de l'argent
du pognon = de l'argent
relax(e) = à l'aise
des sous = de l'argent

On entend parfois...

la bécosse (Canada) = les W.-C.
un char (Canada) = une voiture
la cour, la toilette (Belgique) = les W.-C., les toilettes
dispendieux, dispendieuse (Canada) = cher
un galetas (Suisse) = un grenier
un vivoir (Canada) = une salle de séjour

Au travail!

En bref

Pour communiquer

Vivre et travailler dans la petite ville de Cinet

Décrire et raconter des événements passés

Parler des habitants de Cinet (Échanges)

Chercher du travail pour l'été (Le français parlé)

Structure

L'imparfait

L'imparfait et le passé composé

Les pronoms relatifs **qui** et **que**

Culture

À travail égal, salaire égal?

L'immigration en France et au Québec

Discrimination au travail

Le métier idéal

iLrn iLrn Heinle Learning Center includes

 In-text Audio Program

 Voilà Video

 Companion Website

 Pair work

 Group work

Observez

Comment sont ces deux personnes? Sont-elles de la même *(same)* famille? Quel âge ont-elles? Que portent-elles? Pourquoi? Que font-elles?

Vocabulaire

Toujours à Cinet

Vidéo buzz

A. Le Crédit Régional

The **SMIC (Salaire Minimum Interprofessionnel de Croissance)** is the minimum wage in France. It is updated for inflation every year. For the current SMIC rate, consult the website of the **Ministère des Affaires Sociales, du Travail et de la Solidarité.**

M. Lacroix est banquier: c'est lui le directeur de la banque. Sa secrétaire, Mme Domont, aime travailler à l'ordinateur et elle tape très bien. Honnête, responsable, compétente et très efficace, elle aime beaucoup son travail et son patron. M. Lionnet et Mlle Caron sont employés de banque. Mlle Caron gagne le SMIC parce qu'elle a commencé à travailler il y a deux mois, mais M. Lionnet, qui travaille à la banque depuis quarante ans, gagne assez bien sa vie. Mme Renglet est juriste et elle travaille comme cadre à la banque. Elle a un métier intéressant et elle est très bien payée: elle gagne 6.000 euros par mois.

- Que fait M. Lacroix? Qui travaille pour lui? Comment est Mme Domont? Qui gagne beaucoup d'argent? Pourquoi? Qui n'a pas un très bon salaire? Pourquoi? Est-ce qu'il y a des clients aujourd'hui dans la banque?
- Est-ce qu'il y a un salaire minimum où vous habitez?

Objective: culture

Langue et **culture**

À travail égal, salaire égal?

Les femmes ont-elles le même salaire que les hommes en France? Regardez le tableau qui compare les salaires nets par mois pour les femmes et les hommes qui travaillent à temps complet (*full time*) en France:

cadres: Ils/Elles dirigent d'autres personnes.

professions intermédiaires: Par exemple, les techniciens ou les commerciaux (*salespeople*).

Le salaire net est le salaire après déduction des impôts (*after taxes*).

	En 2011, en euros			
	Hommes en €	Femmes en €	Ensemble en €	Ecart hommes/ femmes en %
Ensemble	2 219	1 795	2 069	23,6
Cadres supérieurs et chefs d'entreprise salarié	4 375	3 347	4 083	30,7
Professions intermédiaires	2 180	1 908	2 068	14,2
Employés	1 491	1 405	1 432	6,1
Ouvriers	1 561	1 288	1 523	21,2

Source: Les Inégalités de salaires hommes-femmes: État des lieux, INSEE, 22 décembre 2011 (http://www.inegalites.fr/spip.php?article972).

1. En général, combien d'euros les femmes gagnent-elles de moins que les hommes quand elles travaillent à temps complet? En pourcentage, combien les hommes gagnent-ils en plus? (% = pour cent)?

2. Dans quelle catégorie socio-professionnelle est-ce que la différence de salaire est la plus importante? La moins importante? Pourquoi, à votre avis? Est-ce la même chose chez vous?

B. L'entreprise Bovy

C'est une petite entreprise de 50 personnes où on fait des ordinateurs. M. Bovy est chef d'entreprise. C'est un homme dynamique qui est toujours pressé, qui est souvent de mauvaise humeur et qui est assez dur avec ses employés. Pourtant, les affaires marchent vraiment bien, mais il a beaucoup de responsabilités et est souvent stressé. M. Saïdi, qui a trente-cinq ans, est un immigré algérien qui est arrivé en France avec ses parents il y a trente ans. Lui et Mlle Jacob sont ingénieurs. Ils sont donc cadres et ce sont eux qui dirigent l'atelier. Alors, ils sont souvent avec les ouvriers et pas souvent dans leur bureau. Mme Collin est une ouvrière qui gagne 10 euros de l'heure. Elle est mère de famille et voudrait bien rester à la maison et être femme au foyer, mais elle doit travailler parce que son mari est au chômage.

● Comment est le patron de l'entreprise Bovy? Est-ce que M. Saïdi est français? À quel âge est-ce qu'il est arrivé en France? Dans l'entreprise Bovy, qui est allé à l'université? Qui a un travail intéressant? Pourquoi? Qui voudrait faire autre chose? Pourquoi? Combien gagne Mme Collin?

Activité vidéo

Langue et
culture

L'immigration en France et au Québec

1. Immigrés chez vous. Dans votre pays, d'où sont les immigrés? Faites une liste par ordre d'importance: d'Amérique du Nord (du Canada, des États-Unis, du Mexique), d'Amérique du Sud, d'Asie, d'Europe, d'Afrique du Nord, d'Afrique subsaharienne. Pourquoi ont-ils émigré, à votre avis?

2. En France et au Québec

> **Origine géographique des immigrés en France:** Afrique: 42,5%; Europe: 38%; Asie: 14,2%, Amérique et Océanie: 5,3%

Source: INSEE Recensement 2008.

> **Les cinq pays principaux des immigrés au Québec en 2011, par ordre d'importance:** Haïti (9,8%), la Chine (9,7%), l'Algérie (7,9%), le Maroc (7,6%) et la France (6,3%).

Source: Ministère de l'Immigration et des Communautés Culturelles, Québec, 2012.

D'après vous, pour quelles raisons ces immigrés ont-ils décidé d'émigrer? Les Français au Québec? Les Chinois au Québec? Les Algériens en France? Les Anglais en France?

Suggestions: proximité géographique, opportunités de travail, raisons économiques, raisons politiques, raisons familiales, recherche de liberté, intérêt du travail, qualité de vie, amour *(love)*, esprit d'aventure, climat, ancienne colonie, même *(same)* langue

Modèle: Les Colombiens au Québec?
> *Pour la qualité de vie, pour des raisons économiques, à cause des opportunités de travail, par esprit d'aventure, etc.*

C. Le Café de la Poste

M. Caron est le gérant du Café de la Poste et Mlle Collin est la serveuse. Il est cinq heures de l'après-midi et il y a beaucoup de clients. M. Bastin est agriculteur et il a une ferme près de Cinet. M. Piette, qui parle avec M. Caron, est policier. M. et Mme Ségal sont retraités. Donc, ils ne travaillent plus. M. Meunier ne travaille pas, mais lui, c'est parce qu'il est chômeur. Il a perdu son travail il y a trois mois et il cherche du travail comme ouvrier, mais c'est difficile de trouver un emploi quand on a cinquante ans. Pourtant, il est fort et en bonne santé et il peut travailler dur.

● Qui est M. Caron? Que fait M. Piette? Et M. Bastin? Et Mlle Collin? Qui ne travaille pas? Pourquoi? Comment est M. Meunier? Comment va-t-il aujourd'hui?

Langue et **culture**

Discrimination au travail

Objective: culture

«Pour évoluer et progresser dans votre entreprise, quels sont, parmi les critères suivants, les trois principaux handicaps?»

Principal handicap cité

Avoir plus de 55 ans	26%
Présenter un handicap physique	16%
Avoir moins de 25 ans	9%
Avoir une peau *(skin)* de couleur ou un nom à consonnance maghrébine ou africaine	8%
Être une femme	7%
Avoir un physique désagréable	4%
Être issu d'un milieu défavorisé	3%
Être un homme	1%
Aucun de ceux-là *(None of those)*	24%
Ne se prononcent pas *(No answer)*	2%

maghrébin: d'Algérie, du Maroc ou de Tunisie

être issu d'un milieu défavorisé: être d'une famille pauvre

1. D'après les Français interviewés, quelle est la première cause de discrimination dans l'entreprise où ils travaillent? Est-ce que c'est la même chose chez vous? Quelle est la première cause de discrimination chez vous, à votre avis?

2. Vingt-quatre pour cent des Français pensent qu'il n'y a pas de discrimination pour ces raisons dans leur entreprise. Est-ce qu'il peut y avoir d'autres causes de discrimination?

3. Faites la liste de cinq causes de discrimination possibles dans votre pays *(country)* et mettez-les par ordre d'importance, puis comparez avec le reste de la classe et avec la liste française.

D. Chez Cléo

Mme Renard est commerçante: elle est propriétaire d'un magasin de vêtements, Chez Cléo. Elle a deux employées: une caissière, Mme Derni, et une vendeuse, Mlle Caron, qui travaillent au SMIC. Et Mme Lacroix? C'est une cliente qui cherche une robe pour le mariage de son fils.

● Qui est la patronne? Que fait Mlle Caron? Et son père? Et sa sœur? Est-ce que Mlle Caron gagne bien sa vie? Qui est Mme Derni? Et Mme Lacroix?

E. Et les Dubois?

The **baccalauréat** is the high school graduation examination in France.

Thérèse et Vincent habitent à Cinet aussi. Thérèse est allée à l'université et elle est psychologue. Elle aime vraiment son métier! Et Vincent? Il a toujours vendu des choses. Après le baccalauréat, il a d'abord vendu des voitures et ensuite, trois ans après, il a trouvé un emploi chez Bovy comme vendeur d'ordinateurs. Il a beaucoup voyagé pour eux et après 10 ans, fatigué de voyager, il a décidé de prendre des cours pour être agent immobilier. Maintenant, il vend des maisons et il est enfin très content de sa vie, lui aussi. Et les enfants? Céline aime les sciences et voudrait être infirmière. Jean-Marc, lui, voudrait être garagiste ou pompier. On verra!

● Qui est allé à l'université dans la famille Dubois? Que fait Vincent? Qu'est-ce qu'il vend maintenant? Et avant? Que veulent faire les enfants? Être pompier, est-ce que c'est dangereux? Facile? À votre avis, est-ce que Jean-Marc va vraiment être pompier?

F. Et d'autres habitants de Cinet...

À Cinet, il y a aussi des avocats, des médecins, des dentistes, des cuisiniers, des instituteurs, des coiffeurs et des fonctionnaires.

M. Lacroix, avocat

Mlle Bastin, médecin

M. Renglet, dentiste

Un avocat is a lawyer who takes cases to trial. **Un juriste** is a general term for people who have law degrees. **Un juriste d'entreprise** is a corporate lawyer.

M. Derni, cuisinier

Mme Jacob, institutrice

Mme Meunier, employée de poste

M. Domont, employé de la SNCF

Mlle Lionnet, employée de mairie

Mlle Meunier, coiffeuse

The **SNCF (Société Nationale des Chemins de Fer français)** is responsible for rail traffic in France.

Comme le policier, M. Piette, l'institutrice, Mme Jacob, et l'employée de mairie, Mlle Lionnet, sont fonctionnaires: elles travaillent pour l'État. M. Derni est le cuisinier du restaurant Au Vieux Cinet. C'est un métier dur parce que les journées de travail sont très longues, mais il adore faire la cuisine et il est très motivé. Un jour, il voudrait déménager et aller habiter à la mer, où il veut être propriétaire d'un restaurant avec sa femme.

- À votre avis, qui gagne bien sa vie? Qui ne gagne pas bien sa vie?
- Quels métiers sont durs? Intéressants? Ennuyeux?
- Pour quel(s) métier(s) est-ce qu'il faut être responsable? Dynamique? Efficace? Motivé(e)?
- Qui fait du bruit?
- Quels sont des exemples de fonctionnaires dans votre pays *(country)*?

G. Et aussi...

Here are some useful words and expressions not included in the preceding vocabulary presentation.

aller chez le médecin, chez le dentiste   *to go to the doctor, the dentist*
sonner   *to ring*
tout à coup   *all of a sudden*

Mots et usages

1. Les femmes et les noms de métier. What do you visualize when you hear the word "chairman"? When you think of a doctor, an executive, or an engineer? In France, as in other countries, women have typically worked in certain professions and not in others. Today, however, women have gained access to most professions, but the French language has not always followed suit. Thus, some professions have only a masculine form that is used for both men and women.

Et elle, quel est son métier?

Elle est professeur.

Évelyne est un bon médecin.

Ma mère est cadre dans une grosse entreprise.

Ta sœur veut être ingénieur?

If the context requires that you differentiate between men and women working in these jobs, you can add the word **femme** in front of the noun.

La vie des femmes policiers est quelquefois difficile mais toujours intéressante.

Note that in Canada, some of these professions have acquired a feminine form (**une professeure, une ingénieure, une écrivaine**).

Quel est leur métier? Trouvez le métier de chaque femme française. Il n'est pas nécessaire d'utiliser le mot **femme**.

1. Après 7 ans à la faculté de médecine, Christine est ___ généraliste dans une petite ville.
2. Marie-Claire est ___ dans une école primaire à Paris.
3. Vous avez un problème de dents? Nathalie peut vous aider: elle est ___.
4. Madame Renard est propriétaire d'un magasin de vêtements. Elle est ___.
5. Madame Mengin dirige une entreprise de 150 salariés. Elle est ___.
6. Cécile adore les sciences et les voitures. Après quatre ans à l'université, elle est ___ chez Renault.
7. Catherine est ___ parce qu'elle veut protéger la société contre les criminels.

2. **Les affaires.** Affaires can mean *business*, as in **un homme** or **une femme d'affaires** *(businessman, businesswoman)* or **les affaires marchent bien** *(business is good)*. It can also mean *belongings*, as in **mes affaires** *(my belongings, my stuff)*.

Affaires, affaires... Traduisez les phrases suivantes en anglais.

1. Marine! Range tes affaires!

2. Madame Henri est propriétaire d'une chaîne d'hôtels. C'est une femme d'affaires très respectée.

3. Nous sommes en crise et les affaires ne vont pas très bien en ce moment.

3. **C'est / Il est + *métier*.** To say what a person does, use one of the following constructions:

Il/Elle est Ils/Elles sont	+ *profession* *(no article)*	Il est dentiste. *He's a dentist.* Elles sont étudiantes. *They're students.*
C'est/Ce sont	+ **un/une (des)** + *profession*	C'est une secrétaire. *She's a secretary.* Ce sont des ingénieurs. *They're engineers.*
C'est/Ce sont	+ **un/une (des)** + *profession* + *adjective*	C'est un avocat intelligent. *He's an intelligent lawyer.* C'est un bon médecin. *She's a good doctor.*
C'est/Ce sont	+ **le (la, l', les)** + *profession*	C'est l'avocate de mes parents. *She's my parents' lawyer.*

C'est ou il est? Complétez les phrases avec **c'est, il est, elle est, ce sont, ils sont** ou **elles sont.**

1. Marc et Pierre? _____ des vendeurs dans un magasin Ikea à Toulouse.

2. Denise? _____ une excellente secrétaire!

3. Laurent? _____ cuisinier chez Bocuse.

4. Alexandra et Aurélie? _____ ouvrières dans une usine de chocolat.

5. Lionel? _____ un très bon avocat!

4. **La place des adverbes au passé composé.** In general, short, common adverbs are placed between the helping verb and the past participle in the **passé composé.**

Vous avez **bien** dormi?	*Did you sleep well?*
Vincent a **trop** mangé.	*Vincent ate too much.*
Tu n'as pas **encore** fini?	*You have not finished yet?*

Quel adverbe? Ajoutez un adverbe logique dans chaque phrase (**trop, beaucoup, bien, mal, déjà, souvent, parfois** ou **toujours**). Il y a plusieurs *(several)* possibilités.

1. Est-ce que tu as étudié?

2. Est-ce que vous avez visité Bruxelles?

3. J'ai dormi et je suis fatigué(e).

Mise en pratique

Objectives, Act. 1 and 2: using vocabulary receptively; recycling; connecting words to context

1. Associations. Quels verbes associez-vous avec... ?

sonner / décider / diriger / entendre / expliquer / gagner

1. un réveil?
2. beaucoup d'argent?
3. la grammaire française?
4. du bruit?
5. un atelier?
6. fumer moins?

2. Lieux de travail. Qui travaille et qui ne travaille pas dans... ?

1. **une banque:** un avocat / une juriste / un employé / un banquier / un cadre
2. **une usine:** un ingénieur / un instituteur / un chef d'entreprise / une ouvrière / un coiffeur / un directeur
3. **une entreprise:** un juriste / un ouvrier / une commerçante / un cadre / un agriculteur
4. **un hôpital:** un cuisinier / un infirmier / un agent immobilier / un médecin / un avocat
5. **une école:** une institutrice / un dentiste / un ouvrier / une psychologue / un professeur / un garagiste / un gérant
6. **une mairie:** un fonctionnaire / une serveuse / une employée / un pompier / un vendeur

Objectives, Act. 3: connecting professions to clothes; recycling

 3. Les vêtements de travail. Avec un(e) partenaire, dites *(say)* ce qu'ils portent et ce qu'ils ne portent pas au travail.

Modèle: Les agriculteurs?
Ils portent des jeans; ils ne portent pas de cravate.

Objectives, Act. 4: reviewing adjectives; connecting professions to personality traits

1. Les serveurs?
2. Les policiers?
3. Les femmes cadres?
4. Les chefs d'entreprise?

 4. Des stéréotypes ou non? Comment est-ce qu'on doit être et ne pas être pour exercer *(carry out)* ces professions?

Modèle: *Les coiffeurs parfaits sont polis, sérieux et compétents.*
Les coiffeurs qui ne sont pas parfaits sont bavards, stressés et pressés.

Que portent les serveurs?

Objectives, Act. 5: using new vocabulary to share opinions and experiences; comparing cultures and traditions

1. les vendeurs
2. les pompiers
3. les psychologues
4. les pères et les mères de famille
5. les chefs d'entreprise
6. les secrétaires

 5. Classer les métiers. En groupes, faites une liste des métiers pour chaque catégorie. Comparez avec les autres groupes. Quels sont les métiers où...

1. on gagne beaucoup d'argent? on ne gagne pas beaucoup d'argent?
2. on trouve beaucoup de femmes? on trouve beaucoup d'hommes?
3. on a besoin d'un diplôme universitaire? on n'a pas besoin de diplôme universitaire?
4. on doit souvent déménager? on doit beaucoup voyager?
5. il y a beaucoup de stress? il n'y a pas beaucoup de stress?

6. Et eux? Qui sont-ils? D'où sont-ils? Quel est leur métier? Comment sont-ils? Travaillez en groupes, puis comparez vos résultats avec les autres groupes.

Objectives, Act. 6: describing; using vocabulary to start creating with language

7. Le jeu des métiers. En groupes, choisissez un métier et écrivez *(write)* ce qu'on doit faire et les qualités qu'on doit avoir pour exercer ce métier. Présentez le métier que vous avez choisi, puis les autres étudiants de la classe doivent deviner *(guess)* quel métier vous présentez.

Objective, Act. 7: using vocabulary to create with language

Langue et **culture**

Le métier idéal

Objective: culture

1. Le travail et vous. Quelles sont les trois choses les plus importantes dans un travail, pour vous? Comparez vos réponses avec les autres étudiants de la classe.

2. Et les Français? Voilà le point de vue de jeunes Français entre 15 et 30 ans.

> «Pour les jeunes Français entre 15 et 30 ans, il faut: de bonnes conditions de travail (51%), un métier intéressant (50%), un bon salaire (39%), la possibilité d'évoluer professionnellement (34%), la possibilité d'avoir du temps libre en dehors du travail (13%), un travail dans une entreprise prestigieuse (5%).»

Adapté d'un sondage CSA.

Avoir du temps libre, c'est ne pas être occupé(e) tout le temps par son travail.

Qu'est-ce que c'est, de bonnes conditions de travail, à votre avis? Donnez des exemples.

3. Comparez. Comparez avec votre liste: Est-ce que vous êtes d'accord avec le point de vue des Français?

Vocabulaire **269**

Structure 1

L'imparfait

To talk about how things were in the past or about how things used to be, French uses a verb tense called the **imparfait** *(imperfect)*. The following text tells about a school in Montreal. Can you find the verbs in the **imparfait**? Why might French need two forms (the **passé composé** and the **imparfait**) to talk about the past?

niaiser = *to waste time doing silly things*

> «À l'école où j'allais avant, il y avait tellement de bruit dans les classes que je n'arrivais pas à prendre de notes. Les profs étaient dépassés et tout le monde "niaisait". Par exemple, on n'avait pas d'examen le lundi car c'était le premier jour de la semaine; ni le vendredi car c'était le dernier; ni le jeudi car c'était la veille du vendredi... Ici, c'est très différent.»
>
> — Katie Meilleur

Daniel Pérusse, *Une école pas comme les autres*, Sélection du *Reader's Digest*

L'imparfait: formation

1. Take the first-person plural (**nous**) form of the present tense and remove the **-ons** ending. This gives you the **imparfait** stem.

PRESENT-TENSE FORM		IMPARFAIT STEM	
nous **aim**ons	nous **buv**ons	**aim-**	**buv-**
nous **finiss**ons	nous **mett**ons	**finiss-**	**mett-**
nous **vend**ons	nous **pren**ons	**vend-**	**pren-**
nous **dorm**ons	nous **voul**ons	**dorm-**	**voul-**
nous **all**ons	nous **pouv**ons	**all-**	**pouv-**
nous **av**ons	nous **dev**ons	**av-**	**dev-**

2. Add the **imparfait** endings (-ais, -ais, -ait, -ions, -iez, -aient) to this stem.

aller à l'imparfait	
j'all**ais**	nous all**ions**
tu all**ais**	vous all**iez**
il/elle/on all**ait**	ils/elles all**aient**

The verb **être** has an irregular stem. It is the only verb whose **imparfait** forms cannot be derived from the **nous** form of the present tense.

être à l'imparfait	
j'**ét**ais	nous **ét**ions
tu **ét**ais	vous **ét**iez
il/elle/on **ét**ait	ils/elles **ét**aient

Quand **j'avais** dix ans, je **voulais** être médecin.	*When I was 10, I wanted to be a doctor.*
Ils **étaient** fatigués mais ils ont fini leurs devoirs.	*They were tired but they finished their homework.*
Où est-ce que vous **alliez** à l'école avant?	*Where did you go to school before?*

The endings **-ais, -ait,** and **-aient** are pronounced identically. For example, **vendais, vendait,** and **vendaient** are identical orally but different in writing.

Note the following points:

1. Direct object pronouns function similarly with all one-word verbs (simple tenses), such as the **présent** and the **imparfait.** Note direct object pronoun placement in the following examples:

PRÉSENT

Je **les** attends.	*I'm waiting for them.*
Je ne **les** attends plus!	*I'm not waiting for them any longer!*

IMPARFAIT

Vous parliez et moi, je **vous** écoutais.	*You were talking and me, I was listening to you.*
Pardon, je ne **vous** écoutais pas.	*Sorry, I wasn't listening to you.*

2. Here are the English equivalents of **devoir** and **pouvoir** in the present and the imparfait.

	AU PRÉSENT	À L'IMPARFAIT
devoir	*must, to have to, to have got to*	*was supposed to*
pouvoir	*can, to be able to*	*could*

Tu **dois** moins fumer.	*You have to (must) smoke less.*
Hier soir, je **devais** étudier pour un examen important.	*Last night, I was supposed to study for an important test.*
Tu ne **peux** pas sortir! Tu n'as pas fini tes devoirs!	*You can't go out! You haven't finished your homework!*
Je ne **pouvais** rien entendre.	*I couldn't hear anything.*
Quand j'avais quinze ans, je ne **pouvais** pas sortir souvent et je **devais** toujours rentrer avant dix heures du soir.	*When I was fifteen, I couldn't go out often and I was always supposed to get home before 10:00 in the evening.*

3. The **imparfait** of **pleuvoir, neiger,** and **il y a.**

Il pleut aujourd'hui? Il **pleuvait** hier aussi.	*It's raining today? It was raining yesterday too.*
Il **neigeait** quand je suis arrivé.	*It was snowing when I got there.*
Il y avait beaucoup de clients hier.	*There were a lot of customers yesterday.*

4. The **imparfait** of verbs like **préférer** and **acheter.** Although verbs whose infinitives end in **-érer** or **-eter** have a spelling change in the present, they have no spelling change in the **imparfait.**

Verbs whose infinitives end in **-cer** add a cedilla to the **c** before an ending that begins with **a** in order to maintain the /s/ sound.

imparfait stem: **commen-**

je commençais
tu commençais
il
elle ⎱ commençait
on ⎰

nous commencions
vous commenciez
ils
elles ⎱ commençaient

Verbs whose infinitives end in **-ger** add an **e** before an ending that begins with **a** in order to maintain a soft **g** sound.

imparfait stem: **mang-**

je mangeais
tu mangeais
il
elle ⎱ mangeait
on ⎰

nous mangions
vous mangiez
ils
elles ⎱ mangeaient

L'imparfait: usage

The **imparfait** is used:

1. To tell or describe what things were like in the past.

Il **faisait** beau hier. Les oiseaux **chantaient**, les enfants **jouaient** dans le parc et moi, **j'étais** très content.
It was nice out yesterday. The birds were singing, the children were playing in the park, and I was very happy.

2. To tell how things used to be in the past.

Quand j'**avais** dix ans, j'**allais** chez mes grands-parents le week-end.
Ils **habitaient** une grande maison à la campagne. **Il y avait** un jardin où je **jouais** avec les chiens. Je **mangeais** bien, je **dormais** bien, la vie **était** belle.
When I was 10, I used to go to my grandparents' for the weekend.
They lived in a big house in the country. There was a yard where I played with the dogs. I ate well, I slept well, and life was great.

3. To tell what was going on when something else happened.

Alceste **prenait** une douche quand le téléphone a sonné.
Alceste was taking a shower when the telephone rang.

Mise en pratique

*Objective, Act. 1: developing awareness of how the **imparfait** functions in discourse*

1. Avoir 18 ans. Qu'est-ce que cela signifie, avoir 18 ans? Voilà ce qu'a écrit un jeune Français. Trouvez les verbes à l'imparfait.

J'avais dix-huit ans, j'étais majeur. Enfin! J'étais libre, je pouvais faire ce que je voulais. Je sortais souvent le soir, je rentrais quand je voulais. À la maison, je n'écoutais plus mes parents, je ne demandais plus conseil à mon grand frère. Ce n'était plus nécessaire: j'étais un adulte! J'allais aller à l'université. Ma vraie vie commençait...

2. Le bon vieux temps? Pour Monsieur Ségal, le monde *(world)* est moins bien maintenant qu'avant. Il préfère le bon vieux temps. À deux, utilisez un verbe à l'imparfait pour compléter les phrases. Puis imaginez les réponses de la petite-fille de Monsieur Ségal à son grand-père. Et vous? Est-ce que vos idées sont comme les idées de Monsieur Ségal ou comme les idées de sa petite-fille?

> *Modèle:* Les femmes _____ à la maison.
> M. Ségal: *Les femmes restaient à la maison.*
> Sa petite fille: *Oui, mais maintenant, les femmes travaillent à la maison et à l'université, dans les usines, etc.*

1. Les jeunes gens _____ polis.
2. Nous _____ en famille le soir.
3. Les femmes _____ la cuisine pour leur mari.
4. Les ouvriers _____ bien.
5. On _____ bien! Ah! La cuisine de ma mère!
6. Les hommes _____ une cravate tous les jours et les femmes _____ souvent une jupe ou une robe.

3. Souvenirs de mes seize ans. Claude énumère les souvenirs de ses seize ans. Complétez les phrases avec un verbe de la liste à l'imparfait. Vous pouvez utiliser le même verbe plusieurs fois.

avoir / être / aller / commencer / parler / arriver / étudier / vouloir / regarder / aimer / sortir / rentrer / finir / préférer / manger / boire / prendre / travailler / faire

Quand j(e) _____ seize ans, ma sœur et moi, nous _____ au lycée. J(e) _____ beaucoup parce que j(e) _____ aller à l'université. Ma sœur n(e) _____ pas le lycée et elle n(e) _____ jamais. L'école _____ à quatre heures et nous _____ à la maison à quatre heures et demie. Nous _____ une tartine au chocolat et nous _____ un thé et puis, j(e) _____ mes devoirs. Mais ma sœur _____ toujours aller jouer au foot ou écouter des disques. Le soir, toute la famille _____ à huit heures. Après, nous _____ un peu la télévision ou nous _____ dans la salle de séjour. Le week-end, j(e) _____ avec des copains. On _____ quelquefois au cinéma et on _____ parler pendant des heures au café. Mais mes parents _____ sévères et j(e) _____ toujours avant minuit. Et vous, à seize ans, comment _____-vous?

4. La vie à douze ans. Comment était la vie de Jean-Pierre quand il avait douze ans? Complétez l'histoire avec les verbes **devoir** et **pouvoir** à l'imparfait.

Quand j'avais douze ans, je _____ rentrer à la maison après l'école. Je ne _____ pas jouer avec mes copains parce que je _____ d'abord faire mes devoirs. Ma sœur et moi, nous _____ aussi travailler dans la maison. Nous _____ faire la vaisselle et ranger notre chambre. Après, nous _____ quelquefois regarder la télévision. Mon père, lui, _____ regarder la télévision quand il voulait et il _____ aller au lit à minuit! Mais nous, nous _____ aller dormir à neuf heures.

5. Il y a trois ans... Comment était votre vie il y a trois ans? Écrivez quelques phrases *(a few sentences)*.

> *Modèle:* *J'avais quinze ans. J'allais à l'école, j'avais beaucoup de copains.*

6. Et vous à douze ans? Discutez en groupes. Qu'est-ce que vous deviez faire à douze ans? Qu'est-ce que vous pouviez faire? Qu'est-ce que vous ne pouviez pas faire? Donnez des détails.

1. Je devais...   2. Je pouvais...   3. Je ne pouvais pas...

Structure 2

L'imparfait et le passé composé

All languages have to have ways to talk about the past and when they do this, they also need ways to differentiate between setting up a background (how things were) and moving the narrative forward (what happened). Here is a text in English. Complete it using the verbs in parentheses. Can you explain your choices?

Yesterday _____ (to be) a terrible day! I _____ (to wake up) in a bad mood and the fact that it _____ (to rain) just _____ (to add) to it.
I _____ (to get up), _____ (to wash) my face, and _____ (to go) into the kitchen to fix some breakfast. But the bread _____ (to be) moldy and I _____ (to not have) any milk for my coffee. So I _____ (to give up) on breakfast, _____ (to get dressed), and _____ (to leave) for work. But then, just as I _____ (to go out) the door, the phone _____ (to ring).
It _____ (to be) my sister. She _____ (to not have) anything important to say but her phone call _____ (to make) me late. Then, there _____ (to be) a traffic jam. I _____ (to end up) getting to work a whole hour late on the very day when my boss _____ (to get) there a whole hour early!

You are now familiar with two ways of talking about the past in French, the **passé composé** and the **imparfait**. The **passé composé** is used to recount events in the past, to say what happened.

> Hakim **a rencontré** Suzanne. Ils **ont parlé.** Puis, ils **sont allés** au café.
>
> *Hakim met Suzanne. They talked. Then they went to the café.*

If, however, you want to describe how things were in the past, you must use the **imparfait.**

> Il **faisait** beau hier. Les oiseaux **chantaient,** les enfants **jouaient** dans le parc et moi, j'**étais** très content.
>
> *It was nice out yesterday. The birds were singing, the children were playing in the park, and I was very happy.*

If the action is to start up again after a description, the **passé composé** must be used.

> Il **faisait** beau hier. Les oiseaux **chantaient,** les enfants **jouaient** dans le parc et moi, j'**étais** très content. Et puis, tout à coup, il **a commencé** à pleuvoir!
>
> *It was nice out yesterday. The birds were singing, the children were playing in the park, and I was very happy. And then, all of a sudden, it started to rain!*

The difference in usage between these two past tenses can be summarized as follows:

PASSÉ COMPOSÉ

Tells what happened (recounts, narrates).
Frequently corresponds to the English simple past.

Il **a neigé.** *It snowed.*

Tout est blanc ce matin parce qu'il **a neigé** hier soir.

IMPARFAIT

Tells how things were (describes).
Tells how things used to be or what people used to do.
Tells what was going on when something else happened.
Frequently corresponds to the English progressive past.

Il **neigeait.** *It was snowing. / It used to snow.*

Il **neigeait** au moment de partir, alors je suis restée.

J'ai oublié!	*I forgot (I've forgotten)!*
Qu'est-ce que tu **as oublié**?	*What did you forget (have you forgotten)?*
Je **dormais** bien quand le réveil **a sonné**.	*I was sleeping well when the alarm clock went off.*
Quand mon frère **avait** cinq ans, il **voulait** être policier.	*When my brother was five, he wanted to be a police officer.*
Avant, je **sortais** beaucoup, mais...	*Before, I used to go out a lot, but . . .*

≡ Mise en pratique ≡

1. Une blague (joke)! Expliquez la blague.

Objective, Act. 1: developing awareness of the differences between the **passé composé** and the **imparfait**

—T'as bien dormi?
—Je sais pas, je dormais.

Objective, Act. 2: using the **passé composé** and the **imparfait** in discourse

2. Mon chat et moi. Regardez l'histoire. Quels verbes sont à l'imparfait? Au passé composé? En groupes, expliquez pourquoi on a utilisé l'imparfait ou le passé composé pour chaque verbe.

C'était un soir d'automne. Il pleuvait et il y avait beaucoup de vent. J'étais à l'intérieur et j'écoutais du Mozart à la radio. Tout à coup, j'ai entendu du bruit dans le jardin... C'était comme si quelqu'un marchait. J'ai mis mon imperméable et je suis sorti sur la terrasse. Il n'y avait personne. Alors, je suis rentré. Mais deux minutes après, j'ai entendu un «plouf» et puis beaucoup de bruit. Il y avait quelque chose ou quelqu'un dans la piscine. Alors, je suis retourné dans le jardin et quand je suis arrivé à la piscine, j'ai trouvé un petit chat noir très malheureux qui nageait dans l'eau et qui avait très froid. Et moi, qu'est-ce que j'ai fait? Je suis entré dans l'eau et j'ai pris le petit chat noir. Voilà comment j'ai rencontré Moïse, mon chat!

3. Le rêve de Jacqueline. Jacqueline a fait un rêve la nuit dernière et ce matin, elle a décidé de le noter pour ne pas l'oublier. À deux, mettez les verbes au passé composé ou à l'imparfait pour raconter *(to tell)* son rêve *(dream)*.

Je (être) seule dans une grande ville sombre. Il (pleuvoir) et je (être) déprimée: je (ne pas avoir) d'amis, pas de métier, pas de famille. Je (réfléchir) à ma vie et je (ne pas regarder) où je (aller). Tout à coup, je (entendre) un bruit. Ce (être) une femme qui (chanter). Je (devoir) absolument rencontrer cette femme! Ce (être) très important!

Alors, je (décider) de chercher où elle (être). Je (entrer) dans une vieille maison et je (regarder) dans toutes les pièces. Personne! Je (entrer) dans une église. Je (chercher) à l'intérieur, mais elle (ne pas être) là. Tout à coup, un cheval *(horse)* blanc (arriver) et sur le cheval, il y (avoir) une femme. Ce (être) ma grand-mère! Mais elle (être) jeune, jolie et très heureuse. Ce (être) elle qui (chanter)!

4. Un opéra moderne. Voici une série de phrases incohérentes que vous allez organiser pour écrire une histoire. Lisez *(Read)* les phrases et reconstruisez l'histoire. Regardez bien si les verbes sont au passé composé ou à l'imparfait.

Alors, elle a décidé de rester dans le magasin de chaussures.
Il adorait l'argent et, lui, il gagnait beaucoup d'argent...
La jeune fille ne voulait plus travailler pour lui...
... qui travaillait comme vendeuse dans un petit magasin de chaussures.
... mais les vendeuses qui travaillaient pour lui n'étaient pas bien payées.
Puis, un jour, un beau jeune homme est entré dans le magasin.
... mais elle n'était pas contente et elle pleurait souvent chez elle le soir...
Il n'a rien acheté, mais lui et la jeune fille ont parlé...
Elle n'aimait pas son patron parce qu'il était méchant.
... mais elle ne pouvait pas trouver d'autre travail.
... alors, elle a téléphoné chez lui.
Ils ont beaucoup parlé et la jeune fille a oublié l'heure.
... et il a invité la jeune fille à manger avec lui le soir.
... parce qu'elle n'avait pas assez à manger et parce qu'elle était si fatiguée.
Puis elle a regardé sa montre.
Et qui a répondu? Son patron!
Elle a expliqué le problème au jeune homme et ils sont partis.
Elle a regardé par terre et elle a trouvé les clés du jeune homme.
Ils sont allés dans un petit restaurant italien où ils ont pris des spaghetti et du Chianti.
Il était très bien habillé et il avait l'air sympathique.
Elle avait son numéro de téléphone...
Il était minuit et elle devait être au magasin à sept heures du matin!
Le matin, elle sortait de son lit quand elle a entendu un bruit.
Le jeune homme était le fils de son patron!

Structure 3

Les pronoms relatifs *qui* et *que*

Grammar tutorial

Relative pronouns relate or connect two sentences that share the same noun so that speakers and writers can develop an idea or specify what they are referring to. When two sentences are connected by a relative pronoun, each one (now part of the new sentence) is called a clause.

J'entends un enfant. L'enfant pleure.	*I hear a child. The child is crying.*
J'entends un enfant **qui** pleure.	*I hear a child who is crying.*
C'est le professeur. Tu cherchais ce professeur.	*That's the instructor. You were looking for that instructor.*
C'est le professeur **que** tu cherchais.	*That's the instructor whom you were looking for.*

Qui

1. **Qui** is used as a subject. It is usually followed directly by its verb.

2. **Qui** may refer to either people or things. The English equivalent of **qui** may be *who, that,* or *which.*

   Voilà le professeur **qui** a travaillé avec Janine la semaine dernière.
   (**qui** = person)

   J'ai trouvé une robe **qui** est très belle.
   (**qui** = thing)

3. The verb following **qui** agrees with the noun that **qui** replaced.

   C'est moi **qui** suis malade!

Note de prononciation

The **i** of **qui** is never dropped in front of a vowel sound.

Avec **qui** est-ce qu'il sort?   *Who is he going out with?*

Que

1. **Que** is used as a direct object. It is usually followed by the noun or pronoun that is the subject of the clause.

2. **Que** may refer to either people or things. The English equivalent of **que** may be *who, whom, which,* or *that,* or it may even be omitted. **Que** may not be omitted in French.

   C'est l'homme **que** j'ai rencontré hier.
   (**que** = person)

   C'est le livre **qu'**il a acheté hier.
   (**que** = thing)

The **e** of **que** is dropped before a vowel sound.

Voilà le professeur **qu'**elle cherchait.   *Here's the professor she was looking for.*

Rappel!

The words **qui** and **que** are also used as interrogative pronouns.

INTERROGATIVE PRONOUNS (AT THE BEGINNING OF A SENTENCE)	RELATIVE PRONOUNS (IN THE MIDDLE OF A SENTENCE)
qui = *who?* **que** = *what?*	**qui** = subject *(who, that, which)* **que** = direct object *(whom, which, that)*

Qui parle? (**qui** = interrogative pronoun)
C'est le professeur **qui** parle. (**qui** = relative pronoun)

Qu'est-ce que tu cherches? (**que** = interrogative pronoun)
Je cherche le livre **que** j'avais hier. (**que** = relative pronoun)

Mise en pratique

Objective, Act. 1: *understanding the relative pronouns* ***qui*** *and* ***que***

1. Quelle photo? Choisissez l'illustration qui va avec la phrase.

1. Voilà le chien que Stéphanie aime.

2. Voilà le chien qui aime Stéphanie.

A.  **B.**

3. Voilà M. Valat qui cherche son fils Julien.

4. Voilà Julien qui cherche son père.

A.  **B.**

5. Voilà la femme que Candide attend.

6. Voilà la femme qui attend Candide.

A.  **B.**

2. Une nouvelle maison. Complétez avec **qui** ou **que**.

Objective, Act. 2 and 3: *using **qui** and **que** in discourse*

M. Bovy a trouvé une maison: «J'ai trouvé une maison _____ j'adore. Il y a un jardin _____ est très grand, avec des arbres _____ sont très vieux et des fleurs _____ ma femme va beaucoup aimer. Il y a des pièces _____ sont claires, une cuisine _____ j'aime beaucoup, une piscine _____ les enfants vont adorer et trois salles de bains _____ mes filles vont beaucoup utiliser!»

4. Un peu d'imagination! Complétez ces phrases.

1. J'aime les professeurs qui...
2. C'est une université qui...
3. C'est un exercice que...

Voilà un homme que...

Voilà une jeune fille qui...

Échanges

Parler des habitants de Cinet

1. Qui est qui à Cinet? En groupes, reconstituez les familles de Cinet. Par exemple, il y a la famille Dubois, avec Vincent (agent immobilier), Thérèse (psychologue), Céline (12 ans) et Jean-Marc (10 ans). Quelles autres familles habitent Cinet? Que font ces personnes pour gagner leur vie?

Pour vous aider: Qui est le père de M. Lacroix? Où est-ce qu'il travaille? Que fait le père de Mlle Bastin? Où travaille la femme de M. Renglet? Où travaille M. Derni? Et sa femme? Que fait la fille de Mme Jacob? Que fait Mlle Meunier? Et ses parents? Pour qui est-ce que la femme de M. Domont travaille? Que fait le père de Mlle Lionnet?, etc.

2. Et les autres? Maintenant que vous avez certains *(some)* membres de chaque famille, inventez les autres membres. Par exemple, est-ce que Monsieur et Madame Renglet ont des enfants? Combien? Comment s'appellent-ils? Quel âge ont-il? Est-ce que Monsieur Saïdi est marié? Que fait sa femme? Est-ce que ses parents habitent Cinet?, etc.

3. Cinet il y a 20 ans. En groupes, décrivez les habitants de Cinet il y a 20 ans, famille par famille. Racontez: Ils étaient comment? Qu'est-ce qu'ils faisaient? Qu'est-ce qui est arrivé? Écrivez quelques *(a few)* phrases sur chaque famille et inventez les détails.

> *Modèle:* ***La famille Dubois, il y a 20 ans:*** *Vincent avait 24 ans et il était célibataire. Il vendait des ordinateurs pour l'entreprise Bovy et il voyageait beaucoup. Un jour, à Rouen, il a rencontré une jeune femme, Thérèse Ledoux, qui étudiait la psychologie à l'université. Ils sont sortis ensemble et Thérèse a déménagé à Cinet après l'université pour être près de Vincent.*

Le français parlé

Chercher du travail pour l'été

Objectives: *interviewing for a summer job; developing awareness of language registers*

Scène de vie

—Alors voilà, vous cherchez du travail comme serveur pour l'été...

—Oui...

—Et vous pensiez au restaurant Chez Michel à Montréal, c'est bien ça?

—Oui, c'est ça.

—Mais vous êtes américain. Vous êtes à l'aise en français?

—Oui, oui, ma mère est française, on parle français à la maison.

—Ah bon? Et vous avez de l'expérience?

—Oui, je travaille comme serveur le week-end pendant l'année et aussi l'été.

—Depuis combien de temps?

—Et bien, j'ai commencé à l'âge de seize ans. Cela fait 3 ans.

—D'accord. Et quand pouvez-vous commencer?

—Oh, le 16 ou le 17 mai. L'université finit le 15 mai, alors après le 15, ça va.

—Et jusqu'à quand?

—Jusqu'au 20 août. Est-ce que ça va?

—Oui, les dates, ça va. Mais parlez-moi un peu de vous.

—Et bien, je suis sérieux, travailleur, motivé... Et puis, j'aime beaucoup le contact avec les clients, je ne suis pas timide... Euh... Et je suis toujours de bonne humeur!

—C'est important, ça. Et vous pouvez travailler de longues heures?

—Ah oui, pas de problème.

—Avez-vous des questions?

—Euh... Oui... Euh... Combien de jours par semaine faut-il travailler?

—Six jours par semaine, pas le lundi.

—Et de quelle heure à quelle heure?

—De 17h à 1h du matin, parfois plus tard, ça dépend.

—Ah, pas pendant la journée, alors?

—Non, ils ont besoin de quelqu'un pour le soir, pas pour la journée. C'est un problème?

—Non, non, pas du tout. Et le salaire? C'est par heure ou au mois?

—Par heure... Vous gagnez le salaire minimum, mais les serveurs font toujours beaucoup plus, n'est-ce pas?

—Il y a combien de serveurs le soir?

—Trois. Et il y a beaucoup de travail, ils sont toujours très occupés.

—C'est bien, j'aime ça, être occupé.

—Alors, ce travail vous va?

—Oui, oui, ça me va très bien.

—Donnez-moi deux ou trois jours. Je vous téléphone avant vendredi, d'accord?

—D'accord. Merci beaucoup, madame.

Pour écouter

a. Listen to the conversation and underline in the text all the characteristics of spoken French that you hear.

b. How does this differ from the conversations that you heard in previous lessons? In spoken French, there are registers of language (levels of formality) according to the situation. You speak differently with friends your age or with your family than with people you don't know or people to whom you want to show respect. Certain situations require paying attention to language. As in the conversation in *Leçon 9* (in which the doctor was speaking clearly to a patient and using standard French words), this conversation demonstrates an interviewee's careful speech during a job interview. How is this conversation at a higher register than the French that would be used between two friends?

👥 Parlons! À la recherche d'un boulot d'été

a. Votre partenaire et vous cherchez un travail pour l'été pour gagner de l'argent mais aussi pour pratiquer votre français. Vous avez trouvé plusieurs possibilités dans un bureau de placement pour étudiants. Décidez quel(s) boulot(s) vous voulez prendre. Pourquoi? Quel(s) boulot(s) ne voulez-vous pas prendre? Pourquoi?

LES POSSIBILITÉS:

- employé(e) de bureau dans une entreprise française à Chicago
- ouvrier/ouvrière dans une usine de boîtes de conserve au Québec
- vendeur/vendeuse dans un magasin de souvenirs à Disneyland-Paris
- serveur/serveuse dans un restaurant à Disneyland-Paris
- secrétaire pour un(e) avocat(e) international(e) qui a beaucoup de clients français (le travail est à New York)
- femme de ménage dans un hôtel américain à Bruxelles
- garde d'enfant *(babysitter)* pour une famille française à Paris
- moniteur/monitrice *(instructor)* de voile dans un club de vacances en Guadeloupe

b. Vous avez choisi un travail, mais maintenant, il faut aller parler avec le directeur du bureau de placement. Mais attention: Le directeur veut parler français avec vous pour vérifier si votre français est bon. Avec votre partenaire, faites une liste des choses que vous voulez savoir *(to know)* avant d'accepter le travail. Faites aussi une liste des questions que vous voulez poser *(to ask)*.

c. Seul(e), imaginez les réponses du directeur à vos questions et les questions qu'il/elle va probablement vous poser. Si vous jouez le rôle du directeur, pensez aux questions que vous allez poser au candidat (à la candidate).

d. Pratiquez l'entretien d'embauche *(hiring interview)* avec votre partenaire, qui joue le rôle du directeur. Puis changez de rôle.

Noms

les affaires (f. pl.) business
un agent immobilier real estate agent
un agriculteur farmer
un avocat, une avocate (court) lawyer
un banquier banker
un bruit noise
un cadre executive
un chef d'entreprise company head, business owner
un client, une cliente client, customer
un commerçant, une commerçante shopkeeper, retail store owner
un(e) dentiste dentist
un employé, une employée (de bureau) (office) employee
une entreprise firm, business
une femme au foyer housewife
un ingénieur engineer
un instituteur, une institutrice teacher (elementary school)
un(e) juriste attorney
un médecin doctor, physician
une mère de famille (un père de famille) mother (father), head of family
un métier profession, trade

un ouvrier, une ouvrière (blue collar) worker
un patron, une patronne boss
un policier police officer
un(e) propriétaire owner; landlord
un(e) psychologue psychologist
un retraité, une retraitée retired person
un salaire salary
un(e) secrétaire secretary
un serveur, une serveuse waiter, waitress
le travail (un travail), des travaux work (job)
un vendeur, une vendeuse salesperson

Adjectifs

dangereux, dangereuse dangerous
dur(e) hard
fort(e) strong
honnête honest
intéressant(e) interesting
responsable responsible

Verbes

décider (de + inf.) to decide (to do something)
diriger to manage, to run

expliquer to explain
gagner to earn; to win
oublier (de + inf.) to forget (to do something)
sonner to ring

Divers

aller chez le médecin, chez le dentiste to go to the doctor, the dentist
avoir des responsabilités to have responsibilities
chercher du travail / un travail to look for work / a job
enfin at last, finally
être bien / mal payé(e) to be paid well / badly
il y a ago
perdre son travail to lose one's job
tout à coup all of a sudden
travailler dur to work hard
trouver du travail / un travail to find work / a job
vraiment really, truly

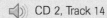
Noms

un atelier *workshop*
le baccalauréat *French high school graduation exam*
un caissier, une caissière *cashier*
un chômeur, une chômeuse *unemployed person*
un coiffeur, une coiffeuse *hairdresser*
un cuisinier, une cuisinière *cook*
un directeur, une directrice *manager (business, company)*
un emploi *job, employment*
l'État (m.) *state, nation*
un(e) fonctionnaire *civil servant, government worker*
un garagiste *garage (car repair shop) owner*
un gérant, une gérante *manager (e.g., restaurant, hotel, shop)*
un habitant, une habitante *inhabitant*
un immigré, une immigrée *immigrant*
un infirmier, une infirmière *nurse*
un pompier *firefighter*
le SMIC *minimum wage*
la SNCF *French national railway*

Adjectifs

algérien, algérienne *Algerian*
compétent(e) *competent*

dynamique *dynamic*
efficace *efficient*
motivé(e) *motivated*
pressé(e) *in a hurry*
stressé(e) *stressed*

Verbe

taper *to type*

Divers

Les affaires marchent bien. *Business is good.*
être au chômage *to be unemployed*
faire du bruit *to make noise*
gagner sa vie *to earn a living*
gagner... euros de l'heure / par jour / par semaine / par mois *to earn ... euros per hour / per day / per week / per month*
pourtant *however*
travailler au SMIC *to work for minimum wage*

Le français tel qu'on le parle

Enfin! *At last!*
(Mais) enfin! *For goodness' sake!*
Fais / Faites attention! *Pay attention! Watch out!*
On verra! *We will (We'll) see!*

Toc toc! *Knock knock!*
Une minute! *Just a minute!*

Le français familier

le bac = le baccalauréat
un beur, une beurette = jeune né(e) en France de parents du Maghreb *(Algeria, Morocco or Tunisia)* (not considered pejorative)
une boîte = une entreprise, une usine, un bureau
bosseur = travailleur
un boulot = un travail *(job)*
le boulot = le travail *(work)*
un flic = un policier
un instit = un instituteur
un job = un travail
un proprio = un propriétaire
un(e) psy = un(e) psychologue
un smicard = quelqu'un qui gagne le SMIC
le stress *stress*
un toubib = un médecin

On entend parfois...

une jobine (Canada) = un petit job
un(e) jobiste (Belgique) = un(e) étudiant(e) qui a un job

Une invitation chez les Dumas

En bref

Pour communiquer

Faire ses courses dans les magasins
et au marché
Mettre la table
Payer: argent, chèque, carte de
crédit et pourboire
Commander au restaurant
(Le français parlé)

Structure

Le verbe **venir**
Les expressions de quantité
Le verbe **voir**

Culture

Les marchés en France
À table
Au restaurant
«Venez-vous souvent flâner dans le
village de Sainte-Anne-de-Bellevue?»
Un dîner francophone (Échanges)

iLrn iLrn Heinle Learning Center includes

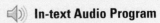 In-text Audio Program

Voilà Video

Companion Website

 Pair work

 Group work

Observez

Qu'est-ce qu'il y a sur la photo? C'est à l'intérieur
ou à l'extérieur? Quelles sont les couleurs? Combien
coûtent les tomates? Et les artichauts? Est-ce qu'on
vend ces légumes dans votre région? Où?

Vocabulaire

Bon, alors, comme entrée...

Alain et Sophie Dumas ont des invités à dîner ce soir: Monsieur et Madame Michaut. C'est une soirée importante pour eux parce que Monsieur Michaut est le patron de Sophie, alors ils sont très occupés tous les deux.

A. D'abord, il faut faire les courses.

LA BOULANGERIE

LA CHARCUTERIE

L'ÉPICERIE

LA PÂTISSERIE

LA BOUCHERIE

ALAIN: Bon, alors, moi je vais d'abord à la boulangerie pour acheter du pain. Et puis, je vais à la pâtisserie pour acheter un gâteau... un gâteau ou des pâtisseries?

SOPHIE: Un gâteau, c'est mieux.

ALAIN: D'accord. Et puis, un rôti à la boucherie. Tu veux un rôti de bœuf ou un rôti de porc?

SOPHIE: Un rôti de porc, c'est plus facile.

ALAIN: Bon, à la charcuterie alors. Est-ce que j'achète aussi des tranches de jambon pour le melon?

SOPHIE: Bonne idée! Et prends 500 grammes de pâté, d'accord?

ALAIN: D'accord! Et après, je vais aller à l'épicerie; c'est à côté. Bon, alors, il faut: du café, un litre de lait pour la sauce, deux boîtes de petits pois et deux ou trois fromages. C'est tout?

SOPHIE: Oui, je pense. On a assez de vin. On peut ouvrir une ou deux bonnes bouteilles de vin rouge.

ALAIN: Oui, ça va bien avec le rôti de porc.

SOPHIE: Bon, et moi, je vais au marché. Il faut un melon, deux kilos de pommes de terre, un kilo de carottes, un kilo de tomates, des champignons et une grosse laitue.

ALAIN: On a de l'huile et du vinaigre?

SOPHIE: Oui, pas de problème.

● Qui est-ce que Sophie et Alain ont invité ce soir? Pourquoi est-ce que c'est une soirée importante, à votre avis? Qu'est-ce qu'Alain va acheter? Où? Et Sophie? À votre avis, qu'est-ce qu'ils vont préparer pour ce soir? Faites le menu (soupe, entrée, plat principal, après le plat principal, dessert, boissons).

Il est comment, ce melon?

LE MARCHÉ

Objective: culture

Les marchés en France

1. Le marché et vous. Quels mots est-ce que vous associez à «un marché»?

2. Les marchés en France

Il y a près de 36.000 marchés en France, qui ont lieu une ou plusieurs fois par semaine, hiver comme été. Au marché, on achète des produits frais comme des fruits et des légumes, des œufs, du fromage, de la charcuterie, des épices, etc. On peut aussi acheter des vêtements bon marché, des chaussures, des poteries, des CD, des vieux livres et même des objets africains ou asiatiques. Chaque région a ses spécialités, comme par exemple le miel et les olives en Provence, le poisson sur le Vieux-Port à Marseille, les fleurs à Nice ou encore le foie gras et la volaille dans le sud-ouest. Flâner, rencontrer des amis, aller prendre un verre à la terrasse d'un café, tout cela fait aussi partie de la tradition des marchés.

avoir lieu *to take place;* **le miel** *honey;* **la volaille** = le poulet, la dinde *(turkey),* le canard *(duck);* **flâner** = marcher sans être pressé

a. Au marché, qu'est-ce qu'on peut acheter pour préparer les repas?

b. Quels autres produits est-ce qu'on peut aussi trouver sur les marchés français?

3. Les marchés chez vous. Est-ce que les marchés en France sont comme les marchés chez vous? Comparez et faites deux listes.

C'est comme chez nous: Ce n'est pas comme chez nous:

B. Ensuite, il faut mettre la table

une nappe
une serviette
une assiette à soupe
une assiette
une fourchette
des couverts
un couteau
un verre
une petite cuillère
une cuillère à soupe

Une assiette is a *plate*. **Un plat** may be either a *serving dish* or the *food* on the serving dish.

● Qu'est-ce qu'il y a au milieu de la table? Qu'est-ce qu'il y a à gauche des assiettes? À droite des assiettes? Qu'est-ce qu'il y a devant les verres? Pourquoi est-ce qu'il y a deux fourchettes? Deux verres? Où sont les serviettes?

C. Malheureusement, dans la cuisine, tout va mal...

Mais qu'est-ce qu'on va faire?

Moi, j'en ai assez! J'abandonne!

une plante verte

un morceau de fromage

La sauce a débordé, le chat a renversé le lait, le chien a pris le fromage et le rôti a brûlé.

● Quel est le problème? Pourquoi?

D. Au restaurant

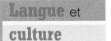Activité vidéo

- Est-ce que les Dumas sont heureux? Pourquoi, à votre avis?

Langue et **culture**

À table

Objective: culture

Comment être poli à table en France?

Activité vidéo

1. Expressions. Regardez l'illustration à la page 289 et trouvez des expressions pour:

    a. offrir de se resservir *(to have a second helping)*

    b. accepter de se resservir

    c. refuser de se resservir

    d. exprimer son appréciation

2. Oui ou non? Répondez de façon polie. (Suivez l'indication entre parenthèses.)

    a. Encore un peu de frites? (non)

    b. Goûtez donc ce Roquefort... (oui)

    c. Qui veut encore du gâteau? (oui)

    d. Un peu de vin avec le dessert? (non)

E. Et à deux heures du matin...

Le Belvédère

Le 10-4-10
Table C
4 couverts

2 Soupes à l'oignon	13,00
1 Crudités	7,50
1 Pâté maison	7,60
1 Saumon grillé	19,50
1 Steak au poivre vert	24,00
1 Côte d'agneau	24,00
1 Tagliatelle aux champignons	16,00
1 Beaujolais	18,00
1 Evian	5,00
1 Mousse au chocolat	7,50
1 Crème brûlée	7,50
2 Cafés	4,00
1 Express	3,70
1 Thé	2,00
Montant	**159,30**

*Service compris

- Qu'est-ce qu'il y a sur la table? Qu'est-ce que les Michaut ont apporté comme cadeau? Et chez vous, qu'est-ce qu'on offre quand on est invité à dîner?

- Regardez bien l'addition. Comment s'appelle le restaurant? Quelle sorte de restaurant est-ce? Combien a coûté le repas? Ça fait combien en dollars? C'est cher ou c'est bon marché? Est-ce que le service est compris dans l'addition ou est-ce qu'il faut laisser un pourboire? Est-ce que les Dumas ont payé en liquide, par chèque ou avec une carte de crédit?

- Quels sont les plats chauds? Les plats froids? Quelles sont les entrées? Les plats principaux? Les desserts? Les boissons? Qu'est-ce que c'est, le Beaujolais?

- À votre avis, qu'est-ce que Madame Michaut a commandé? Et Monsieur Michaut? Qui n'a pas pris de dessert? Est-ce qu'ils ont bu beaucoup de vin?

F. Dans la salle de bains

- Où sont-ils maintenant? Quelle heure est-il, à votre avis? Qu'est-ce qu'Alain cherche? Pourquoi? Est-ce qu'il y a une pharmacie ouverte la nuit, à votre avis?

G. Et aussi...

Here are some useful words and expressions not included in the preceding vocabulary presentation.

Combien est-ce que je vous dois?	*How much do I owe you?*
un doigt	*finger*
fermé(e)	*closed*
fermer	*to close*
gratuit(e)	*free (of charge)*
une main	*hand*
utiliser	*to use*

1. Les magasins. Although the French often do their shopping at a **supermarché** or even an enormous **hypermarché,** many people like to go to the open-air market once a week and to shop at smaller, more specialized stores in their neighborhoods. Most French people, for example, still buy their bread every day at the neighborhood bakery. Here are some examples of stores:

- une **épicerie** *neighborhood grocery store*
- une **boucherie** *beef butcher (also sells lamb)*
- une **charcuterie** *pork butcher (also sells chicken, rabbit, and prepared dishes); delicatessen*
- une **boucherie-charcuterie** *combination of* **boucherie** *and* **charcuterie**
- une **pâtisserie** *pastry shop (may also sell candy, chocolates, and ice cream)*
- une **boulangerie** *bread bakery (may also sell croissants, cakes, and chocolates)*
- une **boulangerie-pâtisserie** *combination of* **boulangerie** *and* **pâtisserie**
- une **pharmacie** *pharmacy (sells only medicine, cosmetics, and similar health products)*

Magasins. Qu'est-ce qu'on vend dans... ?

1. **une boulangerie?** du jambon / des lits / des croissants / des chaussures / du pain / des bonbons / du chocolat / des ascenseurs

2. **une charcuterie?** du pâté / du saucisson / des livres / des plantes vertes / des crayons / du jambon

3. **une boucherie?** des cadeaux / des gants / des fraises / un rôti / des ordinateurs / de la viande

4. **une pâtisserie?** des jupes / des gâteaux / des boîtes de chocolats / des tartes / des fauteuils / des pâtisseries / des couteaux / de la glace / des tomates

5. **une épicerie?** du sucre / du café / des chapeaux / du fromage / des légumes / des plats surgelés / des pulls / des tapis / du thé / des boîtes de conserve

6. **une pharmacie?** du café / des stylos / des médicaments / des livres / de l'aspirine

2. Payer. The verb **payer** has a spelling change in the present tense. The **y** changes to **i** in all but the **nous** and **vous** forms.

je paie	nous payons
tu paies	vous payez
il elle } paie on	ils elles } paient

Note that no preposition is used with **payer.**

Qui va **payer** le repas?　　　　　　　*Who's going to pay for the meal?*

Ça coûte combien? Remplissez les blancs avec une forme du verbe **payer** au présent et ajouter les prix.

Modèle: Un jean? Je le _____ _____ dollars.
Je le *paie cinquante* dollars.

1. Un dîner pour deux personnes dans le meilleur restaurant de la ville? Mes parents le _____ _____ dollars.
2. L'inscription à l'université pour un an? Nous la _____ _____ dollars.
3. Une bonne glace à manger dans la rue? On la _____ _____ dollars.
4. Un café à une terrasse? Vous le _____ _____ dollars.
5. Un CD dans un magasin de musique? Tu le _____ _____ dollars.

3. **Les verbes *ouvrir* et *offrir*.** The verbs **ouvrir** *(to open)* and **offrir** *(to offer, to give)* are irregular. **Offrir** is conjugated like **ouvrir**.

PRÉSENT	j'ouvre	nous ouvrons
	tu ouvres	vous ouvrez
	il elle } ouvre on	ils elles } ouvrent
IMPARFAIT	j'ouvrais, etc.	
PASSÉ COMPOSÉ	j'ai ouvert, etc.	
IMPÉRATIF	Ouvre! Ouvrons! Ouvrez!	

Ouvrir* ou *offrir*? Remplissez les blancs avec le verbe approprié au présent, à l'imparfait, au passé composé ou à l'impératif.

1. Tu as trop chaud? _____ la fenêtre!
2. Quand nous sommes invités à dîner, nous _____ toujours un petit cadeau.
3. Quand je (j') _____ la porte, j'ai vu un policier avec un chien.
4. J'aime bien quand on me (m') _____ des bijoux.
5. Quand il était en vie, mon grand-père _____ toujours des roses rouges à ma grand-mère pour leur anniversaire de mariage, une rose par année. Donc, le jour de leurs 50 ans de mariage, mon grand-père _____ 50 roses rouges!

4. **J'ai mal à la tête!** To say that you hurt somewhere, use the expression **avoir mal (à)**.

J'ai mal!	*I hurt!*
J'ai mal à la main.	*My hand hurts.*

J'ai mal! Marie a beaucoup de problèmes aujourd'hui! Complétez les phrases de façon logique.

1. J'ai trop mangé et... ... j'ai mal au doigt.
2. J'ai trop bu et... ... j'ai mal à l'estomac.
3. Je suis tombée et... ... j'ai mal à la tête.
4. J'ai mal utilisé un couteau et... ... j'ai mal partout.

5. Tout. The adjective **tout** means *all*. Here are its forms:

	MASCULINE	FEMININE
SINGULAR	tout (le)	toute (la)
PLURAL	tous (les)	toutes (les)

In the following sentences, note the pattern **tout** + *definite article*.

Ma sœur étudie **tout le temps.**	*My sister studies all the time.*
Tu as **tous les verres?**	*Do you have all the glasses?*
Le bébé du premier étage a pleuré **toute la nuit.**	*The baby on the second floor cried all night.*
Toutes les filles sont arrivées.	*All the girls have arrived.*

Tout as a pronoun means *all* or *everything.*

| **Tout** va bien? | *Is everything going OK?* |
| C'est **tout?** C'est **tout!** | *Is that all? (Is that it?) That's all! (That's it!)* |

Here are some common expressions using **tout**:

pas du tout	*not at all*
tout à coup	*suddenly, all of a sudden*
tout à fait	*completely, absolutely*
tout de suite	*right away, at once*
tout droit	*straight ahead*
tout le temps	*all the time*
tous les deux	*both*
tous les jours	*every day*
tout le monde	*everyone, everybody*

Sandrine et les courses. Remplissez les blancs avec la forme de l'adjectif **tout** qui convient.

J'aime faire mes courses _____ (1) les jours pour avoir des produits frais. J'achète _____ (2) ma viande dans la boucherie de mon quartier. J'achète aussi les desserts dans une pâtisserie _____ (3) près de chez nous parce que _____ (4) leurs tartes sont délicieuses. _____ (5) le monde les adore! Est-ce que c'est une bonne idée de faire ses courses dans le quartier? _____ (6) à fait! Pour moi, pas question d'aller _____ (7) le temps dans un supermarché!

Regardez tous ces fruits secs, ces amandes, ces pistaches! Où peut-on les acheter?

Mise en pratique

1. Associations. Quel mot—un kilo, une bouteille, une boîte, un morceau ou une tranche—est-ce que vous associez aux produits suivants? Et dans quel magasin est-ce que vous les achetez?

Objective, Act. 1: recycling food vocabulary with quantity expressions and stores

Modèle: du saucisson
une tranche, un morceau... dans une charcuterie

1. du lait
2. des tomates
3. de la soupe
4. du vin
5. du fromage
6. des petits pois
7. des pommes de terre
8. du jambon
9. du pâté
10. des haricots verts

2. Payons. Avec un(e) partenaire, décidez comment vous payez.

Objective, Act. 2: recycling vocabulary with methods of payment

Modèle: Vous achetez une veste.
Je paie en liquide (par chèque, avec une carte de crédit).

1. Vous achetez une glace.
2. Vous dormez une nuit à l'hôtel.
3. Vous prenez un repas dans un restaurant bon marché.
4. Vous achetez un ordinateur.
5. Vous allez au cinéma.

3. Avec quoi? Avec un(e) partenaire, dites quel couvert vous utilisez (on utilise) pour manger...

Objective, Act. 3: recycling food vocabulary with ways of eating

1. des petits pois?
2. une poire?
3. des frites?
4. du poulet?
5. une pizza?
6. un sandwich?

4. Quel cadeau? Avec un(e) partenaire, décidez quel cadeau offrir.

Objectives, Act. 4: using **offrir** in context; comparing traditions and cultures

Modèle: Des grands-parents à leurs petits-enfants?
Ils offrent des bonbons, des livres...

1. Mes parents pour mon anniversaire?
2. Un mari à sa femme pour leur anniversaire de mariage?
3. Nous à une amie pour son mariage?
4. Vous à une famille française chez qui vous allez cet été?

5. Qu'est-ce qu'on ouvre? En groupes, faites une liste de ce qu'on ouvre. Puis, comparez avec les autres groupes.

Objectives, Act. 5: using **ouvrir** in context; recycling vocabulary

Modèle: On ouvre les fenêtres,...

Au restaurant

HIPPOP**TAMUS**

Les restaurants Hippopotamus sont ouverts tous les jours sans interruption de 11 h 30 à 1 h du matin.

Si vous réglez par chèque, merci de présenter une pièce d'identité. Pour tout paiement, un ticket doit être exigé. Bien sûr, vous pouvez payer par Carte Bleue, Visa et American Express, Eurochèque, Traveller chèque et chèques libellés en Euros, ainsi que par titre restaurant. Nous avons le regret de refuser la monnaie étrangère, les chèques sur pays étrangers et les chèques sociétés.

Prix Service Compris (16% / HT).

HIPPO ATOUT 21,90 EUROS

L'Entrée
Œufs pochés à la ciboulette
ou Carpaccio de tomates fraiches
ou Rillettes aux deux saumons
ou Tarama

Le Plat
Accompagné de pommes allumettes ou pomme
au four ou haricots verts, servis à volonté.
Bavette
ou Brochette de bœuf
ou Chili con carne
ou Saumon à la plancha

Le Dessert
Mousse au chocolat
ou Crème caramel
ou Ananas en carpaccio
ou Coupe aux trois fraicheurs
ou Coupe delice

La Boisson
Pichet (31 cl) de vin de pays
des Bouches-du-Rhône
ou de Côtes du Lubéron rosé
ou Tourtel Pur Malt (25 cl) sans alcool
ou Bière Gold de Kanterbräu (33 cl)
ou Coca-Cola (33 cl)
ou 1/2 Eau minérale (50 cl)

Les Entrées

Salade de saison	3,90 €
Tarama	4,50 €
Carpaccio de tomates fraîches	4,90 €
Œufs pochés à la ciboulette	4,80 €
Rillettes aux deux saumons	4,90 €
Terrine campagnarde	5,50 €
Cocktail de crevettes	6,80 €
Crottin de chèvre chaud	6,30 €

Les Grillés

Bavette	15,50 €
Hippo Mixed Grill	17,50 €
Entrecôte	17,90 €
T. Bone	19,50 €
Saumon à la plancha	13,50 €
Chili con carne	11,90 €
Assiette chinoise	12,50 €
Steak de thon nature	12,90 €

Les Sauces
Relevez vos grillés selon votre humeur avec:
une sauce béarnaise,
une sauce roquefort,
une sauce échalotes,
une sauce aux deux poivres,
un beurre maître d'hôtel
ou la Spéciale Hippo.

Les Garnitures
Chacun de nos grillés est accompagné, au choix, de pommes allumettes, de pommes au four ou de haricots verts servis à volonté.

HIPPO MALIN 9,50 EUROS

Le Plat

Accompagné de pommes allumettes
ou pommes au four ou haricots verts,
servis à volonté.

Magic Hamburger
ou Steak Hippo
ou Poulet Super Grill

La Boisson

Un verre (12,5 cl)
de Vin de pays
des Bouches-du-Rhône

ou 1/2 Eau minérale (50 cl)

ou Bière Stella Artois (33 cl)

ou Tourtel Pur Malt (25 cl)
sans alcool

ou Coca-Cola (33 cl)

1. Regardez la carte du restaurant Hippopotamus à Lyon et répondez aux questions en groupes.

une carte = tous les plats que l'on peut commander dans un restaurant; un menu = un repas complet (souvent avec une entrée, un plat principal et un dessert) pour un prix fixe

   a. Quand est-ce que le restaurant est ouvert?

   b. Comment est-ce qu'on peut payer?

   c. Est-ce qu'il faut laisser un pourboire?

   d. Qu'est-ce qui est moins cher, commander un menu ou commander à la carte?

   e. Qu'est-ce qu'on peut avoir pour 21,90 euros? Et pour 9,50 euros?

   f. Qu'est-ce qu'on peut commander avec la viande?

   g. Si on prend le menu, qu'est-ce qu'on peut boire?

2. Voilà des personnes qui ont mangé au restaurant Hippopotamus. Qu'est-ce qu'elles ont commandé, à votre avis? Travaillez en groupes.

   a. **M. et Mme Spalding:** M. Spalding, 70 ans, retraité, était professeur de français dans une université américaine; Mme Spalding, 68 ans, était professeur d'espagnol dans une université américaine. Ils ont déjeuné au restaurant Hippopotamus le mardi 8 juillet. M. Spalding était au régime.

   b. **Fabien, Cédric et Pauline:** des étudiants entre 18 et 20 ans. Ils sont arrivés au restaurant à 22h30 (après le cinéma) le samedi 22 avril. Ils avaient très faim.

   c. **Les Mercier:** M. Mercier, 36 ans, médecin; Mme Mercier, 35 ans, avocate. Ils ont mangé au restaurant Hippopotamus avec leurs deux enfants (4 ans et 6 ans) le dimanche 15 février à midi.

   d. **Alceste et Candide:** Ils sont arrivés au restaurant à 18 heures le vendredi 19 octobre avant d'aller au cinéma. Candide avait très faim. Alceste ne voulait pas passer des heures au restaurant parce que le film commençait à 19 heures.

Que font-ils? Comment sont-ils? Qu'est-ce qu'ils mangent? Qu'est-ce qu'ils boivent?

Structure 1

Grammar tutorial

Le verbe *venir*

The verb **venir** *(to come)* is irregular in the present tense. Notice the double **n** in the third-person plural form.

je viens	nous venons
tu viens	vous venez
il elle on } vient	ils elles } viennent

Il **vient** manger chez nous après le film.	*He's coming to eat at our house after the movie.*

Note de prononciation

The singular present tense forms of **venir** (**viens, viens, vient**) end with a nasal vowel and are pronounced identically.

The **nous** and **vous** forms (**venons, venez**) have two syllables: **ve-nons, ve-nez**. Be careful to pronounce the **n** sound at the beginning of the second syllable.

The third person plural present tense form of **venir** (**viennent**) is pronounced with an **n** sound at the end.

Venir is conjugated with **être** in the **passé composé**. The past participle of **venir** is **venu**.

Elle **est venue** le premier février.	*She came on the first of February.*

The **imparfait** of **venir** is regular.

Ils **venaient** toujours à huit heures.	*They always came at eight o'clock.*

The imperative, or command, forms of **venir** are identical to the present tense forms.

Viens chez moi!	*Come to my house!*
Venez à onze heures!	*Come at eleven!*
Venons-en maintenant aux traditions sénégalaises.	*Let us turn now to the traditions of Senegal.*

Venir + de + *infinitive* means *to have just + verb (past participle)* or the equivalent expression in the simple past.

Je **viens de manger**; je n'ai plus faim.	*I've just eaten (I just ate); I'm not hungry anymore.*

Mise en pratique

Objectives, Act. 1: focusing on form; reading for meaning

1. Venir en citation! Voilà des citations avec des formes du verbe **venir**. Trouvez les formes de **venir**. Ensuite, identifiez leurs temps (présent, passé composé, infinitif). Quelle citation aimez-vous le mieux? Le moins? Avec quelles citations êtes-vous d'accord? Pas d'accord?

1. Je suis venu, j'ai vu *(I saw)*, j'ai vaincu. (Jules César)
2. Si vous êtes venu boire pour oublier, soyez gentil, payez avant de boire. (Jean-Charles, humoriste français)
3. Puisque la montagne ne vient pas à nous, allons à la montagne. (Mahomet)
4. Un malheur *(misfortune)* ne vient jamais seul. (François Rabelais)
5. Nos meilleures idées viennent des autres. (Ralph Waldo Emerson)
6. L'année à venir n'existe pas. Nous ne possédons que le petit instant présent. (Mahmûd Shabestarî)

*Objective, Act. 2 and 3: using forms of **venir** in context*

2. Une réunion de famille. Il y a une réunion de famille chez Thérèse et Vincent Dubois. Utilisez **venir** au présent pour compléter la conversation.

THÉRÈSE: Suzanne _____ avec Annette?
VINCENT: Non, elle et Hakim _____ ensemble.
THÉRÈSE: Bon, d'accord. Et ton père, il _____, n'est-ce pas?
VINCENT: Oui, et Paulette Gilmard _____ avec lui.
THÉRÈSE: Et toi, tu _____ ou non?
VINCENT: Moi, je ne sais pas. Je dois travailler mais, oui, je _____!

3. Après la réunion de famille. Il y a des membres de la famille Dubois qui ne sont pas partis avec les personnes avec qui ils sont arrivés! Utilisez **venir** et **partir** au passé composé pour le dire.

1. Cédric Rasquin _____ avec sa mère et son mari (son beau-père) mais il _____ avec son père.
2. Jacques Dubois et Paulette Gilmard _____ ensemble mais Paulette _____ seule.
3. Suzanne _____ avec Hakim mais elle _____ avec Annette.
4. Jean Rasquin _____ seul mais il _____ avec son fils.

*Objective, Act. 4 and 5: using **venir** communicatively*

4. Les habitudes. M. Caron, le patron du Café de la Poste, discute des habitudes de ses anciens clients. Répétez ce qu'il dit de ses clients, et utilisez l'imparfait de **venir**. Ensuite, dites pourquoi les clients venaient ou ne venaient pas au Café de la Poste. Voilà des possibilités: pour prendre un café après son déjeuner, parce qu'elle n'aimait pas M. Ségal, avant d'aller au restaurant, après le marché pour un chocolat chaud, etc.

Modèle: M. Ségal (tous les jours pour l'apéritif)
M. Ségal venait tous les jours pour l'apéritif et pour parler avec ses amis.

1. Mme Ségal (ne... jamais)
2. M. Meunier (tout le temps)
3. M. Piette et sa femme (le dimanche)
4. Mme Renard et M. Renglet (quelquefois le samedi)

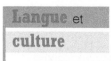 **5. Mais pourquoi?** Qu'est-ce qu'ils viennent de faire? Travaillez avec un(e) partenaire pour le dire.

> *Modèle:* Tu n'as plus soif.
> *C'est parce que tu viens de boire un Coca-Cola.*

1. Hakim a soif.
2. Nous sommes fatigués.
3. Nous n'avons plus d'argent.
4. Les Dubois sont malades.
5. Céline a très chaud.
6. Thérèse est contente.

Objective: *culture*

flâner = marcher sans être pressé

Langue et **culture**

«Venez-vous souvent flâner dans le village de Sainte-Anne-de-Bellevue?»

The village of Sainte-Anne-de-Bellevue is located on the western tip of the island of Montreal.

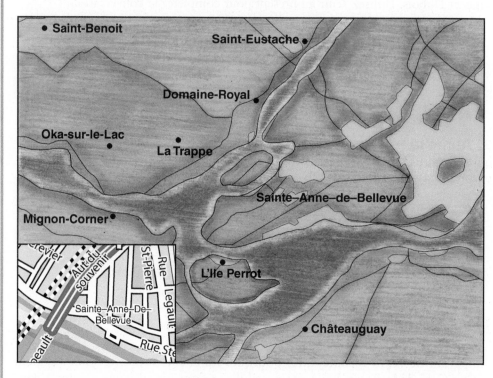

1. Pourquoi? D'après les personnes interviewées sur page 301, pourquoi est-ce qu'on vient flâner à Sainte-Anne-de-Bellevue? Choisissez parmi ces réponses possibles:

> pour faire de la natation, pour aller à l'école, pour les restaurants, pour prendre de la glace, pour faire du bateau, pour prendre de la pizza, pour faire de la marche, parce que c'est un beau quartier...

2. Avec qui? Regardez l'article sur Sainte-Anne-de-Bellevue. Avec quelle(s) personne(s) voudriez-vous flâner à Sainte-Anne-de-Bellevue: Karen Jacques? Milly Stroll? Alannah Fereras? Pourquoi?

«Venez-vous souvent flâner dans le village de Sainte-Anne-de-Bellevue?»

 par Marie-Hélène Verville

 Karen Jacques, Saint-Lazare: «Nous, on vient de Saint-Lazare. On ne vient pas assez souvent, à notre goût en tout cas. On aimerait avoir plus de temps pour venir, on trouve ça très beau. On doit venir une à deux fois chaque été. On n'a jamais magasiné dans le village, mais on vient pour se détendre, et pour les petits restaurants.»

 Milly Stroll, Montréal: «C'est la première fois que nous venons cette année, nous sommes de Montréal. Nous aimons habituellement venir ici en soirée pour nous promener. Aujourd'hui, nous sommes venus en famille, voici mon mari et voici ma fille, pour aller au restaurant. Après, nous allons marcher sur la promenade au bord de l'eau.»

 Alannah Fereras, Île-Perrot: «Je viens souvent à Sainte-Anne-de-Bellevue, parce que mon école est juste là. Je viens aussi de temps en temps la fin de semaine. Mais pas souvent. Parce que c'est vraiment plein la fin de semaine, il y a beaucoup de personnes. Si je viens avec ma famille? Oui, normalement. J'aime la promenade parce que c'est parfait pour marcher, il fait moins chaud que si on marche dans la rue. Et c'est beau.»

3. Le verbe *venir*. Trouvez toutes les formes du verbe **venir** dans l'interview. Identifiez leurs temps (présent, passé composé, etc).

4. Complétez avec *venir!* Voilà une dernière réponse à la question «Pourquoi venir flâner à Sainte-Anne-de-Bellevue?». Complétez-la avec des formes du verbe **venir**.

 Lynda O'Brien, Baie-d'Urfé: «On demeure à Baie-d'Urfé, ce n'est pas loin. On _____ souvent! Ma fille a une journée de congé, donc on est _____ prendre une marche. Je _____ juste de dire à Kelley, ma fille (qui a deux sœurs et un frère), qu'à la minute où ils finissent l'école mercredi, on va _____ prendre notre pizza traditionnelle. On magasine chez D'Aoust G & Cie. Il y a aussi, un peu plus loin, la crème glacée que mes enfants adorent.»

5. Le français au Canada. Voilà des expressions utilisées au Canada. Quels sont les équivalents en français parlé en France?

| magasiner | prendre une marche | la crème glacée | la fin de semaine |

Structure 2

Les expressions de quantité

Expressions of quantity are followed by **de** + *noun*. There is no article. Expressions of quantity may be either nouns (**un verre de lait**) or adverbs (**trop de lait**). In both cases, the pattern is *quantity expression* + **de** (**d'**) + *noun*.

Tu veux **un morceau de fromage?**	*Do you want a piece of cheese?*
Il mange **trop de chocolat.**	*He eats too much chocolate.*

Here is a list of quantity expressions that you already know.

assez de	*enough (of)*	**un morceau de**	*a piece of*
une assiette de	*a plate of*	**un peu de**	*a little, a little bit of*
beaucoup de	*a lot of*	**une tasse de**	*a cup of*
une boîte de	*a box of;*	**une tranche de**	*a slice of*
	a can of	**trop de**	*too much of, too*
une bouteille de	*a bottle of*		*many of*
un kilo de	*a kilo of*	**un verre de**	*a glass of*

Rappel!

1. When talking in general and after verbs such as **aimer** and **détester,** use **le, la, l',** or **les** (definite articles).

Je n'**aime** pas **les** petits pois!	*I don't like peas.*
Mais **les** petits pois sont bons pour toi.	*But peas are good for your health.*

2. When you are not talking in general, use either the indefinite article or the partitive article.

   a. If you are talking about things you can count, use **un, une,** or **des** (indefinite articles).

Tu veux **des** petits pois?	*Do you want (some) peas?*
Mangeons **une** pomme!	*Let's eat an apple!*

   b. If you are talking about things that you cannot count, use **du, de la,** or **de l'** (partitive articles).

Tu veux **du** lait?	*Do you want (some) milk?*

3. After expressions of quantity, use **de** followed directly by a noun (no article).

Tu veux **un verre de** lait?	*Do you want a glass of milk?*
Il boit **beaucoup de** lait.	*He drinks a lot of milk.*
Vous mangez **trop de** frites.	*You eat too many French fries.*

4. After negative expressions, **un, une, du, de la, de l',** and **des** all become **de (d').** **Le, la, l',** and **les** remain the same.

   Mes parents adorent **les** chiens mais ils détestent **les** chats, alors ils ont **un** chien mais ils **n'**ont **pas de** chat.

   Il **n'**y a **plus de** lait dans le frigo.

   Candide **ne** boit **jamais de** vin.

Mise en pratique

1. Toasts gratinés au fromage. Regardez la recette et...

Objective, Act 1: using articles in context

1. trouvez des expressions de quantité + **de**.
2. trouvez des articles définis (**le, la, les**), indéfinis (**un, une, des**) et partitifs (**du, de la, de l'**).

Toasts Gratinés au Fromage

100 g de gruyère râpé
4 belles tranches de pain
   de campagne

2 verres de lait
2 œufs
sel, poivre et muscade
   (nutmeg)

1. Préchauffez le gril de votre four au maximum.
2. Battez les œufs avec le lait. Ajoutez le fromage, du poivre, un peu de sel (n'oubliez pas que le fromage est salé) et de la muscade fraîchement râpée.
3. Disposez les tranches de pain dans un plat à gratin, versez la préparation dessus.
4. Laissez gratiner une quinzaine de minutes environ. Servez bien chaud.
   Accompagnement possible: salade verte

2. Normal ou pas? Est-ce que c'est normal, pas normal ou bien est-ce que ça dépend?

Objective, Act. 2 and 3: processing articles for meaning in a communicative context

1. une tasse de bière
2. une boîte de petits pois
3. un kilo de pommes de terre
4. un kilo de Coca-Cola
5. une tranche de jambon
6. une bouteille de sucre

3. Le frigo de Mlle Piggy. Complétez avec **un, une, d', des, le, la, l', les, du, de la, de l'** ou **de**.

Mlle Piggy aime Kermit la grenouille et elle aime aussi manger! Elle aime _____ (1) gâteaux au chocolat, _____ (2) glace et _____ (3) bonbons. Elle aime aussi _____ (4) tarte aux pommes et _____ (5) pâtisseries. Maintenant, la pauvre Mlle Piggy est au régime parce que Kermit trouve qu'elle est trop grosse. Alors, dans son frigo, il y a beaucoup _____ (6) légumes et _____ (7) fruits. C'est tout. Le matin, elle prend _____ (8) tasse _____ (9) thé et _____ (10) morceau _____ (11) pain. À midi, elle prend _____ (12) yaourt ou _____ (13) assiette _____ (14) crudités. Le soir, elle prend _____ (15) salade avec _____ (16) verre _____ (17) lait. Elle ne mange jamais _____ (18) frites et elle ne boit plus _____ (19) bière. Mais elle peut prendre un peu _____ (20) vin. Mais, même quand Mlle Piggy est mince et quand elle n'est pas au régime, il n'y a pas _____ (21) jambon dans son frigo! Et est-ce qu'il y a _____ (22) cuisses de grenouille *(frog legs)*? Mais non, il n'y a pas _____ (23) cuisses de grenouille! Quelle horreur!

Structure 3

Grammar tutorial

Le verbe *voir*

The present tense of the verb **voir** *(to see)* is irregular.

je vois	nous voyons
tu vois	vous voyez
il	ils
elle } voit	elles } voient
on	

Qu'est-ce que tu **vois**?	*What do you see?*
Je ne **vois** rien.	*I don't see anything.*

Voir is regular in the **imparfait**.

Quand j'avais quinze ans, j'avais un petit ami que je **voyais** tous les jours.	*When I was 15, I had a boyfriend that I saw every day.*

The **passé composé** of **voir** is conjugated with **avoir** (past participle: **vu**).

Tu n'**as** pas **vu** mon chien?	*You haven't seen my dog?*

≡Mise en pratique≡

Objective, Act. 1: *observing the meaning of **voir** in context*

1. De la fenêtre... Voilà ce que tout le monde voit de sa fenêtre. Où sont-ils?

1. Alain Dumas voit des arbres, des fleurs, un banc, des enfants qui jouent...
2. Sophie Dumas voit la bibliothèque, des étudiants, des professeurs...
3. Alceste voit des voitures, une boulangerie, une boucherie...
4. Candide voit la mer, des bateaux, des enfants en maillot de bain...

Objective, Act. 2: *understanding forms of **voir** in context*

2. Des citations avec *voir*. Ajoutez les lettres qui manquent *(are missing)* pour compléter les citations. Quelle citation préférez-vous? Quelle citation voulez-vous mettre sur un tee-shirt?

1. Nous ne __ __ __ __ns jamais les choses telles qu'elles sont, nous les __ __ __ __ns telles que nous sommes. (Anaïs Nin)
2. Et quand je v__ __ __ passer un chat, je dis *(say):* «Il en sait long sur l'homme.» (Jules Supervielle, écrivain et poète français, 1884–1960)
3. Ne crois *(believe)* pas ce que tu ne vo__ __ pas. (proverbe indochinois)
4. Le vrai ciel, c'est celui que vous __ __ y __ __ au fond de *(at the bottom of)* l'eau. (Jules Renard, écrivain français, 1864–1910)
5. Il y a ceux *(those)* qui __ __ __ __ __ nt les choses telles *(the way)* qu'elles sont et qui se demandent pourquoi. Moi, je les v__ __ __ telles qu'elles pourraient *(could)* être et je me dis pourquoi pas! (Marc Levy, écrivain et architecte franco-américain, né le 16 octobre 1961)

3. Dans les rêves. Utilisez le verbe **voir** au passé composé pour dire ce que différentes personnes ont vu dans leur rêve la nuit dernière.

Objective, Act. 3: using **voir** in the *passé composé*

1. Je / un chien orange.
2. Nous / un monstre qui nous a demandé de venir avec lui.
3. Mes petites sœurs / une belle femme habillée en blanc.
4. Vous / une voiture qui était grande comme une maison!

4. Les contacts perdus. Il y a des personnes qu'on voyait avant mais qu'on ne voit plus maintenant. Utilisez le verbe **voir** à l'imparfait et au présent pour le dire.

Objective, Act. 4: using **voir** in the *imparfait*

Modèle: En été, Claudine / sa tante Irène tout le temps, mais maintenant, elle...
En été, Claudine voyait sa tante Irène tout le temps, mais maintenant, elle ne la voit plus.

1. Avant, tu / tes cousins tout le temps, mais maintenant, tu...
2. L'année dernière, mon mari et moi, nous / les Dumont tout le temps, mais maintenant, nous...
3. Quand vous aviez dix ans, vous / vos grands-parents tout le temps, mais maintenant, vous...
4. Pendant l'hiver, Alceste / ses copains au café tout le temps, mais maintenant, il...
5. Quand elles étaient jeunes, Anne et Claire / leur père tout le temps, mais maintenant, elles...

Avant, on voyait Romain et Julie tous les week-ends, mais maintenant . . .

ÉCHANGES

Un dîner francophone

La fondue au chocolat

La raclette

Le tajine

Ce chapitre vous a donné une idée: Vous allez inviter des amis à un dîner typique d'un pays francophone. Travaillez en groupes.

1. Le pays ou la région. En groupe, choisissez le pays ou la région de votre dîner: le Québec, le Maroc, la Suisse, la Belgique, la France, le Sénégal ou la Guadeloupe?

2. Les recettes. Avec votre groupe, faites une recherche sur Internet pour trouver des recettes du pays ou de la région que vous avez choisi(e).

3. Le menu. Choisissez le menu avec une entrée, un plat principal et un dessert. Faites un menu détaillé pour vos invités et écrivez *(write)* une ou deux recette(s) en détail.

4. Et après le dîner... Quelle réussite! Tout le monde est content. Maintenant, vous allez décrire la soirée sur votre blog: Qui est venu? Quel était le menu? Quel plat est-ce que tout le monde a préféré? (Donnez la recette.) Décrivez toute la soirée en détail!

Le français parlé

Commander au restaurant

Scène de vie

Objectives: *ordering a meal in a restaurant; changing your mind, interrupting yourself in mid-sentence, switching topics*

—Monsieur, vous avez choisi?

—Oui, euh, non, euh... Je... Il n'y a pas de dessert avec le menu Hippo malin?

—Ah non, monsieur, seulement un plat et une boisson.

—Bon, je ne sais pas, euh... J'ai envie d'un dessert... Bon, ben, je vais prendre le menu à 21,90 euros alors. J'ai faim!

—Très bien. Et pour commencer?

—Voyons, pour commencer... Le tarama, ce sont des œufs de poisson roses, c'est bien ça?

—Oui, c'est ça...

—J'aime bien ça... Ou bien les œufs pochés... Non, finalement, donnez-moi le carpaccio de tomates fraîches. C'est toujours bon, les tomates en été.

—Bien... Et ensuite?

—Votre bavette est bonne?

—Délicieuse! Surtout avec la sauce aux deux poivres.

—Alors, va pour... Ah non, je ne peux pas... Et mon cholestérol? Bon, ben, alors, je vais être raisonnable, je vais prendre l'assiette... Non, le saumon à la plancha, oui c'est ça, le saumon... avec des frites, s'il vous plaît.

—Alors, le saumon avec des pommes allumettes.

—Je ne peux pas avoir aussi des haricots verts?

—Ah non, il faut choisir.

—Bon, ben, pour une fois, va pour les pommes allumettes, alors...

—Et vous voulez une sauce avec ça?

—Oui, euh, de la sauce béarnaise, ça va bien avec le saumon...

—Très bien. Et comme dessert, monsieur?

—Je ne sais pas... voyons... Oui, je vais prendre la... Non, finalement, je vais prendre de la glace... La coupe aux trois fraîcheurs, c'est de la glace aux fruits?

—Oui, c'est ça: fraise, citron et melon.

—Alors oui, la coupe aux trois fraîcheurs, s'il vous plaît.

—Et pour boire?

—Une Tourtel... oui, une Tourtel... il fait chaud aujourd'hui... Et aussi de l'eau minérale. Qu'est-ce que vous avez comme eau minérale?

—De l'Évian ou du Perrier. Mais il y a un supplément si vous prenez deux boissons.

—Ah oui? Bon ben, pas de Tourtel, alors. Donnez-moi une bouteille d'É... Non, après tout, non, donnez-moi un pichet de rosé.

—Très bien, monsieur. C'est tout?

—Oui, c'est tout, merci.

Pour écouter

a. Listen carefully to the conversation. Do you notice a difference between the two speakers?

b. Did you notice that M. Delvaux changes his mind several times? For example, in the first sentence, M. Delvaux says that he is ready to order and then asks a question. When speaking, people often change their mind, interrupt themselves in mid-sentence, and switch to something else. Can you find other instances when M. Delvaux changes his mind?

c. When M. Delvaux wants to order something then changes his mind, can you guess what he was going to order (look at the Hippopotamus menu on p. 296)?

Parlons! Au restaurant Hippopotamus

Vous voyagez en Europe pendant l'été. C'est le mois d'août et vous êtes à Lyon. Il est une heure de l'après-midi, vous avez très faim et vous décidez de manger au restaurant Hippopotamus.

a. Prenez deux minutes pour étudier le menu du restaurant (p. 296) et décidez ce que vous allez prendre. Est-ce que vous avez des questions?

b. Avec un(e) partenaire, jouez le rôle du client/de la cliente et du serveur/de la serveuse. Puis échangez les rôles.

Vocabulaire de base

Noms

l'addition *(f.)* *restaurant bill, check*
une aspirine *aspirin*
une assiette (de) *plate (of)*
une boisson *beverage, drink*
une boîte (de) *can (of); box (of)*
une boucherie *butcher shop*
une boulangerie *bakery*
une bouteille (de) *bottle (of)*
la carte *restaurant menu*
une carte de crédit *credit card*
une charcuterie *pork shop; delicatessen*
un chèque *check*
un couteau *knife*
une cuillère *spoon*
une cuillère à soupe *soup spoon, tablespoon*
un doigt *finger*
une entrée *appetizer*
une épicerie *grocery store*
une fourchette *fork*
un(e) invité(e) *guest*
un kilo (de) *kilogram (of)*
une liste (de) *list (of)*
une main *hand*
un marché *market*
un médicament *medicine*

un morceau (de) *piece (of)*
une pâtisserie *pastry shop; pastry*
une petite cuillère *teaspoon*
une pharmacie *pharmacy*
un pharmacien, une pharmacienne *pharmacist*
une plante verte *houseplant*
un plat *serving dish; dish of food*
le plat principal *main dish, main course*
une serviette *napkin*
une soirée *party; evening*
une tasse (de) *cup (of)*
une tranche (de) *slice (of)*
un verre (de) *glass (of)*

Adjectifs

bon marché *(inv.)* *cheap, inexpensive*
délicieux, délicieuse *delicious*
excellent(e) *excellent*
fermé(e) *closed*
ouvert(e) *open*
tout, tous, toute, toutes *all*

Verbes

apporter *to bring*
commander *to order*

fermer *to close*
inviter *to invite*
offrir *to offer, give*
ouvrir *to open*
payer *to pay*
utiliser *to use*
venir *to come (conj. with être)*
venir de *to have just*
voir *to see*

Divers

assez (de) *enough (of)*
au milieu (de) *in the middle (of)*
Combien est-ce que je vous dois? *How much do I owe you?*
heureusement *happily, luckily, fortunately*
malheureusement *unhappily, unluckily, unfortunately*
pas du tout *not at all*
Quelle sorte de... ? *What kind of . . . ? What sort of . . . ?*
tous les deux, toutes les deux *both*
tous les jours *every day*
tout à fait *absolutely, completely*
tout de suite *right away, at once*
trop (de) *too much (of)*

Noms

une assiette à soupe *soup plate*
une boîte de chocolats *box of chocolate*
une boucherie-charcuterie *butcher/ delicatessen*
une boulangerie-pâtisserie *bakery that also sells pastries*
un chéquier *checkbook*
un couvert *silverware; place setting*
un gramme (de) *gram (of)*
un litre (de) *liter (of)*
le menu (à... euros) *fixed-price meal (for . . . euros)*
la monnaie *change; coins*
une nappe *tablecloth*
une sauce *sauce, gravy*

Adjectif

gratuit(e) *free (of charge)*

Verbes

brûler *to burn*
déborder *to spill over*
préparer *to prepare*
renverser *to knock over*

Divers

à la carte *à la carte*
avoir mal *to hurt*
avoir mal à la tête *to have a headache*
laisser un pourboire *to leave a tip*
mettre la table *to set the table*

payer avec une carte de crédit *to pay by credit card*
payer en liquide *to pay cash*
payer par chèque *to pay by check*
service compris *tip included*

Pour offrir de payer quand on invite à boire un verre ou quand on invite au restaurant

C'est moi qui invite.* *It's my treat. I'm paying.*

Au restaurant

Est-ce que je pourrais avoir l'addition, s'il vous plaît? *Could I have the bill, please?*
Est-ce que le service est compris? *Is the tip included?*
Vous avez choisi? *Are you ready to order?*

À table

Encore un peu de vin? *Some more wine?*
Je n'ai plus faim! *I'm full!*
Merci. (Non, merci.) *No, thank you.*
Oui, je veux bien, merci. *Yes, please.*
Servez-vous! *Help yourself!*

Le français tel qu'on le parle

Heureusement que (nous avions une carte de crédit)! *Thank goodness (we had a credit card)!*

J'abandonne! *I give up!*
J'en ai assez! *I've had it! I've had enough! I'm fed up!*
Mais qu'est-ce qu'on va faire? *But what are we going to do?*
Tu parles! *You bet! No kidding! You're telling me!*
y a pas = il n'y a pas

Le français familier

j'en ai marre = j'en ai assez
j'en ai ras le bol = j'en ai assez

On entend parfois...

un dépanneur (Canada) *neighborhood grocery store with late hours*
donner une bonne-main (Suisse) = donner un pourboire
donner une dringuelle (Belgique) = donner un pourboire
gréyer la table (Canada) = mettre la table
un légumier (Belgique) = quelqu'un qui vend des légumes
payer (Afrique) = acheter
une praline (Belgique) = un chocolat

***C'est moi qui invite.** When you hear **C'est moi qui invite,** you can be sure that the person who said it will pay for the drink or meal. Although **C'est moi qui invite** literally means *I'm the one inviting,* it is really the equivalent of the English expression *It's my treat.* It is generally considered polite then for you to offer to pay the next time you are together. However, French students do tend to split the bill when they go out together. Similarly, if you take out a pack of cigarettes or something to eat when in the company of French people, you are expected to offer it around.

Leçon 14

Que faire un jour de pluie?

En bref

Pour communiquer

Communiquer par écrit, par téléphone et par Internet

Aller à la poste en France

Faire des achats dans un bureau de tabac

Faire une rencontre (Le français parlé)

Structure

Les verbes de communication: **dire, lire** et **écrire**

Les pronoms d'objet indirect

L'accord du participe passé

Culture

La Baule ou Lausanne?

Les Français et Internet

Les Français et les loisirs connectés à la technologie

À lire: Magazines français (Échanges)

iLrn **iLrn Heinle Learning Center includes**

 In-text Audio Program

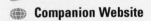 Voilà Video

 Companion Website

 Pair work

Group work

Observez

Qui sont ces personnes? Qu'est-ce qu'elles portent? Où sont-elles? Pourquoi? À votre avis, quelle est la saison? Et quelle heure est-il? Qu'est-ce que ces personnes aiment faire? Qu'est-ce qu'elles ont fait avant?

Vocabulaire

A. Des étudiants suisses en vacances à La Baule

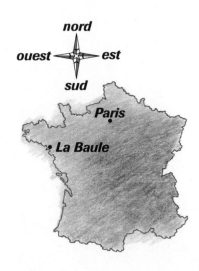

nord
ouest — est
sud

Paris

La Baule

Damien (étudiant en droit), Laure (étudiante en médecine), Mathieu (étudiant en littérature anglaise et américaine) et Marine (étudiante en sciences économiques) sont des étudiants suisses qui viennent de Lausanne. Ils ont passé leurs examens en juin et les ont réussis. Maintenant, ils sont en vacances à La Baule, en Bretagne, où ils font du camping. Aujourd'hui, il pleut. Alors, ils ont décidé d'écrire des lettres et des cartes postales, de lire des journaux et des magazines et d'aller dans un cyber-café pour vérifier leur courrier électronique et surfer sur Internet. Damien veut aussi téléphoner chez lui parce que c'est l'anniversaire de sa mère. Et ils veulent trouver le numéro de téléphone et l'adresse de *La Palmeraie*, un petit restaurant sympa où des amis de Marine ont bien mangé l'année dernière.

- La Baule, c'est au nord, au sud, à l'ouest ou à l'est?
- Qu'est-ce que Damien, Laure, Mathieu et Marine font à La Baule? Quel temps fait-il aujourd'hui? Qu'est-ce que vous faites quand il pleut en été? Et eux?

Objective: culture

Langue et **culture**

La Baule ou Lausanne?

Damien, Laure, Mathieu et Marine sont des étudiants suisses qui viennent de Lausanne et qui sont à La Baule en Bretagne pour des vacances. Pourquoi ont-ils choisi La Baule? Est-ce que La Baule ressemble à Lausanne? Continuez pour trouver des réponses.

1. Lausanne. Où est Lausanne? Quelle langue est-ce qu'on parle à Lausanne? Identifiez dans le texte les avantages de la ville.

En Suisse, on parle allemand, français, italien et romanche. Genève et Lausanne sont deux grandes villes suisses où on parle français.

Située entre lac et montagne, Lausanne offre une grande variété d'événements et d'activités. Les promeneurs et les cyclistes apprécient les promenades dans les parcs et au bord du lac Léman, un des plus grands lacs d'Europe. Les sorties en bateau sur le lac sont aussi très populaires. Quant aux jeunes sportifs, ils peuvent faire de la planche à voile, du ski nautique et de la plongée. À voir également: le Musée Olympique, visité par des milliers de personnes chaque année.

Adapté de Lausanne.com

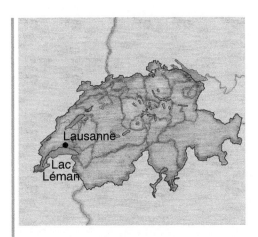

Lausanne

2. La Baule. Pourquoi aller en vacances à La Baule? Faites une liste des avantages de La Baule. Pourquoi est-ce que le nombre d'habitants est différent en hiver et en été?

> La Baule, plus belle plage d'Europe... Des kilomètres de sable fin. La Baule, commune de 16 000 habitants l'hiver, 120 000 en été dont la renommée n'est plus à faire: station balnéaire mais aussi ville sportive, ville familiale et riche d'un arrière pays touristique à découvrir. Ici vous trouverez une ambiance particulière, une discrétion inhabituelle pour une station pourtant si réputée. Témoins du début du siècle, les Villas Bauloises si chères aux amoureux de La Baule, veillent à lui conserver son allure de vieille dame.

Presqu'île-Infos, La Baule

3. La Baule et Lausanne. La Baule, c'est comme Lausanne? Pourquoi ou pourquoi pas?

4. Et vous? Vous voulez aller en vacances. Allez-vous choisir Lausanne ou La Baule? Pourquoi? Et pour habiter, vous aimez mieux La Baule ou Lausanne? Pourquoi?

La Baule

B. À la poste

Oui, c'est ça!

Là, regarde!

Alors, ça y est?

un annuaire

Marine   *Mathieu*   *Laure*

la poste

une boîte aux lettres

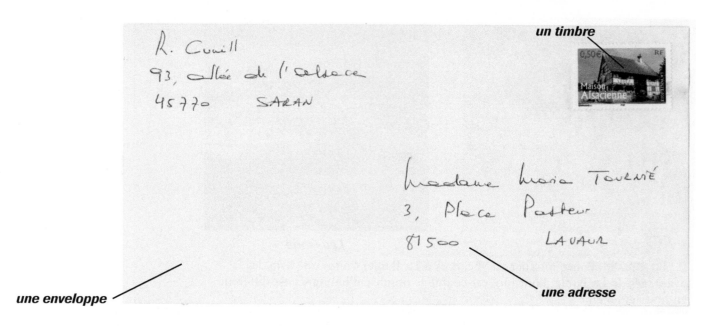

un timbre

R. Cuill
93, allée de l'Alsace
45770   SARAN

Madame Maria Tourné
3, Place Pasteur
81500   LAVAUR

une enveloppe

une adresse

LA POSTE

À la poste, on peut acheter des timbres, envoyer son courrier, acheter des cartes téléphoniques, utiliser une photocopieuse et même utiliser la poste comme banque. À la poste de La Baule, Laure achète dix timbres pour cartes postales et deux timbres pour lettres. Damien a perdu son téléphone portable, alors il achète une carte téléphonique pour téléphoner d'un téléphone public. Et Marine et Mathieu? Ils cherchent dans l'annuaire de La Baule le numéro de téléphone et l'adresse du restaurant.

- Qu'est-ce que Laure fait à la poste? Et Damien? Et que font Marine et Mathieu?
- Regardez la photo de la boîte aux lettres à la page 313. De quelle couleur sont les boîtes aux lettres en France? Et chez vous?

C. Au téléphone

Damien a trouvé une cabine téléphonique près de la poste et il téléphone à Lausanne avec sa carte téléphonique. Marine téléphone au restaurant avec son portable puis elle envoie un texto à sa petite sœur.

- À qui est-ce que Damien téléphone? Et Marine? Pourquoi?

> Oui, bonjour madame, est-ce que vous êtes ouverts ce soir, s'il vous plaît?

Damien va téléphoner à sa mère.

D. Au bureau de tabac

Devant un bureau de tabac

Dans un bureau de tabac de La Baule, les étudiants achètent des bonbons, des cartes postales, des journaux et des magazines. Mathieu voudrait aussi acheter des cigarettes mais les autres détestent les cigarettes et ils ne sont pas contents quand il fume!

- Où sont Marine et Damien? Qu'est-ce qu'on vend dans ce magasin? Qui va souvent dans ce magasin? Et chez vous, où est-ce qu'on achète des journaux? Des cigarettes? Regardez la photo: Comment est-ce qu'on reconnaît *(recognize)* un bureau de tabac de l'extérieur?
- Qu'est-ce que Marine et Damien sont en train de lire?

Activité vidéo

E. Dans un café

Mathieu est en train de lire *Paris Match* parce qu'il adore les photos de ce magazine et parce qu'il aime les articles sur les célébrités. En vacances, il déteste les choses culturelles. Et puis, toute l'année, il doit lire de la littérature, alors... Laure fait son courrier: Elle veut envoyer des cartes postales à tous ses amis en Suisse. Damien est en train de lire *Ouest-France*. Il aime lire les gros titres, la page des sports, les bandes dessinées et les dessins humoristiques. Mais surtout, il veut lire la météo pour demain! Marine, elle, a acheté *L'Express* parce qu'il y avait un article sur la Suisse. Et puis, elle aime la politique et veut être au courant des événements importants de la semaine. Elle aime aussi les rubriques scientifiques et littéraires et elle est en train de lire un article sur le nouveau livre de l'écrivain Éric-Emmanuel Schmitt. C'est un beau roman d'amour et elle voudrait bien aller l'acheter dans une librairie pour pouvoir le lire s'il continue à pleuvoir.

- Quel magazine américain ou canadien est comme *Paris Match*?
  Qui aime lire ces magazines? *Ouest-France*, c'est un journal pour
  toute la France? Quelles nouvelles est-ce qu'il y a dans la presse
  aujourd'hui? Est-ce que ce sont des nouvelles importantes, à votre
  avis? Quelle est la météo de demain pour La Baule? Où est-ce qu'il
  va faire beau? Où est-ce qu'il va faire mauvais?
- Et vous, qu'est-ce que vous aimez lire en vacances? Où est-ce qu'on
  peut lire l'actualité sportive? L'actualité politique? Où est-ce qu'on
  trouve des bandes dessinées et des dessins humoristiques? Qui aime
  les lire? Pourquoi?
- Regardez bien la carte postale de Laure à Dominique. Dominique,
  c'est un homme ou une femme? C'est vrai qu'il faisait beau à
  La Baule ce jour-là?
- Et vous, est-ce que vous aimez écrire des cartes postales quand vous
  êtes en vacances? Et des lettres? Sur vos cartes postales de vacances,
  est-ce qu'il faut toujours dire la vérité? Quand est-ce que vous ne
  voulez pas la dire?
- Dans le journal, vous préférez la politique ou le sport? La publicité ou
  la météo? Les petites annonces ou les dessins humoristiques? Quels
  renseignements est-ce qu'on peut trouver dans les petites annonces?
- Quel est votre écrivain préféré? Vous préférez les romans ou les poèmes?

F. Dans un cybercafé

Bien sûr, les quatre étudiants sont des internautes connectés à Internet, mais il n'y a pas le Wifi au camping. Alors, ils vont tous les jours dans un cybercafé pour vérifier leur courrier électronique. Maintenant, Laure est en train de lire ses messages. Elle adore écrire et aujourd'hui, elle voudrait aussi écrire quelque chose sur leurs vacances à La Baule sur son blog. Damien n'est pas blogueur, mais il aime surfer sur la toile et il est en train de lire la page météo d'un site suisse. Il aime aussi les discussions en ligne et les forums et il adore tchatter avec ses copains. Il utilise beaucoup la messagerie instantanée.

Après, s'il continue à pleuvoir, les étudiants vont peut-être faire un jeu en ligne tous les quatre.

- Et vous, est-ce que vous utilisez Internet en vacances? Pour faire quoi?
- Qu'est-ce que vous aimez faire quand il pleut?

Vidéo buzz

Les Français et Internet

1. Internet et vous. Quelles activités faites-vous le plus avec Internet? Et le moins? Organisez les activités suivantes des plus aux moins fréquentes.

> le courrier électronique, les achats et services, l'actualité, les blogs, les discussions en ligne, les téléchargements, les informations générales, les rencontres, les finances, les loisirs, les jeux, les réseaux sociaux.

2. Et les Français? Regardez le tableau. Pourquoi les Français utilisent-ils surtout Internet? Comparez votre utilisation d'Internet à celle des Français.

Modèle: Ils utilisent Internet pour... plus (moins) que nous...

Internet et les Français: Les Français utilisent Internet...	
Pour faire des recherches	97%
Pour leur courrier électronique	95%
Pour trouver des itinéraires et des cartes	92%
Pour leurs comptes en banque	89%
Pour acheter des produits	89%
Pour suivre l'actualité	88%
Pour voir la météo	84%
Pour participer à des réseaux sociaux	84%
Pour la musique	53%

Adapted from ACSEL, octobre 2011

A votre avis, pourquoi est-ce qu'ils utilisent Internet aujourd'hui?

G. Et aussi...

Here are some useful words and expressions not included in the preceding vocabulary presentation.

demander (qqch. à qqn)	*to ask (someone for something)*
une dissertation	*paper (written for a class)*
un facteur, une factrice	*mail carrier*
masculin(e)	*masculine*
mettre une lettre à la poste	*to mail a letter*
passé(e): la semaine passée, le mois passé	*last (week, month)*
poser une question (à qqn)	*to ask (someone) a question*
un sommaire	*table of contents (of a magazine)*

Mots et usages

1. Envoyer. The **y** in the stem of the verb **envoyer** changes to **i** in the present tense when the ending is silent. This is the same pattern you learned for the verb **payer (je paie, nous payons).**

j'envoie	nous envoyons
tu envoies	vous envoyez
il, elle, on } envoie	ils, elles } envoient

Passé composé: j'ai envoyé, etc.

Imparfait:	j'envoyais	nous envoyions
	tu envoyais	vous envoyiez
	il, elle, on } envoyait	ils, elles } envoyaient

Quatre étudiants suisses en vacances un jour de pluie. Remplissez les blancs avec le verbe entre parenthèses au présent ou à l'imparfait.

Les quatre étudiants suisses _____ (1) (voyager) souvent ensemble et ils aiment faire du camping. Cette année-là, ils sont allés en France. Un jour, comme il _____ (2) (commencer) à pleuvoir, ils ont acheté des magazines et des cartes postales et puis ils sont allés dans un cybercafé.

Laure adore écrire et elle _____ (3) (acheter) toujours beaucoup de cartes postales qu'elle _____ (4) (envoyer) à tous ses amis quand elle voyage. Mathieu et Marine n(e) _____ (5) (envoyer) jamais de cartes postales parce qu'ils détestent écrire. Ils _____ (6) (préférer) téléphoner!

2. Cher. The adjective **cher, chère** has two different meanings in French. Placed before the noun, it means *dear;* after the noun, it means *expensive.*

Cher John,...	*Dear John, . . .*
La BMW est une voiture **chère**.	*The BMW is an expensive car.*

Sur le blog de Laure. Voilà des extraits du blog de Laure. Complétez-le avec l'adjectif **cher** avant ou après le nom; faites attention au sens de la phrase, et n'oubliez pas les accords.

_____ amis _____ (1),

Nous sommes à La Baule, en France. Quelle plage magnifique! Nous avons trouvé la _____ vie _____ (2) à La Baule, mais nous faisons du camping, alors ça va. Sur la photo, nous mangeons dans un _____ restaurant _____ (3), mais nous avons très bien mangé! Comme il pleuvait, nous avons mangé à l'intérieur. Notre _____ Mathieu _____ (4) voulait fumer après le déjeuner, mais pas question de fumer dans les restaurants en France depuis 2008! Alors, il est sorti sous la pluie! Ah, ah, bien fait! :-)

≡ **Mise en pratique** ≡

Objective, Act. 1: working with semantic fields

1. Chassez l'intrus. Quel mot ne va pas avec les autres?

1. journal / magazine / courrier / article / publicité
2. écrivain / événement / littérature / roman
3. petite annonce / titre / article / facteur
4. ensoleillé / littéraire / couvert / nuageux
5. droit / météo / médecine / sciences économiques / littérature

Objectives, Act. 2: connecting words to context; developing awareness of cultural differences

2. Mini-conversations. Qu'est-ce qui va ensemble?

1. Je cherche le numéro de téléphone de la gare.
2. Il y a un article sur toi dans *Ouest-France*!
3. Combien coûtent les timbres pour le Canada?
4. Où est-ce qu'on peut téléphoner, s'il vous plaît?
5. Je voudrais acheter un journal et des cigarettes.
6. Je cherche un appartement à louer.
7. À quelle heure est le premier train pour Nice?

a. Regarde dans les petites annonces du *Figaro*.
b. Il y a un bureau de tabac à côté de l'hôtel.
c. Quoi? C'est vrai? Je pars l'acheter tout de suite!
d. Regarde dans l'annuaire ou fais le 118 218 sur ton portable!
e. Il y a des téléphones publics à l'extérieur de la poste, monsieur.
f. Pour une lettre ou pour une carte postale?
g. Va sur le site Internet de la SNCF.

Objectives, Act. 3: recognizing new vocabulary; sharing and comparing opinions

 3. Moi, je préfère! Avec un(e) partenaire, dites ce que vous aimez beaucoup, un peu et pas du tout.

lire le journal
écrire des cartes postales
lire des livres de littérature
envoyer des emails
envoyer des textos à des amis

lire des romans
écrire des poèmes
lire des bandes dessinées
participer à une discussion en ligne
surfer sur Internet

4. La météo. En groupes, répondez aux questions d'après la météo du jour. Puis comparez vos réponses avec les réponses des autres groupes.

Objectives, Act. 4: learning about French geography; talking about the weather and activities

> **Météo du jour**
>
> Temps pluvieux sur la moitié ouest du pays.
>
> Brume matinale sur le nord et les côtes de la Manche.
>
> Temps chaud et nuageux sur le centre.
>
> Vent persistant sur le sud de la France.
>
> Beau temps sur les côtes de la Méditerranée.
>
> Temps lourd et orageux sur les montagnes du centre.
>
> Temps frais et ensoleillé sur les montagnes du sud, avec vent léger.
>
> Temps nuageux sur la capitale le matin et l'après-midi.

1. Regardez la carte de France au début du livre. Quelles régions sont dans la moitié ouest de la France? Dans le nord? Dans le centre? Dans le sud? Sur la Méditerranée? De quelles montagnes parle-t-on? De quelle ville?

Objective, Act. 5: creating with language

2. Quel temps préférez-vous en général? Quel temps n'aimez-vous pas? Regardez la météo du jour. Où est-ce que vous avez envie d'aller passer *(spend)* la journée? Qu'est-ce que vous allez faire?

3. Choisissez une activité et des vêtements appropriés au temps qu'il fait dans chaque région (ou ville) mentionnée dans la météo du jour.

5. Le voyage d'une carte postale. En groupes, dites quelles sont les étapes et les aventures du voyage d'une carte postale. (Où est-ce qu'on la vend? Pourquoi est-ce qu'on l'achète? Qui va l'écrire? Où est-ce qu'elle va arriver? Qui va la lire?). Comparez avec les autres groupes.

6. Où, quand, qui, à qui? En groupes, choisissez une profession et imaginez une personne qui exerce cette profession. Qu'est-ce que cette personne aime faire? Qu'est-ce cette personne aime lire et écrire? Déteste lire et écrire? Est-ce qu'elle utilise Internet? Pour faire quoi? Présentez votre personne aux autres groupes sans révéler *(reveal)* le nom de la profession. Ils doivent la deviner *(guess)*.

Objectives, Act. 6: moving toward sentence-length discourse; sharing opinions and experiences

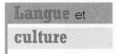

Langue et **culture**

Les Français et les loisirs connectés à la technologie

Objective: culture

1. La technologie et vous. Quelles activités technologiques préférez-vous? Faites une liste de 10 activités et classez-les par ordre d'importance. Comparez cette liste avec celle d'un(e) camarade.

2. Et les Français? Regardez le sondage sur les activités préférées des Français.

Parmi les activités suivantes que vous pouvez faire quand vous avez un moment de libre, dites-moi celle que vous préférez.

EN PREMIER	ENSEMBLE	15–25 ans	50–64 ans
	%	%	%
Écouter de la musique sur une chaîne hi-fi ou à la radio	40	29	43
Regarder un film à la télévision	24	10	33
Aller au cinéma	10	15	6
Surfer sur Internet	6	9	4
Regarder un film sur DVD	5	8	3
Téléphoner	5	9	5
Effectuer des activités de loisirs sur un ordinateur *(par exemple, scanner des photos, faire des montages vidéo, télécharger de la musique...)*	3	5	1
Jouer à des jeux vidéos sur un ordinateur	2	6	1
Jouer à des jeux vidéos sur une console de jeux	2	6	-
Écouter de la musique par l'intermédiaire d'un walkman-minidisc	1	3	1
Jouer à des jeux vidéos sur un téléphone portable	-	-	-
(Aucune / NSP)	2	-	3

Les Français, les loisirs et les nouvelles technologies: Vers une société d'entertainment? Canal Ipsos, 19/06/2003.

a. Quelle est l'activité préférée par le plus de personnes? Quelles sont les quatre activités suivantes *(following)* pour les jeunes? Et pour les plus âgés? Pour quelles activités est-ce qu'il y a beaucoup de différence entre les jeunes et les plus âgés?

b. Est-ce que vous êtes comme les Français de votre âge? Expliquez.

Et lui, quelle technologie est-ce qu'il utilise?

Structure 1

Les verbes de communication: *dire, lire* et *écrire*

Grammar tutorial

dire *(to say, tell)*	
je dis	nous disons
tu dis	vous **dites**
il elle on } dit	ils elles } disent

Note the **vous** form: **vous dites.**

Pourquoi est-ce que vous **dites** ça?	*Why do you say that?*

The imperative, or command, forms of **dire** are the same as the present tense forms.

Non, non, non, ne le **dis** pas!	*No, don't say it!*
Disons, quoi, six heures. Ça te va?	*Let's say, what, six? Is that OK?*
Dites toujours la vérité.	*Always tell the truth.*

The past participle of **dire** is **dit. Dire** is conjugated with **avoir** in the **passé composé.**

Qu'est-ce qu'il **a dit**?	*What did he say?*

The **imparfait** of **dire** is regular.

Qu'est-ce qu'il **disait**?	*What was he saying?*

Note the pattern **dire quelque chose à quelqu'un** *(to say something to someone).*

François, **dis** merci à M. Laporte.	*François, say thank you to Mr. Laporte.*
Est-ce que vous **avez dit** la vérité à vos parents?	*Did you tell your parents the truth?*

The verb **dire** is used in two idiomatic expressions.

1. To ask for the French equivalent of a word in English:

Comment **dit-on** «then» en français?	*How do you say "then" in French?*

2. To find out what a word means:

Que **veut dire** «poche»?	*What does "poche" mean?*
Qu'est-ce que ça **veut dire**?	*What does that mean?*

écrire *(to write)*

j'écris	nous écrivons
tu écris	vous écrivez
il / elle / on écrit	ils / elles écrivent

The imperative, or command, forms of **écrire** are the same as the present tense forms.

Écris une lettre à ta grand-mère tout de suite!	*Write a letter to your grandmother right away!*
Écrivons un roman!	*Let's write a novel!*
Écrivez votre nom, s'il vous plaît.	*Write your name, please.*

The past participle of **écrire** is **écrit**. **Écrire** is conjugated with **avoir** in the **passé composé**.

J'ai écrit deux lettres hier.	*I wrote two letters yesterday.*

The **imparfait** of **écrire** is regular.

Elle **écrivait** une carte postale quand je suis entré.	*She was writing a postcard when I came in.*

The verb **décrire** *(to describe)* is conjugated like **écrire**.

lire *(to read)*

je lis	nous lisons
tu lis	vous lisez
il / elle / on lit	ils / elles lisent

Vous **lisez** beaucoup?	*Do you read a lot?*
Ma mère **lit** toujours le journal le matin.	*My mother always reads the newspaper in the morning.*

The imperative, or command, forms of **lire** are the same as the present tense forms.

Lis cet article avant demain.	*Read this article before tomorrow.*
Lisons *Le Rouge et le Noir* cet été.	*Let's read* The Red and the Black *this summer.*
Ne **lisez** pas ce roman!	*Don't read that novel!*

The past participle of **lire** is **lu**. **Lire** is conjugated with **avoir** in the **passé composé**.

Est-ce que tu **as lu** ce roman?	*Have you read this novel?*

The **imparfait** of **lire** is regular.

Avant, je **lisais** beaucoup, mais maintenant je n'ai plus le temps.	*I used to read a lot, but now I don't have (the) time.*

Mise en pratique

1. On dit? On lit? On écrit? À deux, complétez les phrases avec **on dit, on lit** ou **on écrit**. Il y a plusieurs (*several*) réponses possibles.

1. ... des lettres.
2. ... la vérité.
3. ... oui ou non.
4. ... un poème.
5. ... -le avec des fleurs!
6. ... une carte postale.

Objective, Act. 1: learning meanings of **dire, lire,** and **écrire**

2. Activités du week-end. À deux, utilisez les verbes entre parenthèses pour dire ce que tout le monde fait ce week-end.

1. Aline _____ un roman de Hawthorne. (lire)
2. Jacques et Alain _____ des dissertations. (écrire)
3. Nous _____ un article sur l'actualité politique dans un magazine. (lire)
4. Tu _____ une lettre à ta sœur? (écrire)
5. J'_____ à un ami et je _____ ma vie à l'université. (écrire / décrire)

Objective, Act. 2–4: practicing forms of **dire, lire,** and **écrire**

3. Activités du week-end (suite). Maintenant, utilisez le passé composé pour dire ce qu'on n'a pas fait ce week-end. Travaillez seul(e) et comparez vos phrases à celles de votre partenaire de l'Activité 2.

1. Aline _____ le roman de Hawthorne. Elle _____ un roman d'amour! (ne pas lire / lire)
2. Jacques et Alain _____ leurs dissertations. Ils _____ des poèmes pour leurs petites amies! (ne pas écrire / écrire)
3. Nous _____ l'article sur l'actualité politique. Nous _____ un article sur les sports! (ne pas lire / lire)
4. Tu _____ de lettre à ta sœur! Tu _____ une carte postale à toute ta famille! (ne pas écrire / écrire)
5. Je _____ à mon ami; je _____ ma vie à l'université au téléphone! (ne pas écrire / décrire)

4. La vie était belle à dix ans! Pour Christophe, la vie était plus facile avant. Utilisez les verbes à l'imparfait pour le dire.

Les professeurs _____ (1) quand nous _____ (2) des bandes dessinées (ne rien dire / lire). Je _____ (3) de dissertations (ne pas écrire). Je _____ (4) de livres sérieux (ne pas lire). Et aussi, nous _____ (5) des petits poèmes pour notre mère (écrire). Elle était très contente!

5. Parlons un peu!

1. Préparez sept questions avec les expressions suivantes: écrire des courriels, lire des magazines, lire à la plage, dire la vérité, écrire sur un blog, dire un secret, lire le soir.

Modèle: À qui est-ce que tu écris des courriels?

2. Interviewez un(e) camarade à l'aide de vos questions et notez ses réponses, puis inversez les rôles.

3. Faites un résumé des informations obtenues.

Modèle: X écrit beaucoup de courriels. Elle écrit à ses parents et à son petit ami tous les soirs.

Objective, Act. 5: using **dire, lire,** and **écrire** communicatively

Structure 2

Grammar tutorial

Les pronoms d'objet indirect

Languages use devices such as position in a sentence or word form to allow users to say and understand who or what did what to whom or to what. Traditionally, these functions have names that are used in talking about grammar. Here is a brief overview of three terms: *subject, direct object,* and *indirect object* (**sujet, objet direct** and **objet indirect**).

The *subject* indicates the actor, or doer, of the action. Subjects can be nouns or pronouns. Find the subjects in the English and French sentences.

> *Zoé was reading the book she had just bought when she heard the noise of a car outside.*

> **Zoé lisait le livre qu'elle venait d'acheter quand elle a entendu le bruit d'une voiture dehors.**

A *direct object* indicates the person or thing that is acted upon or that receives the action. Find the direct objects in the English and French sentences. Can direct objects be pronouns as well as nouns?

> *Zoé was reading the book she had just bought when she heard the noise of a car outside. She gave it to her brother and went out to check.*

> **Zoé lisait le livre qu'elle venait d'acheter quand elle a entendu le bruit d'une voiture dehors. Elle l'a donné à son frère et elle est sortie vérifier.**

An *indirect object* indicates the person to or for whom the action is being done. In the English and French sentences, first find the subjects and direct objects one more time. Can you now find the indirect objects? Can indirect objects be pronouns as well as nouns?

> *Zoé was reading the book she had just bought when she heard the noise of a car outside. She gave it to her brother and went out to check. She told him to stay calm!*

> **Zoé lisait le livre qu'elle venait d'acheter quand elle a entendu le bruit d'une voiture dehors. Elle l'a donné à son frère et elle est sortie vérifier. Elle lui a dit de rester calme!**

Indirect objects, then, indicate the person to whom something is given, shown, said, and so forth.

> I talked to *my father* yesterday. (*my father* is the indirect object)

With verbs that have both a direct and an indirect object, English permits two different word orders. In these two sentences, *Joel* is the indirect object.

> He gave the book to *Joel.*   He gave *Joel* the book.

In French, the preposition **à** appears in front of a noun used as an indirect object.

> Il a donné le livre **à Joël.**   *He gave Joel the book.*
> *(He gave the book to Joel.)*

Indirect object pronouns (**les pronoms d'objet indirect**) replace nouns used as indirect objects.

me	*(to) me*	nous	*(to) us*
te	*(to) you (familiar, singular)*	vous	*(to) you (formal or plural)*
lui	*(to) him, (to) her*	leur	*(to) them*

Note that **lui** can mean either *(to) him* or *(to) her*. The context almost always indicates which is meant. Indirect object pronouns follow the same placement rules as direct object pronouns.

1. In front of a one-word verb.

Il **me** parle pendant des heures.	*He talks to me for hours.*
Je **leur** disais que...	*I was telling them that . . .*

2. In front of the infinitive in a *verb + infinitive* combination.

Tu vas **lui** parler demain?	*Are you going to talk to him/her tomorrow?*
Non, je ne peux pas **lui** parler demain.	*No, I can't talk to him/her tomorrow.*

3. In front of the helping verb in the **passé composé.**

Martin **lui** a donné le livre.	*Martin gave him/her the book (gave the book to him/her).*
Céline ne **leur** a pas écrit.	*Céline didn't write (to) them.*

4. With imperative, or command, forms, indirect object pronouns, like direct object pronouns, follow affirmative imperatives and precede negative imperatives. Note that **me** and **te** become **moi** and **toi** when they follow the verb form.

Parlez-**moi** d'amour!	*Talk to me about love!*
Ne **lui** donne pas ce cadeau!	*Don't give him/her that present!*

Rappel!

1. The indirect object pronoun **leur** is already plural. Do not add an **s**. The possessive adjective **leur** *(their)* does take an **s** when it modifies a plural noun.

—Il a parlé aux étudiants de **leurs** devoirs?	*Did he talk to the students about their assignments?*
—Oui, il **leur** a parlé de **leurs** devoirs!	*Yes, he talked to them about their assignments.*

2. A few verbs that are followed by direct objects in English are followed by indirect objects in French. Here are the ones you have already learned.

- téléphoner **à**

Il a téléphoné **à** ses parents.	*He called his parents.*
Il **leur** a téléphoné.	*He called them.*

- répondre **à**

Il n'a pas répondu **à** sa sœur.	*He didn't answer his sister.*
Il ne **lui** a pas répondu.	*He didn't answer her.*

- demander **à**

Il a demandé de l'argent **à** Paul.	*He asked Paul for some money.*
Il **lui** a demandé de l'argent.	*He asked him for some money.*

Mise en pratique

 1. Cédric et son père. La mère et le père de Cédric sont divorcés et Cédric habite avec sa mère. Son père, Jean Rasquin, habite à Paris. Cédric parle de son père. À deux, décidez quelles phrases sont positives et quelles phrases sont négatives. Puis dites s'il aime son père ou non, d'après vous. Justifiez votre opinion.

1. Je ne le vois jamais.
2. Il me téléphone le week-end.
3. Il m'offre des cadeaux.
4. Je n'aime pas les cadeaux qu'il m'offre.
5. Il m'a acheté un vélo.

Objective, Act. 1: making form-meaning connections with indirect and direct object pronouns

6. Il m'invite à venir le voir à Paris l'été.
7. Je lui envoie des photos de moi et de ma mère.
8. Il me dit qu'il m'aime.
9. Quand il est en vacances, il m'écrit des cartes postales.
10. Quand je suis à Paris avec lui, il me dit qu'il est très occupé.

Objective, Act. 2 and 3: practicing forms of indirect object pronouns

2. Parler avec des pronoms. Remplacez les mots en italique par des pronoms d'objet indirect.

Modèle: Je n'écris plus à mes parents; je téléphone *à mes parents.*
Je n'écris plus à mes parents; je leur téléphone.

1. Candide a apporté des fleurs *à sa mère.*
2. Roméo a chanté une chanson *à Juliette.*
3. Nous n'allons pas téléphoner *à nos parents* ce soir.
4. Le professeur va écrire un courriel *à son fils.*

3. Répondre avec des pronoms. Répondez aux questions en utilisant des pronoms d'objet indirect.

Modèle: Tu vas envoyer ce cadeau *à ta sœur?* (oui)
Oui, je vais lui envoyer ce cadeau.

1. Tu ne donnes pas cette robe *à Claudine?* (si)
2. Est-ce que tu as écrit *à ta grand-mère?* (oui)
3. Ton mari ne *t'*apporte plus de cadeaux? (non)
4. Tu as parlé *au professeur?* (non)

Objective, Act. 4 and 5: using indirect and direct object pronouns in context

4. Je vais... Décidez si oui ou non vous allez faire ces choses. Puis travaillez à deux. L'un de vous va poser une question et l'autre va répondre avec des pronoms d'objet direct et indirect.

Modèle: perdre mes clés   —*Tu vas perdre tes clés?*
                    —*Non, je ne vais pas les perdre.*

1. écrire à un(e) ami(e)
2. perdre mes affaires
3. parler au président de l'université
4. payer les repas à mes copains
5. envoyer douze roses au professeur de français
6. lire les romans de Tolstoï
7. trouver la vérité

5. Histoire d'amour. Voilà la triste histoire d'amour de David, mais il y a trop de noms. Récrivez-la avec des pronoms sujets, des pronoms disjoints *(stress pronouns),* des pronoms d'objet direct et des pronoms d'objet indirect. Mais faites attention: Pour comprendre l'histoire, il ne faut pas remplacer tous les noms!

David aime Claudine mais Claudine n'aime pas David. David cherche Claudine toute la journée, mais David ne trouve pas Claudine. David va au restaurant universitaire. Devant le restaurant universitaire, David voit une étudiante, mais c'est sa copine Mireille. David rentre dans sa chambre où David téléphone à Claudine pour inviter Claudine au cinéma, mais Claudine ne répond pas. David ne peut pas trouver Claudine! Enfin, à onze heures du soir, David trouve Claudine. Mais Claudine n'est pas seule—Claudine est avec Robert!

Après, le pauvre David voit Claudine partout. David va à la bibliothèque. Voilà Claudine—mais avec Robert! David voit Claudine et Robert au restaurant universitaire. Claudine regarde Robert tout le temps et Claudine parle à Robert avec beaucoup d'enthousiasme! David commence vraiment à détester Claudine et Robert! Alors, David décide de téléphoner à la copine de Claudine—Mireille. Si David va au cinéma avec Mireille, Mireille va peut-être aimer David. Mireille va peut-être parler à David avec beaucoup d'enthousiasme. David rêve!

Structure 3

L'accord du participe passé

You have already learned that the past participle of verbs conjugated with **être** in the **passé composé** agrees with the subject of the sentence.

Martine est rentrée chez elle et
elle a regardé la télévision.

*Martine came home and
she watched television.*

The past participle of verbs conjugated with **avoir** in the **passé composé** agrees instead with a direct object when the direct object precedes the verb. This occurs in three instances.

1. With a direct object pronoun.

   —Les Lemont ont vendu
   leur maison?

   *Have the Lemonts sold
   their house?*

   —Oui, ils l'ont vendue la
   semaine passée.

   Yes, they sold it last week.

   —Tu as envoyé **les cartes de Noël?**

   Did you send the Christmas cards?

   —Oui, je **les** ai envoyées hier.

   Yes, I sent them yesterday.

2. In a question using **quel.**

   Quelle chemise est-ce que Paul a achetée?

   Which shirt did Paul buy?

   Quels magazines est-ce que tu as achetés?

   Which magazines did you buy?

3. In a sentence containing the relative pronoun **que.** In this case, **que** functions as a preceding direct object. The past participle agrees with the noun that **que** has replaced.

   C'est **la lettre que** j'ai écrite hier.

   *That's the letter (that)
   I wrote yesterday.*

   Où sont **les magazines que** tu as lus?

   *Where are the magazines that
   you read?*

Note that past participles agree only with preceding direct objects, not with indirect objects.

Martin **leur** a donné les fleurs.

Martin gave them the flowers.

Les fleurs? Martin **les** a données
à ses parents.

*The flowers? Martin gave them
to his parents.*

As with verbs conjugated with **être** in the **passé composé**, past participle agreement in verbs conjugated with **avoir** in the **passé composé** is primarily a written phenomenon. There are only a few verbs where this agreement is reflected in pronunciation.

1. For verbs with a past participle that ends in a consonant, the addition of an **e** because of a preceding feminine direct object causes the final consonant to be pronounced.

—Où est-ce que tu as **mis** mes chaussettes?	*Where did you put my socks?*
—Je les ai **mises** dans le tiroir.	*I put them in the drawer.*
—Tu as **ouvert** la fenêtre?	*Did you open the window?*
—Oui, je l'ai **ouverte**.	*Yes, I opened it.*
—Tu as **écrit** la lettre à Marc?	*Did you write the letter to Marc?*
—Oui, je l'ai **écrite** hier.	*Yes, I wrote it yesterday.*

2. As is the case for adjectives, past participles ending in an **s** are identical in the masculine singular and plural.

—Est-ce que Michel a **pris** ses gants?	*Did Michael take his gloves?*
—Non, il ne les a pas **pris**. Les voilà, sur la table.	*No, he didn't take them. There they are, on the table.*

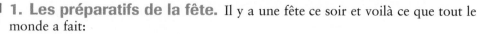

Mise en pratique

1. Les préparatifs de la fête. Il y a une fête ce soir et voilà ce que tout le monde a fait:

- Patrick a acheté les fleurs et le vin.
- Aline a fait le ménage.
- Jean-Michel a fait la cuisine.
- Patrice a mis la table.
- Daniel est allé au supermarché pour acheter le fromage, les légumes et les jus de fruit.
- Véronique est allée chercher le pain à la boulangerie.
- Luc est allé chercher les tartes et le gâteau à la pâtisserie.
- Bruno a préparé les crudités.
- Diane a fait la sangria.

Mais François veut être sûr que tout est vraiment prêt *(ready)*. Répondez aux questions de François. Jouez les rôles à deux.

François

> *Modèle:* —On a fait la cuisine?
> —*Oui, Jean-Michel l'a faite.*

1. On a acheté le fromage?
2. On a mis la table?
3. On a acheté le gâteau?
4. On a fait le ménage?
5. On a acheté le pain?
6. On a acheté les jus de fruit?
7. On a préparé les crudités?
8. On a fait la sangria?

2. Des vacances à Barcelone. Voilà l'histoire de Pierre et d'Ingrid à Barcelone l'été passé. Mais il y a trop de noms dans leur histoire. Récrivez l'histoire avec des pronoms (pensez à l'accord!), mais faites attention: il ne faut pas remplacer tous les noms par des pronoms si on veut comprendre l'histoire! Quand vous avez fini, relisez votre texte pour voir si on peut le comprendre.

Pierre et Ingrid sont allés à Barcelone l'été passé. Ingrid a fait les valises. Pierre a choisi ses vêtements. Pierre a mis ses vêtements sur le lit et Ingrid a mis les vêtements de Pierre dans une valise. Ingrid a aussi pris sa jupe bleue et sa robe orange. Ingrid a mis sa jupe bleue et sa robe orange dans la valise.

À Barcelone, Pierre et Ingrid ont trouvé un hôtel pas cher. Pierre a aimé l'hôtel mais Ingrid n'a pas aimé l'hôtel parce qu'Ingrid aime les grandes chambres claires. Dans cet hôtel, Pierre et Ingrid ont parlé avec une Espagnole sympathique. L'Espagnole sympathique s'appelait Mercedes. Pierre et Ingrid ont invité Mercedes à Paris. Mercedes va aller chez Pierre et Ingrid pour les vacances de Noël. Pierre et Ingrid vont donner un cadeau à Mercedes parce que Mercedes a invité Pierre et Ingrid chez Mercedes à Ségovie. Pierre et Ingrid ont fait un beau voyage.

Maison de Gaudi (Barcelone)

ÉCHANGES

À lire: Magazines français

© Guide Cuisine, 2008

1. Magazines français. Choisissez un magazine que vous aimeriez lire et préparez une description de la couverture.

2. Devinez. À deux, devinez le magazine que chacun(e) de vous a choisi. Un(e) de vous pose des questions; l'autre répond à l'aide de sa description.

> *Modèle: Est-ce que c'est un magazine politique? Est-ce qu'il est rouge et noir?*

3. Un magazine: plus de détails. Faites une recherche sur Internet sur un des magazines et préparez un bref rapport sur ce magazine pour votre classe en répondant aux questions suivantes.

a. Quelle sorte d'informations est-ce qu'on trouve dans ce magazine?

b. Qui va lire ce magazine, à votre avis? Pourquoi?

c. Regardez le sommaire *(table of contents):* Quels sont les articles les plus intéressants pour vous? Choisissez trois articles que vous voulez lire.

4. Un courriel à l'éditeur. Écrivez un email à l'éditeur du magazine que vous avez choisi dans l'Activité 3. Vous voulez lui dire que vous aimez beaucoup le magazine ou que vous ne l'aimez pas du tout. Expliquez pourquoi. **Utilisez au moins une fois:** le verbe **écrire**, le verbe **lire**, un pronom d'objet direct, un pronom d'objet indirect et un verbe au passé composé avec un pronom d'objet direct ou un pronom d'objet indirect.

Faire une rencontre

Objectives: *meeting someone new; reflecting on redundancies and the use of* **tu** *vs.* **vous**

Scène de vie

—Excuse-moi, je vois que tu lis *L'Express*... Tu es français?

—Oui, et toi?

—Non, non, je suis américain.

—C'est vrai? Mais tu parles français?

—Ben oui, j'ai étudié à Paris l'année dernière.

—Et tu as aimé la vie à Paris?

—Ah oui, j'ai adoré! Et toi, qu'est-ce que tu fais ici?

—Ben, j'étudie, je suis étudiant en histoire, j'étudie l'histoire américaine.

—Ici?

—Oui, pour un an... Et je fais de l'anglais aussi... L'anglais, c'est important pour moi... Oui, c'est vraiment important quand on étudie l'histoire américaine...

—Mais pourquoi est-ce que tu as choisi d'étudier ici et pas à New York ou, je ne sais pas moi, à Boston ou à Washington... hein, pour l'histoire américaine?

—Ben oui, mais ici, il y a un prof célèbre. Elle écrit beaucoup, elle a écrit beaucoup de bouquins et d'articles. Je voulais étudier avec elle, tu comprends, c'est vraiment intéressant pour moi d'étudier avec elle!

—Ah oui, je comprends... Mais bon, ici, c'est loin de tout...

—Mais New York, est-ce que c'est l'Amérique? Hein? New York ou Washington, est-ce que c'est vraiment l'Amérique, dis?

—Ben, je ne sais pas moi, c'est plus intéressant, non?

—Plus intéressant? Oui, pour sortir et pour tout ce qui est culture, oui, ça c'est vrai, c'est plus intéressant... Mais ici... Ici, tu vois, c'est la vie américaine, la vie des Américains de tous les jours...

—Je vois... Et ce n'est pas ennuyeux, la vie des Américains de tous les jours?

—Ah mais pas du tout, pas du tout! J'ai rencontré beaucoup de personnes intéressantes... Non, vraiment, ce n'est pas ennuyeux du tout!

—Et qu'est-ce que tu préfères à l'université?

—Les contacts avec les profs, les profs ici sont plus près des étudiants, c'est plus facile d'aller leur parler dans leur bureau. J'aime bien ça!

—Et il y a des choses que tu n'aimes pas?

—Les chambres, je déteste les chambres à la fac, elles sont beaucoup trop petites! Mais... pardon, tu as l'heure?

—Oui, il est... trois heures moins dix.

—Trois heures moins dix? Oh là là, j'ai un cours à trois heures! Je dois partir!

—Oui, moi aussi... Tu as un portable? Je peux avoir ton numéro?

—Oui, le voilà...

Pour écouter

a. Listen to the conversation. Do the speakers use **tu** or **vous** when speaking to each other? Why do you think they do so? Do they speak in the same way? What characteristics of spoken French do you hear in this conversation?

b. Did you notice that the French speaker has a tendency to repeat himself? Why do you think this might be?

c. Underline all the instances when the French speaker repeats himself. When spoken French is transcribed in written form, the language tends to seem heavier, less fluid, and repetitive. Do you have the same feeling when listening?

👥 Parlons! Une rencontre

Il fait beau aujourd'hui et vous faites une petite promenade dehors. Vous voyez un(e) étudiant(e) qui est en train de lire *L'Express*. Comme vous avez envie de parler français, vous engagez la conversation.

a. Avec un(e) partenaire, choisissez les rôles: Qui va être lui-même/elle-même *(himself/herself)*? Qui va être le visiteur/la visiteuse?

b. Seul(e), prenez deux minutes pour préparer la conversation:

- Si vous êtes vous-même, comment allez-vous engager la conversation? Quelles questions voulez-vous poser à un visiteur/une visiteuse francophone? Comment allez-vous finir la conversation?

- Si vous êtes le visiteur/la visiteuse, décidez qui vous êtes, d'où vous venez, pourquoi vous êtes en Amérique, ce que vous aimez ici, ce que vous n'aimez pas, etc.

c. Parlez deux ou trois minutes avec votre partenaire.

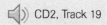
Noms

une adresse *address*
un article *article*
une bande dessinée *comic strip, comic book*
une boîte aux lettres *mailbox*
une cabine téléphonique *telephone booth*
une carte postale *postcard*
le courrier *mail, correspondence*
une dissertation *paper (written for class)*
le droit *law*
un écrivain *writer*
une enveloppe *envelope*
un facteur, une factrice *mail carrier*
un jeu, des jeux *game(s)*
un journal, des journaux *newspaper*
une lettre *letter*
une librairie *bookstore*
la littérature *literature*
un magazine *magazine*
la médecine *medicine (studies, science)*
la météo *weather forecast*
un numéro (de téléphone) *(telephone) number*

une page *page*
une petite annonce *classified ad*
la pluie *rain*
la politique *politics*
un (téléphone) portable *cell phone*
la publicité *advertising*
une question *question*
un renseignement *piece of information*
les sciences économiques *(f. pl.) economics*
un timbre *stamp*
la vérité *truth*

Adjectifs

cher, chère *(precedes noun) dear*
cher, chère *(follows noun) expensive*
ensoleillé(e) *sunny*
passé(e) *last (day, month, etc.)*

Verbes

décrire *to describe*
demander (qqch. à qqn) *to ask (someone for something)*

dire (qqch. à qqn) *to say, to tell (something to someone)*
écrire (qqch. à qqn) *to write (something to someone)*
envoyer (qqch. à qqn) *to send (something to someone)*
lire *to read*
réussir à + inf. *(conj. like finir) to succeed in (doing something)*
réussir (à un examen) *(conj. like finir) to pass (a test), to succeed*

Divers

être au courant de + nom *to be informed, to know about*
être en train de + inf. *to be in the middle of (doing something)*
être étudiant(e) en (droit, médecine...) *to study (law, medicine . . .)*
poser une question (à qqn) *to ask (someone) a question*
Quel temps fait-il? *What's the weather like?*
vouloir dire *to mean*

Noms

l'actualité *(f.) news*
l'amour *(m.) love*
un annuaire (téléphonique) *telephone book*
un bureau de tabac *tobacco shop*
une carte téléphonique *phone card*
une célébrité *celebrity*
un dessin humoristique *cartoon (in a newspaper or magazine)*
l'est *(m.) east*
un événement *event*
le nord *north*
une nouvelle *piece of news*
l'ouest *(m.) west*
un poème *poem*
la presse *press, (news)papers*
un roman *novel*
une rubrique *section, column (in a periodical)*
le sommaire *table of contents of a magazine*
le sud *south*
la Suisse *Switzerland*
un téléphone public *public phone*
un texto *text message (cell phone)*
un titre (les gros titres) *title (headlines)*

Adjectifs

culturel, culturelle *cultural*
féminin(e) *feminine*
littéraire *literary*
masculin(e) *masculine*
scientifique *scientific*
suisse *Swiss*
un temps...
   couvert *overcast*
   nuageux *cloudy*

Verbe

vérifier *to verify*

Divers

bien sûr *of course*
en Bretagne *in Brittany*
en Suisse *in Switzerland*
être habitué(e) à *to be used to*
faire du camping *to go camping, camp*

mettre une lettre à la poste *to mail a letter*
passer un examen *to take a test*

Internet

une adresse électronique *email address*
un blog *blog*
un blogueur, une blogueuse *blogger*
le courrier électronique, le courriel, la messagerie électronique* *e-mail*
une discussion en ligne, une discussion en temps réel *chat*
en ligne *online*
être connecté(e) à *to be connected to*
un forum (de discussion) *newsgroup*
un(e) internaute *cybernaut, Internet user*
Internet *(m.) Internet*
un message électronique *e-mail (message)*
une messagerie instantanée *instant messaging*
une page (une adresse, un site) Web *Web page (address, site)*
un site *site*
surfer *to surf*
la toile *Web, WWW*

Pour écrire des lettres

- INFORMAL LETTERS TO PEOPLE YOU KNOW WELL:

Cher Paul *Dear Paul*
Mon chéri/Ma chérie (Mon amour) *Darling, My love*
Amicalement (Très amicalement, Bien amicalement) *Cordially*
Gros bisous (Bisous, Grosses bises) *Love*
Je t'embrasse *Hugs and kisses*

- FORMAL LETTERS:

Monsieur/Madame/Mademoiselle *Dear Sir/Madam/Miss*
Je vous prie d'agréer, Monsieur/Madame/Mademoiselle, l'expression de mes sentiments les meilleurs. *Very truly yours. Sincerely.*

Au téléphone

Allô! *Hello!*
Ici Stéphane Martin. *This is Stéphane Martin. (formal)*

C'est Stéphane! *This is Stéphane. (informal)*
Qui est à l'appareil? *Who is it?*
C'est à quel sujet? *What is it about?*
Pouvez-vous rappeler? *Can you call back?*
Quel est votre numéro de téléphone? *What's your (tele)phone number?*
Excusez-moi, j'ai fait un faux numéro. *Excuse me, I dialed a/the wrong number.*
Ne quittez pas. *Could you hold? Don't hang up. Stay on the line.*
Je vous le/la passe. *I am putting you through to him/her.*

Le français familier

une dissert = une dissertation
donner (passer) un coup de fil = téléphoner
un e-mail, l'e-mail *e-mail*
un mail, un e-mail = un message électronique
une pub = une annonce publicitaire, une publicité
un tchat = une discussion en ligne
tchatter = parler en ligne
le Web = la toile

Le français tel qu'on le parle

C'est ça. *That's it. (depends on context)*
Tiens! *Ah! (to express surprise)*
Zut! *Darn!*

On entend parfois...

les annonces classées (Canada) = les petites annonces
une carte-vue (Belgique) = une carte postale
le clavardage (Canada) = une discussion en ligne
le postillon (Canada) = le facteur
une tabagie (Canada) = un bureau de tabac

---

*On business cards, letters, etc., the email address can be preceeded by **Mél** (for **messagerie électronique**):
Michel Chardin 15 avenue de la Mer   30240 Le Grau du Roi   **Tél:** 04 66 51 33 16   **Mél:** m-chardin@wanadoo.fr
To say the email address above, say: **m tiret chardin arobase wanadoo point fr**
Note that **Email** rather than **Mél** is used frequently on business cards nowadays.
***Autre vocabulaire utile:** un smartphone, une tablette, un réseau social (des réseaux sociaux), le wifi, un scanner, un tweet.

Chez les Hanin

En bref

Pour communiquer

Parler de la vie familiale au jour le jour

Identifier les parties du corps

Décrire des personnes et faire des comparaisons

Parler de la santé

Donner des conseils

Faire une interview (Le français parlé)

Structure

Les verbes réfléchis

Les verbes réfléchis à l'impératif

La comparaison des adjectifs et des adverbes

Culture

Être père aujourd'hui

Les crèches et les écoles maternelles

Bonnes résolutions pour la santé

Célébrité: une journée typique dans la vie de... (Échanges)

iLrn iLrn Heinle Learning Center includes

 In-text Audio Program

Voilà Video

Companion Website

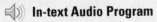 **Pair work**

 Group work

Observez

D'après vous, c'est quel jour de la semaine? C'est quelle saison? Pourquoi sont-ils là et que font-ils? Qu'est-ce qu'ils ont fait le jour d'avant? Qu'est-ce qu'ils vont faire ce soir?

Vocabulaire

A. C'est le soir chez les Hanin

Julie et son frère Nicolas viennent de prendre un bain et vont aller au lit. Nicolas, neuf mois, est tout nu sur la table. Il a les cheveux châtains et les yeux marron. C'est un bébé sage qui ne pleure pas souvent. Julie, trois ans, est en train de se sécher. Rousse et frisée, c'est une petite fille adorable, mais elle fait beaucoup de bêtises parce qu'elle est énergique et têtue. Elle ne s'ennuie jamais! Les deux enfants sont en bonne santé: ils n'ont pas souvent de rhume et ils n'ont jamais la grippe.

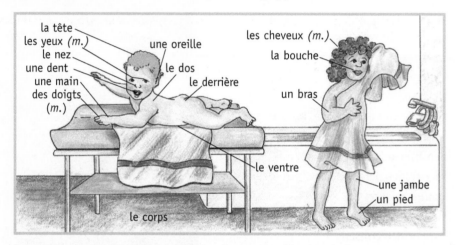

- Qui sont les enfants? Quel âge ont-ils? Est-ce qu'ils sont faciles ou difficiles? Pourquoi?
- Où est Nicolas? Et Julie? Comment sont-ils?
- Où sont le père et la mère de Nicolas?

B. Et maintenant, c'est le matin

Le réveil sonne et Bruno Hanin se réveille. C'est le père de Julie et de Nicolas. Il est seul aujourd'hui parce que sa femme, Véronique, est en voyage d'affaires à Montréal. C'est dur de se lever ce matin parce qu'il tousse et il a un peu mal à la gorge. Il faudrait se soigner, mais il n'a pas le temps! Et pas question de faire la sieste aujourd'hui: il faut travailler!

Le réveil sonne et Bruno se réveille.

Il va dans la salle de bains pour se préparer.

D'abord, il prend une douche et se lave les cheveux.

Ensuite, il se brosse les dents, il se rase et il se peigne.

Et finalement, il s'habille.

- Est-ce que Bruno se lève tôt ou tard? Est-ce qu'il habite seul? Où est sa femme? Est-ce que Bruno est en forme ce matin? Qu'est-ce que Bruno fait dans la salle de bains le matin? Comment est-ce qu'il s'habille? Quelle heure est-il maintenant? Décrivez Bruno: Est-il grand ou petit? Est-il brun, blond ou roux? Est-il chauve? Est-il barbu (est-ce qu'il a une barbe)?

- Quels articles de toilette voyez-vous dans la salle de bains des Hanin? Et dans leur chambre? Qu'est-ce qu'on utilise pour se réveiller? Se laver? Se sécher? Se peigner? Se brosser les dents? Se raser?

- À votre avis, combien de fois par jour est-ce qu'il faut se brosser les dents? Combien de fois par semaine est-ce qu'il faut se laver les cheveux? Est-ce que vous aimez mieux prendre un bain ou une douche? Le matin ou le soir? Quel shampooing utilisez-vous? Utilisez-vous un séchoir à cheveux?

C. Et maintenant, les enfants

D'habitude, la femme de Bruno l'aide le matin avec les enfants, mais cette semaine, il est tout seul et c'est beaucoup plus difficile.

> Allez, ma chérie, il est temps!

Nicolas et Julie partagent une chambre. Nicolas est réveillé mais Julie dort encore et elle est en train de rêver d'un gros chien noir. C'est un beau rêve? Pour Julie, oui: elle adore les chiens. Mais Bruno doit la réveiller: il faut aller à l'école.

> Voyons, Julie! Fais attention!

Bruno change et lave Nicolas. Comme d'habitude, Julie essaie de se laver toute seule et elle met de l'eau partout. C'est un peu énervant pour Bruno!

> Oui, ma grande!

un collant

> Papa! Regarde!

Bruno habille Nicolas, mais bien sûr Julie veut s'habiller et se coiffer toute seule.

● Est-ce que Nicolas est matinal? Et Julie? Que fait Bruno? Que fait Julie? Est-ce qu'elle est sage? Qu'est-ce qu'elle va mettre? Et Nicolas?

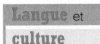
Être père aujourd'hui

Objective: culture

1. Être parents. Faites une liste des choses qu'il faut faire quand on a des jeunes enfants (leur donner le biberon *[bottle]*, leur raconter des histoires *[tell them stories]*, etc.).

2. En France. Voilà ce que les mères d'enfants de 0 à 24 mois disent que les pères font avec leurs jeunes enfants.

QUE FONT LES PÈRES, D'APRÈS LES MÈRES?	Souvent	Parfois	Total
Jouer, organiser des sorties	60%	29%	89%
Donner le biberon ou les repas	51%	31%	82%
Changer les couches	51%	25%	76%
Donner le bain	37%	25%	62%
Se lever la nuit	27%	23%	50%

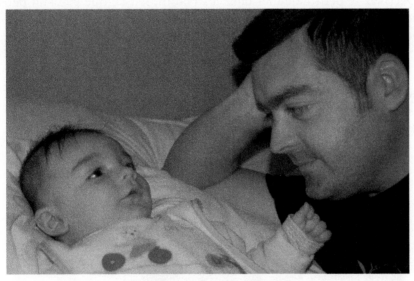

Christophe et son fils Paul

a. Expliquez. Expliquez en quoi consistent ces activités: organiser des sorties, donner le biberon, changer les couches, donner le bain, se lever la nuit.

b. Les pères français. Est-ce qu'un père français d'aujourd'hui est actif avec ses jeunes enfants?

3. Et vous? Qu'est-ce que vous aimez faire avec les jeunes enfants? Qu'est-ce que vous aimez moins? Faites une liste et mettez-la par ordre décroissant *(descending)* de préférence.

D. Enfin, les enfants sont propres et habillés

Bruno a préparé le petit déjeuner et maintenant, il est en train de boire son café et de lire son journal. Enfin, il essaie, parce que Nicolas s'amuse et ne mange pas et Julie n'a pas faim. Bruno commence à s'énerver parce que maintenant, la cuisine et les enfants sont sales... Mais il faut partir!

● Décrivez le petit déjeuner chez les Hanin. Est-ce que c'est un petit déjeuner calme ou stressant pour Bruno? Pourquoi est-ce que Julie ne veut pas manger?

E. Finalement...

Bruno emmène Nicolas à la crèche et Julie à l'école maternelle.

● Et maintenant, rêvons un peu avec Bruno. Décrivez une matinée idéale pour lui. Et pour vous?

Les crèches et les écoles maternelles

D'après *Francoscopie 2010,* tous les enfants français de 3 ans (et 31% des enfants entre 2 et 3 ans), vont à l'école maternelle. Une école maternelle est une école publique gratuite pour les enfants propres *(toilet trained)* à partir de *(from)* 2 ou 3 ans. Mais pour les enfants plus jeunes, quelles sont les possibilités?

Assistante maternelle agréée: garde 2 ou 3 enfants chez elle, certification des services sociaux requise
Crèche: garderie à prix réduits, organisée par la municipalité, pour enfants de 2 mois et demi à 3 ans
Halte-garderie: garderie temporaire pour enfants jusqu'à 6 ans, quelques heures par jour ou par semaine
Nounou: garde les enfants chez elle ou chez eux, rémunérée par les parents

1. Chez vous? Chez vous, est-ce qu'il y a des écoles maternelles? Pour les enfants de quel âge? Vont-ils à l'école toute la journée ou seulement *(only)* une partie de la journée? Est-ce qu'il faut payer ou est-ce gratuit? Quelles sont les options pour les enfants plus jeunes?

2. En France. Voilà ce que disent trois mamans françaises d'enfants de moins de 3 ans qui ne sont pas encore à l'école maternelle.

Sabine, 33 ans (Rennes): Je mets mon fils de 18 mois à la crèche. C'est bien pour apprendre à partager et à vivre en communauté. Ça le prépare pour l'école maternelle. Et puis, à la crèche, les enfants ont beaucoup d'activités. Ils vont aussi à la bibliothèque, au musée, à des spectacles de musique... Pour une maman qui travaille, c'est l'idéal. Le seul problème? Les microbes... Quand un enfant est malade, c'est un problème pour tous les enfants.

Delphine, 36 ans (Caen): J'ai quatre enfants et je travaille à temps partiel comme professeur. Mon mari travaille beaucoup et ne rentre pas avant 20 heures. Alors, nous avons trouvé une dame de 53 ans qui vient chez nous. C'est merveilleux pour les enfants d'avoir une nounou à domicile: les deux petits qui ne vont pas à l'école peuvent dormir le matin et les deux grands rentrent chez nous après l'école et retrouvent leurs jouets. Et puis, la nounou fait la lessive, elle fait le ménage et prépare les repas. Elle aide aussi les grands avec leurs devoirs. Seul problème? Cela coûte cher.

Maryline, 30 ans (Dijon): J'ai trois enfants et j'ai pris un congé parental pour rester à la maison avec eux. Les deux grands sont à l'école maternelle, mais ma petite Margaux, un an, reste à la maison. Comme je ne travaille pas, je ne peux pas la mettre à la crèche. La seule solution pour moi, c'est la halte-garderie. Je la mets à la halte-garderie deux demi-journées par semaine. C'est bien pour Margaux, qui doit s'habituer à me quitter et qui peut jouer avec d'autres enfants. Cela la prépare à l'école. Et moi, je peux aller faire mes courses et faire d'autres choses. Le problème? Il n'y a pas beaucoup de place et il faut réserver longtemps à l'avance.

Adapted from: Elles font garder leurs enfants, elles racontent. *Le Journal des femmes, L'Internaute magazine,* Septembre 2006

À la halte-garderie

a. Trois femmes, trois solutions. Trouvez dans le texte les solutions trouvées par les trois femmes. Pour chaque solution, expliquez les avantages et les inconvénients mentionnés.

b. Perspective française. D'après ce texte, pourquoi est-ce qu'on pense souvent, en France, que c'est bon pour les enfants de ne pas rester tout le temps à la maison avec leur maman (ou leur papa)? Vous êtes d'accord? Pourquoi ou pourquoi pas?

Mots et usages

1. Comment décrire les personnes? Here are some ways to describe people. The father of Julie and Nicolas, for example, might say:

Julie a trois ans. Elle a les cheveux roux et les yeux verts. Et elle a un petit nez adorable!

Des détails:

- **Les cheveux.** The word **cheveux** is plural in French. The singular is **un cheveu. Mon cheveu,** then, would mean *my one hair!*

- **Les yeux / ses yeux.** In cases where possession is obvious, French tends to use a definite article (**le, la, les**) where English would use a possessive adjective (*my, your, his, her,* etc.).

Il a **les** yeux bleus.	*His eyes are blue.*
Il va se laver **les** cheveux.	*He's going to wash his hair.*
Elle se brosse **les** dents trois fois par jour.	*She brushes her teeth three times a day.*

Bruno Hanin. Complétez la description de Bruno Hanin.

Voilà Bruno Hanin, le papa de Julie et de Nicolas. Il est grand et _____ (1). Il a _____ (2) cheveux châtains et _____ (3) yeux _____ (4). Il a une _____ (5), mais il n'a pas de barbe. Bruno se lave _____ (6) cheveux tous les matins et il se brosse _____ (7) _____ (8) trois fois par jour.

2. **Les verbes réfléchis.** A *reflexive verb* is a verb whose action is reflected onto the person concerned. French has many verbs like this. You can identify them by the reflexive pronoun that precedes the infinitive (**se laver**). English has a few verbs that act in this way (for example, *to cut oneself*), but the *yourself* is often implied or optional. Look at the following examples of a verb used nonreflexively and reflexively.

Grammar tutorial

Bruno **habille** les enfants.	*Bruno's dressing the children.*
Bruno **s'habille.**	*Bruno's getting (himself) dressed.*

In the first sentence, Bruno is dressing someone else; in the second sentence, the reflexive pronoun **se (s')** indicates that he is dressing himself. These verbs are described in more detail in *Structure 1* of this lesson.

Associations. Quel verbe de gauche associez-vous avec les mots de droite?

1. se laver	a. un parc
2. s'habiller	b. un rhume
3. se coucher	c. un réveil
4. se brosser	d. un miroir
5. se réveiller	e. de l'eau
6. se promener	f. des vêtements
7. se regarder	g. les cheveux
8. se coiffer	h. les dents
9. se soigner	i. un lit

3. **_Essayer_ and _emmener_.** These two verbs change their spelling when conjugated in the present tense.

Essayer. The verb **essayer** is conjugated like **payer.**

j'essaie	nous essayons
tu essaies	vous essayez
il elle on } essaie	ils elles } essaient

If followed by an infinitive, **essayer** takes the preposition **de.**

Bruno **essaie d'**habiller les enfants.	*Bruno tries to get the children dressed.*
Je vais **essayer de** partir tôt.	*I'm going to try to leave early.*

Emmener. The verb **emmener** is conjugated like **acheter.**

j'emmène	nous emmenons
tu emmènes	vous emmenez
il elle on } emmène	ils elles } emmènent

Je t'**emmène?**	*Can I take you?*
Emmenons le chien avec nous!	*Let's take the dog with us!*

Quel verbe? Complétez les mini-conversations avec la forme correcte du verbe logique au présent (**emmener, acheter, essayer** ou **payer**).

1. —Qu'est-ce que tu fais aujourd'hui, Véronique?

    —Et bien, je (j') _____ les enfants à l'école et puis je vais travailler, comme tous les jours! Et toi?

2. —Quand nous allons au supermarché, nous _____ par carte de crédit.

    —Ah oui? Moi, je (j') _____ toujours par chèque.

3. —Bruno, où es-tu?

    —Ah, ma chérie, je suis dans la cuisine et je (j') _____ de faire manger les enfants, mais ce n'est pas facile!

4. —Tu me (m') _____ une glace, dis, maman?

    —Non, Julie, on va dîner dans une heure.

5. —Vous partez en vacances cet été?

    —Nous, non, mais mes parents _____ les enfants à la mer en août.

═ **Mise en pratique** ═

Objective, Act. 1–3: reviewing new vocabulary for body parts and connecting it to different contexts

1. Le corps. On en a combien?

1. On a deux yeux, deux..., deux...
2. On a un(e)..., un(e)...
3. On a dix...
4. On a beaucoup de...

2. Énigme. Quelle(s) partie(s) du corps est-ce que vous utilisez pour...

1. nager?
2. jouer du violon?
3. téléphoner?
4. pleurer?
5. jouer au football?
6. jouer aux cartes?

Qu'est-ce qu'on utilise pour jouer du violon?

3. À quoi ça sert? Sur quelle partie du corps est-ce qu'on met ces choses?

1. des lunettes de soleil?
2. du dentifrice?
3. des chaussettes?
4. des gants?
5. un chapeau?
6. du shampooing?

4. Problèmes. Où est-ce que vous avez mal?

1. Vous avez un gros rhume.
2. Vous êtes tombé(e) de vélo.
3. Vous avez trop mangé.
4. Vous avez trop bu.
5. Vous avez tapé à l'ordinateur toute la nuit.

Objective, Act. 4: using the expression **avoir mal à** in different contexts

5. Normal ou bizarre? Discutez avec un(e) partenaire. C'est normal, c'est bizarre ou ça dépend?

Modèle: —Henri se lave les dents, puis il prend le petit déjeuner.
—*C'est bizarre! On prend le petit déjeuner et puis on se lave les dents!*

1. Alceste sort, puis il s'habille.
2. Denise se lève, puis elle prend une douche.
3. Bruno se sèche, puis il prend un bain.
4. Laurence se lève, puis elle se réveille.
5. Candide s'habille, puis il se lève.
6. Zoé se coiffe, puis elle se lave les cheveux.
7. Julien se lave le visage, puis il descend.
8. Cédric s'amuse, puis il étudie.

Objective, Act. 5: recognizing new reflexive verbs and connecting them to context

6. Ça m'amuse. / Ça m'énerve. / Ça m'ennuie! Avec un(e) partenaire, dites ce que vous pensez des activités suivantes.

Modèle: attendre l'autobus quand il fait froid
Ça m'énerve. Je déteste attendre et je déteste avoir froid!

1. regarder la télévision à midi quand je suis en train de manger
2. lire le journal au lit le dimanche matin
3. perdre mon portable
4. emmener mon petit frère et ma petite sœur au cinéma
5. partir en vacances avec mes parents
6. lire un article sur la politique américaine dans un magazine sérieux
7. faire les magasins pour trouver des vêtements
8. mettre des vêtements élégants pour aller dans un bon restaurant avec mes parents et leurs amis

Objective, Act. 6: connecting new verbs to different contexts

7. Conseils. En groupes, dites ce qu'il faut faire et ce qu'il ne faut pas faire.

1. Pour avoir des bonnes dents, il faut / il ne faut pas...
2. Pour être propre, il faut / il ne faut pas...
3. Quand on est tout(e) nu(e), il faut / il ne faut pas...
4. Quand on est en vacances, il faut / il ne faut pas...
5. Quand on a la grippe, il faut / il ne faut pas...

Objectives, Act. 7: using new reflexive verbs in different contexts; sharing and comparing opinions

8. Ressemblances. Discutez avec un(e) partenaire. Dans votre famille, qui est comme qui? Qui n'est pas comme qui? Pourquoi? Et vous, vous êtes comme qui?

Modèle: Mon père n'est pas comme ma mère parce qu'il a les cheveux blonds et ma mère a les cheveux châtains...

9. Un monstre pour Hollywood! On vous a demandé de créer un monstre pour un film d'horreur. En groupes, dessinez le monstre que vous proposez et ajoutez *(add)* le nom des différentes parties de son corps. Vous allez devoir décrire et défendre votre création.

Langue et **culture**

Vidéo buzz,
Activité vidéo

Bonnes résolutions pour la santé

1. La bonne santé. En groupe, faites une liste d'au moins trois choses importantes qu'il faut faire pour être en bonne santé.

2. Les bonnes résolutions des Français. Qu'est-ce qui est le plus important pour les hommes? Et pour les femmes? Qu'est-ce que ça révèle sur les Français et les Françaises?

Quelles sont vos «bonnes résolutions» pour la nouvelle année?*	Femmes (%)	Hommes (%)
Faire du sport, de l'exercice	19	22
Passer plus de temps avec sa famille	21	21
Moins fumer ou arrêter de fumer	20	22
Être moins stressé	25	11
Maigrir	14	11
Manger mieux	8	13
Se reposer plus, se coucher plus tôt	13	13
Moins boire ou arrêter de boire	2	3
Aucune	4	4

* Total supérieur à 100, plusieurs réponses possibles

Adapté d'un sondage de l'Ipsos pour le magazine *Top Santé*

3. Comparez. Est-ce que vos idées sont similaires aux bonnes résolutions des Français? Est-ce qu'il y a des différences entre les hommes et les femmes de la classe?

Structure 1

Les verbes réfléchis

Reflexive verbs are verbs whose action reflects onto their subject. There are a few verbs like this in English.

I cut *myself*. She's looking at *herself* in the mirror.

In French, such verbs are called **verbes réfléchis.** They are listed in vocabulary lists and dictionaries with the reflexive pronoun **se (s')** in front of the infinitive (for example, **se lever** = *to get up*). This reflexive pronoun changes as the verb is conjugated. Reflexive pronouns follow the same rules for placement as direct and indirect object pronouns.

Reflexive verbs are conjugated as follows:

se laver *to wash (oneself)*	
je me lave	nous nous lavons
tu te laves	vous vous lavez
il elle on } se lave	ils elles } se lavent

To negate a reflexive verb, place **ne** in front of the reflexive pronoun. Place **pas** after the verb.

je ne me lave pas	nous ne nous lavons pas
tu ne te laves pas	vous ne vous lavez pas
il elle on } ne se lave pas	ils elles } ne se lavent pas

To form questions with reflexive verbs, use intonation, put **est-ce que** in front of the sentence, or use inversion.

Tu te lèves tôt?	*Do you get up early?*
Est-ce que **tu te laves** les cheveux tous les jours?	*Do you wash your hair every day?*
À quelle heure **te lèves-tu**?	*What time do you get up?*

In the infinitive form, the reflexive pronoun is placed directly before the infinitive. This pronoun must agree with the subject of the sentence.

Nous allons **nous** habiller maintenant.	*We're going to get dressed now.*
Je ne veux pas **m'**habiller.	*I don't want to get dressed.*

Note that many verbs that are used reflexively in French can also be used non-reflexively. In this case, the action is directed toward someone or something else. Look at the following examples:

Bruno **se réveille** à six heures et demie.	*Bruno wakes up at 6:30.*
Bruno **réveille** les enfants à sept heures.	*Bruno wakes the children up (gets the children up) at 7:00.*
Nicolas **s'amuse** au lieu de manger.	*Nicolas is having fun instead of eating.*
Ça n'**amuse** pas son père!	*That doesn't amuse his father!*
Comment **vous appelez**-vous?	*What's your name?*
Appelle ton frère!	*Call your brother!*
Bruno **couche** les enfants et puis il **se couche**.	*Bruno puts the children to bed and then he goes to bed.*
Paulette n'aime pas **se promener** toute seule mais elle adore **promener** son chien.	*Paulette doesn't like to take walks by herself but she loves to walk her dog.*

Here are some additional verbs that may be used both reflexively and nonreflexively:

arrêter / s'arrêter	*to stop; to stop (oneself)*
changer / se changer	*to change; to change one's clothes*
déshabiller / se déshabiller	*to undress (someone else); to get undressed*
ennuyer / s'ennuyer	*to bore (someone else); to get bored*
maquiller / se maquiller	*to put makeup on (someone else); to put makeup on (oneself)*
soigner / se soigner	*to take care of (someone else); to take care of (oneself) (in the case of illness)*

Rappel!

Several verbs in this lesson have spelling changes in the present tense.

1. **appeler / s'appeler.** Double the letter **l** in front of silent endings: tu t'appelles (BUT vous vous appelez)
2. **changer / se changer.** Like **manger**: nous nous chang**e**ons
3. **ennuyer / s'ennuyer.** Like **envoyer**: je m'ennu**i**e (BUT nous nous ennuyons)
4. **lever / se lever; promener / se promener.** Like **acheter**: il se l**è**ve (BUT vous vous levez); il se prom**è**ne (BUT vous vous promenez)
5. **sécher / se sécher.** Like **préférer**: tu te s**è**ches (BUT vous vous séchez)

Mise en pratique

1. Quand? Normalement, quand est-ce qu'on fait ces activités? Complétez la grille. (Un verbe peut figurer dans plusieurs cases.)

Objective, Act. 1: using reflexive verbs in a personal way to learn their meaning

VERBES: se changer / se déshabiller / s'amuser / se brosser les dents / se coucher / se laver / se lever / se promener / se réveiller / se raser

le matin	à midi	l'après-midi	le soir	n'importe quand (*no matter when*)

 2. Et vous? Voilà ce que font différentes personnes à différents moments de la journée. Et vous, faites-vous ces activités aux mêmes moments? Discutez avec un(e) partenaire.

Objective, Act. 2 and 3: using reflexive verbs in context

Modèle: Jean-François se lève à six heures du matin. Et vous?
   Moi aussi, je me lève à six heures. / Moi, je ne me lève pas à six heures.

1. Janine se lave les cheveux le matin. Et vous?
2. Magali se maquille tous les jours. Et vous?
3. Marc se rase tous les jours. Et vous?
4. Candide se promène l'après-midi. Et vous?
5. Alceste se regarde souvent dans le miroir. Et vous?
6. Mohammed se brosse les dents après tous les repas. Et vous?
7. Sylvie se réveille à dix heures du matin. Et vous?
8. Sandrine s'habille après le petit déjeuner. Et vous?

3. La vie n'est pas facile. Voilà ce que différentes personnes doivent faire, mais ce n'est pas ce qu'elles veulent faire! Utilisez les suggestions entre parenthèses pour dire ce que ces personnes veulent vraiment faire.

Modèle: Nous nous réveillons à cinq heures du matin. (midi)
   Mais nous voulons nous réveiller à midi.

1. Mes frères se rasent deux fois par jour. (une fois par jour)
2. Ma petite sœur s'appelle Marie. (Charlotte)
3. Mon petit frère se couche à huit heures. (dix heures)
4. Nous nous arrêtons de travailler à sept heures. (cinq heures)
5. Vous vous préparez pour aller à la bibliothèque. (au restaurant)

4. La journée de Candide. Voilà la journée de Candide... mais en désordre et pas complète! Décrivez sa journée dans l'ordre chronologique. (Il y a plusieurs possibilités!) Rajoutez les activités qui manquent *(missing)*.

1. Il se couche.
2. Il se lave.
3. Il se rase.
4. Il prend une douche.
5. Il se lève.
6. Il se sèche.
7. Il va dans la salle de bains.
8. Il se peigne.
9. Il s'habille.
10. Il boit du café.
11. Il retourne chez lui.
12. Il met son manteau.
13. Il sort de la maison.
14. Il arrive au bureau.
15. Il dit au revoir à Alceste.
16. Il sort au restaurant avec un ami.
17. Il rentre au bureau.
18. Il dit bonjour à Alceste.
19. Il se réveille.
20. Il boit un verre de vin.
21. Il prépare le dîner.
22. Il fait la vaisselle.
23. Il se brosse les dents.
24. Il prend une aspirine.

5. Un sondage. En groupes de trois ou quatre, préparez des questions à poser à vos camarades de classe sur leurs habitudes de tous les jours. Choisissez une des questions de votre groupe et circulez pour la poser à tous les membres de la classe. Puis retournez dans votre groupe et organisez les résultats pour les présenter à la classe.

6. Voilà Georges... ou est-ce que c'est Georgette? Décidez en groupe et comparez avec les autres groupes.

1. C'est à vous de décider. C'est Georges ou Georgette? Comment est-il/elle? Où habite-t-il/elle?

2. Décrivez une journée typique de Georges/Georgette.

Structure 2

Les verbes réfléchis à l'impératif

Grammar tutorial

The negative imperative of reflexive verbs is formed by putting **ne** in front of the reflexive pronoun and **pas** after the verb.

Ne t'énerve pas.	*Don't get annoyed.*
Ne nous levons **pas** ce matin.	*Let's not get up this morning.*
Ne vous déshabillez **pas!**	*Don't get undressed!*

The affirmative imperative of reflexive verbs is formed by adding the stressed form of the reflexive pronoun (**toi, vous,** or **nous**) after the verb, connected by a hyphen.

Lève-**toi!**	*Get up!*
Changeons-**nous** et allons en ville.	*Let's get changed and go downtown.*
Soignez-**vous!**	*Take care of yourself!*

Mise en pratique

1. Combattre le stress! Pour combattre le stress? Bonne idée ou mauvaise idée?

1. Couchez-vous tôt le soir.
2. Levez-vous tard le dimanche.
3. Sortez le week-end et amusez-vous bien.
4. Énervez-vous sur vos amis.
5. Ne vous promenez jamais.
6. Arrêtez-vous de travailler à cinq heures du matin.

Objective, Act. 1: making form-function connections with imperative forms of reflexive verbs

2. Pour une vie heureuse. Avec un(e) partenaire, utilisez les verbes suggérés et donnez des conseils pour avoir une vie heureuse.

Modèle: s'énerver
Ne t'énerve pas avant les examens.

fumer, s'amuser, se coucher, être gentil(le), boire, aider les autres, s'énerver, se lever, se promener, manger, étudier, etc.

Objective, Act. 2 and 3: using imperative forms in context

3. Marie-Claire a un problème! Les parents de Marie-Claire arrivent dans une heure. Voilà la liste de tout ce qu'elle doit faire avant leur arrivée. Qu'est-ce qu'elle doit faire d'abord? Est-ce qu'il y a d'autres choses qu'elle a oubliées? Travaillez en groupes pour faire une liste.

Modèle: Écoute, Marie-Claire, d'abord, lave-toi les cheveux, puis...

LA LISTE DE MARIE-CLAIRE

- ranger ma chambre
- mettre une robe
- trouver la photo de mes parents
- faire la vaisselle
- me brosser les dents
- me coiffer
- me sécher les cheveux
- cacher les photos de mon ami
- me laver les cheveux
- faire mon lit

Structure 3

La comparaison des adjectifs et des adverbes

Use the following expressions to compare people or things.

plus (... que)	*more (. . . than)*
aussi (... que)	*as (. . . as)*
moins (... que)	*less (. . . than)*

A noun or a stress pronoun is used after **que**. Note the various English equivalents possible.

Marie est **plus** belle **que moi,** mais je suis plus intelligente.	*Marie is prettier than I (am), but I'm smarter.*
Georges n'est pas **aussi** grand **que Jérôme,** mais il est plus fort.	*Georges isn't as tall a Jérôme, but he's stronger.*
Stéphane est **moins** têtu **que Marc.**	*Stéphane is less stubborn than Marc.*
Mon chien est **plus** intelligent **que** mon chat.	*My dog is more intelligent than my cat.*
Mon frère sort **plus** souvent **que toi.**	*My brother goes out more (often) than you.*
Est-ce que les professeurs travaillent **moins que les étudiants?**	*Do teachers work less than students?*

Bon / meilleur; bien / mieux

Bon *(good)* and **meilleur** *(better)* are adjectives. They agree with the nouns they modify.

Beth est une **bonne** étudiante. Elle est **meilleure** que sa copine Anne.	*Beth is a good student. She's better than her friend Anne.*

Bien *(well)* and **mieux** *(better)* are adverbs. They modify verbs. They are invariable.

Beth travaille **bien.** Elle travaille **mieux** que sa copine Anne.	*Beth works well. She works better than her friend Anne.*

Mauvais / mal

Mauvais *(bad)* is an adjective and, like **bon,** it agrees with the noun it modifies. To say *worse* as an adjective, use **plus mauvais.**

—Il fait **mauvais** aujourd'hui.	*It's nasty out today.*
—Oui, mais il faisait **plus mauvais** hier.	*Yes, but yesterday it was worse.*

Mal *(badly)* is an adverb. Like **bien,** it modifies a verb. To say *worse* as an adverb, use **plus mal.**

—Elle joue **mal** aujourd'hui.	*She's playing badly today.*
—Oui, mais hier elle a joué **plus mal.**	*Yes, but yesterday she played worse.*

Mise en pratique

Objective, Act. 1–4: using comparative forms in context

1. L'égocentrisme. Voilà une liste que Sandrine a faite pour se comparer à ses camarades de classe, à sa famille et à ses amis. Elle a utilisé les symboles +, –, et = pour indiquer ses opinions. Faites des phrases d'après sa liste.

> *Modèle:* intelligent(e): Virginie +, Gauthier –
> *Virginie est plus intelligente que moi. Gauthier est moins intelligent que moi. (Je suis plus intelligente que Gauthier.)*

1. beau (belle): Carole =, Danielle +, Valérie –
2. travailleur (travailleuse): mes frères –, ma mère =
3. riche: Sébastien +, Christophe –
4. fort(e) en maths: Pauline +, Cédric –

2. Et les enfants? M. et Mme N'Somwé parlent de leurs enfants. Utilisez **bon, bien, meilleur(e)** ou **mieux** pour compléter ce qu'ils disent.

—Jacqueline est _____ (1) en maths qu'Évelyne.

—Oui, mais Évelyne travaille _____ (2) que Jacqueline. Jacqueline est un peu paresseuse, tu sais.

—Peut-être. Mais elle est _____ (3) en langues que son frère.

—Oui, mais lui, il travaille plus. Et il est _____ (4) que ses sœurs en sciences.

3. Comparez. Avec un(e) partenaire, faites des comparaisons au sujet des éléments donnés.

1. les chats et les chiens
2. les étudiants et les professeurs
3. les hommes et les femmes
4. la ville et la campagne
5. Los Angeles et New York

4. La décision de Marie-Laure. Deux jeunes gens ont invité Marie-Laure au Bal du printemps. Elle n'arrive pas à décider quelle invitation elle va accepter.

a. Marie-Laure compare. Lisez la liste et comparez Frédéric à Fabien.

Frédéric: intelligent / sérieux / gentil / équilibré / très grand / sportif / membre du club de foot / ne parle pas beaucoup / paie toujours / a une voiture de sport

Fabien: intellectuel / artiste / branché / adore le rock / assez petit mais très beau / adore parler de politique / aime s'amuser / a beaucoup d'amis / n'a jamais d'argent / fume

> *Modèle: Frédéric est plus sérieux que Fabien, mais Fabien adore parler de politique.*

b. La décision. Quelle invitation est-ce que Marie-Laure va accepter, d'après vous? Pourquoi? Justifiez votre réponse.

Échanges

Célébrité: une journée typique dans la vie de...

Vous allez imaginer une journée typique dans la vie d'un personnage historique ou d'une célébrité francophone ou française.

1. Personnages historiques et célébrités. En groupes, faites une liste de 6 personnages historiques et de 6 célébrités francophones que vous admirez.

  a. Personnages historiques:

  b. Célébrités (en vie ou non):

2. Recherche. Choisissez un personnage historique ou une célébrité de l'activité 1 et faites une recherche sur Internet pour avoir une idée d'une journée typique pour cette personne. Comparez vos notes en groupes.

3. Une journée typique dans la vie de... D'après ce que vous avez appris *(According to what you have learned)*, décrivez une journée typique pour cette personne.

4. Qui est-ce? Lisez l'emploi du temps du personnage que votre groupe a choisi sans indiquer son nom. Les autres groupes vous poseront des questions pour deviner son identité.

🔊 CD 3, Track 2

Faire une interview

Objectives: *interviewing someone; learning to listen in order to build on what is being said; giving opinions; offering comments and reacting*

Scène de vie

—Virginie, tu viens de gagner ton match... Contente?

—Ah oui, alors... Surtout que je suis tombée hier et que j'ai encore mal au pied...

—On ne pensait pas que tu allais pouvoir jouer...

—Non, moi non plus, et puis tu vois... Heureusement, hein!

—Alors, tu es française et tu étudies dans une université américaine...

—Oui, c'est ça...

—Pourquoi es-tu venue étudier ici?

—Et bien, en France, c'était le tennis ou l'université. Je devais choisir.

—Tu ne pouvais pas faire les deux?

—Ben non, ce n'était pas possible.

—Je vois... Et tu es contente d'être ici?

—Ah oui, je fais vraiment quelque chose que j'avais envie de faire!

—Ça ne doit pas être facile de faire du sport de compétition et d'étudier.

—Ah non, c'est très difficile... On est très occupé, on travaille bien plus que tout le monde!

—Parle-moi de ta vie à l'université...

—Ma vie à l'université? Euh...

—Tu te lèves à quelle heure le matin?

—Oh là là, très tôt... Je dois être au tennis à 6 heures tous les jours.

—À 6 heures? Combien de fois par semaine?

—Mais tous les jours... Nous faisons 2 heures de tennis tous les matins!

—Le week-end aussi?

—Ah non, le week-end, c'est différent, il y a des compétitions... On voyage ou on a des matchs ici, ça dépend... Maintenant, c'est la saison, alors on a des compétitions tous les week-ends.

—Ça doit être fatigant!

—Bien sûr, mais j'adore ça! Le tennis, c'est ma vie!

—Mais... tu as le temps de t'amuser un peu?

—Mais oui... Surtout quand ce n'est pas la saison. J'ai beaucoup d'amis, on aime bien sortir, mais pas trop tard, hein!

—Tu te couches à quelle heure?

—Oh, à 10 heures, 10 heures et demie. Il faut être en forme le matin.

—Et tu as le temps d'étudier?

—Ah, mais il faut! On est sévère avec les sportifs, ici.

—Ah oui?

—Si on n'étudie pas, pas question de faire du sport...

—Je vois... Dis-moi, c'est quoi, ton rêve?

—Mon rêve? Gagner, bien sûr! Être la meilleure joueuse de l'université!

—Quand on voit ton match d'aujourd'hui, c'est bien possible, oui.

—Merci! Je voudrais bien, oui! On verra, hein!

—Bonne chance, Virginie, et merci!

Pour écouter

a. To have real communication, you have to listen well in order to build on what is being said and continue the conversation. Listen to the conversation. Can you guess when the interviewer is asking questions he had prepared in advance and when he builds on the tennis player's answers to continue the interview?

b. Notice also that some of the questions are not questions at all, but statements to which each partner reacts. A conversation, even an interview, is not just a series of questions and answers. You can give your opinion, offer comments, and react to what is said.

Parlons!

Une interview. Aujourd'hui, vous allez interviewer une célébrité française ou francophone (de votre école ou quelqu'un en visite).

a. Avec un(e) partenaire, divisez les rôles: Quelle célébrité allez-vous interviewer? Qui va jouer le rôle de la célébrité? Qui va être le/la reporter?

b. Seul(e), prenez deux minutes pour préparer l'interview:

- Si vous êtes le/la reporter: Quelles questions voulez-vous poser à votre célébrité? Comment allez-vous commencer l'interview? Et la finir?

- Si vous êtes la célébrité: Imaginez une journée typique pour vous et pensez à d'autres choses dans votre vie.

c. Avec votre partenaire, parlez pendant deux ou trois minutes. Si vous êtes le/la reporter, ne lisez pas toutes vos questions, mais écoutez bien les réponses de votre partenaire et continuez la conversation à partir de ses réponses. Si vous ne posez pas toutes vos questions, ce n'est pas important.

Vocabulaire de base

Noms

un bébé *baby*
une bouche *mouth*
un bras *arm*
une brosse à dents *toothbrush*
un cheveu, des cheveux *hair*
un corps *body*
une dent *tooth*
un dos *back*
une jambe *leg*
un nez *nose*
un œil, des yeux *eye, eyes*
une oreille *ear*
un pied *foot*
une tête *head*

Rappel de vocabulaire

un doigt *finger*
une main *hand*

Adjectifs

roux, rousse *red (hair)*
têtu(e) *stubborn*

Verbes

aider (qqn à + inf.) *to help (someone do something)*
amuser *to amuse (someone)*
　s'amuser *to have a good time; to play*

appeler *to call*
　s'appeler *to be named*
arrêter *to stop*
　s'arrêter *to stop (oneself)*
brosser *to brush*
　se brosser (les cheveux, par exemple) *to brush (one's hair, for example)*
coucher *to put to bed*
　se coucher *to go to bed*
emmener (conjugué comme acheter) *to take (somebody somewhere)*
énerver *to irritate, to annoy (someone)*
　s'énerver *to get irritated, annoyed*
ennuyer (conjugué comme envoyer) *to bore*
　s'ennuyer *to be bored*
essayer (de + inf.) *to try (to)*
habiller *to dress (someone else)*
　s'habiller *to get dressed*
laver *to wash (something, someone else)*
　se laver *to wash (oneself)*
lever (conjugué comme acheter) *to lift; to raise*
　se lever *to get up*
partager *to share*
pleurer *to cry*

promener (un chien, par exemple) (conjugué comme acheter) *to take for a walk (a dog, for example)*
　se promener *to take a walk*
regarder *to look at*
　se regarder *to look at oneself*
réveiller *to wake (someone else) up*
　se réveiller *to wake up (oneself)*
rêver (de) *to dream (about, of)*

Divers

avoir mal *to hurt*
avoir mal à la tête, à la gorge, au dos *to have a headache, a sore throat, a backache*
bien sûr *of course*
combien de fois (par jour / mois / an...) *how many times (a day / month / year ...)*
d'habitude *usually*
encore *still, again*
mieux *(adv.) better*
partout *everywhere*
prendre une douche *to take a shower*
tard *late*
tôt *early*
tout(e) seul(e) *all alone, all by oneself*

Vocabulaire supplémentaire

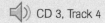 CD 3, Track 4

Noms

un article de toilette *toiletry article*
une barbe *beard*
un collant *tights, pantyhose*
une crèche *day-care center, nursery*
le dentifrice *toothpaste*
un derrière *rear end*
une école maternelle *nursery school*
un gant de toilette *washcloth*
une moustache *moustache*
un peigne *comb*
un rasoir *razor*
un rêve *dream*
le savon *soap*
un séchoir (à cheveux) *(hair) dryer*
une serviette de bain *bath towel*
le shampooing *shampoo*
un ventre *stomach, abdomen*
un visage *face*

Adjectifs

adorable *adorable*
barbu(e) *bearded*
châtain *light brown (hair)*
chauve *bald*
énervant(e) *annoying*
frisé(e) *curly*
matinal(e) *early riser, morning person*
nu(e) *naked*
propre *clean*
réveillé(e) *awake*
sale *dirty*
stressant(e) *stressful*

Verbes

changer *to change*
  se changer *to change one's clothes*
coiffer *to fix someone's hair*
  se coiffer *to fix one's own hair*

déshabiller *to undress (someone else)*
  se déshabiller *to get undressed*
maquiller *to make up (someone else)*
  se maquiller *to put makeup on (oneself)*
peigner *to comb (someone else)*
  se peigner (les cheveux, par exemple) *to comb (one's own hair, for example)*
se préparer *to get (oneself) ready*
raser *to shave (someone else)*
  se raser *to shave (oneself)*
sécher (conjugué comme préférer) *to dry off (someone, something)*
  se sécher (conjugué comme préférer) *to dry off (oneself)*
soigner *to treat (illness); to look after*
  se soigner *to treat oneself; to take care of oneself*
tousser *to cough*

Divers

avoir la grippe *to have the flu*
avoir un rhume *to have a cold*
faire des bêtises *to do dumb things*
faire la sieste *to take a nap*
il faudrait (+ inf.) *one should (+ infinitive)*
prendre un bain *to take a bath*
tout(e) nu(e) *stark naked*

Le français tel qu'on le parle

Allez! *Come on!*
mon chéri, ma chérie *darling, my love, honey*
mon chou *darling, my love, honey (literally: my cream puff or my cabbage)*
mon grand, ma grande *darling, my love (to one's child)*
Il est temps! *It's time!*
Voyons! *Come on now! For goodness' sake!*

Des expressions avec les parties du corps

à l'œil = gratis *(free)*
arriver comme un cheveu sur la soupe = arriver à un mauvais moment
avoir une bonne tête = avoir l'air sympathique
coûter les yeux de la tête = coûter très cher
dormir sur ses deux oreilles = très bien dormir
être bête comme ses pieds = être très bête
faire la tête = ne pas être content *(to make a face, to pout)*
il me casse les pieds = il m'ennuie beaucoup
jouer comme un pied = jouer très mal
Mon œil! *No way!*
se lever du pied gauche = se lever de mauvaise humeur

Le français familier

se barber = s'ennuyer
se débarbouiller = se laver (le visage)
s'éclater = s'amuser
être à poil = être nu
Quelle barbe! *What a bore!*

On entend parfois...

avoir le temps long (Belgique) = s'ennuyer
crollé(e) (Belgique) = frisé(e)
une débarbouillette (Canada) = un gant de toilette
une lavette (Suisse) = un gant de ltoilette
un linge de bain (Suisse) = une serviette de bain
siester (Afrique) = faire la sieste

The adjective **châtain** is invariable except with the expression **les cheveux châtains.** There is a feminine form, **châtaine,** but it is found very infrequently in French usage.

Magazine littéraire

Éditorial

Ce magazine est placé sous le signe de l'aventure, aventures réelles ou fantaisistes. Les extraits suivants décrivent les événements qui confrontent l'individu et ses réactions. Partez à l'aventure et suivez les personnages de ces extraits pour mieux comprendre les réactions humaines aux problèmes de l'existence.

Contenu

Prévert: L'addition

Le départ (*Quitter sa maison,* Marie-Christine Helgerson)

Les SS (*Le sac de billes,* Joseph Joffo)

Feuilleton: Les aventures de Momo (*Monsieur Ibrahim et les Fleurs du Coran,* Éric-Emmanuel Schmitt) (Épisode 3)

L'addition

LE CLIENT: Garçon, L'addition!

LE GARÇON: Voilà *(Il sort son crayon et note.)* Vous avez... Deux œufs durs, un veau, un petit pois, une asperge, un fromage avec beurre, une amande verte, un café filtre, un téléphone.

LE CLIENT: Et puis des cigarettes!

LE GARÇON: *(Il commence à compter.)* C'est ça même... des cigarettes... Alors ça fait...

LE CLIENT: N'insistez pas, mon ami, c'est inutile, vous ne réussirez jamais.

LE GARÇON: !!!

LE CLIENT: On ne vous a donc pas appris à l'école que c'est ma-thé-ma-ti-que-ment impossible d'additionner des choses d'espèce différente!

LE GARCON: !!!

LE CLIENT: *(élevant la voix)* Enfin, tout de même, de qui se moque-t-on? ... Il faut réellement être insensé pour oser essayer de tenter d'«additionner» un veau avec des cigarettes, des cigarettes avec un café filtre, un café filtre avec une amande verte et des œufs durs avec des petits pois, des petits pois avec un téléphone... Pourquoi pas un petit pois avec un grand officier de la Légion d'honneur, pendant que vous y êtes! *(il se lève)* Non, mon ami, croyez-moi, n'insistez pas, ne vous fatiguez pas, ça ne donnerait rien, vous entendez, rien, absolument rien... Pas même le pourboire! *(Et il sort en emportant le rond de serviette à titre gracieux.)*

Jacques Prévert

Jacques Prévert, "L'addition" recueilli dans *Histoires et autres histoires*
© Editions GALLIMARD

◀ 1. PRÉPARATION

Faites la liste de toutes vos actions dans un restaurant: **On entre, on dit bonjour,** etc.

◀ 2. PREMIÈRE LECTURE

Faites la liste de ce que le client a mangé. Dites dans quelle catégorie du menu était chaque plat.

◀ 3. ANALYSE

a. L'addition. Quelles actions de l'activité de préparation le client ne fait-il pas?

b. Les arguments. Quels mots expliquent ses actions? Utilise-t-il d'autres arguments? Lesquels?

c. Le ton. Contrastez le ton de la première et de la deuxième partie du texte. Quels adjectifs décrivent le ton de chaque partie?

autoritaire	aimable	condescendant	résolu
ferme	surpris	logique	furieux
scandalisé	impoli	illogique	menaçant
professionnel	courtois	pressé	indifférent

◀ 4. ÉTUDE/DISCUSSION

Quel est le message de l'auteur et quelle est la signification de cette scène? Justifiez votre réponse.

◀ 5. COMPOSITION [WB]

Imaginez le menu que le client a lu avant de choisir. Composez-le comme un menu français typique et indiquez le prix des plats.

Le départ: Quitter sa maison

Cet extrait est tiré d'un roman qui raconte l'histoire d'une famille laotienne.

Il est presque minuit. Meng entend soudain des coups de fusil[1]. Il s'assied sur le lit, se demandant s'il faut réveiller ses parents. Puis il se lève, va dans la chambre à côté, s'assied sur le lit et prend la main de sa mère qui pleure doucement. Une explosion formidable retentit. [...] Meng et sa famille sont restés toute la nuit, serrés les uns contre les autres: jusqu'à la première aube, le village a brûlé, et les gens ont hurlé[2].

À l'aurore, Meng a enfin ouvert la porte. La maison des Moua a brûlé et celle de Xain, et celle de Koya Lo. Les champs autour sont tout noirs. Quand le soleil paraît à l'horizon, Meng va voir le village qui fume encore, les grands trous noirs dans le sol, les champs brûlant de cendres rouges, les groupes de gens qui pleurent.

Dans la maison, sa mère n'est pas à son travail habituel du matin. Elle enroule dans une couverture les costumes du Nouvel An, les bijoux[3] d'argent, les bracelets, les colliers, les boucles d'oreille, la plaque ciselée de Tsi. Il faut partir, et sans perdre de temps.

—Meng, viens avec moi maintenant, dit Tsi. Allons chercher l'autel[4] des ancêtres. Tu vas m'aider[5].

Avec beaucoup de respect, Meng aide son père à transporter l'autel, et tous les deux le descendent dans la petite fosse[6]. Puis Tsi prend deux bougies[7], des bâtons d'encens, et un bol de riz qu'il jette sur l'autel en disant: «Nous avons fait brûler l'encens pour que vous nous protégiez. Que le riz que je vous offre aujourd'hui vous donne la force de garder notre maison pendant notre absence.»

Les uns derrière les autres, Tsi, Han, Thao, Kang Mo et Yong, Niam et Pao et Meng fermant la marche, sont partis de leur village. Pour ailleurs.

Marie-Christine Helgerson. *Quitter sa maison.* Éditions Flammarion, Castor poche, 1981.

ACTIVITÉS

◀ **1. PRÉPARATION**
Écrivez trois phrases pour expliquer ce que fait votre famille avant un long voyage.

◀ **2. PREMIÈRE LECTURE**
a. Les événements. Identifiez dans le texte les verbes d'action. Puis racontez les événements.

b. Les réactions. Comment les personnages réagissent-ils? Quelles décisions prennent-ils?

c. Les préparatifs. Qui fait les préparatifs de voyage de la famille de Meng? Pourquoi? Qu'est-ce que ces préparatifs reflètent-ils la culture de cette famille?

◀ **3. ANALYSE**
a. Les contrastes. Placez les mots suivants en deux listes: la guerre et ses effets (liste 1) et les préparatifs de départ (liste 2).

> **explosion, rites, organisation, destruction, coups de fusil, respect, hurlements, protection, absence, force, pleurer**

Quel est l'effet produit par ces contrastes?

b. Les émotions. Quelles sont les émotions suggérées par ce texte? Sont-elles toutes exprimées?

c. Le narrateur. De quel point de vue l'histoire est-elle racontée? Justifiez votre réponse.

◀ **4. COMPOSITION** [WB]
«Partir, c'est mourir un peu.» Commentez ce proverbe à l'aide de l'histoire de Meng.

---

[1] un fusil: une arme utilisée par les soldats
[2] hurlé: crié très fort
[3] bijoux: accessoires de décoration personnelle pour les femmes
[4] l'autel: l'emplacement sacré dans une église ou une maison; quelquefois on peut le transporter
[5] aider: rendre service, porter assistance
[6] une fosse: un grand trou dans la terre
[7] une bougie: un objet pour faire de la lumière dans la nuit

Les SS: *Le sac de billes*

Cet extrait est tiré d'une histoire semi-autobiographique: Le sac de billes. *Elle se passe en 1941 dans un quartier juif de Paris. Sur la porte du magasin de coiffure, une pancarte annonce «Yiddish Gescheft» (magasin juif). Les deux enfants du coiffeur sont délibérément arrêtés devant l'annonce quand deux SS arrivent dans le magasin.*

J'ai un peu d'inquiétude[1]. [...]. Introduire ces deux lascars[2] en plein cœur de la colonie juive, c'était gonflé[3]. Un peu trop.

Henri s'est tourné vers l'Allemand.

—Monsieur, s'il vous plaît.

Le SS s'est levé, s'est installé, la casquette sur les genoux. Il se regardait dans le miroir. [...]

—Bien dégagé?

—Oui, la raie[4] à droite, s'il vous plaît.

J'en suffoque derrière la machine enregistreuse. Un Allemand qui parle français! Et bien encore, avec moins d'accent que beaucoup du quartier[5].

Je le regarde. Il a un étui de revolver tout petit, tout brillant. [...] Tout à l'heure il va comprendre où il est et il va le sortir, pousser des cris et nous massacrer tous, même maman là-haut qui fait la cuisine et ne sait pas qu'elle a deux nazis dans le salon[6]. [...]

—À vous, s'il vous plaît.

C'est mon père qui a pris le deuxième. [...]

Là où j'ai ri quand même, malgré la trouille, c'est lorsque Samuel est entré. [...] Il est entré joyeux.

—Salut tout le monde.

Papa avait la serviette à la main, il la déplia d'un coup sec avant de la passer au cou du SS. Samuel avait juste eu le temps de voir l'uniforme. Ses yeux sont devenus plus ronds que mes billes et trois fois plus gros, [...] il disparut en marchant sur des œufs.

Trente secondes après, de la rue Eugène Sue aux confins de Saint-Ouen, du fin fond des restaurants Yiddish jusqu'aux arrière-boutiques des boucheries cashers, tout le monde savait que le père Joffo était devenu le coiffeur attitré de la Wehrmacht.

Le coup du siècle.

Dans le salon, la conversation continuait de plus en plus aimable. [...] Le SS a souri satisfait.

—Très bien, merci.

Ils se sont approchés de la caisse pour régler. Tassé[7] contre mon père, je voyais son visage.

—Très bien, excellent.

—Hé bien, a dit mon père, avant que vous partiez, je dois vous dire que tous les gens qui sont ici sont des juifs.

Joseph Joffo. *Un sac de billes.* Éd. J-C. Lattès.

[1]j'ai un peu d'inquiétude: j'ai un peu peur
[2]un lascar: ici, un homme en uniforme *(slang)*
[3]gonflé: audacieux *(slang)*
[4]la raie: la séparation des cheveux
[5]le quartier: les rues et les maisons autour du salon de coiffure
[6]le salon: le salon de coiffure (le magasin du père)
[7]Tassé: Très près de

ACTIVITÉS

◀ **1. PRÉPARATION**

Qu'est-ce que vous savez *(know)* sur la Deuxième Guerre mondiale en France?

◀ **2. PREMIÈRE LECTURE**

a. L'histoire. Cherchez des références à la guerre dans le texte. Quelles références correspondent à vos réponses de l'activité de préparation?

b. La scène. Où se passe-t-elle? Cherchez dans le texte les références (mots et expressions) au lieu de la scène.

c. Les personnes. Combien de personnes y a-t-il dans le passage? Qui sont ces personnes? Sont-elles toutes dans le salon de coiffure?

d. Avez-vous compris? Vrai ou faux? Corrigez les phrases fausses à l'aide du texte.
1. Les deux SS ne savent pas dans quelle sorte de magasin ils sont.
2. Le père a un revolver.
3. Samuel habite dans le quartier.
4. Les SS massacrent les clients du salon de coiffure.
5. Les Allemands ont un accent allemand très prononcé.
6. Le père révèle aux SS où ils ont été coiffés.

◀ **3. ANALYSE**

a. La scène. Divisez le passage en scènes, comme un mouvement de caméra. Donnez un titre à chaque *(each)* scène.

b. Le narrateur. Qui est-il? Comment le savez-vous? Comment parle-t-il?

c. Les émotions. Quels mots indiquent des émotions? Quelles émotions sont exprimées? Cachées?

◀ **4. ÉTUDE/DISCUSSION**

a. Le suspense. Quand est-ce qu'il y a un élément de suspense? Comment est-il réalisé? Quelles sont vos réactions à ce suspense?

b. Le coup de théâtre final. Comment comprenez-vous l'attitude du père et sa décision à la fin? (Souvenez-vous que c'est 1941.)

◀ **5. COMPOSITION** [WB]

Imaginez le dialogue entre le père et l'enfant après le départ des SS.

FEUILLETON: *Les aventures de Momo:*
Monsieur Ibrahim et les Fleurs du Coran (Épisode 3)

Où nous apprenons ce qui arrive à Momo, un jour comme les autres, mais qui va changer sa vie.

Le lendemain, en rentrant du lycée, je trouvai un mot[1] sur le sol, dans le hall sans lumière de notre entrée. Je ne sais pas pourquoi, mais à la vue de l'écriture de mon père, mon cœur se mit à battre dans tous les sens[2]:

Moïse,
Excuse-moi, je suis parti. Je n'ai rien en moi pour faire un père. [...]

Il était hors de question[3] que j'admette avoir été abandonné. Abandonné deux fois, une fois à la naissance par ma mère, une autre fois à l'adolescence, par mon père. [...] Ma décision fut[4] irrévocable: je simulerai la présence de mon père. Je ferai croire qu'il vit[5] là, qu'il mange là. [...] Un matin la police frappa à la porte. Ils criaient comme dans les films:

Ouvrez! Police!

Je me suis dit: Ça y est, c'est fini, j'ai trop menti[6], ils vont m'arrêter.

J'ai mis une robe de chambre[7] et j'ai déverrouillé tous les verrous[8]. Ils avaient l'air beaucoup moins méchants que je l'imaginais, ils m'ont même demandé poliment s'ils pouvaient[9] entrer. C'est vrai que moi aussi je préférais m'habiller avant de partir en prison. Dans le salon, l'inspecteur m'a pris par la main et m'a dit gentiment:

—Mon garçon, nous avons une mauvaise nouvelle pour vous. Votre père est mort!

Je sais pas sur le coup ce qui m'a le plus surpris, la mort de mon père ou le vouvoiement[10] du flic[11]. En tout cas j'en suis tombé assis dans le fauteuil. [...]

(À suivre.)

Monsieur Ibrahim et les Fleurs du Coran. Éric-Emmanuel Schmitt. Éditions Albin Michel, S.A., 2001

---

[1]un mot: un message
[2]mon cœur se mit à battre dans tous les sens: le cœur de Momo a des palpitations
[3]Il était hors de question: Il n'était pas question
[4]fut: passé simple (temps narratif du passé) du verbe **être**
[5]vit: réside
[6]mentir: ne pas dire la vérité
[7]une robe de chambre: un manteau qu'on met sur un pyjama
[8]un verrou: pour fermer une porte à clé
[9]pouvaient: avaient la permission de
[10]le vouvoiement: quand on emploie **vous** au lieu de **tu** pour s'adresser à quelqu'un
[11]un flic: un policier (*slang*)

ACTIVITÉS

◄ **1. PRÉPARATION**

Un petit mot. Vous êtes en retard. Quand vous rentrez chez vous, vous trouvez un message de vos parents. Composez ce message.

◄ **2. PREMIÈRE LECTURE**

a. Le message. Identifiez les mots clés du message.

b. Les actions. Faites une liste des actions importantes pour l'histoire de Momo.

Modèle: Il trouve un mot de son père, etc.

c. Avez-vous compris? Dites si ces phrases sont vraies ou fausses. Corrigez les phrases fausses à l'aide du texte.
1. Quand il arrive de l'école, Momo a une intuition.
2. Le père de Momo va arriver plus tard.
3. Momo décide de prétendre que son père est à la maison.
4. La police est venue quand Momo était au lit.
5. La police va arrêter Momo parce qu'il ne dit pas la vérité.
6. Momo pense qu'il est bon d'être habillé pour aller en prison.
7. Les policiers ont une mauvaise nouvelle pour Momo.
8. Le père de Momo va revenir prendre son fauteuil.

d. Les verbes. Faites deux listes des temps au passé: imparfait pour les descriptions et les actions habituelles et passé composé ou passé simple pour les actions qui sont arrivées à un moment spécifique.

◄ **3. ANALYSE**

a. Les événements. Quels sont les trois événements importants dans ce passage? Donnez un titre à chaque événement.

b. Les personnages. Faites une liste des personnes importantes pour cette histoire. Ces personnes sont-elles présentes ou absentes?

◄ **4. ÉTUDE/DISCUSSION**

Quelles phrases indiquent pourquoi Momo décide de simuler la présence de son père? Quelles expressions indiquent des émotions? Qu'est-ce que les actions et les émotions révèlent sur la personnalité de Momo?

◄ **5. COMPOSITION** [WB]

Imaginez la situation inverse. Momo part et écrit un message à son père.

Leçon 16

Une histoire d'amour

iLrn iLrn Heinle Learning Center includes

🔊 In-text Audio Program

▶ Voilà Video

🌐 Companion Website

 Pair work

 Group work

Observez

Où sont-ils? C'est quel jour? Quelle saison? Quelle heure? Qu'est-ce qu'ils portent? Qu'est-ce qu'ils font? Qu'est-ce qu'ils disent? D'où viennent-ils? Où vont-ils?

Vocabulaire

A. Un jour d'été à Marrakech

Valérie Tremblay, 30 ans, est une journaliste qui vient de Montréal mais qui habite toute seule à Paris à cause de son travail. Elle est en vacances au Club Med à Marrakech, au Maroc.

Christophe Delcourt, 27 ans, est un médecin qui habite à Lyon avec ses parents et ses trois sœurs. Lui aussi est en vacances au Club Med à Marrakech.

Tapis marocains, Marrakech

- Où vit Valérie Tremblay maintenant? C'est loin de chez elle? C'est où, chez elle? Que fait-elle à Paris? Pourquoi est-elle venue au Maroc?
- Et Christophe Delcourt, que fait-il maintenant? C'est où, chez lui? Que fait-il dans la vie?

Langue et
culture

Le Club Med

1. Les voyages et vous. Comment aimez-vous voyager? Classez chaque activité de **1** (excellente idée) à **5** (mauvaise idée).

Excellente idée < (1)____ (2)____ (3)____ (4)____ (5) >Mauvaise idée

a. descendre dans un petit hôtel tout simple

b. descendre dans un hôtel où il y a beaucoup d'activités

c. changer souvent d'hôtel pour mieux visiter le pays ou la région

d. profiter de toutes les activités offertes par l'hôtel (piscine, plage, sports, restaurants, animation, etc.) et ne pas beaucoup sortir

e. faire du tourisme et visiter les sites naturels et historiques intéressants

2. Le Club Med et les Français. Le Club Med, créé en 1950, est une entreprise française de centres de vacances où le logement, les repas, le transport (optionnel) et beaucoup de sports et de loisirs sont compris dans le prix. Ses *villages de vacances,* comme on les appelle, se trouvent un peu partout dans le monde. Voilà les activités que propose le Club Med La Palmeraie à Marrakech:

- **Restaurants et bars: El Kebir** (buffet, spécialités marocaines, ouvert le soir), **La Palmeraie** (buffet, cuisine internationale), **Le Pacha** (bar), **Le Café Maure** (bar, ouvert le soir)
- **Sports:** golf 9 trous, tennis, fitness, badminton, basket-ball, mini-football, musculation, volley-ball, tir à l'arc, vélo. *Avec supplément:* équitation, golf (hors Club), karting (hors Club)
- **Loisirs:** piscine, animations, ateliers de création, bridge, cours de cuisine, cours de danse, pétanque, ping pong. *Avec supplément:* spa et hammam
- **Excursions** (payantes): dîner-spectacle marocain, visite de Marrakech (promenade en calèche, la médina, le souk), circuit dans les montagnes du Haut Atlas, visite de villages berbères et de villes fortifiées

a. Vacances au Club Med. Lisez la description du Club Med de Marrakech et discutez à deux.

- Les vacances au Club Med sont... (sportives? intellectuelles? culturelles? internationales? familiales?...?)
- Les personnes qui vont au Club Med en vacances sont... (jeunes? retraitées? célibataires? des jeunes couples? des familles avec des enfants?...?)
- Je voudrais aller au Club Med pour... (faire du golf? manger de la cuisine marocaine? acheter des souvenirs dans le souk? apprendre *(learn)* le tir à l'arc? faire du tourisme dans la région?...?)

b. Évaluation. Discutez en groupes.

- Quels sont les avantages et les inconvénients du Club Med pour aller en vacances à Marrakech?
- D'après ce document, quel mot caractérise le mieux le Club Med?
- Y a-t-il des formules de vacances similaires chez vous?

Le souk, Marrakech

B. La rencontre

C'est dans la rue qu'ils se rencontrent pour la première fois. Elle se promène pour prendre des photos pendant que lui, il cherche un tapis pour ses parents. Et qu'est-ce qui se passe? Ils se voient, ils s'arrêtent, ils se regardent et... c'est le coup de foudre; ils tombent amoureux!

—Pardon, euh... Je ne vous ai pas vue au Club Med?

—C'est possible, oui... Vous aussi, vous êtes au Club Med?

● Où est-ce qu'ils se rencontrent pour la première fois? Qu'est-ce qu'elle faisait? Et lui? Qu'est-ce qui se passe? Comment ça s'appelle, quand on tombe amoureux la première fois qu'on se voit? Est-ce qu'ils vont bien ensemble? Ou bien pensez-vous qu'ils se trompent? Pourquoi?

C. Une soirée à la Mamounia

Ce soir, ils sortent ensemble à La Mamounia, l'hôtel célèbre de Marrakech. Ils se parlent pendant des heures et se racontent leur vie. Ils sont amoureux, ils s'entendent bien... La vie est belle! Mais ils ont seulement un jour ensemble: Christophe vient d'arriver et c'est le dernier jour de vacances de Valérie. Demain, elle doit rentrer à Paris.

● De quoi est-ce qu'ils parlent, à votre avis? Est-ce que Christophe va pouvoir sortir avec Valérie longtemps?

D. La fin des vacances de Valérie

Ils doivent se séparer, mais ils ne veulent pas se quitter. Il la serre dans ses bras, ils s'embrassent longtemps, ils se disent qu'ils s'aiment et qu'ils vont se retrouver un jour. Mais maintenant, Valérie doit se dépêcher...

● Où va Valérie? Et Christophe? Qu'est-ce qu'ils font? Qu'est-ce qu'ils se disent?
● Et après les vacances, qui va appeler le premier, à votre avis? Qu'est-ce qu'ils vont se dire? Qu'est-ce qui va se passer?

E. Le mariage

C'est le grand amour! En automne, ils se retrouvent souvent à Paris ou à Lyon. En décembre, ils se fiancent. À Noël, Valérie emmène son fiancé à Montréal, où il rencontre sa famille. Et en juin, ils se marient.

● À votre avis, où est-ce qu'ils se marient? Où vont-ils pour leur lune de miel? Et où va habiter le nouveau ménage?

Langue et **culture**

Les couples en France

1. Les couples dans votre pays *(country)*

a. D'après vous, quel est l'âge moyen des hommes quand ils se marient chez vous? Et l'âge des femmes?

b. En quelle saison les mariages sont-ils généralement célébrés?

c. D'après vous, sur 100 couples, combien vont divorcer? Combien ne sont pas officiellement mariés? Est-ce qu'il est légal de vivre *(to live)* en couple sans être marié?

2. Les Français et les couples

- L'âge moyen du premier mariage est de 29,5 ans pour les femmes (23 ans en 1980) et 31,5 ans pour les hommes (25,1 ans en 1980).
- 64 % des mariages se font en été, surtout en juin, juillet et septembre.
- 20 % des couples français ne sont pas mariés.
- Depuis 1999, les couples qui ne veulent pas se marier mais veulent être reconnus comme couples (hétérosexuels ou homosexuels) peuvent contracter un **pacs** (**pacte civil de solidarité**) qui leur donne certains droits et devoirs. En France, il y a un PACS pour deux mariages.
- 14 % des Français adultes ne vivent pas en couple. Ils étaient 6 % en 1962.
- En 2007, il y a eu 50 divorces pour 100 mariages (10 divorces pour 100 mariages en 1965).

Adapted from *Francoscopie 2010*, pp. 112–129.

Trouvez les informations suivantes dans le texte:

Âge moyen du mariage masculin: _____

Âge moyen du mariage féminin: _____

Mois du mariage: _____

Nom du contrat entre deux personnes non mariées: _____

Évolution du nombre de personnes qui vivent *(live)* seules, de 1962 à 2007: _____

Évolution des divorces entre 1965 et 2007: _____

3. Analyse des statistiques

a. Quelles statistiques sont les plus intéressantes pour vous? Pourquoi?

b. D'après vous, pourquoi les Français se marient-ils plus tard qu'avant? Et pourquoi y a-t-il plus de divorces maintenant?

c. Comparez ces statistiques avec les coutumes de votre pays. Qu'est-ce qui est similaire? Qu'est-ce qui est différent?

F. La vie de couple

J'en ai assez, moi!

Ils veulent fonder une famille et en octobre, Valérie est enceinte. Ils attendent le bébé avec impatience et ils ont un petit garçon en juillet. Tous les deux adorent l'enfant. Mais c'est toujours Valérie qui prépare les repas, qui passe l'aspirateur, qui fait la lessive, qui repasse... Elle n'a jamais le temps de se reposer.

—Christophe, tu peux mettre la table, s'il te plaît?

—Dans cinq minutes, chérie, dans cinq minutes...

—Oh, Christophe, c'est si intéressant que ça, ton journal? Tu ne fais jamais rien dans la maison!

—Comment ça, je ne fais jamais rien? Qui est-ce qui a réparé le lave-vaisselle hier, hein? Qui est-ce qui sort les poubelles tous les soirs? Qui est-ce qui s'occupe du jardin?

—Euh... oui... euh... bon, d'accord, mais il y a beaucoup d'autres choses à faire, tu sais...

Valérie est déçue de sa vie et n'a plus de courage... Pourtant, quand elle s'endort le soir, elle se souvient aussi de Marrakech, de leur amour, de leur mariage, de leur première année ensemble... Christophe a bon caractère, c'est un homme sérieux et honnête. Si seulement il pouvait l'aider un peu! Et puis, elle voudrait sortir de la maison et elle commence à penser à son travail. Est-elle heureuse? Parfois elle pense que oui, parfois elle pense que non... Elle ne sait pas quoi penser!

- Qu'est-ce qui se passe en octobre? En juillet?
- Chez Christophe et Valérie, qui fait la vaisselle? Qui sort les poubelles? Qui s'occupe du jardin? Qui fait des réparations? Qui passe l'aspirateur? Qui met la table?
- Quand Christophe rentre le soir, que dit Valérie? Que répond Christophe? Que pense Valérie? Est-ce que c'est un couple heureux? Qu'est-ce qui va se passer?
- Et vous, que pensez-vous de Christophe? Et de Valérie?

Activité vidéo

Langue et **culture**

La vie des couples au jour le jour

1. Les couples dans votre pays *(country)*. Discutez à deux: Les jeunes couples d'aujourd'hui ont-ils les mêmes modes de vie que la génération de vos parents? De vos grands-parents? Quelles sont les différences?

2. Les couples français au jour le jour. Voici des titres d'articles sur les modes de vie actuels des couples français. Donnez une explication pour chaque titre d'article.

Modèle: TRANSFORMATION PROFONDE DES COUPLES
Les couples sont transformés parce que la civilisation est transformée.

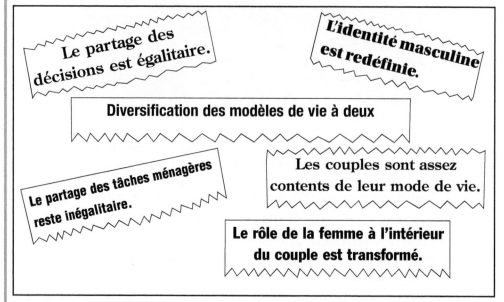

Le partage des décisions est égalitaire.

L'identité masculine est redéfinie.

Diversification des modèles de vie à deux

Le partage des tâches ménagères reste inégalitaire.

Les couples sont assez contents de leur mode de vie.

Le rôle de la femme à l'intérieur du couple est transformé.

Adapted from *Francoscopie 2010,* pp. 119–122.

3. Comparaisons. Est-ce que ces titres s'appliquent aux couples dans votre pays *(country)*? Qu'est-ce qui est différent? Quelles questions avez-vous après la lecture de ces titres?

G. Crise dans le ménage

S'il te plaît!

Je m'en vais!

Après un an, Valérie n'a plus de patience. Elle veut faire quelque chose d'autre dans la vie et elle a décidé de retourner travailler, mais Christophe n'est pas d'accord. Les époux sont en crise et se disputent souvent.

—Oh là là, qu'est-ce que tu as mauvais caractère! Tu n'es jamais contente!

—Et tu es surpris? Tu voudrais, toi, rester à la maison toute la journée? Hein? Tu ne comprends pas! Tu ne comprends jamais rien!

—Mais si, je comprends, mais le petit a encore besoin de toi et je gagne assez d'argent pour nous deux. Dans deux ou trois ans, oui, d'accord, mais pas maintenant... Aie un peu de patience!

—Être patiente? Non, moi, je ne peux plus... J'en ai assez, tu m'entends!

—C'est à cause de moi, dis?

—Non, ce n'est pas à cause de toi. J'ai besoin de travailler, c'est tout!

—Valérie, il y a autre chose, non? Tu me caches quelque chose! Tu as rencontré quelqu'un, c'est ça?

—Mais ça ne va pas?!

—Je me demande si tu m'es fidèle, moi... Tu me trompes, n'est-ce pas?

—Écoute-moi bien, Christophe: Je ne suis pas infidèle et il n'y a personne d'autre dans ma vie, tu m'entends? Personne! Mais fais attention... Moi, je n'aime pas les hommes jaloux! Si tu es jaloux, je te quitte et c'est le divorce. C'est compris?

● Que veut faire Valérie? Que pense Christophe de cette idée? Comment est-ce qu'il trouve sa femme? Qu'est-ce qu'il se demande?

● À votre avis, qu'est-ce qui va se passer? Est-ce que c'est la fin de leur histoire?

● Est-ce qu'ils vont se réconcilier? Se quitter? Divorcer?

Mots et
usages

1. Les verbes réciproques. In French, the reflexive pronoun is also used to express the idea of reciprocity (**se regarder** = *to look at oneself* or *to look at each other*).

Elles **se** parlent au téléphone.	*They talk (to each other) on the phone.*
Ils **se** rencontrent au café.	*They meet each other at the café.*

This is discussed further in *Structure 1* of this lesson.

a. Quand et où? Complétez de façon logique:

	Quand?	Où?

1. On se rencontre...
2. On se parle...
3. On s'envoie des emails...
4. On se sépare...

b. Verbe réciproque ou verbe réfléchi? Pour chaque phrase, dites si le verbe est réciproque ou réfléchi.

1. Vous vous couchez tard le soir?
2. Vous ne vous parlez plus? Mais pourquoi?
3. Est-ce que Christophe et Valérie vont se séparer?
4. Zoé, il est huit heures, lève-toi!
5. On se voit ce week-end?
6. Allons, du calme, ne vous énervez pas!

2. Les verbes réfléchis et réciproques idiomatiques. A small group of reflexive and reciprocal verbs are idiomatic. Their meaning and use must be learned individually.

se demander	*to wonder*
se dépêcher	*to hurry*
se disputer	*to argue, to fight*
s'entendre bien / mal (avec)	*to get along well / badly (with)*
se marier (avec)	*to marry, to get married*
s'occuper de	*to take care of*
se reposer	*to rest*
se retrouver	*to get together; to meet (again)*
se souvenir (de)	*to remember*
se tromper	*to be wrong, to make a mistake*

Ma camarade de chambre et moi, **nous nous entendons bien.**	*My roommate and I get along well.*
Je **m'entends avec** tout le monde.	*I get along with everybody.*
Est-ce que Christophe et Valérie vont **se marier?**	*Are Christophe and Valérie going to get married?*
Tu **te maries avec** Frédéric?	*You're marrying Frédéric?*
On **se retrouve** après le film?	*Shall we get together after the film?*
Tu **te souviens de** nos vacances à Marrakech?	*Do you remember our vacation in Marrakech?*
Vous devez **vous reposer.**	*You've got to rest.*

Correspondances. Quels verbes de la liste ci-dessous correspondent à ces expériences?

se reposer, se dépêcher, s'entendre bien (avec), s'occuper (de), se retrouver, se tromper, se souvenir (de), se demander

1. Je ne sais pas très bien pourquoi. _____
2. Il n'a pas le temps, voici l'autobus! _____
3. C'est une excellente camarade de chambre. _____
4. Jacqueline est merveilleuse avec les enfants. _____
5. Vous êtes fatigués? _____
6. J'ai quitté ma famille pour un long voyage et maintenant je reviens à la maison. _____
7. Je collectionne les cartes postales de mes voyages pour ne pas les oublier. _____
8. Excusez-moi, j'ai fait le mauvais devoir. _____

3. La conjonction *que*. In the following sentence, **que** is used as a subordinating conjunction to link two clauses.

Christophe dit **qu'**il aime Valérie.	*Christophe says (that) he loves Valérie.*

Christophe et Valérie. Complétez les phrases avec **qu(e)** et puis traduisez-les *(translate them)* en anglais.

1. Moi, je dis _____ Valérie va rester avec Christophe!
2. Christophe pense _____ tout va bien.
3. Mais tout le monde raconte _____ Valérie et Christophe vont se séparer.

4. *Quelqu'un de/d'* + **adjectif** / *quelque chose de/d'* + **adjectif.** The adjective following **quelqu'un de** and **quelque chose de** is always masculine singular.

Ta sœur est **quelqu'un d'important?** *Is your sister someone important?*

Complétez. Complétez les phrases avec un adjectif. Choisissez parmi les adjectifs suivants: **sympathique, intéressant, célèbre, bizarre, autre.**

1. Marilyn Monroe était quelqu'un de/d' _____.
2. Viens voir! Il y a quelque chose de/d' _____ dans le jardin!
3. Je n'aime pas les frites. Vous avez quelque chose de/d' _____?

5. **Être d'accord.** **D'accord** used alone means *all right, OK,* in the sense that you agree to something. Therefore, **être d'accord** means *to agree.*

—On va au cinéma?	*Let's go to the movies!*
—D'accord!	*OK!*
—Il y a trop de violence à la télévision!	*There is too much violence on television!*
—Je suis d'accord avec toi, mais qu'est-ce qu'on peut faire?	*I agree with you, but what can we do?*

When you want to say that you are/feel OK, use the verb **aller** instead.

—Comment vas-tu?	*How are you doing?*
—Ça va. Aujourd'hui, je vais bien.	*Fine. Today I'm OK.*

En français. Traduisez en français.

1. Christophe doesn't agree with Valérie.
2. Are you OK?
3. OK, let's go to the restaurant!
4. Yes, I agree.
5. I'm not OK, I'm sick.

6. **Préposition ou conjonction?** Sometimes English words have more than one equivalent in French. Note these differences in usage:

- preposition + noun / pronoun

Il vient **à cause de** toi.	*He's coming because of you.*
Il est resté là **pendant une heure.**	*He stayed there for an hour.*

- conjonction + subject + verb

Il vient **parce qu'il veut** te rencontrer.	*He's coming because he wants to meet you.*
Il est resté là **pendant que** je travaillais.	*He stayed there while I was working.*

Choisissez. Complétez avec **que, pendant que, parce que, pendant** ou **à cause de.**

1. La sœur de mon fiancé nous a raconté _____ elle allait divorcer.
2. J'ai lu votre article _____ je mangeais et je l'ai trouvé intéressant.
3. Ils se séparent _____ ses chats: elle n'aime pas les chats et lui, il les adore.
4. J'ai rencontré mon mari _____ les vacances.
5. Solange veut quitter son petit ami _____ il est infidèle.
6. Je voudrais habiter à Nice, mais nous devons habiter à Paris _____ travail de ma femme.

7. Divorcer. Note that although **se marier** is a reflexive verb, **divorcer** is not. Also, unlike English, **divorcer** is never followed by a direct object.

Je **divorce!**	*I'm getting a divorce!*
Jean et Béatrice **ont divorcé** en 2002.	*Jean and Béatrice got divorced in 2002.*
Est-ce que Valérie et Christophe **vont divorcer?**	*Are Valérie and Christophe going to get divorced?*

Histoires de couples. Complétez avec une forme du verbe **se marier** ou du verbe **divorcer**. Soyez logique!

1. Vous n'aimez plus votre mari? Vous _____? C'est vrai?

2. Moi? Mais non, je ne veux pas _____ avec toi. Je suis trop jeune et toi aussi!

3. Anne-Sophie et Jean-Philippe veulent _____ et avoir beaucoup d'enfants.

4. Christine, écoute, j'ai quelque chose d'important à te dire... Je t'aime... Veux-tu _____ avec moi?

5. Avec Jean-Luc, ça ne va plus... Il ne me parle pas, il sort tous les soirs, il boit trop... C'est décidé: Je _____!

8. Quitter / partir / sortir. Quitter means *to leave someone* or *something*. It must be followed by a direct object.

Vous **n'allez pas quitter** l'université?!	*You're not going to leave school?!*

Sortir means *to go out*. It is the opposite of **entrer** *(to enter, to go in, to come in)*. **Partir** means *to leave*. It is the opposite of **arriver** *(to arrive)*.

Both **sortir** and **partir** are intransitive verbs. They may be followed by a prepositional phrase or an adverb. They are never followed by a direct object.

Valérie **est sortie** hier soir.	*Valérie went out last night.*
Christophe **part** pour Paris demain.	*Christophe is leaving for Paris tomorrow.*

Problèmes de couple. Choisissez le bon verbe et mettez-le à l'imparfait ou à l'infinitif dans la phrase.

1. Quand il _____ (arriver / sortir) à la maison le soir, Christophe était si fatigué qu'il ne voulait pas _____ (sortir / quitter)! Mais Valérie, elle, s'ennuyait et elle voulait _____ (sortir / quitter) de la maison pour s'amuser un peu.

2. Christophe, lui, _____ (se demander / demander) si Valérie était fidèle ou non, si elle _____ (se tromper / le tromper).

3. Un matin, Valérie a décidé de _____ (quitter / partir) de la maison. Est-ce qu'elle voulait _____ (quitter / divorcer) Christophe ou est-ce qu'elle voulait aller travailler?

4. Et vous, vous pensez vraiment que Valérie va _____ (quitter / partir) Christophe? Ou bien vous pensez que le couple va _____ (se disputer / se réconcilier)?

Mise en pratique

1. Chassez l'intrus. Quel mot ne va pas avec les autres?

1. s'aimer / se séparer / se disputer / divorcer
2. sortir ensemble / se détester / se marier / se fiancer
3. s'entendre / s'embrasser / tomber amoureux / se quitter
4. amour / coup de foudre / divorce / lune de miel
5. repasser / se reposer / passer l'aspirateur / faire la lessive
6. sortir les poubelles / réparer le lave-linge / faire la vaisselle / sortir ensemble

Objective, Act. 1: recognizing new words using semantic fields

2. Les contraires. Trouvez le contraire.

1. se marier
2. travailler
3. se détester
4. s'ennuyer
5. s'entendre bien
6. se réveiller
7. oublier
8. se réconcilier
9. se quitter

Objectives, Act. 2: recognizing and producing new words; solving word problems

3. Quel verbe? Complétez les phrases avec un verbe logique au **présent** ou à l'infinitif. Choisissez parmi les verbes suivants: **s'aimer, s'occuper, se souvenir, se marier, se séparer, se dépêcher, se tromper, se retrouver, se reposer.**

1. Arnaud _____ avec Julie le 5 juillet et nous sommes invités à la cérémonie.
2. L'autobus part dans cinq minutes. Il faut _____!
3. On _____ au café à 18 heures, d'accord?
4. Vous n'avez rien à faire, je _____ de tout!
5. Tu es fatigué. Va _____ un peu.
6. Vous ne _____ pas de moi? Mais je suis dans votre cours de yoga!

Objective, Act. 3: practicing new verbs in context

4. Conseils. Avec un(e) partenaire, dites ce qu'il faut faire et ce qu'il ne faut pas faire dans ces situations.

Modèle: quand on veut s'amuser le soir
Il faut sortir avec un(e) ami(e). Il ne faut pas se reposer.

1. quand on rencontre quelqu'un d'intéressant
2. quand on s'ennuie
3. quand on sort tard la nuit
4. quand on retrouve quelqu'un de sa famille après des années
5. quand on s'aime
6. quand son mari ou sa femme est infidèle
7. quand on a des enfants
8. quand on a un mari jaloux ou une femme jalouse

Objective, Act. 4–7: connecting new vocabulary to different contexts

5. Le couple idéal, la famille idéale. Qu'est-ce que c'est pour vous, le couple idéal? Et la famille idéale? Écrivez vos idées en groupes de deux ou trois, puis comparez-les avec les idées des autres groupes.

Sophie et Jean-Luc, Antibes

La famille Moreau, Rouen

1. La rencontre idéale: Où? Quand?...
2. La demande en mariage: Qui? Où? Quand?...
3. Le mariage idéal: Où? Quand? À quel âge?...
4. Le couple idéal: Qui fait quoi? Qui décide de quoi? Comment sont-ils ensemble?...
5. La famille idéale: Combien d'enfants? Quand?...

6. Chez le conseiller conjugal *(marriage counselor)*. Christophe et Valérie ont décidé d'essayer de mieux s'entendre et ils vont chez un conseiller conjugal. En groupes:

1. Faites une liste des choses qui ne vont pas, du point de vue de Valérie (Il ne fait rien à la maison, etc.).
2. Faites une liste des choses qui ne vont pas, du point de vue de Christophe (Elle n'est jamais contente, etc.).
3. Essayez de trouver des solutions.

7. L'histoire de Christophe et de Valérie. En groupes, finissez l'histoire de Christophe et de Valérie.

1. Où est-ce qu'ils habitent? À Lyon, à Paris ou à Montréal? Pourquoi?
2. Ils ont un enfant. Comment s'appelle-t-il? Comment est-il?
3. Est-ce qu'ils vont avoir d'autres enfants? Pourquoi ou pourquoi pas?
4. Qu'est-ce que Valérie pense de Christophe et qu'est-ce que Christophe pense de Valérie?
5. Quels sont les problèmes du couple?
6. Racontez la fin de l'histoire. Est-ce qu'ils vont rester ensemble ou est-ce qu'ils vont divorcer?

Structure 1

Les verbes réciproques

Reciprocal verbs (**verbes réciproques**) indicate reciprocal action. In English, this is expressed by the use of a reciprocal pronoun or prepositional phrase: *(to) each other* or *(to) one another*. In French, the reflexive pronouns (**nous, vous, se**) serve this purpose.

Candide et Alceste **se** parlent.	*Candide and Alceste are talking to each other.*
Vous ne **vous** parlez plus?	*You're not speaking (to each other) anymore?*

Note that many verbs can be used both reflexively and reciprocally. In French, this is ambiguous, and speakers must depend on context to distinguish between these meanings. In English, no such ambiguity exists.

Ils **se** parlent.	*They're talking to themselves. /*
	They're talking to each other.

Mise en pratique

1. Bonne nouvelle / mauvaise nouvelle? Décidez si c'est une bonne ou une mauvaise nouvelle.

1. Candide et Alceste ne se parlent plus.
2. Valérie et Christophe se réconcilient.
3. Vincent et Thérèse Dubois se séparent.
4. Vous vous disputez avec un(e) ami(e) depuis une semaine.
5. Alceste et sa mère commencent à se téléphoner tous les jours.

Objective, Act. 1: understanding reciprocal verbs in context

2. Choisissez. Choisissez le verbe qui convient pour remplir chaque blanc et mettez-le au présent. Décidez si c'est bien ou si ce n'est pas bien.

1. Alceste _____ (téléphoner / se téléphoner) souvent à sa mère et ils _____ (parler / se parler) pendant des heures.
2. Magali _____ (voir / se voir) souvent sa copine Nathalie et elles _____ (raconter / se raconter) tous leurs problèmes.
3. Monsieur et Madame Renglet _____ (séparer / se séparer) après vingt ans de mariage parce qu'ils ne _____ (entendre / s'entendre) plus.

Objective, Act. 2 and 3: using reciprocal verbs in a meaningful context

3. Des nouvelles de Cinet. Voilà les dernières nouvelles de Cinet. Faites des phrases complètes au présent. Ensuite, décidez si ce sont de bonnes nouvelles ou de mauvaises nouvelles.

1. Monsieur Lionnet et Mademoiselle Caron / se marier
2. Monsieur Bovy et Monsieur Saïdi / ne plus / se parler
3. Monsieur et Madame Ségal / se disputer / tout le temps
4. Monsieur et Madame Domont / ne plus / s'entendre / et ils / divorcer
5. Madame Renard et Monsieur Renglet / se retrouver / au café le soir

Structure 2

Les verbes réfléchis et réciproques au passé

Reflexive and reciprocal verbs follow the rules you already know for formation of the **imparfait**.

> À seize ans, je ne **m'entendais** pas **bien** avec mes parents.
>
> *When I was 16, I didn't get along well with my parents.*

> Nous **nous reposions** quand le téléphone a sonné.
>
> *We were resting when the telephone rang.*

Reflexive and reciprocal verbs are always conjugated with **être** in the **passé composé**. In most cases, the past participle of these verbs agrees with the subject of the verb.

> Ma sœur s'est mariée l'année dernière.　*My sister got married last year.*
> Nous nous sommes amusés au mariage.　*We had a good time at the wedding.*
> Ils se sont installés à Paris.　*They settled down in Paris.*

The rules governing past participle agreement with reflexive and reciprocal verbs are complex. Although these verbs use **être** as a helping verb, their past participles really agree with a preceding direct object (if one exists). Since the reflexive or reciprocal pronoun usually represents a direct object, this means that the past participle agrees with both the preceding direct object (the reflexive pronoun) and the subject.

Sometimes the reflexive or reciprocal pronoun represents an indirect object rather than a direct object. In these cases, there is no past participle agreement.

This happens with two specific types of verbs.

1. Verbs that require indirect objects (no past participle agreement): **se dire, se parler, s'écrire, se donner, se raconter, se téléphoner, se demander**

> Les deux sœurs **se sont téléphoné** et elles **se sont parlé** pendant des heures.
>
> *The two sisters called each other and talked for hours.*

2. Reflexive verbs referring to a part of the body (no past participle agreement):

> Marie **s'est lavé** les mains.　*Marie washed her hands.*

In this sentence, **mains** is the direct object, and **se** is the indirect object, telling to whom the hands belong.

═══ Mise en pratique ═══

Objective, Act. 1: understanding past tense forms of reflexive and reciprocal verbs

 1. Ordre logique? Avec un(e) partenaire, mettez les activités dans l'ordre logique (il y a plusieurs possibilités).

1. ils se sont remariés, ils ont divorcé, ils se sont rencontrés, ils se sont mariés, ils se sont parlé, ils sont sortis ensemble
2. j'ai bien dormi, je me suis levé, je me suis réveillé, je me suis couché
3. j'ai bu un grand verre d'eau, je me suis déshabillée, je me suis brossé les dents, je suis rentrée tard le soir, je me suis lavé le visage et les mains

Objective, Act. 2–5: using reflexive and reciprocal verbs in the past in structured contexts

2. Mariages. Avec qui est-ce qu'ils se sont mariés? Choisissez parmi: Martha / Napoléon / Marie-Antoinette / mon grand-père / Franklin / Anne Boleyn.

Modèle: Marilyn Monroe　*Elle s'est mariée avec Joe DiMaggio.*

1. George Washington　　3. Eleanor Roosevelt　　5. Joséphine
2. Henri VIII　　　　　　4. ma grand-mère　　　　6. Louis XVI

3. Qu'est-ce qu'ils ont fait? Soyez logique.

Modèle: Philippe a utilisé une serviette de bain.
   Il s'est séché.

1. Marguerite a utilisé du savon.
2. Richard a utilisé une brosse à dents.
3. Charles a mis une chemise, un costume, une cravate et des chaussures.
4. Donna a entendu le réveil.
5. Alceste et Candide ont utilisé une brosse à cheveux.

4. Qu'est-ce qu'ils ont fait? Faites l'accord des participes passés si nécessaire.

1. Paulette s'est couché___ tôt hier soir.
2. Est-ce que Candide et Alceste se sont brossé___ les cheveux?
3. Martine et Valérie se sont retrouvé___ au café. Elles se sont parlé___ pendant une heure et puis elles sont parti___ ensemble.
4. Ils se sont rasé___ la tête! Mais pourquoi?
5. Nous nous sommes bien amusé___ hier soir.
6. Christophe et Valérie se sont vu___ et ils sont tombés amoureux.
7. Valérie s'est demandé___ si elle allait divorcer.

5. Les souvenirs d'un vieux couple. Monsieur et Madame Ségal sont mariés depuis longtemps et ils se souviennent de leur vie pendant les premières années de leur mariage. Complétez le dialogue avec les verbes entre parenthèses à l'imparfait.

—Tu te souviens quand tu m'_____ (apporter) le café au lit le matin?
—Oh, oui, tu _____ (ne jamais se lever) avant huit heures.
—Oui, mais je _____ (se coucher) toujours tard parce que je _____ (s'occuper) du ménage le soir.
—C'est vrai, et moi, je _____ (se coucher) tard aussi parce que je _____ (vouloir) rester avec toi.
—Nous _____ (s'entendre) si bien!
—Oui, nous _____ (ne jamais se disputer).

Objective, Act. 6 and 7:
using past forms of reflexive and reciprocal verbs

Catherine et Olivier, Une plage près de Bonifacio (Corse)

6. Rencontre sur la plage. C'est l'été. Catherine et Olivier se sont rencontrés à la plage. Avec un(e) partenaire, écrivez leur histoire.

Suggestions: se regarder / se parler / s'embrasser / se disputer / se séparer / se rencontrer / se retrouver / s'amuser / se téléphoner / sortir ensemble / s'écrire / se dire au revoir / se voir / s'entendre bien (avec)

7. Racontez l'histoire. À deux, choisissez un des couples suivants et écrivez son histoire.

1. Jacques Dubois: 68 ans, retraité, veuf (sa femme est morte)
   Paulette Gilmard: 66 ans, retraitée, a rencontré Jacques Dubois à Nice
2. M. Renglet: 50 ans, dentiste, marié, retrouve Madame Renard au café le soir
   Mme Renglet: 45 ans, cadre dans une banque, mariée
3. Bruno Hanin: 29 ans, écrivain, marié, deux enfants, s'occupe beaucoup de ses enfants
   Véronique Hanin: 27 ans, ingénieur, mariée, deux enfants, voyage beaucoup pour son travail

Structure 3

Grammar tutorial

Les verbes *savoir* et *connaître*

Savoir means *to know a fact* or *to know how to;* **connaître** means *to know* in the sense of *to be acquainted with.* Here are the forms of the verbs **connaître** and **savoir** in the present tense.

connaître	
je connais	nous connaissons
tu connais	vous connaissez
il	ils
elle } connaît	elles } connaissent
on	

Vous **connaissez** Christophe?   *Do you know Christophe?*
Oui, je le **connais.**   *Yes, I know him.*

savoir	
je sais	nous savons
tu sais	vous savez
il	ils
elle } sait	elles } savent
on	

Vous **savez** pourquoi Valérie est partie?   *Do you know why Valérie left?*
Non, je ne **sais** pas.   *No, I don't know.*

Savoir et *connaître* au passé

Imparfait: Both **savoir** and **connaître** are regular in the **imparfait.**

Quand elle avait vingt ans, Valérie   *When she was 20, Valérie knew*
connaissait bien Montréal et elle   *Montreal well and she knew where*
savait où aller pour s'amuser.   *to go to have a good time.*

Passé composé:

Verbe	Passé composé	Meaning in the *passé composé*
connaître	avoir + connu	*to have met*
savoir	avoir + su	*to have found out/learned*

Valérie **a connu** Christophe à Marrakech.   *Valérie met Christophe in Marrakech.*
J'**ai su** la vérité quand je lui   *I found out (learned) the truth when*
ai parlé.   *I talked to him/her.*

Savoir ou *connaître*?

Both **connaître** and **savoir** can be translated by the English verb *to know*. They are not, however, interchangeable.

- *connaître*

1. means *to know* in the sense of knowing a person or being familiar with a place or a situation
2. must have a direct object
3. cannot be followed by a **que** clause

Est-ce que vous **connaissez** Paul? Il **connaît** très bien la France.	*Do you know Paul? He knows France very well. (He is well acquainted with France.)*
Quand j'avais vingt ans, je **connaissais** toutes les boîtes de Toulouse.	*When I was 20, I knew (was familiar with) all the nightclubs in Toulouse.*
Il l'**a connue** chez moi.	*He met her at my place.*

- *savoir*

1. means *to know* by fact or learning
2. means *to know how to* when followed by an infinitive
3. may be used with or without a direct object
4. may be followed by a clause beginning with **que** *(to know that)*, **pourquoi** *(to know why)*, **quand** *(to know when)*, etc.

—Tu **sais** quand il vient?	*Do you know when he's coming?*
—Non, je ne **sais** pas.	*No, I don't.*
Tu ne **sais** pas **nager**?	*You don't know how to swim?*
Je **sais** qu'il est allé à Montréal.	*I know (that) he went to Montreal.*
Tu ne **savais** pas ça?	*You didn't know (weren't aware of) that?*
Quand est-ce que vous l'**avez su**?	*When did you find out about it?*

Mise en pratique

1. *Savoir* ou *connaître*? Lisez les phrases suivantes et décidez si les verbes anglais *(know, met, find out)* correspondent au verbe **savoir** ou au verbe **connaître** en français. Ne traduisez pas!

*Objective, Act. 1: distinguishing between **savoir** and **connaître***

1. —Do you *know* the Joneses?

   —Yes, I *met* them in New York.

2. —*Did* you *know* that Mary got married last weekend?

   —No! How *did* you *find out*?

3. —Do you *know* where the Art Institute is?

   —No, I'm sorry. I just moved here and I don't *know* the city very well yet.

2. Connaissances. Qui connaît qui?

*Objectives, Act. 2: using the forms of **connaître**; recycling direct object pronouns*

Modèle: Il connaît Jeanne? Oui, il _____. Il _____ bien.

   Oui, il *connaît Jeanne*. Il *la connaît* bien.

1. Tu connais Paul? Oui, je _____. Je _____ bien.

2. Vous connaissez mon père? Non, nous _____. Nous _____ du tout.

3. Tes parents connaissent ton camarade de chambre? Oui, ils _____.
   Ils _____ bien.

3. Les métiers et le savoir-faire. Qu'est-ce qu'ils savent faire?

Modèle: Christophe est médecin.

Il sait soigner, écouter, etc.

1. Valérie est journaliste.
2. Mlle Verdier et M. Dupont sont secrétaires.
3. Janine est femme au foyer.
4. Patrick et Jean-Paul sont cuisiniers.
5. Nous sommes étudiants.

Et eux? Quels sont leurs métiers? Qu'est-ce qu'ils savent faire?

4. Un voyage à Montréal. Complétez le dialogue avec **connaître** ou **savoir** au présent.

—Est-ce que tu _____ (1) que nous allons à Montréal cet été?

—C'est vrai? Tu _____ (2) la ville?

—Moi, non. Mais ma femme la _____ (3) un peu et nous _____ (4) des Canadiens. Ils vont nous montrer des choses intéressantes.

—Vous _____ (5) où vous allez dormir?

—Oui, dans un petit hôtel pas cher, rue Saint-Denis.

—Je _____ (6) un bon restaurant rue Saint-Denis. Ils _____ (7) faire des frites comme à Bruxelles.

—C'est vrai? C'est quel numéro, rue Saint-Denis?

—Je ne _____ (8) pas, mais c'est facile à trouver.

**Monsieur et Madame Vilar
aujourd'hui**

5. La femme de Monsieur Vilar. Un ami de Monsieur Vilar lui a demandé comment il a rencontré sa femme. Complétez le dialogue avec **savoir** ou **connaître** au passé composé ou à l'imparfait.

—Comment est-ce que tu _____ (1) ta femme?

—Eh bien, j'avais vingt ans et j'étais étudiant à Montpellier. Je n'étais pas de Montpellier et je ne _____ (2) pas beaucoup d'autres étudiants. J'étais très seul et très timide. Je _____ (3) qu'il y avait une maison pour étudiants étrangers. Un jour, pendant que j'étais là, une jolie jeune fille anglaise est entrée. Nous nous sommes parlé et je _____ (4) que ses parents venaient souvent en vacances près de chez moi et qu'ils _____ (5) mes parents! Alors, on est sorti et... mais tu connais la fin de l'histoire!

Échanges

Réussir sa vie

Objectives: recycling; personalizing

1. Le succès et la vie. Qu'est-ce que c'est, réussir sa vie pour vous? Faites une liste.

   Modèle: avoir un métier intéressant, etc.

2. Réussir sa vie quand on est français? Voilà ce que des Français de 16 à 24 ans ont répondu:

   QUESTION: **Pour vous, réussir sa vie, c'est avant tout... ?**

(Réponses données à l'aide d'une liste)	Ensemble %
... avoir un métier qui vous plaît	80
... fonder une famille	59
... réussir sa vie sentimentale	41
... gagner beaucoup d'argent	37
... avoir beaucoup d'amis	26
... aider les autres	19
... avoir beaucoup de temps de libre	16
... défendre une grande cause	9
Ne se prononcent pas	–
TOTAL	**(1)**

(1) Total supérieur à 100, les interviewés ayant pu donner trois réponses.
CSA: «On est fait pour s'entendre». Qu'en pensent les jeunes?

a. Réussir sa vie, c'est réussir quoi au juste pour les jeunes Français? Expliquez chaque déclaration du sondage avec vos propres mots et donnez des détails.

   Modèle: fonder une famille: se marier, avoir des enfants, la vie ensemble, etc.

b. Valeurs. Qu'est-ce qui est très important pour les jeunes Français? À deux, dites quelles sont vos conclusions sur leurs valeurs.

3. Un sondage. Pour vous, est-ce qu'il y a des choses qui ne sont pas sur la liste mais qui sont importantes pour réussir sa vie? Faites une liste des six choses les plus importantes pour réussir sa vie d'après vous (choisissez dans la liste des Français et dans la liste que vous avez écrite pour l'Activité 1) et faites votre propre sondage auprès de vos camarades. Organisez les réponses que vous obtenez et calculez les pourcentages. Quels sont les résultats?

4. Pour lui/elle, réussir sa vie, c'est... Pensez à une personne qui a réussi sa vie. Décrivez cette personne et racontez pourquoi vous pensez qu'elle a réussi sa vie. Utilisez quelques *(some)* verbes réfléchis et réciproques et au moins *(at least)* une fois le verbe **savoir** et le verbe **connaître**.

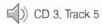

Le français parlé

Raconter une histoire

faire de l'auto-stop = to hitchike

Scène de vie

—Moi, un jour, j'ai rencontré quelqu'un de célèbre!

—C'est vrai? Raconte!

—Et bien, c'était l'été et ma copine et moi, on allait à la mer, mais on n'avait pas beaucoup d'argent, alors on faisait de l'auto-stop et...

—Quoi? Vous faisiez de l'auto-stop? Deux filles? Mais c'est dangereux, non?

—Oui, je sais, mais c'était il y a longtemps, on ne pensait pas comme ça dans les années soixante...

—Tu avais quel âge?

—Je ne me souviens pas bien... Dix-neuf, vingt ans, je pense. J'étais étudiante.

—Donc vous faisiez de l'auto-stop...

—Oui, et une voiture de sport rouge s'est arrêtée. C'était un homme jeune, assez beau garçon... Il n'avait pas l'air dangereux, alors nous sommes montées, moi à côté de lui et ma copine derrière. C'était la première fois qu'on montait dans une si belle voiture et on était très contentes toutes les deux!

—Et c'était qui, cet homme?

—Mais attends un peu! Bon, alors, il m'a demandé mon nom et on a commencé à parler, mais il avait l'air surpris et je ne savais pas pourquoi... Finalement, il m'a demandé: «Mais vous ne savez pas qui je suis?» Je l'ai bien regardé et puis j'ai répondu que non, je ne le connaissais pas! Il était encore plus surpris et il m'a dit: «Mais je suis Johnny Hallyday!»

—Johnny Hallyday? Le rocker? C'est pas vrai!

—Ben si... Et moi, je ne savais pas qui c'était, alors j'ai répondu: «Et alors?»

—Ça alors, tu es montée dans la voiture de Johnny Hallyday??? Et tu ne savais pas qui c'était???

—Ben non... Tu comprends, j'étais étudiante aux États-Unis depuis des années et je rentrais en France seulement l'été. Je connaissais Elvis, mais pas Johnny!

—Et bien, dis donc, je comprends qu'il était surpris! Et comment il était?

—Très sympa! On a beaucoup parlé, il voulait savoir comment c'était, les États-Unis...

—Et c'est tout?

—C'est tout... On est arrivés à la mer, on s'est dit au revoir, et voilà...

—Et bien dis donc! Et après, tu as cherché ses disques?

—Bien sûr! C'est alors que j'ai vraiment su qui il était!

Pour écouter

In this lesson and the next, you will practice listening to stories. When listening to a story, it is important to make a distinction between the **imparfait** and the **passé composé**, so as to understand if the narrator is telling how things were or used to be, or if he/she is telling what happened. If you cannot tell the difference, you may misunderstand the speaker and think, for example, that something happened only once when the speaker actually meant that it is the way things used to be. It is also important to know when the narrator is speaking in the past and when he/she is speaking in the present, to distinguish the story that took place from present facts or the speaker's present feelings.

a. First, read the conversation on the previous page. For each verb, say what tense is being used and why. Pay attention to context and use words such as **un jour, alors, et puis,** etc. for clues.

b. It's one thing to recognize tenses in writing but another thing altogether to recognize them in speech. Close your book and listen to the conversation again, focusing on the verbs. How do you recognize the **passé composé**? How do you distinguish between the **imparfait** and the **présent**? What words give you clues about how the story moves through time?

Parlons! Une rencontre intéressante

Et maintenant, c'est vous qui allez raconter une histoire. Avez-vous rencontré quelqu'un d'intéressant? Un grand amour peut-être? Ou quelqu'un qui est maintenant votre meilleur(e) ami(e)? Ou quelqu'un de célèbre? Ou quelqu'un de bizarre? Ou quelqu'un qui vous a apporté quelque chose d'important dans la vie? Racontez l'histoire!

a. Travaillez tout(e) seul(e) pour organiser votre histoire. Faites deux colonnes: Dans une colonne, écrivez comment étaient les choses (description / à l'imparfait); dans l'autre colonne, écrivez ce qui s'est passé (narration / au passé composé).

b. Racontez votre histoire à votre partenaire. Puis votre partenaire va vous raconter son histoire. Attention, c'est une conversation, pas un monologue. Réagissez *(React),* posez des questions et demandez des détails.

Vocabulaire de base

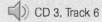
CD 3, Track 6

Noms
l'amour (m.) *love*
le couple *couple*
le divorce *divorce*
la fin *end*
une histoire *story*

Verbes
connaître *to know (be familiar with)*
se demander *to wonder*
se dépêcher *to hurry (up)*
se disputer (avec) *to argue (with)*
divorcer *to divorce*
embrasser *to kiss, to embrace*
s'endormir (conjugué comme dormir) *to fall asleep*
s'entendre (bien / mal) (avec qqn) *to get along (well / badly) (with someone)*
se marier (avec) *to marry, to get married (to)*
s'occuper (de) *to take care (of)*

penser (à / de) *to think (about / of)*
quitter *to leave (someone, someplace)*
raconter *to tell (a story)*
repasser *to iron*
se reposer *to rest*
se retrouver *to get together; to meet (again)*
savoir *to know*
se souvenir (de) (conjugué comme venir) *to remember*
se tromper (de) *to be wrong, to make a mistake*

Adjectifs
amoureux, amoureuse (de) *in love (with)*
jaloux, jalouse *jealous*
patient(e) *patient*

Divers
à cause de *because of*

être d'accord *to agree*
faire attention *to pay attention, to be careful*
faire la lessive *to do the laundry*
longtemps *a long time*
passer l'aspirateur *to vacuum*
pendant que *while*
que *that*
quelque chose (d'intéressant, d'autre...) *something (interesting, else . . .)*
quelqu'un (d'intéressant, d'autre...) *someone (interesting, else . . .)*
Qu'est-ce qui se passe? *What's happening?*
seulement *only*
tomber amoureux, amoureuse (de) *to fall in love (with)*

Vocabulaire supplémentaire

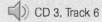
CD 3, Track 7

Noms
un coup de foudre *love at first sight*
une crise *crisis*
un époux, une épouse *spouse*
un(e) fiancé(e) *fiancé(e)*
un(e) journaliste *journalist, reporter*
la lune de miel *honeymoon*
un ménage *household, couple*
la patience *patience*
une poubelle *trash can*
une rencontre *encounter, meeting*

Verbes
cacher *to hide*
réparer *to fix, to repair*
se fiancer *to get engaged*
se réconcilier *to make up*
se séparer *to separate, to break up*
tromper *to fool; to cheat*

Adjectifs
déçu(e) *disappointed*
enceinte *pregnant*
fidèle (à) *faithful (to)*
infidèle *unfaithful*
surpris(e) *surprised*

Divers
attendre quelque chose avec impatience *to be excited about something, not to be able to wait for something*
au Maroc *in Morocco*
avoir bon / mauvais caractère *to be easy / hard to get along with*
avoir de la patience *to be patient, have patience*
avoir du courage *to have courage, to be courageous*
être en crise *to be in a crisis*
fonder une famille *to start a family*
serrer quelqu'un dans ses bras *to hug somebody*
sortir avec *to go out with; to date*
sortir ensemble *to go out together; to date*

Le français tel qu'on le parle
Ça alors! *You don't say! Whoa!*
C'est promis! *I promise!*
chéri(e) *darling, honey, sweetheart*
Dis donc! *Say! Whoa!*

Et alors? *So what?*
Je m'en vais! *I'm leaving!*
Je ne sais pas quoi penser. *I don't know what to think.*
Mon amour! *My love!*

Le français familier
draguer *to be looking for action*
un dragueur *guy who's always after girls*
faire gaffe = faire attention
Génial! *Great! Super!*
Super! *Great! Super!*

On entend parfois...
attendre famille (Belgique) = être enceinte
avoir un coup de soleil (pour) (Haïti) = avoir un coup de foudre (pour)
être en famille (Canada) = être enceinte
tomber en amour (Canada) = tomber amoureux(-euse)

388 Leçon 16

Une soirée devant la télévision

En bref

Pour communiquer

Parler de cinéma, de télévision et de leurs programmes

Faire une enquête (Échanges)

Raconter une histoire (Le français parlé)

Structure

Le pronom **en**

Certains verbes au passé: les verbes **vouloir, pouvoir, devoir, avoir** et **être**

Les verbes **croire, suivre** et **vivre**

Culture

À la télévision ce soir

Les Français et la télévision

iLrn **iLrn Heinle Learning Center includes**

🔊 **In-text Audio Program**

▶ **Voilà Video**

🌐 **Companion Website**

 Pair work

 Group work

Observez

Qui sont ces personnes? Comment sont-elles? Où sont-elles? Est-ce qu'elles s'amusent ou est-ce qu'elles s'ennuient? Pourquoi? Choisissez une de ces personnes et décrivez-la, puis imaginez une phrase qu'elle dit aux autres.

Vocabulaire

À la télévision ce soir

To talk about what is on television or the radio, use **à la télévision** or **à la radio**.
Qu'est-ce qu'il y a **à la télévision** ce soir?   *What's on television tonight?*

Objective: *culture*

6 juin

18.20 UGLY BETTY
Série américaine. Betty va interviewer un écrivain. Marc et Amanda vont apprendre qui est le père biologique d'Amanda. Daniel ne sait pas que la femme avec qui il sort est la sœur de Wilhelmina.

19.10 SOUS LE SOLEIL
Série française. Paolo et Jessica reçoivent une mystérieuse photo de Paolo enfant, déchirée en deux. La mère de Paolo est troublée par la photo et fait une crise cardiaque peu de temps après.

19.55 MÉTÉO
20.00 JOURNAL présenté par Claire Chazal.

20.55 JULIE LESCAUT
Série policière française avec Véronique Genest. Gérard Mayani, un policier à la retraite, est retrouvé assassiné chez lui. Veuf, Mayani vivait seul et sa fille unique Clémence ne voit pas qui pouvait vouloir le tuer. Le commissaire Lescaut fait une enquête et elle découvre qu'avant de prendre sa retraite, Mayani avait dénoncé un jeune collègue, Barel, pour violences. Barel avait perdu son travail et avait fait de la prison.

22.20 HITS & CO
L'actualité musicale: interviews, clips, concerts, nouveaux CD et DVD. Avec Chimène Badi, MC Solaar, Yannick Noah et le chanteur québécois Robert Charlebois.

18.05 URGENCES
Série américaine. À l'hôpital Cook County de Chicago, on n'est pas d'accord: Faut-il essayer de sauver un bébé prématuré même s'il va être malade toute sa vie?

19.00 TENNIS: ROLAND-GARROS
20.00 JOURNAL présenté par David Pujadas.

20.45 MÉTÉO
20.50 ENVOYÉ SPÉCIAL
Magazine d'information présenté par Guilaine Chenu et Françoise Joly. Le sucre: un ami qui vous fait du mal; Ces étrangers qui choisissent d'habiter en France; L'ambassade de France à Bagdad, un reportage de Diego Buñuel.

23.10 TOUTE UNE HISTOIRE. *Débat* animé par Sophie Davant. **Mon amour du bout du monde.** Ils sont tombés amoureux de quelqu'un qui habite à l'autre bout du monde. Comment font-ils pour se voir? Comment organisent-ils leur vie?

18.00 UN LIVRE UN JOUR
Magazine littéraire.
18.05 QUESTIONS POUR UN CHAMPION *Jeu* animé par Julien Lepers.
18.35 Le 19-20 *Journal régional et national,* présenté par Audrey Pulvar.
20.05 MÉTÉO
20.10 TOUT LE SPORT *Magazine.*
20.20 PLUS BELLE LA VIE
Série française. Roland veut protéger Mirta.
20.55 THALASSA *Magazine de la mer* de Georges Pernoud. Aujourd'hui: Salvador de Bahia au Brésil; les richesses naturelles de la baie de Chesapeake aux États-Unis; l'algue rouge au Maroc, source de revenus pour des milliers de personnes.
22.45 ÉTÉ 44 *Documentaire.* Le débarquement des forces alliées en Normandie, la libération de Paris, l'épuration.

19.00 ARTE REPORTAGE *Magazine.* Le grand Opéra de Pékin; USA: la guerre de l'eau.
19.45 ARTE INFO
20.00 LE JOURNAL DE LA CULTURE
20.10 MÉTÉO
20.15 LE GRAND PARC AFRICAIN DU LIMPOPO *Documentaire.*
21.00 STUPEUR ET TREMBLEMENTS *Film français* d'Alain Corneau, avec Sylvie Testud (2002). **Comédie dramatique** basée sur le roman autobiographique d'Amélie Nothomb. Amélie a vécu au Japon quand elle était enfant et parle parfaitement japonais. Après ses études, elle retourne au Japon pour faire un stage dans une entreprise à Tokyo. Là-bas, elle va de choc culturel en choc culturel pour finalement terminer son stage dans les toilettes de l'entreprise.
22.55 LE MISANTHROPE *Pièce de théâtre* en cinq actes de Molière. **Comédie.** Alceste déteste la société mais il est amoureux de Célimène, une jeune veuve coquette et mondaine.

19.00 BONSOIR LES ZOUZOUS
Émission pour enfants.
20.45 LE MAGAZINE DE LA SANTÉ
21.35 C DANS L'AIR *Magazine d'information.* Aujourd'hui: Le contrat de travail.
22.40 LES PETITS BOUDDHAS ET LES TIGRES *Documentaire français.* En Thaïlande, les jeunes moines d'un monastère s'occupent de jeunes tigres orphelins.
23.45 LES ESCAPADES DE PETIT RENAUD *Magazine de cuisine.* Aujourd'hui: Spécialités du Nord.

CANAL+

18.45 JOURNAL
19.10 LE GRAND JOURNAL *Magazine* de l'actualité people et politique.
20.50 FOOTBALL EN DIRECT Toulouse-Marseille.
22.45 JOUE-LA COMME BECKHAM *Film britannique* de Gurinder Chadha (2002). **Comédie.** Jess, qui habite en Angleterre, est passionnée de football. Son idole? David Beckham. Excellente joueuse, elle voudrait faire partie de l'équipe féminine régionale avec sa copine Jules. Mais voilà, Jess est d'origine indienne et dans sa famille, les filles portent le sari et ne jouent pas au football.

19.15 UNE NOUNOU D'ENFER *Série américaine.* Fran part en vacances avec une amie, mais Maxwell et toute la famille décident de partir avec elle.
19.50 6 MINUTES *Infos et météo.*
20.00 CINÉSIX *L'actualité du cinéma.*
20.10 IL FAUT SAUVER LE SOLDAT RYAN *Film américain* de Steven Spielberg, avec Tom Hanks (1998). Guerre. Le matin du 6 juin 1944, le Capitaine Miller débarque avec ses hommes sur la plage d'Omaha Beach en Normandie. Mais une mission encore plus difficile les attend.
23.05 CAPITAL *Magazine d'information économique.* Aujourd'hui: L'argent de la famille: petits et grands secrets.

JEUDI

1. Au programme aujourd'hui. En groupes, trouvez dans le programme d'aujourd'hui: le nom d'un animateur ou d'une animatrice de télévision, le nom d'un musicien ou d'une musicienne, le nom d'un(e) reporter, le nom d'un acteur ou d'une actrice, le nom d'un(e) cinéaste, le nom d'une émission littéraire, le nom d'une émission de débat, le nom d'une émission culturelle, le nom d'un documentaire sur la nature.

2. Le programme et vous

a. Travaillez en groupes pour dire quelle émission on va regarder ce soir si on veut rire; si on veut mieux comprendre la société; si on aime le sport, le cinéma, les films policiers, les séries américaines, les voyages, l'histoire, la mer, la cuisine, lire.

b. Qu'est-ce que vous avez envie de regarder? Qu'est-ce que vous n'avez pas envie de regarder? Pourquoi? Comparez avec un autre groupe.

3. La télévision française et la télévision chez vous. Est-ce que la télévision française est comme la télévision chez vous? Donnez des exemples de différences et de similarités.

A. Vingt heures

Activité vidéo

Aujourd'hui, c'est le 6 juin et il est vingt heures.

Au premier étage, le couple a déjà regardé un jeu télévisé sur France 3, un dessin animé pour enfants sur France 5 puis la vieille série américaine «Une nounou d'enfer» sur M6. Ils trouvent l'actrice Fran Drescher très drôle. Elle n'est pas célèbre en France, mais ils l'aiment bien quand même. Après la météo sur M6, ils ont changé de chaîne pour regarder les infos sur TF1. Et puis, ils vont regarder du football sur Canal+. Pourtant, il y a un petit problème parce que madame veut regarder «Hits & Co» sur TF1 à 22:20. C'est une émission de divertissement avec des interviews de vedettes de la chanson et ce soir, il y a Robert Charlebois, un chanteur québécois qu'elle aime beaucoup. Mais s'ils regardent la fin du match de football, ils ne vont pas voir le début de «Hits & Co». Est-ce que c'est grave? Pour monsieur, non, mais pour madame, oui!

The word **vedette** is always feminine, even if it refers to a man: **Robert Charlebois est une vedette de la chanson québécoise.**

Un programme / une émission.
From the example below, can you guess what **programme** and **émission** refer to?

J'ai vu dans **le programme** qu'il y a **une émission** sur les tigres ce soir.	*I saw in the schedule that there's a program on tigers tonight.*

● Regardez le programme de télévision et les illustrations. Comment s'appelle le jeu télévisé? Connaissez-vous le dessin animé? C'est à quelle heure? Comment s'appelle la série qui commence à 19h15 sur M6? C'est une série française ou américaine? Jusqu'à quelle heure est-ce qu'elle dure? Quel temps est-ce qu'on annonce en France pour demain? Quelle émission est-ce qu'ils regardent à 22h40? Connaissez-vous ces chanteurs? Est-ce qu'ils ont vu la fin du match de football, à votre avis?

C'est une soirée France 2 au rez-de-chaussée! On a d'abord regardé la série américaine «Urgences» et puis on a préparé le dîner. Maintenant, on mange et on regarde le journal télévisé, comme tous les soirs. On regarde toujours les informations sur France 2 parce qu'on aime bien le journaliste qui les présente. Elles durent quarante-cinq minutes et puis après, il y a la météo et la publicité. On va finir la soirée avec «Envoyé Spécial», un magazine d'information avec des reportages souvent intéressants.

● Comment sont les personnes du rez-de-chaussée? Qu'est-ce qu'elles aiment? Qu'est-ce que c'est, «Urgences»? À quelle heure est-ce que ça commence? Est-ce que les nouvelles sont bonnes aujourd'hui aux informations? Qu'est-ce que c'est, «Envoyé Spécial»? Qu'est-ce qu'il y a au programme d'«Envoyé Spécial» aujourd'hui? C'est intéressant, vous pensez? À quelle heure est-ce que la soirée va se terminer pour les personnes du rez-de-chaussée?

B. Et au deuxième étage?

Il est maintenant vingt-deux heures trente. Qu'est-ce qui se passe au deuxième étage? Pendant le dîner, ils ont écouté un concert de musique classique à la radio. Maintenant, ils vont regarder le programme pour voir s'il y a quelque chose à la télévision. S'ils ne trouvent rien d'intéressant, ils vont peut-être regarder un film avec leur magnétoscope parce qu'ils adorent le cinéma et donc ils ont beaucoup de films classiques en cassettes vidéo. Ou bien ils vont louer un DVD et le regarder avec leur lecteur de DVD.

—Qu'est-ce qu'il y a au programme ce soir?

—Attends! Je regarde!... Sur TF1, il y a «Hits & Co» qui vient de commencer.

—Les chansons, non merci! Y a pas autre chose?

—Sur France 2, il y avait «Envoyé Spécial», mais ça a déjà commencé. Oh, attends, sur France 3, il y a un documentaire historique sur la fin de la guerre, sur l'été 1944. Ça commence dans 15 minutes.

—Tu sais, moi, la guerre... C'est un peu ennuyeux, non?

—En effet... Ah, à 22h45, il y a un film de la cinéaste Gurinder Chadha...

—Connais pas! C'est quoi comme film?

—Une comédie... Ça se passe près de Londres. Une petite Indienne veut jouer au football et elle a des problèmes avec sa famille. Oh non, il y avait «Stupeur et tremblements» ce soir!

—C'est pas vrai! À quelle heure?

—À 21h.

—Trop tard! Dommage...

—Et après, il y a du théâtre, une pièce de Molière...

—Écoute, et si on regardait un vieux film d'horreur?

—Oui, bonne idée! J'adore avoir peur et Christine aussi!

Ne... rien de / ne... personne de. As was the case with adjectives following the expressions **quelque chose de** and **quelqu'un de**, the adjective following **ne... rien de** and **ne... personne de** is always masculine singular.

Il y a **quelque chose d'intéressant** ici?	*Is there anything interesting here?*
Non, il **n'y** a **rien d'intéressant** ici.	*No, there's nothing interesting here.*
Il y a **quelqu'un d'intéressant** ici?	*Is there anyone/anybody interesting here?*
Non, il **n'y** a **personne d'intéressant** ici.	*No, there's no one/nobody interesting here.*

- Qu'est-ce qu'ils ont fait pendant le dîner? Qu'est-ce qu'ils vont faire maintenant? Qu'est-ce qu'il y a à la télévision ce soir après 22h30 (regardez le programme)? Comment s'appelle la pièce de Molière? Vous la connaissez?
- Avec quelle famille est-ce que vous voulez passer la soirée? Pourquoi?

Langue et **culture**

Les Français et la télévision

1. La télévision et vous. Chez vous, qu'est-ce que vous aimez regarder à la télévision? Faites une liste de trois types d'émissions que vous regardez souvent et pour chacune, donnez un exemple. Puis comparez vos listes. Quel type d'émission est-ce que la classe aime le plus? Le moins? Quelle émission particulière est-ce qu'on aime le plus? Le moins?

Modèle: *les séries:* «*Law & Order*»
les informations: *le journal télévisé de 18 heures*

Et elle, qu'est-ce qu'elle regarde, à votre avis?

2. La télévision et les Français

Parmi les types de programme de télévision suivants, quels sont ceux que vous préférez?

Les films	44%
Les journaux télévisés	39%
Les documentaires	36%
Les séries	26%
Les magazines d'information	15%
Les émissions culturelles	14%
Les émissions musicales	9%
Les jeux	9%
Les émissions de télé-réalité	3%
NSP (Ne se prononce pas)	1%

Deux réponses possibles

Quelles sortes d'émissions est-ce que les Français aiment surtout regarder? Qu'est-ce qu'ils aiment le moins regarder? Pourquoi, d'après vous?

3. En France et chez vous. Comparez les réponses des Français avec vos listes de l'activité 1: Êtes-vous comme les Français ou non?

Vidéo buzz

C. Pour parler de cinéma

Qu'est-ce qu'on joue cette semaine?

Une comédie: film comique
Un drame: film sérieux
Une comédie dramatique: film en même temps amusant et sérieux
Une comédie romantique: film d'amour amusant
Un film d'amour: film romantique
Un film d'aventures ou d'action: film avec beaucoup d'action, peut être violent
Un film d'horreur: film qui fait peur, souvent violent
Un western: film sur l'Ouest américain
Un film d'espionnage: film avec des agents secrets
Un film de science-fiction: histoire qui se passe dans le futur (le cinéaste a beaucoup d'imagination)
Un film fantastique: film où le cinéaste fait preuve *(shows)* de beaucoup d'imagination
Un film historique: histoire qui se passe dans le passé, avec des personnages historiques
Un dessin animé: film sans acteurs réels
Un film de guerre: histoire de guerre (historique)
Un film policier ou un thriller: histoire de crime, peut être violent

● Quel type de film est-ce que vous préférez? Quels sont vos cinéastes préférés? Quel type de film font-ils?

● Regardez le programme de télévision du 6 juin à la page 390. Quels sont les films au programme aujourd'hui? Est-ce que ce sont des films français ou des films étrangers (pour les Français)? Est-ce qu'il y a des comédies? Des drames? Des films violents? Quel film voulez-vous voir? Quel film ne voulez-vous pas voir? Pourquoi?

D. Pour parler de films policiers

Dans un film policier, d'habitude, il y a un meurtre et les mêmes personnages typiques: un meurtrier ou une meurtrière (appelé[e] aussi un tueur ou une tueuse), une victime, des suspects, un ou des témoin(s) et un inspecteur de police. Le meurtrier tue la victime et l'inspecteur fait une enquête pour apprendre la vérité. Il vérifie tout: Il interroge les suspects et les témoins, il enquête sur le lieu du crime et il cherche l'arme du crime (par exemple un revolver ou un couteau).

Victime et témoin. The word **victime** is always feminine, even if it refers to a man, whereas the word **témoin** is always masculine even if it refers to a woman.

La victime est un homme de 70 ans.

Le témoin est la concierge qui était dans l'escalier.

● Regardez le programme de télévision à la page 390. Il y a une série policière sur TF1, «Julie Lescaut». Dans cette série, qui est la victime? Quel est le lieu du crime? Qui fait l'enquête? Qui est le suspect? Pourquoi?

E. Et aussi...

Here are some useful words and expressions not included in the preceding vocabulary presentation.

le câble	*cable*
un danseur, une danseuse	*dancer*
le goût	*taste*
international(e), internationaux, internationales	*international*
les médias *(m. pl.)*	*media*
montrer	*to show*
national(e), nationaux, nationales	*national*
un satellite (la télévision par satellite)	*satellite (satellite television)*
une station (de radio)	*(radio) station*
une télécommande	*remote control*

1. Même. The word **même** can mean *same* or *even*. Here are some expressions using **même:**

c'est (toujours) la **même** chose	*it's (always) the same thing, it's all the same*
quand **même**	*all the same, even so, nevertheless*
même pas moi	*not even me*
en **même** temps	*at the same time*

Personne n'a aimé le repas, **même** pas moi!	*Nobody liked the meal, not even me!*
J'ai beaucoup de travail, mais j'ai quand **même** le temps de m'amuser.	*I have a lot of work, but I have (find) time to have fun even so.*

Mini-conversations. Qu'est-ce qui va ensemble?

1. Comment vont tes grands-parents?
2. Excusez-moi! Je suis vraiment désolé!
3. Ma chérie, je vais à la poste!
4. Hier, on a fait une heure de jogging.

a. En même temps, va à la boulangerie, d'accord? On n'a plus de pain.
b. Même toi???
c. Oh, tu sais, c'est toujours la même chose... Pépé est malade, Mémé est fatiguée... C'est pas facile.
d. Quand même, vous pourriez faire attention! Regardez ma robe! Quel désastre!

2. Les familles de verbes. A verb family consists of verbs that have a common base form and are conjugated similarly but have different meanings.

- Les verbes comme **prendre** *(to take)*

apprendre (à)	*to learn*
comprendre	*to understand*
surprendre	*to surprise*

Jacques **apprenait** à skier quand il est tombé.	*Jacques was learning to ski when he fell.*
Je n'ai rien **compris.**	*I didn't understand anything.*

- Les verbes comme **mettre** *(to put)*

permettre (de)	*to permit, to allow*
promettre (de)	*to promise*

—Je veux sortir ce soir!	*I want to go out tonight!*
—Je ne vais pas te **permettre** de le faire.	*I'm not going to let you do it.*
—Mais tu m'**as promis!**	*But you promised me!*

- Les verbes comme **venir** *(to come)*

revenir	*to come back*
devenir	*to become*

Quand est-ce que vous **revenez?**	*When are you coming back?*
Elle **est devenue** toute rouge, puis elle est sortie.	*She got all red and then she left.*

Quel verbe? Complétez les phrases avec le verbe approprié au temps indiqué: **apprendre, comprendre, surprendre, permettre, promettre, revenir, devenir.**

1. Oui, maman! Je te _____ (présent) d'être sage!
2. Les Dubois _____ (passé composé) de vacances hier.
3. Hier, nous _____ (passé composé) que Valérie et Christophe se séparent.
4. Mes enfants ne _____ pas (présent) pourquoi on ne part pas en vacances cette année.
5. Nous ne _____ pas (présent) à nos invités de fumer dans la maison.
6. Aurélia, comme tu _____ (passé composé) grande! Une vraie jeune fille!

Mise en pratique

1. Chassez l'intrus. Quel mot ne va pas avec les autres à cause du sens?

1. dramatique / violent / grave / comique
2. un documentaire / un acteur / le journal télévisé / les informations
3. un chanteur / un animateur / un jeu / une vedette de la télévision
4. un magnétoscope / un programme / une émission / une chaîne
5. une émission amusante / une pièce comique / un drame / une comédie

Objective, Act. 1: working with semantic fields

2. J'ai peur! J'ai peur! De quoi avez-vous le plus peur? Numérotez les situations suivantes de 1 (le plus peur) à 7 (le moins peur) et comparez avec un(e) camarade.

1. Vous marchez seul(e) dans la rue tard le soir et il n'y a personne.
2. Le code danger est élevé à rouge pour votre région.
3. Vous voyez un gros chien méchant quand vous faites du jogging.
4. Vous regardez le film «Psycho» tard le soir.
5. Vous avez oublié que c'était l'examen final et vous n'êtes pas allé(e) en classe.
6. Vous êtes seul(e) dans un ascenceur et il s'arrête entre deux étages.
7. ...?

*Objective, Act. 2: using **avoir peur** in context*

3. Les émissions de télévision. Quelle sorte d'émission est-ce, à votre avis?

Modèles: «Urgences» *(C'est) une série américaine.*
«Bonsoir les zouzous» *(C'est) une émission pour les enfants.*
«Les petits bouddhas et les tigres» *(C'est) un documentaire.*

1. «Shrek»
2. «Rugby: la Coupe du monde»
3. «Les secrets de la jungle d'Afrique»
4. «Céline Dion en concert»
5. «Hamlet»
6. «Chef, la recette!»
7. «Qui veut gagner des millions?»

Objective, Act 3: talking about television

4. Concours de films. En groupes, trouvez un film pour chaque catégorie de films de cette liste. Puis chaque groupe donne le titre des films de sa liste aux autres groupes, qui doivent dire dans quelle catégorie classer les films.

a. une comédie
b. un film d'amour
c. un film de science-fiction
d. un film d'aventures
e. une comédie romantique
f. un film policier
g. un film d'horreur
h. un film de guerre

Objective, Act. 4 and 5: talking about movies

5. Quelle sorte de film est-ce? Lisez les descriptions des films, à la page 398, et discutez de ces films en groupes. Quelles sortes de films sont sur la liste? Quels sont les films américains? Français? Quels films ne sont pas pour les enfants, d'après vous? Quels films sont pour les enfants? Quels sont les films dramatiques? Comiques? Violents? Quels films avez-vous vus? Quels films avez-vous aimés? Détestés? Pourquoi? Quel(s) film(s) voulez-vous voir? Quel(s) film(s) ne voulez-vous pas voir? Pourquoi?

1 AUTANT EN EMPORTE LE VENT

Amér., (1939), de Victor Fleming: En 1861, la guerre de sécession est sur le point d'éclater. Scarlett O'Hara, jeune fille de la bonne société sudiste en Géorgie, est amoureuse d'Ashley, qui est fiancé à sa cousine Mélanie. Scarlett se marie avec Charles, qu'elle n'aime pas, mais elle rencontre aussi Rhett Butler. Avec Vivien Leigh, Clark Gable, Leslie Howard.

2 L'AUBERGE ESPAGNOLE

Franç. (2002) de Cédric Klapisch: Xavier, étudiant français de 25 ans, va terminer son année universitaire à Barcelone. En Espagne, il trouve un appartement qu'il va partager avec 7 colocataires qui viennent chacun d'un pays différent d'Europe. Xavier va découvrir la vie en communauté... Avec Romain Duris, Cécile de France, Judith Godrèche, Audrey Tautou, Kelly Reilly.

3 KILL BILL

Amér., (2003), de Quentin Tarantino: Un commando tue tous les convives d'un mariage. Après un coma de 4 ans, la mariée décide de venger la mort de ses proches. Avec Uma Thurman, Lucy Liu, David Carradine. Interdit aux moins de 16 ans.

4 LA MARCHE DE L'EMPEREUR

Franç., (2004), de Luc Jacquet: La vie extraordinaire des manchots empereurs, en Antarctique, et comment ils arrivent à se reproduire dans les conditions difficiles de leur milieu naturel.

5 RATATOUILLE

Amér., (2007), de Brad Bird: Rémy, un jeune rat, adore la cuisine française. Il devient l'ami de Linguini, un apprenti de cuisine dans un grand restaurant parisien. Caché dans la toque de Linguini, Rémy l'aide à devenir un grand chef. Un film plein d'humour et de féerie.

6 PIRATES DES CARAÏBES, JUSQU'AU BOUT DU MONDE

Amér., (2007), de Gore Verbinski: Pour résister à Lord Cutler Beckett et à Davy Jones, les pirates doivent se rassembler mais Jack Sparrow est prisonnier dans l'antre de Davy Jones, au-delà du monde connu. Will, Élizabeth et Barbossa partent donc vers l'Orient pour essayer de trouver les cartes qui les aideront à retrouver Jack. Avec Johnny Depp, Orlando Bloom, Keira Knightley.

7 LA MÔME

Franç., (2007), d'Olivier Dahan: Comment une petite chanteuse des rues est devenue Édith Piaf. Le destin incroyable d'une grande artiste, raconté avec émotion et sincérité. Avec Marion Cotillard, Jean-Pierre Martins, Sylvie Testud.

8 THE ARTIST

Franç., (2011), de Michel Hazanavicius: A Hollywood, en 1927, George Valentin est une vedette du cinéma muet au sommet de sa gloire. Mais l'arrivée du cinéma parlant va tout changer et il tombe dans l'oubli alors que Peppy Miller devient célèbre. Avec Jean Dujardin, Bérénice Bejo, John Goodman, James Cromwell.

Objectives, Act. 6: researching data; making decisions

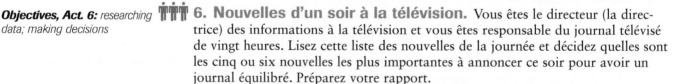 **6. Nouvelles d'un soir à la télévision.** Vous êtes le directeur (la directrice) des informations à la télévision et vous êtes responsable du journal télévisé de vingt heures. Lisez cette liste des nouvelles de la journée et décidez quelles sont les cinq ou six nouvelles les plus importantes à annoncer ce soir pour avoir un journal équilibré. Préparez votre rapport.

   a. Un millionnaire a acheté un tableau de Van Gogh.

   b. Un accident de voiture a fait douze morts.

   c. Scandale et drogue dans le monde du football français.

   d. On a trouvé des produits toxiques dangereux dans les poulets européens.

   e. La police a trouvé 100 kilos de cocaïne à Miami.

   f. Coupe du monde de football ce soir: Cameroun-Belgique.

   g. Le dollar a perdu de sa valeur sur le marché international.

   h. Grand sommet politique à Montréal.

Structure 1

Le pronom *en*

Grammar tutorial

En is a personal pronoun that replaces nouns referring to persons and things in the following cases.

Quantité

The pronoun **en** may express the idea of quantity in the following cases (note that it is not always possible to translate **en** directly into English).

1. With a number expression (including **un/une**):

   —Il a trois livres?   *Does he have three books?*
   —Oui, il **en** a trois.   *Yes, he has three (of them).*

   —Vous avez une voiture?   *Do you have a car?*
   —Oui, j'**en** ai une.   *Yes, I have one.*

2. With an adverb of quantity:

   —Tu as **beaucoup de** travail?   *Do you have a lot of work?*
   —Non, je n'**en** ai pas **beaucoup**. *No, I don't have a lot (of it).*

3. As a replacement for a partitive construction:

   —Il y a **du fromage**?   *Is there any cheese?*
   —Bien sûr, il y **en** a.   *Of course there is (some).*

   —Tu as **de l'argent**?   *Do you have (any) money?*
   —Oui, j'**en** ai.   *Yes, I do (have some).*

   —Il n'y a plus **de lait**?   *There isn't any more milk?*
   —Non, il n'y **en** a plus.   *No, there isn't any more.*

4. As a replacement for the plural indefinite article **des** + *noun*:

   —Il y a **des pommes**?   *Are there any apples?*
   —Oui, oui, il y **en** a.   *Yes, there are (some).*

   —Il n'y a plus **d'oranges**?   *There aren't any more oranges?*
   —Non, il n'y **en** a plus.   *No, there aren't any more.*

De + nom

En may replace **de** + *noun* referring to an object or place.

—Tu as peur **des chiens**?   *Are you afraid of dogs?*
—Non, je n'**en** ai pas peur.   *No, I'm not afraid of them.*

—Il a besoin **d'amour**.   *He needs (some) love.*
—Oui, et moi aussi, j'**en** ai besoin. *Yes, and I need it (some of it) too.*

Où placer le pronom *en*?

En follows the placement rules you already know for direct and indirect object pronouns. There is no past participle agreement with the pronoun **en**.

> Il **en** demande trois.
>
> Il **en** demandait trois.
>
> Il va **en** demander trois.
>
> Il **en** a demandé trois.
>
> Il n'**en** a pas demandé trois.

Note also that **en** always follows **y** in the expression **il y a**.

Est-ce qu'il **y en a**?	*Are (Is) there any?*
Il **y en a**.	*There are (is) some.*
Il n'**y en a** pas.	*There aren't (isn't) any.*

As was the case with direct and indirect object pronouns, **en** precedes a negative imperative form and follows an affirmative one.

N'**en** prenez pas.	*Don't take any.*
Prenez-**en**.	*Take some.*

Une expression avec *en*: s'en aller

S'en aller means **partir** and it is commonly used:

Je m'**en** vais.	*I'm leaving.*
On s'**en** va?	*Shall we go?*
Allez-vous-**en**! (Va-t-**en**!)	*Go away!*

Note de prononciation

First-conjugation verbs add an **s** to the second-person singular form of the imperative when the pronoun **en** follows. This facilitates pronunciation.

	Parle-lui!	*Talk to him!*
BUT	Parles-**en**!	*Talk about that!*

Mise en pratique

*Objective, Act. 1: practicing form-function relationships with **en***

1. Devinez. De quoi est-ce qu'on parle?

Modèle: J'**en** ai mangé une.
> *J'ai mangé une pomme.*

1. Il y **en** a dans mon frigo.
2. Je n'**en** ai pas.
3. J'**en** veux beaucoup.
4. J'**en** ai un.
5. Les étudiants n'**en** ont pas beaucoup.
6. Les étudiants **en** boivent trop.

2. Dans votre chambre. Qu'est-ce que vous avez dans votre chambre? Avec un(e) partenaire, faites des listes de ce que vous avez et de ce que vous n'avez pas.

Objective, Act. 2 and 3: using **en** in context

> *Modèles:* une télévision?
> *Oui, j'en ai une. / Non, je n'en ai pas.*
> des chaises?
> *Oui, j'en ai. / Non, je n'en ai pas.*

1. un bureau?
2. un ordinateur?
3. des rideaux?
4. un grand lit?
5. un réveil?
6. un chat?

3. Dans le frigo. Travaillez en groupes pour décider ce qu'il y a dans le frigo idéal.

> *Modèle:* du jus de fruit?
> *Oui, il y en a. / Non, il n'y en a pas.*

1. du lait?
2. de la bière?
3. du Coca-Cola?
4. du thé glacé *(iced)*?
5. de l'eau?
6. des tomates?

4. Chez Georges. Voilà où habite le monstre Georges que vous avez rencontré dans la *Leçon 15.* Utilisez des pronoms sujets, des pronoms toniques, des pronoms d'objet direct, des pronoms d'objet indirect ou le pronom **en** pour remplacer les noms qui ne sont pas nécessaires.

Objective, Act. 4: using pronouns in discourse

Georges habite une chambre chez les Dupont. Georges aime beaucoup les Dupont parce que les Dupont sont très gentils avec Georges, mais Georges déteste sa chambre. Sa chambre a une grande fenêtre mais il n'y a pas de rideaux et Georges a besoin de rideaux. Georges n'a pas de bureau et Georges voudrait un bureau pour écrire son autobiographie. Georges voudrait aussi avoir beaucoup d'étagères. Il y a une étagère, mais l'étagère est trop petite. Georges a parlé aux Dupont de la chambre et Georges a demandé aux Dupont d'acheter à Georges un bureau, des étagères et des rideaux. Les Dupont ont promis à Georges d'acheter une étagère, mais Georges veut deux étagères. Les Dupont ont dit à Georges que les Dupont allaient acheter un bureau aussi. Mais si Georges veut des rideaux, c'est Georges qui doit acheter les rideaux. Alors, Georges ne sait pas si Georges va rester chez les Dupont ou si Georges va quitter les Dupont pour chercher une autre chambre où il y a des rideaux. Les rideaux sont très importants pour Georges parce que Georges ne veut pas qu'on regarde Georges pendant que Georges est en train de travailler sur son livre. C'est un monstre très timide!

Structure 2

Certains verbes au passé: les verbes *vouloir, pouvoir, devoir, avoir* et *être*

These verbs are often found in the **imparfait** rather than the **passé composé** since they tend to refer to states in the past (how things were).

In the **passé composé**, they express a change of state (an event, something that happened). Their exact English equivalent depends on the context. Note the form of the past participles of these verbs in the examples that follow:

- **vouloir (voulu)**

  M. Martin **voulait** aller au match de football mais Mme Martin n'**a** pas **voulu.** Donc, ils sont restés à la maison.

  Mr. Martin wanted (felt like = state of mind) to go to the soccer game, but Mrs. Martin didn't want to (she said no, decided not to go = something that happened). So they stayed home.

- **pouvoir (pu)**

  Vincent a bu trop de café et il n'**a** pas **pu** dormir.

  Vincent drank too much coffee and he couldn't sleep (what happened as a result of drinking too much coffee).

  Quand j'avais dix-huit ans, je ne **pouvais** pas sortir en boîte parce que mes parents étaient vieux jeu.

  When I was 18 (how things were), I couldn't go out to clubs to dance (wasn't allowed to = how things were) because my parents were old-fashioned.

- **devoir (dû)**

  Paul **devait** arriver à cinq heures et il n'est toujours pas là. Il **a dû** manquer le train.

  Paul was supposed to be here at five o'clock (how things were) and he's not here yet. He must have missed the train (something that happened).

- **avoir (eu)**

  Michel n'**avait** pas peur des chiens mais quand il a vu Oscar, il **a eu** peur...

  Michel didn't use to be afraid of dogs (how things were), but when he saw Oscar, he got scared (became afraid, got frightened = something happened to make him afraid).

- **être (été)**

  Après ce long voyage, j'**étais** fatigué et j'**ai été** content quand le train est arrivé.

  After that long trip, I was tired (how things were), and I was happy (change in how things were = I became happy) when the train arrived.

Mise en pratique

1. En anglais. Travaillez avec un(e) partenaire pour traduire le paragraphe en anglais. Pour chaque verbe, décidez pourquoi on a choisi le passé composé ou l'imparfait.

Objective, Act. 1: understanding how English and French express past time

> Hier, j'ai invité ma famille au restaurant pour célébrer l'anniversaire de mariage de mes parents. Je voulais aller dans un restaurant italien parce que je voulais manger des pâtes. Mais mes parents n'ont pas voulu et ils ont choisi un restaurant grec. Ils voulaient manger de la moussaka. Le restaurant était plein et nous avons dû attendre. Heureusement, ce soir-là, je ne devais pas étudier. Il y avait beaucoup de choses nouvelles sur le menu et on ne pouvait pas choisir. Alors, on a décidé de commander des plats différents et de partager. J'ai beaucoup mangé parce que j'avais très faim, mais après le dîner—catastrophe! Je n'ai pas pu payer parce que je n'avais pas mon sac! Alors, c'est Papa qui a dû payer. Et où était mon sac? Quand nous sommes rentrés, je l'ai vu sur la table; alors j'ai été contente et j'ai pu aller dormir.

2. Un crime à Cinet? Est-ce qu'il y a eu un crime à Cinet? Mettez les verbes entre parenthèses au passé composé ou à l'imparfait pour reconstituer l'histoire.

Objective, Act. 2 and 3: choosing past tenses for narrative texts

> À cinq heures, hier soir, il y _____ (1) (avoir) beaucoup de monde au Café de la Poste. M. Meunier _____ (2) (parler) avec M. Bastin. Les Ségal _____ (3) (boire) du thé. Tout _____ (4) (être) calme. Puis, tout à coup, la porte s'est ouverte et M. Piette est apparu, l'air très sérieux. Il _____ (5) (regarder) tout le monde pendant une ou deux minutes. Puis il _____ (6) (aller) parler à M. Caron, le propriétaire.
> —Où est Mlle Collin? Elle est serveuse ici, non?
> —Oui, oui, mais elle _____ (7) (finir) il y a deux heures et elle _____ (8) (partir) juste après. Pourquoi? Il y a un problème?
> —Peut-être. Ses parents _____ (9) (téléphoner). Elle _____ (10) (ne jamais arriver) chez elle!
> Alors, M. Caron _____ (11) (avoir) très peur. Mais M. Ségal, quand il _____ (12) (entendre) cela, il _____ (13) (vouloir) parler seul avec M. Piette. Il lui _____ (14) (dire) qu'il _____ (15) (ne pas bien connaître) Mlle Collin, mais qu'il _____ (16) (connaître) bien le fils du banquier, Jacques Lacroix, qui _____ (17) (aller) se marier dans deux semaines avec une pharmacienne. Eh bien, à trois heures de l'après-midi, Monsieur et Madame Ségal _____ (18) (se promener) dans la rue quand tout à coup, ils _____ (19) (voir) Jacques Lacroix dans sa voiture. Mlle Collin _____ (20) (être) avec lui et ils _____ (21) (s'embrasser)!
> Alors, M. Piette _____ (22) (téléphoner) aux parents de Jacques Lacroix et il _____ (23) (apprendre) que personne ne _____ (24) (savoir) où _____ (25) (être) Jacques. Alors, qu'est-ce qui _____ (26) (se passer), à votre avis?

3. Histoire-squelette. Voilà le squelette d'une histoire. Travaillez avec un(e) partenaire pour donner des détails pour la développer. N'oubliez pas d'utiliser l'imparfait pour dire comment étaient les choses (description) et le passé composé pour dire ce qui s'est passé (narration).

> *Modèle: Il était onze heures du soir. Je regardais la télé quand, tout à coup, j'ai entendu du bruit...* (Continuez à raconter l'histoire.)

J'ai entendu du bruit.

J'ai eu peur.

J'ai mis mon imperméable.

J'ai pris une lampe.

Je suis sorti(e) de la maison.

Je suis allé(e) voir.

J'ai vu quelque chose.

Je suis rentré(e).

Je suis allé(e) dormir.

Structure 3

Les verbes *croire, suivre* et *vivre*

The verbs **croire** *(to believe)*, **suivre** *(to follow)*, and **vivre** *(to live)* are irregular.

Le verbe *croire*

PRÉSENT	je crois		nous croyons
	tu crois		vous croyez
	il		ils
	elle } croit		elles } croient
	on		

IMPARFAIT   je croyais, etc.
PASSÉ COMPOSÉ   j'ai cru, etc.   IMPÉRATIF   crois, croyons, croyez

Crois-moi! C'est la vérité!	*Believe me! It's the truth!*
Je ne te **crois** pas!	*I don't believe you!*
Quand nous avions 12 ans, nous ne **croyions** plus aux histoires de nos parents.	*When we were 12, we didn't believe our parents' stories anymore.*
On l'**a cru** mort!	*We thought he was dead!*

Expressions avec *croire*

- **croire** + **que** = *to believe that*
  Vous **croyez** qu'il se trompe?   *Do you think that he's wrong?*

- **croire** + **à** = *to believe in*
  Tu **crois** au Père Noël?   *Do you believe in Santa Claus?*

- **croire en Dieu** = *to believe in God*

- **croire que oui / non** = *to believe so / not to believe so*

Le verbe *suivre*

PRÉSENT	je suis		nous suivons
	tu suis		vous suivez
	il		ils
	elle } suit		elles } suivent
	on		

IMPARFAIT   je suivais, etc.
PASSÉ COMPOSÉ   j'ai suivi, etc.   IMPÉRATIF   suis, suivons, suivez

Tu **suis** cette rue jusqu'à la poste, et puis...	*You take (follow) this road as far as the post office and then . . .*
Quand il était petit, mon frère me **suivait** partout!	*When he was little, my brother used to follow me everywhere!*
Suis-moi!	*Follow me!*
Suivez le guide!	*This way, please. (in a museum, for example)*

Expression avec *suivre*

- suivre + cours = *to take a class / course*

  Elle **suit trois cours** ce trimestre.   *She's taking three courses this quarter.*

Le verbe *vivre*

PRÉSENT	je vis	nous vivons
	tu vis	vous vivez
	il ⎫	ils ⎫
	elle ⎬ vit	elles ⎬ vivent
	on ⎭	
IMPARFAIT	je vivais, etc.	
PASSÉ COMPOSÉ	j'ai vécu, etc.	IMPÉRATIF vis, vivons, vivez

Nous **vivons** bien maintenant que j'ai trouvé du travail.   *We live well (we're doing fine) now that I've found a job.*

Il **vivait** à Londres quand il l'a su.   *He was living in London when he found out about it.*

Vous **avez vécu** à Paris pendant cinq ans?   *You lived in Paris for five years?*

Vivons ensemble. C'est moins cher.   *Let's move in (live) together. It's less expensive.*

Expression avec *vivre*

- **être facile / difficile à vivre** *to be easy / difficult to get along with*

  Ma sœur a 12 ans et elle n'**est** pas **facile à vivre**.   *My sister is 12 and she is not easy to get along with.*

≡ Mise en pratique ≡

1. Des films...

Objective, Act 1: *developing awareness of the forms of **croire**, **vivre**, and **suivre** in context*

   a. Pour chaque synopsis, trouvez le titre qui l'accompagne («La Femme qui croyait être Présidente des États-Unis» / «Va, vis et deviens» / «Je crois que je l'aime» / «Suivez le bébé»).

   b. Trouvez les formes des verbes **croire**, **suivre** et **vivre** dans les titres.

   c. Trouvez un titre anglais pour chaque film et dites quel film vous avez envie de voir.

Titre: _____

Date de sortie: 17 août 2003

Une femme de Lisbonne croit être la Présidente des États-Unis et imagine que sa maison est la Maison Blanche. Un jour, «Mme la Présidente» prépare une grande fête en vue de sa «réélection»...

Titre: _____

Date de production: 1995

Une jeune femme demande à un ami de garder sa petite fille pour pouvoir aller «vivre sa vie mystique». L'homme et un de ses copains, baby-sitters inexpérimentés, ne savent pas comment occuper l'enfant...

Titre: _____

Date de sortie: 30 mars 2005

En 1984, Israël fait venir des milliers de Juifs éthiopiens pour les sauver de la famine et de la mort. Une mère chrétienne envoie son fils de neuf ans. Adopté par une famille d'origine française, il vit avec son secret: il n'est pas juif et il n'est pas orphelin.

Titre: _____

Date de sortie: 21 février 2007

Lucas, un chef d'entreprise riche et divorcé, rencontre Elsa, une artiste qui décore le hall de son entreprise. Il est attiré par elle, mais il se demande pourquoi cette femme si belle est célibataire. Alors, il demande à un détective privé de la suivre et de l'espionner.

Objective, Act. 2–5: using **croire, suivre,** *and* **vivre** *in context*

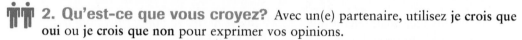 **2. Qu'est-ce que vous croyez?** Avec un(e) partenaire, utilisez **je crois que oui** ou **je crois que non** pour exprimer vos opinions.

1. Il est plus important d'avoir un métier que vous aimez que d'avoir un métier où vous gagnez beaucoup d'argent.
2. C'est très important d'avoir un diplôme d'université.
3. Les hommes et les femmes doivent aller à l'armée pendant un an.
4. La pollution est un gros problème.
5. Tout le monde doit parler anglais.

3. La réponse est non! Répondez à la forme négative.

Modèle: Elle vous croit?
    Non, elle ne me croit pas.

1. Vous croyez qu'il se trompe?
2. Il vous suit?
3. Tu vis là?

4. Vous suivez un cours de chinois?
5. Ils vivent ensemble?
6. Vos enfants croient au Père Noël?

4. Et maintenant... Tout change avec l'âge. Répondez aux questions.

Modèle: Vous croyez les professeurs?
    Non, je les croyais avant, mais je ne les crois plus!

1. Vos parents vous croient?
2. Patrick vit avec Georges?
3. On suit des cours de latin au lycée?

4. Les étudiants vivent bien à l'université?
5. Vous vivez avec vos parents?

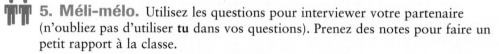 **5. Méli-mélo.** Utilisez les questions pour interviewer votre partenaire (n'oubliez pas d'utiliser **tu** dans vos questions). Prenez des notes pour faire un petit rapport à la classe.

1. Est-ce que vous croyez à la chance?
2. Est-ce que vous croyiez au Père Noël quand vous aviez six ans?
3. Est-ce que vous croyez que la vie est juste? Donnez un exemple.
4. Combien de cours est-ce que vous suivez à l'université?
5. S'il y a quelqu'un qui vous suit le soir, qu'est-ce que vous faites?
6. Est-ce que vous vivez bien à l'université?
7. Est-ce que vous êtes facile ou difficile à vivre? Pourquoi?

Échanges

Faire une enquête

Voilà la scène d'un crime... Mais qui sont-ils? Pourquoi a-t-on tué la victime?
À vous de le découvrir!

1. Travail à faire avec toute la classe: La scène du crime

Décrivez la scène du crime: Où était le corps de la victime? Quel jour et à quelle
heure a-t-on trouvé le corps? Comment la victime est-elle morte? Qui est la femme
derrière le rideau?

2. Travail en groupes: Les personnages et le crime

a. En groupes de 3 ou 4, partagez les rôles: Une personne du groupe va prendre
l'identité du meurtrier; une autre personne du groupe va prendre l'identité du
témoin et une ou deux personnes vont jouer le(s) rôle(s) de(s) inspecteur(s).

b. Travaillez seul(e) et pour chaque rôle, imaginez:

- Le meurtrier: Comment vous appelez-vous? Quel âge avez-vous? Quelle
  est votre profession? Connaissiez-vous la victime? Connaissiez-vous le
  témoin? Qu'est-ce qui est arrivé? Pourquoi?

- Le témoin: Comment vous appelez-vous? Quel âge avez-vous? Quelle
  est votre profession? Connaissiez-vous la victime? Connaissiez-vous le
  meurtrier? Qu'est-ce qui est arrivé? Où? Quand? Pourquoi?

- Le(s) inspecteur(s): Préparez (seul ou à deux) les questions que vous allez
  poser au meurtrier et au témoin sur leur identité, leurs relations avec les
  autres personnages et le crime (où, quand, comment, pourquoi...).

3. L'enquête.
Remettez-vous en groupes: Le(s) inspecteur(s) vont maintenant
interroger le témoin et le meurtrier. Le(s) inspecteur(s) va (vont) prendre note des
réponses et ensuite décider ensemble: Dans le groupe, qui dit la vérité, le meurtrier
ou le témoin? Que s'est-il vraiment passé? Pourquoi?

4. Le rapport de l'inspecteur.
En groupes, écrivez le rapport de
l'inspecteur sur le crime.

Le français parlé

Raconter une histoire

Scène de vie

—Un jour, il est arrivé une histoire bizarre à ma grand-mère...

—Ta grand-mère? La mère de ton père, hein, qui a eu 80 ans cette année, c'est ça? Je l'ai rencontrée une fois chez toi, une vieille dame bien sympathique...

—Oui, oui, c'est ça... Bon, pour revenir à l'histoire... C'était il y a longtemps, un jour d'avril en 1970, ou plutôt une nuit. Elle était en train de dormir quand tout à coup, elle s'est réveillée parce qu'elle avait peur.

—C'était un cauchemar?

—Non, non, elle ne rêvait pas... Elle dormait et puis tout à coup, elle a eu très peur et elle s'est réveillée. Et le plus bizarre, c'est qu'elle savait pourquoi elle avait peur!

—Ah bon? Et pourquoi elle avait peur?

—Tu ne vas pas le croire! Elle savait que les astronautes américains avaient des problèmes.

—Les astronautes américains? Attends un peu, en avril 1970, c'était pas Apollo 13?

—Oui, c'est ça! Alors, elle a réveillé mon grand-père, mais il lui a dit que c'était rien, que c'était un cauchemar. Mais ma grand-mère, elle, elle avait si peur qu'elle savait qu'il y avait quelque chose de grave.

—Elle ne savait pas quoi?

—Non, mais elle savait que c'était Apollo 13.

—Alors, qu'est-ce qu'elle a fait?

—Elle a regardé l'heure et elle l'a écrite sur un petit cahier qu'elle avait toujours sur sa table de nuit. C'était un peu après 4 heures du matin, je crois.

—Et c'était bien l'heure de l'explosion?

—Oui... C'était tôt le matin en France. C'est arrivé exactement à l'heure que ma grand-mère a écrite sur son cahier!

—Ça, c'est vraiment bizarre! Comment tu expliques ça, toi?

—Ben, je ne sais pas... Ma grand-mère non plus, elle ne peut pas l'expliquer! Et tu sais quoi?

—Non, quoi?

—Et bien, pendant un voyage en Amérique, elle a rencontré Jim Lovell à Chicago, ma grand-mère!

—C'est pas vrai!

—Si, si!

—Et elle lui a raconté?

—Non, elle n'a pas voulu en parler... C'était trop bizarre, elle a pensé qu'il n'allait pas la croire...

—C'est vrai que c'est difficile à croire, cette histoire!

—Et pourtant, ma grand-mère est une femme sérieuse, tu sais. Elle ne raconte pas d'histoires...

Pour écouter

In this lesson, you continue to think about stories, this time with an emphasis on the interaction between the two speakers. When a story is written in a book or a magazine, for example, it is often linear, with a chronological progression from start to finish. When a story is told in a conversation, however, there are many interruptions and digressions. Listeners participate in the conversation by expressing their feelings, asking for more details, telling related stories of their own, etc. The storyteller, on the other hand, responds to the listener's interruptions, returns to the story, tries to keep the interest of the listener, etc.

a. Read the transcript of the story being told and decide why the following things might have been said. Choose among the following possibilities: starting the story, responding to the listener's interruptions, returning to his story, keeping the listener's interest, expressing his feelings.

—Un jour, il est arrivé une histoire bizarre...
—Oui, oui, c'est ça.
—Bon, pour revenir à l'histoire...
—C'était il y a longtemps...
—Non, non, elle ne rêvait pas!
—Et le plus bizarre...
—Tu ne vas pas le croire!
—Ben, je ne sais pas.
—Et tu sais quoi?
—Si, si!
—Non, elle n'a pas voulu...
—Et pourtant, ma grand-mère est une femme sérieuse, tu sais...

b. Now, read the transcript below and pay attention to the listener. Decide why she says the following things, choosing among the following possibilities: expressing her feelings, asking for more details, making associations, giving her interpretation, guessing, showing her interest.

—Ta grand-mère? La mère de ton père, hein, qui a eu 80 ans...
—C'était un cauchemar?
—Et pourquoi elle avait peur?
—Attends un peu... En avril 1970, c'était pas Apollo 13?
—Elle ne savait pas quoi?
—Alors, qu'est-ce qu'elle a fait?
—Et c'était bien l'heure de l'explosion?
—Ça, c'est vraiment bizarre!
—Comment tu expliques ça, toi?
—C'est pas vrai!
—Et elle lui a raconté?
—C'est vrai que c'est difficile à croire, cette histoire!

Parlons! Une histoire vraie

Et maintenant, c'est vous qui allez raconter une histoire vraie qui vous est arrivée ou qui est arrivée à quelqu'un que vous connaissez. Votre histoire peut être bizarre, amusante, embarrassante ou effrayante *(scary)*.

a. Travaillez seul(e) pour organiser votre histoire. Comment allez-vous la commencer? Pensez aux détails importants: Qui? Quand? Où? Qu'est-ce qui est arrivé? Attention! Ce n'est pas une composition, mais des notes pour pouvoir raconter votre histoire (vous n'allez pas la lire). N'oubliez pas d'utiliser l'imparfait quand vous dites comment étaient les choses et le passé composé quand vous dites ce qui est arrivé.

b. Racontez votre histoire à un(e) partenaire et écoutez son histoire. N'oubliez pas que c'est une conversation. Quand vous racontez votre histoire, ne la lisez pas. Donnez à votre partenaire la possibilité de réagir et écoutez ce qu'il/elle dit pour pouvoir lui répondre. Si vous écoutez votre partenaire, interrompez pour demander des détails, exprimer vos émotions, montrer votre intérêt, etc.

Vocabulaire de base

 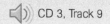

Noms
un acteur, une actrice *actor, actress*
une chaîne (de télévision) *(television) station, channel*
une chanson *song*
un chanteur, une chanteuse *singer*
une comédie *comedy (movie, play)*
un concert *concert*
le début *beginning*
un dessin animé *(animated) cartoon*
un documentaire (sur) *documentary (on)*
un drame *drama*
une émission *program*
un film d'amour *romantic movie*
un film d'aventures *adventure movie*
un film de guerre *war movie*
un film de science-fiction *science fiction movie*
un film d'horreur *horror movie*
un film policier *detective/police movie*
les informations *(f. pl.) news*
un jeu (télévisé) *game show*
le journal (télévisé) *(television) news*
un(e) journaliste *journalist, reporter*
un magazine (littéraire, culturel, d'information...) *(literary, cultural, news . . .) TV show*

une pièce (de théâtre) *play*
un reportage *(news) report, (news) story*
une série *series*
une station *(radio) station*
une vedette (de la télévision, de cinéma...) *(television, movie, . . .) celebrity*
un western *western (movie)*

Adjectifs
célèbre *famous*
comique *funny, amusing, comic*
culturel, culturelle *cultural*
dramatique *dramatic*
ennuyeux, ennuyeuse *boring*
étranger, étrangère *foreign*
grave *serious*
littéraire *literary*
même *same; even*
violent(e) *violent*

Verbes
apprendre (à) *to learn (to)*
comprendre *to understand*
croire (à / que) *to believe (in / that)*
devenir (conjugué avec être) *to become*
durer *to last*

montrer *to show*
passer *to spend*
permettre (de) *to allow, to permit*
promettre (qqch. à qqn) *to promise (something to someone)*
revenir (conjugué avec être) *to come back*
suivre *to follow*
surprendre *to surprise*
vérifier *to verify, to check*
vivre *to live; to be alive*

Divers
à la radio *on the radio*
à la télévision *on television*
avoir peur (de) *to be afraid (of)*
croire que non *not to believe; to think not*
croire que oui *to believe; to think so*
être facile / difficile à vivre *to be easy / difficult to get along with*
pourtant *however*
Qu'est-ce qui est arrivé? *What happened?*
suivre un cours *to take a class/course*

Vocabulaire supplémentaire

 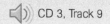

Noms
un agent secret *secret agent*
un animateur, une animatrice *TV show host*
le câble *cable*
une cassette vidéo *video cassette*
un(e) cinéaste *movie producer/director*
un danseur, une danseuse *dancer*
un débat *talk show, debate*
un DVD *DVD*
une émission de divertissement *entertainment TV show*
un film d'action *action movie*
un film d'espionnage *spy movie*
un film fantastique *fantasy movie*
le futur *future*
le goût *taste*
une guerre *war*
l'imagination (f.) *imagination*
une interview *interview*
un magnétoscope *video cassette recorder*
les médias (m. pl.) *media*
un musicien, une musicienne *musician*
la nature *nature*
le passé *past*
un personnage *character (story, novel, or movie)*
un programme *television / radio schedule*
un(e) reporter *reporter*
un satellite (la télévision par satellite) *satellite (satellite television)*
une télécommande *remote control*

Adjectifs
historique *historical*
international(e), internationaux, internationales *international*

national(e), nationaux, nationales *national*
québécois(e) *from Quebec*
réel(le) *real*
romantique *romantic*

Verbes
annoncer (conjugué comme commencer) *to announce*
se passer *to happen, to take place*
présenter *to present; to introduce*
se terminer *to end*

Divers
croire au Père Noël *to believe in Santa Claus*
croire en Dieu *to believe in God*
en effet *indeed, in fact*
en même temps *at the same time*
faire peur (à) *to scare*
ne... personne (de sympathique...) *no one (nice, . . .)*
ne... rien (de comique...) *nothing (funny, . . .)*
quand même *all the same, even so*
s'en aller *to leave*

Pour parler des films et des romans policiers
l'arme du crime *(f.) crime weapon, murder weapon*
un crime *crime*
enquêter *to investigate*
faire une enquête *to hold/run an investigation*
l'inspecteur, l'inspectrice (de police) (le [la] lieutenant[e]) *(police) inspector*
interroger *to question, interrogate*

le lieu du crime *crime scene*
un meurtre *murder*
le meurtrier, la meurtrière (le tueur, la tueuse) *murderer (killer)*
un revolver *revolver, gun*
le suspect, la suspecte *suspect*
le témoin *witness*
tuer *to kill*
la victime *victim*

Le français tel qu'on le parle
Allez-vous-en! (Va-t-en!) *Go away!*
Ça fait peur! *It's/That's scary!*
Ça me fait peur. *That scares me.*
Ça m'est égal! *I don't mind/care!*
Dommage! *Too bad!*
On change? *Shall we switch?*
Où est-ce qu'on va! *Where are we going!*
Suivez le guide. *This way, please. (lit., Follow the guide.)*

Le français familier
avoir la frousse = avoir peur
avoir la trouille = avoir peur
les infos = les informations
un polar = un film policier
un poulet = un policier
une star (de cinéma, de la télévision, de la chanson) *(movie, television, pop music) star*
un thriller *thriller*
zapper = changer souvent de chaîne de télé

On entend parfois...
frousser (Rép. Dém. du Congo) = avoir peur

Le tour du monde en 365 jours

Observez

D'après vous, ce restaurant est en Asie, en Afrique ou en Amérique? Qu'est-ce que vous associez à cette photo? Voulez-vous manger dans ce restaurant? Pourquoi? Décrivez cette jeune femme et imaginez à qui elle parle et ce qu'elle dit.

Vocabulaire

A. Un grand voyage

Vidéo buzz

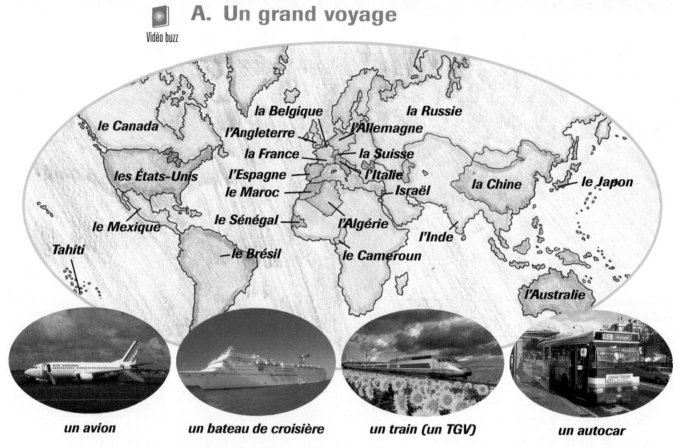

la Belgique
la Russie
le Canada
l'Angleterre
l'Allemagne
la France
la Suisse
les États-Unis
l'Espagne
l'Italie
la Chine
le Japon
le Maroc
Israël
le Mexique
le Sénégal
l'Algérie
l'Inde
Tahiti
le Brésil
le Cameroun
l'Australie

un avion   **un bateau de croisière**   **un train (un TGV)**   **un autocar**

Jean-Pierre et Anne se sont mariés le cinq septembre et, comme ils adorent voyager à l'étranger, ils ont décidé de faire le tour du monde pendant un an. Ils sont tous les deux professeurs dans un lycée de Bruxelles et ils ne sont pas très riches, mais ils ont fait des économies et bien sûr, ils ne vont pas aller dans des hôtels de luxe.

Ils détestent les voyages organisés parce que c'est trop cher et ils n'aiment pas voyager en groupe. Donc, ils vont partir seuls, avec un sac à dos. Ils vont traverser cinq continents et ils vont visiter beaucoup de pays en train, en avion, en voiture, en autocar, en bateau et même à vélo.

Continents et pays qu'ils vont traverser, avec le nom de leurs habitants:

l'Afrique *(f.)*: africain, africaine
l'Amérique *(f.)*: américain, américaine
l'Asie *(f.)*: asiatique
l'Australie *(f.)*: australien, australienne
la Belgique: belge
le Cameroun: camerounais, camerounaise
le Canada: canadien, canadienne
la Chine: chinois, chinoise
l'Espagne *(f.) (Spain)*: espagnole, espagnole
les États-Unis *(m. pl.)*: américain, américaine
l'Europe *(f.)*: européen, européenne
la France: français, française
l'Italie *(f.)*: italien, italienne

le Japon: japonais, japonaise
le Maroc: marocain, marocaine
le Sénégal: sénégalais, sénégalaise
la Suisse: suisse
Tahiti *(f.)*: tahitien, tahitienne

Quelques pays qu'ils ne vont pas visiter:

l'Algérie *(f.)*: algérien, algérienne
l'Allemagne *(f.) (Germany)*: allemand, allemande
l'Angleterre *(f.) (England)*: anglais, anglaise
le Brésil: brésilien, brésilienne
l'Inde *(f.)*: indien, indienne
Israël *(m.)*: israélien, israélienne
le Mexique: mexicain, mexicaine
la Russie: russe

- Qui sont Jean-Pierre et Anne? Qu'est-ce qu'ils vont faire après leur mariage? Comment vont-ils voyager? Pourquoi? Qu'est-ce qu'ils vont voir? Quels moyens de transport vont-ils utiliser?
- Dans la liste de pays, quels sont les pays où on parle français? Anglais? Espagnol? Russe? Chinois?

Langue et **culture**

La destination préférée des jeunes Français pour les vacances

Objective: culture

1. Vos destinations préférées. Faites une liste de trois ou quatre pays où vous voudriez aller pour vos vacances, par ordre de préférence. Donnez deux raisons pour chaque pays.

2. Et pour les Français? D'après un sondage, voilà les huit pays et régions préférés des jeunes Français de 15 à 25 ans pour partir en vacances: les États-Unis (13%), l'Espagne (11%), l'Australie (8%), le Canada (7%), l'Italie (6%), l'Angleterre (5%), le Maroc (4%), les DOM et les collectivités d'outre-mer (les anciens TOM) (4%).

Sondage BVA, La destination préférée des jeunes pour les vacances, mai 2007.

a. Les Français en vacances. Imaginez pourquoi les jeunes Français veulent visiter ces pays et régions. Donnez deux raisons pour chaque pays et région.

b. Et vous? Comparez avec votre liste: Est-ce que les Français et vous avez les mêmes envies de voyage? Expliquez les différences.

Les DOM sont les départements d'outre-mer de la France. Il y en a cinq: la Guadeloupe, la Martinique, la Guyane, la Réunion et Mayotte. Saint-Pierre-et-Miquelon, la Polynésie française et, Wallis-et-Futuna sont des collectivités d'outre-mer. La Nouvelle-Calédonie est aussi une collectivité d'outre-mer, mais avec un statut particulier.

Anne a décidé d'écrire le journal de leur voyage dans son blog. En voici des passages.

B. Bruxelles, 7 septembre

Voilà, c'est la veille du grand départ! Quel voyage nous allons faire! On a réservé les premières nuits d'hôtel et on a fait nos bagages. Nous emportons deux sacs à dos, un autre petit sac, nos passeports, les billets d'avion et de train (pour le bateau, on verra), les chèques de voyage, nos cartes bancaires, de l'argent, nos permis de conduire, les cartes, les plans, l'appareil photo numérique, le caméscope... On est raisonnable: les sacs ne sont pas trop lourds. J'espère que nous n'avons rien oublié!

À notre voyage!

Première étape: l'Europe en train... Nous allons d'abord traverser la France en TGV. Ça va plus vite et comme on la connaît bien, la France, on ne va pas s'arrêter cette fois-ci. Mais on veut voir la Suisse et l'Italie plus lentement: faire des randonnées en montagne, visiter les musées, se promener dans les vieux quartiers des villes italiennes... Mais pas question de faire les magasins: il n'y a pas de place dans les sacs!

Bon, il est tard, je m'arrête. Le train part très tôt demain matin et il ne faut pas être en retard.

en Suisse

- Qu'est-ce qu'ils emportent avec eux? Et comme vêtements? Est-ce que leurs bagages sont lourds ou légers? Et vous, qu'est-ce que vous emportez quand vous partez en voyage?
- Quels pays d'Europe est-ce qu'ils ne vont pas visiter?

C. Milan–Florence en train, 20 septembre

Quels problèmes à Milan! Hier soir, nous devions aller à la gare pour prendre le train pour Florence, mais notre taxi est arrivé en retard. À la gare, comme nous ne comprenions pas l'italien, nous nous sommes trompés de quai et nous avons vu notre train qui partait de l'autre quai. Bien sûr, nous l'avons manqué. Alors, nous sommes retournés au guichet pour changer nos billets, mais il n'y avait plus de train et nous avons dû attendre le lendemain matin.

Malheureusement, ce matin, tous les compartiments étaient pleins et il n'y avait plus de place assise. Alors, voilà, nous avons voyagé debout dans le couloir. Mais ça y est, nous sommes enfin arrivés. Nous allons passer quelques jours à Florence avant de partir pour Rome...

Trop tard!

Là-bas!

- Quels problèmes ont-ils eus à Milan? Où étaient-ils quand le train est parti? Qu'est-ce qu'ils ont dû faire? Où ont-ils passé la nuit, à votre avis? Quel était le problème ce matin?
- Où se trouve Florence? Que vont-ils faire à Florence, à votre avis? Et à Rome?

D. Pékin–Tokyo en avion, 27 décembre

Découvrir la Chine, c'était merveilleux! Hong Kong d'abord, et puis Guilin et ses montagnes, Hangzhou et son lac, Shanghai la moderne et Pékin bien sûr avec la Cité Interdite et la Grande Muraille... Quel pays magnifique! Et nous avons trouvé les habitants vraiment gentils. Mais on a eu très peur pendant le vol Guilin-Shanghai à cause du mauvais temps. Un vol horrible! On était content d'arriver!

Après la Chine, le Japon. Mais quelle affaire à l'aéroport de Pékin! Nous étions en avance et l'avion était à l'heure, mais on nous a dit que nos billets n'étaient pas bons et que nous devions en acheter d'autres. Mais avec quel argent? Finalement, ils les ont acceptés, mais alors, nous étions en retard! À la douane, heureusement, on n'a pas eu de problème: les douaniers ne nous ont rien demandé. Nous sommes arrivés à la porte quand on la fermait, mais enfin, on n'a pas manqué l'avion et nous voilà! Je suis devant mon ordinateur et Jean-Pierre regarde un film. L'avion est presque vide, le pilote vient de dire qu'il fait un temps magnifique à Tokyo, les hôtesses de l'air sont en train d'apporter des apéritifs aux passagers... Je crois que le vol va être agréable, cette fois. Et maintenant, le Japon...

en Chine (la Grande Muraille)

Découvrir. The verb **découvrir** is conjugated like **ouvrir.**

Nous **avons découvert** un petit restaurant sympathique.	*We discovered a nice little restaurant.*
J'ouvre la porte et qu'est-ce que je **découvre**? Un petit chien blanc!	*I open the door and what do I find? A white puppy!*

● Quand sont-ils arrivés en Chine, à votre avis? Combien de temps sont-ils restés dans ce pays? Qu'est-ce qu'ils en pensent? Qu'est-ce qui s'est passé à l'aéroport? Où vont-ils passer le Nouvel An?
● Qu'est-ce qu'il faut voir en Chine? Et au Japon?

E. Tahiti–Bora Bora en bateau, 9 avril

Après le désert, les îles... Temps chaud et ensoleillé tous les jours... Quel climat! Et la mer est d'un bleu, mais d'un bleu! Et puis, voyager en bateau, mon rêve de toujours! C'est beaucoup moins rapide que l'avion, c'est même très lent, mais la vie en mer est si agréable. Bien sûr, ce n'est pas une croisière. Il n'y a pas de piscine et le restaurant n'est pas élégant. Mais après l'Australie que nous avons traversée en autocar...

● Où sont-ils allés après le Japon? Comment est l'Australie? Comment ont-ils voyagé dans ce pays?
● Qu'est-ce que c'est, Bora Bora? Qu'est-ce qu'on peut faire à Bora Bora, à votre avis?

en Australie (Sydney et son opéra)

à Bora Bora

F. Carmel, 2 mai

Et nous voilà en Californie, aux États-Unis. Nous avons décidé de louer une voiture à Los Angeles parce que nous avons découvert que Los Angeles sans voiture, c'est difficile. Et puis, c'est si facile de conduire ici! Les routes sont bonnes et il y a beaucoup d'autoroutes. L'Amérique, c'est vraiment le pays de l'avion et de la voiture. Les autres moyens de transport ne sont pas très pratiques, même s'il y a des autocars et des trains qui traversent le pays. Comme nous avons deux mois et que nous voulons voir du pays, ça va donc être la voiture.

l'Amérique en voiture

1ère étape: Los Angeles–San Francisco. Mais nous sommes tombés amoureux de Carmel et nous avons décidé de rester une semaine. Quel endroit merveilleux! Nous allons louer des vélos pour faire des promenades.

2ème étape: San Francisco–Reno–Salt Lake City

3ème étape: Yellowstone

4ème étape: Mount Rushmore

5ème étape: Chicago (rendre visite à Frédéric)

6ème étape: Montréal et Québec

7ème étape: New York

Visiter / rendre visite à / aller voir. Use **visiter** to express the idea of *visiting a place*. Use **rendre visite à** or **aller voir** to express the idea of *paying a visit to a person*.

On va **visiter** Paris! *We're going to visit Paris!*

Je vais **rendre visite à** Frédéric. *I'm going to pay a visit to Frédéric.*

Allons voir Oncle Jean et Tante Georgette ce week-end! *Let's pay a visit to Uncle Jean and Aunt Georgette this weekend!*

Je voulais voir la Louisiane et la Floride et Jean-Pierre voulait passer par le Texas et le Mexique, mais c'est vraiment impossible. Il faudrait six mois!

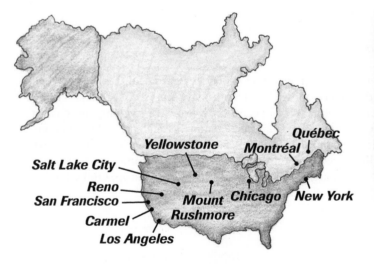

la ville de Québec

- Qu'est-ce qu'ils ont décidé de voir aux États-Unis? Pourquoi? Et au Canada, pourquoi ont-ils choisi Montréal et Québec?
- Qui est Frédéric, à votre avis?
- Deux mois pour voir les États-Unis et le Canada, c'est assez, à votre avis? Qu'est-ce qu'il faut voir aux États-Unis et au Canada? Pourquoi?

J'aime le Québec!

1. Le Québec et vous. Connaissez-vous le Québec? Quand vous pensez au Québec, à quoi pensez-vous? Faites une liste d'associations.

2. J'aime le Québec! Voilà pourquoi ces personnes aiment le Québec:

> **Alexandre, 11 ans, Français** (son père habite au Québec et il va le voir souvent): les sports de neige, la nature, les animaux, la gentillesse des Québécois, moins de stress qu'en France
>
> **René, Québécois:** la liberté de sortir quand on veut, dans la nature ou en ville; les 4 saisons: la neige de l'hiver, la nature qui se réveille au printemps, la vie de l'été et les couleurs de l'automne
>
> **Dorothée, Québécoise:** la société québécoise, entre la culture anglophone américaine et la culture francophone européenne; un peuple diversifié, ouvert sur le monde, bilingue; la musique, les films, la technologie, les universités, le sport, le jazz, Céline Dion, le Cirque du Soleil; la gastronomie; le sirop d'érable; les paysages et les grands espaces, le fleuve Saint-Laurent; la facilité de la vie...
>
> **Sophie, immigrée au Québec:** les grands espaces; l'hiver et la neige; le hockey; la nature et les lacs; les Québécois; moins de stress et de pression sociale qu'en France; le respect des personnes et des valeurs; la simplicité et la facilité de la vie

Adapted from jaimelequebec.com, 2007.

3. Comparez. Est-ce qu'il y a des choses de votre liste qui ne sont pas mentionnées par ces personnes?

G. Madrid, 2 septembre

Nous avons passé un mois au Cameroun et au Sénégal. Il faisait très chaud et, en plus, c'était la saison des pluies, mais c'était vraiment intéressant. Quelle nature magnifique! Au Cameroun, nous avons vécu huit jours chez Évelyne, qui passait l'été chez ses parents à Douala, près de la mer. C'était merveilleux de faire la connaissance d'une famille africaine et de pouvoir partager leur vie. Après le Cameroun et le Sénégal, on est allé quinze jours au Maroc puis nous sommes partis pour l'Espagne. On n'avait plus d'argent, alors, on a fait de l'auto-stop. On est arrivé à Madrid en camion et on espère partir demain, mais comment?

Évelyne

au Sénégal (la Grande Mosquée, Dakar)

- Quels pays est-ce qu'ils ont visités en Afrique? Pourquoi faisait-il chaud là-bas, à votre avis? Est-ce qu'ils ont aimé l'Afrique? Pourquoi? Qui est Évelyne et comment l'ont-ils connue, à votre avis? Où habite-t-elle pendant l'année? Et que fait-elle?
- Regardez une carte d'Afrique. Quelles sont les capitales du Sénégal et du Cameroun? À votre avis, est-ce qu'il y a d'autres pays francophones en Afrique?
- Où sont-ils maintenant? Comment est-ce qu'ils vont rentrer chez eux?

Passer. Passer is conjugated with **avoir** when it is transitive (has a direct object) but with **être** when it is intransitive (does not have a direct object).

Jean-Pierre et Anne **ont passé** la nuit à Milan.	*Jean-Pierre and Anne spent the night in Milan.*
Ils **sont passés** par la Suisse.	*They went through Switzerland.*

Espérer. The verb **espérer** changes the **é** to **è** in front of a silent ending. (**Préférer** and **sécher** are conjugated like **espérer**.).

J'**espère** que tu vas bien.	*I hope that you're fine.*
Nous **espérons** partir à huit heures.	*We hope to leave at eight o'clock.*

H. Et aussi...

Here are some useful words and expressions not included in the preceding vocabulary presentation.

changer (de train, d'avion, etc.)	*to change (trains, planes, etc.)*
être à	*to belong to*
une nationalité	*nationality*
un souvenir	*souvenir*
une station de métro	*subway station*
un steward	*male cabin attendant, steward*
un ticket	*ticket (bus or subway)*

Vidéo buzz,
Activité vidéo

Langue et **culture**

Le Sénégal, un pays francophone

1. Le Sénégal et vous. Quand vous pensez au Sénégal, à quoi pensez-vous?

2. Le Sénégal

> À cinq heures trente d'avion de Paris, le Sénégal, c'est...
>
> - Plus de 11 millions d'habitants, d'une vingtaine d'ethnies différentes comme les Wolofs (35%), les Pulaars (20%), les Sérères (17%) et les Diolas (10%). Plus de 50% de la population a moins de 20 ans.
> - Une langue officielle, le français, qui date du colonialisme, époque où l'éducation, le gouvernement et le commerce utilisaient le français. Mais aussi beaucoup de langues nationales, comme le wolof, qui est parlé par 80% de la population et qui est enseigné dans les écoles. Une religion principale, l'islam (90%), mais aussi le catholicisme et l'animisme.
> - Un climat tropical avec deux grandes saisons: la saison sèche (novembre-mai) et la saison des pluies (juin-octobre).
> - Une tradition d'hospitalité, la «téranga sénégalaise».
> - Une nature magnifique, des parcs et des réserves riches en faune et en flore.
> - 700 km de plages de sable fin.
> - Des traditions de musique, de danse et de fêtes.
> - L'île de Gorée, patrimoine historique mondial, d'où sont partis de nombreux esclaves africains pour l'Amérique.

    a. À votre avis, quelle est la meilleure saison pour visiter le Sénégal? Pourquoi?

    b. Les Européens aiment bien aller en vacances au Sénégal. Pourquoi, à votre avis?

3. Aller au Sénégal? Pensez à cinq choses que vous voudriez voir ou faire dans ce pays, puis comparez avec les autres étudiants de la classe.

Mots et **usages**

1. En train / en avion / en voiture / à pied. To talk about how you get to various places, use one of the following expressions.

aller à pied	*to walk, to go on foot*
aller à vélo	*to bicycle, to go by bicycle*
aller en autobus, en autocar	*to take the bus, to go by bus*
aller en avion	*to fly, to go by air*
aller en bateau	*to take the boat, to go by boat*
aller en métro	*to take the subway, to go by subway*
aller en train	*to take the train, to go by train*
aller en voiture	*to drive, to go by car*
Est-ce que tu **vas** à Nice **en avion, en voiture** ou **en train**?	*Are you flying, driving, or taking the train to Nice?*
Je **vais** à la bibliothèque **à pied**.	*I'm walking to the library.*

Excursions à partir de Paris. Vous passez un an à Paris. Comment pouvez-vous aller de Paris...

1. à Rome?
2. à la tour Eiffel?
3. à Big Ben?
4. aux plages de la Côte d'Azur?
5. au Mont-Blanc (en Suisse)?
6. aux pyramides d'Égypte?

2. Les prépositions et les pays. Here is how to express *to* or *in* with the name of a country.

en + *feminine country* (country whose name ends in -e)
en + *country beginning with a vowel sound* (masculine or feminine)
au + *masculine country* (except countries beginning with a vowel)

Il va **en France** en été.	*He's going to France in the summer.*
Namur est **en Belgique**?	*Namur is in Belgium?*
Vous allez **en Israël**?	*Are you going to Israel?*
Il fait beau **en Espagne** en mai.	*The weather is nice in Spain in May.*
Il est allé **au Canada**.	*He went to Canada.*

Note the following:

a. Use **aux** with **États-Unis** because it is plural.

Aux États-Unis, on aime beaucoup le Coca-Cola.	*In the United States, people like Coca-Cola a lot.*

b. Although **Mexique** *(Mexico)* ends in **-e,** it is masculine. Use **au.**

On parle espagnol **au Mexique**.	*Spanish is spoken in Mexico.*

c. Generally, states in the United States and provinces in Canada follow the rules for countries. Except for a few states and provinces, however, usage is not yet firmly fixed. But you will always hear **en Californie, en Floride, en Louisiane, au Québec,** and **au Texas.**

d. Although usage may vary, in general, you can use à for small islands: **à Tahiti, à la Martinique, à Saint-Martin, à la Guadeloupe.** Note that, for some islands, the definite article is also needed.

Villes et pays. Dans quel pays sont ces villes?

1. Madrid
2. Toronto
3. Casablanca
4. Acapulco
5. Hiroshima
6. Shanghai
7. Lausanne
8. Toulouse
9. Dakar

3. Rapide / vite. Rapide is an adjective. Use it to modify nouns. Vite is an adverb. Use it to modify verbs.

Elle a une voiture **rapide**.	*She has a fast car.*
Elle conduit **vite**.	*She drives fast.*

Rapide **ou** *vite*? Quelles phrases vont ensemble? Décidez puis complétez la deuxième partie avec **vite** ou **rapide**.

1. Je suis très pressée. Comment aller de Paris à Marseille?
2. Mais qu'est-ce que tu dis? Je ne comprends rien!
3. Madame, nous avons combien de temps?
4. J'ai une lettre urgente à taper.
    a. Vous avez vingt minutes, alors il faut travailler _____.
    b. Oui, je sais, je parle très _____.
    c. Prenez l'avion, c'est plus _____.
    d. Donne, je suis très _____ à l'ordinateur.

4. À l'heure / en retard / en avance / tôt / tard / à bientôt. What does être à l'heure mean in your culture: just on time, a few minutes late, or a few minutes early? When and where can you be en retard? En avance?

If you are **à l'heure**, you are *on time*. If you are **en avance**, you are *early*, and if you are **en retard**, you are *late*! It all depends on what time you were supposed to be there.

Il est huit heures dix et le film commence à huit heures. Nous sommes **en retard**.	*It's 8:10 and the movie starts at 8:00. We're late.*
J'arrive toujours **en avance** parce que je ne veux pas manquer le train.	*I always get there early because I don't want to miss the train.*

Tôt *(early)* and **tard** *(late)*, by contrast, are general terms. Remember that **à bientôt** means *see you soon*.

Le docteur Martin a beaucoup de travail. Il part **tôt** le matin et il rentre **tard** le soir.	*Dr. Martin has a lot of work. He leaves early in the morning and gets home late at night.*
Trop **tard**!	*Too late!*
Allez! Salut! **À bientôt**!	*OK. Bye. See you soon.*

Le grand départ. Anne et Jean-Pierre commencent leur voyage aujourd'hui. Complétez le texte avec **à l'heure, en retard, en avance, tôt** ou **tard**. Utilisez chaque expression une fois.

Anne et Jean-Pierre se sont levés très _____ (1) aujourd'hui parce que leur train partait à 7 heures du matin. Ils sont arrivés à la gare à 6h30. Ils étaient _____ (2) et ils ont eu le temps de boire un café. Le train est parti _____ (3) mais il y a eu un problème entre Bruxelles et Paris et ils sont arrivés _____ (4) à Paris, où ils devaient changer de train. Alors, ils ont raté leur train pour Lausanne et ils sont arrivés en Suisse _____ (5) dans la soirée.

5. Conduire. The verb **conduire** *(to drive)* refers to the physical act of driving. Its conjugation is irregular.

PRÉSENT: je conduis   nous conduisons

tu conduis   vous conduisez

il ⎫   ils ⎫

elle ⎬ conduit   elles ⎬ conduisent

on ⎭

IMPARFAIT: je conduisais, etc.

PASSÉ COMPOSÉ: j'ai conduit, etc.

J'adore **conduire**. Je vais partout en voiture.	*I love driving. I drive everywhere.*

Tout le monde conduit! Remplissez les blancs avec la forme correcte du verbe **conduire** au temps indiqué.

1. Non, pas de vin pour moi, je _____ (présent)!
2. Nous _____ (passé composé) toute la journée et nous sommes fatigués.
3. Jean-Pierre et Anne _____ (imparfait) en Californie quand ils ont vu un ours *(bear)* au bord de la route.
4. Vous _____ (présent) trop vite!
5. On _____ (présent) à gauche ou à droite en Australie?

6. Place. The French word **place** can mean:

Remember that **endroit** means *place*, in the sense of *location*.

- *square*

  À Cinet, il y a une église sur la **place**.　　*In Cinet, there is a church on the square.*

- *seat*

  Est-ce qu'il y a une **place** près de la fenêtre?　　*Is there a seat near the window?*

- *room (space)*

  Est-ce qu'il y a la **place** pour mettre une table devant la fenêtre?　　*Is there (any) room to put a table in front of the window?*

Et en anglais? Traduisez les phrases en anglais.

1. Il n'y a plus de place le 1er juillet, madame. Mais nous avons encore quelques places sur le vol du 30 juin.
2. On se retrouve à midi sur la place, d'accord?
3. Regardez ces montagnes! Quel endroit merveilleux!

═Mise en pratique═

1. Chassez l'intrus. Quel mot ne va pas avec les autres?

1. compartiment / quai / vol / train / TGV
2. autobus / taxi / croisière / métro
3. hôtesse de l'air / carte / pilote / steward
4. merveilleux / magnifique / horrible / délicieux
5. avion / camion / route / autoroute

Objective, Act. 1: recognizing new vocabulary

2. En voyage. Quelles phrases vont ensemble? Il peut y avoir plus d'une possibilité.

1. Est-ce que le train est à l'heure?
2. Est-ce que tu es allé à la banque?
3. Est-ce que je dois changer de train?
4. Est-ce qu'il y a un autre vol pour New York?
5. C'est la saison des vacances.

a. Vous avez manqué votre avion?
b. Non, madame, il est en retard.
c. Oui, à Lyon.
d. Oui, j'ai acheté des chèques de voyage.
e. Tu dois acheter ton billet à l'avance si tu veux une place assise.

Objective, Act. 2: connecting words to context

3. Les moyens de transport. Faites des listes et discutez en groupes, puis comparez avec les autres groupes.

1. Quels moyens de transport sont lents? Rapides? Chers? Bon marché? Agréables? Pas agréables?
2. Quels moyens de transport sont pratiques et pas pratiques...
   a. pour une famille de sept personnes?
   b. pour un étudiant pauvre?
   c. en hiver à Montréal?
   d. en été à Los Angeles?
3. Et vous, comment allez-vous...
   a. de votre résidence à la bibliothèque?
   b. de chez vous à l'université?
   c. en vacances au Mexique?
   d. de New York à Washington?

Objectives, Act. 3: practicing means of transportation in context; sharing and comparing experiences

Objectives, Act. 4: using the verb **conduire** in context; sharing experiences and opinions

4. La vie et les voitures. Répondez aux questions avec un(e) partenaire.

1. À quel âge est-ce que vous pouvez avoir un permis de conduire dans votre pays ou état *(state)*?

2. Quand avez-vous appris à conduire? Avec qui?

3. Est-ce que vous avez une voiture à l'université? Pourquoi ou pourquoi pas?

4. Quelle sorte de voiture est-ce que vous préférez?

5. Est-ce que vous conduisez bien? Vite?

6. Quand est-ce que vous ne devez pas conduire?

Objective, Act. 5: practicing nationalities

5. Nationalités. Quelle est (était) leur nationalité?

1. Beethoven?

2. Golda Meir?

3. Léopold Senghor?

4. Jean-Jacques Rousseau?

5. Gandhi?

6. Confucius?

7. Paulo Coelho?

8. Simone de Beauvoir?

Objectives, Act. 6: reviewing countries and prepositions; making associations

6. Pays, géographie et associations. Répondez aux questions suivantes.

1. Quels pays est-ce que vous associez avec...

   a. le caviar?
   b. le Coca-Cola?
   c. le yoga?
   d. l'art?

   e. les voitures de sport?
   f. la mode?
   g. le soleil, les plages, les vacances?

2. Où est-ce qu'on...

   a. fait du bon chocolat?
   b. fait de la bonne bière?

   c. fait du bon vin?
   d. aime la corrida?

Objectives, Act. 7: reviewing vocabulary; learning about geography; creating with language; sharing opinions

7. Là-bas! Discutez en groupes: Quel temps fait-il? Quelle est la meilleure saison pour voyager là-bas? Qu'est-ce qu'il faut visiter? Qu'est-ce qu'on peut faire?

1. en Italie
2. en Australie
3. au Maroc

4. au Japon
5. en Inde
6. en Angleterre

8. Devinez le pays

Objectives, Act. 8 and 9: asking questions; exchanging information; sharing experiences

1. Trouvez des étudiants qui ont voyagé hors de *(outside of)* l'Amérique du Nord. Posez-leur des questions pour deviner quels pays ils ont visités.

2. Posez des questions à votre professeur sur ses voyages hors de l'Amérique du Nord. Devinez quels pays il/elle a visités.

9. Dix questions utiles quand on voyage. Vous voyagez dans un pays francophone. Quelles dix questions sont les plus utiles?

Structure 1

Le futur

Grammar tutorial

Formation du futur

You already know how to talk about things in the future by using the verb **aller** + *infinitive.* **Aller** + *infinitive* is called the **futur proche** or *near future.* It is the equivalent of the English *to be going to do something.*

Je **vais étudier** demain.   *I'm going to study tomorrow.*

French also has a future tense. It corresponds to the English *will* + *verb.* To form the future tense in French, add the following endings to the infinitive form of the verb (for verbs ending in **-re,** drop the **e** first).

manger

je manger**ai**	nous manger**ons**
tu manger**as**	vous manger**ez**
il	ils
elle } manger**a**	elles } manger**ont**
on	

choisir

je choisir**ai**	nous choisir**ons**
tu choisir**as**	vous choisir**ez**
il	ils
elle } choisir**a**	elles } choisir**ont**
on	

attendre

j'attendr**ai**	nous attendr**ons**
tu attendr**as**	vous attendr**ez**
il	ils
elle } attendr**a**	elles } attendr**ont**
on	

Je t'**attendrai** et nous **mangerons** en ville.	*I'll wait for you and we'll eat downtown.*
Va dormir, on **parlera** demain.	*Go to bed, we'll talk tomorrow.*
À quelle heure est-ce que vous **partirez?**	*What time will you leave?*
J'espère que tu te **coucheras** tôt.	*I hope (that) you'll go to bed early.*

Certain verbs have irregular future stems.

aller	ir-	Qui **ira** pour nous?	*Who'll go for us?*
avoir	aur-	Je l'**aurai** demain.	*I'll have it tomorrow.*
devoir	devr-	Tu **devras** partir.	*You'll have to go.*
envoyer	enverr-	Qui l'**enverra**?	*Who'll send it?*
être	ser-	Je **serai** ici.	*I'll be here.*
faire	fer-	Tu le **feras**?	*You'll do it?*
pouvoir	pourr-	Ils **pourront** venir.	*They'll be able to come.*
savoir	saur-	Tu le **sauras**!	*You'll find out!*
venir	viendr-	Nous **viendrons**.	*We'll come.*
voir	verr-	On **verra**.	*We'll see.*
vouloir	voudr-	Il **voudra** le savoir.	*He'll want to know it.*

Note the use of the future to indicate what will happen if something else occurs.

si + présent / futur

S'il **fait** mauvais demain, nous **irons** au cinéma. *If it's bad out tomorrow, we'll go to the movies.*

Les changements d'orthographe au futur

1. Verbs such as **lever** change the e to è in all forms of the future. Note that **appeler** changes the single l to ll in all forms of the future.

   Nous **achèterons** le journal demain. *We'll buy the paper tomorrow.*
   Nous l'**appellerons** Minou. *We'll call it Minou.*

2. Verbs such as **ennuyer** change the y to i in all forms of the future. Note that **envoyer** has an irregular future stem (**enverr-**).

   Il s'**ennuiera**. *He'll be bored.*

3. Verbs such as **espérer** and **préférer** retain the é in all forms of the future.

   Il **espérera** réussir. *He'll hope to succeed.*
   Tu **préféreras** cela. *You'll prefer that.*

L'emploi du futur

In most cases, the use of the future in French parallels that of English. However, note the following:

1. The future tense is used after **quand** in French when the action is expected to occur in the future. In English, the present is used.

   Je te **téléphonerai** quand j'**arriverai**. *I'll call you when I get there.*

2. The present tense is often used instead of the future when the context is clear. English usage is similar.

   Demain soir, nous **mangeons** chez les Dumont. *Tomorrow night we're eating at the Dumonts'.*
   L'année prochaine, je **vais** en France. *Next year, I'm going to France.*

Mise en pratique

Objective, Act. 1: using time-related adverbs and verbal forms appropriately

1. Hier ou demain? Complétez en utilisant **hier** ou **demain**.

1. —Tu prendras ta voiture _____?

   —Non, je l'ai vendue _____.

2. —Elle est allée en ville _____?

   —Oui, et elle ira en ville _____!

3. —On se parlera _____?

   —Non, non et non! On s'est déjà trop parlé _____.

Objective, Act. 2–5: using the future tense in context

2. Les désirs de Julien. Julien voudrait être grand *(grown-up)*. Voilà ce qu'il doit faire maintenant. Dites ce qu'il fera quand il sera grand.

Modèle: Je me réveille à sept heures. (à midi)
Quand je serai grand, je me réveillerai à midi!

1. Je me couche à huit heures. (quand je voudrai)
2. Je mange des légumes. (ne pas manger de légumes)
3. Je bois du lait. (du Coca-Cola)
4. Je ne comprends pas les adultes. (comprendre les adultes)
5. Je ne peux pas regarder la télévision le soir. (pouvoir regarder la télévision le soir)

3. Parlons un peu! Quels sont vos projets? Parlez avec un(e) partenaire et n'oubliez pas d'utiliser **tu.**

Modèle: —*Combien d'argent est-ce que tu gagneras?*
—*Je gagnerai beaucoup d'argent.*

1. En été,...

   a. où est-ce que vous serez?

   b. est-ce que vous voyagerez? Où? Avec qui? Comment?

2. Après l'université,...

   a. où est-ce que vous habiterez?

   b. quel sera votre métier?

   c. est-ce que vous aurez des enfants? Combien? Quels seront leurs noms?

   d. quelle sorte de maison est-ce que vous aurez?

4. La voyante *(fortune teller)*. Qui dans la classe...

1. aura dix enfants? n'aura pas d'enfants?
2. vendra des voitures pour gagner sa vie?
3. sera coiffeur/coiffeuse?
4. sera très riche? ne sera pas très riche?
5. sera pompier? sera avocat(e)? sera joueur/joueuse de football?
6. ...

5. Prévision. Écrivez quatre prédictions (au futur, bien sûr) pour un(e) autre étudiant(e) de la classe. Échangez vos prédictions, lisez ce qu'on a écrit sur vous et réagissez. (Je pense que oui/non. J'espère que oui/non. Je ne pense pas. Je ne sais pas. Pas question!...)

Les Français et les voyages dans 10 ans

 1. Les voyages et vous. Discutez en groupes.

    a. Quels sont les moyens de découvrir le monde? Faites une liste (par exemple: faire des voyages, regarder la télévision, etc.).

    b. Comment seront les voyages dans 10 ans, à votre avis?
    Suggestions: on voyagera plus/moins souvent; on voyagera plus/moins longtemps; on prendra plus/moins l'avion (la voiture, le train...); on fera plus/moins de voyages organisés; on ira plus/moins loin; on fera des voyages sportifs (écologiques, humanitaires...), etc.

2. Les voyages du futur et les Français. Voilà comment les Français ont répondu à la question suivante.

    Question: Voici un certain nombre d'évolutions possibles de notre façon de voyager. Est-ce qu'elles se réaliseront *(be a reality)* dans 10 ans?

	Oui	Non	Sans Opinion
1. Nous voyagerons plus souvent, pour de plus courtes périodes.	84%	11%	5%
2. On voyagera moins mais on découvrira le monde grâce à Internet ou à la télévision.	76%	19%	5%
3. On redécouvrira des manières de voyager traditionnelles comme voyager en bateau, en péniche, à cheval, en vélo, en marchant.	73%	20%	7%
4. Nous découvrirons de nouvelles régions du monde, de nouveaux paysages.	63%	31%	6%
5. Il y aura de moins en moins de voyages organisés, les gens voudront du tourisme «sur mesure».	58%	30%	12%
6. On fera davantage de tourisme utile, humanitaire, par exemple.	55%	35%	10%
7. Nous serons plus nombreux à partir pour de longues périodes comme six mois ou un an.	23%	67%	10%
8. Il y aura des vacances dans l'espace, sur la lune.	23%	70%	7%

TNS/Sofres, Les Français dans dix ans, janvier 2006

Pour les Français, comment seront les voyages dans 10 ans?

 3. Les Français et vous? Est-ce que vous pensez comme les Français? En groupes, comparez avec vos listes de l'activité 1.

Structure 2

Le pronom *y*

Grammar tutorial

The pronoun **y** always refers to things. It varies in meaning according to its use.

1. **Il y a. Y** is part of a fixed expression. It has no independent meaning.

   —Est-ce qu'**il y a** de la confiture?   *Is there any jam?*

   —Non, il n'**y a** pas de confiture,   *No, there isn't any jam, but there's*
   mais **il y a** du beurre.   *(some) butter.*

2. **Y** replaces **à** + *thing*. **Y** functions as a sort of indirect object pronoun for things.

   Je ne veux pas répondre **à votre**   *I don't want to answer your*
   question.   *question.*

   Je ne veux pas **y** répondre.   *I don't want to answer it.*

3. **Y** is an adverb meaning *here / there*. **Y** replaces prepositional phrases indicating place (**à, dans, sous, sur, en…** + *place*).

   —Il va **au cinéma?**   *Is he going to the movies?*

   —Oui, il **y** va.   *Yes, he's going there.*

   —Tu penses qu'il est **en Italie?**   *Do you think he's in Italy?*

   —Je pense qu'il **y** est.   *I think he's there.*

   —Tu ne vas pas mettre le lait   *You're not going to put the milk in the*
   dans le frigo?   *refrigerator?*

   —Si, je vais **y** mettre le lait.   *Yes, I am going to put the milk there.*

Note that the pronoun **y** follows the placement rules you already know for direct and indirect object pronouns: in front of a one-word verb or a command form in the negative, after a command form in the affirmative, in front of the infinitive in a sentence with an infinitive, and in front of the helping verb in the **passé composé.** Note the spelling change in the **tu** form of **-er** (first conjugation) verbs and the verb **aller** when followed by **y.**

   Tu **y** vas?   *Are you going (there)?*

   N'**y** va pas!   *Don't go there!*

   Vas-**y!**   *Go ahead! (Go there!)*

   Il ne veut pas **y** aller.   *He doesn't want to go (there).*

   Nous n'**y** sommes jamais allés.   *We never went (there).*

Rappel!

When the noun following the preposition **à** is a *person*, replace it with an indirect object pronoun. If the noun following **à** is a *thing*, replace it with the pronoun **y.** Compare:

Je réponds **au professeur.** Je **lui** réponds.
Je réponds **aux questions.** J'**y** réponds.

Mise en pratique

1. Devinez. Mais où sont-ils?

> *Modèle:* Le livre y est.
> *Le livre est sur la table.*

1. Mes parents y habitent.
2. Le professeur y va souvent.
3. Je n'y vais jamais.
4. Mes clés y sont.
5. J'y suis.
6. J'y reste pendant des heures.

 2. Les habitudes. Avec un(e) partenaire, utilisez le pronom y pour dire ce que vous faites souvent.

> *Modèle:* —Tu vas au cinéma?
> —*Oui, j'y vais (souvent). / Non, je n'y vais pas (souvent).*

1. Tu travailles à la bibliothèque?
2. Tu dors sur la plage?
3. Tu vas au restaurant?
4. Tu restes dans ta chambre le samedi soir?
5. Tu manges au lit?
6. Tu voyages à l'étranger?

3. Un email de Jean-Pierre. C'est le 20 août et Jean-Pierre vient de finir un email à son ami Patrick. Il lui raconte le voyage qu'Anne et lui sont en train de faire mais il a mis trop de noms. Remplacez les noms par des pronoms quand c'est possible.

Marrakech, 20 août

Bonjour, Patrick!

    Comment vas-tu? Tu as passé de bonnes vacances en Italie? Maman nous a écrit que ta sœur se mariait en octobre. Dis à ta sœur que nous sommes très contents pour ta sœur.

    Tout va bien pour nous. Quel voyage, mon vieux! Nous sommes maintenant au Maroc. Nous restons quinze jours au Maroc et puis nous rentrons en Belgique par l'Espagne et la France. Anne est à la piscine, mais il faisait trop chaud à la piscine, alors je ne suis pas resté avec Anne et je suis rentré dans notre chambre. Il fait frais dans notre chambre et c'est très agréable.

    J'ai adoré l'Australie et la Chine, mais Anne a préféré Tahiti. C'est parce qu'on a fait beaucoup de bateau à Tahiti. On a vu Frédéric à Chicago. Frédéric va très bien, mais Frédéric dit que Frédéric est très seul. Écris un email à Frédéric si tu as le temps... Je pense que Frédéric a besoin d'emails. Frédéric aime Chicago, mais Frédéric trouve que les hivers sont trop froids à Chicago. Sais-tu que la Belgique est plus petite que le lac Michigan?!

    On pense rentrer à la fin du mois ou début septembre. On t'invitera pour te montrer les photos et les films. On a beaucoup de photos et de films!

    Je t'envoie une photo de Marrakech dans le fichier ci-joint... Aimes-tu les serpents? Moi, j'ai peur des serpents! Heureusement, il n'y a pas eu de problème, ouf!

À +

Jean-Pierre

Structure 3

Les pronoms personnels: récapitulation

French has several kinds of personal pronouns. These pronouns are used to refer to people or things, and they serve to help speakers and writers avoid repetition and link discourse across sentences. You have already studied several different kinds of pronouns. In each of the example sentences, try to explain how the pronouns both avoid repetition and ensure discourse cohesion (tie sentences and phrases together through a sort of cross-referencing).

Personal pronouns

- subject   Voilà Paul. **Il** vient d'arriver.
- direct object   Voilà Paul! Tu ne **l'**as pas vu?
- indirect object   Voilà Paul! Tu veux **lui** parler, non?
- reflexive   Voilà Paul. Il vient de **se** lever!
- stress   C'est Paul? Non, ce n'est pas **lui**, c'est son frère.
- y   Paul va en ville? Non, il n'**y** va pas. Il rentre chez lui.
- en   Paul a trois frères? Non, il **en** a deux.

Here is a chart showing personal pronoun forms.

SUJET	OBJET DIRECT	OBJET INDIRECT	RÉFLÉCHIS	TONIQUES
je	me/m'	me/m'	me/m'	moi
tu	te/t'	te/t'	te/t'	toi
il	le/l'	lui	se/s'	lui
elle	la/l'	lui	se/s'	elle
nous	nous	nous	nous	nous
vous	vous	vous	vous	vous
ils	les	leur	se/s'	eux
elles	les	leur	se/s'	elles

Only stress, or tonic, pronouns can stand alone, without a verb. Stress pronouns refer to people.

—Qui est là?
—**Moi.**

Subject pronouns represent the person or thing that is the subject of the verb. The subject and the verb agree with one another.

Monsieur Renglet est de Lille.
Madame Renglet est de Strasbourg.
Ils se sont rencontrés à Paris et **ils** habitent à Cinet.

Direct object pronouns represent the person or thing that receives the action of a verb. Verbs that take direct objects in French are not followed by a preposition. Verbs that require a preposition are found in constructions with indirect object pronouns or with the pronouns **y** or **en** (see below).

Madame Renglet n'aime pas Monsieur Renglet... elle **le** déteste!

Indirect object pronouns are used after verbs that are followed by the preposition **à** (**parler à, répondre à, donner quelque chose à, téléphoner à,** etc.). Indirect object pronouns refer only to people.

Quand Madame Renglet parle à Monsieur Renglet, il ne **lui** répond pas.

Reflexive pronouns are used when the subject and the object of a verb are the same person or persons. They are also used when a verb has reciprocal force.

Pourquoi est-ce que Madame Renglet déteste Monsieur Renglet? C'est simple. Monsieur Renglet ne **s'**occupe jamais de Madame Renglet. Quand il **se** lève, il prend le petit déjeuner, il lit son journal et puis il sort. Il rentre très tard le soir et il **se** couche. Ils ne **se** parlent pas et Madame Renglet ne **s'**amuse pas!

The pronoun **y** is generally used to refer to a location or place.

Madame Renglet décide d'aller en ville pour faire des courses. Mais quand elle **y** est, elle découvre Monsieur Renglet au Café de la Poste avec Madame Renard. Alors, elle va chez le pharmacien pour **y** acheter des médicaments.

The pronoun **en** is used to refer to a quantity or to replace **de** + *noun*. It can refer to people or things.

Le pharmacien demande à Madame Renglet pourquoi elle a besoin de ces médicaments. Ce sont des médicaments dangereux! Madame Renglet lui répond qu'elle **en** a besoin pour son mari!

The unstressed personal pronouns (subject, direct object, indirect object, reflexive, **y,** and **en**) must be accompanied by a verb form.

- **One-word conjugated verbs:** pronoun in front of conjugated verb

  Le pharmacien regarde Madame Renglet. Madame Renglet **le** regarde aussi.

- **Conjugated verb + infinitive:** pronoun in front of infinitive

  Madame Renglet a les médicaments qu'elle a achetés. Est-ce qu'elle va **les** donner à son mari ou est-ce qu'elle ne va pas **les** donner à son mari?

- **Auxiliary (helping) verb + past participle:** pronoun in front of helping verb

  Madame Renglet est allée dans la cuisine. Elle **y** est allée pour chercher un verre d'eau pour son mari. Est-ce que Madame Renglet a mis les médicaments dans le verre ou non? Oui, elle **les** a mis dans le verre d'eau!

- **Imperative, or command, structures:** pronoun precedes verb in negative imperatives and follows verb in affirmative imperatives

  —Voilà de l'eau. Bois-**en**!
  (Monsieur Renglet commence à boire.)
  —Non, non, arrête, ne **la** bois pas!

═ Mise en pratique ═

1. Une grand-mère. Trouvez et soulignez les pronoms utilisés dans ce texte. Trouvez le(s) nom(s) qu'ils représentent.

Objective, Act. 1 and 2: using pronouns in authentic context

JANINE SUTTO

Tous les dimanches

Comédienne, grand-mère de Félix, trois ans, et de Sophie, un an, les enfants de sa fille Mireille Deyglun, comédienne elle aussi, et du journaliste Jean-François Lépine.

«Les brunchs du dimanche sont devenus une institution: je les passe toujours en compagnie de mes petits-enfants, Félix et Sophie. Mireille et moi avons toutes deux des horaires très chargés, mais je m'arrange pour voir les petits au moins une fois par semaine. Leur présence m'est indispensable.

Depuis que Félix sait parler, nous avons régulièrement des conversations au téléphone. Les enfants aiment qu'on leur parle, qu'on les écoute. Il me raconte sa journée, ce qu'il a appris. Il chante aussi, il adore ça. Il m'appelle «nonna», ce qui veut dire grand-maman en italien. C'est comme cela qu'on appelait ma grand-mère italienne. Je l'ai peu connue mais mon frère, de neuf ans mon aîné, m'a beaucoup parlé d'elle. Et je me souviens de ma grande tristesse lorsque j'ai dû la quitter pour venir au Canada, à l'âge de neuf ans. Ce fut une rupture difficile, douloureuse.

Je veux être très présente pour Félix et Sophie. Mais je ne les gâte pas trop. Un bonbon ou un petit jouet leur suffit; c'est la surprise qui les amuse. Je n'interviens pas dans leur éducation. Leurs parents doivent faire ça tout seuls. Mais je serai toujours là pour leur donner des conseils.»

L'Actualité

2. Un grand-père. Lisez le texte et choisissez le pronom entre parenthèses qui convient dans chaque cas.

Van Duong Ngo

Le choc des cultures

Retraité vietnamien. Onze petits-enfants. Vit avec sa fille Maï et sa petite-fille Anh, 13 ans.

«Mes petits-enfants sont éparpillés un peu partout dans le monde: en Californie, en Allemagne, en Australie et ici, au Canada. Forcément, il y a des différences culturelles entre (eux / vous / moi), mais tous parlent assez bien vietnamien pour que nous puissions communiquer.

Ma petite-fille Anh m'est la plus proche, puisque (elle / je / il) vis avec elle. Lorsque (vous / ils / nous) sommes arrivés à Montréal il y a huit ans, ma fille s'est rapidement trouvé un emploi et je (me / te / se) suis beaucoup occupé d'Anh. Je (la / l' / le) emmenais au parc, je l'accompagnais jusqu'à l'autobus d'écoliers. Nous étions toujours ensemble. Et encore aujourd'hui, c'est (lui / nous / moi) qui vais (les / le / la) chercher le soir, après ses cours de natation. Je (leur / lui / la) ai appris à lire sa langue maternelle et à jouer des instruments de musique traditionnelle...

Ma relation avec mes grands-parents, au Viêt Nam, était très différente. Par exemple, il m'était impossible de regarder mon grand-père dans les yeux, de (le / leur / lui) parler directement. Nos rapports étaient distants, très hiérarchisés. C'est beaucoup plus ouvert maintenant. Mais il y a des choses qui (me / te / le) choquent. Le fait que ma petite-fille regarde des émissions à la télévision que (moi / je / nous) peux difficilement supporter, par exemple. Je trouve ça trop permissif, trop... sexy. Je (te / se / me) considère comme plus sévère que la plupart des grands-parents québécois, qui entretiennent souvent une relation presque égalitaire avec leurs petits-enfants.»

L'Actualité

Objective, Act. 3: writing in stages

3. Et vos grands-parents? Comment sont vos rapports avec vos grands-parents? Écrivez un paragraphe pour les décrire.

Échanges

Organiser un voyage

Quelle chance! Cet été, vous allez faire un voyage avec des amis dans un pays ou une région où on parle français. Vous avez votre billet d'avion mais vous devez organiser tout le voyage. Vous partez le premier juillet et revenez le 12 juillet.

Hôtel à Bora Bora

La Guadeloupe

La ville de Québec

1. **Où?** En groupes, décidez où vous voulez aller. Choisissez: la Suisse, la Belgique, le Québec, Tahiti, la Guadeloupe ou le Sénégal.

2. **Recherches sur Internet.** Faites des recherches sur Internet pour préparer votre voyage.

   a. **Endroits à visiter.** Choisissez trois endroits (villes ou régions) que vous voulez visiter et faites votre itinéraire. Vous pouvez l'indiquer sur une carte.

   b. **Moyens de transport.** Comment voulez-vous voyager d'un endroit à l'autre?

   c. **Logement.** Voulez-vous dormir à l'hôtel? Dans des hôtels de luxe ou des petits hôtels pas chers? Voulez-vous faire du camping? Cherchez un logement sur Internet.

   d. **Étapes.** Combien de temps voulez-vous rester dans chaque endroit? Qu'est-ce que vous voulez faire là-bas?

3. **Votre voyage.** En groupes, discutez de vos recherches et décidez ensemble quels endroits vous allez visiter, comment vous allez voyager, où vous dormirez et les étapes de votre voyage. Prenez des notes.

4. **Itinéraire.** Écrivez votre itinéraire avec tous les détails.

Objectives: completing a task-based activity; planning a trip; doing research on a Francophone country or region; writing a detailed trip planner

Objectives: *making plans; recognizing when a speaker is discussing future events*

Parler de ses projets

Qu'est-ce que tu fais cet été?

Scène de vie

—Qu'est-ce que tu fais cet été?

—Je vais à Londres.

—À Londres?

—Ben oui, pour faire de l'anglais... Je vais habiter dans une famille.

—Tout l'été?

—Non, six semaines.

—Mais pourquoi en Angleterre?

—Ben, euh... Pour apprendre l'anglais je ne peux pas aller en Italie, hein!

—Je veux dire, il y a les États-Unis, le Canada, je ne sais pas, moi.

—C'est bien trop cher! L'Angleterre, c'est plus facile...

—Mais il y pleut tout le temps...

—Mais non, c'est vraiment bien, Londres en été! Et les Anglais sont très sympas! Et puis, pour mon métier, l'anglais, c'est vraiment important.

—Ah oui?

—Ben oui, tu sais bien, je veux devenir reporter, j'en aurai besoin plus tard.

—Ah oui, bien sûr...

—Et toi, tu pars cet été?

—Peut-être, enfin, non, je ne pense pas, non... J'ai besoin d'argent, je cherche du boulot.

—Qu'est-ce que tu voudrais faire?

—Je ne sais pas, peut-être serveur, oui, serveur, je crois.

—Tu veux rester à Paris?

—Pas vraiment, non... J'ai envie d'aller au soleil...

—Pourquoi tu n'essaies pas de trouver un job à Londres?

—Non, mais, tu veux rire ou quoi? Comme travail au soleil, on fait pas mieux!

—Non, non, je suis sérieuse... On aime bien les serveurs français en Angleterre! Tu verras, tu trouveras du boulot et tu apprendras l'anglais en même temps!

—Oui, après tout, pourquoi pas? On se verra et on pourra parler français!

—Oui... Euh... Enfin... On verra, hein...

Pour écouter

In this lesson, you practice recognizing when someone is speaking about plans and other future events.

a. There are different ways to express oneself in the future, one of which is using the future tense (**le futur simple**). There are seven verbs in the future tense in this conversation. Can you find them? When listening, how do you know that they are in the future?

b. As in English, using the future tense is not the only way to speak about future events in French. In fact, the future tense is rather rare in conversation, and tends to be used only when the context is not clear. Why are these seven verbs in the future? If they were in the present tense, how would the meaning change?

c. Listen to the conversation again and find other ways the speakers use to speak about future plans. How do you know that a verb in the present actually refers to a future event?

Parlons! Parler de ses projets

Qu'est-ce que vous allez faire cet été? Et après l'université?

Prenez quelques minutes pour faire une liste de vos projets pour cet été et de vos projets pour après l'université. Attention: N'oubliez pas que vous ne devez pas toujours utiliser le futur pour parler du futur.

Avec un(e) partenaire, passez deux à trois minutes à parler du futur. Ne monopolisez pas la conversation et n'oubliez pas de poser des questions. Après votre conversation, décrivez les projets de votre partenaire à la classe.

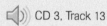
Les pays et les continents (page 412)

Noms

un aéroport *airport*
un appareil photo (numérique) *(digital) camera*
un autobus *bus (city)*
un autocar *bus (between cities)*
une autoroute *highway, expressway, freeway*
un avion *airplane*
des bagages *(m. pl.) luggage*
un billet (aller simple, aller-retour) *(one-way, round-trip) ticket*
une carte *map*
un endroit *place, spot*
un habitant, une habitante *native; inhabitant*
une île *island*
le métro *subway*
le monde *world*
un passeport *passport*
un pays *country*
une place *square (in a town); seat; room*
un quartier *neighborhood*
une route *road*
un taxi *taxi*
un ticket *ticket (bus or subway)*
un train *train*

Verbes

conduire *to drive*
découvrir (conjugué comme ouvrir) *to discover*

emporter *to take; to carry (away)*
espérer (que) *to hope*
louer *to rent*
manquer (un train, un avion) *to miss (a train, a plane)*
passer (conjugué avec être) *to go by; to stop by; to pass*
rendre visite à *to visit (a person), to pay a visit to*
traverser *to go across, to cross*
visiter *to visit (a place)*

Adjectifs

assis(e) *seated, sitting down*
horrible *horrible*
léger, légère *light (weight)*
lent(e) *slow*
lourd(e) *heavy*
merveilleux, merveilleuse *marvelous, wonderful*
rapide *fast*
vide *empty*

Divers

aller à pied *to walk*
aller à vélo *to ride a bicycle*
aller en avion *to fly*
aller en voiture *to drive*
être à *to belong to*
être à l'heure *to be on time*
être debout *to be standing (up)*

être en avance *to be early*
être en retard *to be late*
faire la connaissance (de qqn) *to meet (someone) for the first time*
faire un voyage *to take a trip*
là-bas *over there*
lentement *slowly, slow*
On verra! *We will see!*
par *by; through*
Qu'est-ce qui s'est passé? *What happened?*
vite *fast, rapidly*

Les nationalités

algérien, algérienne *Algerian*
belge *Belgian*
chinois(e) *Chinese*
espagnol(e) *Spanish*
italien, italienne *Italian*
japonais(e) *Japanese*
marocain(e) *Moroccan*
sénégalais(e) *Senegalese*
suisse *Swiss*

Rappel

américain(e) *American*
canadien, canadienne *Canadian*
français(e) *French*

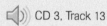
Noms

un caméscope (une caméra vidéo) *camcorder*
un camion *truck*
une carte bancaire *bank card; credit card*
un chèque de voyage *traveler's check*
le climat *climate*
un compartiment *compartment (train)*
un continent *continent*
une croisière *cruise*
un départ *departure*
un désert *desert*
la douane *customs*
un douanier *customs officer*
une étape *step; stage; stop*
un guichet *ticket window*
une hôtesse de l'air *stewardess*
un journal *diary*
le lendemain *the day after*
un moyen de transport *means of transportation*
un passage *passage*
un passager, une passagère *passenger*
un permis de conduire *driver's license*
un pilote *pilot*
une porte *gate*
un quai *platform*
un sac à dos *backpack*

la saison des pluies *rainy season*
un souvenir *souvenir; memory*
une station de métro *subway station*
un steward *male cabin attendant, steward*
le TGV (train à grande vitesse) *very rapid French train*
la veille *the day before*
un vol *flight*
un voyage organisé *(package) tour*

Adjectifs

magnifique *magnificent, superb*
plein(e) *full; crowded*
quelque(s) *few; some*

Verbes

changer (de train, d'avion...) *to change (train, planes . . .)*
réserver *to reserve*
se trouver *to be located*

Divers

à l'étranger *abroad*
de luxe *luxurious*
en groupe *as a group*
faire de l'auto-stop *to hitchhike*
faire des économies *to save money*
faire les (ses) bagages *to pack*
faire les magasins *to go shopping*

faire le tour du monde *to go around the world*
presque *almost*

Les nationalités

africain(e) *African*
allemand(e) *German*
anglais(e) *English*
asiatique *Asian*
australien, australienne *Australian*
brésilien, brésilienne *Brazilian*
camerounais(e) *Cameroonian*
européen, européenne *European*
indien, indienne *Indian*
israélien, israélienne *Israeli*
mexicain(e) *Mexican*
russe *Russian*
tahitien, tahitienne *Tahitian*

Le français tel qu'on le parle

Il y a de la place? *Is there any room?*
Quelle affaire! *What a deal! What a mess! (depends on context)*
Trop tard! *Too late!*

Le français familier

un bus = un autobus
un car = un autocar

Leçon 19

Le Tour de France

En bref

Pour communiquer

Décrire un pays: la France

Parler d'une course cycliste: le Tour de France

Faire des souhaits et des hypothèses

Organiser un voyage en France (Échanges)

Parler d'une expérience intéressante (Le français parlé)

Structure

Le conditionnel

Les phrases avec **si**

Les pronoms relatifs **ce qui** et **ce que**

Culture

La France, sa géographie, ses régions

Vivre à la campagne?

La Provence, la Normandie et l'Alsace

Les DOM (départements d'outre-mer) et les COM (collectivités d'outre-mer): La France du bout du monde

Qu'est-ce qui représente la France?

Observez

Qu'est-ce qu'on voit sur les photos?

Vocabulaire

Vidéo buzz

Langue *et* **culture**

La France, sa géographie, ses régions

1. La France et vous. Faites une liste de trois choses que vous voudriez voir en France (ville, site historique, etc.).

2. En France... Regardez la carte de France et répondez aux questions.

a. Géographie

La France est entourée d'océans, de mers et de pays.

- Quel(s) pays est (sont) au nord de la France? À l'est? Au sud? À l'ouest?
- Comment s'appellent les mers et les océans? Où sont-ils?
- Quelle est la différence entre une mer et un océan?

Les montagnes

- Comment s'appellent-elles?
- Où sont-elles?
- Quelles sont les montagnes les plus hautes?

Les fleuves

- Quels fleuves sont indiqués sur la carte?
- Par quelles villes passent-ils?

En France, il y a aussi, bien sûr, des forêts, des collines (plus petites que des montagnes), des rivières (plus petites que des fleuves) et des grandes plages de sable.

b. Activités. On fait du cheval en Camargue et on fait du surf sur la côte atlantique près de Biarritz. À votre avis, qu'est-ce qu'on peut faire...

- ... sur la Côte d'Azur (la côte entre Saint-Tropez et Nice)?
- ... dans les Pyrénées?
- ... en Bretagne?

une cigogne *(stork)* **/ un vignoble** *(vineyard)* **/ la vigne** *(vine)* **/ la pelote basque / le pays basque**

c. Régions et spécialités. En France, chaque région a ses spécialités.

- Où est-ce qu'on fait du vin?
- Qu'est-ce qu'on fait en Normandie?
- Connaissez-vous d'autres spécialités françaises?

d. Histoire, sites et monuments

- Les plages de Normandie: Qu'est-ce qui s'est passé là-bas? Savez-vous en quelle année c'était?
- Les cathédrales: Il y a beaucoup de cathédrales partout en France. Pouvez-vous en trouver deux sur la carte?
- Les châteaux: Près de la Loire, il y a aussi beaucoup de châteaux magnifiques, comme par exemple Chenonceaux, qui se trouve sur l'eau. En connaissez-vous d'autres?
- Les monuments: En Provence, il y a des monuments romains, comme par exemple le Pont du Gard. Quel monument célèbre du dix-neuvième siècle se trouve aussi sur la carte?

3. Que visiter en France? Avez-vous découvert des endroits que vous voudriez visiter? Pourquoi voudriez-vous les visiter? Refaites votre liste de l'activité 1 (trois choses que vous voudriez voir en France).

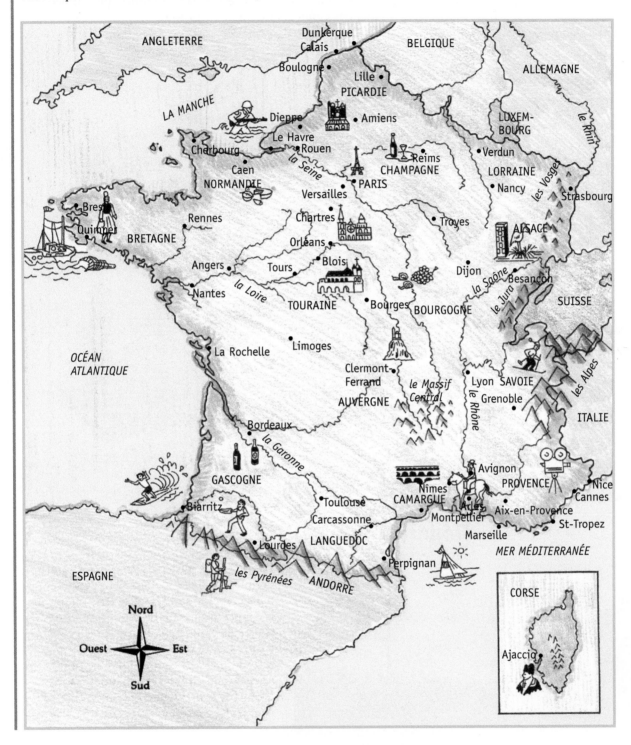

Le Tour de France

Tous les ans, en juillet, il y a une grande course cycliste en France qui s'appelle le Tour de France. En voilà des commentaires à la télévision.

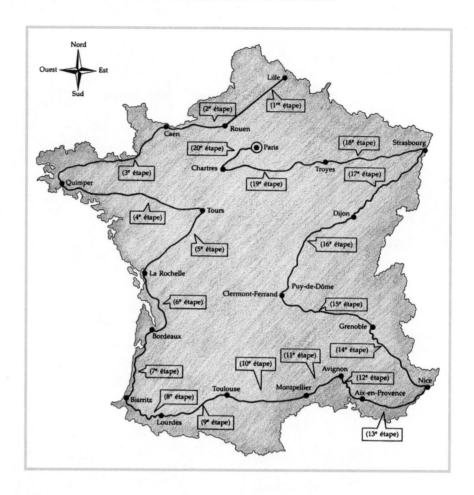

A. Départ (29 juin)

Sur les routes du nord

Et voilà, ils sont partis pour 3.250 km! Première étape: Lille-Rouen... Pays plat mais étape difficile à cause des routes... Il n'y a pas beaucoup de monde au bord des routes de campagne, mais à Lille ce matin, les gens étaient tous dans la rue pour le grand départ. Aujourd'hui, il y a des nuages, mais il fait très chaud. C'est assez rare dans le nord, une région où il fait souvent frais, même en été.

● D'où est parti le Tour de France? Où se trouve cette ville? Est-ce qu'il y avait du monde pour regarder le départ? Quel temps fait-il aujourd'hui dans le nord?

B. Deuxième étape, Rouen–Caen (30 juin)

Beaucoup de pluie sur les routes de Normandie pour cette deuxième étape. C'est vraiment la campagne, la Normandie, avec ses villages, ses fermes, ses vaches, son calme...

À Caen, malgré le mauvais temps, les habitants attendent tous au centre-ville pour voir l'arrivée des coureurs.

● Comment est la Normandie? Où est-ce qu'elle se trouve?

Sous la pluie

Vivre à la campagne?

Objective: culture

1. La campagne et vous. En groupes, faites une liste des avantages et des inconvénients de la vie à la campagne.

2. La campagne et les Français. Voici les avantages et les inconvénients de la vie à la campagne d'après les Français:

Avantages	%
La qualité de l'environnement	59
Un rythme de vie agréable	51
Un coût de la vie plus bas qu'en ville	41
Les solidarités de voisinage	38
Un niveau de sécurité élevé	32
Les facilités pour trouver un logement	26

Inconvénients	%
L'insuffisance des moyens de transports collectifs	54
Le manque de commerces de proximité	54
Les difficultés pour trouver un emploi	51
Le manque de services publics	50
L'isolement, la solitude	43
Le vieillissement de la population	39
Le manque de loisirs	33

TNS Sofres pour *Le Pèlerin,* La ruralité en France

La campagne

a. Avantages et inconvénients. Expliquez avec vos propres mots chaque avantage et inconvénient cité dans le sondage.

Modèle: le manque de services publics
Il n'y a pas toujours de bureau de poste, d'hôpital ou d'école à proximité.

b. Emploi. À votre avis, quels sont les métiers qu'on peut exercer à la campagne? N'oubliez pas que les nouvelles technologies peuvent permettre de vivre à la campagne et de travailler en ville.

3. Et vous? 39% des Français qui habitent dans une grande ville voudraient s'installer à la campagne pour y travailler ou pour y prendre leur retraite (d'après un sondage BVA–CNASEA, Projets en campagne 2007, mai 2007). Et vous? Après l'université, voulez-vous vivre en ville ou à la campagne? Pourquoi?

C. Troisième étape, Caen–Quimper (1er juillet)

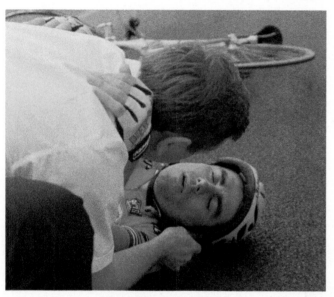
Il y a eu un accident

Un petit port en Bretagne

L'ouest: la Bretagne, avec ses forêts, sa côte et ses ports... Beaucoup d'étrangers là-bas cette année. Mais qu'est-ce qui se passe? Il y a eu un accident... Oh là là, c'est terrible! Un coureur est tombé! Non, non, ce n'est pas grave, ça va. Il a de la chance! Tant mieux!

● Qu'est-ce qu'il y a, en Bretagne? Où est-ce qu'elle se trouve? Pourquoi est-ce que le coureur sur la photo a de la chance?

D. Huitième étape, Biarritz–Lourdes (7 juillet)

Première étape de montagne aujourd'hui, pour le Tour. Il fait très lourd; il y aura peut-être des orages l'après-midi. Beaucoup de touristes dans les Pyrénées cette année! Au bord de la route, des groupes de gens regardent passer les coureurs. Et voilà le Français Thomas Voeckler... La foule est enthousiaste! Mais il y a quelques personnes qui sont beaucoup trop près des coureurs... Elles devraient faire attention; c'est dangereux, ça!

● Qu'est-ce que c'est, les Pyrénées? Où sont-elles? Qu'est-ce qu'il ne faut pas faire quand on regarde passer le Tour de France?

Dans les Pyrénées

E. Onzième étape, Montpellier–Avignon (10 juillet)

La Provence, terre de vacances, avec ses paysages pleins de soleil, ses platanes, ses monuments historiques... C'est le sud, où la vie est plus calme. Il n'y a pas beaucoup de monde aujourd'hui au bord des routes... Mais où sont donc les gens? Attendent-ils les coureurs à Avignon? Ou bien sont-ils tous sur les plages?

● Comment est la Provence? Où est-ce qu'elle se trouve?

Sur les routes du sud

Activité vidéo

Langue et **culture**

La Provence, la Normandie et l'Alsace

1. Sur la carte. Regardez la carte de France à la page 441. Où se trouve la ville de Strasbourg? De Rouen? De Marseille? La région de l'Alsace est près de quel pays?

2. Associations. Chaque région de France est associée à des traditions, des produits régionaux, des paysages, des monuments, des événements historiques, etc. En groupes, trouvez dans la liste à quoi l'Alsace, la Provence et la Normandie sont associées.

les vaches dans les champs

d'excellents vins blancs

les platanes

les champs de lavande

la choucroute *(sauerkraut)*

la cuisine au beurre et à la crème

la cuisine à l'huile d'olive

les pommes et le cidre

les plages du débarquement en 1944

les monuments romains

le camembert

les cigognes *(storks)*

le soleil

des montagnes et des belles forêts

une histoire partagée entre l'Allemagne et la France

l'accent du midi

le Rhin

le Mont-Saint-Michel

la Méditerranée

la neige et les marchés de Noël

le calvados

les oliviers

Un cimetière américain en Normandie

Le Mont-Saint-Michel en Normandie

Les platanes de Provence

En Alsace

3. Je voudrais visiter... Quelle(s) région(s) de France voulez-vous visiter? Pourquoi?

F. Seizième étape, dans le centre (17 juillet)

La montée au Puy-de-Dôme

Le Puy-de-Dôme

Étape fatigante et difficile au Puy-de-Dôme! À 1.465 mètres, ce n'est pas une montagne comme dans les Alpes ou dans les Pyrénées, mais ce n'est plus vraiment une colline! Dur, dur pour les coureurs.

● Où se trouve le Puy-de-Dôme? Qu'est-ce que c'est?

G. Dernière étape, Chartres–Paris (23 juillet)

La cathédrale de Chartres

Les Champs-Élysées et l'arc de Triomphe

Étape courte et très rapide. La cathédrale est déjà loin. Il y a foule sur les Champs-Élysées pour voir l'arrivée. Aujourd'hui, enfin, on saura qui est le meilleur!

● Qu'est-ce qu'il y a à Chartres? Où se termine le Tour de France? Comment s'appelle l'avenue la plus célèbre de Paris?

H. Et aussi...

Here are some useful words and expressions not included in the preceding vocabulary presentation.

à ta (votre) place *in your place, if I were you*   pêcher *to fish*

chasser *to hunt*   un pont *bridge*

une étoile *star*   un zoo *zoo*

Les DOM (départements d'outre-mer) et les COM (collectivités d'outre-mer): La France du bout du monde

Objective: culture

1. Testez vos connaissances. Où, dans le monde, parle-t-on français? Citez les pays et autres endroits francophones que vous connaissez.

Plage martiniquaise

En Polynésie

La fusée Ariane

La Guadeloupe. L'île aux belles eaux. Plantations de cannes à sucre, plages magnifiques, marché aux épices de Saint-Antoine à Pointe-à-Pitre, forêts tropicales et cascades vertigineuses, montagnes couvertes de cactus dans le nord.

La Martinique. L'île aux fleurs. Plages noires et volcaniques du nord, désertiques et paradisiaques dans le sud. Musée Gauguin, jardins botaniques, baie superbe de Fort-de-France.

La Réunion. Au cœur de l'océan Indien, forêts tropicales, sommets aux neiges fabuleuses, cascades géantes, île du dépaysement et des émotions fortes.

La Polynésie. Les îles de Tahiti, Bora Bora, Huahiné. Îles du Vent et îles Sous-le-Vent avec leurs lagons turquoises et leurs paysages d'atolls aux jardins sous-marins. Refuge de Gauguin.

La Nouvelle-Calédonie. Soleil, étoiles et douce nuit magique de la Croix du Sud. Forêts d'eucalyptus, savanes aux traditions ancestrales à l'ombre des totems et dans le rythme de la danse traditionnelle: le «pilou».

La Guyane. Terre française (au nord du Brésil), mission et bagne autrefois, aujourd'hui base de lancement de la fusée Ariane. Forêts équatoriales aux papillons exotiques et rares, singes, jaguars et pumas.

Cannes à sucre en Guadeloupe

Forêt tropicale

Le pilou

2. Découverte de l'autre France

a. Géographie mondiale. Donnez la situation géographique de chaque territoire d'après la carte de la francophonie qui se trouve à l'intérieur de la couverture de votre livre.

Modèle: La Guadeloupe est une île dans l'océan Atlantique, à l'est de l'Amérique centrale, au sud de Haïti.

b. Caractéristiques géographiques. Trouvez les mots clés qui décrivent l'aspect physique de chaque endroit.

3. Les DOM (départements d'outre-mer) et les COM (collectivités d'outre-mer). Pourquoi ces collectivités et ces départements sont-ils français? Imaginez les raisons possibles, d'après vos connaissances historiques.

1. Les gens. There are various ways to express the meaning of the English word *people* in French.

a. les gens *(m. pl.)* = *people* in a collective, indefinite sense

J'ai rencontré des **gens** sympathiques pendant mes vacances.	*I met some nice people during my vacation.*

b. une personne (des personnes) = *person (people)* when referring to specific people. The word can be either singular or plural but it is always feminine, even when referring to males.

Chez les Berthier, j'ai rencontré **une personne** très sympathique.	*At the Berthiers', I met a very nice person.*

c. on = *people* or *they* in a collective, general sense

On conduit à gauche en Australie.	*People (They) drive on the left in Australia.*
On dit qu'il va pleuvoir ce soir.	*They say that it's going to rain this evening.*

d. monde *(m. sing.)* = *people* in certain idiomatic expressions. It is always masculine singular.

Il n'y a pas beaucoup de **monde.**	*There aren't many people.*
Il y a **du monde** sur la Côte d'Azur en été.	*There are a lot of people (It's crowded) on the French Riviera in the summer.*

Et en anglais? Traduisez les phrases en anglais.

1. On parle français en Guadeloupe.
2. Il y a trop de monde, je n'aime pas ça!
3. Il y a des gens qui aiment rester sur la plage toute la journée, mais pas moi!
4. Je voudrais une table pour six personnes, s'il vous plaît.

2. Orientation. Note the following ways of indicating directions.

à / dans l'est (de)	*to / in the east (of)*
à / dans l'ouest (de)	*to / in the west of*
au bord (de)	*at the side (of); on the edge (of); on the shore (of); on the bank (of)*
dans le centre (de)	*in the center (of)*
au / dans le nord (de)	*to / in the north (of)*
au / dans le sud (de)	*to / in the south (of)*
à 20 km de	*20 kilometers from*
sur la côte	*on the coast*

*un kilomètre (km) = 0.6214 mile; **un mètre** = *approx. 1 yard (3 feet)* *(1 yard =* **0,91 mètres***)*

Où se trouve...? Remplissez les tirets pour dire où se trouvent ces villes américaines.

Modèle: Long Beach, Californie: C'est dans *l'ouest* et au *sud* de Los Angeles.

1. Milwaukee, Wisconsin: C'est au _____ de Chicago et au _____ du lac Michigan.
2. Ft. Lauderdale, Floride: C'est dans le _____, sur la côte _____ de la Floride.
3. Omaha, Nebraska: C'est dans le _____ des États-Unis.
4. Atlantic City, New Jersey: C'est _____ l'est, au _____ de New York.

3. Le superlatif. The following constructions are used to say that something or some action is the "most extreme" compared with others.

Adjectives that precede the noun	definite article + **plus / moins** + adjective + (noun) (**de...**)	Paris est **la plus grande ville** de France.
Adjectives that follow the noun	definite article + noun + definite article + **plus / moins** + adjective (**de...**)	C'est **la ville la plus intéressante** du monde.
With verbs (as adverbs)	verb + **le plus / le moins**	C'est lui qui **travaille le plus** mais qui **gagne le moins.**
Bon	definite article + **meilleur** + noun (**de...**)	C'est **le meilleur étudiant** de la classe.
Bien	verb + **le mieux** (**de...**)	Vous **chantez le mieux** de la classe.

Des questions. Discutez avec un(e) partenaire:

1. Quelle est la meilleure marque de voiture: la Mercedes, la Cadillac ou la BMW?
2. Quelle est la plus belle ville: Boston, San Francisco ou Toronto?
3. Quel est l'animal le plus intelligent: le chien, le chat ou le dauphin?
4. Quel est le métier le plus dangereux: pompier, policier ou militaire?
5. Quel est le meilleur dessert, la glace à la vanille ou la glace au chocolat?
6. Qui écrit le mieux, Dr. Seuss ou Shakespeare?

≡ **Mise en pratique** ≡

Objective, Act. 1: recognizing new vocabulary

1. Chassez l'intrus. Quel mot ne va pas avec les autres?

1. pluie / village / nuage / orage
2. château / terre / monument / cathédrale
3. forêt / colline / rivière / foule
4. gens / touriste / étranger / vache
5. pont / rivière / fleuve / étoile
6. nord / paysage / sud / est / ouest

Objective, Act. 2: connecting new vocabulary to feelings and emotions

2. Réagissez. Quelle est votre réaction? Discutez à deux.

Suggestions: j'aime / je déteste / c'est agréable / ce n'est pas agréable / c'est ennuyeux / c'est intéressant / c'est horrible / c'est terrible / c'est merveilleux / c'est dangereux / ça dépend...

1. faire du surf à Biarritz
2. s'embrasser sous les étoiles
3. passer un week-end à Montréal
4. chasser en Alaska
5. se promener dans une grande forêt
6. regarder passer le Tour de France
7. être coureur cycliste
8. passer ses vacances sur la Côte d'Azur au mois d'août

*Objective, Act. 3: practicing the expression **avoir de la chance** in context*

3. La chance. Est-ce qu'ils ont de la chance? Utilisez **il/elle a de la chance** ou **il/elle n'a pas de chance** pour réagir.

1. Candide a trouvé 50 euros dans la rue.
2. Alceste a perdu son passeport.
3. La sœur de Candide va travailler comme femme de ménage dans un hôtel à Cannes cet été.
4. Alceste a fait la connaissance d'une femme à la plage pendant les vacances.
5. Candide est tombé de cheval, mais il n'a rien de grave.

4. Qu'est-ce qui est…? Discutez en groupes. À quoi ou à qui est-ce que vous pensez quand vous entendez ces adjectifs?

Objectives, Act. 4: using vocabulary from this and previous lessons; sharing opinions

> *Modèle:* merveilleux
> un voyage en Afrique, le film Ratatouille, *avoir un A en philosophie,*
> *passer ses vacances en France, regarder les étoiles la nuit…*

1. extraordinaire
2. historique
3. amusant
4. calme
5. dangereux
6. rare

 5. Les vacances dans votre pays. Comment sont les vacances dans votre pays? Discutez avec un(e) partenaire.

Objectives, Act 5: sharing experiences; comparing cultures

1. Combien de semaines de vacances est-ce qu'on a par an? À quel moment?
2. Où est-ce qu'on prend ses vacances? Avec qui? Comment voyage-t-on?
3. Est-ce que les jeunes aiment partir en vacances à l'étranger pour apprendre des langues étrangères? Pour faire des randonnées avec un sac à dos?

Langue et culture

Qu'est-ce qui représente la France?

Objective: culture

1. La France et vous. Quand vous pensez aux monuments ou à la nourriture (ce qu'on mange et ce qu'on boit) en France, à quoi pensez-vous? Faites deux listes.

2. Et pour les Français? Voilà les résultats d'un sondage d'internautes français sur les monuments et la nourriture qui représentent le mieux leur pays.

a. Monuments	b. Produits culinaires
1. la tour Eiffel (74,39%)	1. le champagne (34,26%)
2. le château de Versailles (11,97%)	2. le vin (26,23%)
3. le Mont-Saint-Michel (4,97%)	3. la baguette (17,16%)
4. l'arc de Triomphe (3,2%)	4. le camembert (9,61%)
5. la pyramide du Louvre (1,76%)	5. le foie gras (7,79%)
6. la cathédrale de Reims (1,08%)	6. le pastis (1,16%)
7. le château de Chambord (0,93%)	7. les cuisses de grenouille (1,04%)
8. le palais des papes d'Avignon (0,27%)	8. les escargots (1,04%)

L'Internaute Magazine, Vous et les symboles de la France

a. Où se trouvent les monuments cités? Sont-ils tous anciens? Lesquels connaissez-vous?
b. Dans les produits culinaires, lesquels sont des alcools? De la viande? Du pain? Un fromage? À votre avis, pourquoi le champagne a-t-il la première place?

 3. Les Français et vous. En groupes, comparez vos listes avec la liste des Français pour chaque catégorie. Est-ce que vous et les Français avez les mêmes idées sur ce qui représente le mieux la France?

Structure 1

Grammar tutorial

Le conditionnel

You already know two expressions in the conditional.

je **voudrais**	*I would like*
il **faudrait**	*one should*

In general, the conditional is a French verb form that corresponds to the English *would + infinitive (he would go, we would listen).*

Formation

The conditional is formed by using the infinitive as the stem and then adding the following endings: **-ais, -ais, -ait, -ions, -iez, -aient.** The final **e** of **-re** verbs is dropped before the endings are added. Another way to look at this is to say that the conditional is formed by using the future stem plus the **imparfait** endings.

manger

je manger**ais**	nous manger**ions**
tu manger**ais**	vous manger**iez**
il elle on } manger**ait**	ils elles } manger**aient**

choisir

je choisir**ais**	nous choisir**ions**
tu choisir**ais**	vous choisir**iez**
il elle on } choisir**ait**	ils elles } choisir**aient**

vendre

je vendr**ais**	nous vendr**ions**
tu vendr**ais**	vous vendr**iez**
il elle on } vendr**ait**	ils elles } vendr**aient**

Verbs with irregular stems in the future use the same stem to form the conditional. Verbs with spelling changes in the future have identical changes in the conditional.

À ta place, je **dirais** la vérité.	*In your place (If I were you), I'd tell the truth.*
Est-ce que je **pourrais** venir te parler?	*Could I come talk to you?*
Est-ce que vous **auriez** un dollar?	*Would you have a dollar?*
J'**achèterais** ce manteau-là si j'avais l'argent.	*I'd buy that coat if I had the money.*

Usage

The conditional can be used to express wishes or requests. It lends a tone of deference or politeness that makes a request seem less abrupt. Compare the following:

Je **veux** un bonbon.	*I want a piece of candy.*
Je **voudrais** un bonbon.	*I would like a piece of candy.*
Il **faut** étudier!	*You have to study! / We have to study! / One has to study!*
Il **faudrait** étudier!	*You should study! / We should study! / One should study!*

Note that the verb **pouvoir** in the conditional corresponds to the English *could + infinitive* and that the verb **devoir** in the conditional corresponds to the English *should + infinitive.*

Pouvez-vous me donner un renseignement?	*Can you give me some information?*
Pourriez-vous me donner un renseignement?	*Could you give me some information?*
Tu **dois** travailler!	*You must work!*
Tu **devrais** travailler!	*You should work!*

The conditional can also be used to express something that depends on a condition that may or may not come true.

Si j'avais le temps, je **jouerais** au tennis.	*If I had the time, I would play tennis.*

Note that in French, you use the **imparfait** in the **si,** or *if,* clause, never the conditional.

Si tu **allais** à Paris, tu verrais la tour Eiffel.	*If you went to Paris, you would see the Eiffel Tower.*

Rappel!

Would has two meanings in English. One corresponds to the French conditional, the other to the French **imparfait.** Compare these two sentences:

Quand j'étais en France, je **me levais** toujours à neuf heures.

When I was in France, I would always get up at nine o'clock.

(*would* = habitual action in the past = **imparfait**)

À votre place, je **prendrais** l'avion.

In your place (If I were you), I would take the plane.

(*would* = if possible = conditional)

Mise en pratique

Objective, Act. 1 and 2: understanding and practicing the function of the conditional to indicate indirectness and politeness

1. La politesse. Voilà des situations de communication avec des suggestions. Quand est-ce qu'on utiliserait chacune *(each one)*? Laquelle est la plus polie?

1. demander des informations:
   a. Madame, où se trouve la banque, s'il vous plaît?
   b. Pardon, madame, pourriez-vous me dire où se trouve la banque?
   c. Et la banque?

2. demander à quelqu'un de faire quelque chose:
   a. Passe-moi le sel, s'il te plaît!
   b. Voudriez-vous me passer le sel, s'il vous plaît?
   c. Auriez-vous la gentillesse de me passer le sel, s'il vous plaît?

3. demander à quelqu'un de faire quelque chose:
   a. Chut! Pas si fort!
   b. S'il vous plaît, ne parlez pas si fort!
   c. Excusez-moi, monsieur, est-ce que vous pourriez parler un peu moins fort?

4. demander de répéter:
   a. Répétez, s'il vous plaît.
   b. Quoi?
   c. Pourriez-vous répéter?

2. On est poli. Utilisez **pouvoir** au conditionnel pour demander quelque chose poliment. Avec un(e) partenaire, jouez les deux rôles.

Modèle: M. Gaudin à Mme Gaudin / faire la cuisine ce soir
   —*Est-ce que tu pourrais faire la cuisine ce soir?*
   —*Ah non, moi, je préfère un bon repas au restaurant.*

1. un(e) étudiant(e) à son (sa) camarade de chambre / faire ton lit
2. une patronne à une secrétaire / taper cette lettre
3. un professeur à un(e) étudiant(e) / répondre à ma question
4. Mme Gaudin à ses enfants / attendre deux minutes

Objective, Act. 3: limited production of **si** clauses

3. Imaginez. Qu'est-ce que vous feriez dans chaque cas?

1. Si j'avais faim à minuit, je...
2. Si j'habitais à Paris, je...
3. Si j'invitais un(e) ami(e) à dîner, je...
4. Si j'allais en France, je...
5. Si je gagnais un million à la loterie, je...
6. Si je perdais mon passeport à Marseille, je...

Structure 2

Les phrases avec *si*

Use **si** to talk about *what if,* to make suggestions, or to express a wish.

a. *If . . .* To talk about what will probably happen if a certain condition is fulfilled, use **si** with a verb in the present tense (**si tu veux**) followed by a clause with a verb in the future (**je le ferai**). Note that **si** + *verb* can occur in either the first clause or the second clause of a sentence. The result clause (what will probably happen if the condition in the **si** clause is met) is in the other clause.

S'il **fait** beau demain, il y **aura** beaucoup de monde à la plage.	*If it's nice out tomorrow, there'll be a lot of people at the beach.*
Nous **mangerons** dans le jardin s'il ne **pleut** pas.	*We'll eat in the yard if it doesn't rain.*

To talk about *what might happen if,* use **si** with a verb in the **imparfait** followed by a clause with a verb in the **conditionnel**. Again, **si** + **imparfait** may be in either clause.

Si j'**avais** assez d'argent, j'**achèterais** ce livre.	*If I had enough money, I'd buy that book.*
Tu ne **serais** pas si fatigué si tu ne **sortais** pas le soir.	*You wouldn't be so tired if you didn't go out at night.*

TABLEAU RÉCAPITULATIF

SI CLAUSE	RESULT CLAUSE
présent	futur
imparfait	conditionnel

b. **To make a suggestion.** Use **si** + **imparfait** to suggest a course of action.

—J'ai faim.	*I'm hungry.*
—Moi aussi. **Si** on **allait** au restaurant?	*Me, too. How about going out to dinner?*
—D'accord.	*OK.*

c. **To express a wish or regret.** Use **si** + **imparfait** to express a wish or regret.

—Ah! **Si** nous **étions** riches!	*If only we were rich!*
—Tu rêves! On ne sera jamais riche!	*You're dreaming. We'll never be rich!*

Mise en pratique

1. Des proverbes. Choisissez le proverbe que vous trouvez le plus juste. Comparez vos choix avec les choix des autres. Quel est «le meilleur» proverbe à votre avis?

Mots utiles: jeter *to throw;* **parole** *word;* **les chèvres** *goats;* **attraper** *to catch*

1. Si chaque homme chaque jour jetait une fleur sur le chemin de son prochain, les routes de la terre seraient tellement plus agréables! [Proverbe chinois]

2. Si la parole que tu vas dire n'est pas plus belle que le silence, ne la dis pas. [Proverbe soufi]

Objective, Act. 1: comprehending *si* used in an authentic context

3. Si les chats gardent les chèvres, qui attrapera les souris? [Proverbe français]

4. Si tous les gens qui vivent ensemble s'aimaient, la terre brillerait comme un soleil. [Proverbe français]

5. Si Dieu ne pardonnait pas, son paradis resterait vide. [Proverbe arabe]

Objective, Act. 2: using *si* in a meaningful context

2. Dans la foule. Voilà ce qu'on a entendu au Tour de France cette année. Utilisez le présent et le futur pour faire des phrases complètes.

> *Modèle:* si / tu / avoir soif / je / aller chercher / quelque chose à boire
> *Si tu as soif, j'irai chercher quelque chose à boire.*

1. si / ils / ne pas faire attention / il y avoir / un accident

2. je / ne pas avoir / mon parapluie / Si / il / commencer à / pleuvoir / je / rentrer

3. le coureur américain / gagner / si / il / continuer / comme ça

4. il y avoir / un accident / si / cet enfant / rester / si près de la route

3. Faites des suggestions. Alceste a des problèmes et Candide voudrait l'aider. Jouez le rôle de Candide et faites des suggestions à Alceste.

Objective, Act. 3–6: using *si* communicatively

> *Modèle:* ALCESTE: J'ai soif.
> CANDIDE: *Si on allait au café? Si tu buvais de l'eau?*

1. J'ai faim.   3. Je m'ennuie.
2. Je suis fatigué.   4. Je ne veux pas travailler.

4. Faire des phrases. Faites des phrases logiques avec les éléments des deux colonnes.

> *Modèle: Si je dormais mal, je ferais de la méditation.*

1. être fatigué   a. acheter une voiture
2. avoir des vacances   b. prendre un petit quelque chose
3. avoir faim   c. regarder la télévision
4. être riche   d. aller en Australie

5. La vie serait belle! Tout le monde a des problèmes, et vous, vous voulez aider tout le monde. Travaillez avec un(e) partenaire pour faire des suggestions.

> *Modèle:* —Ma fille est paresseuse.
> —*Alors, si elle travaillait?!*

1. Je suis pauvre.   4. Je n'ai pas d'amis.
2. Paul est trop pessimiste. 5. Nous travaillons tout le temps.
3. Je n'ai pas de voiture.   6. Nous n'avons pas de vacances.

6. La vie est belle! Imaginez que les personnes suivantes obtiennent *(get)* ce qu'elles veulent. Quelles pourraient en être les conséquences? Qu'est-ce qu'elles pourraient faire?

> *Modèle:* PATRICK: Oh, si j'avais une voiture... ou un vélo.
> *Si Patrick avait une voiture ou un vélo, il pourrait arriver à l'université à l'heure!*

1. CARINE: Si j'avais un petit ami!

2. DAVID: Si j'étais grand... et beau!

3. VALÉRIE: Si j'avais deux mois de vacances!

4. CHRISTOPHE: Si j'étais sportif!

Structure 3

Les pronoms relatifs *ce qui* et *ce que*

The relative pronouns **ce qui** and **ce que** are the equivalent of the English *what* in sentences such as *I don't know what happened* or *I don't know what you want.*

Ce qui functions as the subject of its clause (part of the sentence).

Je ne sais pas **ce qui** s'est passé.	*I don't know what happened.*

Ce que functions as the direct object of its clause.

Je ne comprends pas **ce que** tu veux.	*I don't understand what you want.*

The word **tout** can be placed in front of both **ce qui** and **ce que**.

J'aime **tout ce qui** est beau.	*I like everything (that is) beautiful.*
Je vais te dire **tout ce que** je sais.	*I'm going to tell you everything (all) that I know.*

Rappel!

The word *what* has three possible equivalents in French. The one used depends on the function of *what* in the sentence.

1. *What* = interrogative adjective. Use **quel.**

Quel homme?	*What man?*
Quelle est la date?	*What's the date?*

2. *What* = interrogative pronoun. Use **qu'est-ce qui** *(subject)* or **que / qu'est-ce que** *(direct object).*

Qu'est-ce qui se passe?	*What's going on?*
Qu'est-ce que tu veux?/	*What do you want?*
Que veux-tu?	

3. *What* = relative pronoun. Use **ce qui** *(subject)* or **ce que** *(direct object).*

Je ne sais pas **ce qui** se passe.	*I don't know what's going on.*
Tu ne comprends pas **ce que** je veux dire?	*You don't understand what I mean?*

Mise en pratique

Objective, Act. 1: understanding *ce qui* and *ce que* in an authentic context

1. Des proverbes. Choisissez le proverbe que vous trouvez le plus juste. Comparez votre choix avec le choix des autres.

Mots utiles: enseigner *to teach;* **vaut** *is worth;* **hâter** *make haste, hurry;* **or** *gold*

1. Tout ce qui est enseigné ne vaut pas d'être appris. [Proverbe chinois]
2. Dans tout ce que tu fais, hâte-toi lentement. [Proverbe français]
3. Tout ce qui brille n'est pas or. [Proverbe français]
4. Ce qui se pense clairement, s'énonce clairement. [Proverbe français]

Objective, Act. 2 and 3: using *ce qui* and *ce que* in a meaningful context

2. *Ce qui* ou *ce que*? Complétez par ce qui ou ce que.

—Tu ne sais pas _____ (1) s'est passé?

—Non, j'étais à la bibliothèque et tout _____ (2) je sais, c'est que j'ai trois examens et...

—Ah, oui, c'est terrible, ça. Mais _____ (3) s'est passé ici, c'est qu'il y a eu un orage et on n'a pas eu d'électricité pendant trois heures! On s'est bien amusés! Tu veux savoir _____ (4) on a fait?

—Non, non et non! Je ne veux pas savoir _____ (5) vous avez fait!

—Bon, si c'est comme ça, tout _____ (6) je vais te dire, c'est que tu dois regarder _____ (7) se trouve dans ton lit et...

3. *Quel(le)(s), qu'est-ce qui, qu'est-ce que, ce qui* ou *ce que*? Complétez chaque phrase de façon logique.

1. _____ est bon?
2. _____ pays avez-vous visités?
3. _____ tu as dit?
4. Je n'aime pas _____ tu as fait!
5. Est-ce que tu sais _____ se trouve dans la boîte?

Objective, Act. 4 and 5: using *ce qui* and *ce que* communicatively

4. Réactions. Qu'est-ce qui...

Modèle: vous amuse?
    Ce qui m'amuse: sortir avec des amis, etc.

1. vous amuse?
2. vous endort?
3. vous ennuie?
4. vous énerve?

5. Goûts et obligations. En groupes, discutez des goûts et/ou des obligations de ces personnes. Comparez avec les autres groupes.

1. Ce que le professeur doit faire, c'est...
2. Ce que les étudiants aiment faire, c'est...
3. Ce que mes amis détestent faire, c'est...

Échanges

Organiser un voyage en France

Objectives: *doing a task-based activity; planning a trip and doing research on France; writing an email*

Vous avez trouvé un billet d'avion bon marché pour la France et vous avez décidé d'y aller en vacances cet été avec un(e) ami(e). Mais comme vous devez aussi travailler, vous avez seulement dix jours. Vous avez donc décidé de passer quatre jours à Paris et puis de visiter une autre région de la France pendant six jours. Planifiez vos vacances avec un(e) partenaire. L'un(e) de vous fera une recherche Internet sur le séjour à Paris et l'autre sur la région de votre choix.

 1. Préparation. Décidez ensemble quelle région vous voulez visiter après Paris, puis divisez le travail: Qui va faire une recherche sur Paris? Qui va faire une recherche sur la région que vous avez choisie?

2. Recherches. Travaillez indépendamment pour faire votre recherche Internet sur Paris ou sur la région choisie.

a. Logement

- **Paris:** Dans quel quartier de Paris voulez-vous loger *(stay)*? Regardez la carte de Paris à la page 245. Trouvez un petit hôtel sympathique dans le quartier choisi et soyez prêt(e) à donner des détails (prix? équipement des chambres? petit déjeuner compris?, etc.) à votre partenaire.

- **Région:** Trouvez un logement dans la région (hôtel, gîte, auberge de jeunesse, chambres d'hôtes) et soyez prêt(e) à donner des détails à votre partenaire.

b. Endroits à visiter, choses à faire. Qu'est-ce que vous visiterez? Y a-t-il des spécialités ou des activités particulières à faire? Des lieux historiques ou des monuments et musées importants? Faites une liste et décidez combien de temps il vous faudra pour chaque activité. Préparez un emploi du temps détaillé pour le séjour que vous avez choisi.

c. Transport. Comment irez-vous d'un endroit à l'autre?

 3. Le voyage. Présentez le résultat de vos recherches à votre partenaire et prenez des décisions ensemble. Organisez votre voyage en détail, jour par jour, et prenez des notes (exemple de notes: *Jour 2: Visite du Louvre toute la journée. Soir: Quartier latin.*). Souvenez-vous que vous avez quatre jours à Paris et six jours dans la région choisie.

4. Et les finances? Mais vous avez encore un petit problème: l'argent! Écrivez un email à quelqu'un de votre famille (un grand-père ou une grand-mère? un oncle ou une tante?) et expliquez votre projet. Donnez des détails et expliquez pourquoi ce voyage est important pour vous. À la fin, demandez un peu d'argent avec beaucoup de diplomatie. Utilisez au moins une fois un verbe au **conditionnel**, une phrase avec **si** et le pronom relatif **ce que** ou **ce qui**.

Le français parlé

Objectives: *talking about an interesting experience; recognizing time frames (past, present, and future); knowing when a speaker is speaking of future events or is hypothesizing*

Parler d'une expérience intéressante

Dans une école à Guatemala City

Felipe Toussaint, Bruxelles

Scène de vie

—Felipe, l'année dernière, après le lycée, tu es parti à l'étranger, c'est ça?

—Oui, je ne savais pas ce que je voulais faire dans la vie, alors, ben, j'ai décidé de partir au Guatemala pour 6 mois.

—Pourquoi le Guatemala?

—Et bien, maman vient de Colombie... Donc... je voulais apprendre l'espagnol et puis euh... me retrouver un peu dans la culture de maman.

—Oui, je comprends... Et qu'est-ce que tu as fait là-bas?

—D'abord, je suis allé à l'école un mois et après, j'ai fait du travail humanitaire.

—Quoi, comme travail?

—J'ai surtout travaillé avec des enfants: des enfants malades à l'hôpital, des enfants handicapés... Mais euh... mon expérience la plus intéressante, et la plus dure aussi, c'était de travailler pour le projet Camino Seguro... euh... dans une école avec des enfants très pauvres à Guatemala City. Leurs parents passent leurs journées à la décharge publique de la ville et les enfants aussi travaille-raient à la décharge s'il n'y avait pas l'école du Camino Seguro.

—Et les parents acceptent? Ça ne doit pas être facile pour eux de ne pas faire travailler leurs enfants s'ils sont si pauvres?

décharge publique = *garbage dump*

—Oui, c'est vrai... Alors, on leur donne de la nourriture... euh... un gros sac par mois et par enfant.

—Et qu'est-ce que tu faisais dans cette école?

—Et bien, j'aidais les enfants à faire leurs devoirs, je jouais avec eux... Mais tu sais... euh... Le quartier était violent, les plus grands enfants étaient des vrais durs. Ce n'était pas facile tous les jours!

—Et pourtant, quand tu en parles, on voit que cette expérience a été vraiment quelque chose pour toi.

—Oui, c'est vrai... Ces enfants m'ont beaucoup apporté... Et euh... vivre comme cela, avec très peu de choses. En fait, ça a changé ma vie, je ne vois plus les choses comme avant...

—À 19 ans, tu as de la chance d'avoir connu cela!

—Oui, je sais, j'ai beaucoup de chance...

—Et maintenant, qu'est-ce que tu fais?

—J'étudie les langues étrangères dans une école à Bruxelles. J'aimerais voyager, voir le monde. Je ne sais pas ce que je ferai plus tard, mais je voyagerai sûre-ment. Si je pouvais, je partirais demain! Un jour, si je peux, je repartirai en Amérique du Sud. C'est drôle, hein... J'y suis comme chez moi.

—Tu te vois où dans dix ans?

—Je ne sais pas, mais je ne serai pas en Belgique, enfin je ne crois pas, hein...

Pour écouter

In this lesson, you practice recognizing if the speaker is addressing past events, expressing present feelings and facts, referring to future events, or making a hypothesis.

a. First, read the conversation in your book. For each verb, say what tense or mood is used by the speaker and why. The first two are done for you.

tu es parti: passé composé: something that happened in the past
je ne savais pas: imparfait: a state of mind in the past

Forme verbale	Temps / Mode	Pourquoi
tu es parti	passé composé	something that happened in the past
je ne savais pas	imparfait	state of mind in the past

b. It is of course much easier to recognize tenses when reading than when listening. You have practiced recognizing the past, the present, and the future in previous lessons. But can you recognize the difference between the future tense and the conditional? It is important because speakers using the future are talking about things they think will happen whereas speakers using the conditional are addressing wishes or requests that may not happen. Close your book and listen again to the end of the conversation, starting with **Et maintenant, qu'est-ce que tu fais?** How do you know when Felipe is referring to future plans and when he is expressing wishes?

Parlons! Parler d'une expérience intéressante

Est-ce que vous avez eu une expérience intéressante un jour? Peut-être un voyage? Un travail? Une compétition sportive? Un projet?

a. Travaillez seul(e) pour organiser vos idées. N'écrivez pas toute l'histoire, mais pensez aux détails importants et faites bien attention aux temps des verbes.

b. Racontez votre expérience à un(e) partenaire, qui va vous raconter son expérience aussi. Attention: Ne lisez pas votre texte et n'oubliez pas que c'est une conversation, pas un monologue.

Vocabulaire de base

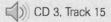

Noms
l'arrivée *(f.)* *arrival*
le calme *calm, peace and quiet*
le centre *center*
le centre-ville *downtown*
un château, des châteaux *castle, mansion*
une colline *hill*
la côte *coast*
le départ *departure*
l'est *(m.)* *east*
une étoile *star*
un étranger, une étrangère *foreigner; stranger*
un fleuve *river (major)*

une forêt *forest*
une foule *crowd*
les gens *(m. pl.)* *people*
un groupe *group*
le nord *north*
un nuage *cloud*
l'ouest *(m.)* *west*
un paysage *landscape; scenery*
un pont *bridge*
une région *region, area*
le sable *sand*
le sud *south*
la terre *earth; ground*
un(e) touriste *tourist*
une vache *cow*

Adjectifs
plat(e) *flat*
terrible *terrible*

Verbe
se trouver *to be located*

Divers
à ta (votre) place *in your place, if I were you*
au bord (de) *at the side (of); on the edge (of); on the shore (of); on the bank (of)*
avoir de la chance *to be lucky*

Vocabulaire supplémentaire

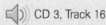

Noms
un accident *accident*
les Alpes *(f. pl.)* *the Alps*
la Bretagne *Brittany*
une cathédrale *cathedral*
les Champs-Élysées *Champs-Élysées (main avenue in Paris)*
un commentaire *comment, remark*
la Côte d'Azur *French Riviera*
un coureur (cycliste) *cyclist*
une course (cycliste) *race (bicycle)*
un kilomètre (km) *kilometer*
un mètre (m) *meter*
un monument *monument*
la Normandie *Normandy*
l'océan *(m.)* *ocean*
un orage *thunderstorm*
un platane *plane tree*
un port *port*
la Provence *Provence (south of France)*
les Pyrénées *(f. pl.)* *Pyrenees*
une rivière *river; stream*

un siècle *century*
une spécialité *specialty*
un zoo *zoo*

Adjectifs
rare *rare*
romain(e) *Roman*

Verbes
chasser *to hunt*
indiquer *to indicate*
pêcher *to fish*

Divers
chaque *each*
être entouré(e) (de) *to be surrounded (by)*
être indiqué(e) *to be indicated*
faire du cheval *to go horseback riding*
faire du surf *to go surfing*
il y a beaucoup de monde *there are a lot of people, it's crowded*

malgré *in spite of, despite*
Qu'est-ce qu'il y a à faire? *What is there to do?*

Le français tel qu'on le parle

Tant mieux! *So much the better! Good!*

Le français familier

avoir de la veine = avoir de la chance
terrible *terrific*
veinard(e) = quelqu'un qui a de la chance

On entend parfois

un morne (Antilles) = une colline
le temps bleu (Louisiane) = un orage

Le bonheur, qu'est-ce que c'est?

En bref

Pour communiquer

Parler de la vie, de ses plaisirs, de ses soucis et du bonheur

Discuter des problèmes de société, des styles de vie et des valeurs

Exprimer ses idées, ses émotions et ses opinions

La fête des voisins: parler des habitants d'un appartement, de leur vie et de leurs secrets (Échanges)

Défendre ses opinions (Le français parlé)

Structure

Le subjonctif, qu'est-ce que c'est?

Formation du subjonctif

Usage du subjonctif

Culture

Les Français et l'environnement

Les grandes causes

Les valeurs

Observez

Où sont-elles? Que font-elles? En ce moment, qu'est-ce que c'est, le bonheur, pour elles?

---

iLrn iLrn Heinle Learning Center includes

🔊 **In-text Audio Program**

▶️ **Voilà Video**

🌐 **Companion Website**

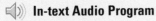 **Pair work**

Group work

Vocabulaire

Chaque personne a une opinion différente sur la vie, le monde et le bonheur. Voilà ce que pensent quelques membres de la famille Dubois.

A. Vincent Dubois

Je suis un optimiste qui aime profiter de la vie. J'ai beaucoup d'amis et j'adore sortir. Mes activités préférées? Manger, boire et bavarder. Dans la famille, on me dit matérialiste parce que j'apprécie beaucoup l'argent, le confort matériel et les voitures. Mais je suis aussi très généreux! Mon rêve? Prendre ma retraite à cinquante-cinq ans. Les grands problèmes du monde ne m'intéressent pas vraiment. Je ne m'occupe pas de politique et je me méfie des gens qui en font, mais je suis assez conservateur. Je suis pour l'ordre et l'autorité. Et je pense aussi qu'il y a trop d'étrangers en France et qu'il y a un gros problème d'immigration. Mais attention! Je ne suis pas raciste! Je suis vraiment contre le racisme et l'intolérance! Mais à mon avis, il y aurait sûrement moins de chômage, de pauvreté, de drogue et de terrorisme si la police était plus sévère avec les immigrés. Qu'est-ce que c'est, le bonheur pour moi? Et bien, c'est l'amitié, les sorties, les loisirs et l'argent.

● Vous êtes d'accord avec Vincent ou non? Dites avec quoi vous êtes d'accord et avec quoi vous n'êtes pas d'accord.

B. Thérèse Dubois

Ma vie privée est très importante pour moi. Je suis individualiste et très indépendante, mais j'ai quelques bons amis que je vois souvent. Je suis assez pessimiste et je suis toujours inquiète pour mes enfants et pour Vincent. J'ai peur de la violence, des accidents de voiture, des maladies, surtout du cancer et du sida, et bien sûr de la mort. Comme Vincent, je ne m'intéresse pas trop aux grands problèmes sociaux actuels sauf quand ils concernent ma vie personnelle et ma famille. Le bonheur pour moi? Ma famille, mon travail, les voyages et les vacances.

Céline, c'est toi? Mais où es-tu?

● Qu'est-ce qui est important pour Thérèse? De quoi est-ce qu'elle a peur? Et vous, de quoi avez-vous peur?

C. Jacques Dubois

Moi, j'ai besoin de sécurité et je n'aime pas les changements. Je vis dans une maison agréable dans le sud de la France et je n'ai pas de soucis financiers. Je déteste la solitude et j'ai beaucoup souffert de la mort de ma femme avant de rencontrer Paulette. Mes passe-temps préférés? Faire du jardinage, faire du bricolage et faire de la musique avec Paulette. Je suis conscient des problèmes dans le monde et je sais que la vie peut être injuste, mais je suis réaliste et je n'ai pas beaucoup d'illusions: je ne vois vraiment pas ce que je pourrais faire pour aider. La spiritualité est importante pour moi et je crois en Dieu, mais je respecte la liberté des autres et je n'essaie pas d'imposer mes opinions. Je sais bien qu'on n'a pas toujours raison dans la vie et je pense que tout le monde a le droit de penser comme il veut. Pour moi, le bonheur, c'est la sécurité, la santé et l'amour.

● Qu'est-ce que Jacques aime? Qu'est-ce qu'il n'aime pas? Quelle est sa philosophie de la vie?

D. Suzanne Mabille

Sauvons notre terre!

Je ne comprends pas ma famille! Je ne veux pas la critiquer, mais bon... Moi, je ne suis pas comme eux! Ce ne sont pas la richesse et le confort qui m'intéressent, mais tous les grands problèmes du monde. Je suis contre la guerre, contre la pauvreté, contre l'injustice, contre le racisme et contre l'intolérance. Je m'intéresse aussi à la recherche sur le sida et à la protection de l'environnement... À mon avis, la pollution sera un des grands problèmes de l'avenir et c'est pourquoi je suis pour l'écologie. Je ne suis pas du tout d'accord avec le gouvernement et je pense qu'il y a beaucoup de problèmes dans la société actuelle. Je suis peut-être idéaliste, mais je pense vraiment qu'on peut faire quelque chose, qu'il faut agir... J'ai beaucoup de projets pour l'avenir! Je veux faire de la politique et j'espère avoir un jour le pouvoir de changer le monde.

Je ne comprends pas mon oncle Vincent et je discute souvent avec lui. Je le trouve égoïste et matérialiste. Mon grand-père, Jacques, pense que je perdrai sûrement mes illusions quand je devrai gagner ma vie après l'université. Évidemment, il a tort, je ne suis pas du tout d'accord avec lui! Je refuse d'accepter les idées traditionnelles de ma famille et je veux montrer qu'on peut changer les choses quand on le veut vraiment! Pour moi, le bonheur, ce serait une société juste où il y aurait l'égalité entre les gens, la liberté pour tout le monde et la paix dans le monde.

● Vous êtes d'accord avec Suzanne ou non? Dites avec quoi vous êtes d'accord et avec quoi vous n'êtes pas d'accord.

Objective: culture

Langue et **culture**

Les Français et l'environnement

1. L'environnement et vous. Discutez en groupes. Est-ce qu'il est important de protéger l'environnement? À votre avis, quels sont les trois plus grands problèmes actuels pour l'environnement?

2. L'environnement et les Français. Voilà ce que pensent les Français sur les problèmes d'environnement.

Parmi les risques environnementaux suivants, quels sont ceux qui vous semblent les plus inquiétants pour l'avenir de la planète?

Le réchauffement de la planète et les changements de climat	42%
La pollution de l'eau	38%
La pollution de l'air	32%
La disparition des forêts	25%
L'apparition de nouvelles maladies graves	23%
La disparition des espèces	19%
Les catastrophes naturelles	15%

Les enjeux du quotidien: Les Français et l'environnement, *TNS Sofres*

Donnez une conséquence possible pour chaque problème cité par les Français.

Modèle: la pollution de l'air: *Il y aura plus d'asthme et d'allergies.*

3. Comparaisons. Comparez votre liste de l'activité 1 avec la liste des Français. Avez-vous les mêmes priorités?

E. Hakim Hafid

Je suis le copain de Suzanne. Je suis venu du Maroc pour étudier la médecine à Bruxelles et j'ai rencontré Suzanne pendant une fête à la Maison des étudiants étrangers. Moi, je ne m'occupe pas de politique et je ne suis pas actif dans les groupes d'étudiants parce que j'ai beaucoup de travail et je veux réussir. Et puis, ma famille n'est pas riche et je n'aurai plus d'argent du gouvernement marocain si je ne réussis pas à mes examens chaque année. Cependant, comme Suzanne, je suis plutôt idéaliste. Mon rêve? Travailler pour Médecins sans frontières ou Médecins du monde et aller partout dans le monde où on a besoin de médecins. Je sais que c'est très difficile et souvent dangereux et que je ne pourrai probablement pas faire ça toute ma vie, mais je voudrais vraiment le faire quelques années avant de me marier et d'avoir des enfants.

● Qu'est-ce que Hakim doit faire maintenant? Pourquoi? Et plus tard, qu'est-ce qu'il voudrait faire? Pourquoi est-ce dangereux?

Médecins sans frontières and **Médecins du monde** send volunteer physicians and nurses whenever there is a need in the world due to wars, natural disasters, or famines. Bernard Kouchner and a small group of young fellow physicians coined the term **action humanitaire** and created **Médecins sans frontières** in 1971. This organization received the Nobel Peace Prize in 1999.

Vidéo buzz

Langue et **culture**

Les grandes causes

1. Les grandes causes et vous. Pour quelles causes est-ce que vous voudriez agir (par exemple: la lutte *[fight]* contre la faim dans le monde, la défense des handicapés, la protection de l'environnement, etc.)?

a. Tout(e) seul(e), faites une liste des cinq causes les plus importantes pour vous et mettez-les par ordre d'importance.

b. En groupes, comparez vos réponses et choisissez les cinq causes les plus importantes pour le groupe.

2. Et pour les jeunes Français? Voilà pour quelles causes les Français entre 15 et 25 ans aimeraient agir.

Vous seriez prêt à vous engager personnellement (ou vous vous êtes déjà engagé) pour:

	%
La défense des droits de l'enfant	52
La lutte contre la faim dans le monde	49
La lutte contre le racisme	47
La paix dans le monde, la solidarité internationale	46
La lutte contre le SIDA	45
La lutte contre l'exclusion et la pauvreté	44
La protection de l'environnement	42
L'égalité hommes/femmes	38
La lutte contre l'injustice sociale	34
La lutte pour la laïcité	21
La lutte contre la drogue	19

Consultation des jeunes Ile-de-France, *TNS Sofres*

la laïcité = la séparation de l'État et de l'Église

Donnez un exemple de problème pour chaque cause citée par les jeunes Français.

Modèle: la défense des droits des enfants
Il y a des enfants qui ne vont pas à l'école.

3. Comparaisons. En groupes, comparez la liste des jeunes Français avec votre liste: Est-ce qu'il y a des choses sur votre liste qui ne sont pas sur la liste des Français? Avez-vous les mêmes priorités?

F. Cédric Rasquin

J'ai eu un grand malheur quand j'avais dix ans: mes parents ont divorcé. Maintenant, je vis avec maman et Paul, mon beau-père, à Toulouse, mais je ne m'adapte pas du tout à ma nouvelle vie. J'adore papa mais malheureusement, je ne le vois pas assez souvent parce qu'il habite à Paris. Je souffre beaucoup de la solitude et je trouve ma vie quotidienne ennuyeuse. Je voudrais avoir un groupe de copains et m'amuser comme les autres. Et puis, je voudrais aussi trouver le grand amour, mais je n'ose pas parler aux filles et je suis toujours déçu. Je ne suis pas du tout satisfait de ma vie, alors je rêve pour oublier la réalité... Pour moi, le bonheur, ce serait des parents qui s'entendraient bien, un père qui s'occuperait de moi et une petite amie qui me comprendrait.

● Qu'est-ce que Cédric voudrait dans la vie?

Si seulement j'osais...

G. Guillaume Firket

Coucou, mon lapin!

Il est très actif et plein de vie! Il a quelques besoins très simples: manger, boire, dormir, être aimé. Il adore quand on l'embrasse et quand on le prend dans les bras. Il n'a pas de soucis et il ne se pose pas de questions... Mais il n'est pas toujours heureux. Il fait des cauchemars la nuit et il pleure quand il se réveille tout seul dans sa chambre. Pour lui, le bonheur, c'est être tout le temps près de ses parents et avoir tout ce qu'il veut.

● Quels sont les besoins d'un bébé?
● Dans la famille Dubois, comme qui est-ce que vous êtes? Comme qui est-ce que vous n'êtes pas du tout? Pourquoi?
● Comme qui est-ce que vous voudriez être? Comme qui est-ce que vous ne voudriez pas être? Pourquoi?

H. Et aussi...

Here are some useful words and expressions not included in the preceding vocabulary presentation.

un(e) drogué(e) *drug addict (n.); stoned (adj.)*
se droguer *to take drugs*
un préservatif *condom*
séropositif, séropositive *HIV positive*

Mots et usages

1. Intéresser / s'intéresser à. Use **intéresser** to say that something *interests* or *does not interest* you.

> La politique ne m'**intéresse** pas. *Politics doesn't interest me.*

Use **s'intéresser à** to say that you *are interested in* or *are not interested in* something.

> Je m'**intéresse** à la politique. *I'm interested in politics.*

Les intérêts de Vincent. Complétez avec le verbe **intéresser** ou **s'intéresser** au présent.

Qu'est-ce qui _____ (1)Vincent? Les voitures l'_____ (2) beaucoup et il achète une nouvelle voiture chaque année. Il _____ (3) aussi à l'argent. Mais il ne (n') _____ (4) pas beaucoup aux grands problèmes du monde.

2. Souffrir. The verb **souffrir** is conjugated like **offrir, découvrir,** and **ouvrir.**

On **souffre** quand on a faim.	*You suffer when you're hungry.*
Jacques a beaucoup **souffert.**	*Jacques has suffered a lot.*
N'aie pas peur. Tu ne **souffriras** pas!	*Don't be afraid. It won't hurt.*

***Souffrir, offrir, découvrir* ou *ouvrir*?** Complétez avec la forme correcte du verbe approprié au temps indiqué.

1. Quand nous _____ la porte, nous avons vu un animal bizarre. (passé composé)
2. Oh, Sandrine, si tu me quittais, je _____ beaucoup... (conditionnel)
3. Tu me (m') _____ un verre? (présent)
4. À cette époque, les habitants _____ beaucoup de la faim. (imparfait)
5. Qui _____ le radium? (passé composé)

3. Avoir raison / avoir tort. Use **avoir raison** to say that someone *is right.* Use **avoir tort** to say that someone *is wrong.*

C'est vrai. Tu **as raison.**	*That's true. You're right.*
Ce n'est pas vrai. Tu **as tort!**	*That's not true. You're wrong!*

Qui a raison? Qui a tort? Vincent Dubois et sa nièce Suzanne ne sont jamais d'accord. Ils ont raison ou ils ont tort? Dites ce que vous en pensez.

1. Il faut avoir des loisirs pour être équilibré. (Vincent)

2. Notre société est trop matérialiste. (Suzanne)

3. Il faut s'intéresser à la politique. (Suzanne)

4. Il faut être riche pour être heureux. (Vincent)

Mise en pratique

1. Chassez l'intrus. Quel mot ne va pas avec les autres?

Objective, Act. 1: *recognizing new vocabulary*

1. injustice / racisme / pauvreté / égalité

2. loisirs / guerre / accident / maladie

3. amitié / santé / confort / malheur

4. apprécier / refuser / accepter / respecter

2. Associations. À quel(s) verbes(s) associez-vous les termes suivants?

Objective, Act. 2: *making word associations*

Les termes:	Les verbes:
les copains	critiquer
la politique	refuser
l'autorité	bavarder
le confort	discuter
les parents	souffrir
la maladie	se méfier
la vie à l'université	respecter
faire le tour du monde seul avec un sac à dos	s'adapter
	oser
le gouvernement	apprécier

3. Pour ou contre? Est-ce que vous êtes pour ou contre...

Objectives, Act. 3: *recognizing new vocabulary; sharing opinions*

1. la guerre?
2. la violence?
3. l'amitié?
4. l'ordre?
5. le gouvernement?
6. l'autorité?
7. l'écologie?
8. le changement?
9. la retraite à 60 ans?
10. le confort matériel?

4. Descriptions. Trouvez dans la liste un adjectif qui décrit chaque personne:

Objective, Act. 4: *practicing new adjectives in context*

satisfait(e), social(e), réaliste, pessimiste, optimiste, matérialiste, immigré(e), idéaliste, individualiste, indépendant(e), déçu(e), actif (active), inquiet (inquiète), conservateur (conservatrice)

1. Anne n'a pas d'illusions. Elle est _____.

2. Julien adore l'argent. Il est _____.

3. Damien est très content de sa vie. Il est _____.

4. Jérôme est _____ parce qu'il pense qu'il n'a pas réussi à un examen important.

5. Zoé pense que le monde peut devenir meilleur. Elle est _____.

6. Kader vient d'Algérie, mais il habite et travaille en France. Il est _____.

5. Façons d'être et opinions. Complétez le tout seul(e), puis comparez et discutez avec un(e) partenaire.

1. Évidemment...
2. Maintenant, je ne suis plus...
3. Je souffre quand...
4. Je refuse de...
5. Dans dix ans, je serai...
6. Mes parents sont contre...

6. Une vie de rêve ou... un cauchemar? Imaginez une vie de rêve ou une vie de cauchemar pour chaque personne. Où est-ce qu'ils vivraient? Avec qui? Qu'est-ce qu'ils feraient? Pourquoi? Comparez vos réponses avec un(e) partenaire.

1. votre professeur
2. vos parents
3. un(e) camarade de classe
4. vous

7. Discutons. Discutez avec un(e) partenaire, puis comparez avec le reste de la classe.

1. De quoi est-ce que vous discutez le plus souvent avec vos amis? Votre famille?
2. Qui doit s'occuper des enfants dans une famille?
3. À quel âge faut-il prendre sa retraite?
4. De qui ou de quoi doit-on se méfier?
5. Est-ce que vous vous êtes vite adapté(e) à la vie universitaire? Pourquoi ou pourquoi pas?

Activité vidéo

8. Bonheur et malheur

1. Qu'est-ce qui est important pour votre bonheur? Pensez à cinq choses.
2. De quoi est-ce que vous avez peur? Pensez à cinq choses.
3. Comparez vos réponses en groupes. Qu'est-ce que c'est que le bonheur pour les étudiants de votre groupe? Est-ce que c'est un bonheur personnel? Est-ce que le bonheur concerne aussi le pays et le monde?

Et pour eux, qu'est-ce que c'est, le bonheur?

Les valeurs

1. Les valeurs et vous. Quelles sont les trois valeurs les plus importantes pour vous? Écrivez-les individuellement puis comparez en groupes et identifiez les trois valeurs les plus importantes pour votre groupe.

2. Les valeurs et les Français. Voilà les valeurs citées par les Français.

Je vais vous citer un certain nombre de valeurs qui concernent notre société. Pouvez-vous me dire les trois auxquelles vous êtes personnellement le plus attaché?

Le travail	52%
La liberté	45%
La justice	41%
L'égalité	40%
La tolérance	35%
La solidarité	34%
L'ordre	19%
Le patriotisme	13%
L'argent	13%
La tradition	8%

Questions d'actualité, Canal Ipsos

a. Qu'est-ce que c'est? Expliquez les valeurs suivantes avec vos propres mots: la liberté, l'égalité, la tolérance, la solidarité, le patriotisme, la tradition.

b. Leurs valeurs. Quelles sont les trois valeurs les plus importantes pour les Français? Qu'est-ce qui n'est pas très important pour eux?

3. Comparaisons. Comparez vos listes de l'activité 1 avec la liste des Français. Quelles sont les similitudes? Les différences?

> *Modèle: Pour les Français et pour nous, le travail est très important.*
> *Les Français sont moins patriotiques que nous, etc.*

Structure 1

Le subjonctif, qu'est-ce que c'est?

The subjunctive is a mood, not a tense. Moods mark how a speaker considers an event. A mood may contain tenses, which deal with time. You have already used several moods in French.

1. The *indicative mood* deals with events as facts. Tenses refer to the different time periods in which events happen.

   présent: *what is happening*   Il **fait** beau.

   passé composé: *what did happen*   Il **a fait** beau hier.

   imparfait: *what was happening*   Il **faisait** beau quand tu es arrivée.

   futur: *what will happen*   Il **fera** beau demain.

2. The *conditional mood* deals with *what would happen if.*
   S'il faisait beau, nous **irions** à la plage.

3. The *imperative mood* gives direct commands.
   Fais tes devoirs!

4. The *subjunctive mood* deals with how one feels about an event.
   Je suis contente qu'il **fasse** beau.

═══ Mise en pratique ═══

1. Ce qu'on veut des vêtements. Voilà un sondage où on pose des questions sur la mode aux hommes.

Question: Qu'attendez-vous en priorité d'un vêtement?	
Qu'il soit confortable	63%
Qu'il soit élégant	31%
Qu'il dure longtemps	22%
Qu'il fasse de vous un homme à la mode	12%
Qu'il vous valorise en société	9%
Qu'il vous aide à séduire	5%
Qu'il se fasse oublier	4%
Qu'il cache vos défauts	1%
(Autres) / (Ne se prononcent pas)	3%

Objective, Act. 1 and 2: increasing awareness of verbal mood in various contexts

L'élégance masculine se veut déstructurée, *Survey Ipsos* for Galeries Lafayette.

Selon les informations données, est-ce que c'est **vrai** ou **faux**?

1. Les hommes aiment les vêtements confortables.
2. Les hommes suivent la mode.
3. Les hommes ne veulent pas qu'on regarde leurs vêtements.
4. Les hommes aiment les vêtements résistants.
5. Les hommes pensent que les vêtements ont une signification sociale.

2. Identifiez le mode. Identifiez le mode de chaque verbe en italique. Si le verbe est à l'indicatif, donnez le temps. Expliquez votre choix.

1. Ne me *regarde* pas comme ça!
2. Si Paul pouvait, il *serait* à la plage avec ses copains.
3. Je ne lui *ai* pas encore *parlé.*
4. Nous le *ferons* demain.
5. Il ne veut pas que je le *fasse.*
6. Il *faisait* beau quand nous sommes sortis.
7. Nous sommes contents que tu *puisses* venir.

Structure 2

Formation du subjonctif

Grammar tutorial

A. Les verbes à une racine

Although the subjunctive mood contains several tenses, only the *present* and *past subjunctive* are in general use. In *Voilà!* you will deal only with the *present subjunctive*. From now on, when we refer to the subjunctive, we mean the present subjunctive.

The majority of French verbs have one stem in the subjunctive. It is derived from the **ils** form of the present tense of the indicative. The subjunctive endings are then added to this stem.

PRESENT TENSE (INDICATIVE)	SUBJUNCTIVE STEM	PRESENT TENSE (INDICATIVE)	SUBJUNCTIVE STEM
ils parlent	**parl-**	ils écrivent	**écriv-**
ils étudient	**étudi-**	ils mettent	**mett-**
ils finissent	**finiss-**	ils suivent	**suiv-**
ils vendent	**vend-**	ils vivent	**viv-**
ils sortent	**sort-**		

The subjunctive endings are added to this stem.

SUBJUNCTIVE ENDINGS

je **-e**	nous **-ions**
tu **-es**	vous **-iez**
il elle }**-e** on	ils elles }**-ent**

lire au subjonctif

(que) je lise	(que) nous lisions
(que) tu lises	(que) vous lisiez
(qu')il (qu')elle } lise (qu')on	(qu')ils (qu')elles } lisent

étudier au subjonctif

(que) j'étudie	(que) nous étudiions
(que) tu étudies	(que) vous étudiiez
(qu')il (qu')elle } étudie (qu')on	(qu')ils (qu')elles } étudient

There are three irregular verbs in this group of verbs with one stem in the subjunctive.

VERB	SUBJUNCTIVE STEM
faire	**fass-**
savoir	**sach-**
pouvoir	**puiss-**

faire au subjonctif

(que) je fasse	(que) nous fassions
(que) tu fasses	(que) vous fassiez
(qu')il	(qu')ils
(qu')elle } fasse	(qu')elles } fassent
(qu')on	

Note that some forms of the present indicative and imperfect are spelled the same as corresponding forms of the present subjunctive.

PRESENT INDICATIVE		PRESENT SUBJUNCTIVE	
je parle	nous parlons	(que) je parle	(que) nous parlions
tu parles	vous parlez	(que) tu parles	(que) vous parliez
il	ils	(qu')il	(qu')ils
elle } parle	elles } parlent	(qu')elle } parle	(qu')elles } parlent
on		(qu')on	

IMPERFECT INDICATIVE		PRESENT SUBJUNCTIVE	
je parlais	nous parlions	(que) je parle	(que) nous parlions
tu parlais	vous parliez	(que) tu parles	(que) vous parliez
il	ils	(qu')il	(qu')ils
elle } parlait	elles } parlaient	(qu')elle } parle	(qu')elles } parlent
on		(qu') on	

Mise en pratique

1. Mettez au subjonctif. Mettez les verbes entre parenthèses au subjonctif. Puis traduisez chaque phrase en anglais. Pouvez-vous deviner pourquoi le subjonctif est utilisé dans ces phrases?

Objectives, Act. 1: focusing on form; learning how the subjunctive functions in French

1. Il faut que tu _____: ton chien ou moi. (choisir)
2. Céline est triste que ses parents _____ sans elle. (partir)
3. Il fait froid. Je veux que tu _____ ton manteau. (mettre)
4. Ma grand-mère veut que je lui _____ à Noël. (rendre visite)
5. Je ne vous parle plus pour que vous _____ étudier dans le calme. (pouvoir)

B. Les verbes à deux racines

Several verbs have two stems in the subjunctive, one for the singular and third person plural forms, the other for the **nous** and **vous** forms. The first stem of these verbs is derived as described earlier. The second stem comes from the **nous** form of the present indicative. The regular subjunctive endings are used.

VERB	STEM 1 (je, tu, il, elle, on, ils, elles)	STEM 2 (nous, vous)
boire	**boiv–**	**buv–**
croire	**croi–**	**croy–**
devoir	**doiv–**	**dev–**
lever	**lèv–**	**lev–**
prendre	**prenn–**	**pren–**
venir	**vienn–**	**ven–**
voir	**voi–**	**voy–**

boire au subjonctif

(que) je boive	(que) nous buvions
(que) tu boives	(que) vous buviez
(qu')il	(qu')ils
(qu')elle } boive	(qu')elles } boivent
(qu')on	

There are two irregular verbs in this group.

VERB	STEM 1	STEM 2
aller	**aill–**	**all–**
vouloir	**veuill–**	**voul–**

Il faut **que tu ailles** en ville.	*You have to go to town.*
Il faut **que vous alliez** en ville.	*You have to go to town.*
Mes parents sont contents **que je veuille** continuer mes études.	*My parents are happy that I want to continue my studies.*

Mise en pratique

Objective, Act. 2: focusing on form and understanding how the subjunctive functions in French

2. Mettez au subjonctif. Mettez les verbes entre parenthèses au subjonctif. Puis traduisez chaque phrase en anglais. Pouvez-vous deviner pourquoi le subjonctif est utilisé dans ces phrases?

1. Marie, il faut que tu _____; tu vas être en retard. (se lever)
2. Nous sommes tristes que vous _____ avec nous à la soirée chez les Dumont. (ne pas venir)
3. Mon médecin voudrait que je _____ des vacances mais je n'ai pas le temps. (prendre)
4. Je ne veux pas que tu _____ du vin le matin. (boire)
5. Nous ne sommes pas contents qu'ils _____ rester chez nous tout l'été. (vouloir)
6. Il faut que tu _____ le professeur. (voir)
7. Je suis content qu'elle _____ partir. (ne pas devoir)
8. Il faut que les Dubois _____ une nouvelle voiture. (acheter)

C. Les verbes *être* et *avoir* au subjonctif

The verbs **être** and **avoir** are irregular in the subjunctive and must be memorized.

être au subjonctif	
(que) je sois	(que) nous soyons
(que) tu sois	(que) vous soyez
(qu')il	(qu')ils
(qu')elle } soit	(qu')elles } soient
(qu')on	

avoir au subjonctif	
(que) j'aie	(que) nous ayons
(que) tu aies	(que) vous ayez
(qu')il	(qu')ils
(qu')elle } ait	(qu')elles } aient
(qu')on	

Mise en pratique

Objectives, Act. 3: focusing on form; understanding how the subjunctive functions in French

3. Mettez au subjonctif. Mettez les verbes entre parenthèses au subjonctif. Puis traduisez chaque phrase en anglais. Pouvez-vous deviner pourquoi le subjonctif est utilisé dans ces phrases?

1. Je ne veux pas que vous _____ peur. (avoir)
2. Il ne faut pas qu'ils _____ froid. (avoir)
3. Je suis triste que tu _____ malade. (être)
4. Le professeur n'est pas content que nous _____ raison. (avoir)
5. Je vais lui donner des gants pour qu'elle _____ froid. (ne pas avoir)
6. Je ne veux pas que vous _____ en colère contre moi. (être)

Structure 3

Usage du subjonctif

Grammar tutorial

1. **En général.** The subjunctive is the second conjugated verb in a two-verb sentence. It follows the word **que.**

   Il faut **que tu sois** à l'heure.   *You have to be on time.*

2. **Il faut que + *subjonctif* / il faut + *infinitif*.** You already know the expression **il faut** (**il faudrait**). The subjunctive is used after **il faut que** (**il faudrait que**) when the subject is specified. If no subject is specified, **il faut** (**il faudrait**) + *infinitif* is used. Compare:

Il faut qu'il travaille.	*He has to work.* (A particular specific person has to work.)
Il faut travailler.	*You have to work.* (Nobody in particular; a general truth: one has to work.)
Il faudrait téléphoner.	*We (someone/nonspecific) should call.*
Il faudrait que tu téléphones.	*You (someone specific) should call.*

3. **Vouloir que / vouloir + *infinitif*.** The subjunctive is used after **vouloir que** when there is a change of subjects in the two parts of the sentence. **Vouloir que + *subjonctif*** is the only way to say an English sentence such as *I want you to be happy.* If there is no change of subject, **vouloir + *infinitif*** is used. Compare:

Je **veux que** vous **soyez** heureux.	*I want you to be happy.* (change of subject = subjunctive)
Je **veux** être heureux.	*I want to be happy.* (no change of subject = infinitive)

4. **Être content (triste) que + *subjonctif* / être content (triste) de + *infinitif*.** The subjunctive is used after the expressions **être content que** and **être triste que** when there is a change of subject. If there is no change of subject, the expression **être content (triste) de + *infinitif*** is used. Compare:

Je **suis content que** tu **sois** ici.	*I'm glad (that) you're here.* (change of subject = subjunctive)
Je **suis content d'**être ici.	*I'm glad to be here.* (no change of subject = **de** + infinitive)

5. **Pour que (avant que) + *subjonctif* / pour (avant de) + *infinitif*.** The subjunctive is used in clauses introduced by **pour que** and **avant que** when there is a change of subject. If there is no change of subject, the expression **pour + *infinitif*** or **avant de + *infinitif*** is used. Compare:

Je veux te parler **avant que** tu **partes.**	*I want to talk to you before you leave.* (change of subject = subjunctive)
Je veux te parler **avant de partir.**	*I want to talk to you before I leave.* (no change of subject = infinitive)
Je le fais **pour que** tu **t'amuses.**	*I'm doing it so that you'll have a good time.* (change of subject = subjunctive)
Je le fais **pour m'amuser.**	*I'm doing it (in order) to have a good time.* (no change of subject = infinitive)

Rappel!

Although verbs in the subjunctive are usually found in **que** clauses, not every **que** clause has a subjunctive! For example, the following expressions are followed by the indicative:

dire que	*to say that*
savoir que	*to know that*
espérer que	*to hope that*
parce que	*because*

Elle m**'a dit qu'**elle **venait.**   *She told me she was coming.*
Je **sais** qu'il **est parti.**   *I know (that) he left.*
J'**espère** qu'elle **comprendra.**   *I hope (that) she'll understand.*
Parce que c'**est** comme ça!   *Because that's the way it is!*

Mise en pratique

Objective, Act 1: recognizing subjunctive forms in context

1. Les trois vœux *(wishes)* des enfants. Voilà des vœux qu'ont fait des enfants français. Quel vœu est le plus poétique? Le plus réaliste? Le plus amusant? Le plus fantaisiste? Quel vœu est le plus important, à votre avis? Et vous, quels sont vos trois vœux?

Que j'aie une maison avec un jardin
Qu'il n'y ait plus de méchants dans la vie
Que j'aie un diamant qui fasse tout ce que je lui demande
Qu'il y ait des arc-en-ciel *(rainbows)* tous les jours
Que je sois une princesse
Qu'il fasse beau tout l'été
Qu'il ne pleuve jamais et qu'il y ait toujours du soleil
Que je sois heureuse toute la vie
Que tout soit gratuit *(free)*
Que j'aie beaucoup de chocolat
Que j'aille plus souvent en vacances.

Clemi, *Le conte*

Objective, Act. 2–4: focusing on form and choice of subjunctive, indicative, or infinitive

2. Subjonctif ou infinitif? Mettez les verbes au subjonctif ou à l'infinitif.

1. Je veux _____ en France. (aller)
2. Mon petit frère ne veut pas que vous _____ trop de gâteau. (manger)
3. Mes copains sont tristes de _____ d'appartement. (changer)
4. Il faut que tu _____ à la banque. (aller)
5. Je vais à la bibliothèque pour _____. (étudier)
6. Mes parents ne sont pas contents que nous ne leur _____ jamais. (écrire)
7. Je vais boire un verre de lait avant de (d') _____ dormir. (aller)
8. Je vais écrire ma lettre maintenant pour qu'elle _____ ce soir. (partir)

3. Complétez.
Complétez les phrases par une des expressions suivantes: je veux que / je sais que / je suis content(e) que / j'espère que / je suis triste que / il faut que.

Modèles: vous soyez à l'heure
Il faut que vous soyez à l'heure.

vous serez à l'heure
J'espère que vous serez à l'heure.

1. tu ne vas pas te tromper
2. la vie n'est pas facile
3. tu sois malade
4. il a eu un accident en Suisse
5. nous soyons sérieux
6. nous arrivions à l'heure
7. tu as trop bu hier soir
8. il fasse beau aujourd'hui
9. tu suives un cours de maths
10. vous vous couchiez plus tôt

4. Indicatif, subjonctif ou infinitif?
Mettez les verbes au subjonctif, à l'infinitif ou à l'indicatif.

1. Je vais en ville pour _____ une robe longue. (chercher)
2. Je sais que tu _____ parce que moi, je (j') _____ toujours raison! (se tromper; avoir)
3. Christiane est contente de (d') _____ en vacances. (être)
4. Il faut que nous _____ la vérité. (savoir)
5. Mes amis ne savent pas que je _____ au Japon. (partir)
6. Il faut _____ les dents trois fois par jour. (se brosser)
7. J'espère qu'ils _____. (s'aimer)
8. Il va partir avant que je _____ lui parler. (pouvoir)

5. Le cauchemar du professeur.
Le professeur Parfait a fait un cauchemar la nuit dernière. Il a rêvé qu'un étudiant dirigeait l'université et faisait la loi *(was laying down the law)* pour les professeurs. Qu'est-ce que l'étudiant disait? Écrivez trois choses, puis comparez avec un(e) partenaire. Suivez le modèle.

Modèle: Il faut que vous ayez des heures de bureau le samedi!

Objective, Act. 5 and 6: *using subjunctive in context*

6. Chez le conseiller conjugal.
Monsieur et Madame Bataille ont des problèmes dans leur couple et sont allés voir un conseiller conjugal. Il leur a demandé de faire une liste des changements que chacun voudrait voir chez l'autre. En groupes, faites les deux listes.

Modèle: Je voudrais que tu ne sortes plus avec tes copains le soir.

7. Et en français?
Traduisez en français.

1. He is happy to be here.
2. He is happy she is here.
3. He is sad she must work Saturday night.
4. He is sad he has to work Saturday night.
5. He is sad because she has to work Saturday night.
6. What do you want me to do?
7. I want you to be happy.
8. I don't want to be happy!

Objective, Act. 7: *focusing on contrasts between English and French*

Échanges

La fête des voisins: parler des habitants d'un appartement, de leur vie et de leurs secrets

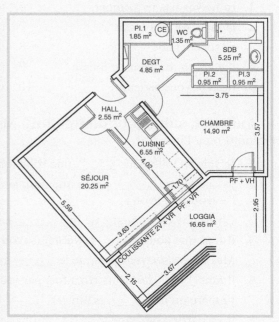

appartements 2, 7, 9, 11

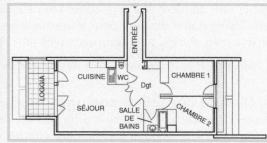

appartements 4, 8, 12, 14

Objectives: *doing an information-gap activity; creating with language; asking for and sharing personal information*

Voilà quelques appartements d'un petit immeuble français. Qui habite ces appartements? Des familles? Des couples? Des enfants? Comment sont ces gens? Qu'est-ce qu'ils font? Qu'est-ce qu'ils aiment? Quelles sont leurs idées? Quelles sont leurs valeurs? Qu'est-ce qu'ils ne disent pas à leurs voisins? C'est à vous de décider!

 1. Un appartement et ses habitants. Mettez-vous en paires ou en groupes de trois. Chaque paire ou groupe va choisir un appartement (un deux pièces? un trois pièces?) et inventer ses occupants.

a. Les habitants. Qui habite cet appartement? Un couple? Une famille? Comment est-ce qu'ils s'appellent? Quel âge ont-ils? Est-ce qu'ils travaillent? Que font-ils dans la vie?

b. Leurs loisirs. Qu'est-ce qu'ils font pour s'amuser?

c. Leurs idées et leurs valeurs. Qu'est-ce qu'ils pensent? Quelles sont leurs idées politiques? Comment trouvent-ils la société actuelle? Qu'est-ce qui est important pour eux? Ont-ils des souhaits *(wishes)*?

d. Leur secret. La famille a un «secret», quelque chose qu'ils n'ont pas dit à leurs voisins. Ça peut être quelque chose de positif (comme par exemple, avoir gagné beaucoup d'argent au loto) ou de négatif (comme par exemple, quelqu'un de la famille est en prison). Quel est ce secret?

2. La fête des voisins. Au printemps de chaque année, en France, il y a la fête des voisins. Pour cette occasion, les habitants de votre immeuble ont décidé de faire l'apéritif dehors. Bien sûr, le but, c'est de rencontrer tout le monde. Mais finalement, vous allez surtout parler avec une personne que vous trouvez sympathique. Prenez l'identité d'un des habitants de l'appartement que vous avez choisi et allez parler à l'un(e) de vos voisin(e)s. Essayez d'en apprendre le plus possible sur lui/elle et essayez aussi de trouver le secret de sa famille. Attention: Vous devrez dire à la classe une ou deux choses intéressantes que vous avez apprise(s) sur votre voisin(e).

3. Un courriel. L'apéritif est terminé et vous êtes rentré(e) dans votre appartement. Écrivez un email à un(e) ami(e) pour lui raconter votre soirée: Qui avez-vous rencontré? Qu'est-ce que vous avez appris sur vos voisins? Utilisez au moins trois verbes au subjonctif.

A la Fête des Voisins (Le Grau du Roi)

Le français parlé

Défendre ses opinions

Scène de vie

—Oncle Vincent, je ne te comprends pas! L'injustice, la pauvreté, ça ne te concerne pas. Ce qui t'intéresse, c'est ta petite vie privée, ton petit confort, ton argent...

—Quand tu seras plus âgée, tu aimeras ton confort, toi aussi! Tu verras!

—Jamais!

—Et puis, qu'est-ce que tu veux qu'on fasse, hein? Tu es bien naïve, ma petite, si tu crois qu'on peut changer le monde!

—Tu ne veux même pas essayer, tu ne fais rien!

—Comment ça, je ne fais rien? Je suis un homme responsable, moi! Je travaille, j'aime ma famille, je m'occupe de mes enfants... Tu ne trouves pas que c'est beaucoup? Hein, à ton avis?

—Mais pas du tout! S'occuper de sa famille, c'est normal. Tout le monde fait ça!

—Mais non, tout le monde ne fait pas ça! Si tout le monde faisait ça, le monde irait mieux, crois-moi! Et puis, tu vois, je profite de la vie, je suis un homme heureux! Pas comme toi, qui n'es jamais contente, qui es toujours en train de critiquer...

—Parce que toi, tu ne critiques jamais? Tu dis toujours qu'il y a trop d'étrangers en France, que la police ne fait pas son travail... Tu ne vois pas que le vrai problème, c'est le racisme et l'intolérance?

—Je ne suis pas d'accord... La France est un pays ouvert et généreux...

—Généreux? Tu trouves, toi?

—Ben oui, généreux!

—Mais tu ne vois rien! Tu ne vois rien du tout! Ouvre les yeux!

—Mais je les ouvre, les yeux... C'est toi qui ne vois rien! Je suis réaliste, moi, bien plus réaliste que toi!

—Tu es égoïste, oui...

—Alors là, non, je ne suis pas d'accord avec toi! J'aime mon confort, oui, je suis peut-être matérialiste, oui, mais je ne suis pas égoïste!

—Bon, d'accord, Oncle Vincent, excuse-moi.

—Écoute, ma petite, tu es idéaliste, c'est normal à ton âge, mais tu perdras tes illusions un jour, tu verras!

—Moi? Jamais! Tu entends? Jamais!

—Bon, ben, on verra, hein... Et si on parlait d'autre chose?

—Oncle Vincent!

Pour écouter

In this lesson, you learn how to recognize when people agree and disagree with each other.

a. Vincent and his niece Suzanne don't agree on anything. Listen to the conversation and make two columns:

Ce qui intéresse Suzanne: **Ce qui intéresse Vincent:**

b. Now, pay attention to the way Vincent and Suzanne interact, express their opinions, agree, and mostly disagree with each other.

Find one expression or sentence that Vincent or Suzanne uses to:

- say that he/she disagrees
- give his/her opinion
- react to what the other says
- ask for the other's opinion
- show that he/she is getting annoyed by what the other says
- back down
- suggest another topic of conversation

c. Now, listen to the conversation again and pay special attention to the tone of voice of the two speakers. Can you guess by the tone of their voice when they are expressing their opinions? Getting annoyed? Disagreeing? Reacting strongly? Backing down?

 ## Parlons! Défendre son opinion

Avec un(e) partenaire, choisissez un sujet de discussion où il y a plusieurs *(several)* points de vue possibles et choisissez chacun un point de vue opposé. (Par exemple, est-ce que vous êtes pour ou contre la violence à la télévision? La recherche sur les animaux? Les régimes stricts pour maigrir? L'écologie? Le droit d'avoir des armes chez soi? La politique du gouvernement actuel?, etc.)

a. Seul(e), écrivez cinq arguments pour défendre votre opinion.

b. Discutez avec votre partenaire. Expliquez vos arguments, mais n'oubliez pas d'écouter aussi les arguments de votre partenaire pour pouvoir y réagir et y répondre.

Vocabulaire de base

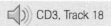

Noms

un accident *accident, crash*
l'amitié *(f.) friendship*
l'avenir *(m.) future*
le bonheur *happiness*
le chômage *unemployment*
l'environnement *(m.) environment*
une guerre *war*
l'immigration *(f.) immigration*
un(e) immigré(e) *immigrant*
une maladie *sickness, illness*
le malheur *misfortune*
la mort *death*
la paix *peace*
un passe-temps *pastime*
le pouvoir *power*
le racisme *racism*
un rêve *dream*
la santé *health*
la société *society*
la solitude *solitude*
une sortie *outing, evening / night out*
la violence *violence*

Adjectifs

actif, active *active*
chaque *each*
déçu(e) *disappointed*
idéaliste *idealistic*
indépendant(e) *independent*
individualiste *individualistic*
injuste *unfair*
inquiet, inquiète *worried*
juste *fair, just, right*
matérialiste *materialistic*
optimiste *optimistic*
pessimiste *pessimistic*
privé(e) *private*
quelques *few; some*
réaliste *realistic*
satisfait(e) (de) *satisfied (with)*
social, sociale, sociaux, sociales *social*
traditionnel, traditionnelle *traditional*

Verbes

agir (conjugué comme finir) *to act*
critiquer *to criticize*
discuter (de) *to discuss*
intéresser *to interest*

s'intéresser à *to be interested in*
refuser (de + infinitif) *to refuse (to do something)*
respecter *to respect*

Divers

à mon (ton, son, etc.) avis *in my (your, his, her, etc.) opinion*
avant de + infinitif *before*
avant que *before*
avoir raison *to be right*
avoir tort *to be wrong*
cependant *nevertheless, however*
être contre *to be against*
être pour *to be for*
évidemment *obviously; of course*
faire de la musique *to make music*
faire du bricolage *to do odd jobs around the house*
faire du jardinage *to do gardening*
il faut (que) *one has to, it is necessary that*
pour (que) *so that, in order to*
probablement *probably*
sauf *except*
sûrement *certainly*

Vocabulaire supplémentaire

Noms

une activité *activity*
l'autorité *(f.) authority*
un besoin *need*
le cancer *cancer*
un cauchemar *nightmare*
un changement *change*
le confort *comfort*
Dieu *God*
la drogue *drug (illegal)*
un(e) drogué(e) *drug addict*
l'écologie *(f.) ecology*
l'égalité *(f.) equality*
un gouvernement *government*
une illusion *illusion*
l'injustice *(f.) injustice*
l'intolérance *(f.) intolerance*
la liberté *freedom*
les loisirs *(m. pl.) leisure (spare time) activities*
une opinion *opinion*
l'ordre *(m.) order*
la pauvreté *poverty*
la pollution *pollution*
un préservatif *condom*
la protection *protection*
la réalité *reality*
la recherche (sur) *research (on)*
la richesse *wealth*
la sécurité *feeling of security, safety*
le sida *AIDS*

un souci *problem, worry*
la spiritualité *spirituality*
le terrorisme *terrorism*

Adjectifs

actuel, actuelle *present, current*
conservateur, conservatrice *conservative*
drogué(e) *high (on drugs)*
financier, financière *financial*
matériel, matérielle *material*
personnel, personnelle *personal*
raciste *racist*
séropositif, séropositive *HIV positive*
simple *simple*

Verbes

accepter (de + infinitif) *to accept*
s'adapter à *to adapt to*
apprécier *to appreciate*
bavarder *to chat*
concerner *to concern*
se droguer *to take (illegal) drugs*
imposer *to impose*
se méfier (de) *to mistrust, not to trust*
oser *to dare*
souffrir (conjugué comme ouvrir) *to suffer*

Divers

avoir des illusions *to have illusions*
avoir des soucis *to have worries*
avoir le droit de *to have the right to*

être conscient(e) de *to be aware of*
faire de la politique *to be involved in politics*
plutôt *rather*
prendre sa retraite *to retire*
profiter de la vie *to make the most of life*
se poser des questions *to wonder; to have doubts*
la vie quotidienne *daily life*

Le français familier

avoir de la tchatche = parler beaucoup, être bavard
la came = la drogue
un leader *leader*
tchatcher = bavarder, parler pour ne rien dire

Le français tel qu'on le parle

Attention! *Watch out!*
Coucou! *Peek-a-boo!*
mon lapin *sweetheart, my love (like mon chou or mon chéri)*

On entend parfois...

avoir de la jasette (Canada) = être bavard
babiner (Canada) = bavarder
barjaquer (Suisse) = bavarder

Magazine littéraire

Éditorial

Nous voici à la fin de cette étude. Réfléchissons un peu aux idées et aux concepts étudiés au cours de l'année. Pour cela voici trois textes où nous pouvons observer comment certaines expériences et certains gestes ouvrent de nouvelles perspectives aux héros qui les vivent. Nous observons aussi comment l'être humain met en application ses valeurs personnelles et leur impact pour s'intégrer au monde.

Contenu

Je vous remercie mon Dieu

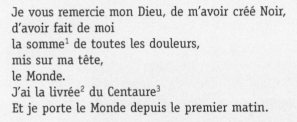

Bernard Binlin Dadié est un écrivain de la Côte d'Ivoire. Sa littérature est abondante et variée—pièces de théâtre, contes, chroniques et poésies. Dans ses livres de poésie, on reconnaît la tradition de la négritude où il célèbre la culture de l'Afrique, de ses habitants, de leurs traditions et de leurs souffrances.

Je vous remercie mon Dieu, de m'avoir créé Noir,
d'avoir fait de moi
la somme[1] de toutes les douleurs,
mis sur ma tête,
le Monde.
J'ai la livrée[2] du Centaure[3]
Et je porte le Monde depuis le premier matin.

Le blanc est une couleur de circonstance[4]
Le noir, la couleur de tous les jours
Et je porte le Monde depuis le premier soir.

Je suis content
de la forme de ma tête
faite pour porter le Monde,
Satisfait
de la forme de mon nez
Qui doit humer[5] tout le vent du Monde,
Heureux
de la forme de mes jambes
Prêtes à courir toutes les étapes[6] du Monde.

Je vous remercie mon Dieu, de m'avoir créé Noir,
d'avoir fait de moi,
la somme de toutes les douleurs.
Trente-six épées[7] ont transpercé mon cœur[8].
Trente-six brasiers[9] ont brûlé mon corps.
Et mon sang[10] sur tous les calvaires a rougi la neige,
Et mon sang à tous les levants[11] a rougi la nature.

Je suis quand même
Content de porter le Monde,
Content de mes bras courts
de mes bras longs,
de l'épaisseur de mes lèvres

Je vous remercie mon Dieu, de m'avoir créé Noir,
Je porte le Monde depuis l'aube[12] des temps
Et mon rire sur le Monde,
dans la nuit crée le jour.

Bernard Binlin Dadié. *La Ronde des jours* (1956), *Légendes et poèmes*, Paris, Seghers, 1966, pp. 239–240.

---

[1]la somme: le total
[2]la livrée: le vêtement, l'habit
[3]le Centaure: un être mythique, mi-homme, mi-cheval
[4]circonstance: ici, officiel, spécial
[5]humer: sentir avec le nez, respirer une odeur
[6]une étape: un arrêt pour le voyageur, pour le coureur

[7]une épée: un objet long et mortel, utilisé dans les duels
[8]le cœur: l'organe de la vie; quand le cœur s'arrête, on meurt
[9]un brasier: un feu, souvent celui du sacrifice
[10]le sang: le liquide rouge qui coule dans les veines
[11]le levant: l'est, où le soleil se lève
[12]l'aube: le début de la journée

ACTIVITÉS

◀ **1. PRÉPARATION**

À l'aide du vocabulaire de la Leçon 15 et des annotations du poème, associez chaque verbe au mot qui lui correspond.

> **battre, courir, porter, respirer, couler, penser**
> **la tête, le nez, les jambes, le cœur, le sang, les bras**

◀ **2. PREMIÈRE LECTURE**

a. Les émotions. Trouvez dans le poème tous les mots qui indiquent une émotion ou un sentiment *(feeling).* Quelle est l'émotion dominante?

b. Associations. Trouvez dans le texte les expressions qui correspondent à ces mots:

> Strophe 1: ma tête
> Strophe 3: mon nez; mes jambes
> Strophe 4: mon cœur; mon corps; mon sang
> Strophe 6: mon rire

c. Avez-vous compris? Dites quelle strophe ou quelles expressions expriment ces idées:

1. Le rire transcende le malheur.
2. En tant qu'Africain, le poète incarne les souffrances de l'humanité.
3. Le poète a un rapport intime avec la nature.
4. Le poète célèbre l'humanité entière sans distinction.

◀ **3. ANALYSE**

a. Les images. Trouvez dans le poème des références, des allusions ou des images mythologiques ou bibliques. À qui se compare le poète? Ces images sont-elles en accord avec les émotions? (voir Activité 2a)

b. Le ton. À quel moment est-ce que le ton du poème change? Quel est ce changement? Que signifie-t-il?

c. Les couleurs. Quelles couleurs est-ce que le poète utilise? À quoi sont-elles associées? Qu'est-ce qu'elles symbolisent?

◀ **4. ÉTUDE**

a. La forme du poème. À quoi ressemble ce poème? Justifiez votre réponse.

b. Remerciements. Pour quelles choses est-ce que le poète remercie Dieu? Et pourquoi le remercie-t-il? Est-ce qu'il est logique?

◀ **5. COMPOSITION** 🔲 WB

Imaginez le poème comme un tableau. Décrivez ce que vous voyez quand vous lisez ce poème. Si vous préférez, vous pouvez aussi faire un tableau concret (un collage, une peinture ou un dessin).

Chanson pour l'Auvergnat[1]

Georges Brassens, chanteur français des années 50, chante son amour de la liberté et son anti-conformisme. Individualiste et anarchiste, il méprise l'argent, le confort, la vie bourgeoise, les lois et l'ordre social. Il a mis à la mode un style et un langage populaires sans artifices et ses chansons restent modernes malgré le temps.

Elle est à toi cette chanson,
Toi, l'Auvergnat qui, sans façon,
M'as donné quatre bouts[2] de bois
Quand, dans ma vie, il faisait froid,
Toi qui m'as donné du feu quand
Les croquantes[3] et les croquants,
Tous les gens bien intentionnés,
M'avaient fermé la porte au nez...
Ce n'était rien qu'un feu de bois,
Mais il m'avait chauffé[4] le corps,
Et dans mon âme il brûle encor'
À la manièr' d'un feu de joie.

Toi, l'Auvergnat, quand tu mourras[5],
Quand le croqu'-mort[6] t'emportera,
Qu'il te conduise, à travers ciel,
Au Père éternel.

Elle est à toi, cette chanson,
Toi, l'Hôtesse qui, sans façon,
M'as donné quatre bouts de pain
Quand, dans ma vie, il faisait faim,
Toi qui m'ouvris ta huche[7] quand
Les croquantes et les croquants,
Tous les gens bien intentionnés,
S'amusaient à me voir jeûner[8]...
Ce n'était rien qu'un peu de pain,
Mais il m'avait chauffé le corps,
Et dans mon âme il brûle encor'
À la manièr' d'un grand festin.

Toi, l'Hôtesse, quand tu mourras,
Quand le croqu'-mort t'emportera,
Qu'il te conduise, à travers ciel,
Au Père éternel.

Elle est à toi, cette chanson,
Toi, l'Étranger qui, sans façon,
D'un air malheureux m'as souri[9]
Lorsque les gendarmes[10] m'ont pris,
Toi qui n'as pas applaudi quand
Les croquantes et les croquants,
Tous les gens bien intentionnés,
Riaient de me voir emmené...
Ce n'était rien qu'un peu de miel[11],
Mais il m'avait chauffé le corps,
Et dans mon âme[12] il brûle encor'
À la manièr' d'un grand soleil.

Toi, l'Étranger, quand tu mourras,
Quand le croqu'-mort t'emportera,
Qu'il te conduise à travers ciel,
Au Père éternel.

Georges Brassens

ACTIVITÉS

◀ **1. PRÉPARATION**
Écoutez la chanson. Que remarquez-vous sur le rythme et les paroles? Quelle sorte de chanson est-ce? Un hymne, une mélodie, une complainte, une balade, une ronde, un lied?

◀ **2. PREMIÈRE ÉCOUTE, PREMIÈRE LECTURE**
a. Pour qui? Écoutez et lisez la chanson. Identifiez dans quelle strophe *(stanza)* se trouvent les phrases et les mots suivants: **un étranger, un peu de pain, quatre bouts de bois, un Auvergnat, il faisait faim, les gendarmes, il faisait froid, un sourire, un peu de miel, un feu de joie, un grand festin.**

b. Le refrain. Comment le refrain est-il différent d'une strophe à l'autre? Pourquoi?

c. Avez-vous compris? Écoutez la chanson encore une fois. À qui s'adresse le chanteur dans sa chanson? Pourquoi leur chante-t-il une chanson?

◀ **3. ANALYSE**
a. Titres. Lisez la chanson et donnez un titre à chaque strophe.

b. Les oppositions. Quelles sont les oppositions qu'on trouve dans cette chanson? Faites deux listes: une liste des personnes qui donnent et une autre liste des spectateurs. À quel groupe va la sympathie du chanteur?

c. Les sentiments. Quels sentiments le chanteur exprime-t-il dans cette chanson?

◀ **4. ÉTUDE**
a. Étude de mots. Quels mots retrouvez-vous dans les mots suivants?
intentionnés, chauffé, emportera, jeûner, malheureux

b. Georges Brassens. D'après cette chanson, quelle est la position politique ou philosophique du chanteur? Justifiez votre réponse.

◀ **5. COMPOSITION** ⬚WB⬚
On vous a rendu un service. Écrivez une lettre à cette personne pour la remercier et dites pourquoi ce service a été si important pour vous.

---

[1]L'Auvergnat: a person from Auvergne, a province of France that is very rural and has the reputation of not being very modern [2]un bout de bois: un petit morceau de bois [3]un croquant: une personne en colère [4]chauffé: devenu chaud [5]mourras: futur du verbe **mourir** [6]un croquemort: une personne qui s'occupe des funérailles [7]une huche: un coffre en bois pour mettre le pain [8]jeûner: ne pas manger; ici, avoir faim [9]sourire: avoir une expression rieuse, aimable [10]un gendarme: un homme de la police [11]le miel: un liquide très sucré fabriqué par des insectes [12]l'âme: la partie spirituelle de l'individu

FEUILLETON: *Momo, la mer et le Coran (Épisode 4)*

Dans ce dernier extrait de Monsieur Ibrahim et les Fleurs du Coran, *Momo découvre la beauté.*

En Normandie

—Alors ton père n'est pas furieux que tu lises le Coran?
—Je me cache... et puis, je n'y comprends pas grand-chose.
—Lorqu'on veut apprendre quelque chose, on ne prend pas un livre. On parle avec quelqu'un. Je ne crois[1] pas aux livres. [...] Momo, j'ai envie[2] de voir la mer. Si on allait en Normandie. Je t'emmène[3]?
—Oh, c'est vrai?
—Si ton père est d'accord[4], naturellement.
—Il sera d'accord!
—Tu es sûr?
—Je vous dis qu'il sera d'accord!
Lorsque nous sommes arrivés dans le hall du Grand Hôtel de Cabourg, ça a été plus fort que moi: je me suis mis à pleurer[5]. J'ai pleuré pendant deux heures, trois heures, je n'arrivais pas à reprendre mon souffle[6]. Monsieur Ibrahim me regardait pleurer. Il attendait patiemment que je parle. Enfin, j'ai fini par articuler.
—C'est trop beau, ici, monsieur Ibrahim, c'est beaucoup trop beau. Ce n'est pas pour moi. Je ne mérite[7] pas ça. Monsieur Ibrahim a souri.
—La beauté, Momo, elle est partout. Où que tu tournes les yeux. Ça, c'est dans mon Coran.
Après, nous avons marché le long de la mer.
—Tu sais, Momo, l'homme à qui Dieu n'a pas révélé la vie directement, ce n'est pas un livre qui la révèlera.

Monsieur Ibrahim et les Fleurs du Coran. Éric-Emmanuel Schmitt. Albin Michel 2001.

---

[1]croire: un acte religieux: croire en Dieu [2]j'ai envie: je voudrais, je désire [3]je t'emmène: tu viens avec moi [4]si ton père est d'accord: si ton père dit oui [5]pleurer: le contraire de rire [6]le souffle: la respiration [7]mériter: recevoir une récompense *(reward)* pour un bon travail

ACTIVITÉS

◀ **1. PRÉPARATION**
Le Coran. Qu'est-ce que vous savez sur le Coran?

◀ **2. PREMIÈRE LECTURE**
a. Le Coran. Quels mots sont associés au mot «Coran» dans ce passage?

b. Lieux. Est-ce que cet extrait se passe dans un seul lieu? Combien de scènes y-a-t-il?

c. Avez-vous compris? Lisez le passage et dites si les phrases suivantes sont vraies ou fausses. Corrigez les phrases fausses à l'aide du texte.
1. Monsieur Ibrahim croit que les livres sont pour apprendre.
2. Momo va en Normandie avec Monsieur Ibrahim.
3. Le père de Momo ne veut pas qu'il aille en Normandie.
4. Momo pleure parce que son père n'est pas en Normandie.
5. Momo pleure parce qu'il n'est pas beau.
6. Monsieur Ibrahim dit que la beauté est dans le Coran.
7. Monsieur Ibrahim pense que le Coran révèle Dieu.

◀ **3. ANALYSE**
a. Expliquez ce qui se passe. Qu'est-ce que Momo et Monsieur Ibrahim ont fait en Normandie et qu'est-ce qui fait pleurer Momo? Que faut-il faire pour apprendre d'après Monsieur Ibrahim?

b. Le Coran. Quel rôle joue le Coran dans cet extrait?

◀ **4. ÉTUDE**

a. Monsieur Ibrahim et les Fleurs du Coran. Retournez aux trois épisodes précédents (pages 112, 230 et 364). Dans quel ordre ces épisodes sont-ils narrés dans le livre, d'après vous? Pourquoi?

b. Cinq mots. Quels cinq mots nouveaux comprenez-vous facilement dans ce passage?

◀ **5. COMPOSITION: VISITE DE CABOURG** [WB]
Après un voyage de classe (virtuel) à Cabourg, vous allez faire un «travelogue» de ce voyage. Décrivez ce que avez vu et ce que vous avez aimé, et indiquez ce qui fait de Cabourg une ville «normande» d'après ce que vous avez vu.

Appendice de grammaire

- **Les temps composés**
- **Le passé simple**
- **Le participe présent**
- **L'infinitif**
- **Les pronoms relatifs** *dont* **et** *ce dont*
- **Les pronoms démonstratifs**
- **Les pronoms possessifs**
- **L'ordre des pronoms d'objet,** *y* **et** *en*
- **La place des adjectifs**

Les temps composés

Le français parlé

A compound tense (**un temps composé**) has two parts: a helping verb and a past participle. The **passé composé,** for example, is a compound tense (present tense of **avoir/être** + past participle). The **passé composé** refers to an event in the past, to something that happened or has happened.

Ils **ont pris** ma radio!	*They took my radio!*
Sa mère **est allée** à Londres.	*His mother went/has gone to London.*
Mon oncle **a** déjà **lu** le journal.	*My uncle already read/has already read the newspaper.*
Nous nous **sommes regardés.**	*We looked at each other.*

Three other compound tenses besides the **passé composé** are in common use. These tenses are used to date events chronologically in a narration in the past or in the future. Each one is formed by using a form of **avoir** or **être** as a helping verb plus a past participle.

Le plus-que-parfait: avoir/être à l'imparfait + participe passé

The **plus-que-parfait** refers to an event in the past that happened before another event in the past, that is, to something that had happened before something else.

Il **avait** déjà **mangé** quand je suis arrivé.	*He had already eaten when I got there.*
Elle **était** déjà **partie** quand je lui ai téléphoné.	*She had already left when I called her.*
Je m'**étais** déjà **couché** quand l'inspecteur m'a téléphoné.	*I had already gone to bed when the police inspector called me.*

Le futur antérieur: *avoir/être* au futur + participe passé

The **futur antérieur** refers to an event in the future that will happen before another event in the future, that is, to something that will have happened before something else.

Mon père **aura mangé** avant que j'arrive.	*My father will have eaten before I get there.*
J'espère que Marie **sera rentrée** quand ses parents téléphoneront.	*I hope Mary will have gotten back by the time that (when) her parents call.*
Je me **serai lavé** les cheveux avant que tu arrives.	*I will have washed my hair before you get here.*

Le conditionnel passé: *avoir/être* au conditionnel + participe passé

The **conditionnel passé** refers to an event that would have happened if something else had happened.

Il t'**aurait dit** la vérité si tu lui avais parlé.	*He would have told you the truth if you had talked to him.*
Elle **serait partie** s'il y avait eu un train.	*She would have left if there had been a train.*
Tu te **serais souvenu** d'elle si tu l'avais vue.	*You would have remembered her if you had seen her.*

Note that past participles agree in all compound tenses as they do for the **passé composé**.

C'est elle la fille que j'avais rencontrée il y a deux ans!
Nous serons arrivés avant 18 heures demain.
Ils se seraient couchés de bonne heure, mais il y avait des examens et...

See the *Appendice de verbes* for examples of verbs conjugated in these tenses.

Le passé simple

The **passé simple** *(simple past tense)* in French is found in written narration where it is basically the equivalent of the **passé composé**. To read French narration such as that found in novels, fairy tales, or detective stories, you will need to be able to recognize verb forms in the **passé simple**.

1. The **passé simple** of regular -er verbs like **parler** is formed by adding the endings -ai, -as, -a, -âmes, -âtes, -èrent to the infinitive stem (**parl-**).

je parlai	nous parlâmes
tu parlas	vous parlâtes
il elle } parla	ils elles } parlèrent

2. The passé simple of regular -ir and -re verbs like **finir, partir,** and **vendre** is formed by adding the endings **-is, -is, -it, -îmes, -îtes, -irent** to the infinitive stem (**fin-, part-, vend-**).

je finis	nous finîmes	je vendis	nous vendîmes	je partis	nous partîmes
tu finis	vous finîtes	tu vendis	vous vendîtes	tu partis	vous partîtes
il elle } finit	ils elles } finirent	il elle } vendit	ils elles } vendirent	il elle } partit	ils elles } partirent

3. Other verbs. Many verbs have irregular **passé simple** forms. Frequently, but not always, the stem of the **passé simple** is based on the past participle. All verbs in this category take the same set of endings: **-s, -s, -t, -^mes, -^tes, -rent.**

VERB	STEM	
avoir	eu-	il **eut**
boire	bu-	elles **burent**
connaître	connu-	il **connut**
courir	couru-	elle **courut**
croire	cru-	il **crut**
devoir	du-	ils **durent**
dire	di-	elle **dit**
être	fu-	elle **fut**
faire	fi-	elles **firent**
falloir	fallu-	il **fallut**
lire	lu-	il **lut**
mettre	mi-	elles **mirent**
pouvoir	pu-	elle **put**
prendre	pri-	il **prit**
recevoir	reçu-	il **reçut**
rire	ri-	elles **rirent**
savoir	su-	elle **sut**
suivre	suivi-	il **suivit**
venir	vin-	il **vint**
vivre	vécu-	elle **vécut**
voir	vi-	ils **virent**
vouloir	voulu-	elle **voulut**

Le participe présent

The present participle is a verbal form ending in **-ant.** A present participle may be used either as an adjective or as a verb.

Formation

The present participle is formed by removing the **-ons** ending from the **nous** form of the present tense and adding **-ant**.

chanter	**chantant**
finir	**finissant**
attendre	**attendant**
sortir	**sortant**
prendre	**prenant**

Avoir, être, and **savoir** have irregular present participle forms.

être **étant**	avoir **ayant**	savoir **sachant**

1. Present participles used as adjectives agree with the noun they modify.

   Nous avons vu **un film amusant** *We saw a funny (amusing) film*
   à la télévision hier. *on television last night.*
   Vous avez **des idées surprenantes.** *You have surprising ideas.*

2. **En** followed by a present participle may be translated by a variety of English words (*by, in, on, as,* etc.). It explains how something is done.

   Il a appris à faire la cuisine *He learned to cook by watching*
   en regardant sa mère. *his mother.*

3. The phrase **tout en** + present participle expresses the idea of two actions going on at the same time. **Tout** does not always have an English equivalent.

   Continue. Je peux t'écouter *Keep going. I can listen to you*
   tout en travaillant. *while I work.*

ATTENTION! Verb forms in *-ing* are very common in English. They are only rarely, however, the equivalent of the French present participle. Compare the following:

Nous avons commencé à **étudier.** *We started studying.*
Elle était **assise.** *She was sitting down.*
Voilà la femme **de ménage.** *There's the cleaning lady.*

The English progressive tenses have no direct equivalent in French.

Rappel!

He is singing. = Il **chante.**
She was singing. = Elle **chantait.**

L'infinitif

The infinitive of a verb is the form found in a vocabulary list or in the dictionary. Infinitives in French end in -er (**parler, aller, espérer**), -ir (**finir, sortir, ouvrir**), -re (**vendre, prendre, être**), or -oir (**vouloir, devoir, avoir**).

You have already seen infinitives used in a number of ways.

1. As the equivalent of the English *to + verb:*

Il ne veut pas **nager.**	*He doesn't want to swim.*
Vous ne m'avez pas dit de **faire** la vaisselle!	*You didn't tell me to do the dishes!*

2. As the equivalent of the English *verb + -ing:*

Il est parti sans **manger.**	*He left without eating.*
Qui a envie de **jouer** au tennis?	*Who feels like playing tennis?*

3. As part of a compound noun:

une salle à **manger**	*a dining room*
une machine à **écrire**	*a typewriter*

Verbe + infinitif

Verbs in French may be followed directly by an infinitive or may require the insertion of **à** or **de** in front of the infinitive.

Tu aimes **étudier?**	*You like to study?*
J'essaie **de** t'aider.	*I'm trying to help you.*
Elle a commencé **à** étudier.	*She's started to study.*

Here are two lists of verbs, one that inserts the preposition **à** before an infinitive and one that inserts the preposition **de**. These lists represent the verbs presented in *VOILÀ!* and so are not complete. You should continue to add to these lists as you study French.

VERBE + **à** + INFINITIF	VERBE + **de** + INFINITIF
aider qqn à	accepter de
apprendre à	choisir de
chercher à	décider de
commencer à	demander à qqn de
continuer à	dire à qqn de
inviter qqn à	essayer de
passer (du temps) à	finir de
réussir à	offrir de
s'amuser à	oublier de
se préparer à	permettre de
	promettre à qqn de
	refuser de
	rêver de
	venir de *(to have just)*

Les pronoms relatifs *dont* et *ce dont*

Dont

The relative pronoun **dont** connects two sentences sharing the same noun just as do the relative pronouns **qui** and **que. Dont,** however, indicates that the shared word is preceded by the preposition **de** in one of the sentences. In other words, **dont** replaces **de** plus the following word. The English equivalent is *of whom, of which, about* *whom, about which,* or *whose.* Although English allows some of these relative pronouns to be deleted, French does not.

C'est **le professeur.** + Je connais le fils **de ce professeur.** =
C'est le professeur **dont** je connais le fils.
That's the instructor. + I know that instructor's son (the son of that instructor). =
That's the instructor whose son I know.

J'ai vu **les étudiants.** + Tu m'as parlé **de ces étudiants.** =
J'ai vu les étudiants **dont** tu m'as parlé.
I saw the students. + You talked to me about those students. =
I saw the students you talked to me about.

Voilà **le crayon.** + J'ai besoin **de ce crayon.** =
Voilà le crayon **dont** j'ai besoin.
There's the pencil. + I need that pencil.
There's the pencil I need (of which I have need).

Ce dont

Ce dont, like **ce qui** and **ce que,** means *what* and refers to something indefinite. It is used with expressions incorporating **de** such as **avoir besoin de, avoir peur de, se souvenir de,** etc.

Ce dont j'ai besoin, c'est de paix!	*What I need is some peace!*
Je ne sais pas **ce dont** j'ai envie.	*I don't know what I feel like having.*

Les pronoms démonstratifs: *celui, celle, ceux, celles*

You have already learned the forms and use of the demonstrative adjective **ce.**

Tu veux **cette** pomme?	*Do you want this/that apple?*
Vous voyez **cet** homme et **ces** femmes?	*Do you see that man and those women?*

A demonstrative pronoun replaces a demonstrative adjective and its noun. Here are some examples.

Tu veux cette pomme-ci ou **celle-là?** *Do you want this apple or that one?*
  (celle-là = cette pomme-là)

—Vous voyez cet homme? *Do you see that man?*
—Quel homme? *What man?*
—**Celui** qui est derrière la table. *The one behind the table.*
(**celui qui est derrière la table** = cet homme qui est derrière la table)

Demonstrative pronouns cannot stand alone. They must be followed by one of three structures:

1. -ci or -là:

—Prenez une pomme. *Take an apple.*
—Celle-ci ou **celle-là?** *This one or that one?*

2. A prepositional phrase:

—Tu veux ces livres-ci ou   *Do you want these books or Marc's?*
ceux de Marc?

3. A relative clause:

—Tu veux un magazine?   *Do you want a magazine?*
—Oui, mais je veux **celui que**   *Yes, but I want the one you're reading!*
tu lis!

Les pronoms possessifs

You have already learned the forms and use of possessive adjectives.

—C'est **ton** livre?   *Is this your book?*
—Non, c'est **leur** livre.   *No, it's their book.*

A possessive pronoun replaces a possessive adjective and its noun.

—C'est **le tien?**   *Is this yours?*
—Non, c'est **le leur.**   *No, it's theirs.*

Here are the forms of the possessive pronouns.

MINE	YOURS *(familiar)*	HIS, HERS, ITS
le mien	le tien	le sien
la mienne	la tienne	la sienne
les miens	les tiens	les siens
les miennes	les tiennes	les siennes
OURS	YOURS *(formal, pl.)*	THEIRS
le nôtre	le vôtre	le leur
la nôtre	la vôtre	la leur
les nôtres	les vôtres	les leurs

Possessive pronouns agree in number and gender with the noun they replace.

Voilà mon affiche et voilà **la vôtre.**   *Here's my poster and here's yours.*
  (la vôtre = votre affiche)

David a pris tes clés et **les miennes!**   *David took your keys and mine!*
  (les miennes = mes clés)

—On prend ta voiture ou   *Shall we take your car or mine?*
  la mienne?
—Prenons **la tienne,** elle est   *Let's take yours; it's less dirty.*
  moins sale.
  (la mienne = ma voiture, la tienne = ta voiture)

L'ordre des pronoms d'objet, *y* et *en*

When more than one object pronoun is used, certain rules of order apply. For all cases except affirmative commands, Table 1 applies. Use Table 2 for affirmative commands.

TABLE 1: BEFORE THE VERB

| me
te
se
nous
vous | BEFORE | le
la
les | BEFORE | lui
leur | BEFORE | y | BEFORE | en |

TABLE 2: AFFIRMATIVE COMMANDS (AFTER THE VERB)

| le
la
les | BEFORE | moi (m')
toi (t')
lui
nous
vous
leur | BEFORE | y | BEFORE | en |

Fatima donne **des fleurs à sa mère.**   Fatima **lui en** donne.
La mère de Fatima donne **les fleurs
à sa mère!**   Elle **les lui** donne!

Donne **ces fleurs à ton père.**   Donne-**les-lui.**
On ne va plus parler **de cela
aux enfants!**   On ne va plus **leur en** parler!

On **m'a** donné **des fleurs** hier.   On **m'en** a donné hier.
Donnez-**moi ce crayon.**   Donnez-**le-moi.**
Donnez-**moi des crayons.**   Donnez-**m'en.**
Il y a **des crayons?**   Il y **en** a?

La place des adjectifs

As you have already learned, the majority of adjectives in French follow the noun they modify.

Candide n'aime pas les films **violents.**   *Candide doesn't like violent
movies.*

A small group of adjectives, however, precede the noun they modify.

beau, (bel) belle, beaux, belles	Jacques Dubois a une **belle** maison.
bon, bonne	J'ai une **bonne** idée.
grand, grande	Suzanne a une **grande** chambre.
gros, grosse	Quel **gros** chien!
jeune	François est un **jeune** enfant.
joli, jolie	Sylvie a une **jolie** chambre.
long, longue	Quelle **longue** journée!
mauvais, mauvaise	Ça, c'est une **mauvaise** idée.
nouveau, (nouvel) nouvelle, nouveaux, nouvelles	J'ai une **nouvelle** robe.
pauvre	La **pauvre** femme!
petit, petite	Tu vois le **petit** chat?
vieux (vieil), vieille, vieux, vieilles	M. Martin est un **vieil** homme.

Some adjectives may be found either before or after the noun they modify. These adjectives change meaning according to their position.

ADJECTIF	AVANT LE NOM	APRÈS LE NOM
dernier, dernière	*last of a series, final* le **dernier** jour de la semaine le **dernier** étage	*last, most recent* (for **semaine, mois, année**) la semaine **dernière**
cher, chère	*dear, beloved* **Chère** Aline, Je t'écris pour...	*expensive* La Mercédès est une voiture **chère**.
grand, grande	*great, important* (refers to people) On dit que Napoléon était un **grand** homme.	*tall* (refers to people) Mais on ne dit pas que c'était un homme **grand**!
même	*same* C'est la **même** chose.	*very, even, itself* Elle, c'est la bonté *(goodness)* **même**.
pauvre	*unfortunate, pitiful* Le **pauvre** garçon, il a tout perdu.	*without money* C'est un garçon **pauvre** mais intelligent.
propre	*own* C'est ma **propre** idée.	*clean* Tu as les mains **propres**?

Appendice de verbes

A. Verbs *être* and *avoir*

INFINITIF: avoir (*to have*)
PARTICIPE PRÉSENT: ayant
PARTICIPE PASSÉ: eu

INDICATIF

PRÉSENT	IMPARFAIT	PASSÉ SIMPLE	FUTUR
j'ai	j'avais	j'eus	j'aurai
tu as	tu avais	tu eus	tu auras
il a	il avait	il eut	il aura
nous avons	nous avions	nous eûmes	nous aurons
vous avez	vous aviez	vous eûtes	vous aurez
ils ont	ils avaient	ils eurent	ils auront

PASSÉ COMPOSÉ	PLUS-QUE-PARFAIT	FUTUR ANTÉRIEUR
j'ai eu	j'avais eu	j'aurai eu
tu as eu	tu avais eu	tu auras eu
il a eu	il avait eu	il aura eu
nous avons eu	nous avions eu	nous aurons eu
vous avez eu	vous aviez eu	vous aurez eu
ils ont eu	ils avaient eu	ils auront eu

CONDITIONNEL

PRÉSENT DU CONDITIONNEL	CONDITIONNEL PASSÉ
j'aurais	j'aurais eu
tu aurais	tu aurais eu
il aurait	il aurait eu
nous aurions	nous aurions eu
vous auriez	vous auriez eu
ils auraient	ils auraient eu

SUBJONCTIF

PRÉSENT DU SUBJONCTIF
que j' aie
que tu aies
qu'il/elle ait
que nous ayons
que vous ayez
qu'ils aient

IMPÉRATIF

aie
ayons
ayez

INFINITIF: être (*to be*)
PARTICIPE PRÉSENT: étant
PARTICIPE PASSÉ: été

INDICATIF

PRÉSENT	IMPARFAIT	PASSÉ SIMPLE	FUTUR
je suis	j'étais	je fus	je serai
tu es	tu étais	tu fus	tu seras
il est	il était	il fut	il sera
nous sommes	nous étions	nous fûmes	nous serons
vous êtes	vous étiez	vous fûtes	vous serez
ils sont	ils étaient	ils furent	ils seront

PASSÉ COMPOSÉ	PLUS-QUE-PARFAIT	FUTUR ANTÉRIEUR
j'ai été	j'avais été	j'aurai été
tu as été	tu avais été	tu auras été
il a été	il avait été	il aura été
nous avons été	nous avions été	nous aurons été
vous avez été	vous aviez été	vous aurez été
ils ont été	ils avaient été	ils auront été

CONDITIONNEL

PRÉSENT DU CONDITIONNEL	CONDITIONNEL PASSÉ
je serais	j'aurais été
tu serais	tu aurais été
il serait	il aurait été
nous serions	nous aurions été
vous seriez	vous auriez été
ils seraient	ils auraient été

SUBJONCTIF

PRÉSENT DU SUBJONCTIF
que je sois
que tu sois
qu'il soit
que nous soyons
que vous soyez
qu'ils soient

IMPÉRATIF

sois
soyons
soyez

B. Regular verbs

VERBE: -er verbs — INFINITIF **parler** (to speak); PARTICIPE PRÉSENT parlant; PARTICIPE PASSÉ parlé

INDICATIF

PRÉSENT	IMPARFAIT	PASSÉ SIMPLE	FUTUR
je parle	je parlais	je parlai	je parlerai
tu parles	tu parlais	tu parlas	tu parleras
il parle	il parlait	il parla	il parlera
nous parlons	nous parlions	nous parlâmes	nous parlerons
vous parlez	vous parliez	vous parlâtes	vous parlerez
ils parlent	ils parlaient	ils parlèrent	ils parleront

PASSÉ COMPOSÉ	PLUS-QUE-PARFAIT	FUTUR ANTÉRIEUR
j'ai parlé	j'avais parlé	j'aurai parlé
tu as parlé	tu avais parlé	tu auras parlé
il a parlé	il avait parlé	il aura parlé
nous avons parlé	nous avions parlé	nous aurons parlé
vous avez parlé	vous aviez parlé	vous aurez parlé
ils ont parlé	ils avaient parlé	ils auront parlé

CONDITIONNEL

CONDITIONNEL	CONDITIONNEL PASSÉ
je parlerais	j'aurais parlé
tu parlerais	tu aurais parlé
il parlerait	il aurait parlé
nous parlerions	nous aurions parlé
vous parleriez	vous auriez parlé
ils parleraient	ils auraient parlé

SUBJONCTIF

PRÉSENT DU SUBJONCTIF
que je parle
que tu parles
qu'il parle
que nous parlions
que vous parliez
qu'ils parlent

IMPÉRATIF

parle
parlons
parlez

VERBE: -ir verbs — INFINITIF **dormir*** (to sleep); PARTICIPE PRÉSENT dormant; PARTICIPE PASSÉ dormi

INDICATIF

PRÉSENT	IMPARFAIT	PASSÉ SIMPLE	FUTUR
je dors	je dormais	je dormis	je dormirai
tu dors	tu dormais	tu dormis	tu dormiras
il dort	il dormait	il dormit	il dormira
nous dormons	nous dormions	nous dormîmes	nous dormirons
vous dormez	vous dormiez	vous dormîtes	vous dormirez
ils dorment	ils dormaient	ils dormirent	ils dormiront

PASSÉ COMPOSÉ	PLUS-QUE-PARFAIT	FUTUR ANTÉRIEUR
j'ai dormi	j'avais dormi	j'aurai dormi
tu as dormi	tu avais dormi	tu auras dormi
il a dormi	il avait dormi	il aura dormi
nous avons dormi	nous avions dormi	nous aurons dormi
vous avez dormi	vous aviez dormi	vous aurez dormi
ils ont dormi	ils avaient dormi	ils auront dormi

CONDITIONNEL

CONDITIONNEL	CONDITIONNEL PASSÉ
je dormirais	j'aurais dormi
tu dormirais	tu aurais dormi
il dormirait	il aurait dormi
nous dormirions	nous aurions dormi
vous dormiriez	vous auriez dormi
ils dormiraient	ils auraient dormi

SUBJONCTIF

PRÉSENT DU SUBJONCTIF
que je dorme
que tu dormes
qu'il dorme
que nous dormions
que vous dormiez
qu'ils dorment

IMPÉRATIF

dors
dormons
dormez

---

*Other verbs like **dormir** are **mentir, partir, sortir, s'endormir**. Note that **partir, sortir,** and **s'endormir** are conjugated with **être** in the **passé composé**.

VERBE	INDICATIF				CONDITIONNEL	SUBJONCTIF	IMPÉRATIF
-ir verbs **INFINITIF** **finir*** (*to finish*) PARTICIPE PRÉSENT finissant PARTICIPE PASSÉ fini	**PRÉSENT** je finis tu finis il finit nous finissons vous finissez ils finissent **PASSÉ COMPOSÉ** j'ai fini tu as fini il a fini nous avons fini vous avez fini ils ont fini	**IMPARFAIT** je finissais tu finissais il finissait nous finissions vous finissiez ils finissaient **PLUS-QUE-PARFAIT** j'avais fini tu avais fini il avait fini nous avions fini vous aviez fini ils avaient fini	**PASSÉ SIMPLE** je finis tu finis il finit nous finîmes vous finîtes ils finirent	**FUTUR** je finirai tu finiras il finira nous finirons vous finirez ils finiront **FUTUR ANTÉRIEUR** j'aurai fini tu auras fini il aura fini nous aurons fini vous aurez fini ils auront fini	**CONDITIONNEL** je finirais tu finirais il finirait nous finirions vous finiriez ils finiraient **CONDITIONNEL PASSÉ** j'aurais fini tu aurais fini il aurait fini nous aurions fini vous auriez fini ils auraient fini	**PRÉSENT DU SUBJONCTIF** que je finisse que tu finisses qu'il finisse que nous finissions que vous finissiez qu'ils finissent	finis finissons finissez
-re verbs **INFINITIF** **vendre†** (*to sell*) PARTICIPE PRÉSENT vendant PARTICIPE PASSÉ vendu	**PRÉSENT** je vends tu vends il vend nous vendons vous vendez ils vendent **PASSÉ COMPOSÉ** j'ai vendu tu as vendu il a vendu nous avons vendu vous avez vendu ils ont vendu	**IMPARFAIT** je vendais tu vendais il vendait nous vendions vous vendiez ils vendaient **PLUS-QUE-PARFAIT** j'avais vendu tu avais vendu il avait vendu nous avions vendu vous aviez vendu ils avaient vendu	**PASSÉ SIMPLE** je vendis tu vendis il vendit nous vendîmes vous vendîtes ils vendirent	**FUTUR** je vendrai tu vendras il vendra nous vendrons vous vendrez ils vendront **FUTUR ANTÉRIEUR** j'aurai vendu tu auras vendu il aura vendu nous aurons vendu vous aurez vendu ils auront vendu	**CONDITIONNEL** je vendrais tu vendrais il vendrait nous vendrions vous vendriez ils vendraient **CONDITIONNEL PASSÉ** j'aurais vendu tu aurais vendu il aurait vendu nous aurions vendu vous auriez vendu ils auraient vendu	**PRÉSENT DU SUBJONCTIF** que je vende que tu vendes qu'il vende que nous vendions que vous vendiez qu'ils vendent	vends vendons vendez

*Other verbs like finir are agir, choisir, grossir, maigrir, réfléchir, réussir.
† Other verbs like vendre are attendre, descendre, perdre, rendre, répondre. Note that descendre is conjugated with être in the passé composé.

C. Reflexive verbs

VERBE	INDICATIF		CONDITIONNEL	SUBJONCTIF	IMPÉRATIF

INFINITIF
se laver (to wash onself)
PARTICIPE PRÉSENT se lavant
PARTICIPE PASSÉ lavé

INDICATIF

PRÉSENT	IMPARFAIT	PASSÉ SIMPLE	FUTUR
je me lave	je me lavais	je me lavai	je me laverai
tu te laves	tu te lavais	tu te lavas	tu te laveras
il se lave	il se lavait	il se lava	il se lavera
nous nous lavons	nous nous lavions	nous nous lavâmes	nous nous laverons
vous vous lavez	vous vous laviez	vous vous lavâtes	vous vous laverez
ils se lavent	ils se lavaient	ils se lavèrent	ils se laveront

PASSÉ COMPOSÉ	PLUS-QUE-PARFAIT	FUTUR ANTÉRIEUR
je me suis lavé	je m'étais lavé	je me serai lavé
tu t'es lavé	tu t'étais lavé	tu te seras lavé
il s'est lavé	il s'était lavé	il se sera lavé
nous nous sommes lavés	nous nous étions lavés	nous nous serons lavés
vous vous êtes lavés	vous vous étiez lavés	vous vous serez lavés
ils se sont lavés	ils s'étaient lavés	ils se seront lavés

CONDITIONNEL

CONDITIONNEL	CONDITIONNEL PASSÉ
je me laverais	je me serais lavé
tu te laverais	tu te serais lavé
il se laverait	il se serait lavé
nous nous laverions	nous nous serions lavés
vous vous laveriez	vous vous seriez lavés
ils se laveraient	ils se seraient lavés

SUBJONCTIF

PRÉSENT DU SUBJONCTIF
que je me lave
que tu te laves
qu'il se lave
que nous nous lavions
que vous vous laviez
qu'ils se lavent

IMPÉRATIF

lave-toi
lavons-nous
lavez-vous

D. Verbs with spelling changes

VERBE	PRÉSENT	IMPARFAIT	PASSÉ COMPOSÉ	PASSÉ SIMPLE	FUTUR	CONDITIONNEL	PRÉSENT DU SUBJONCTIF	IMPÉRATIF
manger* (to eat) mangeant mangé	je mange	je mangeais	j'ai mangé	je mangeai	je mangerai	je mangerais	que je mange	
	tu manges	tu mangeais	tu as mangé	tu mangeas	tu mangeras	tu mangerais	que tu manges	mange
	il mange	il mangeait	il a mangé	il mangea	il mangera	il mangerait	qu'il mange	
	nous mangeons	nous mangions	nous avons mangé	nous mangeâmes	nous mangerons	nous mangerions	que nous mangions	mangeons
	vous mangez	vous mangiez	vous avez mangé	vous mangeâtes	vous mangerez	vous mangeriez	que vous mangiez	mangez
	ils mangent	ils mangeaient	ils ont mangé	ils mangèrent	ils mangeront	ils mangeraient	qu'ils mangent	

*Other verbs like manger are **bouger, changer, déménager, diriger, interroger, loger, nager, neiger, partager, ranger, voyager.**

VERBE	PRÉSENT	IMPARFAIT	PASSÉ COMPOSÉ	PASSÉ SIMPLE	FUTUR	CONDITIONNEL	PRÉSENT DU SUBJONCTIF	IMPÉRATIF
commencer* (to begin) commençant commencé	je commence tu commences il commence nous commençons vous commencez ils commencent	je commençais tu commençais il commençait nous commencions vous commenciez ils commençaient	j'ai commencé tu as commencé il a commencé nous avons commencé vous avez commencé ils ont commencé	je commençai tu commenças il commença nous commençâmes vous commençâtes ils commencèrent	je commencerai tu commenceras il commencera nous commencerons vous commencerez ils commenceront	je commencerais tu commencerais il commencerait nous commencerions vous commenceriez ils commenceraient	que je commence que tu commences qu'il commence que nous commencions que vous commenciez qu'ils commencent	commence commençons commencez
essayer† (to try) essayant essayé	j'essaie tu essaies il essaie nous essayons vous essayez ils essaient	j'essayais tu essayais il essayait nous essayions vous essayiez ils essayaient	j'ai essayé tu as essayé il a essayé nous avons essayé vous avez essayé ils ont essayé	j'essayai tu essayas il essaya nous essayâmes vous essayâtes ils essayèrent	j'essaierai tu essaieras il essaiera nous essaierons vous essaierez ils essaieront	j'essaierais tu essaierais il essaierait nous essaierions vous essaieriez ils essaieraient	que j'essaie que tu essaies qu'il essaie que nous essayions que vous essayiez qu'ils essaient	essaie essayons essayez
acheter‡ (to buy) achetant acheté	j'achète tu achètes il achète nous achetons vous achetez ils achètent	j'achetais tu achetais il achetait nous achetions vous achetiez ils achetaient	j'ai acheté tu as acheté il a acheté nous avons acheté vous avez acheté ils ont acheté	j'achetai tu achetas il acheta nous achetâmes vous achetâtes ils achetèrent	j'achèterai tu achèteras il achètera nous achèterons vous achèterez ils achèteront	j'achèterais tu achèterais il achèterait nous achèterions vous achèteriez ils achèteraient	que j'achète que tu achètes qu'il achète que nous achetions que vous achetiez qu'ils achètent	achète achetons achetez
préférer§ (to prefer) préférant préféré	je préfère tu préfères il préfère nous préférons vous préférez ils préfèrent	je préférais tu préférais il préférait nous préférions vous préfériez ils préféraient	j'ai préféré tu as préféré il a préféré nous avons préféré vous avez préféré ils ont préféré	je préférai tu préféras il préféra nous préférâmes vous préférâtes ils préférèrent	je préférerai tu préféreras il préférera nous préférerons vous préférerez ils préféreront	je préférerais tu préférerais il préférerait nous préférerions vous préféreriez ils préféreraient	que je préfère que tu préfères qu'il préfère que nous préférions que vous préfériez qu'ils préfèrent	préfère préférons préférez
appeler (to call) appelant appelé	j'appelle tu appelles il appelle nous appelons vous appelez ils appellent	j'appelais tu appelais il appelait nous appelions vous appeliez ils appelaient	j'ai appelé tu as appelé il a appelé nous avons appelé vous avez appelé ils ont appelé	j'appelai tu appelas il appela nous appelâmes vous appelâtes ils appelèrent	j'appellerai tu appelleras il appellera nous appellerons vous appellerez ils appelleront	j'appellerais tu appellerais il appellerait nous appellerions vous appelleriez ils appelleraient	que j'appelle que tu appelles qu'il appelle que nous appelions que vous appeliez qu'ils appellent	appelle appelons appelez

*Other verbs like **commencer** are **divorcer, se fiancer, menacer**.
†Other verbs like **essayer** are **employer, (s')ennuyer, payer**.
‡Other verbs like **acheter** are **emmener, (se) lever, (se) promener**.
§Other verbs like **préférer** are **espérer, (se) sécher**.

E. Irregular verbs

VERBE	PRÉSENT	IMPARFAIT	PASSÉ COMPOSÉ	PASSÉ SIMPLE	FUTUR	CONDITIONNEL	PRÉSENT DU SUBJONCTIF	IMPÉRATIF
aller (*to go*) allant allé	je vais tu vas il va nous allons vous allez ils vont	j'allais tu allais il allait nous allions vous alliez ils allaient	je suis allé tu es allé il est allé nous sommes allés vous êtes allés ils sont allés	j'allai tu allas il alla nous allâmes vous allâtes ils allèrent	j'irai tu iras il ira nous irons vous irez ils iront	j'irais tu irais il irait nous irions vous iriez ils iraient	que j'aille que tu ailles qu'il aille que nous allions que vous alliez qu'ils aillent	va allons allez
boire (*to drink*) buvant bu	je bois tu bois il boit nous buvons vous buvez ils boivent	je buvais tu buvais il buvait nous buvions vous buviez ils buvaient	j'ai bu tu as bu il a bu nous avons bu vous avez bu ils ont bu	je bus tu bus il but nous bûmes vous bûtes ils burent	je boirai tu boiras il boira nous boirons vous boirez ils boiront	je boirais tu boirais il boirait nous boirions vous boiriez ils boiraient	que je boive que tu boives qu'il boive que nous buvions que vous buviez qu'ils boivent	bois buvons buvez
conduire (*to lead, to drive*) conduisant conduit	je conduis tu conduis il conduit nous conduisons vous conduisez ils conduisent	je conduisais tu conduisais il conduisait nous conduisions vous conduisiez ils conduisaient	j'ai conduit tu as conduit il a conduit nous avons conduit vous avez conduit ils ont conduit	je conduisis tu conduisis il conduisit nous conduisîmes vous conduisîtes ils conduisirent	je conduirai tu conduiras il conduira nous conduirons vous conduirez ils conduiront	je conduirais tu conduirais il conduirait nous conduirions vous conduiriez ils conduiraient	que je conduise que tu conduises qu'il conduise que nous conduisions que vous conduisiez qu'ils conduisent	conduis conduisons conduisez
connaître (*to know*) connaissant connu	je connais tu connais il connaît nous connaissons vous connaissez ils connaissent	je connaissais tu connaissais il connaissait nous connaissions vous connaissiez ils connaissaient	j'ai connu tu as connu il a connu nous avons connu vous avez connu ils ont connu	je connus tu connus il connut nous connûmes vous connûtes ils connurent	je connaîtrai tu connaîtras il connaîtra nous connaîtrons vous connaîtrez ils connaîtront	je connaîtrais tu connaîtrais il connaîtrait nous connaîtrions vous connaîtriez ils connaîtraient	que je connaisse que tu connaisses qu'il connaisse que nous connaissions que vous connaissiez qu'ils connaissent	connais connaissons connaissez
courir (*to run*) courant couru	je cours tu cours il court nous courons vous courez ils courent	je courais tu courais il courait nous courions vous couriez ils couraient	j'ai couru tu as couru il a couru nous avons couru vous avez couru ils ont couru	je courus tu courus il courut nous courûmes vous courûtes ils coururent	je courrai tu courras il courra nous courrons vous courrez ils courront	je courrais tu courrais il courrait nous courrions vous courriez ils courraient	que je coure que tu coures qu'il coure que nous courions que vous couriez qu'ils courent	cours courons courez
croire (*to believe*) croyant cru	je crois tu crois il croit nous croyons vous croyez ils croient	je croyais tu croyais il croyait nous croyions vous croyiez ils croyaient	j'ai cru tu as cru il a cru nous avons cru vous avez cru ils ont cru	je crus tu crus il crut nous crûmes vous crûtes ils crurent	je croirai tu croiras il croira nous croirons vous croirez ils croiront	je croirais tu croirais il croirait nous croirions vous croiriez ils croiraient	que je croie que tu croies qu'il croie que nous croyions que vous croyiez qu'ils croient	crois croyons croyez

VERBE	PRÉSENT	IMPARFAIT	PASSÉ COMPOSÉ	PASSÉ SIMPLE	FUTUR	CONDITIONNEL	PRÉSENT DU SUBJONCTIF	IMPÉRATIF
devoir (to have to, to owe) devant dû	je dois tu dois il doit nous devons vous devez ils doivent	je devais tu devais il devait nous devions vous deviez ils devaient	j'ai dû tu as dû il a dû nous avons dû vous avez dû ils ont dû	je dus tu dus il dut nous dûmes vous dûtes ils durent	je devrai tu devras il devra nous devrons vous devrez ils devront	je devrais tu devrais il devrait nous devrions vous devriez ils devraient	que je doive que tu doives qu'il doive que nous devions que vous deviez qu'ils doivent	dois devons devez
dire (to say, to tell) disant dit	je dis tu dis il dit nous disons vous dites ils disent	je disais tu disais il disait nous disions vous disiez ils disaient	j'ai dit tu as dit il a dit nous avons dit vous avez dit ils ont dit	je dis tu dis il dit nous dîmes vous dîtes ils dirent	je dirai tu diras il dira nous dirons vous direz ils diront	je dirais tu dirais il dirait nous dirions vous diriez ils diraient	que je dise que tu dises qu'il dise que nous disions que vous disiez qu'ils disent	dis disons dites
écrire* (to write) écrivant écrit	j'écris tu écris il écrit nous écrivons vous écrivez ils écrivent	j'écrivais tu écrivais il écrivait nous écrivions vous écriviez ils écrivaient	j'ai écrit tu as écrit il a écrit nous avons écrit vous avez écrit ils ont écrit	j'écrivis tu écrivis il écrivit nous écrivîmes vous écrivîtes ils écrivirent	j'écrirai tu écriras il écrira nous écrirons vous écrirez ils écriront	j'écrirais tu écrirais il écrirait nous écririons vous écririez ils écriraient	que j'écrive que tu écrives qu'il écrive que nous écrivions que vous écriviez qu'ils écrivent	écris écrivons écrivez
envoyer (to send) envoyant envoyé	j'envoie tu envoies il envoie nous envoyons vous envoyez ils envoient	j'envoyais tu envoyais il envoyait nous envoyions vous envoyiez ils envoyaient	j'ai envoyé tu as envoyé il a envoyé nous avons envoyé vous avez envoyé ils ont envoyé	j'envoyai tu envoyas il envoya nous envoyâmes vous envoyâtes ils envoyèrent	j'enverrai tu enverras il enverra nous enverrons vous enverrez ils enverront	j'enverrais tu enverrais il enverrait nous enverrions vous enverriez ils enverraient	que j'envoie que tu envoies qu'il envoie que nous envoyions que vous envoyiez qu'ils envoient	envoie envoyons envoyez
faire (to do, to make) faisant fait	je fais tu fais il fait nous faisons vous faites ils font	je faisais tu faisais il faisait nous faisions vous faisiez ils faisaient	j'ai fait tu as fait il a fait nous avons fait vous avez fait ils ont fait	je fis tu fis il fit nous fîmes vous fîtes ils firent	je ferai tu feras il fera nous ferons vous ferez ils feront	je ferais tu ferais il ferait nous ferions vous feriez ils feraient	que je fasse que tu fasses qu'il fasse que nous fassions que vous fassiez qu'ils fassent	fais faisons faites
falloir (to be necessary) fallu	il faut	il fallait	il a fallu	il fallut	il faudra	il faudrait	qu'il faille	

*Other verb conjugated like écrire: décrire.

VERBE	PRÉSENT	IMPARFAIT	PASSÉ COMPOSÉ	PASSÉ SIMPLE	FUTUR	CONDITIONNEL	PRÉSENT DU SUBJONCTIF	IMPÉRATIF
lire (*to read*) lisant lu	je lis tu lis il lit nous lisons vous lisez ils lisent	je lisais tu lisais il lisait nous lisions vous lisiez ils lisaient	j'ai lu tu as lu il a lu nous avons lu vous avez lu ils ont lu	je lus tu lus il lut nous fûmes vous lûtes ils lurent	je lirai tu liras il lira nous lirons vous lirez ils liront	je lirais tu lirais il lirait nous lirions vous liriez ils liraient	que je lise que tu lises qu'il lise que nous lisions que vous lisiez qu'ils lisent	lis lisons lisez
mettre* (*to put*) mettant mis	je mets tu mets il met nous mettons vous mettez ils mettent	je mettais tu mettais il mettait nous mettions vous mettiez ils mettaient	j'ai mis tu as mis il a mis nous avons mis vous avez mis ils ont mis	je mis tu mis il mit nous mîmes vous mîtes ils mirent	je mettrai tu mettras il mettra nous mettrons vous mettrez ils mettront	je mettrais tu mettrais il mettrait nous mettrions vous mettriez ils mettraient	que je mette que tu mettes qu'il mette que nous mettions que vous mettiez qu'ils mettent	mets mettons mettez
ouvrir† (*to open*) ouvrant ouvert	j'ouvre tu ouvres il ouvre nous ouvrons vous ouvrez ils ouvrent	j'ouvrais tu ouvrais il ouvrait nous ouvrions vous ouvriez ils ouvraient	j'ai ouvert tu as ouvert il a ouvert nous avons ouvert vous avez ouvert ils ont ouvert	j'ouvris tu ouvris il ouvrit nous ouvrîmes vous ouvrîtes ils ouvrirent	j'ouvrirai tu ouvriras il ouvrira nous ouvrirons vous ouvrirez ils ouvriront	j'ouvrirais tu ouvrirais il ouvrirait nous ouvririons vous ouvririez ils ouvriraient	que j'ouvre que tu ouvres qu'il ouvre que nous ouvrions que vous ouvriez qu'ils ouvrent	ouvre ouvrons ouvrez
pleuvoir (*to rain*) pleuvant plu	il pleut	il pleuvait	il a plu	il plut	il pleuvra	il pleuvrait	qu'il pleuve	
pouvoir (*to be able*) pouvant pu	je peux tu peux il peut nous pouvons vous pouvez ils peuvent	je pouvais tu pouvais il pouvait nous pouvions vous pouviez ils pouvaient	j'ai pu tu as pu il a pu nous avons pu vous avez pu ils ont pu	je pus tu pus il put nous pûmes vous pûtes ils purent	je pourrai tu pourras il pourra nous pourrons vous pourrez ils pourront	je pourrais tu pourrais il pourrait nous pourrions vous pourriez ils pourraient	que je puisse que tu puisses qu'il puisse que nous puissions que vous puissiez qu'ils puissent	
prendre‡ (*to take*) prenant pris	je prends tu prends il prend nous prenons vous prenez ils prennent	je prenais tu prenais il prenait nous prenions vous preniez ils prenaient	j'ai pris tu as pris il a pris nous avons pris vous avez pris ils ont pris	je pris tu pris il prit nous prîmes vous prîtes ils prirent	je prendrai tu prendras il prendra nous prendrons vous prendrez ils prendront	je prendrais tu prendrais il prendrait nous prendrions vous prendriez ils prendraient	que je prenne que tu prennes qu'il prenne que nous prenions que vous preniez qu'ils prennent	prends prenons prenez

*Other verbs conjugated like mettre: premettre, promettre.

†Other verbs conjugated like ouvrir: découvrir, offrir, souffrir.

‡Other verbs conjugated like prendre: apprendre, comprendre, surprendre.

VERBE	PRÉSENT	IMPARFAIT	PASSÉ COMPOSÉ	PASSÉ SIMPLE	FUTUR	CONDITIONNEL	PRÉSENT DU SUBJONCTIF	IMPÉRATIF
recevoir (*to receive*) recevant reçu	je reçois tu reçois il reçoit nous recevons vous recevez ils reçoivent	je recevais tu recevais il recevait nous recevions vous receviez ils recevaient	j'ai reçu tu as reçu il a reçu nous avons reçu vous avez reçu ils ont reçu	je reçus tu reçus il reçut nous reçûmes vous reçûtes ils reçurent	je recevrai tu recevras il recevra nous recevrons vous recevrez ils recevront	je recevrais tu recevrais il recevrait nous recevrions vous recevriez ils recevraient	que je reçoive que tu reçoives qu'il reçoive que nous recevions que vous receviez qu'ils reçoivent	reçois recevons recevez
rire* (*to laugh*) riant ri	je ris tu ris il rit nous rions vous riez ils rient	je riais tu riais il riait nous riions vous riiez ils riaient	j'ai ri tu as ri il a ri nous avons ri vous avez ri ils ont ri	je ris tu ris il rit nous rîmes vous rîtes ils rirent	je rirai tu riras il rira nous rirons vous rirez ils riront	je rirais tu rirais il rirait nous ririons vous ririez ils riraient	que je rie que tu ries qu'il rie que nous riions que vous riiez qu'ils rient	ris rions riez
savoir (*to know*) sachant su	je sais tu sais il sait nous savons vous savez ils savent	je savais tu savais il savait nous savions vous saviez ils savaient	j'ai su tu as su il a su nous avons su vous avez su ils ont su	je sus tu sus il sut nous sûmes vous sûtes ils surent	je saurai tu sauras il saura nous saurons vous saurez ils sauront	je saurais tu saurais il saurait nous saurions vous sauriez ils sauraient	que je sache que tu saches qu'il sache que nous sachions que vous sachiez qu'ils sachent	sache sachons sachez
suivre (*to follow*) suivant suivi	je suis tu suis il suit nous suivons vous suivez ils suivent	je suivais tu suivais il suivait nous suivions vous suiviez ils suivaient	j'ai suivi tu as suivi il a suivi nous avons suivi vous avez suivi ils ont suivi	je suivis tu suivis il suivit nous suivîmes vous suivîtes ils suivirent	je suivrai tu suivras il suivra nous suivrons vous suivrez ils suivront	je suivrais tu suivrais il suivrait nous suivrions vous suivriez ils suivraient	que je suive que tu suives qu'il suive que nous suivions que vous suiviez qu'ils suivent	suis suivons suivez
venir† (*to come*) venant venu	je viens tu viens il vient nous venons vous venez ils viennent	je venais tu venais il venait nous venions vous veniez ils venaient	je suis venu tu es venu il est venu nous sommes venus vous êtes venus ils sont venus	je vins tu vins il vint nous vînmes vous vîntes ils vinrent	je viendrai tu viendras il viendra nous viendrons vous viendrez ils viendront	je viendrais tu viendrais il viendrait nous viendrions vous viendriez ils viendraient	que je vienne que tu viennes qu'il vienne que nous venions que vous veniez qu'ils viennent	viens venons venez
vivre (*to live*) vivant vécu	je vis tu vis il vit nous vivons vous vivez ils vivent	je vivais tu vivais il vivait nous vivions vous viviez ils vivaient	j'ai vécu tu as vécu il a vécu nous avons vécu vous avez vécu ils ont vécu	je vécus tu vécus il vécut nous vécûmes vous vécûtes ils vécurent	je vivrai tu vivras il vivra nous vivrons vous vivrez ils vivront	je vivrais tu vivrais il vivrait nous vivrions vous vivriez ils vivraient	que je vive que tu vives qu'il vive que nous vivions que vous viviez qu'ils vivent	vis vivons vivez

*Other verb conjugated like rire: sourire.

†Other verbs conjugated like venir: devenir, revenir, revenir, se souvenir.

VERBE	PRÉSENT	IMPARFAIT	PASSÉ COMPOSÉ	PASSÉ SIMPLE	FUTUR	CONDITIONNEL	PRÉSENT DU SUBJONCTIF	IMPÉRATIF
voir (to see) voyant vu	je vois tu vois il voit nous voyons vous voyez ils voient	je voyais tu voyais il voyait nous voyions vous voyiez ils voyaient	j'ai vu tu as vu il a vu nous avons vu vous avez vu ils ont vu	je vis tu vis il vit nous vîmes vous vîtes ils virent	je verrai tu verras il verra nous verrons vous verrez ils verront	je verrais tu verrais il verrait nous verrions vous verriez ils verraient	que je voie que tu voies qu'il voie que nous voyions que vous voyiez qu'ils voient	vois voyons voyez
vouloir (to wish, to want) voulant voulu	je veux tu veux il veut nous voulons vous voulez ils veulent	je voulais tu voulais il voulait nous voulions vous vouliez ils voulaient	j'ai voulu tu as voulu il a voulu nous avons voulu vous avez voulu ils ont voulu	je voulus tu voulus il voulut nous voulûmes vous voulûtes ils voulurent	je voudrai tu voudras il voudra nous voudrons vous voudrez ils voudront	je voudrais tu voudrais il voudrait nous voudrions vous voudriez ils voudraient	que je veuille que tu veuilles qu'il veuille que nous voulions que vous vouliez qu'ils veuillent	veuille voulons veuillez

Lexique: Français-anglais

This list contains words and expressions found in the *Vocabulaires de base* and *Vocabulaires supplémentaires*. Words and expressions included in *Le français familier, Le français tel qu'on le parle*, the *On entend parfois* sections, the *Mini-lexiques de téléphone et de correspondance* (Leçon 14), and the *Expressions avec les parties du corps* section (Leçon 15) are not included. The number following each entry indicates the lesson in which a particular word appears as *Vocabulaire de base* (B) or as *Vocabulaire supplémentaire* (S). Additional information about the use of certain words and expressions may be found in the lesson vocabulary lists as well as in the lesson(s) where they appear.

ABRÉVIATIONS

adj.	adjectif	inf.	infinitif	qqch.	quelque chose
adv.	adverbe	invar.	invariable	qqn	quelqu'un
f.	féminin	m.	masculin	v.	verbe
fam.	familier	pl.	pluriel	*	h aspiré

A

à in, at, to (5B); — **bientôt** see you soon (1B); — **cause de** because of (16B); — **côté de** next to, beside (5B); — **demain** see you tomorrow (1B); — **droite (de)** to the right (of) (11B); — **gauche (de)** to/on the left (of) (11B); — **l'aise** at ease, comfortable (person) (11S); — **l'extérieur (de)** outside (of) (11B); — **l'intérieur (de)** inside (of) (11B); — **l'étranger** abroad (18S); — **la carte** à la carte (13S); — **la radio** on the radio (17B); — **la télévision** on television (17B); — **mon avis** in my opinion (20B); — **pied** on foot (8B); — **quelle heure?** at what time? (6B); — **ta (votre) place** in your place, if I were you (19B); — **votre avis** according to you (11S); — ... **heure(s)** at ... o'clock (6B)

accepter (de + inf.) to accept (20S)

accident *(m.)* accident (19S/20B)

acheter to buy (9B)

acteur *(m.)*, **actrice** *(f.)* actor, actress (17B)

actif, active active (5S/20B)

activité *(f.)* activity (20S)

actualité *(f.)* news (14S)

actuel, actuelle present, current (20S)

(s')adapter à to adapt to (20S)

addition *(f.)* restaurant bill, check (13B)

adjectif *(m.)* adjective

adolescent *(m.)*, **adolescente** *(f.)* adolescent, teenager (5S)

adorable adorable (15S)

adorer to love (4B)

adresse *(f.)* address (11S/14B); — **électronique** email address (14S); — **web** web address (14S)

adulte *(m.)* adult (5B)

aéroport *(m.)* airport (18B)

affaires *(f.pl.)* belongings, stuff (10B); business (12B); **les affaires marchent bien** business is good (12S)

affiche *(f.)* poster (1S/3B)

Afrique *(f.)* Africa (18B)

africain(e) African (18S)

âgé(e) old, elderly (2S/5B)

agent immobilier *(m.)* real estate agent (4S/12B); — **secret** *(m.)* secret agent (17S)

agir to act (20B)

agréable agreeable, nice, pleasant (3B)

agriculteur(-rice) farmer (12B)

aider (qqn à + inf.) to help (someone do something) (15B)

aimer to like, to love (4B); — **mieux (que)** to like better (than); to prefer (4B); — **bien** to like (4S)

aîné(e) *(m. ou f.)* oldest (person in family) (7B)

alcool *(m.)* alcohol (4S)

Algérie *(f.)* Algeria (18B)

algérien, algérienne Algerian (12S/18B)

Allemagne *(f.)* Germany (18B)

allemand(e) German (18S)

aller to go (6B); — **à pied** to walk to (8S/18B); — **chez le médecin** to go to the doctor (12B); — **en avion** to fly (18B); — **à vélo** to ride a bicycle (18B); — **en voiture** to drive (18B); — **voir** to visit (a person); **s'en** — to leave (17S)

alors so (+ clause) (11B)

Alpes *(f.pl.)* Alps (19S)

américain(e) American (2B)

Amérique *(f.)* America (18B)

ami *(m.)*, **amie** *(f.)* friend (4B)

amitié *(f.)* friendship (20B)

amour *(m.)* love (14S/16B)

amoureux, amoureuse (de) in love (with) (16B)

amusant(e) fun (2S/4B)

amuser to amuse (someone) (15B);
s'amuser to have a good time, play (15B)
an *(m.)* year (5B)
ancien, ancienne antique, old (11S)
anglais *(m.)* English (language) (4B)
anglais(e) British (18S)
Angleterre *(f.)* England (18B)
animal *(m.)*, **animaux** *(pl.)* animal (4B)
animateur *(m.)*, **animatrice** *(f.)* TV show host (17S)
année *(f.)* year (1S/6B)
anniversaire *(m.)* birthday (1S)
annoncer to announce (17S)
annuaire (du téléphone) *(m.)* (telephone) book (14S)
août *(m.)* August (1B)
apéritif *(m.)* drink (served before a meal) (9S)
appareil photo (numérique) *(m.)* (digital) camera (18B)
appartement *(m.)* apartment (6B)
appeler to call (15B); **s'appeler** to be named (15B)
apporter to bring (13B)
apprécier to appreciate (20S)
apprendre (à) to learn (to) (17B)
après after, afterwards (7B)
après-midi *(m.)* afternoon (6B)
arbre *(m.)* tree (6S/11B)
argent *(m.)* money (11B)
arme du crime *(f.)* crime weapon (17S)
armoire *(f.)* wardrobe (3S)
arrêter (de + inf.) to stop (15B); to stop oneself (from doing something) (15B)
arrivée *(f.)* arrival (19B)
arriver (à + inf.) to arrive (at), get (to) (7B); **arriver (à)** to happen (to) (8S)
article *(m.)* article (14B); **— de toilette** *(m.)* toilet article (15S)
artiste *(m. ou f.)* artist (8B)
ascenseur *(m.)* elevator (11S)
Asie *(f.)* Asia (18B)
asiatique Asian (18S)
asperges *(f.pl.)* asparagus (9S)
aspirine *(f.)* aspirin (13B)
assez quite, sufficiently, enough (11B); **— (de)** enough (of) (13B)
assiette (de) *(f.)* plate (of) (13B)
assiette à soupe *(f.)* soup plate (13S)
assis(e) seated, sitting down (18B)
atelier *(m.)* workshop (12S)
atmosphère *(f.)* atmosphere (6S)
attendre to wait (for) (11B); **— qqch. avec impatience** to be excited about something, to not be able to wait for something (16S)
au bord de at the side of (19B)
au bout (de) at the end (of) (11S)
aujourd'hui today (1S/6B)
au milieu (de) in the middle (of) (13B)
au premier étage on the second floor (11B)

au revoir good-bye (1B)
au rez-de-chaussée on the first floor (11B)
aussi also (1B); **aussi... que** as . . . as (2B)
Australie *(f.)* Australia (18B)
australien, australienne Australian (18S)
autobus *(m.)* bus (city) (18B)
autocar *(m.)* bus (between cities) (18B)
auto-stop *(m.)* hitchhiking (18S)
automne *(m.)* autumn (1B)
autorité *(f.)* authority (20S)
autoroute *(f.)* highway, expressway (18B)
autre other (8B)
avant before (9B)
avant de + inf. before (20B)
avant que + subjonctif before (20B)
avec with (1B)
avenir *(m.)* future (20B)
avenue *(f.)* avenue (11S)
avion *(m.)* airplane (18B)
avocat *(m.)*, **avocate** *(f.)* (court) lawyer (12B)
avoir to have (3B); **— ... ans** to be . . . years old (5B); **— besoin de** to need (10B); **— bon/mauvais caractère** to be easy/hard to get along with (16S); **— chaud** to be hot (6B); **— de la chance** to be lucky (19B); **— de la patience/ne pas avoir de patience** to have patience/ to not have patience (16S); **— des illusions** to have illusions (20S); **— des responsabilités** to have responsibilities (12B); **— des soucis** to have worries (20S); **— du courage** to have courage, to be courageous (16S); **— envie de (+ inf.)** to feel like (+ inf.) (8B); **— faim** to be hungry (9B); **— froid** to be cold (6B); **— l'air (+ adj.)** to look like, to seem (10B); **— l'air (de + inf.)** to look like, to seem (10B); **— la/une grippe** to have the flu (15S); **— le droit (de + inf.)** to have the right (to) (20S); **— le temps (de + inf.)** to have time to (do something) (10B); **— avoir mal** to hurt (13S/15B); **— mal à la tête** to have a headache (13S/15B); **— mal à la gorge** to have a sore throat (15B); **— mal au dos** to have a backache (15B); **— peur (de)** to be afraid (of) (17B); **— raison** to be right (20B); **— soif** to be thirsty (9B); **— sommeil** to be sleepy (6B); **— tort** to be wrong (20B); **— un rhume** to have a cold (15S)
avril *(m.)* April (1B)

B

baccalauréat *(m.)* high school graduation exam (12S)
bagages *(m.pl.)* luggage (18B)
baignoire *(f.)* bathtub (11B)
baladeur (numérique, MP3, MP4...) *(m.)* (digital, MP3, MP4 . . .) walkman (3S)
balcon *(m.)* balcony (11B)
banane *(f.)* banana (9B)

banc *(m.)* bench (5S)

bande dessinée *(f.)* comic strip, comic book (5S/14B)

banque *(f.)* bank (6S/11B)

banquier *(m.)* banker (12B)

barbe *(f.)* beard (15S)

barbu(e) bearded (15S)

baskets *(f.pl.)* sneakers (10S)

basket-ball *(m.)* basketball (8S)

bateau *(m.)*, bateaux *(pl.)* boat (6S/8B); — à voile *(m.)* sailboat (8S)

bavard(e) talkative (5B)

bavarder to chat (20S)

beau (bel), belle, beaux, belles beautiful, handsome (2B)

beaucoup a lot, much (4B); — de a lot of, many (4B)

bébé *(m.)* baby (5S/15B)

beige beige (10B)

belge Belgian (11S/18B)

Belgique *(f.)* Belgium (11S/18B)

besoin *(m.)* need (20S)

bête dumb, stupid (2B)

bêtise *(f.)* dumb thing (15S)

beurre *(m.)* butter (9B)

bibliothèque *(f.)* library (6B)

bien fine, good, well (1B); — élevé(e) well-mannered (5S); — habillé(e) well-dressed (10S); — payé well paid (12B); — sûr of course (14S/15B)

bière *(f.)* beer (9B)

bijou *(m.)*, bijoux *(pl.)* piece of jewelry, jewelry (10S)

billet (aller-retour, simple) *(m.)* ticket (round trip, one way) (18B)

biscuit *(m.)* cookie (9S)

bizarre weird, strange, odd (2B)

blanc, blanche white (3B)

bleu(e) blue (3B)

blog *(m.)* blog (14S)

blogueur *(m.)*, blogueuse *(f.)* blogger (14S)

blond(e) blond (2B)

blouson *(m.)* jacket (aviator) (10S)

bœuf *(m.)* beef (9B)

boire to drink (4S/9B)

boisson *(f.)* beverage (9S/13B)

boîte (de) *(f.)* can (of), box (of) (13B); — aux lettres *(f.)* mailbox (14B); — de chocolats *(f.)* box of chocolates (13S)

bon, bonne good (9B); bon marché *(invar.)* cheap, inexpensive (13B); bon week-end! have a nice weekend! (1S)

bonbon *(m.)* (piece of) candy (9S)

bonheur *(m.)* happiness (20B)

bonjour hello (1B)

bonnet *(m.)* ski hat (10S)

bouche *(f.)* mouth (15B)

boucherie *(f.)* butcher shop (13B)

boucherie-charcuterie *(f.)* butcher-delicatessen (13S)

boulangerie *(f.)* bakery (13B)

boulangerie-pâtisserie *(f.)* bakery that sells pastries (13S)

bouteille (de) *(f.)* bottle (of) (13B)

bras *(m.)* arm (15B)

Brésil *(m.)* Brazil (18S)

brésilien, brésilienne Brazilian (18S)

Bretagne *(f.)* Brittany (14S/19B)

bric à brac *(m.)* a rummage sale

briller to shine (6S)

brosse à dents *(f.)* toothbrush (15B)

brosser to brush (15B); se brosser (les cheveux) to brush (one's hair) (15B)

bruit *(m.)* noise (12B)

brûler to burn (13S)

brun(e) dark-haired (2B); brown (3B)

bureau *(m.)*, bureaux *(pl.)* desk, office (3B); — de tabac *(m.)* tobacco shop (14S)

bus *(m., fam.)* (city) bus (18S)

C

ça that; — coûte cher it's expensive (11B); — dépend that depends (1S); — me fait peur that scares me (17S); — va? how's it going? (1B); — y est that's it, done, finished (1S); je n'aime pas — I don't like that (4S)

cabine téléphonique *(f.)* telephone booth (14B)

câble *(m.)* cable (17 s)

cacahuète *(f.)* peanut (9S)

cacher to hide (16S)

cadeau *(m.)*, cadeaux *(pl.)* present, gift (4B)

cadre *(m.)* executive (12B)

café *(m.)* café (6B); coffee (9B); — au lait *(m.)* coffee and milk (9S)

cahier *(m.)* notebook (1B)

caissier *(m.)*, caissière *(f.)* cashier (12S)

calculatrice *(f.)* calculator (3S)

caleçon *(m.)* boxer shorts (10S)

Californie *(f.)* California (18B)

calme calm (5S); *(m.)* calm, peace and quiet (19B)

camarade de chambre *(m. ou f.)* roommate (3B)

camarade de classe *(m. ou f.)* classmate (4B)

caméra vidéo *(f.)* camcorder (18S)

Cameroun *(m.)* Cameroon (18B)

camerounais(e) Cameroonian (18S)

caméscope *(m.)* camcorder (18S)

campagne *(f.)* country, countryside (6B)

camping *(m.)* camping (14S)

camion *(m.)* truck (18S)

Canada *(m.)* Canada (11S, 18B)

canadien, canadienne Canadian (2B)

canapé *(m.)* couch (11B)

cancer *(m.)* cancer (20S)

car *(m., fam.)* bus (between cities) (18S)

caractère *(m.)* personality (16S)

carotte *(f.)* carrot (9B)

carte *(f.)* card (8S); restaurant menu (13B); map (18B); — **bancaire** *(f.)* bank card, credit card (18S); — **de crédit** *(f.)* credit card (13B); — **postale** *(f.)* postcard (14B); — **téléphonique** *(f.)* phone card (14S)

casquette (de base-ball) *(f.)* (baseball) cap (10 s)

cassette *(f.)* cassette; — **vidéo** *(f.)* video tape (17S)

cathédrale *(f.)* cathedral (19S)

cauchemar *(m.)* nightmare (20S)

cave *(f.)* basement (11B)

CD *(m.)* a CD (3B)

ce, cet, cette/ces this, that/these, those (8B)

cédérom (**CD-ROM**) *(m.)* CD-ROM (3S)

célèbre famous (8S/17B)

célébrité *(f.)* celebrity (14S)

célibataire unmarried, single (7B)

centime *(m.)* centime (1/100 euro)

centre *(m.)* center (19B)

centre-ville *(m.)* center of town, downtown (11S/19B)

cependant nevertheless, however (20B)

céréales *(f.pl.)* cereal (9S)

c'est (ce n'est pas) it is, he is, she is (isn't) (4B); — **à qui?** whose is it? (4S/5B); — **bon/mauvais pour la santé** it's healthy/unhealthy (good/bad for your health) (9S); — **quel jour aujourd'hui?** what's the date today? (1S/6B); — **tout** that's all (2S); — **vrai** that's true (4B)

chacun(e) each one

chaîne *(f.)* television station, channel (17B); — **hi-fi** *(f.)* stereo (3B)

chaise *(f.)* chair (3B)

chambre *(f.)* bedroom (3B)

champ *(m.)* field (6S)

Champs-Élysées *(m.pl.)* Champs-Élysées (main street in Paris) (19S)

champagne *(m.)* champagne (9S)

champignon *(m.)* mushroom (9S)

chance *(f.)* luck

changement *(m.)* change (20S)

changer to change (15S); — **(de train, d'avion)** to change (trains, planes) (18S); **se changer** to change one's clothes (15S)

chanson *(f.)* song (4S/17B)

chanter to sing (4B)

chanteur *(m.)*, chanteuse *(f.)* singer (17B)

chapeau *(m.)* hat (10B)

chaque each (6S/20B)

charcuterie *(f.)* cold cuts (9S); pork shop, delicatessen (13B)

chasser to hunt (19S)

chat *(m.)* cat (1B)

châtain *(adj. invar.)* light brown (15S); **cheveux châtains** *(m.pl.)* light brown hair (15S)

château *(m.)*, châteaux *(pl.)* castle, mansion (19B)

chaud(e) warm, hot (9B); **avoir** — to be hot (6B)

chaussette *(f.)* sock (10B)

chaussure *(f.)* shoe (10B)

chauve bald (15S)

chef d'entreprise *(m.)* business owner (12B)

chemin *(m.)* path, way (11S)

chemise *(f.)* shirt (man's) (10B)

chemisier *(m.)* shirt (woman's) (10B)

chèque *(m.)* check (13B); — **de voyage** *(m.)* traveler's check (18S)

chéquier *(m.)* checkbook (13S)

cher, chère expensive (10B); dear (14B)

chercher to look for, search (for) (6B); — **du travail/un travail** to look for work/a job (12B)

cheveu *(m.)*, cheveux *(pl.)* hair (15B)

chez at the house of (5B)

chien *(m.)* dog (1B)

chiffre *(m.)* number (1S)

Chine *(f.)* China (18B)

chinois(e) Chinese (9S/18B)

chips *(f.pl.)* potato chips (9B)

chocolat *(m.)* chocolate (9B)

choisir (de + inf.) to choose (10B)

chômage *(m.)* unemployment (20B)

chômeur *(m.)*, chômeuse *(f.)* unemployed person (12S)

chose *(f.)* thing (8B)

ciel *(m.)* sky (6S)

cigarette *(f.)* cigarette (4S)

cinéaste *(m./f.)* movie producer/director (17S)

cinéma *(m.)* movie theater, the movies (4B)

cinq five (1B)

cité universitaire *(f.)* dormitory (6B)

citron *(m.)* lemon (9S)

clair(e) bright, full of light (3S/11B); light (color) (10B)

clé *(f.)* key (3B); — **USB** USB key (3S)

client *(m.)*, cliente *(f.)* client, customer (12B)

climat *(m.)* climate (18S)

climatisation *(f.)* air conditioning (11S)

Coca-Cola *(m.)* Coca-Cola, cola (9S)

coiffer to fix someone's hair (15S); **se coiffer** to fix one's own hair (15S)

coiffeur *(m.)*, coiffeuse *(f.)* hairdresser (12S)

coin *(m.)* corner (11S)

coin-repas *(m.)* breakfast nook, eating area (11S)

collant *(m.)* tights, pantyhose (15S)

colline *(f.)* hill (19B)

colocataire *(m. ou f.)* co-tenant (3S)

combien (de) how many (of), how much (5B); — **coûte... ?** how much does . . . cost? (10S/11B); — **de fois (par jour)** how many times (a day) (10S/15B); — **est-ce que je vous dois?** how much do I owe you? (13B)

comédie *(f.)* comedy (movie, play) (17B)

comique funny, amusing, comic (17B)

commander to order (13B)

comme like, as (4B)

commencer (à + inf.) to begin (to), start (to) (6B)

comment what, how (6B); **comment?** what did you say? (1S); — **allez-vous?** how are you? *(formal)* (1B); — **ça va?** how's it going? (1B); — **est Jean?** what is Jean like? (2S); — **t'appelles-tu?** *(fam.)* what's your name? (1S/15B); — **vous appelez-vous?** what's your name? (1S/15B)

commentaire *(m.)* comment, remark (19S)

commerçant(e) *(m. ou f.)* shopkeeper (12B)

commissariat de police *(m.)* police station (11S)

commode *(f.)* bureau, chest of drawers (3S)

compartiment *(m.)* (train) compartment (18S)

compétent(e) competent (12S)

compréhensif, compréhensive understanding (5B)

comprendre to understand (17B)

concerner to concern (20S)

concert *(m.)* concert (4S/17B)

concours *(m.)* sweepstakes

conduire to drive (18B)

confiture *(f.)* jam (9S)

confort *(m.)* comfort (20S)

confortable comfortable (3S/10B)

congélateur *(m.)* freezer (9S)

connaître to know (16B)

conseil *(m.)* (a piece of) advice (10S)

conservateur, conservatrice conservative (20S)

conserves *(f.pl.)* canned food (9S)

content(e) glad (5B)

continent *(m.)* continent (18S)

continuer (à + inf.) to continue (11B); — **jusqu'à** to continue as far as (11B)

corbeille à papier *(f.)* wastepaper basket (3S)

corps *(m.)* body (15B)

costume *(m.)* suit (man's) (10B)

côte *(f.)* coast (19B)

Côte d'Azur *(f.)* French Riviera (19S)

coucher to put to bed (15B); **se coucher** to go to bed (15B)

couleur *(f.)* color (3S)

couloir *(m.)* hall, corridor (11S)

coup de foudre *(m.)* love at first sight (16S)

couple *(m.)* couple (16B)

coureur (cycliste) *(m.)* racer (bicycle) (19S)

courriel *(m.)* email (14S)

courrier *(m.)* mail, correspondence (14B)

courrier électronique *(m.)* e-mail (14S)

cours *(m.)* course, class (2B)

course *(f.)* errand (7B)

course (cycliste) *(f.)* race (bicycle) (19S)

court(e) short (10S)

cousin *(m.)*, **cousine** *(f.)* cousin (7B)

couteau *(m.)*, **couteaux** *(pl.)* knife (13B)

coûter to cost (10S/11B); — **cher** to be expensive (10S/11B)

couvert *(m.)* silverware, place setting (13S)

couvert (le temps) overcast (14S)

couverture *(f.)* cover, blanket

cracker *(m.)* cracker (9B)

cravate *(f.)* tie (10B)

crayon *(m.)* pencil (3B)

crèche *(f.)* day-care center, nursery (15S)

crevette *(f.)* shrimp (9B)

crime *(m.)* crime (17S)

crise *(f.)* crisis (16S)

critiquer to criticize (20B)

croire (à) (que) to believe (in) (that) (17B); — **au Père Noël** to believe in Santa Claus (17S); — **en Dieu** to believe in God (17S); — **que oui/non** to believe so/not to believe so (17B)

croisière *(f.)* cruise (18S)

croissant *(m.)* croissant (9S)

crudités *(f.pl.)* raw vegetables (9S)

cuillère *(f.)* spoon (13B); — **à soupe** *(f.)* soup spoon, tablespoon (13B)

cuisine *(f.)* cooking, cuisine (4S/9B); kitchen (7B)

cuisinier *(m.)*, **cuisinière** *(f.)* cook (12S)

cuisinière *(f.)* stove (11S)

culturel(le) cultural (14S/17B)

D

d'abord first (of all) (11B)

d'accord all right, OK (1B); **être** — to agree (7S)

dangereux, dangereuse dangerous (12B)

dans in, within (3B)

danser to dance (4B)

danseur *(m.)*, **danseuse** *(f.)* dancer (17S)

d'après (moi, toi, vous...) according to (me, you . . .) (6S)

date *(f.)* date (1S)

de of, from, about (1B)

débat *(m.)* talk show, debate (17S)

de luxe luxurious (18S)

débardeur *(m.)* tank top (10S)

déborder to spill over (13S)

débrouillard(e) resourceful (5B)

début *(m.)* beginning (17B)

décembre *(m.)* December (1B)

décider (de + inf.) to decide to (12B)

décontracté(e) relaxed, informal (10S)

découvrir to discover (18B)

décrire to describe (14B)

déçu(e) disappointed (16S/20B)

dehors outside (8S)

déjà already, yet (11B)

déjeuner *(m.)* lunch (9B)

délicieux, délicieuse delicious (9S/13B)

demain tomorrow (6B)

demander to ask (14B); — **le (son) chemin** to ask for directions (11S); **se demander** to wonder (16B)

déménager to move (house) (11S)

démodé(e) out of fashion (10S)
dent *(f.)* tooth (15B)
dentifrice *(m.)* toothpaste (15S)
dentiste *(m. ou f.)* dentist (5S/12B)
départ *(m.)* departure (18S/19B)
se dépêcher to hurry (up) (16B)
déprimé(e) depressed (2S/5B)
depuis since, for (11B)
dernier, dernière last (11B); **dernier étage** *(m.)*
    top floor (11S)
derrière behind, in back of (5B); *(m.)* rear end (15S)
descendre to go down (11B)
désert *(m.)* desert (18S)
déshabiller to undress (someone else) (15S);
    se déshabiller to get undressed (15S)
dessert *(m.)* dessert (9B)
dessin animé *(m.)* animated cartoon (17B)
dessin humoristique *(m.)* cartoon (14S)
dessiner to draw
détester to hate (4B)
deux two (1B)
devant in front of (5B)
devenir to become (17B)
deviner to guess
devoir to have to, must (8B); to owe (11B)
devoir *(m.)* assignment (2B); **devoirs** *(m.pl.)*
    homework (2B)
d'habitude usually (15B)
dictionnaire *(m.)* dictionary (3S)
Dieu God (20S)
différent(e) different (8B)
difficile difficult (5B)
dimanche *(m.)* Sunday (1B)
dinde *(f.)* turkey (9S)
dîner *(m.)* dinner (8S/9B)
dire to say, to tell (14B)
directeur *(m.)*, directrice *(f.)* manager (12S)
diriger to manage, run (12B)
discussion en ligne (discussion en temps réel) *(f.)*
    chat (14S)
discuter (de) to discuss (20B)
se disputer (avec) to argue (with) (16B)
disque *(m.)* record, disc (3S); — **compact** *(m.)*
    CD (3B)
dissertation *(f.)* paper (written for class) (14B)
divers(e) miscellaneous
divertissement *(m.)* entertainment
divorce *(m.)* divorce (16B)
divorcer to divorce (16B)
divorcé(e) divorced (7B)
dix ten (1B); **dix-huit** eighteen (1B); **dix-neuf** nineteen
    (1B); **dix-sept** seventeen (1B)
documentaire (sur) *(m.)* documentary (on) (17B)
doigt *(m.)* finger (13B)
donc therefore, thus, so (2B)

donner to give (4B); — **sur** to overlook (11S)
dormir to sleep (4S/5B)
dos *(m.)* back (15B)
douane *(f.)* customs (18S)
douanier *(m.)* customs officer (18S)
douche *(f.)* shower (11B)
dramatique dramatic (17B)
drame *(m.)* drama (17B)
drogue *(f.)* drug (illegal) (20S)
drogué(e) high (on drugs) (20S)
se droguer to take (illegal) drugs (20S)
droit *(m.)* law (5S/14B)
drôle funny (4S/5B)
dur(e) hard, tough (12B)
durer to last (17B)
DVD *(m.)* DVD (3S)

E

eau *(f.)* water (9B); — **minérale** *(f.)* mineral water (9S)
écharpe *(f.)* scarf (worn for warmth), muffler (10S)
école *(f.)* school (5B); — **maternelle** *(f.)* preschool,
    nursery school, kindergarten (15S); — **primaire** *(f.)*
    elementary school (11S)
écologie *(f.)* ecology (20S)
écouter to listen to (4B)
écrire to write (4S/14B)
écrivain *(m.)* writer (14B)
efficace efficient (12S)
égalité *(f.)* equality (20S)
église *(f.)* church (6S/11B)
égoïste selfish (2S/5B)
élégant(e) elegant (5S/10B)
embrasser to kiss, to embrace (16B)
émission *(f.)* program (17B); — **de divertissement** *(f.)*
    entertainment (TV) show (17S)
emmener to take (15B)
emploi *(m.)* job, employment (12S)
employé *(m.)*, **employée** *(f.)* employee (12B)
emporter to take, to carry (away) (18B)
en in (6B); — **bas** downstairs (11B); — **classe** in class
    (6B); — **cours** in class (6B); — **désordre** messy
    (3S/11B); — **effet** indeed (17S); — **face (de)** across
    (from) (11S); — **forme** in shape (5S); — **groupe** as
    a group (18S); — *** haut; upstairs (11B); — **même
    temps** at the same time (17S); — **ordre** straight,
    neat (3S/11B); — **solde** on sale (10S); — **vacances**
    on vacation (6B); — **vie** alive (7S); — **ville** in town,
    downtown (6B)
enceinte pregnant (16S)
encore still, again (15B)
s'endormir to fall asleep (16B)
endroit *(m.)* place, spot (6S/18B)
énergique energetic (5S)
énervant(e) annoying (15S)
énerver to irritate/annoy (someone) (15B); **s'énerver** to

get irritated/ annoyed (15B)

enfant *(m. ou f.)* child (4B)

enfin at last, finally (12B)

en ligne on-line (14S)

ennuyer to bore (15B); **s'ennuyer** to be bored (15B)

ennuyeux, ennuyeuse boring (5S/17B)

enquêter to investigate (17S)

ensemble together (10B)

ensoleillé(e) sunny (11S/14B)

ensuite then, next (11B)

entendre to hear (11B); **s'entendre (bien/mal)** **(avec qqn)** to get along (well/badly) (with someone) (16B)

enthousiaste enthusiastic (5S)

entre between (9B)

entrée *(f.)* first course (appetizer) (9S/13B); entranceway (11S)

entreprise *(f.)* firm, business (12B)

entrer to come/go in, to enter (11B)

entretien *(m.)* (job) interview

environnement *(m.)* environment (20B)

enveloppe *(f.)* envelope (14B)

envoyer to send (14B)

épicé(e) spicy (hot) (9S)

épicerie *(f.)* grocery store (13B)

épinards *(m.pl.)* spinach (9S)

époux *(m.)*, **épouse** *(f.)* spouse (16S)

équilibré(e) well-adjusted (2S/5B)

équipe *(f.)* team (8S)

escalier *(m.)* staircase, stairs (11B)

Espagne *(f.)* Spain (18B)

espagnol *(m.)* Spanish (language) (4B)

Espagnol(e) Spaniard Spanish (18B)

espérer (que) to hope (that) (18B)

essayer (de + inf.) to try (to) (15B)

est *(m.)* east (14S/19B)

et and (1B); **— toi?** what about you? (1B); **— vous?** what about you? (1B)

étage *(m.)* floor (11B); **dernier —** *(m.)* top floor (11S)

étagère *(f.)* bookcase, shelf (3B)

étape *(f.)* step, stage (18S)

état *(m.)* state, nation (12S)

États-Unis *(m.pl.)* United States (11S/18B); **aux —** in the United States (11S/18B)

été *(m.)* summer (1B)

étoile *(f.)* star (19B)

étranger, étrangère foreign (17B); *(m. ou f.)* foreigner, stranger (19B)

être to be (2B); **— à** to belong to (18B); **— à la mode** to be in fashion (10S); **— à l'heure** to be on time (18B); **— au chômage** to be unemployed (12S); **— au courant de (+ nom)** to be informed, know about (14B); **— au régime** to be on a diet (5S/9B); **— (bien/mal) payé** to be paid (well/badly) (12B); **— connecté(e) à** to be connected to (14S);

— conscient(e) de to be aware of (20S); **— contre** to be against (20B); **— d'accord** to agree (7S, 16B); **— debout** to be standing (up) (18B); **— difficile à vivre** to be hard to get along with (17B); **— en avance** to be early (18B); **— en bonne/mauvaise santé** to be in good/bad health (9B); **— en crise** to be in a crisis (16S); **— en forme** to be in shape, to feel good (5S/9B); **— en retard** to be late (18B); **— entouré(e) de** to be surrounded by (19S); **— en train de (+ inf.)** to be in the middle of (14B); **— en vie** to be alive (7S); **— étudiant(e) en (droit, médecine...)** to study (law, medicine . . .) (14B); **— facile à vivre** to be easy to get along with (17B); **—habitué(e) (à)** to be used (to) (14S); **— indiqué(e)** to be indicated (19S); **— membre (de)** to be a member (of) (8S); **— pour** to be for (20B)

études *(f.pl.)* studies (5S)

étudiant(e) student (1B)

étudier to study (4B)

euro *(m.)* euro (10B)

Europe *(f.)* Europe (18B)

européen, européenne European (18S)

événement *(m.)* event (14S)

évidemment obviously, of course (20B)

évier *(m.)* kitchen sink (11S)

examen *(m.)* test, exam (2B)

excellent(e) excellent (9S/13B)

expliquer to explain (12B)

F

fâché(e) angry, mad, disgruntled (5S)

facile easy (5B)

facteur, factrice mail carrier (14B)

facultatif, facultative optional

faim *(f.)* hunger; **avoir —** to be hungry (9B)

faire to do, to make (7B); **— attention** to pay attention, to be careful (16B); **— de l'auto-stop** to hitchhike (18S); **— de la marche** to walk (for exercise) (8B); **— de la musique** to make/to play music (8S/20B); **— de la natation** to swim (8B); **— de la peinture** to paint (8S); **— de la photo** to take pictures (photos) (8S); **— de la planche à voile** to windsurf (8S); **— de la plongée sous-marine** to go scuba diving (8S); **— de la politique** to be involved in politics (20S); **— de la voile** to go sailing (8S); **— de l'exercice** to exercise (8B); **— des bêtises** to do dumb things (15S); **— des économies** to save money (18S); **— du bateau (à voile)** to go (sail) boating (8B); **— du bricolage** to do odd jobs around the house (8S/20B); **— du bruit** to make noise (12S); **— du camping** to go camping, camp (14S); **— du cheval** to go horseback riding (19S); **— du dessin** to draw (8S); **— du jardinage** to work in the garden, to garden (8S/20B); **— du jogging** to jog (8B); **— du patin (à roulettes)** to roller-skate, to go roller skating (8S); — **du patin à glace** to ice-skate, to go ice skating (8S); — **du roller** to roller-blade (8S); — **ski** to ski (8B); — **du sport** to participate in a sport (8B); — **du surf** to go surfing (19S); — **du vélo** to ride a bike, cycle (8B); — **la connaissance de (qqn)** to meet (someone) (18B); — **la cuisine** to cook (7B); — **la lessive** to do the laundry (7S/16B); — **la sieste** to take a nap (15S); — **la vaisselle** to do the dishes (7B); — **le ménage** to do housework (7B); — **les (ses) bagages** to pack (18S); — **les courses** to run errands (7B); — **les lits** to make the beds (7S); — **les magasins** to go shopping (18S); — **les musées** to do the museums (8B); — **le tour du monde** to go around the world (18S); — **peur (à)** to scare (17S); — **une enquête** to hold/run an investigation (17S); — **une promenade** to take a walk (8B); — **une randonnée** to hike (8B); — **un voyage** to take a trip (18B)

fait: il fait beau it's nice out (7B); **il fait bon** it's pleasant (mild) (7S); **il fait chaud** it's warm, it's hot (7B); **il fait frais** it's cool (7S); **il fait froid** it's cold (7B); **il fait gris** it's overcast (7S); **il fait lourd** it's hot and humid (7S); **il fait mauvais** it's nasty out (7B)

familier, familière familiar, informal

famille *(f.)* family (7B)

fatigant(e) tiring (8B)

fatigué(e) tired (2B)

fauteuil *(m.)* armchair (3S/11B)

faux, fausse false (4S)

féminin(e) feminine (14S)

femme *(f.)* woman (4B); wife (7B); — **au foyer** *(f.)* housewife (12B); — **de ménage** *(f.)* cleaning woman (7S)

fenêtre *(f.)* window (3B)

ferme *(f.)* farm (6S/11B)

fermé(e) closed (13B)

fermer to close (13B)

fête *(f.)* holiday, party (2B)

février *(m.)* February (1B)

fiancé *(m.)*, **fiancée** *(f.)* fiancé(e) (16S)

se fiancer to get engaged (16S)

fidèle (à) faithful (to) (16S)

fille *(f.)* girl (4B); daughter (7B)

film *(m.)* film, movie (4S/17B); — **d'action** *(m.)* action movie (17S); — **d'amour** *(m.)* romantic movie (17B); — **d'aventures** *(m.)* adventure movie (17B); — **d'espionnage** *(m.)* spy movie (17S); — **de guerre** *(m.)* war movie (17B); — **d'horreur** *(m.)* horror movie (17B); — **de science-fiction** *(m.)* science fiction movie (17B); — **fantastique** *(m.)* fantasy movie (17S); — **policier** *(m.)* detective/police movie (17B)

fils *(m.)* son (7B)

fin *(f.)* end (16B)

finalement finally (11B)

financier, financière financial (20S)

finir (de + inf.) to finish (doing something) (10B)

fleur *(f.)* flower (1S/3B)

fleuve *(m.)* river (major) (11S/19B)

Floride *(f.)* Florida (18B)

fois time; **combien de —** ? how many times? (10S, 15B); **une —** one time, once (10B)

foncé(e) dark (10B)

fonctionnaire *(m. ou f.)* civil servant (12S)

fonder une famille to start a family (16S)

football *(m.)* soccer (4S/8B)

football américain *(m.)* football (8S)

forêt *(f.)* forest (19B)

fort(e) strong, heavy (12B)

forum (de discussion) *(m.)* newsgroup (14S)

foulard *(m.)* scarf (dressy) (10S)

foule *(f.)* crowd (19B)

fourchette *(f.)* fork (13B)

fraise *(f.)* strawberry (9B)

franc *(m.)* franc

français *(m.)* French (language) (4B)

français(e) French (2B)

France *(f.)* France (11S/18B)

frère *(m.)* brother (4B)

frisé(e) curly (15S)

frites *(f.pl.)* (French) fries (9B)

froid(e) cold (9B); **avoir —** to be cold (6B);

fromage *(m.)* cheese (9B)

fruit *(m.)* fruit (9B)

fumer to smoke (4B)

futur *(m.)* future (17S)

G

gagner to earn (12B); to win (8B); — **sa vie** to earn a living (12S); — **X dollars/euros de l'heure, par jour, par semaine, par mois)** to earn X dollars/euros per hour, per day, per week, per month) (12S)

gant *(m.)* glove (10B); — **de toilette** *(m.)* washcloth (15S)

garage *(m.)* garage (11S)

garagiste *(m.)* garage owner (12S)

garçon *(m.)* boy (4B)

gare *(f.)* train station (6S/11B)

gâteau (au chocolat) *(m.)*, **gâteaux** *(pl.)* cake (chocolate) (9B)

gâté(e) spoiled (5S)

génial(e) fantastic, great (8S)

gens *(m.pl.)* people (19B)

gentil, gentille kind, nice (5B)

généreux, généreuse generous (2B)

géographie *(f.)* geography (5S)

gérant *(m.)*, **gérante** *(f.)* manager (hotel, shop, etc.) (12S)

glace *(f.)* ice cream (9B)

golf *(m.)* golf (8S)

gouvernement *(m.)* government (20S)
goût *(m.)* taste (17S)
goûter *(m.)* light afternoon meal (9S)
gramme (de) *(m.)* gram (of) (13S)
grand(e) tall (person) (2B); big (thing) (3B)
grand-mère *(f.)* grandmother (7B)
grand-père *(m.)* grandfather (7B)
grands-parents *(m.pl.)* grandparents (7B)
gras, grasse fatty (food) (9S)
gratuit(e) free (of charge) (13S)
grave serious (17B)
grec(-que) Greek
grenier *(m.)* attic (11S)
grenouille *(f.)* frog
grignoter to eat between meals (9S)
grippe *(f.)* flu (15S)
gris(e) gray (10B)
gros, grosse big, fat (2B)
grossir to gain weight (10B)
groupe *(m.)* group (19B)
guerre *(f.)* war (17S/20B)
guichet *(m.)* ticket window (18S)
guitare *(f.)* guitar (3S/5B)

H

habillé(e) dressed, dressed up, formal (10B)
habiller to dress (someone else) (15B);
    s'habiller to get dressed (15B)
habitant *(m.)*, habitante *(f.)* native, inhabitant
    (12S/18B)
habiter to live (inhabit) (5B)
*haricots verts *(m.pl.)* green beans (9B)
heure *(f.)* hour, time (6B)
heureusement fortunately (13B)
heureux, heureuse happy (2B)
hier yesterday (10B)
histoire *(f.)* history (5S); story (16B)
historique historical (17S)
hiver *(m.)* winter (1B)
homme *(m.)* man (4B)
honnête honest (12B)
horrible horrible (8S/18B)
hôpital *(m.)* hospital (6S/11B)
hôtel *(m.)* hotel (6B)
hôtesse de l'air *(f.)* flight attendant, stewardess
    (18S)
huile (d'olive) *(f.)* (olive) oil (9S)
*huit eight (1B)
humeur *(f.)*: être de (bonne, mauvaise) — to be in a
    (good, bad) mood (5S)

I

ici here (8B)
idéaliste idealistic (20B)
idée *(f.)* idea (9B)
il he, it (1B);

il fait beau it's nice out (7B); — fait bon it's pleasant
    (mild) (7S); — fait chaud it's warm, it's hot (7B);
    — fait frais it's cool (7S); — fait froid it's cold (7B);
    — fait gris it's overcast (7S); — fait lourd it's hot
    and humid (7S); — fait mauvais it's nasty out (7B)
il faudrait (+ inf.) one should (15S)
il faut (que) it is necessary that (20B); il faut + nom ou
    inf. you have to + infinitive, one needs + noun (9S)
il neige it's snowing (7B)
il n'y a pas de there is no, there are not (3B)
il pleut it's raining (7B)
il/elle s'appelle his/her name is (7S/15B)
île *(f.)* island (18B)
illusion *(f.)* illusion (20S)
il y a there is, there are (3B); il y a... . . . ago (12B); —
    beaucoup de monde it's crowded (19S); — du soleil
    it's sunny (7B); — du vent it's windy (7B); — des
    nuages it is cloudy (7S)
imagination *(f.)* imagination (17S)
immeuble *(m.)* apartment house (11B)
immigration *(f.)* immigration (20B)
immigré *(m.)*, immigrée *(f.)* immigrant (12S/20B)
imperméable *(m.)* raincoat (10B)
impoli(e) impolite (5S)
important(e) important (3S/8B)
imposer to impose (20S)
impossible impossible (3S)
imprimante *(f.)* printer (3S)
indépendant(e) independent (20B)
indien(ne) Indian (18S)
indiquer to indicate (19S)
individualiste individualistic (20B)
infidèle unfaithful (16S)
infirmier *(m.)*, infirmière *(f.)* nurse (12S)
informations *(f.pl.)* news (17B)
ingénieur *(m.)* engineer (12B)
injuste unfair (20B)
injustice *(f.)* injustice (20S)
inquiet, inquiète worried (20B)
inspecteur *(m.)*, inspectrice *(f.)* inspector (police) (17S)
instituteur *(m.)*, institutrice *(f.)* teacher (grade
    school) (12B)
intellectuel, intellectuelle intellectual (4S/5B)
intelligent(e) smart, intelligent (2B)
intéressant(e) interesting (12B)
intéresser to interest (20B); s'intéresser à to be
    interested in (20B)
international(e), internationaux *(m.pl.)*
    international (17S)
internaute *(m. ou f.)* cybernaut, Internet user (14S)
Internet *(m.)* Internet (14S)
interroger to interrogate, to question (17S)
interview *(f.)* interview (17S)
intolérance *(f.)* intolerance (20S)
invité(e) *(m. ou f.)* guest (13B)
inviter to invite (9S/13B)

Israël *(m.)* Israel (18B)
israélien, israélienne Israeli (18S)
Italie *(f.)* Italy (18B)
italien, italienne Italian (9S/18B)

J

J'aime ça! I like that (4S)
jaloux, jalouse jealous (16B)
jamais never (8B); **— de la vie** not on your life (8S)
jambe *(f.)* leg (15B)
jambon *(m.)* ham (9B); **— cru** *(m.)*, raw ham, prosciutto (9S)
janvier *(m.)* January (1B)
Japon *(m.)* Japan (18B)
japonais(e) Japanese (9S/18B)
jardin *(m.)* garden, yard (11B)
jaune yellow (3B)
jazz *(m.)* jazz (2B)
je m'appelle my name is (1B)
je n'aime pas ça I don't like it (4S)
je pense que oui (je pense que non) I think so (I don't think so) (4S)
je voudrais (tu voudrais, il/elle voudrait) I would like (you would like, he/she would like) (7B)
jean *(m.)* jeans (pair of) (10B)
jeu *(m.)* game (14B)
jeu vidéo*(m.)* electronic game, video game (3S); **— télévisé** *(m.)* game show (17B)
jeudi *(m.)* Thursday (1B)
jeune young (2S/5B); **— fille** *(f.)* girl (5B)
jeunes *(m.pl.)* young people (5B)
joli(e) pretty (5B)
jouer to play (4S, 5B); **— au football** to play soccer (8B); **— au golf** to play golf (8S); **— au tennis** to play tennis (8B); **— aux cartes** to play cards (8B); **— de la guitare** to play the guitar (5S/8B); **— du piano** to play the piano (8B); **— violon** to play the violin (8B)
joueur *(m.)*, **joueuse** *(f.)* player (8S)
jour *(m.)* day (1S/6B)
journal *(m.)*, **journaux** *(pl.)* newspaper (14B); diary, journal (18S); **— (télévisé)** *(m.)* (television) news (17B)
journaliste *(m. ou f.)* journalist, reporter (16S/17B)
journée *(f.)* day (period of time) (6B)
juillet *(m.)* July (1B)
juin *(m.)* June (1B)
jupe *(f.)* skirt (10B)
juriste *(m. ou f.)* attorney (12B)
jus de fruit *(m.)* fruit juice (9B)
jusqu'à as far as, up to, until (11B)
juste fair, just, right (20B)

K

kilo (de) *(m.)* kilogram (of) (13B)
kilomètre *(m.)* kilometer (19S)

L

là there, here (7B)
là-bas over there (18B)
laboratoire *(m.)* laboratory (6S)
lac *(m.)* lake (6B)
laid(e) ugly (2B)
laisser un pourboire to leave a tip (13S)
lait *(m.)* milk (9B)
laitue *(f.)* lettuce (9S)
lampe *(f.)* lamp (3S/11B)
langue étrangère *(f.)* foreign language (5S)
lavabo *(m.)* sink (3B)
lave-linge *(m.)* washing machine (11S)
laver to wash (15B); **se laver** to wash (oneself) (15B)
lave-vaisselle *(m.)* dishwasher (11S)
lecteur de CD *(m.)* CD player (3S); **— de CD-ROM** *(m.)* CD-ROM player (3S); **— de DVD** DVD player (3S)
léger, légère light (weight) (18B)
légume *(m.)* vegetable (9B)
lendemain *(m.)* day after, next day (18S)
lent(e) slow (18B)
lentement slowly, slow (18B)
lettre *(f.)* letter (4S/14B)
lever to lift, to raise (15B); **se lever** to get up (15B)
liberté *(f.)* freedom (20S)
librairie *(f.)* bookstore (14B)
lieu du crime *(m.)* crime scene (17S)
lire to read (4S/14B)
liste (de) *(f.)* list (of) (13B)
lit *(m.)* bed (3B)
litre (de) *(m.)* liter (of) (13S)
littéraire literary (14S/17B)
littérature *(f.)* literature (5S/14B)
livre *(m.)* book (1B)
loin (de) far (from) (5B)
loisirs *(m.pl.)* leisure activities (20S)
long, longue long (10B)
longtemps a long time (16B)
louer to rent (11S/18B)
Louisiane *(f.)* Louisiana (18B)
lourd(e) heavy (18B)
lundi *(m.)* Monday (1B)
lune de miel *(f.)* honeymoon (16S)
lunettes *(f.pl.)* eyeglasses (10B); **— de soleil** *(f.pl.)* sunglasses (10S)
lycée *(m.)* high school (5B)

M

machine à écrire *(f.)* typewriter
Madame (Mme) ma'am, Mrs. (1B)
Mademoiselle (Mlle) miss, Miss, Ms. (1B)
magasin *(m.)* store (6B)
magazine *(m.)* magazine (14B); **— culturel** *(m.)* cultural TV magazine (17B); **— littéraire** *(m.)* literary TV magazine; **— d'information** *(m.)* news TV magazine (17B)

magnétoscope *(m.)* videocassette recorder (17S)

magnifique magnificent, superb (18S)

mai *(m.)* May (1B)

maigrir to lose weight (10B)

maillot de bain *(m.)* swimsuit, bathing suit (10B)

main *(f.)* hand (13B)

maintenant now (2B)

mairie *(f.)* city hall (11S)

mais but (1B)

maison *(f.)* house (4S/6B)

mal bad, badly (8B); — **élevé(e)** illmannered, rude (5S); — **habillé(e)** badly dressed (10S); — **payé(e)** badly paid (12B)

malade sick (2B)

maladie *(f.)* sickness, illness (20B)

malgré in spite of, despite (19S)

malheur *(m.)* misfortune (20B)

malheureusement unfortunately (13B)

malheureux, malheureuse unhappy (2B)

manger to eat (4B)

manquer (un train, un avion) to miss (a train, a plane) (18B)

manteau *(m.)*, **manteaux** *(pl.)* coat (10B)

maquiller to make up (someone else) (15S); **se maquiller** to put makeup on (oneself) (15S)

marche *(f.)* walking (8B)

marché *(m.)* market (13B)

marcher to walk (4B)

mardi *(m.)* Tuesday (1B)

mari *(m.)* husband (7B)

marié(e) married (7B)

se marier (avec) to marry, get married (to) (16B)

Maroc *(m.)* Morocco (16S/18B)

marocain(e) Moroccan (5S/18B)

marron *(adj. invar.)* brown (3B)

mars *(m.)* March (1B)

masculin(e) masculine (14S)

match *(m.)* game (4S)

matérialiste materialistic (20B)

matériel, matérielle material (20S)

mathématiques *(f.pl.)* mathematics (4S)

matin *(m.)* morning (6B)

matinal(e) early riser, morning person (15S)

mauvais(e) bad (9B)

mayonnaise *(f.)* mayonnaise (9S)

méchant(e) mean (2S/5B)

médecin *(m.)* doctor, physician (12B)

médecine *(f.)* medecine (studies, science) (5S/14B)

médias *(m.pl.)* media (17S)

médicament *(m.)* medicine (13B)

se méfier de to mistrust, not to trust (20S)

meilleur(e) better (9B)

melon *(m.)* melon (cantaloupe) (9S)

membre *(m.)* member (8S)

même same; even (17B)

ménage *(m.)* housework (4S/7B); household, couple (16S)

menu *(m.)* fixed-price meal (13S)

mer *(f.)* sea (6B)

merci thank you (1B)

mercredi *(m.)* Wednesday (1B)

mère *(f.)* mother (4B)

mère/père de famille mother, father (head of family) (12B)

merveilleux, merveilleuse wonderful, marvelous (8S/18B)

message électronique *(m.)* e-mail message (14S)

messagerie électronique *(f.)* e-mail (14S); — **instantanée** *(f.)* instant messaging (14S)

métier *(m.)* profession, trade (12B)

météo *(f.)* weather forecast (7S/14B)

métro *(m.)* subway (18B)

mètre *(m.)* meter (19S)

mettre to put, to put on, to wear (10B); — **la table** to set the table (13S); — **une lettre à la poste** to mail a letter (14S)

meuble *(m.)* piece of furniture (3S/11B);

meubles *(m.pl.)* furniture (11B)

meurtre *(m.)* murder (17S)

meurtrier *(m.)*, **meurtrière** *(f.)* murderer (17S)

Mexique *(m.)* Mexico (18B)

mexicain(e) Mexican (18S)

mieux better (15B)

mignon, mignonne cute (5B)

mince slim, thin (2B)

minute *(f.)* minute (6S)

miroir *(m.)* mirror (3S)

mode *(m.)* mood

mode *(f.)* fashion (10S)

moderne modern, contemporary (11S)

moi me (1B); — **aussi** me too, so do I (1S/5B); — **non plus** me neither, neither do I (1S/5B)

moins (moins... que) less (less . . . than) (2B); **au — une fois** at least once

mois *(m.)* month (1S/6B)

moment *(m.)* moment (6S)

monde *(m.)* world (18B); **tout le —** everyone (11)

monnaie *(f.)* change, coins (13S)

Monsieur *(m.)* sir, Mr. (1B)

montagne *(f.)* mountain(s) (6B)

monter to go up (11B)

monter/descendre en ascenseur to take the elevator up/down (11S)

monter/descendre par l'escalier to take the stairs up/down (11S)

montre *(f.)* wristwatch (10B)

montrer to show (17B)

monument *(m.)* monument (19S)

morceau (de) *(m.)*, **morceaux** *(pl.)* piece (of) (13B)

mort *(f.)* death (20B)

mort(e) (en) dead (in) (7B)

mosquée *(f.)* mosque (6S)

motivé(e) motivated (12S)

moustache *(f.)* moustache (15S)
moutarde *(f.)* mustard (9S)
mouton *(m.)* mutton (9B)
moyen de transport *(m.)* means of transportation (18S)
mur *(m.)* wall (3S/11B)
musée *(m.)* museum (8B)
musicien *(m.)*, **musicienne** *(f.)* musician (17S)
musique *(f.)* music (2B); — **classique** *(f.)* classical music (2S)

N

nager to swim (6S/8B)
naïf, naïve naive (2B)
nappe *(f.)* tablecloth (13S)
natation *(f.)* swimming (8B)
national(e), nationaux, nationales national (17S)
nationalité *(f.)* nationality (18B)
nature *(f.)* nature (17S)
né(e) (en) born (in) (7B)
n'est-ce pas? isn't it? (4B)
ne... jamais not ever, never (8B)
ne... pas not (2B)
ne... personne not anyone, no one (8B)
ne... personne de (gentil) no one (nice) (17S)
ne... plus not anymore (8B)
ne... rien not anything, nothing (8B)
ne... rien de (comique) nothing (funny) (17S)
neige *(f.)* snow (6B)
neiger to snow (7S)
neuf nine (1B)
neveu *(m.)* nephew (7B)
nez *(m.)* nose (15B)
nièce *(f.)* niece (7B)
noir(e) black (3B)
nom *(m.)* name (4B); noun; — **de famille** *(m.)* last name (4S)
non no (1B)
nord *(m.)* north (14S/19B)
normal(e), normaux, normales normal (2S/5B)
Normandie *(f.)* Normandy (19S)
nourriture *(f.)* food (9S)
nouveau (nouvel), nouvelle, nouveaux, nouvelles new (10B)
nouvelle *(f.)* piece of news (14S)
novembre *(m.)* November (1B)
nu(e) naked (15S); **tout(e)** — stark naked (15S)
nuage *(m.)* cloud (7S/19B)
nuageux cloudy (14S)
nuit *(f.)* night, darkness (6B)
numéro (de téléphone) *(m.)* (telephone) number (14B)

O

objet *(m.)* object (3S)
occupé(e) busy (2B)
s'occuper (de) to take care (of) (16B)
océan *(m.)* ocean (19S)

octobre *(m.)* October (1B)
œil *(m.)*, **yeux** *(pl.)* eye (15B)
œuf *(m.)* egg (9B)
offrir to offer (13B)
oignon *(m.)* onion (9S)
oiseau *(m.)*, **oiseaux** *(pl.)* bird (4S)
omelette (au fromage) *(f.)* omelette (cheese) (9S)
on one, they, people (3B); — **verra** we'll see (18B)
oncle *(m.)* uncle (7B)
onze eleven (1B)
opinion *(f.)* opinion (20S)
optimiste optimistic (5S/20B)
orage *(m.)* thunderstorm (19S)
orange *(adj. invar.)* orange (3B)
orange *(f.)* orange (9B)
ordinateur *(m.)* computer (3B); — **portable** laptop (3S)
ordre *(m.)* order (20S)
oreille *(f.)* ear (15B)
original(e) original (10S)
orthographe *(f.)* spelling
oser to dare (20S)
ou or (2B)
où where (2B); — **sont les toilettes?** where's the restroom? (11S)
oublier (de + inf.) to forget (to do something) (12B)
ouest *(m.)* west (14S/19B)
oui yes (1B)
ouvert(e) open (13B)
ouvrier *(m.)*, **ouvrière** *(f.)* worker (blue collar) (12B)
ouvrir to open (13B)

P

page *(f.)* page (14B)
page web *(f.)* web page (14S)
pain *(m.)* bread (9B)
paix *(f.)* peace (20B)
pamplemousse *(m.)* grapefruit (9S)
pantalon *(m.)* pants (pair of) (10B)
par by, through (18B); — **exemple** for example (4S); — **terre** on the floor (3S)
parapluie *(m.)* umbrella (10B)
parc *(m.)* park (6B)
parce que because (2B)
pardon excuse me (1B)
parent *(m.)* parent, relative (7B)
paresseux, paresseuse lazy (2B)
parfois sometimes (5B)
parka *(f.)* parka, ski jacket (10S)
parler to talk, to speak (4B)
partager to share (5S/15B)
partir to leave (5B)
partout everywhere (8S/15B)
pas (ne...) not (2B); — **du tout** not at all (1S/13B); — **encore** not yet (11B); — **mal** not bad (1B); — **moi** not me (1S/5B); — **question** no way, out of the question (8B)

passage (m.) passage (18S)

passager (m.), passagère (f.) passenger (18S)

passé (m.) past (17S)

passeport (m.) passport (18B)

passé(e) last (day, month, etc.) (14B)

passer to spend (17B); to go by, to stop by, to pass (18B); — l'aspirateur to vacuum (7S/16B); — un examen to take a test (14S); se passer to happen, to take place (17S)

passe-temps (m.) pastime (8S/20B)

pâté (m.) pâté (9S)

pâtes (f.pl.) pasta, spaghetti, noodles (9S)

patience (f.) patience (16S)

patient(e) patient (16B)

pâtisserie (f.) pastry shop, pastry (13B)

patron (m.), patronne (f.) boss (12B)

pauvre poor (5B)

pauvreté (f.) poverty (20S)

payer to pay (13B); — avec une carte de crédit to pay by credit card (13S); — en liquide to pay cash (13S); — par chèque to pay by check (13S)

pays (m.) country (18B)

paysage (m.) landscape, scenery (8S/19B)

pêche (f.) peach (9B)

pêcher to fish (19S)

peigne (m.) comb (15S)

peigner to comb (someone else) (15S); se peigner (les cheveux) to comb (one's own hair) (15S)

pelouse (f.) lawn (11S)

pendant during (6B); — que while (16B)

pénible obnoxious (2B)

penser (à/de) to think (about/of) (16B); — (que) to think (that) (4B)

perdre to lose (11B); — son travail to lose one's job (12B)

père (m.) father (4B)

permettre (de) to allow, to permit (17B)

permis de conduire (m.) driver's license (18S)

personnage (m.) character (in play, book) (17S)

personne (f.) person (3S/4B); (m.) nobody, no one (8B); — âgée (f.) older person (5B)

personnel, personnelle personal (20S)

pessimiste pessimistic (5S/20B)

petit(e) little, small, short (3B); petit ami (m.) boyfriend; petite amie (f.) girlfriend (5B); petit déjeuner (m.) breakfast (9B); petite annonce (f.) classified ad (14B); petite cuillère (f.) teaspoon (13B)

petits pois (m.pl.) peas (9B)

petite-fille (f.) granddaughter (7B)

petit-fils (m.) grandson (7B)

petits-enfants (m.pl.) grandchildren (7B)

peu (un) little (a) (4B)

peur (f.) fear; avoir — to be afraid (17S); faire — (à) to scare (17S)

peut-être maybe, perhaps (3B)

pharmacie (f.) pharmacy (13B)

pharmacien (m.), pharmacienne (f.) pharmacist (13B)

photo (f.) photograph (3B)

photocopieuse (f.) copy machine (3S)

piano (m.) piano (8B)

pièce (f.) room (11B); — (de théâtre) (f.) play (17B)

pied (m.) foot (15B)

pilote (m.) pilot (18S)

pique-nique (m.) picnic (6S)

piscine (f.) swimming pool (6B)

pizza (f.) pizza (9S)

placard (m.) closet (3B)

place (f.) square (town) (11B); place, seat (18S)
Il y a de la __? Is there any room?

plage (f.) beach (6B)

plan (m.) (town, city) map (11S)

plante verte (f.) houseplant (13B)

plat(e) flat (19B)

plat (m.) serving dish, dish of food (13B); — principal (m.) main dish, main course (9S/13B)

platane (m.) plane tree (19S)

plein(e) full, crowded (18S)

pleurer to cry (5S/15B)

pleuvoir to rain (7S)

plongée sous-marine (f.) scuba diving (8S)

pluie (f.) rain (14B)

plus (plus... que) more (more . . . than) (2B); le/la — jeune (m. ou f.) youngest (7B); — ou moins more or less (2S)

plusieurs several

plutôt rather (20S)

poème (m.) poem (14S)

poire (f.) pear (9S)

poisson (m.) fish (1S/9B)

poivre (m.) pepper (9S)

poli(e) polite (5S)

policier (m.) police officer (12B)

politique (f.) politics (14B)

pollution (f.) pollution (20S)

polo (m.) polo shirt (10S)

pomme (f.) apple (9B)

pomme de terre (f.) potato (9B)

pompier (m.) firefighter (12S)

pont (m.) bridge (11S/19B)

porc (m.) pork (9B)

port (m.) port (19S)

portable (ordinateur) (m.) laptop (3S); portable (téléphone) (m.) cellular phone (3S/14B)

porte (f.) door (3B); gate (18S)

porter to carry, to wear (10B)

poser une question (à qqn) to ask a question (of someone) (14B); se poser des questions to wonder, to have doubts (20S)

possible possible (3S)

poste (f.) post office (6B)

poubelle *(f.)* trash can (16S)
poulet *(m.)* chicken (9B)
pour for, in order to (1B); — **que + subjonctif** so that, in order to (20B)
pourboire *(m.)* tip (13S); **laisser un** — to leave a tip (13S)
pourquoi why (2S/6B)
pourtant however (12S/17B)
pouvoir *(m.)* power (20B)
pouvoir can, to be able to (8B)
pratique practical (3S/10B)
pratiquer un sport to play a sport (8S)
préféré(e) preferred, favorite (6S)
préférer to prefer (6B)
premier(-ère) first (1B)
prendre to take; to have; to eat; to drink (9B); — **la retraite** to retire (20S); — **(un petit) quelque chose** to have a snack (9B); — **un bain** to take a bath (15S); — **une douche** to take a shower (15B); — **un verre** to have a drink (9S)
prénom *(m.)* first name (4S)
préparer to prepare (13S); **se préparer** to get (oneself) ready (15S)
près (de) near (to) (5B)
présenter to present, to introduce (17S)
préservatif *(m.)* condom (20S)
presque almost (18S)
presse *(f.)* press, (news)papers (14S)
pressé(e) in a hurry (12S)
prêt *(m.)* loan
prêt(e) ready
principe *(m.)* principle (20S)
printemps *(m.)* spring (1B)
privé(e) private (20B)
prix *(m.)* price (10B)
probablement probably (7S/20B)
problème *(m.)* problem (5B)
professeur *(m.)* teacher (1B)
profiter de la vie to make the most of life (20S)
programme *(m.)* television/radio schedule (17S)
projet *(m.)* plan, project (8B)
promenade *(f.)* walk (8B)
promener to walk (a dog, for example) (15B); **se promener** to take a walk (15B)
promettre to promise (17B)
propre clean (15S)
propriétaire *(m. ou f.)* owner, landlord (12B)
protection *(f.)* protection (20S)
Provence *(f.)* Provence (south of France) (19S)
prune *(f.)* plum (9S)
psychologue *(m. ou f.)* psychologist (4S/12B)
publicité *(f.)* advertising (14B)
puis (et puis) then (and then) (11B)
pull *(m.)* sweater (10B)
puni(e) punished (5S)
pyjama *(m.)* pair of pajamas (10S)
Pyrénées *(f.pl.)* Pyrenees (19S)

Q

quai *(m.)* platform (18S)
quand when (5B); — **même** all the same, even so (17S)
quartier *(m.)* neighborhood (11S/18B)
quatorze fourteen (1B)
quatre four (1B)
que that (16B)
québécois(e) from Quebec (17S)
quel, quelle, quels, quelles which, what (6B); **quel âge as-tu (avez-vous)?** how old are you? (5S); **quelle est la date aujourd'hui?** what's the date today? (1S/6B); **quelle heure est-il?** what time is it? (6B); **quelle sorte de... ?** what kind/sort of . . . ? (13B); **quel temps fait-il?** what's the weather like? (7S/14B)
quelques few, some (18S/20B)
quelque chose something (9B); **quelque chose (d'intéressant)** something (interesting) (16B)
quelquefois sometimes (11B)
quelqu'un someone (9B); — **(d'intéressant)** someone (interesting) (16B)
qu'est-ce que... ? what . . . ? (8B); — **c'est?** what is this/that? (3B); — **tu aimes? (il/elle aime)** what do you like? (does he/she like) (4S); **qu'est-ce qu'il y a à faire?** what is there to do? (19S)
qu'est-ce qui... ? what . . . ? (8B); — **arrive?** what's happening? (8S); — **est arrivé?** what happened? (17B); — **se passe?** what's happening? (16B) — **s'est passé?** what happened? (18B)
question *(f.)* question (14B)
qui... ? who . . . ? (2S/8B); **qui** who, that *(relative pronoun)* (7S/12B); — **est-ce que?** who/whom? (8B)
quinze fifteen (1B)
quitter to leave (16B)
quoi what (8B)

R

racisme *(m.)* racism (20B)
raciste racist (20S)
raconter to tell (a story) (16B)
radio *(f.)* radio (3B); **radio-réveil** *(m.)* clock radio (3S)
raisin(s) *(m.)* grapes (9S)
raisonnable reasonable, sensible (2B)
randonnée *(f.)* hike (8B)
ranger to straighten up; to clean up (4B)
rapide fast, rapid (18B)
rare rare (19S)
raser to shave (someone else) (15S); **se raser** to shave (oneself) (15S)
rasoir *(m.)* razor (15S)
réaliste realistic (20B)
réalité *(f.)* reality (20S)
recette *(f.)* recipe (9S)
recherche (sur) *(f.)* research (on) (20S)
se réconcilier to make up (16S)

réel(le) real (17S)
réfléchir (à + qqch.) to think (about), reflect (10B)
réfrigérateur *(m.)* refrigerator (3S/11B)
refuser (de + inf.) to refuse (to) (20B)
regarder to look at (4B); **se regarder** to look at oneself (15B)
régime *(m.)* diet (5S)
région *(f.)* region (19B)
rencontre *(f.)* encounter, meeting (16S)
rencontrer to meet (8B)
rendre visite à to visit (a person) (18B)
renseignement *(m.)* piece of information (14B)
rentrer to go/come home, back (11B)
renverser to knock over (13S)
réparer to fix, to repair (16S)
repas *(m.)* meal (9B)
repasser to iron (7S/16B)
répondeur *(m.)* answering machine (3S)
répondre (à qqn) to answer (someone) (11B)
reportage *(m.)* report, story (television) (17B)
reporter *(m.)* reporter (17S)
se reposer to rest (16B)
réservé(e) reserved, quiet (5S)
réserver to reserve (18S)
respecter to respect (20B)
responsable responsible (12B)
restaurant *(m.)* restaurant (6B); **— universitaire** *(m.)* college cafeteria (6S)
rester to stay (someplace) (8B); **— à la maison** to stay home (4B)
restes *(m.pl.)* leftovers (9S)
retourner to go back, to return (11B)
retraité *(m.)*, retraitée *(f.)* retired person (5S/12B)
se retrouver to get together, to meet (again) (16B)
réussir (à + inf.) to succeed (in doing something) (14B); **— (à) un examen** to pass a test (14B)
rêve *(m.)* dream (15S/20B)
réveil *(m.)* alarm clock (3B)
réveillé(e) awake (15S)
réveiller to wake (someone up) (15B); **se réveiller** to wake up (oneself) (15B)
revenir to come back (17B)
rêver (de) to dream (about, of) (15B)
revolver *(m.)* revolver, gun (17S)
rez-de-chaussée *(m.)* ground floor (first floor) (11B)
rhume *(m.)* cold (15S)
riche rich (5B)
richesse *(f.)* wealth (20S)
rideau *(m.)*, rideaux *(pl.)* curtain (3S/11B)
rien *(m.)* nothing (8B)
rire to laugh (4S)
rivière *(f.)* river, stream (19S)
riz *(m.)* rice (9B)
robe *(f.)* dress (10B)
rock *(m.)* rock (music) (2B)
romain(e) Roman (19S)

roman *(m.)* novel (14S); **— policier** *(m.)* murder mystery (17S)
romantique romantic (17S)
rose rose-colored, pink (10B)
rôti *(m.)* roast (9B)
rouge red (3B)
route *(f.)* road (18B)
roux, rousse red (hair) (15B)
rubrique *(f.)* section, column (periodical) (14S)
rue *(f.)* street (11B)
russe Russian (18S)
Russie *(f.)* Russia (18B)

S

sable *(m.)* sand (19B)
sac *(m.)* sack, purse (3B); **— à dos** *(m.)* backpack (18S)
sage well-behaved (5S)
saison *(f.)* season (1S); **— des pluies** *(f.)* rainy season (18S)
salade *(f.)* salad (9B)
salaire *(m.)* salary (12B)
sale dirty (15S)
salé(e) salted, salty (9S)
salle *(f.)* room; **— à manger** *(f.)* dining room (11B); **— d'eau** *(f.)* bathroom (sink and shower only) (11S); **— de bains** *(f.)* bathroom (11B); **— de classe** *(f.)* classroom (3B); **— de séjour** *(f.)* living room, family room (7B)
salon *(m.)* living room (11B)
salut! hi! bye! (1B)
samedi *(m.)* Saturday (1B)
sandale *(f.)* sandal (10S)
sandwich *(m.)* sandwich (9B)
sans without (8B)
santé *(f.)* health (20B)
satellite (la télévision par satellite) *(m.)* satellite (satellite televison) (17S)
satisfait(e) (de) satisfied (with) (20B)
sauce *(f.)* sauce, gravy (13S)
saucisson *(m.)* salami (9S)
sauf except (20B)
saumon *(m.)* salmon (9B)
savoir to know (16B)
savon *(m.)* soap (15S)
sciences *(f.pl.)* sciences (4S); **— économiques** *(f.pl.)* economics (14B)
scientifique scientific (14S)
sèche-linge *(m.)* (clothes) dryer (11S)
sécher to dry (someone, something) (15S); **se sécher** to dry off (oneself) (15S)
séchoir (à cheveux) *(m.)* (hair) dryer (15S)
secrétaire *(m. ou f.)* secretary (12B)
sécurité *(f.)* security (20S)
seize sixteen (1B)
sel *(m.)* salt (9B)
semaine *(f.)* week (1S/6B)

s'en aller to leave (17S)
Sénégal *(m.)* Senegal (18B)
sénégalais(e) Senegalese (18B)
sens *(m.)* meaning
sentiment *(m.)* feeling (20S)
se séparer to separate, to break up (16S)
sept seven (1B)
septembre *(m.)* September (1B)
série *(f.)* series (17B)
sérieux, sérieuse serious, hardworking (2S/4B)
séropositif, séropositive HIV positive (20S)
serrer qqn dans ses bras to hug somebody (16S)
serveur *(m.)*, serveuse *(f.)* waiter, waitress (12B)
service compris tip included (13S)
serviette *(f.)* napkin (13B); — de bain *(f.)* bath
    towel (15S)
seul(e) alone (5B)
seulement only (16B)
sévère strict (5S)
shampooing *(m.)* shampoo (15S)
short *(m.)* pair of shorts (10B)
si yes (on the contrary) (7B); if, so (11B)
sida *(m.)* AIDS (20S)
s'il te plaît *(fam.)* please (6B)
s'il vous plaît *(formal)* please (6B)
siècle *(m.)* century (19S)
sieste *(f.)* nap (15S)
simple simple (20S)
sinon otherwise
site (web) *(m.)* (web) site (14S)
six six (1B)
ski *(m.)* skiing (8B)
skier to ski (6S/8B)
slip *(m.)* brief (men's), panties (women's) (10S)
SMIC *(m.)* minimum wage (12S)
S.N.C.F. *(f.)* French national railway (12S)
sociable sociable, gregarious (2B)
social, sociale, sociaux, sociales social (20B)
société *(f.)* society (20B)
sœur *(f.)* sister (4B)
soif *(f.)* thirst; avoir — to be thirsty (9B)
soigner to take care of (15S); se soigner to take care
    of oneself (15S)
soir *(m.)* evening (6B)
soirée *(f.)* party, evening (9S/13B)
soleil *(m.)* sun (6B)
solitude *(f.)* solitude (20B)
sombre dark (3S/11B)
sommaire *(m.)* table of contents (magazine) (14S)
sommeil *(m.)* sleep; avoir — to be sleepy (6B)
sonner to ring (12B)
sortie *(f.)* outing, evening/night out (20B)
sortir to go out (4S/5B); — avec to go out with, to date
    (16S); — ensemble to go out together, to date (16S)
souci *(m.)* problem, worry (20S)
souffrir to suffer (20S)

soupe (de tomates) *(f.)* (tomato) soup (9B)
sous under (3B)
sous-sol *(m.)* basement level, underground (11S)
soutien-gorge *(m.)* bra (10S)
souvenir *(m.)* souvenir, memory (18S);
se souvenir de to remember (16B)
souvent often (5B)
sous-vêtements *(m.pl.)* underwear (10B)
spécialité *(f.)* specialty (19S)
spiritualité *(f.)* spirituality (20S)
sport *(m.)* sport(s) (4B)
sportif, sportive athletic (2B)
station *(f.)* (radio) station (17B); — de métro *(f.)*
    subway station (18S)
steak *(m.)* steak (9B); — haché *(m.)* hamburger
    meat (9S)
steward *(m.)* flight attendant, steward (18S)
stressant(e) stressful (15S)
stressé(e) stressed (12S)
stylo *(m.)* pen (1B)
sucre *(m.)* sugar (9B)
sucré(e) sweet (9S)
sud *(m.)* south (14S/19B)
Suisse *(f.)* Switzerland (14S/18B)
suisse Swiss (14S/18B)
suivre to follow (17B); — un cours to take a class, a
    course (17B)
supermarché *(m.)* supermarket (6B)
supplémentaire supplementary, extra
sur on, on top of (3B)
sûrement certainly (20B)
surfer to surf (14S)
surgelé(e) frozen (9S)
surprendre to surprise (17B)
surpris(e) surprised (16S)
surtout especially (4S/9B)
survêtement *(m.)* sweatsuit (10S)
suspect *(m.)*, suspecte *(f.)* suspect (17S)
sympathique nice, congenial, likable (2B)
synagogue *(f.)* synagogue (6S)

T

table *(f.)* table (3B); — de nuit *(f.)* nightstand, night
    table (3S)
tableau *(m.)*, tableaux *(pl.)* painting (3S/11B)
Tahiti Tahiti (18B)
tahitien, tahitienne Tahitian (18S)
tailleur *(m.)* suit (woman's) (10B)
tante *(f.)* aunt (7B)
taper to type (12S)
tapis *(m.)* area rug (3B)
tard late (15B)
tarte (aux pommes) *(f.)* pie (apple) (9B)
tasse (de) *(f.)* cup (of) (13B)
taxi *(m.)* taxi (18B)
tee-shirt *(m.)* T-shirt (10S)

télécommande *(f.)* remote control (17S)

télécopieur *(m.)* fax machine (3S)

téléphone *(m.)* telephone (3B); **—** **portable** *(m.)* cellular phone (3S/14B); **—** **public** *(m.)* public phone (14S)

téléphoner **(à qqn)** to telephone (someone) (6B)

télévision *(f.)* television (3B)

témoin *(m.)* witness (17S)

temps *(m.)* weather (7B); **quel — fait-il?** what's the weather like? (7S/14B); **avoir le — (de + inf)** to have time (10B)

tennis *(m.)* tennis (4S); *(m.pl.)* sneakers (10S)

terminer to finish, to end (6B); **se terminer** to end (17S)

terrasse *(f.)* patio, terrace (11B)

terre *(f.)* earth, ground (19B)

terrible terrible (19B)

terrorisme *(m.)* terrorism (20S)

tête *(f.)* head (15B)

têtu(e) stubborn (5S/15B)

Texas *(m.)* Texas (18B)

texto *(m.)* text message (cell phone) (14S)

TGV **(train à grande vitesse)** *(m.)* highspeed French train (18S)

thé *(m.)* tea (9B)

théâtre *(m.)* theater (4S)

thon *(m.)* tuna (9B)

ticket *(m.)* ticket (bus or subway) (18B)

timbre *(m.)* stamp (14B)

timide shy (2B)

tiroir *(m.)* drawer (3S)

titre *(m.)* title (14S); **gros titres** headlines (14S)

toile *(f.)* Web (14S)

toilettes *(f.pl.)* toilet, bathroom (10S)

toit *(m.)* roof (11S)

tomate *(f.)* tomato (9B)

tombe *(f.)* a tomb

tomber to fall (8B); **— amoureux, amoureuse (de)** to fall in love (with) (16B)

tôt early (15B)

toujours always (5B)

tour du monde *(m.)* trip around the world (18S)

touriste *(m. ou f.)* tourist (19B)

tourner to turn (11B)

tous **(toutes) les deux** both (13B); **tous les jours** every day (13B)

tousser to cough (15S)

tout, tous, toute, toutes all (13B); **tout à coup** all of a sudden (12B); **tout à fait** absolutely, completely (13B); **tout de suite** right away, at once (13B); **tout droit** straight (11B); **tout le monde** everybody, everyone (8B); **tout le temps** all the time (5B); **tout(e) nu(e)** stark naked (15S); **tout(e) seul(e)** all alone, all by oneself (15B)

traditionnel, traditionnelle traditional (20B)

traduire to translate

train *(m.)* train (18B)

tranche **(de)** *(f.)* slice (of) (13B)

travail, travaux *(m.)* work, job (12B)

travailler to work (4B); **— dur** to work hard (12B)

travailleur, travailleuse hardworking (2B)

traverser to go across, to cross (11S/18B)

treize thirteen (1B)

trente thirty (1B)

très very (2B); **— bien** fine, good, very good (1B)

triste sad (5B)

trois three (1B)

tromper to fool, to cheat (16S); **se tromper (de)** to be wrong, to make a mistake (16B)

trop too (too much) (2S/4B); **— (de)** too much (of) (13B)

trouver to find (6B); **— du travail/un travail** to find work/a job (12B); **se trouver** to be located (18S/19B)

tuer to kill (17S)

tueur *(m.)*, tueuse *(f.)* killer (17S)

typique typical (5S)

U

un(e) one, a (1B)

une fois once (10B)

universitaire *(adj.)* university (6B)

université *(f.)* university, college (2B)

usine *(f.)* factory (11B)

utiliser to use (13B)

V

vacances *(f.pl.)* vacation (2B)

vache *(f.)* cow (6S/19B)

vaisselle *(f.)* dishes (7B)

valise *(f.)* suitcase (10B)

vanille *(f.)* vanilla (9B)

vedette **(de la télévision, du cinéma...)** *(f.)* (television, movie, etc.) celebrity (17B)

végétarien, végétarienne vegetarian (9S)

veille *(f.)* day before, eve (18S)

vélo *(m.)* bicycle, bike (8B); **vélo tout terrain** *(m.)* (VTT) mountain bike

vendeur *(m.)*, vendeuse *(f.)* salesperson (12B)

vendre to sell (11B)

vendredi *(m.)* Friday (1B)

venir to come (13B)

venir de to have just (13B)

vent *(m.)* wind (7B)

ventre *(m.)* stomach, abdomen (15S)

verbe *(m.)* verb

vérifier to verify, to check (14S, 17B)

vérité *(f.)* truth (14B)

verre **(de)** *(m.)* glass (of) (13B)

vert(e) green (3B)

veste *(f.)* jacket, sport coat (10B)

vêtements *(m.pl.)* clothes (10B)

veuf *(m.)*, veuve *(f.)* widower, widow (7B)

viande *(f.)* meat (9B)

victime *(f.)* victim (17S)

vide empty (18B)
vie *(f.)* life (5B)
vie quotidienne *(f.)* daily life (20S)
vieux (vieil), vieille, vieux, vieilles old (5B)
village *(m.)* village (rural) (6B)
ville *(f.)* city, town (6B)
vin *(m.)* wine (9B)
vingt twenty (1B)
vinaigre *(m.)* vinegar (9S)
vinaigrette *(f.)* oil and vinegar dressing (9S)
violence *(f.)* violence (20B)
violent(e) violent (17B)
violet, violette purple (10B)
violon *(m.)* violin (8B)
visage *(m.)* face (15S)
visiter to visit (a place) (11S/18B)
vite fast, rapidly (18B)
vivre to be alive, to live (17B)
voici here is, here are (7S/8B)
voilà there is/are; here is/are (2S/3B)
voir to see (13B)
voiture *(f.)* car (1B)

vol *(m.)* flight (18S)
volets *(m.pl.)* shutters (11S)
votre nom, s'il vous plaît? your name, please? (4B)
vouloir to want, to wish (7B); **— dire** to mean (14B)
voyage *(m.)* trip (10B); **— organisé** *(m.)* tour (package) (18S)
voyager to travel (4B)
vrai(e) true, right (4B)
vraiment really (12B)

W

week-end *(m.)* weekend (1S)
western *(m.)* western (movie) (17B)
W.C. *(m.pl.)* toilet, restroom (11B)

Y

yaourt *(m.)* yogurt (9B)
yeux *(m.pl.)* eyes (15B)

Z

zéro *(m.)* zero (1B)
zoo *(m.)* zoo (19S)

Lexique: Anglais-français

A

abandon *(v.)* abandonner
abdomen ventre *(m.)*
about de, à peu près
abroad à l'étranger
absolutely tout à fait
accept *(v.)* accepter (de + inf.)
accident accident *(m.)*
according to d'après; — **to you** à votre avis
accountant comptable *(m. ou f.)*
acquaintance connaissance *(f.)*
across (from) en face (de)
act *(v.)* agir
action action *(f.)* ; — **movie** film d'action *(m.)*
active actif, active
activity activité *(f.)*
actor acteur *(m.)*
actress actrice *(f.)*
adapt to *(v.)* (s')adapter à
address adresse *(f.)*
adjective adjectif *(m.)*
adolescent adolescent *(m.)*, adolescente *(f.)*
adorable adorable
adult adulte *(m.)*
adventure movie film d'aventures *(m.)*
advertising, advertisement publicité *(f.)*
advice (a piece of) conseil *(m.)*
Africa Afrique *(f.)*
African africain(e)
after, afterwards après
afternoon après-midi *(m.)*
again encore
agree *(v.)* être d'accord
agreeable agréable
ago il y a...
AIDS sida *(m.)*
air conditioning climatisation *(f.)*
airplane avion *(m.)*
airport aéroport *(m.)*
à la carte à la carte
alarm clock réveil *(m.)*
alcohol alcool *(m.)*
Algeria Algérie *(f.)*
Algerian algérien, algérienne
alive vivant(e); **to be —** être en vie

all tout, tous, toute, toutes; — **alone, — by oneself** tout(e) seul(e); — **of a sudden** tout à coup; — **right** d'accord; — **the same, even so** quand même; — **the time** tout le temps
allergy allergie *(f.)*
allow *(v.)* permettre (de)
all right d'accord
almost à peu près, presque
alone seul(e)
Alps Alpes *(f.pl.)*
already déjà
also aussi
always toujours
America Amérique *(f.)*
American américain(e)
amuse (someone) *(v.)* amuser
amusing comique
and et
angry fâché(e)
animal animal *(m.)*, animaux *(pl.)*
animated cartoon dessin animé *(m.)*
ankle cheville *(f.)*
announce *(v.)* annoncer
annoy (someone) *(v.)* énerver
annoying énervant(e)
answer (someone) *(v.)* répondre (à qqn)
answering machine répondeur *(m.)*
antique ancien, ancienne
apartment appartement *(m.)*
apartment house/building immeuble *(m.)*
apple pomme *(f.)*
appreciate *(v.)* apprécier
April avril *(m.)*
are you ready to order? vous avez choisi?
argue (with) *(v.)* se disputer (avec)
arm bras *(m.)*
armchair fauteuil *(m.)*
arrival arrivée *(f.)*
arrive (at) *(v.)* arriver (à + inf.)
article article *(m.)*
artist artiste *(m. ou f.)*
as comme; — **a group** en groupe; — **far as** jusqu'à; — **. . . as** aussi... que
Asia Asie *(f.)*
Asian asiatique

ask (v.) demander; — (v.) a question (to someone) poser une question (à qqn); — for directions demander le (son) chemin
asparagus asperges (f.pl.)
aspirin aspirine (f.)
assignment devoir (m.)
association association (f.)
at à; — ease à l'aise; — last enfin; — ... o'clock à... heure(s); — once tout de suite; — the house of chez; — the same time en même temps; — the side of au bord de; — what time? à quelle heure?
athletic sportif, sportive
atmosphere atmosphère (f.)
attack (of) crise (de) (f.)
attic grenier (m.)
attorney avocat (m.), avocate (f.); juriste (m. ou f.)
August août (m.)
aunt tante (f.)
Australia Australie (f.)
Australian australien, australienne
authority autorité (f.)
autumn automne (m.)
avenue avenue (f.)
awake réveillé(e)

B

baby bébé (m.)
baby-sit (v.) garder des enfants
back dos (m.)
backpack sac à dos (m.)
bad mauvais(e)
badly mal; — dressed mal habillé(e); — paid mal payé(e)
bakery boulangerie (f.); — that sells pastries boulangerie-pâtisserie (f.)
balcony balcon (m.)
bald chauve
banana banane (f.)
Band-Aid sparadrap (m.)
bandage pansement (m.)
bank banque (f.)
banker banquier (m.), banquière (f.)
basement cave (f.); — level sous-sol (m.)
basketball basket-ball (m.)
bathing suit maillot de bain (m.)
bathroom salle de bains (f.); salle d'eau (f.); toilettes (f.pl.)
bathtub baignoire (f.)
be (v.) être; — a member (of) être membre (de); — able to pouvoir; — afraid (of) avoir peur (de); — against être contre; — alive vivre, être vivant(e); — allergic to être allergique à; — aware of être conscient(e) de; — bored s'ennuyer; — careful faire attention; — cold avoir froid; — connected to être connecté(e); — courageous avoir du courage, être courageux; — early être en avance; — easy to get along with avoir bon caractère, être facile à vivre; — expensive coûter cher; — for être pour; — free to être libre de; — good at être fort(e) en; — good at/in être bon/bonne en; — hard to get along with avoir mauvais caractère, être difficile à vivre; — hot avoir chaud; — hungry avoir faim; — in agreement être d'accord; — in shape être en forme; — in the middle of être en train de (+ inf.); — informed être au courant de (+ noun); — interested in s'intéresser à; — involved in politics faire de la politique; — late être en retard; — located se trouver; — lucky avoir de la chance; — mad at être en colère contre; — named s'appeler; — no good at/in être nul/nulle en; — on a diet être au régime; — on time être à l'heure; — over (a sickness) être remis(e) (de); — paid (well, badly) être (bien, mal) payé(e); — right avoir raison; — sleepy avoir sommeil; — standing (up) être debout; — thirsty avoir soif; — to be used (to) être habitué(e) (à); — wrong avoir tort, se tromper (de); — ... years old avoir... ans
beach plage (f.)
beard barbe (f.)
beautiful beau (bel), belle, beaux, belles
because parce que
because of à cause de
become (v.) devenir
bed lit (m.); to make one's — faire son lit
bedroom chambre (f.)
beef bœuf (m.)
beer bière (f.)
before avant, avant de + inf., avant que + subjonctif
begin (to) (v.) commencer (à + inf.)
beginning début (m.)
behind derrière (prep.); derrière (m.)
beige beige
Belgian belge
Belgium Belgique (f.)
believe (in) (v.) croire (à); to — in God croire en Dieu
belong to (v.) être à
belongings affaires (f.pl.)
bench banc (m.)
beside à côté de
better meilleur(e) (adj.), mieux (adv.)
between entre
beverage boisson (f.)
bicycle vélo (m.)
big grand(e); gros, grosse
bill addition (f.)
billion milliard (m.)
biology biologie (f.)
bird oiseau (m.), oiseaux (pl.)
birthday anniversaire (m.)
black noir(e)

blanket couverture *(f.)*
blog blog *(m.)*
blogger blogueur, blogueuse
blond blond(e)
blow coup *(m.)*
blow one's nose *(v.)* se moucher
blue bleu(e)
boat bateau *(m.)*, bateaux *(pl.)*
body corps *(m.)*
book livre *(m.)*
bookcase étagère *(f.)*
bookstore librairie *(f.)*
bore *(v.)* ennuyer
boring ennuyeux, ennuyeuse
born (in) né(e) (en)
boss patron *(m.)*, patronne *(f.)*
both tous (toutes) les deux
bother *(v.)* gêner
bottle (of) bouteille (de) *(f.)*
box (of) boîte (de) *(f.)*
boy garçon *(m.)*
boyfriend petit ami *(m.)*
bra soutien-gorge *(m.)*
Brazil Brésil
Brazilian brésilien, brésilienne
bread pain *(m.)*
break (one's arm, leg) *(v.)* se casser (le bras, la jambe);
    — up *(v.)* se séparer
breakfast petit déjeuner *(m.)*; — nook
    coin-repas *(m.)*
bridge pont *(m.)*
briefs slip *(m.)*
bright clair(e)
bring *(v.)* apporter
British anglais(e)
Brittany Bretagne *(f.)*
brother frère *(m.)*
brother-in-law beau-frère *(m.)*
brown brun(e); marron *(invar.)*; — (light) châtain(e);
    light — hair cheveux châtains *(m. pl.)*
bruise bleu *(m.)*
brush *(v.)* brosser; — (one's hair) se brosser (les
    cheveux)
bureau commode *(f.)*
burn *(v.)* brûler; — oneself se brûler
bus (between cities) autocar *(m.)*, car *(m., fam.)*
bus (city) autobus *(m.)*, bus *(m., fam.)*
business affaires *(f.pl.)*, entreprise *(f.)*; — owner chef
    d'entreprise *(m.)*; — is good les affaires marchent
    bien
busy occupé(e)
but mais
butcher shop boucherie *(f.)*; butcher/delicatessen
    boucherie-charcuterie *(f.)*
butter beurre *(m.)*

buy *(v.)* acheter
by par
by chance par hasard
bye! salut!

C

cable câble *(m.)*
café café *(m.)*
cake (chocolate) gâteau (au chocolat) *(m.)*, gâteaux *(pl.)*
calculator calculatrice *(f.)*
California Californie *(f.)*
call *(v.)* appeler
calm calme *(m.)*; calme *(adj.)*
camcorder caméra vidéo *(f.)*, caméscope *(m.)*
camera appareil-photo *(m.)*; digital — appareil-photo
    numérique *(m.)*
Cameroon Cameroun *(m.)*
Cameroonian camerounais(e)
camp *(v.)* faire du camping
camping camping *(m.)*
can *(v.)* pouvoir
can (of) boîte (de) *(f.)*
Canada Canada *(m.)*; in — au Canada
Canadian canadien, canadienne
cancer cancer *(m.)*
candy (piece of) bonbon *(m.)*
canned food conserves *(f.pl.)*
(baseball) cap casquette (de baseball) *(f.)*
car voiture *(f.)*
card carte *(f.)*
careful prudent(e)
carrot carotte *(f.)*
carry *(v.)* porter; — (away) emporter
cartoon dessin humoristique *(m.)*
cash argent *(m.)*; pay — payer en liquide
cashier caissier *(m.)*, caissière *(f.)*
cassette cassette *(f.)*; — player lecteur de cassette *(m.)*
castle château *(m.)*, châteaux *(pl.)*
cat chat *(m.)*
catastrophic catastrophique
catch *(v.)* attraper
cathedral cathédrale *(f.)*
CD disque compact *(m.)*, CD *(m.)*
CD player lecteur de CD *(m.)*
CD-ROM cédérom (CD-ROM) *(m.)*; — player lecteur
    de CD-ROM *(m.)*
celebrate *(v.)* fêter
celebrity célébrité *(f.)*; (movie, television) — vedette (du
    cinéma, de la télévision) *(f.)*
cellular phone téléphone portable *(m.)*
center centre *(m.)*
centime (1/100 euro) centime *(m.)*
century siècle *(m.)*
CEO PDG (président directeur général) *(m.)*
cereal céréales *(f.pl.)*

certainly sûrement

chair chaise (f.)

chairman PDG (président directeur général) (m.)

champagne champagne (m.)

chance *hasard (m.)

change (v.) changer; — (trains, planes) changer (de train, d'avion); — one's clothes se changer

change changement (m.)

change (currency) monnaie (f.)

channel (television) chaîne (f.)

character (in play, book) personnage (m.)

chat (v.) bavarder; (Internet) discussion en ligne (f.), t'chat (m.), chat (m.)

cheap bon marché (invar.)

cheat (on someone) (v.) tromper (qqn)

check (v.) vérifier

check chèque (m.); — (restaurant) addition (f.)

checkbook chéquier (m.)

cheese fromage (m.)

chemistry chimie (f.)

chest of drawers commode (f.)

chicken poulet (m.)

child enfant (m. ou f.)

China Chine (f.)

Chinese chinois(e)

chocolate chocolat (m.)

choose (v.) choisir (de + inf.)

church église (f.)

cigarette cigarette (f.)

city ville (f.); — hall mairie (f.); — map plan (m.)

civil servant fonctionnaire (m. ou f.)

class cours (m.)

classical music musique classique (f.)

classified ad petite annonce (f.)

classmate camarade de classe (m. ou f.)

classroom salle de classe (f.)

clean propre; (v.) — up ranger

cleaning woman femme de ménage (f.)

client client (m.), cliente (f.)

climate climat (m.)

clock radio radio-réveil (m.)

close (v.) fermer

closed fermé(e)

closet placard (m.)

clothes vêtements (m.pl.)

cloud nuage (m.)

cloudy nuageux

coast côte (f.)

coat manteau (m.), manteaux (pl.)

Coca-Cola Coca-Cola (m.)

coffee café (m.); — with milk café au lait (m.)

coffeeshop café (m.)

cold froid (m.); froid(e) (adj.); to be — avoir froid; to have a — avoir un rhume; it's — (weather) il fait froid

cold cuts charcuterie (f.)

college université (f.); — cafeteria restaurant universitaire (m.)

color couleur (f.)

column (periodical) rubrique (f.)

comb (one's own hair) (v.) se peigner (les cheveux); — (someone else's hair) peigner

comb peigne (m.)

come (v.) venir; — back revenir; — in (v.) entrer

comedy (movie, play) comédie (f.)

comfort confort (m.)

comfortable (thing) confortable

comfortable (person) à l'aise

comic comique; — book, — strip bande dessinée (f.)

comment commentaire (m.)

company société (f.)

company head chef d'entreprise (m.)

competent compétent(e)

completely tout à fait

computer ordinateur (m.); — specialist informaticien (m.), informaticienne (f.)

concern (v.) concerner

concert concert (m.)

condom préservatif (m.)

conservative conservateur, conservatrice

contagious contagieux, contagieuse

contemporary moderne

content content(e)

continent continent (m.)

continue (v.) continuer (à + inf.); — as far as continuer jusqu'à

cook (v.) faire la cuisine

cook cuisinier (m.), cuisinière (f.)

cookie biscuit (m.)

cooking cuisine (f.)

copy machine photocopieuse (f.)

corner coin (m.)

correspondence courrier (m.)

corridor couloir (m.)

cost coûter (v.); how much does . . .—? combien coûte... ?

co-tenant colocataire (m. ou f.)

couch canapé (m.)

cough (v.) tousser

country campagne (f.); pays (m.)

countryside campagne (f.)

couple couple (m.), ménage (m.)

course cours (m.)

cousin cousin (m.), cousine (f.)

cover couverture (f.)

cow vache (f.)

cracker cracker (m.)

credit card carte de crédit (f.), carte bancaire (f.)

crisis crise (f.); to be in a — être en crise

crime crime (m.)

criticize (v.) critiquer

croissant croissant *(m.)*
cross *(v.)* traverser
crowd foule *(f.)*
crowded plein(e); it is — il y a beaucoup de monde
cruise croisière *(f.)*
cry *(v.)* pleurer
cuisine cuisine *(f.)*
cultural culturel(le)
cultural TV magazine magazine culturel *(m.)*
cup (of) tasse (de) *(f.)*
curly frisé(e)
current actuel, actuelle
curtain rideau *(m.)*, rideaux *(pl.)*
customer client *(m.)*, cliente *(f.)*
customs douane *(f.)*; — officer douanier *(m.)*
cut *(v.)* couper; — oneself se couper
cute mignon, mignonne
cybernaut, Internet user internaute *(m./f.)*
cycle *(v.)* faire du vélo
cyclist coureur cycliste *(m.)*

D

daily life vie quotidienne *(f.)*
dance *(v.)* danser
dancer danseur *(m.)*, danseuse *(f.)*
dangerous dangereux, dangereuse
dare *(v.)* oser
dark foncé(e), sombre
dark-haired brun(e)
date *(v.)* sortir avec, sortir ensemble
date date *(f.)*
daughter fille *(f.)*
daughter-in-law belle-fille *(f.)*
day jour *(m.)*, journée *(f.)*; — after le lendemain; — before la veille
day-care center crèche *(f.)*
dead mort(e)
dear cher, chère
death mort *(f.)*
debate débat *(m.)*
December décembre *(m.)*
decide (to do something) *(v.)* décider (de + inf.)
degree diplôme *(m.)*
delicate délicat(e)
delicatessen, deli meats charcuterie *(f.)*
delicious délicieux, délicieuse
dentist dentiste *(m. ou f.)*
deodorant déodorant *(m.)*
departure départ *(m.)*
depressed déprimé(e)
descend *(v.)* descendre
describe *(v.)* décrire
desert désert *(m.)*
desk bureau *(m.)*, bureaux *(pl.)*
despite malgré

dessert dessert *(m.)*
detective/police movie film policier *(m.)*
diary journal *(m.)*, journaux *(pl.)*
dictionary dictionnaire *(m.)*
diet régime *(m.)*; to be on a — être au régime
different différent(e)
difficult difficile
digital numérique
diploma diplôme *(m.)*
dining room salle à manger *(f.)*
dinner dîner *(m.)*
dirty sale
disappointed déçu(e)
discotheque discothèque *(f.)*
discover *(v.)* découvrir
discuss *(v.)* discuter (de)
disgruntled fâché(e)
dish (of food) plat *(m.)*
dishes vaisselle *(f.)*; to do the — faire la vaisselle
dishwasher lave-vaisselle *(m.)*
divorce *(v.)* divorcer
divorce divorce *(m.)*
divorced divorcé(e)
do *(v.)* faire; — dumb things faire des bêtises; — housework faire le ménage; — the dishes faire la vaisselle; — the museums faire les musées
doctor médecin *(m.)*
documentary (on) documentaire (sur) *(m.)*
dog chien *(m.)*
done! ça y est!
door porte *(f.)*
dormitory cité universitaire *(f.)*
doubt doute *(m.)*; to have —s se poser des questions
downstairs en bas
downtown centre-ville *(m.)*, en ville
drama drame *(m.)*
dramatic dramatique
draw *(v.)* dessiner, (hobby) faire du dessin
drawer tiroir *(m.)*
dream rêve *(m.)*
dream (about, of) *(v.)* rêver (de)
dress robe *(f.)*
dress (someone else) *(v.)* habiller
dressed habillé(e); — up habillé(e); well — bien habillé(e); badly — mal habillé(e); to get — s'habiller
dressing (bandage) pansement *(m.)*
dressing (oil and vinegar) vinaigrette *(f.)*
drink *(v.)* boire, prendre
drink (served before a meal) apéritif *(m.)*
drive *(v.)* aller en voiture, conduire
driver's license permis de conduire *(m.)*
drug (medicine) médicament *(m.)*; — (illegal) drogue *(f.)*; — addict drogué(e), toxicomane; to take (illegal) — se droguer

dry (someone, something) (v.) sécher; **— off (oneself)** se sécher

dryer (clothes) sèche-linge (m.); **(hair)** séchoir (à cheveux) (m.), sèche-cheveux (m.)

dumb bête; **— thing** bêtise (f.)

during pendant

DVD DVD (m.); **— player** lecteur de DVD (m.)

dynamic dynamique

E

each chaque

each one chacun(e)

ear oreille (f.)

early tôt

earn (v.) gagner; **— a living** gagner sa vie; **— x dollars/ euros (per hour, per day, per week, per month)** gagner x dollars/euros (de l'heure, par jour, par semaine, par mois)

earth terre (f.)

east est (m.)

easy facile

eat (v.) manger; **— between meals** grignoter

ecology écologie (f.)

economics sciences économiques (f.pl.)

efficient efficace

egg œuf (m.)

eight *huit

eighteen dix-huit

eighty quatre-vingts; **— one** quatre-vingt-un

elderly âgé(e)

electronic game jeu vidéo (jeux vidéo) (m.)

elegant élégant(e)

elementary school école primaire (f.)

elevator ascenseur (m.)

eleven onze

email messagerie électronique (f.), courrier électronique (m.), courriel (m.); **— address** adresse électronique (f.); **— message** message électronique (m.)

embarrass (v.) gêner

embrace (v.) embrasser

employee employé (m.), employée (f.)

employment emploi (m.)

empty vide

encounter rencontre (f.)

end fin (f.); **at the — (of)** au bout (de)

end (v.) terminer, se terminer

enemy ennemi (m.), ennemie (f.)

energetic énergique

engineer ingénieur (m.)

England Angleterre (f.)

English anglais(e)

enough assez; **— (of)** assez (de)

enter (v.) entrer

entertainment divertissement (m.)

entertainment (TV) show émission de divertissement (f.)

enthusiastic enthousiaste

entranceway entrée (f.)

envelope enveloppe (f.)

environment environnement (m.)

equality égalité (f.)

errand course (f.); **to run — s** faire les courses

especially surtout

Europe Europe (f.)

European européen, européenne

eve veille (f.)

even même

evening soir (m.), soirée (f.); **— (night) out** sortie (f.)

event événement (m.)

every chaque; **— day** tous les jours

everybody tout le monde

everyone tout le monde

everywhere partout

exam examen (m.)

example exemple (m.); **for —** par exemple

excellent excellent(e)

except sauf

excuse me pardon, excusez-moi

executive cadre (m.)

exercise (v.) faire de l'exercice

exist (v.) exister

expensive cher, chère; **to be —** coûter cher

explain (v.) expliquer

expressway autoroute (f.)

extra supplémentaire

extract passage (m.)

eye œil (m.), yeux (pl.)

F

face (v.) donner sur

face visage (m.)

factory usine (f.)

fail (v.) rater

fair juste

faithful (to) fidèle (à)

fall (v.) tomber; **— asleep** s'endormir; **— in love (with)** tomber amoureux, amoureuse (de)

false faux, fausse

familiar familier, familière

family famille (f.); **— room** salle de séjour (f.); **start a —** fonder une famille

famous célèbre

fantasy movie film fantastique (m.)

fantastic génial(e)

far (from) loin (de)

farm ferme (f.)

farmer agriculteur (m.), agricultrice (f.)

fashion mode (f.); **to be in —** être à la mode; **to be out of —** être démodé

fast (adj.) rapide; (adv.) vite

fat gros, grosse

fate *hasard (m.), destin (m.)
father père (m.)
father-in-law beau-père (m.)
fatty (food) gras, grasse
favorite préféré(e)
fax machine télécopieur (m.)
fear peur (f.)
February février (m.)
feel bad (v.) aller mal
feel better (v.) aller mieux
feel good (v.) aller bien; être en forme
feel great (v.) être en forme
feel like (doing something) (v.) avoir envie de (+ inf.)
feeling sentiment (m.)
feminine féminin(e)
fever fièvre (f.)
few peu (adv.), quelques (adj.)
fiancé(e) fiancé (m.), fiancée (f.)
field champ (m.)
fifteen quinze
fifty cinquante
film film (m.)
filmmaker cinéaste (m. ou f.)
finally enfin, finalement
financial financier, financière
find (v.) trouver; — work/a job trouver du travail/un travail
fine bien
finger doigt (m.)
finish (v.) finir, terminer
finished! ça y est!
firefighter pompier (m.)
firm entreprise (f.)
first premier; — (of all) d'abord; — course (appetizer) entrée (f.); — floor rez-de-chaussée (m.)
fish (v.) pêcher
fish poisson (m.)
five cinq
fix (v.) réparer
fix one's own hair (v.) se coiffer; — someone's hair coiffer
fixed-price meal menu (m.)
flat plat(e)
flight vol (m.); — attendant steward (m.), hôtesse de l'air (f.)
floor étage (m.); on the first — au rez-de-chaussée; on the second — au premier étage
flower fleur (f.)
flu grippe (f.); to have the — avoir la grippe
fly (v.) aller en avion
follow (v.) suivre
food nourriture (f.)
fool (v.) tromper
foot pied (m.)
football football américain (m.); to play — jouer au football américain
for pour; — example par exemple

foreign étranger, étrangère
foreigner étranger (m.), étrangère (f.)
forest forêt (f.)
forget (to do something) (v.) oublier (de + inf.)
fork fourchette (f.)
formal habillé(e)
fortunately heureusement
forty quarante
four quatre
fourteen quatorze
fragile fragile
franc franc (m.)
France France (f.)
free libre; — (of charge) gratuit(e)
freedom liberté (f.)
freezer congélateur (m.)
French français(e); — (language) français (m.)
French fries frites (f.pl.)
French national railway S.N.C.F. (f.)
French Riviera Côte d'Azur (f.)
Friday vendredi (m.)
friend ami (m.), amie (f.)
friendship amitié (f.)
from de
frozen surgelé(e)
fruit fruit (m.); — juice jus de fruit (m.)
full plein(e); — of light clair(e)
funny comique, drôle
furniture meubles (m.pl.); piece of— meuble (m.)
future avenir (m.), futur (m.)

G

gain weight (v.) grossir
game match (m.); jeu (m.); — show jeu (télévisé) (m.)
garage garage (m.); — owner (mechanic) garagiste (m.)
garden jardin (m.)
garden (v.) faire du jardinage, jardiner
gate porte (f.)
generous généreux, généreuse
German allemand(e)
Germany Allemagne (f.)
get (v.) recevoir; — (oneself) ready se préparer; — along (well/badly) (with someone) s'entendre (bien/mal) (avec qqn); — annoyed s'énerver; — dressed s'habiller; — engaged se fiancer; — irritated s'énerver; — married (to) se marier (avec); — sunburned attraper un coup de soleil; — together se retrouver; — undressed se déshabiller; — up se lever
geography géographie (f.)
gift cadeau (m.), cadeaux (pl.)
girl fille (f.), jeune fille (f.)
girlfriend petite amie (f.)
give (v.) donner
glad content(e)
glass (of) verre (de) (m.)

glasses (eye) lunettes (f.pl.)

glove gant (m.)

go (v.) aller; — (sail)boating faire du bateau (à voile);
— across traverser; — around the world faire le
tour du monde; — back retourner; — by passer;
— camping faire du camping; — down descendre;
— horseback riding faire du cheval; — in entrer;
— out sortir; — out together sortir ensemble;
— out with sortir avec; — sailing faire de la voile;
— skating faire du patin à glace; — scuba diving
faire de la plongée sous-marine; — shopping faire
les magasins; — surfing faire du surf; — to aller
jusqu'à; — to bed se coucher; — to the doctor aller
chez le médecin; — up monter; — home, back rentrer

God Dieu (m.); to believe in — croire en Dieu

golf golf (m.); to play — jouer au golf

good bien (adv.); bon, bonne (adj.)

goodbye au revoir

government gouvernement (m.)

grade note (f.)

gram (of) gramme (de) (m.)

grandchildren petits-enfants (m.pl.)

granddaughter petite-fille (f.)

grandfather grand-père (m.)

grandmother grand-mère (f.)

grandparents grands-parents (m.pl.)

grandson petit-fils (m.)

grape raisin (m.)

grapefruit pamplemousse (m.)

gravy sauce (f.)

gray gris(e)

green vert(e); — beans *haricots verts (m.pl.)

grocery store épicerie (f.)

ground terre (f.); — floor rez-de-chaussée (m.); on the
— par terre

group groupe (m.)

guess (v.) deviner

guest invité (m.), invitée (f.)

guilty coupable

guitar guitare (f.)

gun revolver (m.)

H

hair cheveu (m.), cheveux (pl.)

hairdresser coiffeur (m.), coiffeuse (f.); — dryer séchoir
(à cheveux) (m.)

half brother demi-frère (m.)

half sister demi-sœur (f.)

hall couloir (m.)

ham jambon (m.)

hamburger steak haché, *hamburger (m.)

hand main (f.)

handsome beau (bel), belle, beaux, belles

happen (v.) se passer; happen (something to
someone) (v.) arriver (quelque chose à
quelqu'un)

happily heureusement

happiness bonheur (m.)

happy heureux, heureuse

hard dur(e)

hardworking sérieux, sérieuse; travailleur, travailleuse

hat chapeau (m.)

hate (v.) détester

have (v.) avoir; — (some) doubts avoir des doutes; — a
bruise avoir un bleu; — a cold avoir un rhume;
— a drink prendre un verre; — a fever avoir de
la fièvre; — a good time s'amuser; — a grudge
against en vouloir à qqn; — a nice weekend!
bon week-end!; — a runny nose avoir le nez qui
coule; — a snack prendre (un petit) quelque chose;
— a sunburn avoir un coup de soleil; — courage
avoir du courage; — illusions avoir des illusions;
— just venir de (+ inf.); — responsibilities avoir
des responsabilités; — the choice avoir le choix;
— the flu avoir la/une grippe; — the right (to)
avoir le droit (de); — time off avoir congé; — time
to (+ inf.) avoir le temps de (+ inf.); — to devoir;
— worries avoir des soucis

head tête (f.); — of family chef de famille, père/mère de
famille

headlines gros titres (m.pl.)

health santé (f.); to be in good/bad — être en bonne/
mauvaise santé

healthy (thing, activity) bon (bonne) pour la santé;
(person) en bonne santé

hear (v.) entendre; — from someone recevoir des
nouvelles de qqn

heavy fort(e), lourd(e)

hello bonjour

help (v.) aider (qqn à + inf.)

here ici; — is, — are voici; here! tiens!

hi! salut!

hide (v.) cacher

high haut(e); — (on drugs) drogué(e)

high school lycée (m.); (French) — graduation exam
baccalauréat (m.)

highway autoroute (f.)

hike (v.) faire une randonnée

hike randonnée (f.)

hill colline (f.)

historical historique

history histoire (f.)

hitchhike (v.) faire de l'auto-stop

hitchhiking auto-stop (m.)

HIV positive séropositif, séropositive

holiday fête (f.)

homework devoirs (m.pl.)

honest honnête

honeymoon lune de miel (f.)

hope (that) (v.) espérer (que)

horrible horrible

horror movie film d'horreur (m.)

horse cheval *(m.)* **go — back riding** faire du cheval
hospital hôpital *(m.)*
host **(TV show)** animateur, animatrice
hot chaud(e); **(food)** épicé(e); **to be —** avoir chaud;
　 it's — (weather) il fait chaud
hotel hôtel *(m.)*
hour heure *(f.)*
house maison *(f.)*
household ménage *(m.)*
houseplant plante verte *(f.)*
housewife **(househusband)** femme au foyer *(f.)* (homme
　 au foyer *(m.))*
housework ménage *(m.)*; **to do —** faire le ménage
how comment; **— are you?** *(formal)* comment
　 allez-vous?; **— many (of)** combien (de); **— many**
　 times (a day) combien de fois (par jour); **— much**
　 combien (de); **— much do I owe you?** combien
　 est-ce que je vous dois?; **— much does . . . cost?**
　 combien coûte...?; **— old are you?** quel âge
　 as-tu (avez-vous)?; **—'s it going?** ça va?;
　 comment ça va?
however cependant, pourtant
hundred cent
hug *(v.)* serrer dans ses bras
hunger faim *(f.)*
hunt *(v.)* chasser
hurry **(up)** *(v.)* se dépêcher; **in a —** pressé(e)
hurt blessé(e)
hurt *(v.)* avoir mal; **— oneself** *(v.)* se faire mal; **—**
　 oneself badly se blesser; **— (someplace)** avoir
　 mal à (la tête, la gorge)
husband mari *(m.)*

I

I'm going je m'en vais
I'm kidding je plaisante
I'm leaving je m'en vais
I'm treating c'est moi qui invite
I've had enough j'en ai assez
I've had it j'en ai assez
ice cream glace *(f.)*
ice-skate *(v.)* faire du patin à glace
idea idée *(f.)*
idealistic idéaliste
if si
if I were you à ta (votre) place
ill-mannered mal élevé(e)
illness maladie *(f.)*
illusion illusion *(f.)*
imagination imagination *(f.)*
immigrant immigré, immigrée
immigration immigration *(f.)*
impolite impoli(e)
important important(e)
impose *(v.)* imposer
impossible impossible

in à, dans, en; **— back of** derrière; **— front of** devant;
　 — love (with) amoureux, amoureuse (de);
　 — my opinion à mon avis; **— order to** pour,
　 pour que + subjonctif; **— spite of** malgré;
　 — the middle (of) au milieu (de); **— laws**
　 beaux-parents *(m.pl.)*
including y compris
indeed en effet
independent indépendant(e)
Indian indien(ne)
indicate *(v.)* indiquer
indigestion indigestion *(f.)*
individualistic individualiste
inexpensive bon marché *(invar.)*
informal décontracté(e)
inhabitant habitant *(m.)*, habitante *(f.)*
injured blessé(e)
injustice injustice *(f.)*
innocent innocent(e)
inside **(of)** à l'intérieur (de)
inspector **(police)** inspecteur *(m.)*, inspectrice *(f.)*
　 (de police), lieutenant(e) (de police)
instant messaging messagerie instantanée *(f.)*
intellectual intellectuel, intellectuelle
intelligent intelligent(e)
interest *(v.)* intéresser
interesting intéressant(e)
international international(e), internationaux,
　 internationales
Internet Internet *(m.)*
interrogate *(v.)* interroger
interview interview *(f.)*; **(job)** entretien *(m.)*
intolerance intolérance *(f.)*
investigate *(v)* enquêter
investigation enquête *(f.)*
invite *(v.)* inviter
iron *(v.)* repasser
irritate **(someone)** *(v.)* énerver (qqn.)
isn't it?/isn't he?/isn't she?, etc. n'est-ce pas?
is there any room? il y a de la place?
island île *(f.)*
Israel Israël *(m.)*
Israeli israélien, israélienne
it is necessary that il faut que + subjonctif
it's . . .: **— cloudy** il y a des nuages, il fait nuageux/
　 couvert; **— cold** il fait froid; **— cool** il fait frais;
　 — hot and humid il fait lourd; **— nasty out** il fait
　 mauvais; **— nice out** il fait beau; **— overcast** il
　 fait gris/le temps est couvert; **— pleasant (mild)** il
　 fait bon; **— raining** il pleut; **— snowing** il neige;
　 — sunny il y a du soleil; **— warm, it's hot** il fait
　 chaud; **— windy** il y a du vent; **— crowded** il y a
　 beaucoup de monde; **— expensive** ça coûte cher;
　 — my treat c'est moi qui invite
Italian italien, italienne
Italy Italie *(f.)*

J

jacket veste *(f.)*; — (aviator) blouson *(m.)*
jam confiture *(f.)*
January janvier *(m.)*
Japan Japon *(m.)*
Japanese japonais(e)
jazz jazz *(m.)*
jealous jaloux, jalouse
jeans jean *(m.)*
jewelry bijou *(m.)*, bijoux *(pl.)*
job travail *(m.)*, emploi *(m.)*
jog *(v.)* faire du jogging
journal journal *(m.)*, journaux *(pl.)*
journalist journaliste *(m. ou f.)*
July juillet *(m.)*
June juin *(m.)*

K

keep *(v.)* garder
key clé *(f.)*; *USB* — clé USB *(f.)*
kill *(v.)* tuer
killer tueur *(m.)*, tueuse *(f.)*
kilogram (of) kilo (de) *(m.)*
kilometer kilomètre *(m.)*
kind gentil, gentille
kindergarten école maternelle *(f.)*
kiss *(v.)* embrasser
kitchen cuisine *(f.)*
knee genou *(m.)*, genoux *(pl.)*
knife couteau *(m.)*, couteaux *(pl.)*
knock over *(v.)* renverser
know *(v.)* connaître, savoir; — **about** être au courant de (+ nom)

L

laboratory laboratoire *(m.)*
lake lac *(m.)*
lamp lampe *(f.)*
landlord propriétaire *(m.f.)*
landscape paysage *(m.)*
language langue *(f.)*; **foreign** — langue étrangère *(f.)*
laptop ordinateur portable *(m.)*
last *(v.)* durer
last dernier, dernière; — (**month, year, etc.**) passé(e)
late tard
laugh *(v.)* rire
laundry lessive *(f.)*; **to do the** — faire la lessive
law droit *(m.)*
lawn pelouse *(f.)*
lawyer (**court**) avocat *(m.)*, avocate *(f.)*
lazy paresseux, paresseuse
learn (**to**) *(v.)* apprendre (à)
leave *(v.)* laisser, partir, quitter, s'en aller; — **a note for someone** laisser un mot pour qqn; — **a tip** laisser un pourboire
left gauche *(f.)*; **to the** — (**of**) à gauche (de)

leftovers restes *(m.pl.)*
leg jambe *(f.)*
leisure activities loisirs *(m.pl.)*
lemon citron *(m.)*
less (**less . . . than**) moins (moins... que)
let *(v.)* laisser
let's eat! à table!
letter lettre *(f.)*
lettuce laitue *(f.)*
library bibliothèque *(f.)*
lie *(v.)* mentir
life vie *(f.)*
lift *(v.)* lever
light clair(e), léger, légère
likable sympathique
like *(v.)* aimer, aimer bien; — **better** (**than**) aimer mieux (que); **I don't** — **that!** Je n'aime pas ça!; **I** — **that!** J'aime ça!
like comme
list (**of**) liste (de) *(f.)*
listen to *(v.)* écouter
liter litre *(m.)*
literary littéraire
literary TV magazine magazine littéraire *(m.)*
literature littérature *(f.)*
little petit(e) *(adj.)*; peu *(adv.)*; **a** — un peu
live *(v.)* vivre, habiter
liver foie *(m.)*
living room salle de séjour *(f.)*, salon *(m.)*
loan prêt *(m.)*
long long, longue; — **time** longtemps
look *(v.)* regarder; — **after children** garder des enfants; — **at** regarder; — **at oneself** se regarder; — **for** chercher; — **for work/a job** chercher du travail/un travail; — **healthy** avoir bonne mine; — **like** avoir l'air (+ adj.), avoir l'air (de + inf.); ressembler (à qqn); — **sick** avoir mauvaise mine; — **unwell** avoir mauvaise mine; — **well** avoir bonne mine
lose *(v.)* perdre; — **one's job** perdre son travail; — **weight** maigrir
lot (**of**) beaucoup de
Louisiana Louisiane *(f.)*
love *(v.)* adorer, aimer
love amour *(m.)*; — **at first sight** coup de foudre *(m.)*
luckily heureusement
luggage bagages *(m.pl.)*
lunch déjeuner *(m.)*
luxurious de luxe

M

ma'am Madame (Mme)
mad fâché(e)
magazine magazine *(m.)*
magnificent magnifique
mail courrier *(m.)*; — **carrier** facteur, factrice
mail a letter *(v.)* mettre une lettre à la poste

mailbox boîte aux lettres *(f.)*
main dish plat principal *(m.)*
make *(v.)* faire; — **a mistake** se tromper (de); — **music** faire de la musique; — **the beds** faire les lits; — **the most of life** profiter de la vie; — **up** se réconcilier; — **up (someone else)** maquiller
man homme *(m.)*
manage *(v.)* diriger
manager (**business**) directeur *(m.)*, directrice *(f.)*
manager (**hotel, shop, etc.**) gérant *(m.)*, gérante *(f.)*
mansion château *(m.)*, châteaux *(pl.)*
many beaucoup de
map carte *(f.)*; (**town, ciy**) plan *(m.)*
March mars *(m.)*
market marché *(m.)*
married marié(e)
marry *(v.)* se marier (avec)
marvelous merveilleux, merveilleuse
masculine masculin(e)
material matériel, matérielle
materialistic matérialiste
mathematics mathématiques *(f.pl.)*
May mai *(m.)*
maybe peut-être
mayonnaise mayonnaise *(f.)*
me moi; — **neither** moi non plus; — **too** moi aussi; **not** — pas moi
meal repas *(m.)*; **meal's ready!, meal's served!** à table!
mean *(v.)* vouloir dire
mean méchant(e)
means of transportation moyen de transport *(m.)*
meat viande *(f.)*
media médias *(m.pl.)*
medicine médicament *(m.)*; (**studies, science**) médecine *(f.)*
meet *(v.)* rencontrer; — (**again**) se retrouver; — (**someone**) faire la connaissance de (qqn)
meeting rencontre *(f.)*
melon (**cantaloupe**) melon *(m.)*
member membre *(m.)*
memory souvenir *(m.)*
messy (**room**) en désordre; (**person**) désordonné(e)
meter mètre *(m.)*
Mexican mexicain(e)
Mexico Mexique *(m.)*
microdisk (**computer**) disquette *(f.)*
middle (**in the** —) au milieu (de)
milk lait *(m.)*
million million *(m.)*
mineral water eau minérale *(f.)*
minute minute *(f.)*
mirror miroir *(m.)*
miscellaneous divers
misfortune malheur *(m.)*
miss (**a train, a plane**) *(v.)* manquer (un train, un avion)
miss, Miss Mademoiselle (Mlle)

Mister Monsieur (M.)
mistrust *(v.)* se méfier de
modern moderne
moment moment *(m.)*
Monday lundi *(m.)*
money argent *(m.)*
mononucleosis mononucléose *(f.)*
monster monstre *(m.)*
month mois *(m.)*
monument monument *(m.)*
mood (**good, bad**) humeur (bonne, mauvaise) *(f.)*; **to be in a good/bad** — être de bonne/mauvaise humeur; mode *(m.)*
more (**more . . . than**) plus (plus... que)
more or less plus ou moins
morning matin *(m.)*
Moroccan marocain(e)
Morocco Maroc *(m.)*
mosque mosquée *(f.)*
mother mère *(f.)*
mother-in-law belle-mère *(f.)*
motivated motivé(e)
mountain(s) montagne *(f.)*; — **bike** vélo tout terrain (VTT) *(m.)*
moustache moustache *(f.)*
mouth bouche *(f.)*
move (**house**) *(v.)* déménager
movie film *(m.)*; — **made for television** téléfilm *(m.)*; — **theater** cinéma *(m.)*;
movies cinéma *(m.)*
movie producer/director cinéaste *(m/f)*
Mr. Monsieur (M.)
Mrs. Madame (Mme)
much beaucoup
muffler cache-nez *(m.)*, écharpe *(f.)*
murder meurtre *(m.)*; — **mystery** roman policier *(m.)*
murderer meurtrier *(m.)*, meurtrière *(f.)*
mushroom champignon *(m.)*
music musique *(f.)*; **to make/play** — faire de la musique
musician musicien *(m.)*, musicienne *(f.)*
must devoir *(v.)*
mustard moutarde *(f.)*
mutton mouton *(m.)*
my name is je m'appelle

N

naive naïf, naïve
naked nu(e); **stark naked** tout(e) nu(e)
name nom *(m.)*; **first** — prénom *(m.)*; **last** — nom de famille *(m.)*; **my** — **is** je m'appelle; **your** —, **please?** votre nom s'il vous plaît?
nap sieste *(f.)*
napkin serviette *(f.)*
nation (**state**) état *(m.)*
national national(e), nationaux, nationales
nationality nationalité *(f.)*

native habitant *(m.)*, habitante *(f.)*
nature nature *(f.)*
near (to) près de
nearly à peu près
neat (thing) en ordre; **(person)** ordonné(e)
need *(v.)* avoir besoin de
need besoin *(m.)*
neighborhood quartier *(m.)*
neither do I moi non plus
nephew neveu *(m.)*
never jamais, ne... jamais
nevertheless cependant
new nouveau (nouvel), nouvelle, nouveaux,
     nouvelles
news informations *(f. pl.)*; — **(from someone)**
     nouvelles *(f. pl.)*; — **(television)** journal (télévisé)
     (m.); — **(media)** actualité *(f.)*; — **TV magazine**
     magazine d'information *(m.)*
newsgroup forum de discussion *(m.)*
newspaper journal *(m.)*, journaux *(pl.)*
next ensuite; — **day** lendemain *(m.)*; — **to** à côté de
nice agréable; gentil, gentille; sympathique
niece nièce *(f.)*
night nuit *(f.)*
nightmare cauchemar *(m.)*
nightstand table de nuit *(f.)*
nine neuf
nineteen dix-neuf
ninety quatre-vingt-dix
no non; — **good in, at** nul, nulle en; — **one** personne,
     ne... personne; — **one (nice . . .)** ne... personne de
     (gentil...); — **way** pas question
nobody personne, ne... personne
noise bruit *(m.)*; **to make** — faire du bruit
noodles pâtes *(f.pl.)*
normal normal(e), normaux, normales
Normandy Normandie *(f.)*
North America Amérique du Nord *(f.)*
north nord *(m.)*
nose nez *(m.)*
not pas (ne...); — **any** aucun(e); — **anymore** ne... plus;
     — **anyone** ne... personne; — **anything** ne... rien;
     — **at all** pas du tout; — **bad** pas mal; — **ever** ne...
     jamais; — **me** pas moi; — **on your life** jamais de
     la vie; — **one** aucun(e); — **think so** *(v.)* penser que
     non; — **yet** pas encore
notebook cahier *(m.)*, carnet *(m.)*
nothing ne... rien; rien *(m.)*; — **(funny)** ne... rien de
     (comique)
noun nom *(m.)*
novel roman *(m.)*
November novembre *(m.)*
now maintenant
number chiffre *(m.)*
nurse infirmier *(m.)*, infirmière *(f.)*
nursery crèche *(f.)*; — **school** école maternelle *(f.)*

O

object objet *(m.)*
obnoxious pénible *(fam.)*
obvious évident(e)
obviously évidemment
ocean océan *(m.)*
October octobre *(m.)*
odd bizarre
of de; — **course** bien sûr, évidemment; — **which
     (whom)** dont
offer *(v.)* offrir
office bureau *(m.)*, bureaux *(pl.)*
often souvent
oil huile *(f.)*
OK d'accord
old âgé(e); ancien, ancienne; vieux (vieil), vieille, vieux,
     vieilles
older person personne âgée *(f.)*
oldest (person in family) aîné *(m.)*,
     aînée *(f.)*
olive olive *(f.)*; — **oil** huile d'olive *(f.)*
omelette (cheese) omelette (au fromage) *(f.)*
on sur; — **foot** à pied; — **purpose** exprès; — **sale** en
     solde; — **television** à la télévision; — **the contrary**
     si; — **the first floor** au rez-de-chaussée; — **the floor**
     par terre; — **the radio** à la radio; — **the second
     floor** au premier étage; — **top of** sur
on-line en ligne
once une fois
one on
one, a un(e); — **time** une fois
onion oignon *(m.)*
only seulement
open ouvert(e)
open *(v.)* ouvrir
opinion avis *(m.)*, opinion *(f.)*
optimistic optimiste
optional facultatif, facultative
or ou
orange (adj.) orange *(invar.)*
orange orange *(f.)*
order *(v.)* commander
order ordre *(m.)*
original original(e)
other autre
otherwise sinon
out of fashion démodé(e)
out of the question pas question
outing sortie *(f.)*
outside dehors; **outside (of)** à l'extérieur (de)
over there là-bas
overcast (weather) couvert
overlook *(v.)* donner sur
owe *(v.)* devoir; **how much do I — you?** combien est-ce
     que je vous dois?
owner propriétaire *(m. ou f.)*

P

pack (v.) faire les (ses) bagages
page (f.) page; web — page web
paint (v.) faire de la peinture
painting tableau (m.), tableaux (pl.)
pajamas (pair of) pyjama (m.)
pale pâle
panties slip (m.)
pants (pair of) pantalon (m.)
panty hose collant (m.), bas (m.pl.)
paper papier (m.); paper (written for class)
    dissertation (f.)
parent parent (m.)
parents-in-law beaux-parents (m.pl.)
park parc (m.)
parka parka (f.), anorak (m.)
participate in a sport (v.) faire du sport, pratiquer
    un sport
party fête (f.), soirée (f.)
pass (v.) passer, réussir (un examen)
passage passage (m.)
passenger passager (m.), passagère (f.)
passport passeport (m.)
past passé (m.)
pasta pâtes (f.pl.)
pastime passe-temps (m.)
pastry; — shop pâtisserie (f.)
pâté pâté (m.)
path chemin (m.)
patience patience (f.); to have —/to not have — avoir
    de la patience/ne pas avoir de patience
patient patient(e)
patio terrasse (f.)
pay (v.) payer; — attention faire attention; — by check
    payer par chèque; — by card payer avec une carte
    de crédit (avec une carte bancaire); — cash payer
    en liquide
peace paix (f.); — and quiet calme (m.)
peach pêche (f.)
peanut cacahuète (f.)
pear poire (f.)
peas petits pois (m.pl.)
pen stylo (m.)
pencil crayon (m.)
people gens (m.pl.), on
pepper poivre (m.)
perhaps peut-être
permit (v.) permettre (de)
person personne (f.)
personal personnel, personnelle
personality caractère (m.)
pessimistic pessimiste
pharmacist pharmacien (m.), pharmacienne (f.)
pharmacy pharmacie (f.)
philosophy philosophie (f.)
phone card carte téléphonique (f.)

photograph photo (f.)
physics physique (f.)
piano piano (m.); to play the — jouer du piano
picnic pique-nique (m.)
picture photo (f.); to take pictures prendre des photos;
    (hobby) faire de la photo
pie (apple) tarte (aux pommes) (f.)
piece (of) morceau (de) (m.), morceaux (pl.);
    — of furniture meuble (m.); — of information
    renseignement (m.); — of jewelry bijou (m.),
    bijoux (pl.); — of news nouvelle (f.)
pilot pilote (m.)
pimple bouton (m.)
pink rose
pizza pizza (f.)
place endroit (m.), place (f.); — setting couvert (m.); in
    your — à ta (votre) place
plan projet (m.)
plane (air) avion (m.)
plane tree platane (m.)
plate (of) assiette (de) (f.)
platform quai (m.)
play (v.) jouer; — cards jouer aux cartes; — soccer
    jouer au football; — tennis jouer au tennis; — the
    guitar jouer de la guitare; — music jouer/faire de la
    musique; — the piano jouer du piano; — the violin
    jouer du violon
play pièce (de théâtre) (f.)
player joueur (m.), joueuse (f.)
pleasant agréable
please s'il te plaît (fam.)
please s'il vous plaît (formal)
plum prune (f.)
poem poème (m.)
poison poison (m.)
police officer policier (m.)
police station commissariat de police (m.)
policeman gendarme (m.)
polite poli(e)
political science sciences politiques (f.pl.)
politics politique (f.)
pollution pollution (f.)
poor pauvre
pork porc (m.); — shop charcuterie (f.)
port port (m.)
possible possible
post office poste (f.)
postcard carte postale (f.)
poster affiche (f.)
potato pomme de terre (f.); — chips chips (f.pl.)
poverty pauvreté (f.)
power pouvoir (m.)
practical pratique
prefer (v.) aimer mieux (que), préférer
preferred préféré(e)
pregnant enceinte

prepare (v.) préparer
preschool école maternelle (f.)
present actuel, actuelle
present cadeau (m.), cadeaux (pl.)
present (v.) présenter
president président (m.); PDG (président directeur
    général) (m.)
press (newspapers) presse (f.)
pretty joli(e)
price prix (m.)
principle principe (m.)
printer imprimante (f.)
private privé(e)
probably probablement
problem problème (m.), souci (m.)
profession métier (m.)
program émission (f.)
project projet (m.)
promise (v.) promettre
prosciutto jambon cru (m.), jambon de pays (m.)
protection protection (f.)
Provence (south of France) Provence (f.)
psychologist psychologue (m. ou f.)
psychology psychologie (f.)
public public, publique (adj.); — phone téléphone
    public (m.)
punished puni(e)
purple violet, violette
purse sac (m.)
put (v.) mettre; — makeup on (oneself) se maquiller;
    — on mettre; — to bed coucher
Pyrenees Pyrénées (f.pl.)

Q

Quebec Québec (m.)
Québécois québécois(e)
question (v.) interroger
question question (f.)
quiet réservé(e)
quite assez
quiz interrogation (f.)

R

race (bicycle) course (cycliste) (f.)
racer (bicycle) coureur (cycliste) (m.)
racism racisme (m.)
racist raciste
radio radio (f.); — station station (f.)
rain (v.) pleuvoir; (noun) pluie (f.)
raincoat imperméable (m.)
rainy season saison des pluies (f.)
raise (v.) lever; (a child) élever
rapid rapide
rapidly vite
rare rare
rather plutôt

raw vegetables crudités (f.pl.)
razor rasoir (m.)
read (v.) lire
ready prêt(e)
real réel(le)
real estate agent agent immobilier
realistic réaliste
reality réalité (f.)
really vraiment
rear end derrière (m.)
reasonable raisonnable
receive (v.) recevoir
recipe recette (f.)
record disque (m.)
red rouge; — (hair) roux, rousse
reflect (on, about) (v.) réfléchir (à + qqch.)
refrigerator réfrigérateur (m.)
refuse (v.) refuser (de + inf.)
region région (f.)
relative parent (m.)
relaxed décontracté(e)
remark commentaire (m.)
remedy remède (m.)
remember (v.) se souvenir de
remote control télécommande (f.)
rent (v.) louer
repair (v.) réparer
report rapport (m.); (television) reportage (m.)
reporter reporter (m.)
research (on) recherche (sur) (f.)
researcher chercheur (m.)
resemble (v.) (someone) ressembler (à qqn)
reserve (v.) réserver
reserved réservé(e)
resourceful débrouillard(e)
respect (v.) respecter
responsibility responsabilité (f.); to have responsibilities
    avoir des responsabilités
responsible responsable
rest (v.) se reposer
restaurant restaurant (m.); — menu carte (f.);
    — bill addition (f.)
restroom W.C. (m.pl.); toilettes (f.pl.)
result résultat (m.)
retired person retraité (m.), retraitée (f.)
return (v.) retourner
return retour (m.)
revolver revolver (m.)
rice riz (m.)
rich riche
ride a bicycle (v.) aller à vélo, faire du vélo
right droit(e); to the — (of) à droite (de); — away tout
    de suite
ring (v.) sonner
retire (v.) prendre la (sa) retraite
river rivière (f.); — (major) fleuve (m.)

road route (f.)
roast rôti (m.)
robber voleur (m.), voleuse (f.)
rock (music) rock (m.)
roller-blade (v.) faire du roller
roller-skate (v.) faire du patin (à roulettes)
Roman romain(e)
romantic romantique
romantic movie film d'amour (m.)
roof toit (m.)
room salle (f.), place (f.), pièce (f.)
roommate camarade de chambre (m. ou f.),
    colocataire (m. ou f.)
rose-colored rose
rude mal élevé(e); grossier, grossière
rug (area) tapis (m.)
run (v.) courir, diriger; — errands faire les courses
Russia Russie (f.)
Russian russe

S

sack sac (m.)
sad triste
sailboat bateau à voile (m.)
salad salade (f.)
salami saucisson (m.)
salary salaire (m.)
sale solde (f.) to be on — être en solde
salesperson vendeur (m.), vendeuse (f.)
salmon saumon (m.)
salt sel (m.)
salted salé(e)
salty salé(e)
same même
sand sable (m.)
sandal sandale (f.)
sandwich sandwich (m.)
Santa Claus le Père Noël
satellite (satellite television) satellite (la télévision par
    satellite) (m.)
satisfied (with) satisfait(e) (de)
Saturday samedi (m.)
sauce sauce (f.)
save money faire des économies
say (v.) dire
scan scanner (m.)
scar cicatrice (f.)
scare (v.) faire peur (à)
scarf (worn for warmth) écharpe (f.); (dressy)
    foulard (m.)
scary effrayant(e)
scenery paysage (m.)
school école (f.)
science fiction movie film de science-fiction (m.)
sciences sciences (f.pl.)
scientific scientifique

scientist chercheur (m.)
scream (v.) crier
scream cri (m.)
scuba diving plongée sous-marine (f.)
sea mer (f.)
search (for) (v.) chercher
season saison (f.)
seat place (f.)
seated assis(e)
secondary school-leaving exam baccalauréat (m.)
secret secret (m.); — agent agent secret (m.)
secretary secrétaire (m. ou f.)
section (newspaper, magazine) rubrique (f.)
security sécurité (f.)
see (v.) voir; — you soon à bientôt; — you tomorrow à
    demain
seem (v.) avoir l'air (+ adj.), (de + inf.)
selfish égoïste
sell (v.) vendre
send (v.) envoyer
Senegal Sénégal (m.)
Senegalese sénégalais(e)
sensible raisonnable
sentence phrase
separate (v.) se séparer
September septembre (m.)
series série (f.)
serious grave; sérieux, sérieuse
serving dish plat (m.)
set the table (v.) mettre la table
seven sept
seventeen dix-sept
seventy soixante-dix
several plusieurs
shampoo shampooing (m.)
shape (to be in —) être en forme
share (v.) partager
shave (oneself) (v.) se raser; — (someone else) raser
sheet of paper feuille de papier (f.)
shelf étagère (f.)
shine (v.) briller
shirt (man's) chemise (f.), (woman's) chemisier (m.)
shoe chaussure (f.)
shoot (someone) (v.) tirer (sur qqn)
shopkeeper commerçant (m.), commerçante (f.)
shopping (to go —) faire les magasins
short court(e), petit(e)
shorts (pair of) short (m.); boxer — caleçon (m.)
shot coup de feu (m.)
shout (v.) crier
shout cri (m.)
show (v.) montrer
show (television) émission (f.); news — magazine
    d'information (m.)
shower douche (f.)
shrimp crevette (f.)

shutters volets *(m.pl.)*
shy timide
sick malade
sickness maladie *(f.)*
silverware couvert *(m.)*
simple simple
since depuis *(prep.)*, depuis que *(conj.)*; puisque *(conj.)*
sing *(v.)* chanter
singer chanteur *(m.)*, chanteuse *(f.)*
single célibataire
sink lavabo *(m.)*; kitchen — évier *(m.)*
sir Monsieur *(m.)*
sister sœur *(f.)*
sister-in-law belle-sœur *(f.)*
site site *(m.)*
sitting down assis(e)
situation situation *(f.)*
six six
sixteen seize
sixty soixante
ski *(v.)* faire du ski, skier
ski hat bonnet *(m.)*
ski jacket parka *(f.)*, anorak *(m.)*
skiing ski *(m.)*
skin peau *(f.)*
skirt jupe *(f.)*
sky ciel *(m.)*
sleep *(v.)* dormir
sleep sommeil *(m.)*
sleepy (to be —) avoir sommeil
slice (of) tranche (de) *(f.)*
slim mince
slow lent(e)
slowly lentement
small petit(e)
smart intelligent(e)
smartphone smartphone *(m.)*
smile *(v.)* sourire
smoke *(v.)* fumer
snack (afternoon) goûter *(m.)*; to have a — prendre (un petit) quelque chose
sneakers tennis *(m.pl.)*, baskets *(f.pl.)*
sneeze *(v.)* éternuer
snow *(v.)* neiger
snow neige *(f.)*
so alors, si; — do I moi aussi; — that pour que + subjonctif
soap savon *(m.)*; — opera feuilleton *(m.)*
soccer football *(m.)*; to play — jouer au football
sociable sociable
social social, sociale, sociaux, sociales
social network réseau social (réseaux sociaux) *(m.)*
society société *(f.)*
sociology sociologie *(f.)*
sock chaussette *(f.)*
solitude solitude *(f.)*

some quelques
someone quelqu'un; — (interesting) quelqu'un (d'intéressant)
something quelque chose; — (interesting) quelque chose (d'intéressant)
sometimes parfois, quelquefois
son fils *(m.)*
son-in-law beau-fils *(m.)*, gendre *(m.)*
song chanson *(f.)*
soup (tomato) soupe (de tomates) *(f.)*; — plate assiette à soupe *(f.)*; — spoon cuillère à soupe *(f.)*
South America Amérique du Sud *(f.)*
south sud *(m.)*
souvenir souvenir *(m.)*
spaghetti pâtes *(f.pl.)*
Spain Espagne *(f.)*
Spaniard espagnol(e)
Spanish espagnol(e)
speak *(v.)* parler
specialty spécialité *(f.)*
spend (money) *(v.)* dépenser; (time) passer
spicy (hot) épicé(e)
spill over *(v.)* déborder
spinach épinards *(m.pl.)*
spirituality spiritualité *(f.)*
spoiled (person) gâté(e)
spoon cuillère *(f.)*
sport coat veste *(f.)*
sport(s) sport *(m.)*
spot endroit *(m.)*
spouse époux, épouse
sprain *(v.)* se fouler
spring printemps *(m.)*
square (town) place *(f.)*
stage étape *(f.)*
staircase escalier *(m.)*
stairs escalier *(m.)*
stamp timbre *(m.)*
star étoile *(f.)*
start (to) *(v.)* commencer (à + inf.)
state état *(m.)*
stay (someplace) *(v.)* rester; — home *(v.)* rester à la maison
steak steak *(m.)*
steal *(v.)* voler
step étape *(f.)*
stepbrother demi-frère *(m.)*
stepdaughter belle-fille *(f.)*
stepfather beau-père *(m.)*
stepmother belle-mère *(f.)*
stepsister demi-sœur *(f.)*
stepson beau-fils *(m.)*
stereo chaîne hi-fi *(f.)*
steward steward *(m.)*
stewardess hôtesse de l'air *(f.)*
still encore

stomach estomac *(m.)*, ventre *(m.)*
stoned drogué(e)
stop *(v.)* arrêter; — by passer (par); — oneself s'arrêter
store magasin *(m.)*
story histoire *(f.)*; (television) to do a story (on) faire un reportage (sur)
stove cuisinière *(f.)*
straight (tidy) en ordre
straight (ahead) tout droit
straighten up *(v.)* ranger
strange bizarre
stranger étranger, étrangère
strawberry fraise *(f.)*
stream rivière *(f.)*
street rue *(f.)*
stressful stressant(e)
stressed stressé(e)
strict sévère
strong fort(e)
stubborn têtu(e)
student étudiant(e); to be a — in... être étudiant en...
study *(v.)* étudier
stuff affaires *(f.pl.)*
stupid bête
subway métro *(m.)*; — station station de métro *(f.)*
succeed *(v.)* réussir (à + inf.)
suffer *(v.)* souffrir
sugar sucre *(m.)*
suit (man's) costume *(m.)*; — (woman's) tailleur *(m.)*
suitcase valise *(f.)*
summary résumé *(m.)*
summer été *(m.)*; — camp colonie de vacances *(f.)*
sun soleil *(m.)*
sunburn coup de soleil *(m.)*
Sunday dimanche *(m.)*
sunglasses lunettes de soleil *(f.pl.)*
sunny ensoleillé(e)
suntan oil/lotion huile solaire *(f.)*, lait solaire *(m.)*
supermarket supermarché *(m.)*
supplementary supplémentaire
sure sûr(e)
surf (the Internet) *(v.)* surfer (sur Internet)
surfing (to go) faire du surf
surprise *(v.)* surprendre
surprised surpris(e)
surrounded (by) entouré(e) (de)
suspect suspect *(m.)*
sweater pull *(m.)*
sweatsuit survêtement *(m.)*
sweet (food) sucré(e)
swim *(v.)* faire de la natation, nager
swimming natation *(f.)*; — pool piscine *(f.)*
swimsuit maillot de bain *(m.)*
Swiss suisse
Switzerland Suisse *(f.)*

symptom symptôme *(m.)*
synagogue synagogue *(f.)*

T

T-shirt tee-shirt *(m.)*
table table *(f.)*; — of contents (magazine) sommaire *(m.)*
tablecloth nappe *(f.)*
tablespoon cuillère à soupe *(f.)*
tablet tablette *(f.)*
Tahiti Tahiti
Tahitian tahitien, tahitienne
take *(v.)* prendre, emmener (someone somewhere), emporter (something somewhere); — a bath prendre un bain; — a course suivre un cours; — a nap faire la sieste; — a shower prendre une douche; — a test passer un examen; — a trip faire un voyage; — a walk faire une promenade, se promener; — care of s'occuper (de), soigner; — care of oneself se soigner; — place se passer, avoir lieu; — the elevator up/down monter/descendre en ascenseur; — the stairs up/down monter/descendre par l'escalier
talk *(v.)* parler
talkative bavard(e)
talk show, debate débat *(m.)*
tall (person) grand(e)
tan *(v.)* bronzer
tan, tanned bronzé(e)
tank top débardeur *(m.)*
taste goût *(m.)*
taxi taxi *(m.)*
tea thé *(m.)*
teacher professeur *(m.)*; — (grade school) instituteur *(m.)*, institutrice *(f.)*
team équipe *(f.)*
teaspoon petite cuillère *(f.)*
teenager adolescent *(m.)*, adolescente *(f.)*
telephone (someone) *(v.)* téléphoner (à qqn)
telephone téléphone *(m.)*; cellular — téléphone portable; — book annuaire (du téléphone) *(m.)*; — booth cabine téléphonique *(f.)*; — number numéro (de téléphone) *(m.)*
television télévision *(f.)*; — station chaîne *(f.)*; — /radio schedule programme *(m.)*
tell *(v.)* dire; — (a story) raconter
ten dix
tenant locataire *(m. ou f.)*
tennis tennis *(m.)*; to play — jouer au tennis
tense temps *(m.)*
terrace terrasse *(f.)*
terrible terrible
terrorism terrorisme *(m.)*
test examen *(m.)*
text message (cell phone) texto *(m.)*
Texas Texas *(m.)*

thank you merci

that ça; — **depends** ça dépend; — **hurts** ça fait mal; — **scares me** ça me fait peur; **that's all** c'est tout; **that's it, done** ça y est; **that's true** c'est vrai; **that's (it's) too bad** c'est dommage; **that's for sure** c'est sûr

that que, qui

theater théâtre *(m.)*

then ensuite; — **(and then)** puis (et puis)

there! tiens!

there, here là

there is/are il y a

therefore donc

they on; ils; elles

thief voleur *(m.)*, voleuse *(f.)*

thin mince

thing chose *(f.)*

think (about) *(v.)* réfléchir (à + qqch.), penser (à/de); — **(that)** penser (que); — **so** penser que oui; **to not — so** penser que non

thirst soif *(f.)*

thirteen treize

thirty trente

this, that/these, those ce, cet, cette / ces

thousand mille

three trois

through par

thunderstorm orage *(m.)*

Thursday jeudi *(m.)*

thus donc

ticket (bus or subway) ticket *(m.)*; — **(round trip, one way)** billet (aller-retour, simple) *(m.)*; — **window** guichet *(m.)*

tie cravate *(f.)*

tights collant *(m.)*

time heure *(f.)*; temps *(m.)*; fois *(f.)*; **how many times (a day, a week...)** combien de fois (par jour, par semaine)...

time off congé *(m.)*

timed race course contre la montre *(f.)*

tip pourboire *(m.)*; — **included** service compris

tired fatigué(e)

tiring fatigant(e)

tissue mouchoir *(m.)* (en papier)

title titre *(m.)*

to à; —**/on the left (of)** à gauche (de); —**/on the right (of)** à droite (de); — **ice-skate, to go skating** faire du patin à glace; — **earn euros per hour/per day/per week/per month** gagner...euros de l'heure/par jour/par semaine/par mois

tobacco shop bureau de tabac *(m.)*

today aujourd'hui

together ensemble

toilet toilettes *(f.pl.)*, W. C. *(m.pl.)*; — **article** article de toilette *(m.)*

tomato tomate *(f.)*; — **soup** soupe de tomates *(f.)*

tomorrow demain

too (too much) trop

too much (of) trop (de)

tooth dent *(f.)*

toothbrush brosse à dents *(f.)*

toothpaste dentifrice *(m.)*

top floor dernier étage *(m.)*

tough dur(e)

tour (package) voyage organisé *(m.)*

tourist touriste *(m. ou f.)*

towel (bath) serviette de bain *(f.)*

town ville *(f.)*

trade métier *(m.)*

traditional traditionnel, traditionnelle

tragic tragique

train train *(m.)*; — **compartment** compartiment *(m.)*; — **station** gare *(f.)*

trash can poubelle *(f.)*

travel *(v.)* voyager

traveler's check chèque de voyage *(m.)*

treat *(v.)* **(illness)** soigner; — **oneself (take care of oneself)** se soigner

tree arbre *(m.)*

trip voyage *(m.)*; — **around the world** tour du monde *(m.)*

truck camion *(m.)*

true vrai(e)

truth vérité *(f.)*

try (to) *(v.)* essayer (de + inf.)

Tuesday mardi *(m.)*

tuna thon *(m.)*

turkey dinde *(f.)*

turn *(v.)* tourner

twenty vingt *(m.)*

twin jumeau, jumelle, jumeaux, jumelles

two deux

type *(v.)* taper (à la machine)

typewriter machine à écrire *(f.)*

typical typique

U

ugly laid(e)

umbrella parapluie *(m.)*

uncle oncle *(m.)*

uncommon original(e), originaux, originales

under sous

underground sous-sol *(m.)*

underpants (women's) slip *(m.)*

understand *(v.)* comprendre

understanding compréhensif, compréhensive

underwear sous-vêtements *(m.pl.)*

undress *(v.)* **(someone else)** déshabiller; — **(get undressed)** se déshabiller

unemployed person chômeur *(m.)*, chômeuse *(f.)*; **to be —** être au chômage

unemployment chômage *(m.)*

unfair injuste

unfaithful infidèle
unfortunately malheureusement
unhappily malheureusement
unhappy malheureux, malheureuse
unhealthy mauvais(e) pour la santé
United States États-Unis *(m.pl.)*; **in the —** aux États-Unis
university *(noun)* université *(f.)*
university *(adj.)* universitaire
unmarried célibataire
until jusqu'à
upstairs en *haut
USB key clé USB *(f.)*
use *(v.)* utiliser
usually d'habitude

V

vacation vacances *(f.pl.)*
vacuum *(v.)* passer l'aspirateur
vanilla vanille *(f.)*
vegetable légume *(m.)*
vegetarian végétarien, végétarienne
verb verbe *(m.)*
verify *(v.)* vérifier
very très; **— good** très bien
victim victime *(f.)*
videocassette recorder magnétoscope *(m.)*
video tape cassette vidéo *(f.)*
village (rural) village *(m.)*
vinegar vinaigre *(m.)*
violin violon *(m.)*; **to play the —** jouer du violon
violence violence *(f.)*
violent violent(e)
visit (a person) *(v.)* rendre visite à, aller voir; **— (a place)** visiter

W

wage salaire *(m.)*; **(French) minimum —** SMIC *(m.)*
wait (for) *(v.)* attendre
waiter serveur *(m.)*
waitress serveuse *(f.)*
wake (someone up) *(v.)* réveiller
wake up (oneself) *(v.)* se réveiller
walk *(v.)* marcher; **— (a dog, for example)** promener; **— (for exercise)** faire de la marche; **— to** aller à pied à (au, en)
walk promenade *(f.)*; **to take a —** faire une promenade, se promener
walking marche *(f.)*
walkman baladeur *(m.)*; **digital (MP3, MP4) —** baladeur numérique (MP3, MP4) *(m.)*
wall mur *(m.)*
want *(v.)* vouloir
war guerre *(f.)*; **— movie** film de guerre *(m.)*
wardrobe armoire *(f.)*
warm chaud(e); **it's — (weather)** il fait chaud; **to be —** avoir chaud

wash *(v.)* laver; **— (oneself)** se laver
washcloth gant de toilette *(m.)*
washing machine lave-linge *(m.)*
wastepaper basket corbeille à papier *(f.)*
water eau *(f.)*
we'll see on verra
weak fragile
wealth richesse *(f.)*
weapon arme *(f.)*
wear *(v.)* mettre, porter
weather temps *(m.)*; **— forecast** météo *(f.)*; **what's the — like?** quel temps fait-il?
Web, WWW toile *(f.)*, web *(m)*
web address adresse web *(f.)*
web page page web *(f.)*
web site site web *(m.)*
Wednesday mercredi *(m.)*
week semaine *(f.)*
weekend week-end *(m.)*
weird bizarre
well bien; **— dressed** bien habillé(e); **— adjusted** équilibré(e); **— behaved** sage; **— mannered** bien élevé(e); **— paid** bien payé(e)
west ouest *(m.)*
western (movie) western *(m.)*
what quel, quelle, quels, quelles, que, quoi; **what . . . ?** qu'est-ce que... ?; **— about you?** et toi?, et vous?; **— did you say?** comment?; **— happened?** qu'est-ce qui s'est passé?; **— is Jean like?** comment est Jean?; **— is there to do?** qu'est-ce qu'il y a à faire?; **— is this/that?** qu'est-ce que c'est?; **— kind/sort of . . . ?** quelle sorte de... ?; **— time is it?** quelle heure est-il?; **—'s the weather like?** quel temps fait-il? **—'s happening?** qu'est-ce qui se passe? qu'est-ce qui arrive?; **—'s the date today?** quelle est la date aujourd'hui? **—'s the matter with you?** qu'est-ce que vous avez?; **—'s your name?** comment t'appelles-tu? *(fam.)*; comment vous appelez-vous?
when quand
where où; **— is the restroom?** où sont les toilettes?
which quel, quelle, quels, quelles
while pendant que
white blanc, blanche
who qui; **who . . . ?** qui... ?, qui est-ce que?
whom? qui est-ce que?
whose dont; **— is it?** c'est à qui?
why pourquoi
widow veuve *(f.)*
widowed *(adj.)* veuf, veuve
widower veuf *(m.)*
wife femme *(f.)*; **— and mother** mère de famille *(f.)*
wifi wifi *(m.)*
win *(v.)* gagner
window fenêtre *(f.)*
windsurf *(v.)* faire de la planche à voile

wine vin *(m.)*
winter hiver *(m.)*
wipe one's nose *(v.)* se moucher
wish *(v.)* vouloir
with avec
within dans
without sans
witness témoin *(m.)*
woman femme *(f.)*
wonder *(v.)* se demander
wonderful merveilleux, merveilleuse; génial(e)
work travail, travaux *(m.)*; **to look for** — chercher
    du travail
work *(v.)* travailler; — **hard** travailler dur
worker **(blue collar)** ouvrier *(m.)*, ouvrière *(f.)*
workshop atelier *(m.)*
world monde *(m.)*
worried inquiet, inquiète
worry souci *(m.)*
wounded blessé(e)

wrist poignet *(m.)*
wristwatch montre *(f.)*
write *(v.)* écrire; — **a note to someone** écrire un mot à qqn
writer écrivain *(m.)*

Y

yard jardin *(m.)*
year an *(m.)*, année *(f.)*
yellow jaune
yes oui; **(on the contrary)** si
yesterday hier
yet déjà
yogurt yaourt *(m.)*
you have to + inf. il faut + inf.
young jeune; — **people** jeunes *(m.pl.)*
youngest le/la plus jeune

Z

zero zéro *(m.)*
zoo zoo *(m.)*

Index

Text/Realia Credits

8	Source: Floyd Sonnier's Beau Cajun Calendar
10	Source: La Poste, France
30	Based on www.tns-sofres.com
41	Based on www.tns-sofres.com
42	Copyright / Figaro Magazine, 3 novembre 2001
51	Based on www.unice.fr
82	From G. Mermet, Francoscopie 2007, Larousse
109	Jean Tardieu, "Conversation" in *Monsieur Monsieur* recueilli dans *Le Fleuve caché* © Éditions Gallimard, www.gallimard.fr
110	Marguerite Duras, L'Amant © 1984 by Les Éditions de Minuit
111	Excerpt from *Le Petit Prince* by Antoine de Saint-Exupéry, copyright 1943 by Houghton Mifflin Harcourt Publishing Company and renewed 1971 by Consuelo de Saint-Exupéry, reproduced by permission of the publisher.
112	Éric-Emmanuel Schmitt, *Monsieur Ibrahim et les fleurs du Coran* © Éditions Albin Michel, 2001
120	From G. Mermet, Francoscopie 2007, Larousse
143	From G. Mermet, Francoscopie 2007, Larousse
165	From G. Mermet, Francoscopie 2007, Larousse
171	Based on www.tns-sofres.com
187	Based on www.ipsos.fr
201	From G. Mermet, Francoscopie 2007, Larousse
211	From http://fr.answers.yahoo.com
216	Based on www.linternaute.com
218	From TVA Publication, Canada
227	Maurice Carême, "Toussaint" – extrait de «Mer du Nord» © Fondation Maurice Carême, tous droits réservés, ou toute autre indication similaire.
228	Source: Paul Fort, extrait du tome 6 de l'*Anthologie des Ballades françaises*, connu sous le titre de *Paris sentimental* ou *Le Roman de nos Vingt Ans*, Flammarion, 1925. Repris dans le recueil *Paris en poésie*, Gallimard, Folio junior Numéro 202, p. 92.
229	Source: Jean-Jacques Rousseau, *Confessions IV*, 1725–1789
230	Éric-Emmanuel Schmitt, *Monsieur Ibrahim et les fleurs du Coran* © Éditions Albin Michel, 2001
234	Based on G. Mermet, Francoscopie 2007, Larousse
242	Based on www.eqao.com; based on www.oecd.org
245	Source: Normandies Impression
248	Source: http://humour-blague.com
260	Based on www.insee.fr
262	From www.insee.fr; from www.micc.gouv.qc.ca
263	From www.bva.fr
269	Based on www.csa-fr.com
270	Extrait de "Une école pas comme les autres" de Daniel Pérusse, Sélection, octobre 1987, p. 37 © 1987, Périodique Readers Digest Limitée, Montréal, Québec, Canada
287	From http://www.diplomatie.gouv.fr
296	Source: Hippopotamus Restaurant, France www.citesnouvelles.com
301	Source: http://www.presquile-infos.fr/labaule.html
313	Source: http://www.presquile-infos.fr/labaule.html
314	Source: La Poste, France
316	Source: Carte Postale, Jack Editions d'Art
318	Based on http://www.tns-sofres.com
322	Based on www.ipsos.fr
332	© Le Nouvel Observateur; © [Guide Cuisine] – 2008; © 2008 Frans Lanting/www.lanting.com
341	Based on www.tns-sofres.com
343	Source: G. Mermet, Francoscopie 2007, Larousse; based on www.linternaute.com
348	Based on www.ipsos.fr
361	Jacques Prévert, "L'addition" recueilli dans *Histoires et autres histoires* © Éditions GALLIMARD
362	Marie-Christine Helgerson, *Quitter son pays* © Éditions Flammarion, Castor poche, 1981
363	Joseph Joffo, *Un sac de billes* © Éditions Jean-Claude Lattès, 1973
364	Éric-Emmanuel Schmitt, *Monsieur Ibrahim et les fleurs du Coran* © Éditions Albin Michel, 2001
367	Source: www.clubmed.fr
370	From G. Mermet, Francoscopie 2007, Larousse

372	From G. Mermet, *Francoscopie 2007*, Larousse
385	Based on www.csa-fr.com
390	Source: TF1; France 2; France 3; Source: Canal Plus; Arte; France 5; Source: M6
394	Based on www.tns-sofres.com
413	Based on www.bva.fr
418	From www.infosquebec.infolium.com
428	Based on www.tns-sofres.com
433–434	Janine Sutto (Tous les dimanches) et Van Duong Ngo (Le choc des cultures), L'Actualité, juillet 1994, Magazines MacLean Hunter
443	Based on www.tns-sofres.com

451	Based on www.linternaute.com
466	Based on www.tns-sofres.com
468	Based on www.tns-sofres.com
473	Based on www.ipsos.fr
474	From www.ipsos.fr
480	From http://clemi.scola.ac-paris.fr
487	Bernard Dadié, *La Ronde des jours* in *Légendes et poèmes* © Éditions Seghers, 1966
489	"CHANSON POUR L'AUVERGNAT" Paroles et Musique de Georges Brassens © Warner Chappell Music France – 1954
491	Éric-Emmanuel Schmitt, *Monsieur Ibrahim et les fleurs du Coran* © Éditions Albin Michel, 2001

Photo Credits

Chapter 1

01C	David R. Frazier Photolibrary, Inc. / Alamy
02 T	The Image Works / R. Lucas
02BL	Owen Franken
02BR	Owen Franken
03TL	Owen Franken
03TR	Owen Franken
05TL	Ulrike Welsch
05TR	Beryl Goldberg
05BL	Ulrike Welsch
05BR	HIRB
07L	John Coletti
07R	HIRB
10C	Owen Franken / Corbis
11RT	Thomas Craig / Index / Photolibrary
11LT	Angelo Cavalli / Getty
11BL	Anne Bique Bernard / Corbis Sygma
11BR	Kader Meguedad / Alamy
16BL	Beryl Goldberg
16BR	Courtesy of Claude Toussaint Tournier
15C	Shutterstock

Chapter 2

27C	Pierre Cheuva / Photononstop / Photolibrary
29TL	HIRB
29TM	HIRB
29TR	HIRB
29CL	Ulrike Welsch
29CM	HIRB
29CR	Richard Lucas / Image Works
29BL	Courtesy of Claude Toussaint Tournier
29BC	HIRB
29BR	Ulrike Welsch
30L	HIRB
30R	Stockbyte / Photolibrary
34C	Courtesy of Isabelle Kaplan

Chapter 3

47C	Niall McDiarmid / Alamy
49C	Courtesy of Claude Toussaint Tournier
52TL	Hemera Photo Objects
52TC	Courtesy of Claude Toussaint Tournier
52TR	Courtesy of Claude Toussaint Tournier
52ML	Comstock RF CD
52MC	Marianna Day Massey / ZUMA Press / Digital Railroad
52MR	Digital Vision Ltd. / SuperStock
52BL	Wolfgang Kaehler / Corbis
52BM	Photodisc / SuperStock
52BR	HIRB
52L	Bob Krist / Corbis
52R	Courtesy of Claude Toussaint Tournier

Chapter 4

65C	Courtesy of Claude Toussaint Tournier
66C	Getty, RF Disc, Owned / Ryan McVay
76C	HIRB
79C	Monkey Business Images / Shutterstock
81C	Courtesy of Isabelle Kaplan
82	Digital Vision / Getty Images
83BC	James M Phelps, Jr / Shutterstock
83L	Professional Sport / Topham / The Image Works
83R	Christophe Morin / Digital Railroad

Chapter 5

87C	Image Source Black / Alamy
91B	Corbis / Ludovic Maisant
92B	Lee Snider / Image Works
94L	Courtesy of Claude Toussaint Tournier
94R	HIRB
98T	Courtesy of Claude Toussaint Tournier
98CL	Courtesy of Claude Toussaint Tournier
98CR	Courtesy of Claude Toussaint Tournier
98BL	Courtesy of Isabelle Kaplan
98BR	Courtesy of Isabelle Kaplan
105BR	Jeff Greenberg / PhotoEdit
105BL	Corbis / SuperStock
106B	HIRB
110C	John Warburton-Lee / DanitaDelimont.com / Digital Railroad
112C	Alexandre Renahy / Cosmogonie / Digital Railroad

Chapter 6

113C	Donald Nausbaum / Getty
115C	Courtesy of Claude Toussaint Tournier
116L	Courtesy of Claude Toussaint Tournier
116R	Thierry Prat / Corbis Sygma
119T	Lee Snider / Image Works
119C	Ablestock / Index / Photolibrary
119B	J. Messerschmidt / Picture Cube / Index / Photolibrary
132C	GoodShoot / Superstock
125C	Courtesy of Isabelle Kaplan
133C	Courtesy of Larry Riordan

Chapter 7

137C	moodboard / Alamy
143C	Robert Harding Picture Library Ltd / Alamy
148, T	Courtesy of Claude Toussaint Tournier
148BL	Courtesy of Claude Toussaint Tournier
148BR	Courtesy of Claude Toussaint Tournier
148BLM	Courtesy of Claude Toussaint Tournier
148BRM	Courtesy of Claude Toussaint Tournier
149C	Corbis / Royalty Free
153C	Courtesy of Claude Toussaint Tournier
157TL	Courtesy of Isabelle Kaplan
157TR	Courtesy of Isabelle Kaplan
157ML	Courtesy of Isabelle Kaplan
157MR	Courtesy of Isabelle Kaplan
157BL	Courtesy of Isabelle Kaplan
157BM	Courtesy of Isabelle Kaplan
157BR	Courtesy of Isabelle Kaplan
141C	HIRB

Chapter 8

161C	JUPITERIMAGES / BananaStock / Alamy
166L	HIRB
166R	Superstock
172C	Courtesy of Claude Toussaint Tournier
176C	Davor Konjikusic / Digital Railroad
177TL	Courtesy of Isabelle Kaplan
177TR	Courtesy of Claude Toussaint Tournier
177BL	Courtesy of Claude Toussaint Tournier
177BR	Courtesy of Claude Toussaint Tournier

Chapter 9

185C	allOver photography / Alamy
189C	Courtesy of Claude Toussaint Tournier
190TL	Courtesy of Esther Marshall
190BL	HIRB
190TR	Owen Franken / Digital Railroad
190BR	Courtesy of Esther Marshall
194C	Courtesy of Claude Toussaint Tournier
198C	Courtesy of Claude Toussaint Tournier
201TL	Pixland / Index Stock Imagery / Photolibrary
201TR	Courtesy of Claude Toussaint Tournier
201B	Courtesy of Claude Toussaint Tournier

Chapter 10

207C	char abumansoor / Alamy
216L	Courtesy of Pierre-François Toussaint
216M	Philippe Lissac / Godong / Corbis
216R	Courtesy of Anne Toussaint
222L	Corbis
222R	nagelestock.com / Alamy
228C	Courtesy of Isabelle Kaplan

Chapter 11

231TL	W. BUSS / De Agostini Picture Library
231TR	Courtesy of Claude Toussaint Tournier
231TB	Courtesy of Claude Toussaint Tournier
234R	Courtesy of Claude Toussaint Tournier
234L	Courtesy of Isabelle Kaplan
235L	Courtesy of Claude Toussaint Tournier
235R	Courtesy of Claude Toussaint Tournier
237C	Courtesy of Claude Toussaint Tournier
239L	Luc Novovitch
239M	Motoring Picture Library / Alamy
239R	Courtesy of Claude Toussaint Tournier
239B	HIRB
243C	Courtesy of Claude Toussaint Tournier
245L	HIRB
245R	Cosmo Condina
247C	HIRB
248C	Paul Vorwerk / Shutterstock

Chapter 12

259C	Digital Vision / Alamy
262C	David Frazier / The Image Works
266C	Image Source Limited / Index / Photolibrary
268C	HIRB
269TL	Bananastock
269TR	Bananastock
269BL	HIRB
269BR	HIRB
279L	HIRB
279R	HIRB
280C	Alex Kouprianoff / AA World Travel / Topfoto / The Image Works

Chapter 13

285C	Courtesy of Esther Marshall
286TR	Tony Freeman / Photoedit
286BM	Erica Lansher / Tony Stone Images / Getty
286TL	David R. Frazier Photo Library / www.drfphoto.com / Photoresearchers
286BR	HIRB
286BL	Andrew Woodley / Alamy
287T	Courtesy of Claude Toussaint Tournier
287BL	Courtesy of Claude Toussaint Tournier
287BR	Courtesy of Claude Toussaint Tournier
291C	Images of France / Alamy
294L	Antonio Espárraga / Shutterstock
294R	Lepas / Shutterstock
297C	Courtesy of Claude Toussaint Tournier
301	HIRB
301	HIRB
301	HIRB
301	HIRB
301	HIRB
303C	HIRB
305c	Image Source / Getty

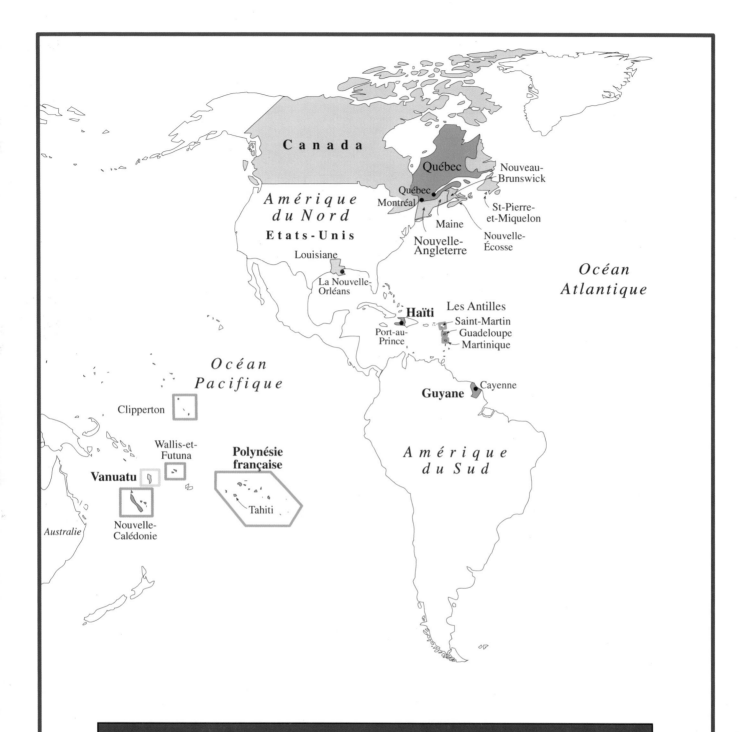

Le monde francophone